北京大學中國傳統文化研究中心

國學研究

第三卷

主　編

袁行霈

編委（按姓氏筆畫排列）

王天有　吳同瑞　武樹臣　祝總斌

孫　靜　袁行霈　陳　來　鄔　衡

程鬱綴　趙匡華　趙為民　閻步克

蔣紹愚　樓宇烈　嚴文明

秘　書

孟二冬

北京大學出版社

一九九五年・北京

封面刊名　集蔡元培先生手迹
責任編輯　喬　默
封面設計　林勝利

圖書在版編目(CIP)數據

國學研究(第三卷)/袁行霈主編．—北京：北京大學出版社，1995.12
ISBN 7-301-02930-0

Ⅰ.國… Ⅱ.袁… Ⅲ.國學-研究-中國-文集　Ⅳ.Z126.27

國學研究　第三卷
袁行霈　主編

北京大學出版社出版發行
(北京大學校內)
北京軍峰公司激光照排
北京大學印刷廠印刷
新華書店經售

*

850×1168毫米　16開本　42印張　插頁7　650千字
1995年12月第一版　1995年12月第一次印刷
印數：0,001—3,000冊
ISBN 7-301-02930-0/G・328
定價：68.00圓

目　錄

論中國傳統文化的人文精神 …………………………… 樓宇烈（1）
蒙學與世俗儒家倫理 ……………………………………… 陳　來（27）
《中庸》與荀學、《詩》學之關係 ………………………… 王　博（61）
石頭宗心性論思想述評 …………………………………… 方立天（79）
蘇軾的《東坡易傳》 ……………………………………… 余敦康（103）
郝敬氣學思想研究 ……………………［日本］荒木見悟　李鳳全譯（155）

論《文選》中樂府詩的幾個問題 ………………………… 曹道衡（175）
讀稗散札 …………………………………………………… 程毅中（191）
從"白體"到"西崑體"
　　——兼考楊億倡導西崑體詩風的動機 ……………… 張　鳴（205）
試論"逸品"説及其對王漁洋"神韵"説的影響 ………… 丁　放（235）
《墨經》"佴""誖""廉""令"四條校釋 ………………… 裘錫圭（259）
古文字雜識（五則） ……………………………………… 李　零（267）
謝靈運《十四音訓叙》輯考 ……………………………… 王邦維（275）

有關《史記》歌頌漢王朝的幾個問題 …………………… 祝總斌（301）
懸泉置、效穀縣、魚澤障的設與廢 ……………………… 張傳璽（319）
祆教初傳中國年代考 ……………………………………… 榮新江（335）

目錄

《貞觀政要》與貞觀君臣論治 …………………… 吳宗國（355）

唐代直官制初探 ………………………………… 李錦綉（383）

《辨姦論》真僞問題的重提與再判 ……………… 鄧廣銘（425）

北宋蘇州的士人家族交遊圈
　　——以朱長文之交遊爲核心的考察 ………… 鄧小南（451）

歐洲所藏部分中文古地圖的調查與研究 ………… 李孝聰（489）

中國早期原始文化的相對獨立性及其成因 ……… 王幼平（525）

內蒙古土默川、大青山的北魏鎮戍遺迹 ………… 蘇　哲（545）

阿里地區札達縣境的寺院遺迹
　　——《古格王國建築遺址》和《古格故城》
　　　中部分寺院的有關資料讀後 ……………… 宿　白（567）

漢傳佛教經濟思想發展的重要階段
　　——試論禪宗的農禪思想 …………………… 趙　靖（617）

北京大學中國傳統文化研究中心紀事 …………………… （645）

徵稿啓事 …………………………………………………… （660）

來稿書寫格式 ……………………………………………… （661）

後記 ………………………………………………………… （664）

彩圖一　罜 ………………………………………………… （669）

彩圖二　歷代三寶記卷十三 ……………………………… （670）

Contents

Humanistic Spirit of Chinese Traditional Culture .... *Lou Yulie* (24)
Primary Education and Vulgar Confucian Ethics
    in Ancient China .... *Chen Lai* (60)
The Relaion of the *Doctrine of the Mean* with Xunzi's Thought
    and the Interpretation of the *Book of Songs* .... *Wang Bo* (77)
A Critical Account of the Theory of Mind-Nature
    in Shi-tou Sect .... *Fang Litian* (101)
Sushi's *Dongpo Yi Zhuan*（東坡易傳） .... *Yu Duenkang* (154)
An Approach to the Theory of "Qi" of Hao Jing .... *Araki Kengo* (172)

On Yue-Fu Poetry in the Anthology Edited by Xiao Tong
    .... *Cao Daoheng* (189)
Random Notes on Some Deserted Stories .... *Cheng Yizhong* (202)
From "Bai School" to "Xikun School"
    —Also on the Motive of Yang Yi's Promoting of "Xikun Style"
    .... *Zhang Ming* (233)
On the Theory of "Yipin" and Its Influence on That
    of "Shenyun" Held by Wang Yuyang .... *Ding Fang* (257)
Remarks on the Paragraphs of 佴、諝、廉、令 in *Mojing*（墨經）
    .... *Qiu Xigui* (266)
Deciphering Ancient Chinese Inscriptions: Five Notes .... *Li Ling* (274)
Xie Lingyun and his *Sishi Yin Xunxu*: The Earliest Approach
    to Indian Phonology in Mediaeval China .... *Wang Bangwei* (299)
Some Comments on Shi Maqian's Eulogy on Han Dynasty
    .... *Zhu Zongbin* (318)

Contents

Founding and Abolishing of the Xuanquan Station (懸泉置),
　Xiaogu County (效谷縣), and Yuze Fort (魚澤障)
　　·· Zhang Chuanxi (332)
The Dating of the Early Spread of Zoroastrianism ······ Rong Xinjiang (352)
Zhen'guan Zhengyao and the Discussions of the Emperor Tang
　Taizong with his Ministers ························· Wu Zhongguo (380)
A Preliminary Investigation of the Zhi Officialism
　in Tang Dynasty ···································· Li Jin-xiu (424)
Apocryphal or Genuine: A Reconsideration of Bian Jian Lun (辨姦論)
　·· Deng Guangming (449)
Friendship and Social Connections: A Case Study of the Life of
　the Élite Families in Suzhou during the North Song
　·· Deng Xiaonan (487)
Survey and Study of the Pre-1900 Chinese Maps kept in Europe
　·· Li Xiaocong (514)

The Special Feature of Chinese Palaeolithic Culture and
　Its Contributing Factor ·························· Wang Youping (543)
North Wei's Garrison Sites at Tumochuan and Daqingshan
　in Inner-Mogolia ··································· Su Zhe (558)
Buddhist Monastory Relics in 札達 County of 阿里 District ··· Su Bai (614)

A Historical Study on the Economic Thought of Chinese Buddhists
　·· Zhao Jing (643)

論中國傳統文化的人文精神

樓宇烈

中國傳統文化源遠流長，博大精深。然在其久遠博大之中，卻"統之有宗，會之有元"。若由著述載籍而論，經史子集，萬億卷帙，概以"三玄"（《周易》、《老子》、《莊子》）、"四書"（《大學》、《中庸》、《論語》、《孟子》）、"五經"（《周易》、《詩經》、《尚書》、《禮記》、《春秋》）爲其淵藪；如由學術統緒而言，三教九流，百家爭鳴，則以儒、道二家爲其歸致。東晉以後，歷南北朝隋唐，由印度傳入的佛教文化逐步融入中國傳統文化，釋氏之典籍[1]與統緒因而也就成了中國傳統文化中的一個有機組成部分。儒、釋、道三家，鼎足而立，相輔相成，構成了唐宋以降中國文化的基本格局。所謂"以佛治心，以道治身，以儒治世"（南宋孝宗皇帝語，轉引自元劉謐著《三教平心論》），明白地道出了中國傳統文化的這種基本結構特徵。

中國傳統文化的根本特點之一是：觀念上的"和而不同"[2]和實踐中的整體會通。具體地說，在中國傳統文化中，無論是儒、釋、道三家，還是文、史、哲三科，天、地、人三學，雖有其各自不同的探究領域、表述方法和理論特徵，然卻又都是互相滲透，互相吸收，"你中有我，我中有你"，難分難析。這也就是說，人們既需要分析地研究三家、三科、三學各自的特點，更需要會通地把握三家、三科、三學的共同精神。此外，如果說儒、釋、道三家，文、史、哲三科，天、地、人三學等構成爲中國傳統文化的一個有機整體，那麼對於這個文化整體來講，其中的任何一家、一科、一學都是不可或缺的，否則這一文化整體的特性將發生變異，或者說它已不再是原來那個文化整體了；而對於其中的每一家、每一科、每一學來講，則都是這一文化整體中的一家、一科、一學，且每一家、每一科、每一學又都體現着這一文化整體的整體特性。唯其如是，對於中國傳統文化的研究，不管是研究那一家、那一科、那一學，我認爲，首先是要把握住中國傳統文化的整體精神之所在，否則將難入其堂奥，難得其精義。

一

中國傳統文化如果從整體上來把握的話，那麼人文精神可說是它的最主要和最鮮明的特徵。需要説明的是，這裏所説的中國傳統文化的人文精神與現在所謂的"人文主義"或"人本主義"等概念不完全相同。在中國傳統文化中，"人文"一詞最早見於《周易·彖傳》。"賁卦彖傳"曰：

> ［剛柔交錯］，天文也；文明以止，人文也。觀乎天文，以察時變；觀乎人文，以化成天下。[3]

魏王弼對此解釋説：

> 剛柔交錯而成文焉，天之文也；止物不以威武，而以文明，人文也。觀天之文，則時變可知也；觀人之文，則化成可爲也。[4]

唐孔穎達補充解釋説：

> 觀乎天文，以察時變者，言聖人當觀視天文，剛柔交錯，相飾成文，以察四時變化。……觀乎人文，以化成天下者，言聖人觀察人文，則詩書禮樂之謂，當法此教而化成天下也。[5]

宋程頤的解釋則是：

> 天文，天之理也；人文，人之道也。天文，謂日月星辰之錯列，寒暑陰陽之代變，觀其運行，以察四時之速改也。人文，人理之倫序，觀人文以教化天下，天下成其禮俗，乃聖人用賁之道也。[6]

由以上各家的解釋可見，"人文"一詞在中國傳統文化中原是與"天文"一詞對舉爲文的。"天文"指的是自然界的運行法則，"人文"則是指人類社會的運行法則。具體地説，"人文"的主要内涵是指一種以禮樂爲教化天下之本，以及由此建立起來的一個人倫有序的理想文明社會。這裏有兩點需要加以説明：一是人們所講的"人文精神"一語，無疑與上述"人文"一詞有關，抑或是其詞源。但"人文精神"一語的涵義，又顯然要比《周易·彖傳》中"人文"一詞的涵義豐富得多。二是中國傳統文化中人文精神的出現和展開顯然要比"人文"一詞的出現早得多，《周易·彖傳》的面世不會早於戰國末，而中國傳統文化中的"人文精神"，遠則可以追求至中國文化的源頭，近也至少可以推溯到殷末周初。

中國典籍中，很早就有"人"是天地所生萬物中最靈、最貴者的思想。如《尚書·泰誓》中說：

> 惟天地，萬物之母；惟人，萬物之靈。[7]

《孝經》中則借孔子的名義說：

> 天地之性，人爲貴。[8]

這句話中的"性"字，是"生"的意思。宋人邢昺解釋說：

> 性，生也。言天地之所生，惟人最貴也。
> 夫稱貴者，是殊異可重之名。[9]

其實，在《孝經》面世之前，荀子也已提出了人最爲天下貴的觀點了。他說：

> 水火有氣而無生，草木有生而無知，禽獸有知而無義，人有氣有生有知，亦且有義，故最爲天下貴也。[10]

荀子用比較的方法，從現象上說明了爲什麼天地萬物中人最爲貴的道理。其後，在《禮記·禮運》篇中，人們又進一步對人之所以異於萬物的道理作了理論上的說明。如說：

> 故人者，其天地之德，陰陽之交，鬼神之會，五行之秀氣也。
> 故人者，天地之心也，五行之端也，食味、別聲、被色而生者也。[11]

這句話中"鬼神之會"的意思，是指形體與精神的會合。如唐孔穎達解釋說：

> 鬼謂形體，神謂精靈。《祭義》云："氣也者，神之盛也；魄也者，鬼之盛也"，必形體精靈相會，然後物生，故云"鬼神之會"。[12]

以後，漢儒、宋儒如董仲舒、周敦頤、邵雍、朱熹等，也都不斷地發揮這些思想。[13]正是有見於此，中國古代思想家們認爲，人雖是天地所生萬物之一，然可與天地並列爲三。如，《老子》書中就有所謂"故道大、天大、地大、王亦大。域中有四大，而王（或作"人"字）居其一焉"的說法，把人與道、天、地並列。不過，在《老子》書中，道還是最貴的。所以，他接着說的是："人法地，地法天，天法道，道法自然。"[14]與《老子》相比，荀子對人在天地中的地位强調得更爲突出，論述得也更爲明晰。他嘗說：

　　天有其時，地有其財，人有其治，夫是之謂能參。[15]

這裏的"參"字就是"叁（三）"的意思，整句話的意思是說，人以其能治天時地財而用之，因而與天地並列爲三。對此，荀子又進一步解釋說：

　　天能生物，不能辨物也；地能載人，不能治人也；宇中萬物生人之屬，待聖人然後分也。[16]

"分"是分位的意思。在荀子看來，"明分"（確定每個人的分位）是"使群"（充分發揮人類整體力量）、"役物"（合理利用天時地財）的根本，所以他所謂的"人有其治"的"治"，也正是指人的"辨物"、"治人"的"明分"能力。同樣的意思在《禮記·中庸》也有表達，其文云：

　　唯天下至誠，爲能盡其性；能盡其性，則能盡人之性；能盡人之性，則能盡物之性；能盡物之性，則可以贊天地之化育；可以贊天地之化育，則可以與天地參矣。[17]

按照傳統的解釋，"至誠"是聖人之德。《孟子》和《中庸》中都說過："誠者，天之道也；思誠者（《中庸》作"誠之者"），人之道也。"這也就是說，人以其至誠而辨明人、物之性，盡其人、物之用，參與天地生養萬物的活動，因而與天地並列爲三。[18]

漢儒董仲舒繼承荀子思想，亦極言人與天地並爲萬物之根本。如說：

　　天地人，萬物之本也。天生之，地養之，人成之。[19]

　　人下長萬物，上參天地。[20]

　　唯人獨能偶天地。[21]

　　唯人道爲可以參天。[22]

從荀子、《中庸》和董仲舒等人的論述中，應當說都蘊涵着這樣一層意思，即在天地人三者中，人處於一種能動的主動的地位。從生養人與萬物來講，當然天地是其根本，然而從治理人與萬物來講，則人是能動的，操有主動權。就這方面說，人在天地萬物之中可說是處於一種核心的地位。中國傳統文化的人文精神把人的道德情操的自我提升與超越放在首位，注重人的倫理精神和藝術精神的養成等，正是由對人在天地萬物中這種能動、主動的核心地位的確認而確立起來的。

由此，又形成了中國傳統文化中的兩個十分顯著的特點，即：一是高揚君權師教淡化神權，宗教絕對神聖的觀念相對比較淡薄；一是高揚明道正誼節制物欲，人格自我完善的觀念廣泛深入人心。這也就是說，在中國傳統文化的人文精神中，包含着一種上薄拜神教、下防拜物教的現代理性精神。

二

中國傳統文化的這種人文精神，根植於遠古的原始文化之中。人們常把"天人合一"視作中國文化的主要特徵之一，而考其起源，則與中國原始文化中的自然（天地）崇拜，以天地爲生物之本；以及祖先崇拜，以先祖爲監臨人世的上帝（此亦爲天，天命之天）等觀念，不能說毫無關係。由此可見，"天人合一"中"天"的含義是合自然之天與天命（先祖上帝）之天而言的。以後，宋明理學講的天理之天，即是自然之天與天命之天的統合體。

人與自然之天"合一"的中心是"順自然"（這裏"自然"一詞的含義，不是指"自然界"，而是指自然界的"本然"法則與狀態）。道家思想中強調順自然，這是人們所熟知的。如《老子》書中就明確說過這樣的話：

輔萬物之自然而不敢爲。[23]

也正是《老子》書中的這句話，長期以來道家的自然無爲思想被看成是一種消極被動、因循等待的思想。其實，《老子》道家順自然而不敢爲（無爲）的思想，有其相當積極合理的一面，這在以後的道家著作中有着充分的展開。如在《淮南子》一書，對道家的無爲思想就有相當積極合理的論述。如說：

無爲者，非謂其凝滯而不動也，以其言莫從己出也。[24]

所謂無爲者，不先物爲也；所謂無不爲者，因物之所爲也。所謂無治者，不易自然也；所謂無不治者，因物之相然也。[25]

若吾所謂無爲者，私志不得入公道，嗜欲不得枉正術。循理而舉事，因資而立功，推自然之勢，而曲故不得容者。故事成而身不伐，功立而名弗有，非謂其感而不應，攻而不動者也。[26]

這三段話從不同角度說明了道家自然無爲思想絶不是什麽消極被動、因循等待，而是在排除主觀、私意的前題下，主動地因勢利導，即所謂"循理""因資"地去舉事立功。這也就是《老子》所追求的理想：

功成事遂，百姓皆謂我自然。[27]

這種順自然而不違天時的思想，在傳統儒家文化中也是極爲強調和十分豐富的。前面我們曾提到荀子關於人與天地參的思想，以往人們都以此來强調荀子的"人定勝天"思想，殊不知荀子的人與天地參思想，或如人們所説的"人定勝天"的思想，恰恰是建立在他的順自然而不違天時的認識基礎之上的。所以，他在提出"天有其時，地有其財，人有其治，夫是之謂能參"的結論之前是這樣來分析的：

不爲而成，不求而得，夫是之謂天職。如是者，雖深，其人不加慮焉；雖大，不加能焉；雖精，不加察焉。夫是之謂不與天爭職。[28]

而緊接着"夫是之謂能參"後，則又再强調説：

舍其所以參而願其所參，則惑矣。列星隨旋，日月遞照，四時代御，陰陽大化，風雨博施。萬物各得其和以生，各得其養以成。不見其事，而見其功，夫是之謂神。皆知其所以成，莫知其無形，夫是之謂天〔功〕。唯聖人爲不求知天。[29]

最後，荀子總結説：

聖人清其天君（"心居中虛，以治五官，夫是之謂天君"），正其天官（"耳目鼻口形能各有接而不相能也，夫是之謂天官"），備其天養（"財非其類以養其類，夫是之謂天養"），順其天政（"順其類者謂之福，逆其類者謂之禍，夫是之謂天政"），養其天情（"形具而神生，好惡喜怒哀樂臧焉，夫是之謂天情"），以全其天功（"皆知其所以成，莫知其無形，夫是之謂天〔功〕"）。如是，則知其所爲，知其所不爲矣，則天地官而萬物役矣！[30]

這裏一連串的"天"字，都是強調其爲"自然"之意。荀子認爲，人只有順其自然，才會懂得什麼應當去做，什麼不應當去做，才能掌握天時地財，利用萬物。又如，前引《中庸》"唯天下至誠，……則可以與天地參矣"一段，同樣也是強調只有盡人、物的自然之性，方能參與天地之化育。儒家把大禹治水的智慧看成是順自然的典範，充分體現了有爲和無爲在順自然原則中的統一。孟子對這一問題的論述是極有啓迪的。他說：

> 天下之言性也，則故而已矣，故者以利爲本。所惡於智者，爲其鑿也。如智者若禹之行水也，則無惡於智矣。禹之行水也，行其所無事也。如智者亦行其所無事，則智亦大矣。天之高也，星辰之遠也，苟求其故，千歲之日至，可坐而致也。[31]

朱熹非常贊賞孟子的這一論述，他的註釋發揮了孟子的思想，且有助於我們了解孟子這段話的精義之所在。現摘引朱熹部分注文如下，他說：

> 性者，人物所得以生之理也。故者，其已然之迹，若所謂天下之故也。利，猶順也，語其自然之勢也。言事物之理，雖若無形而難知，然其發見之已然，則必有迹而易見。……然其所謂故者，又必本其自然之勢。

> 禹之行水，則因其自然之勢而導之，未嘗以私智穿鑿而有所事，是以水得其潤下之性而不爲害也。

> 愚謂，事物之理，莫非自然。順而循之，則爲大智，若用小智而鑿以自私，則害於性而反爲不智。[32]

以上所引都十分明確而概括地表達了儒家"順自然"而與自然之天"合一"的基本觀點。

三

人與天命之天"合一"的中心是"疾敬德"。這一觀念，大概起源於殷末周初。《尚書·召誥》中有一段告誡周王要牢記夏、殷亡國教訓的文字，很能說明這一點。其文曰：

> 王敬作所，不可不敬德。我不可不監於有夏，亦不可不有監於有殷。我不敢知曰有夏服天命，惟有歷年，我不敢知曰不其延，惟不敬厥德，乃早墜厥命。我不敢知曰有殷受天命，惟有歷年，我不敢知曰不其延，惟不敬厥德，乃早墜厥命。……肆惟王其疾敬德，王其德之用，祈天永命。[33]

這是說，夏、殷之所以滅亡，主要是由於他們"不敬德"，因此，周王如要永保天命的話，就一定要"疾敬德"。所謂"皇天無親，惟德是輔"（《尚書·蔡仲之命》），是周初人的一種共識，也是以後儒家論述天人合一的一個中心命題。我們在《尚書》一書中，隨處都可以翻檢出有關於因"不敬德"而失天下的記述。諸如說：

> 禹乃會群后，誓於師曰："濟濟有眾，咸聽朕命。蠢茲有苗，昏迷不恭，侮慢自賢，反道敗德。君子在野，小人在位，民棄不保，天降之咎。肆予以爾眾士，奉辭伐罪，爾尚一乃心力，其克有勳。"[34]

"反道敗德"，這是有苗失天下的緣由。

> 有夏昏德，民墜塗炭，天乃錫王勇智，表正萬邦，纘禹舊服。茲率厥典，奉若天命。[35]

> 夏王滅德作威，以敷虐於爾萬方百姓，爾萬方百姓罹其凶害，弗忍荼毒。並告無辜於上下神祇。天道福善禍淫，降災於夏，以彰厥罪；肆台小子，將天命明威，不敢赦，敢用玄牡，敢昭告於上天神后，請罪有夏。[36]

> 伊尹既復政厥辟，將告歸，乃陳戒於德。曰："嗚呼！天難諶，命靡常。常厥德，保厥位，厥德匪常，九有以亡。夏王弗克庸德，慢神虐民，皇天弗保，監於萬方，啓迪有命。眷求一德，俾作神主。惟尹躬暨湯，咸有一德，克享天心，受天明命。以有九有之師，爰革夏正，非天私我有商，惟天佑於一德，非商求於下民，惟民歸於一德，德惟一，動罔不吉；德二三，動罔不凶。惟吉凶不僭在人，惟天降災祥在德。"[37]

"有夏昏德"、"夏王滅德作威"、"夏王弗克庸德"，這是夏失天下的緣由。

> 今商王受，弗敬上天，降災下民，沈緬冒色，敢行暴虐，……皇天震怒，命我文考，肅將天威，大勳未集。肆予小子發，以爾友邦冢君，觀政於

> 商，……受有臣億萬，惟億萬心。予有臣三千，惟一心。商罪貫盈，天命誅之，予弗順天，厥罪惟鈞。[38]
>
> 今商王受，狎侮五常，荒怠弗敬，自絕于天，結怨于民，斮朝涉之脛，剖賢人之心，作威殺戮，毒痡四海，……古人有言曰："撫我則后，虐我則讎"。獨夫受，洪惟作威，乃汝世讎。樹德務滋，除惡務本。肆予小子，誕以爾衆士，殄殲乃讎。[39]
>
> 曰："惟有道曾孫周王發，將有大正於商。"今商王受無道，暴殄天物，害虐烝民，爲天下逋逃主，萃淵藪。予小子既獲仁人，敢祗承上帝，以遏亂略。華夏蠻貊，罔不率俾，恭天成命。[40]

"弗敬上天，降災下民"，"自絕於天，結怨於民"，"暴殄天物，害虐烝民"，這是殷商失天下的緣由。

這種自周初以來形成的"以德配天"的天人合一觀中，無疑地其倫理道德色彩大大超過其宗教色彩。

天子受命於天，然只有有德者方能受此天命。何謂有德者？孟子在回答其弟子萬章問及堯舜相傳一事時，有一段論述是很值得思考的。孟子認爲，天子是不能私自把天下傳給他人的，舜之有天下，是天命授予的，堯只是起了推薦的作用。那麼，天又是如何來表達它的意向的呢？孟子說，天不是用說話來表達的，而是通過對舜的行爲和事績的接受來表示其意向的。具體地講，就是：

> 使之主祭而百神享之，是天受之；使之主事而事治，百姓安之，是民受之也。天與之，人與之，故曰：天子不能以天下與人。……《泰誓》曰："天視自我民視，天聽自我民聽"，此之謂也。[41]

這裏所謂"使之主祭而百神享之，是天受之"，顯然只具有外在的禮儀形式的意義，而"使之主事而事治，百姓安之，是民受之"，才具有實質的意義。由孟子所引《泰誓》一語可見，"人意"是"天命"的實在根據，"天命"則是體現"人意"的一種禮儀文飾。

這種"天命"根據於"人""民"之意願，"人""民"比鬼神更根本的觀念，發生於周初，至春秋時期而有極大的發展。《泰誓》中，除孟子所引那一句外，也還說過這樣的話：

天矜於民，民之所欲，天必從之。[42]

而在《尚書·皋陶謨》中説：

天聰明，自我民聰明；天明畏，自我民明威。[43]

孔安國釋此句之義，最能體現天命以民意爲根據的觀念。他説：

言天因民而降之福，民所歸者，天命之。天視聽人君之行，用民爲聰明。天明可畏，亦用民成其威。民所叛者，天討之，是天明可畏之效。[44]

至春秋時期，這方面的思想得到了極大的發展。以下摘引幾條人們熟知的《左傳》中的材料，以見其一斑。

〔季梁〕對曰："夫民，神之主也，是以聖王先成民而後致力於神。……故務其三時，修其五教，親其九族，以致其禋祀，於是乎民和而神降之福，故動則有成。今民各有心，而鬼神乏主，君雖獨豐，其何福之有？"[45]

史嚚曰："虢其亡乎！吾聞之：國將興，聽於民；將亡，聽於神。神，聰明正直而壹者也，依人而行。"[46]

進而一些思想家更明白地宣稱"妖由人興"、"吉凶由人"。如：

〔申繻〕對曰："……妖由人興也。人無釁焉，妖不自作。人棄常，則妖興，故有妖。"[47]

何謂"棄常"？晉伯宗在回答晉侯的話中，有一段可爲説明。伯宗説：

天反時爲災，地反物爲妖，民反德爲亂，亂則妖災生。[48]

所以，當宋襄公問周内史叔興關於"隕石於宋五"和"六鷁退飛過宋都"二事"是何祥也，吉凶焉在"時，叔興表面應付一下，退而則告人曰：

君失問。是陰陽之事，非吉凶所生也。吉凶由人。[49]

而晏嬰對齊侯欲使巫祝禳彗星之災時，則進言曰：

無益也，只取誣焉。……君無違德，方國將至，何患於彗？……若德回亂，民將流亡，祝史之爲，無能補也。[50]

由此，人事急於神事，民意重於神意的觀念深殖於中國傳統文化之中，並成爲歷代聖賢、明君無時不以爲誡的教訓。《禮記·表記》中嘗借孔子之口，比較了夏、商、周三代文化的不同特色，其中在述及周文化特色時説：

周人尊禮尚施，事鬼敬神而遠之，近人而忠焉，其賞罰用爵列，親而不尊。其民之敝：利而巧，文而不慚，賊而蔽。[51]

周文化這一近人而遠鬼神的特色影響深遠，以至當季路向孔子問"事鬼神"之事時，孔子相當嚴厲地斥責說：

未能事人，焉能事鬼！[52]

而當孔子在回答樊遲問"知"時，則又表示說：

務民之義，敬鬼神而遠之，可謂知矣。[53]

"務民之義"是"人有其治"的具體體現，人之治如果搞不好，鬼神也是無能爲力的。因此說，只有懂得近人而遠鬼神，把人事放在第一位，切實做好它，才能稱之爲"知"。這也許就是爲什麼在中國傳統中，把政權看得比神權更重的文化上的根源。

四

"禮"起源於祭祀，與原始宗教有着密切的關係，這是毫無疑問的。然而"禮"在中國傳統文化的發展歷程中，則是越來越富於人文的內涵，乃至最終成爲體現中國傳統文化人文精神的主要載體之一。"禮"通過祭祀，從消極方面來講，是爲了祈福禳災；而從積極方面來講，則是爲了報本。報什麼本？荀子的論述是十分值得注意的。他說：

禮有三本：天地者，生之本也；先祖者，類之本也；君師者，治之本也。無天地惡生？無先祖惡出？無君師惡治？三者偏亡，焉無安人。故禮，上事天下事地，尊先祖而隆君師，是禮之三本也。[54]

把君師之治作爲禮之本，一方面是以禮制形式來落實人與天地參的思想，另一方面又是使"禮"包含了更多的人文內涵。"禮"字在《論語》一書中凡七十四見，然除了講禮如何重要和如何用禮之外，對禮的具體涵義沒有任何表述。即使當林放提出"禮之本"這樣的問題，孔子也只是回答說："禮，與其奢也，寧儉，"[55]仍然只是如何用禮的問題。《孟子》一書中"禮"字凡六十八見，其中大部分也是講如何用禮的問題，只有幾處稍稍涉及到一些禮的具體涵義，如說：

"辭讓之心，禮之端也"[56]；"恭敬之心，禮也"[57]；"男女授受不親，禮也"[58]；"禮之實，節文斯二者（指仁、義）是也"[59]。荀子是中國傳統文化中"禮"學的奠基者。《荀子》一書中"禮"字凡三百餘見，全面論述了禮的起源，禮的教化作用，禮的社會功能等等，尤其是突出地闡發了禮的人文內涵。如，他對禮的起源的論述，完全拋開了宗教的解釋。他說：

> 禮起於何也？曰：人生而有欲，欲而不得，則不能無求，求而無度量分界，則不能不爭。爭則亂，亂則窮。先王惡其亂也，故制禮義以分之，以養人之欲，給人之求。使欲必不窮乎物，物必不屈於欲，兩者相持而長，是禮之所起也。[60]

據此，在荀子看來，禮的主要內容就是我們在上文提到過的"明分"，或者說"別"。所謂"別"或"明分"就是要使社會形成一個"貴賤有等，長幼有差，貧富輕重皆有稱者也"[61]的倫序。荀子認爲，確立這樣的倫序是保證一個社會安定和諧所必需的。所以他說：

> 然則，從人之欲，則勢不能容，物不能贍也。故先王案爲之制禮義以分之，使有貴賤之等，長幼之差，知愚能不能之分，皆使人載其事而各得其宜，然後使愨祿多少厚薄之稱，是夫群居和一之道也。[62]

毫無疑問，荀子這裏所講的禮，充滿了宗法等級制度的內容，是我們今天要批判、要拋棄的。然而，我們也無法否定，任何一個社會都需要有一定的倫序，否則這個社會是無法安定和諧的。因此，荀子關於"皆使人載其事而各得其宜，然後使愨祿多少厚薄之稱"，從而達到"群居和一"的理想，也還是有值得我們今天批判繼承的地方。

荀子闡發的禮的人文內涵，在中國傳統文化中，特別是儒家文化中，有着極爲深遠的影響。從而在中國文化傳統中，常常是把那些帶有宗教色彩的儀式納入到禮制中去，而不是使禮制作爲宗教的一種儀規。試舉一例以明之。如，荀子對於人問"雩而雨何也？"回答說："無何也！猶不雩而雨也。"這是大家都很熟悉的一則典故。"雩"原是一種宗教色彩很濃的求雨儀式，荀子在這裏雖然明確表示了"猶不雩而雨也"的意見，但他並沒有完全否定這種儀式，只是認爲不應當把它神化。換言之，如果把它作爲一種禮的儀式，荀子認爲還是有意義

的。請看荀子緊接着此問後所闡發的一個重要論點,他說:

> 日月食而救之,天旱而雩,卜筮然後決大事,非以爲得求也,以文之也。
> 故君子以爲文,而百姓以爲神。以爲文則吉,以爲神則凶也。[63]

這裏所謂的"文",是"文飾"的意思,相對於"質樸"而言,"禮"爲文飾之具,"文"爲有禮的標志。荀子這段話的主旨,就是强調要把救蝕、雩雨、卜筮等帶有原始宗教色彩的儀式作爲一種具有人文意義的"禮"儀來看待,而不要把它作爲一種求助於神靈的信仰儀式去看待。

人們常常把荀子的這段話與《周易》"觀卦彖傳"中的"聖人以神道設教"說聯繫在一起,這是有一定道理的。但是,通常人們對"神道設教"的解釋,則似乎並不符合其原義。按照一般的解釋,這句話的意思是說,聖人借"神"道以教化百姓。把"聖人以神道設教"一句中的"神"字,與上述荀子《天論》中"百姓以爲神"的"神"字,看成是相同的意思。其實,這裏有誤解。"觀卦彖傳"的"聖人以神道設教"一句中,"神道"是一個詞,而不是單獨以"神"爲一個詞。試觀其前後文即可明白矣。文曰:"觀天之神道,而四時不忒;聖人以神道設教,而天下服矣!"這裏明白地可以看到,所謂"聖人以神道設教"一句中的"神道",就是前文中"天之神道"的"神道"。何爲"天之神道"? 也就是文中所說的"四時不忒",亦即自然運行法則。所以,所謂"聖人以神道設教",即是聖人則天,以"四時不忒"之道來作爲教化的原則。

值得注意的是,效法天道自然法則正是傳統"禮"論中的中心內容之一。如《禮記·喪服四制》中說:

> 凡禮之大體:體天地,法四時,則陰陽,順人情,故謂之禮。訾之者,是不知禮之所由生也。[64]

由此可見,"觀卦彖傳"中所講的"神道",與荀子文中所表揚的"君子以爲文"的精神是相一致的,而與其所批評的"百姓以爲神"的"神"字意思則是根本不一樣的。

以"卜筮然後決大事"爲"文"而不以爲"神",這也是體現中國傳統文化人文精神的一個突出例子。"卜筮然後決大事"本來是一件"神"事,然而現在卻把它納入了"文"事。"文"事者,"非以爲得求也"。這樣,"卜筮"所決之事也就失去了它的絕對權威性，而成爲只具有一定參考價值的意見。於是，"卜筮"作爲一種禮儀形式的意義，也就遠遠超過了依它來"決大事"的意義。

把卜筮納入"禮"中，確實有藉"神"道以設教的意圖。如《禮記·曲禮》中有這樣一段話：

> 卜筮者，先聖王之所以使民信時日、敬鬼神、畏法令也，所以使民決嫌疑、定猶與（豫）也。[65]

這裏把"畏法令"也作爲卜筮的一項內容，其教化的意義是十分明顯的。因而，與此相關，對於利用卜筮來蠱惑人心者，則制定了嚴厲的制裁條例來禁止它。如，《禮記·王制》中規定：

> 析言破律，亂名改作，執左道以亂政，殺；作淫聲、異服、奇技、奇器以疑眾，殺；行僞而堅，言僞而辯，學非而博，順非而澤，殺；假於鬼神、時日、卜筮以疑眾，殺。此四誅者，不以聽。[66]

文中所謂"此四誅者，不以聽"的意思是說，對於這四種人不用聽其申辯即可處以死刑。

至此，中國傳統文化和哲學中上薄拜神教的人文精神，應當說已經反映得相當充分了。

五

關於中國傳統文化和哲學中下防拜物教的人文精神，則大量地體現在儒、道、佛三教的有關心性道德修養的理論中。中國傳統文化之所以注重並強調心性道德修養，這是與中國歷代聖賢們對人的本質的認識密切有關的。上面我們曾引過一段荀子論人"最爲天下貴"的文字，在那段文字裏，荀子把天下萬物分爲四大類：一類是無生命的水火，一類是有生命而無識知的草木，一類是有生命也有識知的禽獸，最後一類就是不僅有生有知而更是有義的人類。"義"是指遵循一定倫理原則的行爲規範，如荀子說的："仁者愛人，義者循理"[67]；"夫義者，所以限禁人爲惡與奸者也。……夫義者，內節於人而外節於萬物者也"[68]等等。在荀子看來，這就是人類與其他萬物，特別是動物（禽獸）的根本區別之所在。荀子的這一觀點是很有代表性的。在中國傳統文化中,絕大部分的聖賢都持這樣的觀點,即把是否具有倫理觀念和道德意志看作人的本質,作爲區別人與動物的根本標志。如孟子也説過:

人之所以異於禽獸者幾希,庶民去之,君子存之。[69]

那不同於禽獸的一點點,就是人的倫理意識和道德感情。孔子在回答子游問孝時嘗説:

今之孝者,是謂能養。至於犬馬,皆能有養;不敬,何以别乎?[70]

孟子則説:

人之有道也,飽食、暖衣、逸居而無教,則近於禽獸。[71]

孔、孟的這兩段論述都是强調,只有具有自覺的倫理意識和道德感情,才能把人的行爲與禽獸的行爲區别開來。對此,荀子更有進一步的論述,他説:

人之所以爲人者,何已也?曰:以其有辨也。飢而欲食,寒而欲暖,勞而欲息,好利而惡害,是人之所生而有也,是無待而然者也,是禹桀之所同也。然則,人之所以爲人者,非特以二足而無毛也,以其有辨也。今夫猩猩形笑亦二足而毛也,然而君子啜其羹,食其胾。故人之所以爲人者,非特以其二足而無毛也,以其有辨也。夫禽獸有父子而無父子之親,有牝牡而無男女之别。故人道莫不有辨,辨莫大於分,分莫大於禮,禮莫大於聖王。[72]

《禮記·曲禮》發揮這一思想,亦强調人當以禮來自别於禽獸。如説:

鸚鵡能言,不離飛鳥;猩猩能言,不離禽獸。今人而無禮,雖能言,不亦禽獸之心乎?夫唯禽獸無禮,故父子聚麀。是故聖人作,爲禮以教人。使人以有禮,知自别於禽獸。[73]

宋儒吕大臨闡發《曲禮》這段話的思想説:

夫人之血氣嗜欲,視聽食息,與禽獸異者幾希,特禽獸之言與人異爾,然猩猩、鸚鵡亦或能之。是則所以貴於萬物者,蓋有理義存焉。聖人因理義之同,制爲之禮,然後父子有親,君臣有義,男女有别,人道之所以立,而與天地參也。縱恣怠敖,滅天理而窮人欲,將與馬牛犬彘之無辨,是果於自暴自棄而不齒於人類者乎![74]

明儒薛瑄也説：

> 人之所以異於禽獸者，倫理而已。何謂倫？父子、君臣、夫婦、長幼、朋友五者之倫序是也。何謂理？即父子有親、君臣有義、夫婦有別、長幼有序、朋友有信五者之天理也。於倫理明而且盡，始得稱爲人之名。苟倫理一失，雖具人之形，其實與禽獸何異哉！蓋禽獸所知者，不過渴飲飢食、雌雄牝牡之欲而已，其於倫理則蠢然無知也。故其於飲食雌雄牝牡之欲既足，則飛鳴躑躅，群遊旅宿，一無所爲。若人，但知飲食男女之欲，而不能盡父子、君臣、夫婦、長幼、朋友之倫理，即暖衣飽食，終日嬉戲遊蕩，與禽獸無別矣。[75]

呂、薛二氏的論説，足以代表宋明理學家們關於人的本質的基本觀點。從以上的論述中，我們可以看到，歷代思想家們一致强調，明於倫理是人與禽獸區别的根本標志。進而更認爲，但求物欲上的滿足，則將使人喪失人格而淪爲禽獸。所以，對於人的倫理與物欲的關係問題，一直成爲中國傳統文化和哲學中最重要的主題之一。這也就是爲什麽在中國傳統文化中，尤其是儒家文化中，把人格的確立（以區別於禽獸）和提升（以區別於一般人）放在第一位，而且把倫理觀念、道德規範的教育和養成看作是一切教育之基礎的根源之所在。

事實上，在中國歷代聖賢的心目中，正確認識和處理倫理與物欲的關係問題是確立人格和提升人格的關鍵。對於這一問題，在中國傳統文化中大致是從三個層次來進行探討的。一是理論層次，討論"理""欲"問題；一是實踐層次，討論"義""利"問題；一是修養（教育）層次，討論"役物""物役"問題。在中國傳統文化中，有關這方面的內容是極其豐富的。概括地講，在理論上以"以理制欲"、"欲需合理"説爲主流，部分思想家將其推至極端，而提出了"存理滅欲"説；在實踐上以"先義後利"、"重義輕利"説爲主流，部分思想家將其推至極端，而提出了"正其誼不謀其利，明其道不計其功"之説；在修養上則概以"役物"爲尚，即做物欲的主人，而蔑視"物役"，即淪爲物欲的奴隸。

由於部分宋明理學家，如程朱等，在理欲問題上過分地强調"存天理滅人欲"，因而不僅遭到歷史上不少思想家的批評，更受到了近現代民主革命時代思想家的激烈批判，斥其爲壓制人性、無視人性，這是歷史的需要，完全是應當的。但是，我們如果全面地來檢視一下中國傳統文化中有關"理""欲"關係的理論，則很容易就可以發現"存理滅欲"之説實非據於主流地位。若如程朱等所説，必待滅盡人欲方能存得天理，即使以此爲極而言之説，其理論上之偏頗也是顯而易見的。人們嘗以爲程朱之説發軔於《禮記·樂記》，如與朱熹同時之陸九淵就認爲：

> 天理人欲之分，論極有病。自《禮記》有此言，而後人襲之。[76]

又説：

> 天理人欲之言，亦自不是至論。若天是理，人是欲，則是天人不同矣。此其原蓋出於老氏。《樂記》曰："人生而靜，天之性也；感於物而動，性之欲也。物至知知，而後好惡形焉。不能反躬，天理滅矣。"天理人欲之言，蓋出於此。《樂記》之言，亦根於老氏。[77]

理學家之談天理人欲或根於《樂記》，然程朱等所談之天理人欲關係與《樂記》所論之天理人欲關係已經有了很大的不同。《樂記》所論曰：

> 人生而靜，天之性也；感於物而動，性之欲也。物至知知，然後好惡形焉。好惡無節於内，知誘於外，不能反躬，天理滅矣。夫物之感人無窮，而人之好惡無節，則是物至而人化物也。人化物也者，滅天理而窮人欲者也。於是有悖逆詐僞之心，有淫佚作亂之事。是故强者脅弱，衆者暴寡，知者詐愚，勇者苦怯，疾病不養，老幼孤獨不得其所，此大亂之道也。是故先王之制禮樂，人爲之節。[78]

對照陸九淵所引本節之文，人們可以看到陸氏引文中略去了"好惡無節於内，知誘於外"一句，然而這一句恰好是《樂記》本節所論旨趣之關鍵所在。《樂記》並未否定人感於物而動的性之欲，它只是否定那種好惡無節於内，知誘於外，且又不能反躬的人。這樣的人，在它看來就是在無窮的物欲面前，不能自我節制，而被物支配了的人，亦即所謂"物至而人化物也"。人爲物所支配，爲了窮其人欲，那就有可能置一切倫理原則於不顧，而做出種種背離倫理的事來。爲此，《樂記》才特別强調了"制禮樂，人爲之節"的重要和必要。

《樂記》的這一思想，很可能來源於荀子。上面我們曾引用過荀子一段論述關於禮的起源的文字，在那裏他肯定了"人生而有欲，欲而不得，則不能無求"。但同時他又指出,如果"求而無度量分界",那就會造成社會的爭亂。因此,需要制訂禮義來節制之,以達到"養人之欲,給人之求"的理想。由此可見,如果説在程朱理學的"存天理滅人欲"命題中具有禁欲主義意味的話,那麼在《樂記》和荀子那裏並無此意。《樂記》主張是"節欲",而荀子則除了講"節欲"外,還提出了"養欲"、"導欲"、"御欲"[79]等一系列命題,"節欲"理論甚是豐富。荀子嘗指出,那些提出"去欲"、"寡欲"主張的人,其實是他們在實踐中沒有能力對人們的欲望加以引導和節制的表現。他説:

> 凡語治而待去欲者,無以道欲,而困於有欲者也。凡語治而待寡欲者,無以節欲,而困於多欲者也。[80]

他還認爲,欲求是人生來就具有的,問題在於你的欲求合理不合理。如果合理,那麼再多的欲求也不會給社會帶來問題,如果不合理,那麼再少的欲求也會給社會造成混亂。這就是他説的:

> 欲不待可得,所受乎天也;求者從所可,受乎心也。……故欲過之而動不及,心止之也。心之所可中理,則欲雖多,奚傷於治?欲不及而動過之,心使之也。心之所可失理,則欲雖寡,奚止於亂![81]

總之,荀子認爲:

> 性者,天之就也;情者,性之質也;欲者,情之應也。以所欲爲可得而求之,情之所必不免也。……欲雖不可盡,可以近盡也;欲雖不可去,求可節也。[82]

荀子的這些思想是合理而深刻的,對於後世的影響也是極其深遠的。宋明以往批判程朱"存理滅欲"説者,其基本理論並未超過荀子多少。試舉一二以見其概,如明儒羅欽順嘗論曰:

> 夫人之有欲,固出於天,蓋有必然而不容已,且有當然而不可易者。於其所不容已者而皆合乎當然之則,夫安往而非善乎?惟其恣情縱欲而不知反,斯爲惡爾。先儒多以去人欲、遏人欲爲言,蓋所以防其流者,不得不嚴,但語意似乎偏重。夫欲與喜怒哀樂,皆性之所有者,喜怒哀樂又可去乎?[83]

又如,清儒戴震在批判程朱的"存天理滅人欲"説,以及解釋《樂記》"滅天理而窮人欲"一語時説：

> 性，譬則水也；欲，譬則水之流也。節而不過，則爲依乎天理，爲相生養之道，譬則水由地中行也；窮人欲而至於又悖逆詐僞之心，有淫佚作亂之事，譬則洪水橫流，泛濫於中國也。……天理者，節其欲而不窮人欲也。是故欲不可窮，非不可有；有而節之，使無過情，無不及情，可謂之非天理乎！[84]

此外，道家等從養生的角度也講述了不少有關"節欲"、"養欲"的道理，對於豐富傳統文化中的"節欲"理論也是很有價值的。[85]

在荀子之前就流傳着這樣的教訓，即所謂："君子役物，小人役於物。"荀子對此解釋説：

> 志意修則驕富貴，道義重則輕王公，内省而外物輕矣！傳曰："君子役物，小人役於物，"此之謂矣。[86]

這句話的意思是説，注重精神修養和倫理實踐的人則輕視富貴地位，也就是説，注重内心反省的人，對身外之物是看得很輕的。歷代相傳的"君子支配物，小人被物支配"，就是這個意思。做"役物"的"君子"，還是做"役於物"的"小人"，這是人格修養上必需明辨的問題。荀子進一步對比此二者説：

> 志輕理而不〔外〕重物者，無之有也；外重物而不内憂者，無之有也；行離理而不外危者，無之有也；外危而不内恐者，無之有也。……故欲養其欲而縱其情，欲養其性而危其形，欲養其樂而攻其心，欲養其名而亂其行。如此者，雖封侯稱君，其與夫盜無以異；乘軒戴絻，其與無足無以異。夫是之謂以己爲物役矣。

反之：

> 心平愉，則色不及傭而可以養目，聲不及傭而可以養耳，蔬食菜羹而可以養口，粗布之衣、粗紃之履而可以養體，屋室廬庾葭稾蓐尚机筵而可以養形。故無萬物之美而可以養樂，無勢列之位而可以養名。……夫是之謂重己役物。[87]

這種不爲物累，勿爲物役的思想在佛、道理論系統中更是俯拾皆是，此處暫不贅述。然至此，中國傳統文化和哲學中下防拜物教的人文精神，應當説也已經反映得相當充分了。

人不應當"役於神",更不應當"役於物",人應當有自己獨立的人格。有不少人以爲,依仗現代高科技,人類已經可以告別聽命於"神"的歷史,人類已經可以隨心所欲地去支配"物"的世界了。然而,我們如果冷靜地看看當今世界的現實,則恐怕就不會這樣樂觀了。"役於神"的問題是極其複雜的,絕非單純的科技發展就能解決的。君不見,當今世界各大有神宗教,憑藉着社會經濟增長的實力後盾,幾乎與現代高科技同步高速發展,且新興宗教層出不窮。"役於物"的問題,則隨着現代高科技的發展,人類向"物"世界索取手段的不斷提高,因而對於物的欲求也是在進一步的膨脹。更何況當今世界是一個講求實力的時代,全世界的經濟實力競爭,把全人類逼上了"役於物"的險途而尚不能自反。

衆所周知,十八世紀歐洲的啓蒙運動,高揚人本主義去衝破中世紀神本文化的牢籠,然而誠如當時那些主要思想家所言,他們倡導的人本主義,從中國儒、道哲學的人文精神中得到了極大的啓發和鼓舞。[88]而當今東西方思想家注目於中國傳統文化和哲學,恐怕主要是想借助中國傳統文化和哲學中的人文精神來提升人的精神生活、道德境界,以抵禦由於物質文明的高度發展而帶來的拜金主義和拜物教,以及由此而造成的人類的自我失落和精神空虛。我想,這大概也就是中國傳統文化中的人文精神爲什麼還值得人們在今日來認真研究一番的理由吧!

注釋

〔1〕 佛教典籍浩如烟海,就其中對中國傳統文化影響最深遠,約可與"三玄"、"四書"、"五經"之地位相當者,當數以下"三論":《中論》、《成唯識論》、《大乘起信論》(此論爲疑僞論),"九經":《金剛經》、《心經》、《法華經》、《華嚴經》、《阿彌陀經》、《維摩詰經》、《楞嚴經》、《圓覺經》(以上二經爲疑僞經)、《壇經》(此經爲本土禪宗之根本經典),"一錄":《景德傳燈錄》(此錄爲禪宗一千七百則公案之所本)。這一歸納僅爲個人淺見所及,以便初學者入門,不當之處,切望高明賜正。

〔2〕 這裏借用了《論語·子路》中的一句話:"子曰:'君子和而不同,小人同而不和。'"尚"和"而卑"同"是中國傳統文化中的一個重要觀念,"和"是綜合會通的意思,"同"

是單一附和的意思。任何事物，只有不斷地綜合會通才能發展創新，若是一味地單一附和則將萎縮死亡。誠如周末史伯所言："夫和實生物，同則不繼。以他平他謂之和，故能豐長而物歸之。若以同裨同，盡乃棄矣。"（《國語·鄭語》）

〔3〕 引自孔穎達《周易正義》卷三，《十三經注疏》（上冊），中華書局1980年影印本，第37頁。"剛柔交錯"四字按文義補。

〔4〕 同前注。

〔5〕 同前注。

〔6〕 引自《伊川易傳》卷二，上海古籍出版社1989年影印《四庫全書》本，第85－86頁。

〔7〕 引自孔穎達《尚書正義》卷十一《泰誓上》。《十三經注疏》（上冊），中華書局1980年影印本，第180頁。

〔8〕 引自《孝經注疏》卷五"聖治章第九"。同前注（下冊），第2553頁。

〔9〕 同前注。

〔10〕 《荀子·王制》，中華書局版《諸子集成》第二冊，第104頁。

〔11〕 引自孔穎達《禮記正義》卷二十二，同前注第1423、1424頁。

〔12〕 同前注。

〔13〕 如，董仲舒說："天地之精，所以生物者，莫貴於人"（《春秋繁露·人副天數》）；"人受命於天，固超然異於群生。……是其得天之靈，貴於物也。"（《漢書·董仲舒傳》）。周敦頤說："二氣交感，化生萬物，萬物生生，而變化無窮，惟人也得其秀而最靈。"（《太極圖說》）邵雍說："惟人兼乎萬物，而爲萬物之靈。如禽獸之聲，以類而各能其一，無所不能者人也。推之他事亦莫不然。惟人得天地日月交之用，他類則不能也。人之生，真可謂之貴矣。"（《皇極經世書》卷七上《觀物外篇上》）

〔14〕 《老子》二十五章，引自拙著《王弼集校釋》上冊，第64－65頁。此文中之"王"，即代表了"人"。所以王弼注此句說："天地之性人爲貴，而王是人之主也。"

〔15〕 《荀子·天論》，中華書局版《諸子集成》第二冊，第206頁。

〔16〕 《荀子·禮論》，同前注第243頁。

〔17〕 引自孔穎達《禮記正義》卷五十三，同注〔10〕，第1632頁。

〔18〕 此處參考朱熹的解釋。朱熹《中庸章句》說："……能盡之者，謂知之無不明而處之無不當也。贊，猶助也。與天地參，謂與天地並立爲三也。"引自中華書局1983年版《四書章句集注》，第33頁。

〔19〕 《春秋繁露》卷六《立元神》，1986年上海古籍出版社版《二十二子》，第781頁。

〔20〕 《春秋繁露》卷十七《天地陰陽》，同上第808頁。

〔21〕 《春秋繁露》卷十三《人副天數》，同上第797頁。

〔22〕 《春秋繁露》卷十一《王道通三》，同上第794頁。

〔23〕 《老子》六十四章，引自拙著《王弼集校釋》上册，第166頁。

〔24〕 《淮南子》卷九《主術訓》，1986年上海古籍出版社版《二十二子》，第1245頁。

〔25〕 《淮南子》卷一《原道訓》，1986年上海古籍出版社版《二十二子》，第1207頁。

〔26〕 《淮南子》卷十九《修務訓》，1986年上海古籍出版社版《二十二子》，第1296頁。

〔27〕 《老子》十七章，引自拙著《王弼集校釋》上册，第41頁。

〔28〕〔29〕〔30〕 《荀子·天論》，中華書局版《諸子集成》第二册，第205—206頁。

〔31〕〔32〕 《孟子·離婁下》，引自中華書局1983年版《四書章句集注》，第297頁。

〔33〕 引自孔穎達《尚書正義》卷十五，《十三經注疏》（上册），中華書局1980年影印本，第213頁。

〔34〕 《尚書·大禹謨》，同上卷四，第137頁。 烈按，以下引《尚書》各篇只是爲了說明周初以後傳統文化中以"敬德"祈天命觀念的廣泛與深入，所以對於其中各篇今古文之別及時代之差異，未予細計。

〔35〕 《尚書·仲虺之誥》，同上卷八，第161頁。

〔36〕 《尚書·湯誥》，同上卷八，第162頁。

〔37〕 《尚書·咸有一德》，同上卷八，第165頁。

〔38〕 《尚書·泰誓上》，同上卷十一，第180頁。

〔39〕 《尚書·泰誓下》，同上卷十一，第182頁。

〔40〕 《尚書·武成》，同上卷十一，第184—185頁。

〔41〕 《孟子·萬章上》，引自中華書局1983年版《四書章句集注》，第308頁。

〔42〕 《尚書·泰誓上》，同前卷十一，第181頁。

〔43〕〔44〕 同上卷四，第139頁。

〔45〕 引自孔穎達《春秋左傳正義》卷六"桓公六年傳"，《十三經注疏》（下册），中華書局1980年影印本，第1750頁。

〔46〕 《春秋左傳正義》卷十"莊公三十二年傳"，同上第1783頁。

〔47〕 《春秋左傳正義》卷九"莊公十四年傳"，同上第1771頁。

〔48〕 《春秋左傳正義》卷二十四"宣公十五年傳"，同上第1888頁。

〔49〕 《春秋左傳正義》卷十四"僖公十六年傳"，同上第1808頁。

〔50〕 《春秋左傳正義》卷五十二"昭公二十六年傳"，同上第2115頁。

〔51〕 引自孔穎達《禮記正義》卷五十四，同上第1642頁。

〔52〕《論語・先進》，引自中華書局1983年版《四書章句集注》，第125頁。
〔53〕《論語・雍也》，同上第89頁。
〔54〕《荀子・禮論》，中華書局版《諸子集成》第二冊，第233頁。
〔55〕《論語・八佾》，引自中華書局1983年版《四書章句集注》，第62頁。
〔56〕《孟子・公孫丑上》，同上第238頁。
〔57〕《孟子・告子上》，同上第328頁。
〔58〕《孟子・離婁上》，同上第284頁。
〔59〕《孟子・離婁上》，同上第287頁。
〔60〕〔61〕《荀子・禮論》，中華書局版《諸子集成》第二冊，第231頁。
〔62〕《荀子・榮辱》，同上第44頁。
〔63〕《荀子・天論》，同上第211頁。
〔64〕引自孔穎達《禮記正義》卷六十三，同前第1694頁。
〔65〕引自孔穎達《禮記正義》卷三，同前第1252頁。
〔66〕引自孔穎達《禮記正義》卷十三，同上第1344頁。
〔67〕《荀子・議兵》，同前第185頁。
〔68〕《荀子・強國》，同前第203-204頁。
〔69〕《孟子・離婁下》，同前第293頁。
〔70〕《論語・爲政》，同上第56頁。
〔71〕《孟子・滕文公上》，同上第259頁。
〔72〕《荀子・非相》，同前第50頁。
〔73〕引自孔穎達《禮記正義》卷一，同前第1231頁。
〔74〕引自清孫希旦《禮記集解》卷一，中華書局1989年版上冊，第11頁。
〔75〕《文清公薛先生文集》卷十二"戒子書"，山西人民出版社1990年版《薛瑄全集》上冊，第661頁。
〔76〕《語錄》下，中華書局1980年版《陸九淵集》，第475頁。
〔77〕《語錄》上，同上第395頁。
〔78〕引自孔穎達《禮記正義》卷三十七，同前第1529頁。
〔79〕荀子提出"節用御欲"的命題，是強調人們在消費時應當有長遠的後顧之憂，時時控制欲求，節約消費。他說："人之情，食欲有芻豢，衣欲有文繡，行欲有輿馬，又欲夫餘財蓄積之富也。然而窮年累世不知（原文此下有一"不"字，據楊倞注說刪）足，是人之情也。今人之生也，方知畜雞狗豬彘，又畜牛羊，然而食不敢有酒肉；餘刀布，

有困窮，然而衣不敢有絲帛；約者有筐篋之藏，然而行不敢有輿馬；是何也，非不欲也！幾不長慮顧後，而恐無以繼之故也。於是又節用御欲，收斂蓄藏以繼之。是於己長慮顧後，幾不甚善矣哉！"（《荀子·榮辱》，同前第42頁）

〔80〕〔81〕〔82〕 《荀子·正名》，同前第283—285頁。

〔83〕《困知記》卷下，中華書局1990年版，第28頁。

〔84〕《孟子字義疏證》卷上，中華書局1982年版，第10—11頁。

〔85〕 如《呂氏春秋》卷一"重己"篇說："昔先王之爲苑囿園池也，足以觀望勞形而已矣；其爲宮室臺榭也，足以辟燥濕而已矣；其爲輿馬衣裳也，足以逸身暖骸而已矣；其爲飲食酏醴也，足以適味充虛而已矣；其爲聲色音樂也，足以安性自娛而已矣。五者，聖王之所以養性也，非好儉而惡費也，節乎性也。"（1986年上海古籍出版社版《二十二子》，第630—631頁）又，卷二"情欲"篇也說："天生人而使有貪有欲，欲有情有節，聖人修節以止欲，故不過行其情也。"（同上，第633頁）

〔86〕《荀子·修身》，同前第16頁。

〔87〕《荀子·正名》，同上第286—287頁。

〔88〕 對此問題有興趣者可參閱朱謙之先生著《中國哲學對於歐洲的影響》一書，福建人民出版社1985年版。

（本文作者 北京大學哲學系）

Humanistic Spirit of Chinese Traditional Culture

Lou Yulie

Summary

The author holds that the humanistic spirit could be said the most important and outstanding characteristic of Chinese traditional culture, if chinese traditional culture viewed as a whole. Firstly, therefore, the term "humanity" is examined, concerning its source and original meaning in Chinese ancient texts and records.

"Humanistic spirit" in Chinese traditional culture could be traced as far as to the beginning of Chinese culture, or at least to the civilization between the end of Yin Dynesty and the beginning of Zhou Dynasty. The concrete expression of this kind of humanistic spirit is that it regarded the self-promotion and self-transcendence of human being as the first important thing of ethics life, and payed attention to the formation of ethics and art spirit, by full affirmation of human being's subjuctive activity and his center role in the universe.

As a result, two distinguishing features of Chinese traditional culture formed. The first is that it highly appreciated monarchical power and master's teaching and at the same time weakened theocracy, so its religious idea of an absolute Divine was relatively dim; the second is that it highly appreciated understanding Tao, correcting proportion and abstaining desire for material things, thus the idea of personal self-perfection was accepted generally and deeply. In otherwords, the humanistic spirit of Chinese traditional culture contained one kind of rational spirit in modern sense, which not only lowered god-worship but also prevented fetishism. The author cites a lot of ancient texts and records for proving the two distinguishing features.

The Enlightenment in 18th century highly appreciated humanism in order to break through the bonds of medieval theocratic culture, the author points out finally, but just as those famous thinkers at that time said that their initiating humanism was inspired and encouraged very much by the humanistic spirit from Chinese Confucian and Taoistic philosophies. Eastern and Western thinkers today focus their attention on Chinese traditional culture and philosophy, because mainly that they attempt to promote human being's sprвитual life and moral state with the aid of the humanistic spirit of Chinese traditional culture, and to withstand money-worship, fetishism, human being's self-loss and spiritual emptiness owing to the high development of material civilization. Maybe it is the reason that why the humanistic spirit of Chinese traditional culture is still worth careful study in today's world.

蒙學與世俗儒家倫理

陳　來

　　研究中國文化價值結構系統的方向有兩種：一種是注重少數聖賢的經典中記載的理想的價值體系，另一種則完全注重一般民眾生活和日常行為所表現的實際價值取向。對於歷史學來說，後一種是不可能真正再現的。本文的目的也不在注重經典體系中的價值，而注重經典體系的價值理想怎樣通過與世俗生活相妥協而轉移爲對世俗生活有現實規範的價值，即理論的價值系統如何轉而爲現實的社會規範。本文認爲，世俗儒家倫理與精英儒家倫理不同，它主要不是通過儒學思想家的著述去陳述它，而是由中下層儒者制定的童蒙教育讀物形成的，並發生影響。這種通俗儒家倫理讀物的內容並非簡單認同現實的世俗生活，而是體現爲家族主義、個人功利與儒家道德倫理的結合，在宋以後的中國歷史上，在民眾中流行極廣。它比這一時期文學作品及各種散見的社會記錄更集中體現了對世俗社會直接發生作用的價值，而這些價值也正是和仍然是從前現代到現代化過程中中國人價值取向的基本要素。這使得明清蒙學的研究，不僅具有獨立的學術意義，而且可以在解釋東亞以及中國的現代經濟發展方面提供若干背景和啓示。

一、　韋伯理論中的"倫理"與"欲望"

　　毫無疑問，本文的研究與韋伯對新教和儒教倫理的研究有密切關係。因此，爲了使進一步的研究與韋伯的討論相應，我們先須清理一下韋伯在研究新教倫理與儒教倫理時所採用的方法，以便使進一步的討論可與韋伯着眼的層次相應。

　　韋伯的儒教倫理觀集中表現在他的《中國宗教：儒教與道教》，特別是其中最後一章"儒教與清教"。根據韋伯的説法，就中國歷史來看，較之西方，中國擁有的各種外在的有利資本主義發生的條件並不算少，而通常被認爲西方存在過的對資本主義發展的制度障礙在中國並不明顯。因而，中國資本主義不發生的決定性原因與其説是制度的，不如説是"心態"的。[1]與之相對照，在《新教倫理與資本主義精神》中，韋伯力圖證明新教倫理爲資本主義在西方的産生提供了"心態"的條件。

　　儒教與新教的"心態"的不同，照韋伯的説法，主要有三個方面。首先，雖然二者同爲理性的倫理，又都可歸爲"功利主義"的，但儒教將與此一世界的緊張降低至最低，其特點是"適應世界"；而新教的清教徒對俗世有一種巨大的緊張，要將既有的世界進行理性的轉化。[2]其次，儒教徒對財富的崇拜心態與清教徒的勤奮、節儉的禁欲主義不同。儒教徒對財富的態度可比擬於文藝復興時期的現世精神，没有任何國家像儒教徒那樣把物質福利作爲終極目標而抬得如此之高，但這並不是能夠創造出資本主義的經濟心態。[3]中國的無與倫比的精打細算與資本主義的有條理的經營觀念不是一回事；小商販式的營利欲與現代資本主義没有關聯。光是營利欲、重視財富，"是遠遠不能代表會産生從現代經濟裏志業人員身上所發現的'資本主義精神'"。[4]最後，現代資本主義是功能性企業，而儒教把人嵌入宗族或家族，從而，在中國一切團體包括企業的"信賴"基礎是基於個人、家族和擬家族的關係，即"個人關係原則"佔主導地位。與之不同，新教打斷氏族紐結，建立信仰共同體，主張一種把信賴建立於非個人的、一種不同於血緣共同體的共同生活倫理。韋伯強調，在中國，所有共同體行爲都爲個人—親屬的關係所淹没和制約；而清教將一切都理性化爲純粹的事業關係，並以理性的法律和協定來取代傳統。[5]

　　關於研究方法，韋伯（Max Weber）在研究新教時指出：

　　　　我們所關注的並不是當時理論或官方在倫理概要裏傳授的是什麽東西，無論這通過教會戒律、牧師布道産生過多麽實際的作用。毋寧説我們只對與此大不相同的另一些問題感到興趣，即由宗教信仰和宗教活動所産生的心理約束力的影響，這些影響轉而指導日常行爲並制約個人行動。而這些約束力在很大程度上則是從它們背後的各種宗教思想的特點中衍生出來的。[6]

這表明韋伯的重點不在理論和教義的層次，而在行爲和心理的層次。並且，韋伯也不是一般地研究社會行爲和個體心理，而是那些源於宗教思想而落實於個體心理的約束力。

韋伯研究的方法，不僅如以上所說，在範圍上與人類學不同，即他只注重那些與宗教倫理有關的行爲；而且因注重宗教倫理對經濟行爲的影響，在性質上也與人類學有所不同。所以他在爲自己較少使用人類學材料而辯護時說：

我們在這裏所討論的，是作爲各自國家的文化承擔者的各階層的宗教倫理觀念，我們所關心的是它們的行爲一直發生的影響。[7]

事實上，在韋伯的論述中，至少可以區分爲三個層次，即理論教義的層次，作爲實際倫理的心理約束的層次，和一般世俗行爲與心態的層次。由於韋伯既不注重理論教義，而與哲學相區別；又非一般地描述社會系統或宗教習俗，而與人類學相區別；所以，韋伯的着眼點是在第二層次。正因爲如此，他所使用的材料，主要不是聖經，也不是人類學的材料，在新教研究中更多使用的是《基督教指南》等宗教小册子。

照韋伯所說，至少有幾種不同的資本主義的歷史形態，而每一種資本主義都具有自己相應的"精神"。其中最主要的是"投機資本主義"和"合理資本主義"，前者是傳統的資本主義，後者是現代的資本主義。[8]一般的崇拜財富的精神在韋伯看來只能是屬於傳統資本主義，由於欲望是非理性的，所以傳統資本主義是非理性的資本主義。而新教倫理所代表的才是合理資本主義所需要的理性精神。因此，東方國家未能產生資本主義的原因並非缺乏制度性的條件，而是缺乏一種動機性力量，這種參與決定資本主義產生的規範性條件，既不是印度人的貪婪，也不是中國人的精打細算，而是一種包含職業觀念、節制、守信、盡職、把勞動本身作爲目的的心態在內的理性倫理。[9]

韋伯在談到富蘭克林時特別指出，與福格的賺錢信條不同，富蘭克林宣揚的是一種倫理。福格體現的只是商人的大膽，而富蘭克林宣揚的是帶有倫理色彩的勸世格言。富氏所宣揚的不單是發迹的方法，而且是一種奇特的倫理，違反其規範被認爲是忘記責任，而不僅僅是愚蠢。韋伯強調這種具有倫理色彩的東西才是他所説的"資本主義精神"。[10]

韋伯指出，前資本主義社會對富蘭克林的思想都會抱排斥態度，認爲是卑鄙的貪婪，但同時那種社會里的官員、農民的貪婪不亞於任何人。[11]這一方面表現出官方宗教作爲教義理論的意識形態與大衆的現實生活態度的不同，另一方面，説明資本主義精神與前資本主義精神的區別並不在賺錢欲望的發展程度上。韋伯認爲：

> 許多國家的資產階級資本主義的發展程度，按西方的標準來看，一直是落後的，但在靠賺錢以取得私利方面使絶對不講道德的作法普遍盛行，卻恰恰是那些國家一直具有的一個突出的典型特徵。——資本主義無法利用那些信奉無紀律的自由自在的信條的人的勞動，正如它不能利用那些在與他人往來中給人以完全不講道德的印象的人一樣。[12]

因此，所謂"資本主義精神"是"一種要求倫理認可的確定生活準則"[13]，是一種已被合法化的、對人會產生心理約束力的規範。韋伯認爲，對世俗生活的道德辯護，而合法化爲某種倫理，才是合理資本主義的精神支持。韋伯這種對倫理和欲望的區分，是十分重要的。就是説，如果我們要在同一層次上延續韋伯的討論，我們就不僅要脱離教義層次而轉向現實心態，而且需要著眼於具有倫理意義的生活準則。

如果説，韋伯對中國文化或儒家文化的批評是指它未能提供一種倫理，以促使資本主義產生，那麽，現代學者對儒家文化的批評，則強調它以倫理爲本位，而不能提供一種欲望[14]。現代學者的這種批評在眼力上就大大低於韋伯。而兩方面的結合共同構成了本世紀對儒家阻礙現代化的指責。然而，工業東亞的奇迹與九十年代中國大陸的發展表明，這兩種指責都是不恰當的。事實上，韋伯也承認儒教中國對既有的現代文化（經濟-技術）加以同化的能力是無可懷疑的。韋伯甚至認爲中國的這種能力高於日本（雖然並不恰當）。所以，對中國文化同化現代化的能力的懷疑，一方面來自甲午之後中國歷史發展的本身，另一方面則來自中國知識分子自己對儒家文化的形式主義批評，而對韋伯的某些誤解正是以中國知識分子對儒家文化的某些誤解爲前提的。所以，中文世界對韋伯命題的重新審查，也應包括對自己文化觀念的清理。

韋伯開創了把規範性與結構性因素加以綜合研究的範例。就方法來說，《新教倫理》代表的研究視角，正如韋伯在《普通經濟史》中強調的，在規範性研究方面，應當區分專家宗教與大衆宗教，區分官樣教義與現實生活，把宗教倫理理想與信徒生活實際所受的影響區分開來。[15]但另一方面，我們也看到，在《中國宗教》一書，韋伯沒有貫徹好這一方法。他更多地對"儒教"而不是"儒教徒"進行分析，即使對儒教徒（當然，由於儒家的特殊性質，儒教徒很難定義），他也未能舉出適當的材料來證明。正如韋伯大量利用《基督教指南》等宗教小册子一樣，按其方法，他理應利用儒家文化中同一層次的材料，如本文所注重的蒙學讀物等，以便說明被儒家合法化的倫理規範，對於經濟過程中的個人，是否產生過或產生過何種心理約束力。但是韋伯限於知識和能力，而未能這樣去做。換言之，應當證明儒家文化中的人的行爲，除了會受到人性中的欲望所推動之外，在哪些方面受"規範性"因素所引導；或者，儒家即使不是在本源的意義上塑造出這些現實態度，它是如何或者在何等程度上與這種態度相容，甚至加以合法化的。

另一方面，正如余英時指出和強調的，由於西方資本主義發展的特殊歷史文化經驗和西方宗教的特殊性，不可能在非西方社會中發現與西方社會完全相同的東西。因此，重要的問題是提出一般性的韋伯式的問題，以擴大開拓中國歷史的研究領域，而並非把韋伯理論作爲放之四海而皆準的歷史哲學加以應用[16]。在這個脈絡下，當然也不僅僅是消極地與韋伯辯難。同時，本文也不想像韋伯那樣單刀直入地只研究經濟倫理，而是希望對蒙學這一文化形態作一綜合的研究，以便使其成果不僅可以與華人經濟的現代發展相對照，也可以對在整體上理解現代化過程中中國人的行爲模式有所幫助。

二、蒙學與中國人的價值

儒家文化是中國人道德價值的主要支柱。談到儒家思想家，人們可以毫不費力地數出從朱熹到王陽明等著名人物。但是，如果我們認真閱讀他們的浩繁著作，我們會驚奇地發現，在這些著作中很少適用於社會大衆的道德訓戒或倫理教言。充滿其中的是屬於哲學的心理學的內容，即如何從事、調整精神生活、進行心理鍛煉的內容。即使有道德箴言，也多是面對"士"即飽受儒學教育之士提出的、在特定社會結構中立身處世的氣節風範。毫不誇張地説，這一切都代表了"精英"的精神要求與價值。

那麼，傳統文化的價值是如何在社會中實際發生影響？其影響是通過何種渠道滲透、伸展至民間？或民間大衆所接受的價值在結構上有何特性？當然，朱熹和王陽明也曾兼作童蒙教育及社會教化工作，如朱熹的《小學》與《童蒙須知》是一切啓蒙教育的經典，而王陽明的《南贛鄉約》則對南方農村的鄉治及道德秩序亦起了不小的作用。但理學家的著作及活動主要不是面對大衆的，這一點是没有疑問的。在中國文化中，中下層儒者實施的蒙學教育才是倫理教化的直接活動。

古代中國歷來重視少兒教育，《周易》所謂"蒙以養正"[17]，説明中國文化早就認識到啓迪兒童心靈和智慧的必要性。古代的兒童教育又稱爲"童蒙"教育，或"蒙養"教育、"蒙學"教育，兒童教育讀物稱爲蒙學或蒙養讀物，其歷史自周秦至清末，達三千年之久。從蒙學施教的場所來説，傳統童蒙教育最具代表性的途徑是書館、鄉學、村學、家塾、冬學、義學、社學等，可以説最貼近民衆的一般生活。在中國歷史上傳流最廣的啓蒙教材，從歷史順序上説，有南朝梁周興嗣所編的《千字文》，唐代的《太公家教》和《兔園策》[18]，宋代的《三字經》，清代的《弟子規》[19]、《增廣賢文》等。特別是《增廣賢文》，清代以來民間流傳"讀了增廣會講話，學了賢文會作人"的説法[20]，表明《增廣賢文》中"作人"的世俗智慧頗入人心。

童蒙讀物的內容主要是兩類：一是知識性，包含識字及名物知識；一是倫理性，包括人生與道德訓戒。這些讀物的編寫，在出發點上是爲少兒所寫，但在教育實踐上，由於它們是"鄉校俚儒教田夫牧子之所誦也"[21]，對"村姑里婦"也有深刻影響[22]，其適用的範圍極廣。由此可知，第一，蒙學讀物的對象適於一切低文化程度者，不僅兒童，無文化的成年人也賴其啓蒙。第二，蒙學教材的使用者即教師，爲社會基層如農村的鄉校的"俚儒"，即不是精英知識分子，而是生活在民間的下層儒者。蒙學教材中，宋代以後，倫理教戒的内容大大加重，許多道德箴言是取歷來聖賢的嘉言加以改鑄，成爲流傳甚廣的格言諺語。蒙學讀物的這些内容，由於簡明扼要、通俗易懂，便於記誦，切於日用，因而流傳時間很久，範圍較廣，影響甚深。在世俗儒家的文化形態中，還有一種家訓家規也頗爲流傳，特别是名人名家的遺訓與治家格言，是士紳階級包括書香之門乃至殷實富户傾心仰慕的良方，成爲他們正齊門風、振作家聲、炫耀鄉里的範例。[23]但這一類東西與蒙學不同，主要是對社會上層發生影響，不像蒙學文化對社會所具有的普遍性那麼大，故不在本文的研究之列。周谷城先生指出："當時普通人所受的教育，以及他們通過教育所形成的自然觀、神道觀、倫理觀、道德觀、價值觀、歷史觀，在這類書中，有更加充分而鮮明的反映。"[24]事實上，這是儒家教育實踐邏輯的必然體現，因爲儒家特别重視社會教化，始終把"化民成俗"置於重要地位，儒家教育體系的内在邏輯決定了儒家不可能滿足於使自己的理論停止在精英知識分子的理論論説上面。這樣一來，儒家文化不僅影響各級國家學校（國學、府學、州學、縣學）的精英教育，也必然延伸到民間教育中去。

自宋代以後，官學系統主要由府學、州學、縣學組成，但實際上這些學中並不系統授課，而是科舉預備班。真正執行初級教育即啓蒙教育功能的是村學、鄉學、社學、義塾。據吕坤《社學要略》：

> 掌印官曉諭百姓，今後子弟，可讀書之年，即送社學讀書，縱使窮忙，也須十月以後在學三月以後回家。如此三年，果其材無可望，省令歸業。鄉間社學，以廣教化。子弟讀書，務在明理，非必令農民子弟人人考取科第也。[25]

這明確説明，社學這一類基層教育形式在明清間極爲普遍，從其經濟來源上看，這一類機構自屬民間無疑，但亦接受官府的指導；各級官府也多加倡揚，並幫助選擇社師。其中義塾往往由富户出資，貧窮子弟亦可受學。義塾所費甚少，據《變通小學義塾章程》，"在有力之家，每歲多用一聘師之費，亦屬無多，而在鄉則可設五處義塾，可教數百孤寒子弟"[26]。由於官府的督導，即使家貧農忙少人，冬閒半年也須在學，在某種程度上，可謂已形成了一種官民結合的義務教育體制。

正如呂坤所説，社學所教，多是所謂蒙養教材，其目的並不在求取科舉名第，而在文化普及與倫理教化：

> 初入社學，八歲以下者先讀《三字經》，以廣見聞，《百家姓》以便日用，《千字文》亦有義理。有司先將此書令善書人寫姜字體，刊布社學師弟，令之習學。[27]

除此之外，"近世教民俗語，及切於綱常倫理、道義身心者"[28]，也常在學中講授。清代亦復如此，據《變通小學義塾章程》的作者説，他曾問一鄉人曾否讀書，其人曰曾入塾五年；又問曾學何書，答曰"啓蒙時，先讀《神童詩》、《千字文》，以後即讀學庸語孟"[29]。説明蒙學確實是基層教育的主要内容。

按傳統的説法，蒙學似應屬"小學"，即八至十五歲少兒的啓蒙教育，如古人所説"古者八歲入小學，十五入大學"。但實際上，對於蒙學來説，年齡並不具有絶對的意義。"二十歲以上的成人在農閒時節，到私塾或村學中接受啓蒙教育，極其普遍"[30]。因此，小學與大學的界限主要是在教育内容上。朱熹説："古者初年入小學，只是教之以事，如禮樂射御書數，及孝悌忠信之事。"[31]許衡也説："古者民生八歲，上至王公，下至庶人子弟，皆令入小學，教之以灑掃應對進退之節，禮樂射御書數之文。"[32]就是説，小學灌輸行爲與道德的規範，大學則進一步研習其哲理，前者習其所當然，後者習其所以然。這也就是爲什麽在儒家哲學如理學家的著作中主要不討論價值規範，而是討論哲理。也正是因爲如此，由於有機會受教育的人在整個人口中的比例極小，大多數人並無受教育的可能。而小學童蒙，對多數人來説，既是他們受教育的開始，也是他們受教育的結束。所以童蒙讀物中的倫理規範，對於大多數人和整個社會來説更具有普遍性。何況更有許多所謂經蒙不分的教館，對童子和已冠者一同教授。[33]影響所至，即使未受教育的人或家庭，也往往受到其深刻的影響。如王陽明在頒行社學教條時即指出："盡心訓導童蒙如己子，以啓蒙爲家事，不但訓飭其子弟，亦復化喻其父兄。"[34]

由於蒙學對象不是已受教育的知識階層，教授者又是社會基層的俚儒，所以雖然蒙學讀物和蒙養實踐的終級取向是向民眾灌輸儒家的價值觀念,但其傳播方式與內容調適無不發生一種轉化,從而使得這些蒙學讀物的内容混雜不純,在整體上呈現出一種世俗儒家倫理(vulgar Confucianism)^[35]的形態。在這種世俗儒家倫理之中,倫理教誡與世俗智慧合而為一,使得倫理世俗化,習俗倫理化。

三、克制與自我約束

在中國傳統的初級教育中,行為與意志的自我約束和鍛煉是被特別看重的,這一點雖然可以被理解為建立道德實踐的基礎,但具有更廣泛的行為意義。朱熹在他著名的《童蒙須知》一書中,用了四章來強調這種訓練,而只用一章說明讀書和寫文章。在《衣服冠履第一》章中朱熹寫到:

> 自冠巾衣服鞋襪,皆須收拾愛護,常令潔淨整齊……不可寬慢,寬慢則身體放肆不端嚴。[36]

> 凡著衣服,必先提整衣領,結兩衽鈕帶,不可令有缺落。飲食照管,勿令污壞,行路看顧,勿令泥漬。及脫衣服,必齊整折疊,箱篋中勿令散亂頓放。……凡盥面,必以巾帨遮護衣服,捲束兩襃,勿令有所濕。凡就勞役,必去上籠衣服,只著短便。[37]

這一切在現代人看來,頗似個人衛生的範疇,但朱熹的時代根本無現代衛生的觀念,他的這些主張,一方面是"以儉化俗",另一方面要由此養成行為的"端嚴有序",杜止"寬慢"。同樣的精神也表現在《灑掃清潔第二》:

> 凡為人子弟,當灑掃居處之地,掃拭几案,常令潔淨。文字筆硯,百凡器用,皆當嚴肅齊整,頓放有常處。……[38]

在《雜細事宜第五》,對行為的訓練養成更有詳細的規定,如:

> 凡子弟須要早起晏眠,……凡相揖,必折腰;凡對父母長上朋友,必自稱名;凡稱呼長上,不可以字;……凡飲食於長上之前,必輕嚼緩咽,不可聞飲食之聲;……及開門揭簾,須徐徐輕手,不可令震驚聲響。凡眾坐必斂身,勿廣佔坐席;凡侍長上出行,必居路之右;住必居左;凡飲

酒，不可令至醉；凡如廁，必去上衣，下必浣手。凡夜行必以燈燭，無燭則止。……凡夜卧必用枕，勿以寢衣覆首；凡飲食，舉匙必置筯，舉筯必置匙。……[39]

這一套行爲規範可以説是"禮"的一部分，通過蒙學教育來實現文化價值的社會化過程。明代的屠羲英曾作《童子禮》，全篇分檢束身心之禮、入仕父兄出事師長之禮、書堂肆業之禮三類。在檢束身心方面，盥櫛、整服等繼承了朱熹的《童蒙須知》。而對行禮之法更有詳細的規定，對如叉手、肅揖、拜起、跪、立、坐、行、言語、視聽、飲食等都有詳細的規範。兹録其中數條，以見大概：

行

走，兩手籠於褒内，緩步徐行，舉足不可太闊，毋得左右搖擺，致動衣裾。目須常顧其足，恐有誤差。登高，必用雙手提衣，以防傾跌。[40]

飲食

凡飲食，須要斂身離案，毋令太迫。從容舉箸，以次箸於盤中，毋致急劇，將肴蔬撥亂。咀嚼，勿使有聲，亦不得恣其所嗜好，貪求多食。安放盤箸，俱當加意照顧，毋使失誤墮地。[41]

灑掃

以木盤置水，左手持之，右手以竹木之枝，輕灑堂中。先灑遠於尊長之所，請尊長就止其地，然後以次遍灑。畢，方取帚於箕上，兩手捧之，至當掃之處，一手持帚，一褒遮帚，徐步卻行，不使塵及於尊長之所。掃畢，斂塵於箕，出棄他所。[42]

爲了把朱熹訓練兒童的原則更加通俗化，不僅朱熹的弟子陳淳用《小學詩禮》將之詩誦化，明清時代也有不少學者將《小學》《童蒙須知》編成韵語，以便於蒙學教育之用。如羅澤南的《小學韵語》、萬斛泉的《童蒙須知韵語》等，試舉其例：

《小學韵語》：

口之於味，人有同嗜，左食右羹，先菜後肉。不可放飯，不可流飲，食不可咤，骨不可齧。毋揚爾飯，毋刺爾齒，吞羹絮羹，人所共恥。毋投狗骨，毋反魚肉，固獲嚃炙，是曰肆欲。[43]

又如《童蒙須知韵語》：

> 凡人之爲人，身體必端整。嘗聞諸格言，男子有三緊。冠履及縧帶，檢束日唯緊。寬慢則放肆，最足招嘲哂。[44]舉匙必置箸，舉箸必置匙。食已皆置案，須令常整齊。[45]凡與人相揖，低頭而曲腰。出聲則收手，毋得稍輕佻。[46]凡與眾人坐，相對必斂身。坐席勿廣佔，儼如見大賓。[47]

《蒙學詩教》：

坐

> 坐來端拱肅容儀，養重收心在此時。莫把一身偏左右，謾將兩手戲東西。橫肱礙肘招人惡，蹺足張箕惹眾嗤。記得古人言一句，坐如尸也是吾師。[48]

吃飯

> 飲食隨時飽便休，不宜揀擇與貪求，若陪尊席毋先舉，便是同行務遜酬。魚肉吃殘須莫反，飯湯流歠最堪羞，遺羹讓果垂青史，飲食之人乃下流。[49]

寢息

> 宴息調神自有時，那堪昏睡竟無知。須防面仰令張口，更忌身翻作僵尸。蠖屈隈藏呼吸小，龍潛寂靜夢魂怡。窗前若警雞初喔，平旦幾希仔細思。[50]

所有這些教養少兒的"禮"，也就是中國人及中國文化所強調的"規矩"。在中國人社會中，人們鄙視兒童的"沒規矩"，而稱揚舉止行爲有規有矩的兒童。這些規矩的訓練，從社會學角度說，是人的社會化過程的一部分；從倫理學角度說，克制的訓練有助於道德行爲的養成；從群體生活來說，可以培養個人約束自己以遵從群體的紀律。韋伯曾指出："資本主義無法利用那些信奉無紀律的自由自在的信條的人的勞動。"他也強調新教倫理中的"節制有度"[51]。他還指出，清教徒那種對平靜的自我控制的推崇，"今天仍然是最典型的英美紳士的特徵"，"就清教這個詞的形式上的心理學含義而言，它是試圖使人具有一種人格。與很多流行的觀點相反，這種禁慾主義的目的是使人可能過一種機敏、明智的生活：最迫切的任務是摧毀自發的衝動性享樂，最重要的方法是使教徒的行爲有秩序。"[52]從這個角度來說,不僅儒家的"禮"所體現的自我控制遠超過清教徒與英美紳士,蒙養實踐的對行爲的訓練,也比較容易轉化爲人對團體工作的紀律的適應。這樣一種強調訓練和自我控制的傳統,在近代以來的中國家庭和學校的教育及社會化訓練中仍被有力地保持着。

四、勤儉與惜時

在所有童蒙讀物中,"勤"是受到特別重視的一個倫理價值。"勤"的強調鮮明地體現出儒家倫理與世俗智慧的結合。

清人《重訂訓學良規》中說:

> 子弟宜令習勤,以早到書塾爲第一義。晏起者必嚴儆之,勿使習慣,尤在爲師者,以身先之。倘生徒俱到,師猶高卧未起,則雖令不行矣。洗硯磨墨,拂理書籍几案,雖富貴家,宜令親自料理。不獨自幼整飭,長大無亂頭粗服之弊,習於勤勞,亦致壽之道也。[53]

又說:

> 子弟須儉樸,一飲食也,當知來處不易,勿以粗糲而嫌之。一衣服也,當使知物力艱難,勿以布素而輕之。微而片紙寸墨,亦當愛惜,勿稍暴殄,異日方爲保家之子。然此非專務吝嗇,省一錢浪費,即多一錢正用。子弟幼時,即使知人品高低,不繫衣食美惡;能耐飢寒方能有以自立,所謂儉以養廉也。[54]

清人《訓蒙輯要》的學訓中有"勤課"條:

> 徐幹云:今學者勤心以取之,不懈以成之,自足以致昭明,而成博達矣。蓋精於勤,荒於嬉,所從來矣。[55]

規定學徒必黎明集於學堂,上午講書,下午讀書,黄昏歌詩。

清代學者張履祥《初學備忘》:

> 柳仲塗曰,祖宗忠孝勤儉以成之,子孫頑率奢傲以覆墮之。忠孝勤儉,修身之大概也。……朱子與長子書,從師就學之道,極爲詳盡,而終篇要之以勤謹二字。蓋勤則進業,謹則寡失,守此二字,以之終身,養德以

此，養身亦以此矣。[56]

以上所説的"勤"多指學業而言，亦兼及家業，其實，蒙學讀物中也有很多一般的勤業勸誡，就是説，有一種對職業本身的勤勉規範。如張履祥特別指出：

人各有業，農有畎畝之事，工有器用之事，商賈有市肆車牛之事。廢業遊手，不至於失所，必入於不肖。[57]

……原其病根，只是不勤於學，故無上達之志，而甘下流之趣也。韓子曰業精於勤，荒於嬉，劉忠宣公曰習勤忘勞，習逸忘惰。人至嬉遊忘惰，亦可哀矣。且思日間飽食終日、無所事事者何物。[58]

今世極多遊民，是以風俗日惡，民生日蹙，雖其業在四民者，莫不中幾種墮遊之習，而士益甚。飽食終日，無所用心而已；群居終日，言不及義而已。究其為害，更甚於遊民也。今宜夙作夜思，求其所未知者，與夫所未能者，將終其身而有皇皇不及矣，亦何暇博弈飲酒遊談浪走哉。農夫之耕，夏失業則禾無秋；冬失業則麥無秋；春失業則菽無秋。故日思無越畔也。為學而逸遊是耽，其不入於小人希矣。[59]

夫能稼穡則無求於人，可無求於人，則能立廉恥。知稼穡之艱，則不妄求於人……蓋康齋先生講濂洛之學，率弟子躬耕，劉忠宣公教弟子讀書，兼力農；何粹夫官歸，辟後圃種菜，俱可為百世之師也。許魯齋有言，學者以治生為急，愚謂治生以稼穡為先。[60]

這些思想在蒙學讀物中很多見，如明代廣為流傳的呂得勝《小兒語》：

既作人生，便有生理。各個安閒，誰養活你。世間生藝，要有一件；有時貧窮，救你患難。飽食足衣，要有一間，終日昏昏，不如牛馬。[61]

呂得勝之子呂坤是著名儒者，曾作《續小兒語》，其中説：

安樂人人破敗，憂勤個個亨通。[62]

《增廣賢文》中説：

念念有如臨敵日，心心常似過橋時。[63]

把這種憂懼提得更直接了。這種憂心勤力的提法，與韋伯描述的新教倫理很相近。韋伯認為加爾文教的"預定論"導致了信徒由於無法肯定是否得到上帝恩寵而焦慮、緊張，於是只能勤奮於世俗職業並謀求成就以確定上帝對自己的恩寵。清代李惺仿《小兒語》，作《老學究語》，其中有"執業·勤"條：

> 日圖佚樂，定不快活。能耐勞苦，必無痛楚，日出而作，日入而息，第一等人，自食其力。懶人懶病，無藥可醫，不癱不瘓，惰其四肢，身有所屬，心有所繫，若無執業，何所不至。……民分爲四，各技其藝，欲善其事，必致其志。只怕不勤，不怕不精，只怕無恆，不怕無成。[64]

這種"執業"的觀念與近人所說的"職業"是一樣的。這種"執業以勤"的倫理勸戒更與韋伯所說的勤業倫理相接近。清人謝泰階撰《小學詩》，其起因是因讀朱熹《小學》有感而作，但其中一些內容亦超出《小學》之外，作者曾以之課門下童子，中云：

> 正事須常幹，休尋逸樂方，試看勤力者，家自有餘量。技藝隨人學，營生到處尋，一生勤與儉，免得去求人。[65]

在蒙學讀物中以勤勸學的內容更是比比皆是，《三字經》流傳最廣：

> 昔仲尼，師項橐，古聖賢，尚勤學，趙中令，讀魯論，彼既仕，學且勤，披蒲編，削竹簡，彼無書，且知勉，頭懸梁，錐刺骨，彼不教，自勤苦。……[66]

《三字經》最後兩句：

> 勤有功，戲無益，戒之哉，宜勉力。[67]

清代李毓秀編《弟子規》，原名《訓蒙文》，以學規、學則的形式對蒙童進行啓蒙教育和指導，通俗易懂，備受歡迎，不僅在私塾、義學爲必讀書，而且在祠堂、茶樓、市井廣泛流傳，被譽爲"便於記誦而切於日用"的開蒙上乘，在清代大有取代《三字經》之勢。清人周保璋在《童蒙記誦》中說："近李氏《弟子規》盛行，而《三字經》幾廢。"可見影響之大。[68]在《弟子規》中也強調"應勿緩"、"行勿懶"，"朝起早，夜眠遲，老易至，惜此時"。《神童詩》同樣重視"勤"，指出"少小須勤學"、"學問勤中得"。

韋伯在《新教倫理與資本主義精神》第二章一開始引用了富蘭克林的幾段話，其中有"時間就是金錢"、"信用就是金錢"等，同時他強調，珍惜時間，講究信用這些規範，以及"勤奮與節儉，在與他人的交往中守時並奉行公正原則，對年輕人立身處事最爲有益"，還說"行爲謹慎還能表明你一直把欠人的東西記在心上".[69]韋伯把這些作爲"資本主義精神"的重要部分。他也同時指出:"幾乎不必指出,路德並不具有我們前面提到的那種意義上的、或者説在任何意義上的資本主義精神。"但是,"宗教改革本身的後果只是有組織的從事一項職業的世俗勞動受到越來越高的重視"。[70]

　　韋伯特別指出,爲了理解新教禁欲主義倫理與它爲日常經濟生活所設立的準則之間的聯係,有必要對那些根源於教會實踐活動的著述進行考察,如勸世文、良心問題匯編、基督教指南等,以了解宗教力量通過上述渠道展現出來的對民族性格的影響。[71]他在第五章"禁欲主義與資本主義精神"中仔細考察了巴克斯特牧師《基督教指南》等著述後分析了新教倫理的態度:

> 他們堅持反對態度的真實道德依據是:佔有財富將導致懈怠,享受財富會造成遊手好閒,與屈從於肉體享樂的誘惑。最重要的是,它將使人放棄對正義人生的追求。事實上,反對佔有財富的全部理由就在於它可能招致放縱懈怠。因爲,聖徒的永恒安息是在彼岸世界,而在塵世生活裏,人爲了確保他蒙承神恩的殊遇,他必得"完成主所指派於他的工作,直至白晝隱退"。按照主之意志的明確昭示,惟有勞作而非悠閒享樂方可增益上帝的榮耀。[72]

> 這樣,虛擲光陰便成了萬惡之首,而且在原則上乃是最不可饒恕的罪孽。人生短促,要確保自己的選擇,這短暫的人生無限寶貴。社交活動,無聊閒談,耽於享樂,甚至超過六到八小時的睡眠,凡此種種,皆在應受道德譴責之列。清教倫理當然不會如富蘭克林那樣申言時間即金錢,但這條箴言在某種精神意義上確是真理,時光無價,從而虛擲光陰即是喪失一寸爲上帝的榮耀而效勞的寶貴時辰。[73]

非常值得注意的是,韋伯以上所提到的新教倫理的原則,在中國儒家文化的普及讀物中都可以找到對應物。像在本節前面提到過的,各種學規中對"晏起"的嚴戒、對"群居終日,言不及義""飲酒遊談"的指斥、對"惰遊之習""逸遊是耽"的警告、以及對"執業""勤業"的強調與肯定,與新教倫理並無二致。儒家文化正如新教倫理一樣,不會像富蘭克林那樣高倡"時間就是金錢",但同樣主張"朝早起,夜眠遲,老易至,惜此時"而強烈地反對虛度時光。因此,如果把"時間就是金錢"從引導了一種惜時的行爲習慣的立場來了解,那麼也可以説,一個文化中即使不與金錢直接聯繫而有的習慣,仍然會在需要與金錢聯繫起來時發生作用。再考慮前節儒家文化關於自我約束的訓練,其全部意義不正是要人謹防"放縱懈怠"嗎?從這裏可以看出,儒家倫理透過普及讀物而對人的日常生活所發生的作用,至少在理論上,與韋伯所論述的新教倫理的作用,可以有相通之處。

正如韋伯所指出的,福格"有錢就賺"的話只是商人的大膽與個人的信條,而富蘭克林的話則是具有倫理色彩的勸世格言。既然韋伯的方法重視具有倫理色彩的勸世格言,認爲只有這一類東西才對人有實際心理約束力,那麼,我們從前現代中國的倫理格言入手,考察其對人的日常行爲與心理的影響,在方法上應當説是與韋伯一致的。

另一可注意之點是,韋伯在強調不能把富蘭克林的話看作"僅僅是爲了純粹利己的動機而進行僞裝"的外表,認爲其中與某種禁慾主義成分有關,與一種宗教觀念有關時,指出向幼兒灌輸倫理訓誡的意義:

> 富蘭克林雖然是一個無特殊色彩的泛神論者,但他那加爾文教派的嚴父卻在他幼小的時候就反覆向他灌輸一條來自聖經的古訓。因此,如果我們問爲什麼要在人身上賺錢,他在自傳中所作的回答用上了這條古訓:"你看見辦事殷勤的人麼,他必站在君王面前。"[74]

如前引述,與這條古訓內容類似的教育兒童的勸世格言,在中國明清世俗儒家文化中,可以説處處可見。

韋伯所叙述的新教倫理的"職業"觀念,在明清世俗儒家文化中不突出,但類似的説法也有一些。中國沒有新教源於宗教的"天職"觀念,那種"對職業活動內容的義務"的觀念並未充分發展。但是,儒家文化中"敬業"的觀念源出甚早(秦漢以前),"人各有業"意義上的"業"的觀念一直流行,像《弟子規》《老學究語》"執業"及"必致其志,只怕不勤"的主張可以説和那種"職業"的觀念很接近。

五、孝悌、善惡與福報

蒙學教材的主要功能有二，一是倫理教訓，一是文化啓蒙；宋以後的童蒙教育更加強調寓道德教訓於文化啓蒙之中。啓蒙教材中的倫理原則主要來源於儒家。《千字文》編於梁代，其中說：

"德建名立，形端表正"，[75]

"容止若思，言辭安定"，

"上和下睦，夫唱婦隨"，[76]

"仁慈隱惻，造次弗離，

節義廉退，顛沛匪虧"，[77]

"孟軻敦素，史魚秉直，

庶幾中庸，勞謙謹敕"，[78]

"省躬譏誡，寵增抗極"。[79]

《三字經》開首便說"人之初，性本善"，把向善的思想深深扎根人心之中。更鮮明提出"首孝悌，次見聞"。事實上，所有蒙學讀物或教材，作爲儒家文化的一種形式，都始終强調儒家倫理的優先性。而其中，作爲家庭或家族倫理核心的孝悌之道始終佔首要地位，《三字經》說：

香九齡，能溫席；孝於親，所當執。融四歲，能讓梨；弟於長，宜先知。曰仁義，禮智信；此五常，不容紊。自子孫，至玄曾，乃九族，人之倫。父子恩，夫婦從，兄則友，弟則恭，長幼序，友與朋，君則敬，臣則忠，此十義，人所同。[80]

《弟子規》中的道德教育更多，如：

首孝悌，次謹信；泛愛衆，而親仁。[81]

其書中對如何侍奉父母有極詳細的條目，如：

父母呼，應勿緩；父母命，應勿懶，父母教，須敬聽，父母責，須順承。[82]

對尊長恭兄等也有許多具體規範：

兄道友，弟道恭，兄弟睦，孝在中。[83]長者立，幼勿坐，長者坐，命乃坐，尊長前，聲要低，低不聞，卻非宜，進必趨，退必遲，問起對，視勿移。[84]

如果一個人自幼受到這種人與人之間長幼尊卑的秩序的訓練，可以想見，這種訓練在現代的商業團體會很自然地轉化爲企業的内部秩序。

事實上，在《名賢集》中，道德訓誡的領域已超出家庭倫理，向社會關係擴展。《名賢集》一開始就説：

但行好事，莫問前程。[85]

這是董仲舒"正其誼不謀其利，明其道不計其功"人際倫理原則的通俗化。其中又説：

與人方便，自己方便。[86]

這是轉化了墨子"交相利"的功利主義社會倫理。它甚至把良心和守法相提並論："寸心不昧，萬法皆明"，"常懷克己心，法度要謹守"，[87]這些提法，可以説更具有超越時代的普遍性。

《弟子規》也強調了信用的規範：

用人物，須明求，儻不問，即爲偷。借人物，及時還，人借物，有勿慳。

凡出言，信爲先，詐與妄，奚可焉。[88]

在蒙學讀物中，對進德和修身也很重視：

見人善，即思齊，見人惡，即内省，有則改，無加警。[89]

主張：

聞譽恐，聞過欣，己有能，勿自私，人有能，勿輕訾。[90]

又説：

凡取與，貴分曉，與宜多，取宜少。將加人，先問己，己不欲，即速已。[91]

《增廣賢文》：

君子愛財，取之有道。[92]

這些琅琅上口的語言，把儒家倫理的基本原則通俗地加以陳述，很容易爲少兒及大眾所接受，取得廣泛的影響。

在這些人生勸誡之中，其基本取向是教人行善、勸人向善，而世俗化的儒家倫理的特點之一，就是把善惡與報應聯繫起來。因此在童蒙讀物中有關善惡報應的内容是很常見的。如《名賢集》：

> 積善之家，必有餘慶，積惡之家，必有餘殃。[93]積善有善報，積惡有惡報，報應有早晚，福禍自不錯。[94]善惡到頭終有報，只爭來早與來遲。[95]侵人田土騙人錢，榮華富貴不多年。莫道眼前無報應，分明折在子孫邊。[96]

《增廣賢文》説：

> 善有善報，惡有惡報，不是不報，日子未到。[97]善必壽考，惡必早亡。[98]

同時，命運的思想在蒙學讀物中也很普遍，《名賢集》：

> 百年還在命，半點不由人。[99]命貧君子拙，時來小人強。命好心也好，富貴直到老。命好心不好，中途夭折了。心命都不好，貧苦直到老。[100]心好家門生貴子，命好何須靠祖田。[101]

又如《神童詩》：

> 壽夭無非命，窮通各有時，迷途空役役，安分是便宜。[102]

《增廣賢文》不僅重復了《論語》所載的"死生有命，富貴在天"，而且説：

> 命裏有時終須有，命裏無時莫強求。萬事不由人計較，一身都是命安排。[103]

美國社會學家羅伯特·貝拉在其名著《德川宗教》中討論日本宗教特别是儒教與日本近代經濟發展時一方面強調儒教的勤奮、敬業、珍惜時間的倫理，及勿娱樂、勿奢侈、勿玩耍的勸勉，一方面指出家庭價值、正直、無私在經濟理性化進程中的作用。他在論述日本後期心學的倫理教義的一般特徵時指出其三個特徵，第一是勿忘孝字，第二是必須正直，第三是家庭幸福，他還舉出脅阪義堂的七條説教，其中除了誠實、節儉、勤勞外，還有"重視忠義孝道及寬容"，"重視慈悲、陰德、養身和養家"。貝拉認爲，所有這些價值"有助於培養對世俗的工作採取嚴格的實際的、始終如一的態度，並且在經濟步入理性化過程之際，對企業家及工人雙方也是很重要的，爲了達到這一切，心學利用了遠東最古老和最強有力的宗教傳統，它可以上溯至孟子"[104]。肯定傳統的德性價值作爲個體的工作倫理對於經濟理性化過程也有積極的意義。

六、功利與成就

在蒙學讀物中，與社會經濟行爲有關的最世俗化的部分，也許還不是有關福報、命運的内容，而是有關功利成就的追求。換句話説，在把功利的追求合理化爲倫理性準則的方面，蒙學讀物是相當成功的。

在《三字經》的結尾，我們讀到這幾句歸宗之語：

上致君，下澤民，揚名志，顯父母，光於前，裕於後。[105]

致君澤民是儒家的社會功利思想；光耀祖宗，顯榮父母，遺澤後代，是世俗儒家特有的家族理想；傳聲揚名，是個人成就的追求目標。這使得《三字經》最後歸結爲社會成就、家族成就和個人成就，顯示出明顯的成就取向。實際上，如果把《三字經》作爲一個體系來看，可以説上述三種成就目標構成了其體系的終極關懷。把倫理規範與成就關懷融爲一體，這可以説是世俗儒家倫理的特色。

孔子早已説過"學而優則仕"。雖然他也説了"仕而優則學"[106]，但後人更多的是以前一句話作爲孔門重視個人成就的一個根據。在蒙學作品中，《千字文》也説：

榮業所基，籍甚無竟，學優從仕，攝職從政。[107]

教育人敬守祖宗的世業，代代相傳，以優學作官從政，甚至説：

堅持雅操，好爵自縻。[108]

這很可以理解爲雅操是獲取好爵的手段。《千字文》還説：

户封八縣，家給千兵，高冠陪輦，驅轂振纓，世禄侈富，車駕肥輕，策功茂實，勒碑刻銘。[109]

也是鼓勵人們追求榮華富貴與利禄功名。

《神童詩》宋代以後很流行，其中勸學、得第等充滿了世俗儒家倫理的價值：

天子重英豪，文章教爾曹，萬般皆下品，唯有讀書高。[110]少小須勤學，文章可立身，滿朝朱紫貴，盡是讀書人。[111]自小多才學，平生志氣高。别人懷寶劍，我有筆如刀。"[112]朝爲田舍郎，暮登天子堂，將相本無種，男兒當自強。"[113]學乃身之寶，儒爲席上珍，君看爲宰相，必用讀書人。"[114]莫道儒冠誤，讀書不負人，達而相天下，窮則善其身。"[115]大比因時舉，鄉書以類升，名題仙桂籍，天府快先登。"[116]喜中青錢選，才高壓重英，螢窗新脫迹，雁塔早題名。"[117]年少初登第，皇都得意回，禹門三級浪，平地一聲雷。"[118]一舉登科日，雙親未老時，錦衣歸故里，端的是男兒。"[119]

《神童詩》中所選，充滿了以學求官的內容，鼓勵青年學子"爲官須作相，及第必爭先"，把"金榜掛名時"標爲人生四大喜樂之最。

以上的材料顯示，在世俗儒家文化中，以功名爲形式，極力突出了個人成就的自我實現。這種突出，與正統儒家倫理強調的道德價值的實現不同，而是強調能力價值的實現。從而，成就的追求甚至在世俗的目標價值系譜中更高於道德的追求。這樣一種價值觀的結果，其在人的行爲上所體現的影響，顯然不會局限於對科舉功名的追求，而必然會呈現爲對包括經濟成就在內的多數世俗目標的追求。世俗儒家倫理把這種追求加以正當化和合理化，在適宜的經濟制度環境下，就有可能成爲經濟發展的動力性資源。

七、世俗儒家倫理的理論基礎——明代後期的儒學流變

在王陽明弟子的發展中，出現了一種偏離正統（Orthodoxy）的變化，它首先出現在對宋明理學的核心概念"格物"的解釋上。

王陽明的弟子王艮提出了一種有異於師門的"淮南格物說"。在王艮看來，格物首先要了解什麼是"物"，他認爲，"身與天下國家一物也，惟一物而有本末之謂"。[120]這是說，萬物都是物，或從萬物一體的觀點看，萬物爲一體，萬物爲一物；但《大學》本來說過"物有本末"，因而只有在萬物中區別出"本"與"末"，才能把握"格物"的意旨。在他看來，《大學》中說"一是以修身爲本"，可見"身"是本，他說："是故身也者，天地萬物之本也；天地萬物，末也。"[121]既然身是"本"，"格"的意義是什麼呢？王艮說："格，絜矩也。絜度於本末之間，而知'本亂末治者否矣'此格物也。"[122]絜度即衡量，王艮認爲，"格"就是

以"本"去衡量"末",他說:"吾身是個矩,天下國家是個方,絜矩則知方之不正,由矩之不正也。是以只去正矩,卻不在方上求,矩正則方正矣,方正則成格矣,故曰物格。"[123]這就是說,身是本,身是絜度所根據的"矩"。以身爲本,要求把注意力轉移到正身。

如果王艮的重視"身"的說法僅僅是《大學》及傳統儒家"修身爲本"的重復,他的格物說就沒有什麽新意,也就不會產生很大反響。然而,他的格物說所以受到同時及後來學者的注意,正是由於他在修身爲本之外,更提出了愛身、安身、保身、尊身的思想,這些思想,不僅與朱子和王陽明的格物說不同,與以前整個儒家傳統的發展也顯示出重要的差異。

王艮反對把《大學》的"止至善"歸結爲"明明德",他認爲"止至善者,安身也。安身者,立天下之大本也","知身之爲本,是揣明明德而親民也。身未安,本不立也,本亂而末治者,否矣"。[124]由於王艮把身看成萬物之本,所以他提倡"尊身",他說:"身與道原是一件,至尊者此道,至尊者此身。尊身不尊道,不謂之尊身;尊道不尊身,不謂之尊道。"[125]在傳統儒學中,只能說重視"修身",而不能說"尊身"。因爲修身的說法中意味着"身"是需要修整的。而王艮把身與道相提並論,公開提出要尊身,這也是宋以來的理學發展中所未有過的。

王艮所說的安身與王陽明不同,王陽明認爲視聽言動和軀體行爲合於義理就是修身,王艮則說:"不知安身,便去幹天下國家事,是之爲失本。就此失腳,將烹身割股,餓死結纓,且執以爲是矣,不知身之不能保,又何以保天下國家哉?"[126]按照這個思想,古代所謂忠臣義士,捨生取義,都不是保身安身。王艮明確表示出,安身保身的"身"都是指個體血肉之軀的生命存在。把愛護人的感性生命置於與珍重道德原則相等的地位,這的確顯示出一種新的思想方向。王艮的語錄記載他和弟子的問答:

有疑安身之說者曰:"夷、齊雖不安其身,然安其心矣。"曰:"安其身而安其心者,上也。不安其身而安其心者,次之。不安其身又不安其心,斯爲下矣。危其身於天地萬物者,謂之失本。潔其身於天地萬物者,謂之遺末。"[127]

伯夷、叔齊拒食周粟，餓死於首陽山，歷代儒者都表彰其氣節。傳統儒家認為，人為了道德理想而犧牲生命是高尚的。但在王艮看來，生命之身才是最根本的，沒有了生命之身，其他一切都無從談起。從這個角度來看，夷、齊並不可取。王艮說："人有困於貧而凍餒其身者，則亦失其本而非學也。"[128] 一個人的為學，首先需要努力建立保障其生命存在的物質生活條件。從這樣一個立場上，為了滿足保障、發展生命活動需要的各種行為，從治生（包括經商、務農、做工）到避世，都具有重要意義。

同樣的變化也出現在"良知"的解釋上。王艮提出了"明哲保身"，他說：

> 明哲，良知也。明哲保身者，良知良能也。知保身者則必愛身，能愛身則不敢不愛人，能愛人則人必愛我，人愛我則吾身保矣。[129]

這樣一種以感性生命為本位的思想，在價值觀上有什麼意義呢？由以上所說可知，王艮的思想中，保身是良知的基本意義，而這樣一來，良知就與人的生命衝動沒有本質區別了。同時，王艮認為，從良知的保身意識中可以引出"愛人"的倫理。他運用了一種類似墨子的論證方法，就是說，愛人並不是一個絕對價值，我之所以去愛人，是因為愛人可以是使人愛我的手段。由於愛人並不是一個絕對的道德命令，也不是謀求達到社會和諧的要求，而是達到愛身保身的手段，這種倫理觀，至少在論證的邏輯上，與正統儒家倫理不同。

由於這種理論預設了一種人己相互感應的理論，即我愛人則人亦愛我，我利己害人則人亦報我，因而"明哲保身"的倫理學雖然其終極目的落腳在"保身"，卻並不就由此引出私己的個人主義。就一般的道德規範和道德修養來說，王艮並沒有否定儒家倫理，只是，由於他出身平民小生產者，又以小生產者為說教對象，使得他一方面不自覺地溶入了平民自我保護和珍生愛身的倫理觀念，另一方面在傳統儒家倫理的闡釋上採取了類似墨子的方法，使價值目標上加入了功利的意義。從而使得，他的倫理觀中突出了個體感性生命生活在人生和價值中的意義。很明顯，王艮的這些思想更接近於"世俗儒家倫理"的特質，是作為精英文化的理學價值體系向民間文化擴散過程中發展出來的一種形態。

王艮開啟了王門後學的泰州學派，泰州學派的另一中堅人物羅汝芳在家族倫理方面也發展了世俗化的形態。他以"孝弟慈"為晚年講學的宗旨，是基於他自己的家庭生活經驗，他的家庭是一個互親互愛、充滿親情的溫暖家庭，由此使他認爲，人人都有孝弟慈的良知，按照這良知去行，就簡易自然，無往不通。

羅汝芳從一家人都有孝弟慈的良知出發，由此推廣，認爲"由一家之孝弟慈而觀之一國，一國之中未嘗有一人而不孝弟慈者；由一國之孝弟慈而觀之天下之大，亦未嘗有一人而不孝弟慈者。"[130]羅汝芳這種講法，即從認爲人人都有孝弟的良知，進而推廣到天下無人而不孝弟慈，是以前儒者所沒有的。按照從前儒者的理解，只能承認人人都有孝弟的良知，不能承認人人都作到了孝弟慈。這是由於羅汝芳所理解的"孝弟慈"與正統儒家理論有所不同，他說：

> 又由縉紳士大夫以推之群黎百姓，縉紳大夫固是要立身行道以顯親揚名，光大門戶，而盡此孝弟慈矣；而群黎百姓，雖職業之高下不同，而供養父母，撫育子孫，其求盡此孝弟慈，未嘗有不同者也。……又時乘閒暇，縱步街衢，肆覽大眾車馬之交馳、負荷之雜沓，其間人數何止億兆之多，品級亦將千百其異，然自東徂西，自朝及暮，人人有個歸著，以安其生；步步有個防險，以全其命。窺覰其中，總是父母妻子之念固結維繫，所以，勤謹生涯，保護軀體，而自有不能已者。[131]

這就表明，羅汝芳對"孝弟慈"的理解不僅限於儒家經典中冬溫夏清的仕奉，服從長上的要求等，而是容納了從供養父母、撫育子孫，到安生全命、勤謹生涯，以至光大門戶、顯親揚名等一系列價值，這些價值可以說都是體現了家族倫理的原則和規範。因而，羅汝芳以"孝弟慈"爲根本原理的思想，不僅強調了傳統儒學的倫理優先立場，而且，正如王艮一樣，他在孝弟慈的家族倫理解釋下，肯定了爲家庭而追求財富、功名等功利性價值，肯定了保護自我、勤勉從業等倫理規範。換言之，世俗儒家倫理在他的對"孝弟慈"的特殊解釋方式下，得到了充分的肯定。

王艮的安身、尊身思想，羅汝芳的爲家庭而保護自我、勤勉從業的思想，對呂坤都有影響，而呂坤是明代蒙學中最有影響的學者。呂坤曾說："保身底是德義。"又說："心要常操，身要常勞。"[132]他還說：

> 古之士民，各安其業，策勵精神，點檢心事，晝之所爲，夜而思之，又

思明日之所爲。君子汲汲其德，小人汲汲其業，日累月進，夙興夜息，不敢有一息惰漫之氣，夫是以士無滔德，民無怠行。[133]

由上述可知，明清間蒙學讀物中大量反映的世俗儒家倫理，除了精英文化向下層傳播過程所必然發生的俗化之外，也是以這一時期理學內部的世俗化轉向爲基本背景的。這有力地說明，那種認爲世俗生活倫理與儒家思想不同的看法，是完全沒有根據的。

最後，我想簡單提及明末功過記錄的盛行。在相當程度上世俗化了的學者袁了凡在道教影響下創制的"功過格"是一種個人對自己行爲善惡的記賬簿，這種形式不僅在世俗社會中影響很大，廣爲流行，而且對正統儒家學者也有影響。明末著名的儒家思想家劉宗周的《人譜》和陸世儀的《格致編》都是在這種影響下形成的。這種關於個人德行的功過記錄，其總的傾向，可以歸結爲一種韋伯所說的禁欲主義。一個虔誠的人，必須每天把自己行爲及思想的善和惡，分別記錄在"功"和"過"兩個格中，並在一個長時段中觀察、比較自己是否進步。韋伯在談到加爾文教的禁欲主義時認爲，天主教、歸正會都有"宗教記賬簿"，裏面登記和羅列着各種罪惡、誘惑和爭取恩寵的進展。他還認爲："本杰明·富蘭克林那本記錄他在不同美德方面進步的簿子，儘管表格化了而且像統計數字，卻是一個經典的例子。"[134]韋伯爲了強調他自己的立場，認定一般的道德記賬簿只是爲使懺悔完整全面，而新教和富蘭克林則是在記錄簿的幫助下精密準確地體察自己的心理意向。[135]實際上，韋伯的這種說法和區分，並沒有真正的說服力。儘管如此，我們的確可以在劉宗周的記錄簿裏發現對自己心理意向的精密體察。而這，正體現了韋伯所說的"世俗禁欲主義"。

八、社會生活的世俗智慧

在一部分蒙學讀物中，除了來自儒家倫理的道德教訓之外，還有相當數量的生活格言，這些格言按其性質，用韋伯的話，應稱之爲"世俗智慧"。雖然這些格言只是在一部分蒙學讀物中出現，但在反映中國人的生活態度與行爲方式方面，有着無可爭辯的普遍性。在這些讀物中，最有代表性的，當屬《名賢集》和《增廣賢文》。這兩部書，匯輯的年代已不可考，其内容或輯自雅言，或採錄俗語，自清後期以來，風靡全國。[136]

根據我自己的了解，《名賢集》和《增廣賢文》從内容結構（而非敘述結構）上看，除去修辭性的格言（這部分内容很多，如"長江後浪推前浪，世上新人趕舊人"，"同君一席話，勝讀十年書"，"莫道君行早，更有早行人"等，其作用主要是加强語言的力度和修飾性）之外，都可以分爲五個部分，即：倫理、報應、命運、經驗和智慧。其中"倫理"、"報應"、"命運"三個部分的内容已見前述，不再討論。另兩部分我名之爲"經驗"和"智慧"，統稱之爲世俗智慧，而這五部分也都是以格言的形式出現。

所謂"經驗"的部分，是指以下的内容，如《名賢集》：

> 人貧志短，馬瘦毛長。[137]羊羔雖美，衆口難調。才高語壯，勢大欺人。[138]禮下於人，必有所求。人爲財死，鳥爲食亡。人無遠慮，必有近憂。[139]人無千日好，花無百日紅。路遥知馬力，日久見人心。[140]

又如《增廣賢文》：

> 易漲易退山溪水，易反易覆小人心。[141]畫虎畫皮難畫骨，知人知面不知心。[142]貧居鬧市無人識，富在深山有遠親。[143]有茶有酒親兄弟，急難何曾見一人。人情似紙張張薄，世事如棋局局新。[144]人情莫道春光好，只怕秋來有冷時。[145]入山不怕傷人虎，只怕人情兩面刀。[146]

這些内容，基本上可以説是社會現象的描述和生活經驗的概括。其中有些只具有描述性，並没有規範性，如"人貧志短，馬瘦毛長"、"禮下於人，必有所求"等。另外一些内容雖然也是描述性的，但同時表露了中國人的某些心理，如上引材料中後面的六、七條，都是感嘆人情冷暖，人心難測，顯現出一種對他人的深深的不信任感。

這種對他人的不信任感，反映了中國社會的生活經驗，而就其出發點來説，也包含了自我防護的心理。所謂"智慧"的内容，正是以此種心理爲基礎而發展的處世之道或待人之術：

> 逢人且説三分話，未可全抛一片心。[147]莫信直中直，須防仁不仁。山中有直樹，世上無直人。[148]虎生尤可近，人熟不堪親。[149]無錢休入衆，遭難莫

尋親。[150]是非只因多開口，煩惱皆因強出頭。[151]知事少時煩惱少，識人多處是非多。[152]忍得一時之氣，免得百日之憂。[153]人善被人欺，馬善被人騎。[154]見事莫說，問事不知，閒事莫管，無事早歸。[155]饒人算之本，輸人算之機。[156]虧人是禍，饒人是福。[157]事不干己，分毫休理。[158]

如果對"經驗"和"智慧"進行區別的話，可以這樣説，"經驗"更多地具有描述性，並不直接指導行爲；而"智慧"的部分，如"見人只説三分話，不可全抛一片心"、"事不干己，分毫休理"，則可對人的行爲直接發生規範的作用。

在上述有關世俗智慧的格言中，大量是屬於中國人所説的"人情世故"，從積極的方面來説，這些内容是中國人因應自己所在的高密度的生活社群的複雜關係的經驗累積。而所有這些世俗智慧，其主導的取向，正是泰州學派力倡的"明哲保身"。這些語言在中國社會流行之廣，使得它們已成了支配中國人行爲的規範性資源的一部分，以致我們在從毛澤東到一般民衆的話語中仍然可以常常看到它們的出現。

韋伯在《新教倫理》第二章的一條很長的註釋中，討論了文藝復興時期的文學作品與"富蘭克林寫給中下層大衆的著作，及清教徒的宗教小册子和訓誡"之間的差異。在有關勤奮的問題上他寫到：

> 卡托和阿爾貝蒂的著作中都没有論及這種精神氣質。因爲，對他們兩人來説，這是一個世俗智慧的問題，而不是一個倫理的問題。在富蘭克林的著作中也有着功利主義的傾向，但是，那些寫給年輕商人的訓誡的倫理性質不可能被人誤解，這才是最重要的。對他來説，一個人理財時不小心謹慎，就等于戕害了資本萌芽，從而犯下了一個倫理錯誤。[159]

他又寫到：

> 一種建立在宗教基礎上的倫理觀念只要維持了宗教規定的態度，就能產生一定的心理約束力。只要宗教信仰存在，這種約束力就極其有效。像阿爾貝蒂具有的那種純粹世俗智慧是不能控制這種約束力的。只有當這種約束力發生了作用的時候，這種倫理觀念才對生活行爲，從而對經濟秩序產生獨立的影響。坦白地説，這才是整個文章的主旨。[160]

當然，倫理觀念與世俗智慧的不同之處在於，前者作爲"應然"對人的行爲具有心理約束力。但影響行爲的卻不僅是倫理觀念,世俗智慧以及欲望都可以影響人的行爲。因此,從行爲主義的角度來看,或人類學的角度來看,這些世俗智慧對理解中國人的行爲或支配中國人行爲的文化模式,都有其重要的意義。從另一方面説,在傳統蒙學讀物中,世俗智慧也已在相當程度上被倫理化了,從而使得,若不遵從它,便不僅是愚蠢,而且犯了倫理上的過失。

* * * * * *

雖然,韋伯所提出的"儒教純是一種一般入世的道德倫理,儒教所要的是適應這個世界及其秩序與習俗"的論斷[161],是可以接受的,但就他認爲"基本上,它(儒教)所代表的只不過是給世上受過教育的人一部由政治準則和社會禮儀規則所構成的巨大法典"[162]這一點來説,就不能反映整個儒家文化。韋伯的話只適用於精英儒家文化即由貢生、舉人、秀才、進士以及及第後任職的官僚所組成的文化群。如本文所指述的,具有儒家文化屬性的中國傳統蒙學,其對象是田夫牧子、村姑里婦,其教育的目的也不是由科舉得第,這一文化所提供給他們的不是國家法典,而是日用倫常。同時,就世俗儒家文化來説,韋伯的論斷"儒教的理想與禁欲的基督新教的職業概念之間,甚至存在着更强烈的緊張性"[163],也是不適當的。"君子理想"與"經典"都是精英儒家文化而不是世俗儒家文化的終極關懷。至於説儒家認爲"儉約不應被賦予正面的評價"[164],對世俗儒家倫理而言,就更是不正確的了。

韋伯所有在儒家倫理方面所下的錯誤論斷,都是因爲他只就精英儒家文化立論,而忽略了世俗儒家文化。按照《新教倫理》的研究方法,這本來是不應該被忽略的。由於這樣一種忽略,他斷言民衆階層的節儉與儒教無任何内在聯繫[165],認爲從儒教倫理到一種市民的有條理的生活方式之間並無任何中介聯繫[166],這些看法都是不正確的。事實上,由於他主要着眼於精英儒家倫理立下了許多論斷,使得他的論斷與他自己偶爾利用的旅行者的報導,發生矛盾。更重要的是,這使得他的理論在解釋東亞及中國在模擬現代化過程中的生猛發展方面,顯得無能爲力。

蒙學作爲大衆日常行爲規範的體系的一種集中體現,可以看作諾思(D. C. North)所謂的"非正規約束"的一部分。蒙學的研究表明,中國人既有重道德、辨善惡的一面，又有精於世故、追求成就的一面。在經濟行為上，中國文化訓練的人具有自我約束和勤儉執業的品質，在模擬現代化的過程可發揮積極的作用，而功利動機的合法化則為中國人提供了心態的支持。至於世俗智慧，雖然不是儒家倫理的正面表現，但其核心"明哲保身"已在明後期儒學中充分發展，所有世俗智慧可以說都是為保護自我而發，絕無害人之心，在這個意義上仍可視之為儒家倫理的消極表現，對理解中國人的行為方式及其心理機制，不無意義。

寫於一九九四年五月

注　釋

〔1〕　馬克斯·韋伯：《中國的宗教：儒教與道教》，簡惠美譯，遠流，1991年，317頁。

〔2〕　同上，294、308頁。

〔3〕　同上，304—305頁。

〔4〕　同上，314—315頁。

〔5〕　同上，304、309頁。

〔6〕　馬克斯·韋伯：《新教倫理與資本主義精神》，于曉等譯，北京，三聯書店，1987年，73頁。

〔7〕　同上，18頁。

〔8〕　同上，36頁。

〔9〕　同上書，《導論》。

〔10〕　同上書，50、61、124頁。

〔11〕　同上，39頁。

〔12〕　同上，40頁。

〔13〕　同上，41頁。

〔14〕　包遵信：《儒家倫理與亞洲四龍》，《中國文化書院報》，1988.1.10。

〔15〕　參見弗蘭克·帕金：《馬克斯·韋伯》，劉東譯，四川人民，1987年，55頁。

〔16〕　余英時：《中國近世宗教倫理與商人精神·序論》，《中國思想傳統的現代詮釋》，臺北，聯經，1987年，259—267頁。

〔17〕　《周易·蒙卦彖辭》

〔18〕《太公家教》，王重民《敦煌古籍叙錄》："《太公家教》是從中唐到北宋初年最盛行的一種童蒙讀本。大概說來，自從第八世紀的中葉直到第十世紀末年（750—1000）通用在中國本部；第十一世紀到第十七世紀的中葉（1000—1650），還繼續不斷地被中國北部和東北的遼、金、高麗、滿洲各民族內說各種語言的兒童們所採用。這個童蒙讀本的流傳之廣，使用時間之長，恐怕再沒有第二種比得上它的。"《兔園冊》，羅振玉《兔園冊府殘卷提要》中說："《兔園冊》者，鄉校俚儒教田夫牧子之所誦也。……此書盛行於五代，或至宋季尚存。"

〔19〕《弟子規》爲清人李毓秀所輯，在清代大有取代《三字經》之勢，清人周保璋在《童蒙記誦篇·節增三字經》中說："近李氏《弟子規》盛行，而此書（《三字經》）幾廢。"

〔20〕引自徐梓：《中國傳統啓蒙教材概觀》，見氏編《蒙學歌詩》，山西教育，1991年。

〔21〕參看注〔18〕。

〔22〕參看王炳照：《蒙學十篇序》，《蒙學十篇》，北京，北京師範大學出版社，1990年。

〔23〕同上。

〔24〕周谷城：《傳統蒙學叢書序》，《傳統蒙學叢書》，長沙，岳麓書社，1985年。

〔25〕（明）呂坤：《社學要略》。

〔26〕（清）佚名：《變通小學義塾章程》。

〔27〕〔28〕同注〔25〕。

〔29〕同注〔26〕。

〔30〕徐梓：《中國傳統蒙學述評》，見氏編《蒙學須知》，山西教育，1991年。

〔31〕（宋）朱熹：《朱子語類》卷七。

〔32〕（元）許衡：《小學大義》。

〔33〕見（清）唐彪：《父師善誘法·經蒙宜分館》。

〔34〕（明）王陽明：《頒行社學教條》，《陽明全書》卷十七。

〔35〕"世俗儒家倫理"之說，最先由波士頓（Boston University）社會學家彼得·柏格（Peter Berger）提出，對八十年代以來關於工業東亞的討論有很大影響。

〔36〕〔37〕（宋）朱熹：《童蒙須知·衣服冠履第一》。

〔38〕〔39〕（宋）朱熹：《童蒙須知·灑掃清潔第二》。

〔40〕（明）屠羲英：《童子禮·行》。

〔41〕同上書《童子禮·飲食》。

〔42〕同上書《童子禮·灑掃》。

〔43〕（清）羅澤南：《小學韻語》。

〔44〕（清）萬斛泉：《童蒙須知韵語·衣服冠履其一》。

〔45〕《童蒙須知韵語·雜細事宜其六》。

〔46〕《童蒙須知韵語·雜細事宜其十六》。

〔47〕《童蒙須知韵語·雜細事宜其十七》。

〔48〕（清）胡淵：《蒙養詩教·坐》。

〔49〕《蒙養詩教·吃飯》。

〔50〕《蒙養詩教·晏息》。

〔51〕韋伯：《新教倫理》第40、50頁。

〔52〕韋伯：《新教倫理》第91頁。

〔53〕〔54〕（清）李新庵、陳彝：《重訂訓學良規》。

〔55〕（清）石天基：《訓蒙輯要·學訓》。

〔56〕（清）張履祥：《初學備忘》，載《蒙學須知》第233頁。

〔57〕〔58〕同上，第220頁。

〔59〕同上，第221頁。

〔60〕同上，第222頁。

〔61〕（明）呂得勝：《小兒語·四言》。

〔62〕（明）呂坤：《續小兒語·六言》。

〔63〕《增廣賢文》，《蒙學十篇》第120頁。

〔64〕（清）李惺：《老學究語·四言》。

〔65〕（清）謝泰階：《小學詩·敬身第三》。

〔66〕《三字經》傳爲宋王應麟作，歷代有人增補，本文所引，據《蒙學十篇》，此段載在第26頁。

〔67〕《三字經》，《蒙學十篇》第28頁。

〔68〕見王炳照：《蒙學十篇序》。

〔69〕韋伯：《新教倫理》第33、34頁。

〔70〕同上書，第60、61頁。

〔71〕同上書，第121、130頁。

〔72〕〔73〕同上書，第123頁。

〔74〕韋伯：《新教倫理》，第37頁。

〔75〕《千字文》，《蒙學十篇》，第36頁。

〔76〕同上，第37頁。

〔77〕 同上，第38頁。

〔78〕 同上，第41頁。

〔79〕 同上。

〔80〕 《三字經》，《蒙學十篇》本。

〔81〕 （清）李毓秀：《弟子規》第一。

〔82〕〔83〕〔84〕 《弟子規》第二。

〔85〕〔86〕 《名賢集》，《蒙學十篇》51頁。

〔87〕 同上書，第53、54頁。

〔88〕 《弟子規》，《蒙學十篇》第74、75頁。

〔89〕 同上，第75頁。

〔90〕 同上，第76頁。

〔91〕 同上，第77頁。

〔92〕 《增廣賢文》，《蒙學十篇》第124頁。

〔93〕 《名賢集》，《蒙學十篇》第51頁。

〔94〕 同上，第58頁。

〔95〕 同上，第63頁。

〔96〕 同上，第64頁。

〔97〕 《增廣賢文》，《蒙學十篇》第124頁。

〔98〕 同上，第131頁。

〔99〕 《神童詩卷首・安分》，《蒙學十篇》第102頁。

〔100〕 同上，第59頁。

〔101〕 同上，第64頁。

〔102〕 《神童詩卷首・安分》，《蒙學十篇》第102頁。

〔103〕 《增廣賢文》，《蒙學十篇》第115、133頁。

〔104〕 貝拉（Robert Bellah）：《德川宗教》，王曉山等譯，香港牛津，1994年，第130—135頁。

〔105〕 《三字經》，《蒙學十篇》第28頁。

〔106〕 《論語・子張》。

〔107〕 《千字文》，《蒙學十篇》第37頁。

〔108〕 同上，第38頁。

〔109〕 同上，第39頁。

〔110〕〔111〕 《神童詩》，《蒙學十篇》第 85 頁。

〔112〕〔113〕〔114〕〔115〕 同上，第 86 頁。

〔116〕〔117〕〔118〕〔119〕 同上，第 87—88 頁。

〔120〕 《泰州學案一·心齋語錄》，《明儒學案》卷三十三，中華標點本，723 頁。

〔121〕 同上，711 頁。

〔122〕〔123〕 同上，第 712 頁。

〔124〕 同上，第 711 頁。

〔125〕〔126〕 《心齋王先生全集》卷三《答問補遺》。

〔127〕 《泰州學案一》，《明儒學案》卷三十三，第 713 頁。

〔128〕 同上，第 715 頁。

〔129〕 同上。

〔130〕 《泰州學案三》，《明儒學案》卷三十四，第 782 頁。

〔131〕 同上。

〔132〕 呂坤：《呻吟語》卷二之一《修身》。

〔133〕 同上。

〔134〕 韋伯：《新教倫理》第 95 頁。

〔135〕 參看上書第四章的注 100，中譯本第 203 頁。

〔136〕 見徐梓：《中國傳統啟蒙教材概觀》，《蒙學歌詩》第 12 頁。

〔137〕 《名賢集》，《蒙學十篇》第 51 頁。

〔138〕〔139〕〔140〕 同上，第 52、53、56 頁。

〔141〕 《增廣賢文》，《蒙學十篇》第 108 頁。

〔142〕〔143〕〔144〕〔145〕〔146〕 同上，第 109、110、112、120、125 頁。

〔147〕〔148〕〔149〕〔150〕 同上，第 109、111、112、112 頁。

〔151〕〔152〕〔153〕〔154〕 同上，第 117、125、117、120 頁。

〔155〕〔156〕〔157〕 同上，第 120、122、133 頁。

〔158〕 呂得勝：《小兒語》。

〔159〕 韋伯：《新教倫理》，第 159 頁。

〔160〕 同上，第 160 頁。

〔161〕 韋伯：《中國的宗教：儒教與道教》，簡惠美譯，臺北，遠流，1991 年，第 217 頁。

〔162〕 同上，第 218 頁。

〔163〕 同上，第 226 頁。

[164] 同上，第223頁。
[165] 同上，第297頁。
[166] 同上，第305頁。

(本文作者　北京大學哲學系)

Primary Education and Vulgar Confucian Ethics in Ancient China

Chen Lai

Summary

This paper is to examine the primary education (Mengxue 蒙學) tradition in Ming-Qing Dynasties. From the author's point of view, different from the elite Confucian ethics, the vulgar Confucian ethics in Chinese history were not stated through Confucian thinker's works, but formed and exerted its influence through reading matters for primary education that formulated by lower level Confucianists. Not identifying simplly to realistic secular life, this kind vulgar Confucian ethics embodied as the union of family consciousness, individual utillity, confucian morals, and had a widespread influence after Song Dynasty. Those reading matters of 蒙學 reflect the values which played the important role to social life in Ming-Qing Dynasties, and have been the basic elements of Chinese value orintation for both pre-modern and modernizing process in China. So the research of Ming-Qing 蒙學 not only has its scholarly value, but also can provide some backgroud for understanding the ecnomic development in China and East Asia.

《中庸》與荀學、《詩》學之關係

王 博

《中庸》本是《小戴禮記》中的一篇,由漢至唐,並未受學者特別的注意。然自韓愈、李翺起而表彰它和《大學》,至南宋更爲程朱所推重。朱熹進而將《中庸》與《大學》、《論語》及《孟子》合編爲"四書",最終確立了其經典的地位。依程朱的說法,《中庸》爲孔子之孫子思所作,後傳於孟子,屬於思孟學派的文獻。但從其中"今天下,車同軌,書同文,行同倫"等文字反映了大一統帝國的景象來看,至少此篇包含有出現在秦帝國以後的內容,其完成當在漢朝初年,[1]斷不可能爲子思所作又傳之於孟軻的作品。本文擬就《中庸》與荀學及《詩》學的關係做一探討,不當之處,尚請方家指正。

甲、《中庸》與荀學

程朱以《中庸》爲子思所作,授孟子,其說雖不合史實,但《中庸》講性、命、誠、天等諸點與孟子思想接近,卻是不爭的事實。如篇首"天命之謂性,率性之謂道"之語講的便是孟子性善之說。然《中庸》所在的《禮記》一書,本是漢初禮學文獻的匯編。而作爲漢代禮學之宗的高堂生,所傳卻是荀學,故《禮記》諸篇,多發揮荀學,或受其影響。[2]即如與《中庸》並稱的《大學》,程朱雖以爲曾子所作,但馮友蘭先生卻論證其屬荀學系統[3],爲現今許多學者所接受。今仿馮先生之文,考察《中庸》與荀學之關係,非必謂其屬荀學系統,但亦可見其受荀學浸染之深也。

1.《中庸》謂:"是故君子戒慎乎其所不睹,恐懼乎其所不聞。莫見乎隱,莫顯乎微，故君子慎其獨也。"

案"慎獨"之説在儒家修身理論中居重要地位，孔子、孟子都未明確提出。觀《中庸》講慎獨之義，獨並不像鄭玄所説"慎其閒居之所爲"之義，而是指慎其心。文中"其"字指君子自己，不睹、不聞、隱、微等均是對心的形容，因心無形無聲，居於體中。然心一動而耳目與之連，故雖隱、微，然見、顯卻都以之爲根本。因此，慎獨實際上便是慎心，與後文"喜怒哀樂之未發，謂之中"密切相關。對慎獨的此種理解，可證之於帛書《五行篇》[4]及《荀子》。《五行篇》分經、説兩部分，經文云："能爲一，然後能爲君子。君子慎其獨（也）。""説"部分解釋道："君子慎其獨。慎其獨也者，言舍夫五而慎其心之謂。"後文還説："言至內者之不在外也，是之謂獨。""至內"亦當指"心"而言。《五行篇》大概是講慎獨最早的文字。稍後有荀子。《荀子·不苟篇》説："君子養心莫善於誠，致誠則無它事矣……君子至德，嘿然而喻，未施而親，不怒而威，夫此順命以慎其獨者也。"此以慎獨爲養心之工夫，且以誠爲前提，與《中庸》之義同。

2.《中庸》謂："喜怒哀樂之未發，謂之中；發而皆中節，謂之和。中也者，天下之大本也；和也者，天下之達道也。"

先秦儒家系統中，惟荀子喜言"喜怒哀樂"，且以之爲人生便內具的情感。《天論篇》云："天職既立，天功既成，形具而神生，好惡喜怒哀樂藏焉，夫是之謂天情。"好惡喜怒哀樂藏焉，即是説人生而具有此種能力，但尚未表現出來，這便是"喜怒哀樂之未發，謂之中"之義。荀子以此爲"天情"，既不求而得，不事而成者，屬於性之內容。荀子有時把性稱爲"本始材樸"（《禮論》），與《中庸》所説"中也者，天下之大本也"相似。《中庸》言"發而皆中節，謂之和"。"節"字亦荀子喜用，其具體內容指禮或禮義，如《致士》篇謂"禮者，節之準也"。而《禮論》説"好惡以節，喜怒以當"，即"發而皆中節"之義。由禮之節，則有和之功，故荀子常用"和節"一詞，如"由禮則和節"（《修身》）、"寒暑和節"（《富國》）等。《中庸》以"和"爲天下之達道，荀子亦稱禮義爲"群居和一之道"（《榮辱》），《儒效篇》還説："先王之道，仁之隆也，比中而行之。曷謂中？曰：禮義是也。道者非天之道，非地之道，人之所以道也，君子之所道也。"即以禮義及由此而致之和爲天下達道之義。

3.《中庸》謂:"致中和,天地位焉,萬物育焉。"

"中和"一詞,孔、孟俱不談,荀子則多次使用。如:"樂之中和也"(《修身》)、"中和者,聽之繩也"(《王制》)、"中和察斷以輔之"(《致士》)、"樂者天下之大齊也,中和之紀也"(《樂論》)等。可以看出,"中和"主要爲形容樂者,此點乙部分再詳論,此不煩言。又《中庸》此處以"致中和"爲天地當位、萬物化育之條件,與荀子在《禮論》中所講"天地以合,日月以明,四時以序,星辰以行,江河以流,萬物以昌……禮豈不至矣哉"相似,皆以人道包容天地。

4.《中庸》謂:"子曰:'素隱行怪,後世有述焉,吾弗爲之矣。君子遵道而行,半途而廢,吾弗能已矣。君子依乎中庸,遯世不見知而不悔,唯聖者能之。'"

"素隱行怪",依《漢書》所引,當作"素隱行怪",其意義謂"深求隱僻之理,而過爲詭異之行也"[5]。本段話是講述"中庸"的道理,故稱"君子遵道而行"、"依乎中庸",而不求怪異之名,"遯世不見知而不悔"。案此與《荀子·不苟篇》所述一致。荀子說:

> 君子行不貴苟難,說不貴苟察,名不貴苟傳,唯其當之爲貴。故懷負石而赴河,是行之難爲者也,而申徒狄能之。然而君子不貴者,非禮義之中也。山淵平,天地比,齊秦襲,入乎耳,出乎口,鉤有須,卵有毛,是說之難持者也,而惠施、鄧析能之。然而君子不貴者,非禮義之中也。盜跖吟口,名聲若日月,與舜禹俱傳而不息,然而君子不貴者,非禮義之中也。

此處所說禮義,即《中庸》所謂"道"及"中庸",似申徒狄、惠施、鄧析、盜跖等之作法即《中庸》所謂"素隱行怪"。《不苟篇》最後還講到田仲、史鰌等"夫富貴者,則類傲之;夫貧賤者,則求柔之。是非仁人之情也。是姦人將以盜名於晻世者也。險莫大焉",也屬"素隱行怪"之類。

5.《中庸》謂:"庸德之行,庸言之謹。有所不足,不敢不勉;有餘,不敢盡。言顧行,行顧言。"

《不苟篇》所說"庸言必信之,庸行必謹之"與此相似。

6.《中庸》謂："正己而不求於人，則無怨。上不怨天，下不尤人。故君子居易以俟命，小人行險以徼幸。子曰：射有似乎君子，失諸正鵠，反求諸其身。"

案《孟子·公孫丑上》云："仁者如射。射者正己而後發；發而不中，不怨勝己者，反求諸己而已矣"，當爲《中庸》此段話之所本。但《中庸》也必受了《荀子》的影響，《榮辱篇》説：

> 自知者不怨人，知命者不怨天。怨人者窮，怨天者無志。失之己，反之人，豈不迂乎哉！……安利者常樂易，危害者常憂險。

《中庸》之語當是對孟、荀這兩段文字的綜合。

7.《中庸》謂："在上位，不陵下；在下位，不擾上。"

《荀子·非相篇》云："人有三必窮：爲上則不能愛下，爲下則好非其上，是人之一必窮也……"與之相似。

8.《中庸》謂："故大德必得其位，必得其祿，必得其名，必得其壽……故大德者必受命。"

《孟子·離婁上》説："是以惟仁者，宜在高位。不仁而在高位，是播其惡於衆也。"這是講仁者應該得其位。至荀子，則提出得大位者必聖人，《正論篇》説："天下者至重也，非至強莫之能任；至大也，非至辨莫之能分；至衆也，非至明莫之能和。此三至者，非聖人莫之能盡。故非聖人莫之能王。"又説："天下者至大也，非聖人莫之能有也。"若德不稱位，則不祥莫大焉。比較來看，荀子之説顯然更近於《中庸》。荀子認爲得位者必聖人，《中庸》則説聖人必得其位，其間有一些差異，乃是由於時代原因形成的。

9.《中庸》謂："踐其位，行其禮，奏其樂，敬其所尊，愛其所親，事死如事生，事亡如事存，孝之至也。"

這裏講的是祭祀死去祖先的儀式，《荀子·禮論篇》所講與此文似。《禮論》説：

> 喪禮者以生者飾死者也，大象其生以送其死者也。故如死如生，如亡如存，終始一也。

又説：

> 哀夫敬夫，事死如事生，事亡如事存，狀乎無形影，然而成文。

而"狀乎無形影",也就是《中庸》另處所說鬼神"視之而弗見,聽之而弗聞"之義。

10.《中庸》謂:"郊社之禮,所以事上帝也;宗廟之禮,所以事乎其先也。明乎郊社之禮,禘嘗之義,治國其如示諸掌乎?"

荀子同樣重視郊社與宗廟之禮。他以禮有三本,"天地者生之本也,先祖者類之本也,君師者治之本也……故禮上事天,下事地,尊先祖而隆君師"。荀子對郊社及宗廟之禮還有具體規定,"郊止乎天子,而社止於諸侯","故有天下者事十世,有一國者事五世,有五乘之地者事三世,有三乘之地者事二世,持手而食者不得立宗廟。"依此而行,則萬物變而不亂,天下大治,可保安存。

11.《中庸》謂:"哀公問政。子曰:文武之道,布在方策。其人存,則其政舉;其人亡,則其政息。地道敏樹,人道敏政。夫政也者,蒲盧也。故爲政在人。"

此是強調爲政的關鍵在人而不在道,荀子也有相同的主張,《君道》說:

> 有亂君,無亂國;有治人,無治法。羿之法非亡也,而羿不世中。禹之法猶存,而夏不世王。故法不能獨立,類不能自行。得其人則存,失其人則亡。法者治之端也,君子者法之原也……故明主急得其人。

12.《中庸》謂:"取人以身,修身以道,修道以仁。仁者人也,親親爲大。義者宜也,尊賢爲大。親親之殺,尊賢之等,禮所生也。"

《荀子·大略篇》說:"親親故故庸庸勞勞,仁之殺也;貴貴尊尊賢賢老老長長,義之倫也。""親親之殺"即"仁之殺","尊賢之等"即"義之倫"。先秦諸子中,只有荀子喜用"殺"字,與"隆"相對,如"隆禮義而殺詩書"(《儒效》)等,又說禮"以隆殺爲要"。《中庸》此處用"殺"字,顯係襲用荀子語。

13.《中庸》謂:"凡事,豫則立,不豫則廢。言前定,則不跲;事前定,則不困;行前定,則不疚;道前定,則不窮。"

此處"豫"乃"預先準備"之義,此種意義下之"豫"字,孔、孟均未使用,而荀子則有專門論述。《大略》云:

> 先事慮事,先患慮患。先事慮事謂之接,接則事優成。先患慮患謂之豫,豫則禍不生。事至而後慮者謂之後,後則事不舉。患至而後慮者謂之困,

>困則禍不可御。

兩相比較，《中庸》此文當受了《荀子》的影響。

14.《中庸》謂："唯天下至誠，爲能盡其性。能盡其性，則能盡人之性。能盡人之性，則能盡物之性。能盡物之性，則可以贊天地之化育。可以贊天地之化育，則可以與天地參矣。"

孟子曾説過"盡其心者，知其性也。知其性則知天也。存其心，養其性，所以事天也"（《孟子·盡心上》），也説過"萬物皆備於我。反身而誠，樂莫大焉"，但明確提出參、贊天地的則是荀子。《解蔽篇》多次使用"贊稽"一詞，如"故君子壹於道而以贊稽物"等，意爲以道爲標準來衡量萬物。《不苟》、《儒效》、《性惡》諸篇都講"參於天地"，《王制篇》更説："故天地生君子，君子理天地。君子者天地之參也。"《中庸》講"贊天地之化育"、"與天地參"，當受荀子之影響。

15.《中庸》謂："其次致曲。曲能有誠，誠則形，形則著，著則明，明則動，動則變，變則化。唯天下至誠爲能化。"

《荀子》也有論誠之功用的一段文字，與《中庸》此文相較，又多相似。《不苟篇》説：

>君子養心莫善於誠，致誠則無它事矣。唯仁之爲守，唯義之爲行。誠心守仁則形，形則神，神則能化矣。誠心行義則理，理則明，明則能變矣。變化代興謂之天德……善之爲道者，不誠則不獨，不獨則不形，不形則雖作於心，見於色，出於言，民猶若未從也。雖從必疑。天地爲大矣，不誠則不能化萬物。聖人爲知矣，不誠則不能化萬民。父子爲親矣，不誠則疏。君上爲尊矣，不誠則卑。夫誠者君子之所守也，而政事之本也。

誠則能形、明、變、化等，《荀子》和《中庸》都有提到。而且，二者都特別強調"唯天下至誠爲能化"這層意思。

16.《中庸》謂："故至誠無息……博厚配地，高明配天……天地之道，博也，厚也，高也，明也……"

《荀子·禮論篇》説："厚者禮之積也，大者禮之廣也，高者禮之隆也，明者禮之盡也。"其中大、廣即博之義。荀子此處以厚、大、高、明形容禮，《中庸》則以之形容天地。

17.《中庸》謂："天地之道，可一言而盡也，其爲物不二，則其生物不測……今夫天，斯昭昭之多，及其無窮也，日月星辰繫焉，萬物覆焉。今夫地，一撮土之多，及其廣厚，載華嶽而不重，振河海而不泄，萬物載焉。今夫山，一卷石之多，及其廣大，草木生之，禽獸居之，寶藏興焉。今夫水，一勺之多，及其不測，黿鼉蛟龍魚鱉生焉，貨財殖焉。"

《中庸》此文，極言誠信專一之用。凡物誠信專一，則可致廣大，生物不測。此義荀子多有之，且其文字亦仿荀子而擴充之。現錄荀子幾處文字以做比較。《勸學篇》説：

> 積土成山，風雨興焉。積水成淵，蛟龍生焉……故不積跬步，無以至千里；不積小流，無以成江海……耳不能兩視而明，目不能兩聽而聰……故君子結於一也。

"結於一"即"爲物不二"，"積土成山"、"積水成淵"之比喻亦與《中庸》同。《儒效篇》説：

> 並一而不二，所以成積也……並一而不二，則通於神明，參於天地矣。故積土而爲山，積水而爲海……

此言"不二"之效，可通神明、參天地，可謂不測矣。又《致士篇》説：

> 川淵深而魚鱉歸之，山林茂而禽獸歸之。

與《中庸》所用比喻相似。

18.《中庸》謂："凡有血氣者，莫不尊親。故曰配天。"

此文本於《荀子·禮論篇》，其文曰：

> 凡生乎天地之間者，有血氣之屬必有知，有知之屬莫不愛其類。

"類"即指親。荀子言禮有三本，其中"先祖者，類之本也"。故"愛其類"即"尊親"之義。《禮論》又説：

> 故有血氣之屬莫知於人。故人之於其親也，至死無窮。

亦是此義。

19.《中庸》謂："知所以修身，則知所以治人。知所以治人，則知所以治天下國家矣。"

此以治天下國家之根本在修身，與孟子、荀子思想皆合。《孟子·離婁上》稱："人有恒言，皆曰天下國家。天下之本在國，國之本在家，家之本在身。"荀子亦有同樣主張，《君道篇》説：

> 請問爲國。曰：聞修身，未嘗聞爲國也。君者儀也，儀正而景正。君者槃也，槃圓而水圓。君者盂也，盂方而水方。

20.《中庸》謂："非天子，不議禮，不制度，不節文。"

議禮、制度、節文諸項，即指制禮作樂而言，孟子於此未曾用心，荀子卻非常重視。荀學隆禮重樂，是學者皆知的。似"制度"、"節文"諸詞，孔、孟均不曾用，而《荀子》書中，"制度"一詞出現九次，"節文"出現二次。《中庸》使用此等詞，當受荀子影響。

21.《中庸》謂："是故君子不賞而民勸，不怒而民威於鈇鉞。"

《荀子·強國篇》説："故賞不用而民勸，罰不用而威行"，《君道篇》也説："故賞不用而民勸，罰不用而民服"，與《中庸》似。

22.《中庸》謂："唯天下至誠，爲能經綸天下之大經，立天下之大本，知天地之化育，……苟不固聰明聖知達天德者，其孰能知之？"

"聰明聖知"一語，《荀子》中的《非十二子》及《宥坐》兩篇均有使用。"天德"一詞，在先秦儒家系統中，恐怕只有荀子使用過。《不苟篇》講"誠"時説："變化代興謂之天德"，而《中庸》此處用"天德"一詞，從上下文來看，其義指"天地之化育"，且前文亦言"誠"，與《荀子·不苟篇》用法相似。

23.《中庸》謂："唯天下至聖，爲能聰明睿知，足以有臨也；寬裕溫柔，足以有容也；發強剛毅，足以有執也；齊莊中正，足以有敬也；文理密察，足以有別也。"

此處形容之聖人，與荀子所説之聖王似。荀子曾用"聰明聖知"、"寬容"、"溫厚"、"剛毅勇敢"、"中正"等描述理想之德性，與《中庸》似。尤其《中庸》"文理密察，足以有別也"一句，更具荀學特色。先秦儒家中，惟荀子常用"文理"一詞，意指禮，其用在"別"。《中庸》中"聖人"形象，受了荀子極大的影響。聖人不僅是如孟子所説"人倫之至也"，而是荀子所説既"盡倫"，又"盡制"者。

以上二十餘條，略述《中庸》與荀學之關係，可知《中庸》實受荀子思想很大的影響。前輩學者多言《禮記》中的《大學》近荀，而《中庸》似孟[6]，其實不必如此說。誠如余敦康先生所言："由於《禮記》的整個思想體系是對先秦儒學的綜合總結，我們可以在《大學》中找到孟子的影響，也可以同樣在《中庸》中找到荀子的影響。"[7]

乙、《中庸》與《詩》學

《中庸》與《詩》學的關係，以前並未見有學者討論，因而可以說是一個新的課題。"《詩》學"這一概念，今人有不同用法。本文所論，大體與通常所謂"易學"的概念相似，指的是對《詩經》一書的解釋與發揮。照過去的分類，乃是屬於經學的範圍。

不過，我們首先須廓清一個疑問。如前所述，《中庸》為《小戴禮記》中的一篇，而《禮記》乃是舊時所謂"禮學"的著作，與"《詩》學"屬兩個不同的系統。情形的確是如此，但我們也應了解，《詩經》本來即是周代禮制文化中的一個重要組成部分，如諸侯盟會聘問燕享，多賦詩出意，是流行的禮儀，若賦詩不當，則是失禮的行為。以至於孔子有"不學詩，無以言"之語。而先秦儒家自孔子起而重視發掘《詩》與禮的關係。《論語·述而篇》說："子所雅言，詩、書、執禮，皆雅言也。"關於"詩、書、執禮"的意思，楊向奎先生說：

> （這）不能理解成平行的三件事或三種書，這是有層次的。《詩》、《書》即傳統的《詩經》、《書經》，而禮不能是現存《三禮》中任何一禮，它是當時流行的禮儀，是在《詩》、《書》中找出合於禮儀的精神與內容。[8]

這就是說，《詩》、《書》都是闡明禮制或禮學的材料，《詩》只是一個皮囊，而禮才是實際的內容。到了荀子，更是強調這一點，《勸學篇》說：

> 學之經莫速乎好其人，隆禮次之。上不能好其人，下不能隆禮，安特將學雜識志、順《詩》《書》而已耳，則末世窮年，不免為陋儒而已……不道禮憲，以《詩》、《書》為之，譬之猶以指測河也……不可以得之矣。

在荀子看來，似孟子之徒，雖口稱《詩》、《書》，但不知用其隆禮，因而昧於主旨，終生不免爲陋儒。荀子提出了"隆禮樂而殺詩書"的主張，所以他大量地稱引《詩》、《書》，説明其禮學。

以上所論，是要説明《詩經》與禮學的關係，從中可推知《詩》學與禮學的關係，即《詩》學可以包括在廣義的禮學範圍内。而且《禮記》一書，早期雖附《儀禮》而流傳，但並不只是對《儀禮》的解釋，還包含了很多説明禮的一般精神等的文字。這樣，探討作爲《禮記》一篇的《中庸》與《詩》學的關係便不是無稽荒謬之談。

講"《詩》學"，還應强調一點，那便是詩與樂的關係。學者皆知，古詩均可入樂，初本由太師掌管，至春秋末期，《詩》所配之樂發生混亂，孔子曾爲之整理，故《論語》説孔子自衛返魯，雅、頌各得其所。實際上，詩、樂，還有舞，本是三位一體，密不可分。樂、舞都依附於詩而存在。因此，詩學也可以説是包含了樂的精神在内。先秦曾有六經或六藝的説法，到漢代，《樂》亡佚，只餘五經。實際上，可以這樣説，亡佚的可能只是曲調曲譜之類，其精神並未喪失，而是與詩學合而爲一了。

有了以上的前提，我們便可正式探討《中庸》與《詩》學的關係了。首先看一下《禮記·經解篇》的一段話：

> 孔子曰：入其國，其教可知也。其爲人也，温柔敦厚，詩教也；疏通知遠，書教也；廣博易良，樂教也；絜靜精微，易教也；恭儉莊敬，禮教也；屬辭比事，春秋教也。故詩之失愚，書之失誣，樂之失奢，易之失賊，禮之失煩，春秋之失亂。

這當然不是孔子所説，肯定出自漢代人的依託。其中所述諸經之教，恐怕不是隨口亂説，而是表現了當時一般人的想法，並且都有一定的文獻依據。如描述禮教的"恭儉莊敬"，或本於荀子。因荀子重禮學，又曾用"恭儉"、"恭儉敦敬"等詞形容禮。描述易教的"絜靜精微"，則可以在《易傳》特別是《繫辭傳》中找到根據。如《説卦傳》有"萬物之絜齊"語，此言"絜"者也；《繫辭傳》説"動靜有常"、"以言乎邇則靜而正"等，此言"靜"者也；《文言傳》説"純粹精也"、"精義入神"、"非天下之至精"等，此言"精"者也；《繫辭傳》説"幾者動之微"、"君子知微知彰"、"而微顯闡幽"等，此言"微"者也。至於描述詩教的"溫柔敦厚",則明見於《中庸》。《中庸》說:"唯天下至聖……寬裕溫柔,足以有容也",此言"溫柔"。又說:故君子……溫故而知新,敦厚以崇禮",此言"敦厚"。這或許不是偶然的巧合,《禮記·經解》在寫"溫柔敦厚,詩教也"的時候,可能依據的是《中庸》,或者至少有《中庸》在內。就像寫"絜靜精微,易教也"時,或許依據了《易傳》一樣。這樣,人們便有理由提出這樣一個問題,《中庸》是不是一篇《詩》學的文獻呢?

情形是令人鼓舞的。儒家著作多稱引經典,特別是《詩》、《書》,但在一篇論文中只稱引一經的情形並不多見,如《大學》即《詩》、《書》並引,但是,《中庸》一文卻只稱引《詩經》,而不及其它諸經。這種情形,極類似於《易傳》諸篇只稱引《周易》。

《中庸》共引《詩》十六次,其中《大雅》七次、《小雅》兩次,《周頌》三次、《商頌》一次,另外《衛風》、《鄭風》、《豳風》各一次。《雅》、《頌》相加共十三次,《風》三次。可以看出,《中庸》引《詩》是偏重於《雅》、《頌》,而忽視《風》的。這種情形,與《荀子》一書極為類似。除幾處為逸詩,不見於今《詩經》者外,《荀子》引"詩曰"或"詩云"者差不多七十五次,其中《大雅》三十一次,《小雅》二十五次,《周頌》、《商頌》各四次,這幾部分相加共六十四次,而《風》的部分相加只有十一次。而且,大部分情況下,《中庸》和《荀子》在引詩的形式上也是相似的,即先是講述某一觀點或道理,然後引《詩》為證。

不過,以《中庸》為《詩》學的文獻,更主要的是因為它的一些基本觀念與古人對詩及樂的看法密切相關,或者說它發揮了詩及樂的精神,並將之理論化。我們可以先從"中和"這一概念出發做一討論。

首先看一下"中和"一詞的來歷,它與樂密切相關。《莊子·天下篇》謂"樂以道和",與"易以道陰陽"等並列,認為樂的基本精神就是"和"。這是古來即有的一種觀念,春秋時期人多言及此。如《左傳·僖公二十四年》記周富辰說:

耳不聽五聲之和為聾,目不別五色之章為昧,心不則德義之經為頑,口不道忠信之言為囂。

所謂"五聲之和",顯然指"樂"。又《左傳·襄公十一年》記鄭國獻給晉侯樂師、樂具等,晉侯以樂之半賜魏絳。曰:

> 子教寡人和諸戎狄以正諸華,八年之中,九合諸侯,如樂之和,無所不諧。請與子樂之。

又《左傳·昭公二十年》記晏子對齊侯語云:

> 先王之濟五味和五聲也,以平其心成其政也。聲亦如味,一氣、二體、三類、四物、五聲、六律、七音、八風、九歌以相成也。清濁、小大、短長、疾徐、哀樂、剛柔、遲速、高下、出入、周疏以相濟也。君子聽之以平其心,心平德和。

此極言樂之平和精神。又《左傳·昭公二十一年》記周樂師伶州鳩云:

> 夫樂,天子之職也。夫音,樂之輿也。而鐘,音之器也。天子省風以作樂。器以鐘之,輿以行之,小者不窕,大者不摦,則和於物。物和則嘉成,故和聲入於耳而藏於心。

這也是說樂之用在和。

《中庸》曾以"發而皆中節"來規定"和",而"節"也被認爲是"樂"的作用,由"節"而後方可得"和"。《左傳·昭公元年》記醫和對秦伯曰:

> 先王之樂所以節百事也,故有五節,遲速本末以相及,中聲以降。五降之後,不容彈矣。於是有煩手淫聲慆堙心耳。乃忘平和,君子弗聽也。

合於五節,則中聲以降;不合五節,乃忘平和。由此可見節與和之密切關係。

樂之和的精神到了荀子那裏得到了系統的發揮。前一部分曾提到,"中和"一詞荀子最先使用,且明言其爲樂之性質。荀子有《樂論》一篇,專論樂之功用,其文曰:

> 故樂在宗廟之中,君臣上下同聽之則莫不和敬。閨門之內,父子兄弟同聽之則莫不和親。鄉里族長之中,長少同聽之則莫不和順。故樂者審一以定和者也,比物以飾節者也,合奏以成文者也。

樂之精神在"定和",故於不同場合,不同關係中可分別得到和敬、和親、和順等效果。《樂論》還通過比較禮樂之異進一步說明樂之和的精神,荀子說:

且樂也者，和之不可變者也。禮也者，理之不可易者也。樂合同，禮別異。禮樂之統管乎人心矣。窮本極變，樂之情也。著誠去僞，禮之經也。

樂與禮不同，禮重在差異、區別，而樂重在和諧、統一。

通過以上之考察，我們可以看出，《中庸》裏的"中和"確是一個與"樂"有密切關係的觀念。了解此點，我們便可了解爲什麽《中庸》要用喜怒哀樂之"未發"與"發而皆中節"來規定中與和的意義。因爲喜怒哀樂是人的基本情感，而樂與人情密不可分。如《荀子・樂論》所説："夫樂者樂也，人情之所必不免也"，"夫民有好惡之情而無喜怒之應則亂，先王惡其亂也，故修其行，正其樂，而天下順焉"。樂之起乃由於人情之所必需，同時要對人之情感起引導與節制之作用。

總結以上關於樂與中和的材料，可以這樣説，中和是古人賦予樂的基本精神。一方面，樂本身體現了中和。這又可分兩層，一層是五聲之和，一層是作爲五聲之和基礎的心之和；另一方面，樂之社會作用主要也在中和。這也可分爲兩層，一層是五聲之和可以給人們以感官上美、樂等的享受，另一層則由耳入心，中和情感與人心，進而移風易俗。而無論從哪一方面來説，樂之中和的兩層意義都是一致的。

因此，最高的樂也就是通過五聲之和而表現出了中和之德行。《左傳・襄公六年》記載吴國公子季札至魯國觀周樂，自國風始，至頌爲止，每歌畢則爲之評論，最後歌《頌》完畢後，季札云：

> 至矣哉！直而不倨，曲而不屈，邇而不偪，遠而不攜，遷而不淫，復而不厭，哀而不愁，樂而不荒，用而不匱，廣而不宣，施而不費，取而不貪，處而不底，行而不流，五聲和，八風平，節有度，守有序，盛德之所同也。

這十幾個"Ⅹ而不Ⅹ"的句子，與《論語》中講君子"和而不同"、"矜而不爭，群而不黨"等格式一致，《中庸》中也有類似的用法，如"和而不流"、"中立而不倚"、"淡而不厭"等。它們表達的都是一種有度有序，既不過分，也非不及的中和之德。這其實也就是《論語》及《中庸》所謂的中庸之德。在季札看來，只有《頌》才完滿地、集中地表達了此種中和之德。

由中和的精神導出了具體的實踐原則——中庸。統言之，中和與中庸無別；析言之，則有用法及意義上的不同。大體説來，中和偏重於指本體，故有"致中和，天地位焉，萬物育焉"之説；而中庸則指在日常生活中體現中和的原則。"中庸"之"庸"如"庸德"、"庸言"等詞所揭示的，即是"平常日用"之義。因此，中和與中庸之關係較類似於道家哲學中道和德的關係。

　　由此，我們也可附帶引出一個結論，即中庸的學説主要地乃是來自於詩教，而非易教。《易傳》中雖然也有尚中的精神、多講"時中"，但彼處之"中"一般指一事物在運動變化的過程之中較好或適當之位置，偏重於客觀的情形，無論主體如何，居此種位置，一般會得到較吉利的結果。《易傳》之"中"與吉凶密切相關。但中庸則指主體之內在德行及表現，且與吉凶無必然聯係。

　　在《中庸》這篇文章中，除了"中和"以外，"誠"及"慎獨"也是其主要的內容。由本文甲部分所引述可知，"誠"及"慎獨"皆就心而言，是從心上做的工夫。《中庸》注重發揮誠及慎獨的觀念，表現了對心的強調與重視。這一思想重心或傾向，與《詩經》的精神也是一致的。

　　在先秦及漢代人看來，"六經"各有其偏重，《莊子·天下篇》説：

　　　　詩以道志，書以道事，禮以道行，樂以道和，易以道陰陽，春秋以道名
　　　　分。

《荀子·儒效篇》所説大同小異：

　　　　詩言是其志也，書言是其事也，禮言是其行也，樂言是其和也，春秋言
　　　　是其微也。

《荀子》與《莊子》相比，未評論《周易》，對《詩經》的看法是一致的，都以《詩》爲言志。何謂志？

　　上引《莊子》"詩以道志"句，成玄英疏云："詩道情志"，以"志"爲"情志"；《荀子》中多以"志意"合稱，大抵"志"即指人之內在情意，與心密切相關。此從諸子文中"志"字用法中也可得到證明。如老子説："虛其心，實其腹；弱其志，強其骨"，明顯地，志與心爲同義詞；《論語》中多言"志"，如"志於道"、"志於學"、"父在觀其志"等，大抵指人內在之情感或意向；孟子和莊子還分別討論了志和氣的關係問題，在他們那裏志和心也都有密切的關係[9]。

大概說來，志約相當於《大學》所講"誠意"、"正心"中"意"與"心"之範圍。

就其最初的意義來說，詩言志指的是當初人們作詩乃是藉此以明其情志，後來，在禮儀活動中，主人和賓客也藉賦詩來表達內心的情感或志向。詩與志的關係在後來的詩學作品中，便表現為對志、心等的重視，在儒家內聖學發展的過程中有着不可忽視的地位。馬王堆漢墓帛書《五行篇》集中地表現了這一點（另文論述），而《中庸》也明顯地具有這種傾向。

《中庸》開始即提到了慎獨，它說："是故君子戒慎乎其所不睹，恐懼乎其所不聞。莫見乎隱，莫顯乎微，故君子慎其獨也。"我們在上一部分曾提到，所謂慎獨，乃是指慎其心，也可以說是慎其志，試與《中庸》篇末的一段文字相比較：

> 詩云：潛雖伏矣，亦孔之昭。故君子內省不疚，無惡於志。君子之所不可及者，其唯人之所不見乎？

此處"人之所不見"者即"志"，也就是前處所說之"其所不睹"、"其所不聞"或"隱"、"微"。《中庸》特別強調此方面之修養，並提出了"誠"的學說。

《中庸》非常重視"誠"的概念，並把它規定為"天之道"，它說：

> 誠者，天之道也。誠之者，人之道也。誠者，不勉而中，不思而得，從容中道，聖人也。

這就把誠提到了宇宙的普遍法則及秩序的高度，也可以說是一種最高的德行。人道的內容與目標便是實現誠，從而達到與天道合一的境界。在《中庸》看來，聖人是自然而然便可以與天道保持一致的，而一般人則需經由不斷的努力才能做到這一點。

人道之所以能與天道相溝通，人之所以能與天合一，乃是以性為中介的。《中庸》開篇即講"天命之謂性"，性即是天之所以在人者，其內容也就是誠。《中庸》說："自誠明，謂之性；自明誠，謂之教"，"自誠明"，便是由天道而人，"明"指人了解誠之能力或對誠之了解，它與誠實質上是一而二，二而一的，所以才有"誠則明矣，明則誠矣"之說。

性為溝通天與人之中介，因此，盡己之性最終便可達到與天地參之結果，即與天道之合一。然而，這根本上是以誠爲前提的，"唯天下至誠"才能做到這一點。只有誠才能配天高明，配地博厚，悠久無疆。也只有誠才能既成己又成物，兼仁智之性、合內外之德。

但是，誠並不是別的，它顯然是針對人之內在方面即心、意等而提出的，如《大學》"誠意"、"正心"所示。孟子與莊子使用誠字時，也是如此的用法。因此，誠可以說是誠心、誠志、誠意。而這就歸到了"詩以道志"的主題。

因此，可以這樣說，作爲《中庸》主要概念及學說的"中和"與"誠"均與詩、樂有着密不可分之關係，可以說是對詩、樂精神或主題的理論闡發。這些連同前述的一些現象一起，足以說明《中庸》一文與《詩經》的密切關係，《中庸》可以說是一篇"《詩》學"文獻。

注釋

〔1〕參見馮友蘭著《中國哲學史新編》，第三冊，人民出版社，1985年版，第39—40頁。及任繼愈主編《中國哲學發展史·秦漢卷》，人民出版社，1985年版，第220頁。

〔2〕趙光賢先生説："到了西漢，儒家講禮的出自高堂生，他是傳荀學的，所以今本大小戴《禮記》講禮各篇，可以說都是發揮荀學。"見《論孔子學說中"仁"與"禮"的關係》文，《北京師範大學學報》，1985年第1期。

〔3〕馮友蘭《〈大學〉爲荀學説》，原載《燕京學報》第七期，今引自《三松堂學術文集》，北京大學出版社，1984年版。

〔4〕本文所引《五行篇》文字見《馬王堆漢墓帛書》（壹），文物出版社，1980年版。

〔5〕參見朱熹《四書集注》。

〔6〕馮友蘭、楊向奎等均有此説。馮説見其《中國哲學史新編》第三冊。楊説見其所著《宗周社會與禮樂文明》第327頁，人民出版社，1992年版。

〔7〕見任繼愈主編《中國哲學發展史·秦漢卷》，第220頁。

〔8〕同〔6〕所引楊著，第368頁。

〔9〕《孟子·公孫丑上》云："告子曰：不得於言勿求於心，不得於心勿求於氣。不得於心勿求於氣，可。不得於言勿求於心，不可。夫志，氣之帥也；氣體之充也。夫志至焉，氣次焉。故曰持其志無暴其氣。既曰志至焉，氣次焉，又曰持其志無暴其氣，何也？曰：志壹則動氣，氣壹則動志也。今夫蹶者趨者，是氣也，而反動其心。"自前後文觀之《孟子》此處志與心爲同一意義，故可替換使用。又《莊子·人世間》説："若一志，無

聽之以耳，而聽之以心；無聽之以心，而聽之以氣。聽止於耳，心止於符。氣也者，虛而待物者也。唯道集虛，虛者心齋也。"此處"一志"與"虛心"同義。

（本文作者　北京大學哲學系）

The Relation of the *Doctrine of the Mean* with Xunzi's Thought and the Interpretation of the *Book of Songs*

Wang Bo

This article includes two parts: A and B.

Part A discusses the relation between the *Doctrine of the Mean* and Xunzi's thoughts. According to the traditional view, the *Doctrine of the Mean* was written by Zisi, the grandson of Confucius, and inherited and developed by Mencius, therefore belong to the Zisi-Mencius School. In fact, the *Doctrine of the Mean* was completed at the beginning of Han Dynasty. Although there are many similarities between it and *Mencius*, it is also heavily influenced by *Xunzi*. The paper analyses more than twenty sentences or paragraphs taken from the *Doctrine of the Mean*, and shows its close relationship with *Xunzi*.

Part B discusses the relation between the *Doctrine of the Mean* and the Interpretation of the *Book of Songs*. The so-called Interpretation of the *Book of Songs* in the article designates those thoughts or doctrines which are based on the *Book of Songs* and developed its implications. The only scripture the *Doctrine of the Mean* quotes is the *Book of Songs* (quotes sixteen times), and no other scipture was cited there. According to the *Book of Rites*, the fundmental point of the teaching of the *Book of Songs* is to be "gentle, soft, honest and sincere", which have their origin in the *Doctrine of the Mean*. Moreover, the most important ideas of the book such as "equilibrium and harmony", "sincerity" and "watchfullness over mind" are also closely related with the Book of Songs and music. The conclusion of the part B is that the *Doctrine of the Mean* has close relationship with the *Book of Songs*, although it is included in the *Book of Rites*.

石頭宗心性論思想述評

方立天

慧能以來，禪宗主要衍化爲南岳和青原兩系。青原行思（？—740年）主張"即今語言即是汝心，此心是佛"。[1]其弟子石頭希遷（公元700—790年）繼承行思，超過行思，在開闢有別於南岳一系洪州宗的門風方面，發揮了決定性的作用。在希遷的思想基礎上，青原一系石頭宗後來又分化爲曹洞、雲門和法眼三宗，一度形成了與洪州宗勢均力敵之勢，影響頗大。

石頭宗和洪州宗同樣是繼承了慧能禪宗的心性論學說，都主張從生命現象上去體認自我的本心、本性，也就是在把握本心、本性的基礎上去克服主體與客體、有限與無限、短暫與永恒的對立，從而超越煩惱、痛苦、生死，以建立精神家園，獲得解脫。但是和洪州宗人又有所不同，相對說來，石頭宗人偏重於吸取華嚴宗和禪宗牛頭宗的思想，注意語言文字的運用，重視知見，主張調和頓漸法門；也重視闡述心靈自體的皎潔圓滿，並從心性上去統一理與事，本與末的矛盾關係，安置主體與客體，一心與萬物的關係，以把握宇宙與人生的真實，求得覺悟。由此又形成了以綿密、高古門風與洪州宗的凌厲、痛快門風爭奇鬭艷的宗教文化景觀。

本文着重探討的是石頭宗心性論的幾個主要問題，以求教於方家。

一、心靈湛圓

據《祖堂集》卷四載，石頭希遷因讀《肇論·涅槃無名論》中的"會萬物以成己者，[2]其惟聖人乎"這句話而深受啓迪，並感嘆道："聖人無己，靡所不己。

法身無量，誰云自他？圓鏡虛鑒於其間，萬像體玄而自現。境智真一，孰爲去來？"[3]於是撰寫代表了石頭宗基本思想的《參同契》。《涅槃無名論》[4]那句話是講聖人（佛）的境界的，希遷從中體會到聖人是無己（無我）的，法身是無量的，物是一體的，人若與萬物合爲一體，境智合一，就是聖人即佛的境界。由此，希遷非常重視合萬物爲一體的主體心靈本性的探討。

石頭希遷在向弟子介紹自己的法門時，說過這樣一段重要的話：

> 汝等當知：自己心靈，體離斷常，性非垢淨；湛然圓滿，凡聖齊同；應用無方，離心、意、識。三界六道，唯自心現；水月鏡像，豈有生滅？汝能知之，無所不備。[5]

這段話闡明了自心即自己心靈的體、性、功能和特徵。希遷認爲，自心的體是脫離斷滅與恒常的，自心的性是非污染非清淨的，意思是自心的體性是超越斷常和垢淨而湛然圓滿的。同時這種自心又是一切凡夫與聖者所普遍具有的。自心的功能周遍無方，離開了一般的心、意、識的活動，自心能顯現三界六道，是無所不備的。於此可見，希遷所說的這種自心就是衆生的妙靈，諸佛的本覺。也就是一切凡聖生類共同具有的心，即宇宙心。

希遷以後，石頭宗人還通過對什麼是真心、真心與妄心、睡眠與真心等問題的闡發，來論證自心的湛然圓滿。希遷和他的法嗣潮州大顛和尚曾討論過心（本來面目）與揚眉動目的關係，後來大顛在上堂開示時就真心（本心）作出了明確的界定：

> 夫學道人須識自家本心，將心相示，方可見道。多見時輩只認揚眉動目，一語一默，驀頭印可，以爲心要，此實未了。吾今爲汝諸人分明說出，各須聽受，但除卻一切妄運想念見量，即汝真心。此心與塵境及守認靜默時全無交涉，即心是佛，不待修治，何以故？應機隨照，冷冷自用，窮其用處，了不可得，喚作妙用，乃是本心。[6]

在這段話中，大顛和尚首先批判了洪州宗人的觀點，指出他們以揚眉動目爲佛性（真心）的表現，實是沒有了達禪法的真諦，強調"除卻一切妄運想念見量"才是真心。也就是說，真心是排除一切虛妄的知覺、憶念、見解、認識的，真心是不須修治的。爲什麼這樣說呢？這是因爲真心能隨不同情況觀照一切，具有無限妙用，且又了達而不可得。這就是說，在大顛和尚看來，真心是眾生本來具有的、絕對純真、作用神妙的精神主體，成佛的內在根據，或者說，此心就是佛心，就是佛。清涼文益禪師弟子、法眼宗人紹巖禪師認爲，講心要同時反對兩種見解：一種是以爲語言談笑、凝然杜默、參尋探訪、觀山玩水等就是本心的表現；一種是離開身中妄想，另外追求一種能周遍十方世界（包含日、月、太虛）的心靈爲本來真心[7]。他認爲這兩種看法都是不正確的。在紹巖禪師看來，真心與日常表現、真心與外部世界是一種不即不離的關係。

那麼，人在睡眠時通常是停止知覺活動，此時人的真心、本性是否還存在呢？如何認識睡眠時的真心、本性，這是石頭宗禪師們熱衷探討的一個話題。如唐末五代著名禪師玄沙師備（公元835—908年）在批評有的禪師只會舉手投足，揚眉瞬目之後，着重根據睡眠現象來評論人心聰靈的局限性，並對人身的主宰提出新見解，他說：

> 更有一般便說，昭昭靈靈，靈臺智性，能見能聞，向五蘊身田裏作主宰。恁麼爲善知識？太賺人知麼？我今問汝，汝若認昭昭靈靈是汝真實，爲什麼瞌睡時又不成昭昭靈靈？若瞌睡時不是，爲什麼有昭昭靈靈時？……我向汝道，汝昭昭靈靈，只因前塵色、聲、香等法而有分別，便道此是昭昭靈靈，若無前塵，汝此昭昭靈靈同於龜毛兔角。仁者，真實在什麼處？汝今欲得出他五蘊身田主宰，但識取汝祕密金剛體。[8]

"昭昭靈靈"，明白聰靈。"靈臺"，心。"五蘊身田"，人身。"善知識"，指有道德學問，能傳授佛法的人。"賺"，騙。"塵"，境，境界，通常指色、聲、香、味、觸、法六塵或六境。"前塵"，顯現於前的對象。"金剛體"，喻金剛般堅固的身體，此指佛身的功德。這段話是從睡眠時失去知覺來論證，認爲那種以人心昭昭靈靈爲人的主宰和眾生的真實的說法是欺人之談，指出人們所講的昭昭靈靈只是對外境等事物的分別而已，實際上眾生的真實和主宰不是別的而是自己的"秘密金剛體"，即自身的功德。在師備禪師看來，眾生心靈的真實和主宰不是認知活動與特性，而是佛教的功德。只有佛教的功德才是支配與決定眾生命運的主宰。

宋代法眼宗本先禪師也探討了人在睡眠與醒覺時的本性存在問題，他說：

爾等諸人夜間眠熟不知一切，既不知一切，且問：爾等那時有本來性？若道那時有本來性，那時又不知一切，與死無異；若道那時無本來性，那時睡眠忽醒[9]覺知如故。如是等時是個什麼？若也不會，各自體究取。[10]

本先禪師以人在睡眠時"不知一切"，醒覺時"知如故"來考察人的本性（實指知覺）是否一直存在的問題。我們知道，睡眠是一種與覺醒狀態周期性交替出現的機體狀態，當今運用腦電圖還可以觀測出睡眠過程中的不同相狀。人在睡眠時會失去知覺。從生理學和心理學角度看，本先禪師在這裏提出的問題是一個知覺作用的機制問題。他把知覺歸結爲人的本性，並要求門下對這樣的本性進行體察究取，作爲求得精神解脫的重要門徑。

這裏也使我們聯想起印度部派佛教，他們探討人們處於熟睡、失去知覺的情況下，眾生是否還有其他識存在的問題，他們認爲是有的，並提出了細心、細意識、"補特伽羅"（依附於身體的內在心識、本性）等說法，觸及了人的深層意識結構，確立了眾生輪回果報的本體。

本先禪師提出的問題也涉及到了人心即人的精神主體是有生有滅的，還是不生不滅的問題，法眼宗創始人文益禪師與門人對這個問題有如下一段對話：

問：如何是不生不滅底心？師（即文益）曰：那個是生滅底心？僧曰：爭奈學人不見。師曰：汝若不見，不生不滅底也不是。[11]

這段話的意思是說，眾生若見自己的心，那人心既是生滅的，又是不生不滅的；若不見，則既不是生滅的，也不是不生不滅的。這是在強調人心是生滅與不生滅的統一，或者說是超越生滅與不生不滅的，並認爲重要的是眾生要自見自心。

石頭宗人在主張眾生本具湛圓自心、佛性本有的基礎上，進而提倡直下承當，悟入禪境。希遷初見行思時有一段對話：

師問曰："子何方而來？"遷曰："曹溪。"師曰："將得什麼來？"曰："未到曹溪亦不失。"師曰："恁麼用去曹溪作什麼？"曰："若不到曹溪，爭（怎）知不失？"[12]

希遷在回答行思問從曹溪參學得到什麼時，說在沒有去曹溪前也並不缺失什麼；既然如此爲什麼去曹溪呢？希遷說不到曹溪怎麼知道自己不缺失什麼呢？希遷的這種自信本心，自知本心，無所不備，湛然圓滿，正是石頭宗禪學思想的基點，也是此宗開導學人，直指自心，體悟自心，成就佛果的要義。希遷對門下慧朗、大顛的啓發、點撥，就是這方面的兩個典型例子，史載：

> （慧朗）往虔州龔公山謁大寂（馬祖道一），大寂問曰："汝來何求？"師（慧朗）曰："求佛知見。"曰："無佛知見，知見乃魔界。汝從南岳來，似未見石頭曹溪心要爾，汝應卻歸。"師承命回岳造於石頭，問："如何是佛？"石頭曰："汝無佛性。"曰："蠢動含靈又作麽生？"石頭曰："蠢動含靈卻有佛性。"﹁："慧朗爲什麽卻無？"石頭曰："爲汝不肯承當。"師於言下信入。[13]

"蠢動含靈"，指一切衆生。希遷首先告訴慧朗，佛性爲一切衆生所有，是人人都有的，只因爲慧朗"不肯承當"，才有如何是佛的問題。慧朗不明白佛就在自己心中，佛性本有。所以希遷對尚不明自心，缺乏自信的慧朗給以當頭一棒，説他無佛性，刺他猛醒，體悟自心，肯於承當。又，史載：

> 潮州大顛和尚初參石頭，石頭問師曰："那個是汝心？"師曰："言語者是。"便被喝出。經旬日，師卻問曰："前者既不是，除此外何者是心？"石頭曰："（除卻揚眉瞬目，將心來。"師曰："無心可將來。"石頭曰："元來有心，何言無心？無心盡同謗。"師言下大悟。[14]

希遷爲考驗大顛對本有自心的信念是否堅定，故意對其所説有心和無心都不予認可，實際上是強調衆生的現實心靈就是自己的真心，就是成佛的根本。他要門人不要追問，探求何者是心，而應是直下自心，覺悟成佛。大顛經此開導而大悟。

從衆生本心是湛然圓滿的基本觀點出發，石頭宗人還唱"即心即佛"説。希遷説：

> 吾之法門，先佛傳授。不論禪定精進，惟達佛之知見，即心即佛。心佛衆生，菩提煩惱，名異體一。[15]

希遷認爲，通達佛的知見，亦即衆生具有了達事物實相的真知灼見，衆生心便是佛。所謂心佛相即，是指兩者的體性相同。這是強調衆生的心體無所不備，若能自知，則就是佛。衆生主體的心具有無限功能，包括佛的境界在內的各種境界都是心的顯現作用。文益禪師就說："古聖所見諸境，唯見自心。"[16]禪宗先聖們的修持，是從所見自心中見諸境界，這也就是石頭宗人普遍奉行的"明心"、"識心"。如紹巖禪師就說："只圖諸仁者明心，此外別無道理。"[17]丹霞禪師（公元728—824年）也說："識心心則佛，何佛更堪成？"[18]曹洞宗人天童正覺（公元1091—1157年）認爲心是諸佛的本覺，衆生的妙靈，由於被妄念所迷惑蒙蔽，就需要靜坐默究，排除妄緣幻習，以顯現心靈的清白圓明。由此他又相應地提倡"默照禪"，以與臨濟宗人大慧宗杲唱導的"看話禪"相對立。

石頭宗人十分強調衆生自性清淨的至上性，主張即心是佛，由此也強烈反對心外求佛的說法和做法。在這方面希遷的三傳弟子德山宣鑒禪師（公元780—865年）的言論是十分突出和典型的，他說：

> 達磨是老臊胡，釋迦老子是乾屎橛，文殊普賢是擔屎漢。等覺妙覺是破執凡夫，菩提涅槃是繫驢橛，十二分教是鬼神簿、拭瘡疣紙。四果三賢、初心十地是守古塚鬼，自救不了。[19]

宣鑒禪師從禪宗祖師達磨開始，一路罵下去，釋迦佛、菩薩、佛教境界、佛教經典，直至衆生發心求道和修持階段等等，統統罵遍、罵倒，徹底否定心外的佛教和心外的佛。希遷弟子、丹霞天然禪師根據希遷只教他"切須自護"即只須切實保護自心純淨的教導，在上堂時直接對門徒說："禪可是爾解底物，豈有佛可成？佛之一字，永不喜聞。"[20]強調追求禪法正解，排除"佛"這一字的意義和價值。《宋高僧傳》卷十一《唐南陽丹霞山天然傳》還記載着丹霞天然禪師的一個著名故事。丹霞天然禪師住在慧林寺時，遇天奇寒，他就取來木佛焚燒取暖。別的僧人見狀紛紛批評譏諷他，他就說這是燒取舍利（佛的遺骨），僧人說木頭裏哪有什麼舍利，他回答說，既然如此爲什麼還要責備我呢？這個故事充分地表現了丹霞天然禪師目無偶像崇拜的鮮明的立場。

總之，在石頭宗多數禪師看來，衆生的心靈不同於日常行爲動作，也排除一切妄念偏見，它是超越染與淨（或絕對清淨），超越睡眠與覺醒，超越生與滅，是本來先天具有，無所不備、湛然圓滿的。衆生的心靈是成佛的根據，即心即佛，那種向外求佛、盲目崇拜都是不符合禪法的。

二、心地自然

　　石頭宗人常論心與法的關係，"法"包含外界事物和佛法等多重含義。心與外物、心與佛法的關係如何，是佛教心性論的重大問題，心與外物是主體與客體的關係，心與佛法是主體與修持成佛的關係，二者都直接涉及心性的性質和功能問題。石頭宗人通過對這兩方面的論述，進一步突出人心的自然之性，強調眾生心地自然，心無取捨，不附於物，自由自在，具足佛法，一切現成。

　　石頭希遷在《參同契》中說："靈源明皎潔，枝派暗流注。"[21]"靈源"，即心源，為一切事物、現象的根源。靈源皎潔清淨，也就是自性清淨心，就是佛性。"枝派"，指物。萬物是靈源所派生，是靈源所顯現的。由此也可說，心與萬物是一體，心與物是貫通的，然而物猶如暗地里流注一般，心物一體的這種貫通關係又不是豁然明朗的。從心源派生萬物的關係出發，《參同契》宣傳心與物具有本末、顯隱、交互流注的關係。

　　對於心與物的這種複雜關係，法眼宗人猶為熱衷於探討。文益禪師的門人慧明禪師就常以這類問題質詢別人，以了解對方的禪修造詣。一次，有二禪客到慧明住處大梅山，慧明就提出了這樣富有哲理性的問題：

　　　　師（慧明）問曰："上座離什麼處？"曰"都城"。師曰："上座離都城到此山，則都城少上座，此山剩上座。剩則心外有法，少則心法不周。說得道理即住，不會即去。"其二禪客不能對。[22]

"剩"，多。禪客離開都城到大梅山，都城少一人，大梅山多一人。多是表示主體心外另有法，少是表明主體心不周全。一多一少涉及到心法與外界都城、大梅山的關係如何貫通說明，是禪修的一大問題。看來二位禪客不能從心生萬物和心物一體貫通的思想來回答問題。後來慧明禪師住天台山，時有博學強記的朋彥來訪共論禪理，也有一段對話：

　　　　師（慧明）曰："言多去道遠矣，今有事借問：只如從上諸聖及諸先德還有不悟者也無？"朋彥曰："若是諸聖先德豈不有悟者哉？"師曰："一人發真歸源，十方虛空，悉皆消殞，今天台山凝然，如何得消殞去？"朋彥不知所措。[23]

這是説，按照心生萬法、心物一體的禪理，只要以前有一位禪師發明真心回歸心源，就會導致十方空虛、外界全都消殞，而今天台山依然高聳而立，並未消殞，這應如何説明呢？慧明禪師的真意是在提倡以"見色（物）便見心"的禪悟來消除心物的對立，體會心物一體。在法眼宗人看來，一般的人都是把心與物割裂開來，不能從物上見心（本心），若能從物上見心，心物打成一片，就不會有"心外有法"和"心法不周"的問題了，也没有心外的天台山巍然特立的問題了。

法眼宗人又進一步深究"見色便見心"的"心"是什麼心，此心與物是同是異？文益的弟子清聳禪師就提出了這個問題，他説：

> 見色便見心，且喚作什麼心？山河大地，萬象森羅，青黄赤白，男女等相，是心不是心？若是心，爲什麼卻成物象去？若不是心，又道見色便見心？還會麼？只爲迷此而成顛倒種種不同，於無同異中强生同異。且如今直下承當，頓豁本心，皎然無一物可作見聞。若離心别求解脱者，古人喚作迷心討源，卒難曉悟。[24]

這是説，一方面外界林林總總的事物並不就是心，一方面禪法要求"見色便見心"。究竟如何認識心，認識心與事物的關係呢？清聳禪師認爲，若從衆生一般見解來看，本來是無同異的心與物會産生出同異分別來；衆生若能頓豁本心，本心皎然清淨，就無一物可見可聞了，就無心物同異、心物對立的問題了。如此在體悟本心的基礎上，"見色便見心"，實現心物一體，才是真正的解脱之道和解脱境界。

本先禪師也就什麼是"唯心所現"的含義提出問題：

> 諸法所生，唯心所現，如是言語好個入底門户。且問：爾等諸人眼見一切色，耳聞一切聲，鼻嗅一切香，舌知一切味，身觸一切軟滑，意分别一切諸法，只如眼、耳、鼻、舌、身、意所對之物，爲復唯是爾等心？爲復非是爾等心？若道唯是爾等心，何不與爾等身都作一塊了休？爲什麼所對之物卻在爾等眼、耳、鼻、舌、身、意外？爾等若道眼、耳、鼻、舌、身、意所對之物非是爾等心，又焉奈諸法所生，唯心所現？[25]

這是問：人們所感覺認識的一切事物，是人們的心呢，還是不是人們的心？若說是人們的心，萬物爲什麼不隨着人們身亡而俱滅，卻仍然在人身之外存在着呢？若是萬物不是人們的心，佛典上又爲什麼說萬物是"唯心所現"呢？這是一個矛盾，在本先禪師看來，這就要求從"見色便見心"上求悟解。

對於心與物、見心、唯心的問題，講得最形象、生動、典型的是地藏桂琛和文益三番對話的一段公案。一次文益結伴外出參學，爲雪所阻，暫住彰州城西地藏院，參謁桂琛，兩人有這樣的對答：

藏（桂琛）問："此行何之？"師（文益）曰："行腳去。"藏曰："作麼生是行腳事？"師曰："不知。"藏曰："不知最親切。"又同三人舉《肇論》至"天地與我同根"處，藏曰："山河大地，與上座自己是同是別？"師曰："別。"藏竪起兩指，師曰："同。"藏又竪起兩指，便起去。雪霽辭去，藏門送之。問曰："上座尋常説三界唯心，萬法唯識。"乃指庭下片石曰："且道此石在心内？在心外？"師曰："在心内。"藏曰："行腳人著什麼來由，安片石在心頭？"師窘無以對，即放包依席下求決擇。近一月餘，日呈見解，説道理。藏語之曰："佛法不恁麼。"師曰："某甲詞窮理絶也。"藏曰："若論佛法，一切見（現）成。"師於言下大悟。[26]

這段話共有三問三答。一問什麼是行腳，文益答不知。所謂不知，是不執著求知，也不執著有所知，即行其自然。這個回答桂琛認爲最爲親切。二問人與山河大地以及人的兩指是同是異？桂琛問這一問題的意思是，萬物與己同根同體，無所謂同還是異，本來如此，本來自然。只有生起分別之心才有同異之別。三問石頭是在心内還是在心外，這也是困惑許多禪師的一個大問題。桂琛認爲，就心來說，一切都是自然而然地存在着的，心裏有塊石頭是自然存在的，並不加重人的負擔，心裏沒有石頭，也是自然的，也並不減輕人的負擔。這也就是所謂"若論佛法，一切現成"。這段公案的中心是闡揚心性自然的思想，主張主體了悟自心，以主體包容客體，消融客體，消除人與物的對立，超越人與自然的界限。也就是在修行上要心不附物，心無取捨，在主觀精神上沒有任何執著、束縛、負擔，輕鬆自如，自由自在，這就是獲得了解脱。

法眼宗人大力提倡心性自然、一切現成、心是一切的思想。前面提到，文益就說，以往聖人所見的境界，是唯見自心。他認爲，若直見自心，那就"一切聲都是佛聲，一切色都是佛色"。[27]一切都是禪境、佛境了。這是進一步闡發了自心是一切，不假外求的主張。文益弟子德韶寫了一首偈："通玄峰頂，不是人間；心外無法，滿目青山。"[28] "通玄"，禪修。"青山"，喻禪境。意思是禪師修持達到登峰造極時，也就心外無法了，對他而言，人間也就隨處都是禪境了。德韶還說：

> 佛法現成，一切具足。古人道："圓同太虛，無欠無餘。"[29]
>
> 大道廓然，詎齊今古，無名無相，是法是修。良由法界無邊，心亦無際；無事不彰，無言不顯；如是會得，喚作般若現前，理極同真際，一切山河大地，森羅萬象，牆壁瓦礫，並無絲毫可得虧缺。[30]

這是說，人的本心具足佛法，一切現成，一切自然。心與外界一切事物相會應，也就隨處彰顯禪境；般若智慧顯發，世界一切事物也就毫不虧缺地自然存在。這是更鮮明地強調不離開現實世界去求禪悟和禪境，強調禪境和現實世界是貫通一體的。

從以上論述可知，石頭宗人通過對心物異同、見色見心、唯心現物等問題的辨析，強調眾生要開發自心，以顯現萬物，包容萬物，達到泯除心物的界限、對立，即心物一體的境界。就是說，眾生只要保持靈源皎潔、心地自然，也就具足佛法，成就爲佛了。

三、性理歸宗

石頭宗人講心靈湛圓、心地自然，並非不講理性，相反，恰恰是以認知理性和道德理性爲重要內涵。石頭宗人要求禪師在參玄時，不僅要保持心地不受污染，道德純淨，而且要對宇宙和人生的實質有真切的體認和證悟。在這方面石頭希遷還吸取華嚴宗人提出的理事範疇和理事圓融理論，創造了"執事元是迷，契理亦非悟"[31]的禪法，強調執著於事是迷，只合於理也不是覺，正確的應該是把事理兩邊統一起來，以求禪境。這也就是理事"回互"的禪修方法。石頭一系曹洞宗人對這種方法作了詳盡細密的闡述，雲門、法眼兩宗的禪修也與希遷提出的方法一脈相通。

值得我們注意的是：希遷在《參同契》中把理又進一步分爲性理（靈源）和物理（色質相）兩類，並從理性上統一理與事的關係。[32]理和事原是中國哲學的範疇，中國佛教哲學吸取理和事這對範疇，通常是把兩者視爲與體、用、本、末對應的範疇，並進一步視作與心物對應的範疇，也就是說，理指體、本、心，事指用、末、物。希遷從體性上論"理"，又注意到主體與客體的不同體性，揭示了外在的物質世界和內在的精神世界的不同體性，提出兩類理：心性的理（性理或心理）和事物的理（物理，即一事物區別於其他事物的體性）。根據《參同契》所論，作爲心性的理，在內涵上包含着兩個方面：對理事關係的統一有正確了解的認識理性，和正確分別清濁的道德理性。在表現形式上有明暗之別：明指明白、直接的語言文字，暗指隱晦、間接的語言文字；明的語言文字又有清濁善惡之分，暗的語言文字則有上中的等級區分。這是說，禪宗的各派在表述禪境的語言文字上雖有明暗的不同，但這種不同又都可會歸於性理，進而達到理事圓融的。

那麼如何在性理的基礎上歸宗——歸於理事融通呢？希遷吸取華嚴宗人的"十玄門"思想[33]，提出了"回互"的思維模式，說："門門一切境，回互不回互，回而更相涉，不爾依位住。"[34]意思說，參玄的門類很多，每一門都含一切境，這種境界含有回互不回互兩個方面，所謂回互就是"更相涉"，也就是互相涉入、含攝、融通；所謂不回互就是"依位住"，即各住本位，互相區別，不相雜亂。這就是說，既要認識理與事的統一方面，又要認識理與事的對立方面。由此希遷進而強調"本末須歸宗"，[35]本末即心物必須歸於理事圓融的宗旨；"承言須會宗"，[36]在語言上也必須歸於理事圓融的宗旨。"事存函蓋合，理應箭鋒拄"。[37]"事"如同各種容器上的蓋子，是千差萬別的，而"理"則應不執著事物的種種差別，如同射箭，箭箭相頂，以一貫之。也就是要從性理上去認識、體悟理與事的統一性原理。

希遷還認爲，參玄者要領會事理圓融的宗旨，必須在日常行事上隨時體驗，專心證悟，以求靈照不昧，也就是要從個別的事物上體悟出一般的理。據《參同契》所述，這方面有兩個要點：一是"四大性自復，如子得其母"。[38]"四大"，構成事物的四大要素，此泛指一切事物。話的意思是說，萬物自復其性，如子得母，也就是會末歸本，以事見理。二是"萬物自有功，當言用及處"。[39] 這是說萬物的功用有動態的（"用"）和靜態的（"處"），兩者兼具，彼此依存，互相轉化。由用到處，由動轉靜，也就從事中見理。如此認識事物，體悟事物，回復自性，就能事理存應，由事顯理，從而達到"即事而真"的境界。

希遷以後的石頭宗人又進一步發展了"即事而真"的思想，有這樣一個非常典型的例子。曹洞宗創始人之一洞山良价（公元807—869年）問師父雲巖曇晟："和尚百年後，忽有人問還貌（一作邈）得師真不？如何祇對？"雲巖說："即遮（這）個是。"[40]良价心存疑惑，後因過河看見水中的影子，遂悟雲巖的意旨，並作一偈："切忌從他覓，迢迢與我疏；我今獨自往，處處得逢渠。渠今正是我，我今不是渠；應須恁麼會，方得契如如。"[41]"真"，指真儀、真像。"渠"，指影子。意思說水中是影子，水上是我形，影子正是我，我不是影子，如此形影相睹，即事而真，從個別上顯現出一般的理。良价從此一再宣揚"只遮個是"的法門，他的門徒、曹洞宗另一創始人曹山本寂（公元840—901年）也相隨提倡"即相即真"[42]；認為所觸的事相皆真，也即主張從形相見本質，從現象顯本體，形相即本質，現象即本體。

石頭宗人繼承華嚴思想，提倡理事圓融，但又強調"渠今正是我，我今不是渠"，強調事是理，而理不是事，要從事見理，突出理不同於事，從而又表現出與華嚴宗人的思想差異。

四、無心合道

石頭宗人還重視吸取般若空宗和牛頭宗的理論，並結合中國傳統的道家學說宣揚無心合道的思想。

"道"，禪宗是指禪道，佛道。道既是宇宙萬物本質的總概括，也是禪修的終極境界。希遷提倡"觸目會道"，即通過直感與道合一。為此他十分重視破除一切執著，破除眾生知見。如有僧人問如何是解脫，他回答："誰縛汝？"又問如何是淨土世界，他答道："誰垢汝？"再問如何是涅槃，他答："誰將生死與汝？"[43]門人大顛和尚向他請教："古人云：'道有道無是二謗'，請師除。"他說："一切亦無，除個什麼？"他接着對大顛說："併卻咽喉唇吻道將來。"大顛說："無遮個。"他說："若恁麼即汝得入門。"[44]希遷強調破除對佛境以及對道有道無等的種種執著，強調"一物亦無"，實質上也就是主張主體無心，心無所寄，提倡無心合道的禪修。

希遷以後，石頭宗人也紛紛宣揚無心合道的思想，如德山宣鑒說："於己無事則勿妄求，妄求而得亦非得也。汝但無事於心，無心於事，則虛而靈空而妙。"[45]妄求是有心，無心是勿妄求，也就是要做到心上無事，事上無心，這樣也就達到虛空靈妙的境界。石頭宗人中最積極宣揚無心合道的是洞山良价，他有一首著名的《無心合道頌》，文云："道無心合人，人無心合道。欲識個中意，一老一不老"。[46]"道"，此指宇宙萬物的體性。這是以道和人相對，講合道和合人的不同特點。"道無心合人"是說，道體以其無所不在的特性（全體性、整體性）而自然地合人，即遍於人的身心。"人無心合道"的無心，是針對人有心（分別心）而特意強調的修持要求。良价說過這樣的話："直須心心不觸物，步步無處所。"[47]"夫出家之人，心不附物，是真修行。"[48]衆生不覺悟，心心觸物，附物，真正的修行就是要不觸物、不附物。這就是無心。也就是說，無心是無心於物，不追求物，不執著物。人只有無心於物才能契合道，即只有超脫物的束縛才能體認道體。人體認道，人與道契合，也就是人合道。道合人，不等於人合道。這裏的原因是人老道不老。老是指的人身相續變異，而道則是不老，是無變異的，永恒的。短暫的人，契合永恒的道，人歸屬於道；永恒的道遍於短暫的人之中，但永恒不同於短暫，道不同於人。

良价的"道無心合人，人無心合道"的頌句，在禪林裏產生了巨大的影響。他的弟子龍牙居遁禪師作頌十八首，闡發了無心合道的思想。先引三首頌文如下：

"尋牛須訪迹，學道訪無心。迹在牛還在，無心道易尋。"[49]

"夫人學道莫貪求，萬事無心道合頭。無心始體無心道，體得無心道亦休。"[50]

"心空不及道空安，道與心空狀一般。參玄不是道空士，一乍相逢不易看。"[51]

這三首頌文的思想要點有三個：一，無心是學道的根本途徑；二，無心也就是心空，其內涵是不貪求，對萬事萬物都不貪求；三，心空與道空狀同一般，但參玄者應當由無心而合道，達到道空即"道亦休"的境界。居遁禪師還發展良价的思想，進一步打通人心與道的思想界限，認為人心與道是無異的，史載：

> 問："如何是道？"師（居遁）曰："無異人心是。"又曰："若人體得道無異人心，始是道人。若是言說，則勿交涉。道者，汝知打底道人否？十二時中，除卻著衣吃飯，無絲發異於人心，無誑人心，此個始是道人。若道我得我會，則勿交涉，大不容易。"[52]

這裏講的"道無異人心"的人心是指人的本心，真心，也就是無心。[53]人的真心、無心就是道，能體悟到道與人心的一致，就是禪修成功的道人。要達到這種境界，需要在日常行事中隨時注意保護真心，不損害真心，否則是難以得道的。

無心合道與即事見理是一致的，兩者是石頭宗人禪修的途徑和所達到境界的不同表述。居遁十八首頌中還有一首頌云：

> 眉間毫無焰光身，事見爭（怎）如理見親。事有只因於理有，理權方便化天人。一朝大悟俱消卻，方得名為無事人。[54]

這是說理比事更根本，理見比事見更重要。見理是修持的根本，一旦體悟事理圓融，就是獲得解脫的"無事人"。匡逸禪師也說："不見先德云：'人無心合道，道無心合人。'人道既合是名無事人。"[55]即事見理和無心合道都同為"無事人"。理和道是相通的，見理和合道是一回事。在禪修實踐上無心與見事是統一的，這就是無心於事，萬事無心，如此才能見理合道。

在慧能前，牛頭山法融禪師曾反對道信、弘忍的東山法門"安心方便"說，提倡"無心合道"說。法融所講的無心是指心性本空，道是指具有虛性、無分別性、無限性和無所不在性特徵的宇宙本質，無心合道就是主體無心而悟達宇宙萬物的虛空、本無。法融講的道，也稱為理，無心合道也可以說是"冥心入理"。牛頭禪的無心合道思想對石頭宗人的影響頗大，以致成為石頭宗區別於洪州宗和荷澤宗禪法的重要特徵。宗密在《禪源諸詮集都序》卷上之二就將石頭、牛頭並舉，共列為《泯絕無寄宗》，文說：

泯絕無寄宗者,說凡聖等法,皆如夢幻,都無所有。本來空寂,非今始無。即此達無之智亦不可得。平等法界,無佛無眾生,法界亦是假名。心既不有,誰言法界?無修不修,無佛不佛。沒有一法勝過涅槃,我說亦如夢幻。無法可拘,無佛可作。凡有所作,皆是迷妄。如此了達,本來無事,心無所寄,方免顛倒,始名解脫。石頭、牛頭下至徑山,皆示此理。[56]

在此,宗密揭示了石頭和牛頭兩宗"無心合道"思想的空寂性質,應當說,這是符合史實的。但是宗密作爲華嚴禪的倡導者,沒有指出華嚴宗理事圓融思想對石頭宗人的影響以及由此帶來的石頭宗與牛頭宗的思想差異,這又是令人費解的。

五、無情說法

禪宗裏最早講山河大地、花草樹木等無情之物也有佛性,無情也可成佛的是牛頭宗法融,後來慧能弟子南陽慧忠國師更進一步認爲,不僅無情有性,而且無情也在說法。無情說法只有無情才能聽得到,人是無法聽到的。石頭宗人受這種思想的影響,也同唱無情有性和無情說法。

石頭希遷在回答門徒的問題時,有這樣的話:

問:"如何是禪?"師曰:"碌磚。"又問:"如何是道?"師曰:"木頭。"[57]

這是爲了截斷提問者向外追求所作的回答,這種回答明確地表示了希遷將道與禪視爲一事,也就是以道論禪,而且認爲道與禪是遍於一切,無所不在的,連無情之物的碌磚、木頭也是禪,也是道。實質上這是無情有性說的一種變相。

洞山良价因對慧忠國師的無情說法未究其竟,曾向洪州宗人潙山靈祐請問,靈祐又介紹他到雲岩曇晟那裏去討教,史載:

既到雲岩,問:"無情說法,什麽人得聞?"雲岩云:"無情說法,無情得聞。"師曰:"和尚聞否?"雲岩曰:"我若聞,汝即不得聞吾說法也。"曰:"若恁麽即良价不聞和尚說法也?"雲岩曰:"我說法汝尚不聞,何況無情說法也。"師乃述偈呈雲岩曰:"也大奇,也大奇,無情說法不思議;若將耳聽聲不現,眼處聞聲方可知。"[58]

雲岩和慧忠的觀點一樣,也認爲無情說法只有無情得聞。良价通過參究領悟到無情說法是不可思議的,是人們感官難以直接感知的,也是難以用語言文字表述的。人們通常是耳聽聲,眼觀色,而對於無情說法則是"眼處聞聲方可知",言外之意是只有自心才能直接體悟到。我們也許可以這樣講,良价因涉水睹影而悟雲岩"即遮個是"的意旨是得聞無情說法的結果吧!

從佛教理論思維來看,有兩條理路通向主張無情有性、無情說法:其一是吸取中國傳統的道無所不在的理念,結合佛教的真如遍在的思想,強調道、真如遍於無情,由此無情也有佛性,也能成佛,甚至也在說法;另一條是按照佛教的萬法由心造,即萬物不離心而存在的理論,無情之物也是不離心,心物一體,而心是有知的,有佛性的,無情之物也由此而有知、有佛性。這是分別從宇宙本體和主體本體,即客觀和主觀兩方面推論出無情有性和無情說法的命題。但這些命題並不是佛教各派都贊成的,在禪宗内部,荷澤宗就持相反的立場。

六、一心爲宗

五代宋初的延壽(公元 904—975 年)是法眼宗文益的再傳弟子,他對當時的禪風深爲不滿,說:"如今多重非心非佛,非理非事,泯絶之言,以爲玄妙,不知但是遮詮治病之文,執爲方便,以爲標的。卻不信表詮直指之教,頓遺實地,昧卻真心。"[59]認爲當時一些禪師[60]一味講非心非佛,非理非事,不懂這種泯絶一切的說法只是參禪的方便而已。如此不相信和否定佛典言教的作用,勢必會流於空疏、放蕩、昏昧,埋没真心。根據法眼宗的"禪尊達摩,教尊賢首"的傳統,延壽吸取宗密華嚴禪的思路,把禪宗南宗的頓悟和華嚴宗的圓修結合起來,提倡"直入頓悟圓修",他力主禪教統一,還積極調和各教教義,宣傳禪淨合一,爲禪宗開拓了新的走向,影響極爲深遠。

爲了整合禪宗和其他宗派的義理思想,延壽在其所編撰的百卷巨制《宗鏡錄》中提出的"一心爲宗"的命題，竭力以"心宗"來統一佛教各宗各派的學說。他所闡發的一心思想與華嚴禪的心性論頗爲相近。延壽想通過整合各宗派，打通與南嶽洪州宗的界限，實際上仍表現出與洪州宗心性論，尤其是禪修方法的對立。

延壽在爲《宗鏡錄》釋名時說："舉一心爲宗，照萬物如鏡。"[61]"宗"，指正宗、宗旨。"舉一心爲宗"即是以一心爲宗、心即是宗，即是佛教的正宗、宗旨。實際上，心宗也就是禪法、禪宗。"照萬物如鏡"，是說觀照萬物如同鏡子一般明徹。在延壽看來，心在佛教教義中，居於首要的、中心的地位，一切法唯心所造，"一切法中，心爲上首"，[62]"一切明中，心明爲上"。[63]那麼延壽是怎樣論述心的內涵、功能的呢？

延壽主要是從揭示眾生成佛之源的角度來闡述心的，他說："約今學人隨見心性發明之處，立心爲宗。"[64]他重視發明心性，他所講的心是指真心、本心，也稱真如心、自性清淨心、如來藏，他說：

> 一乘法者，一心是。但守一心，即心真如門。……心無形[無]色，無根無住，無生無滅，亦無覺觀可行。若有可觀行者，即是受、想、行、識，非是本心，皆是有爲功用。諸祖只是以心傳心，達者印可，更無別法。……從心所生，皆同幻化，但直了真心，自然真實。[65]

"覺觀"，指尋求推度和思維作用。這是說，佛化導眾生成佛的教法，是講傳一心，也即教人要守真如妙心。禪宗諸師就是以心傳心，對直達本心者給予印可，此外並無他法。凡是由一般心識活動所產生的，都如同幻化一般，是不真實的，但若直接了悟真心，則是自然真實的。在延壽看來，這一真心才是眾生成佛的基礎。

在把心性定爲真心的同時，延壽還闡發了心的內涵、結構。《宗鏡錄》卷三十四載：

> 設有人問：每聞諸經云，迷之即垢，悟之即淨，縱之即凡，修之即聖，能生世出世間一切諸法，此是何物？（此舉功能義用問也）答云：是心。（舉名答也）愚者認名，便爲已識，智者應更問：何者是心？（徵其體也）答：知即是心，（指其體也）[66]此一言最親最的。[67]

這段話涉及心的名、體、用。延壽認爲心是名字，能生世間和出世間一切事物是心的功用，從體上說，"知即是心"，知是心的體，即心之所以爲心的體性。那麼這裏的知指什麼呢？作爲真心的本有體性，知是了了常知。延壽在闡釋知的含義時說：

> 此言知者，不是證知，意說真性不同虛空、木石，故云知也。非如緣境分別之識，非如照體了達之智。直是真如之性，自然常知。[68]

延壽所講的知，是指真如之性，即心的本有體性，它既不同於對外界事物進行主觀分別的"識"，也不是悟照體性了達實相的"智"。"此真心自體之知，即無緣心，不假作意，任運常知，非涉有無，永超能所。"[69]這種知是真心自體的知，是無緣思慮的自然常知，是不涉有無判斷又超越主（能）客（所）的知見。這種知是一種解知，不是證知。衆生自體的解知需要教義的印證，他引南陽慧師的話："禪宗法者，應依佛語一乘了義，契取本原心地，轉相傳授，與佛道同。"[70]強調要以教義來契取本原心地，即發明心性，達到解悟，以與佛道同。延壽認爲在解知、解悟的基礎上還應繼續修習，以求證知、證悟，即能如實體驗而證悟佛教真理，進入佛境。

延壽認爲心具有性與相即體與用兩個層次，他說：

> 性相二門，是自心之體用。若具用而失恒常之體，如無水有波；若得體而缺妙用之門，似無波有水。且未有無波之水，曾無不濕之波。以波澈水源，水窮波末，如性窮相表，相達性源。[71]

延壽認爲，心的性相體用，猶如水與波一樣，是相成共存的關係，也是本與末、本原與現象的互顯關係。延壽還把心的性相體用與心的空有、理事、真俗溝通對應起來，他說：

> 此空有二門，亦是理事二門，亦是性相二門，亦是體用二門，亦是真俗二門，……或相資相攝，相是相非，相遍相成，相害相奪，相即相在，相覆相違，一一如是，各各融通。今以一心無性之門，一時收盡，名義雙絕，境觀俱融，契旨妄言，咸歸宗鏡。[72]

"無性"即相空。這是說，空有、理事、性相等不同二門都是相融相通的。今以"一心無性"的法門，收盡空有、理事、性相等二門，名義絕滅，主客相融，忘言契理，同歸於禪旨。

這裏，令人注意的是，延壽不僅把理事與性相、體用、真俗、空有打通，而且對理事尤爲重視，他在回答"云何唯立一心，以爲宗鏡"的問題時說："此一心法，理事圓備。"[73]強調心中理事圓融是立一心爲宗鏡的根本原因。他在《萬善同歸集》卷上開宗明義就指出，萬法惟心，而修行須依理事，並就理事關係展開論述。他說：

> 若論理事，幽旨難明。細而推之，非一非異。是以性實之理，相虛之事，力用交徹，舒卷同時。……事因理立，……理因事彰。……若離事而推理，墮聲聞之愚；若離理而行事，同凡夫之執。……同塵無閡，自在隨緣。一切施爲，無非佛事。[74]

這是說，理與事是不一不異的關係，應以理事圓融思想指導修持，如此則自由自在，隨緣任運，一切修行都是佛事了。

延壽認爲，具有上述内涵的真心是遍於凡聖的："一切法界十方諸佛、諸大菩薩、緣覺、聲聞，一切衆生皆同此心。"[75]這一心法"是大悲父、般若母、法寶藏、萬行原"，[76]衆生若了悟真心則頓成佛慧。延壽總結性地強調真心是衆生成佛的根源。

石頭宗内部各派對於心性論的具體觀點雖有所不同，但基本主張是一致的。從以上我們對石頭宗的心性論的簡要論述來看，其間最值得注意的是：一，石頭宗的心性論的基石是真心（本心）說，這種真心說不僅和南宗荷澤宗一系的心性論同出一轍，而且和南宗洪州宗一系的心性論也並無二致，研究、了解和把握真心說，是打開慧能一系禪宗乃至全部禪學理論的鑰匙。二，石頭宗一系的曹洞、雲門和法眼三宗都繼承了希遷的靈源與枝派、理與事、本與末的思想，重視開發内在心性，突出事理圓融，從事見理，即事而真。但三宗也有一定的區別，相對而言，曹洞最重視理事圓融，重視心的本覺，雲門強調一切現成，法眼宗突出"盡由心造"，也講事理圓融。三，石頭宗人吸取華嚴禪和牛頭禪的思想，既以知爲心體，講理事圓融，又提倡無心合道，這其間，解知與無心如何協調，理事圓融與無心合道如何統一，禪師們雖在理論上作了溝通，但把解知與無心都定爲不執著外物，把理與道對應等同起來，似乎尚有理論上的某些矛盾在。四，石頭宗人繼承了佛教的"盡由心造"的基本思想，然外物究竟如何由心造，是一個令不少禪師感到困惑的大問題；同時，石頭宗人又吸取道家的最高的範疇"道"，強調會道、合道，如此作爲萬物本源的心，和作爲萬物最高終極存在的道，同爲心性論的最基本範疇，心與道究竟如何在哲學思維上貫通起來，禪師們在論述時，似乎尚有困惑在。五，石頭宗的心性論，由於重視理事關係和心物關係的闡述，因此對宋明理學和心學所產生的影響是至深且巨的。

注　釋

〔1〕 見《宗鏡錄》卷九十七，《大正藏》第 48 卷第 940 頁中。

〔2〕 此句《高麗大藏經》本作"覽萬像以成己者"，今據《肇論中吳集解》本改。

〔3〕 見《高麗大藏經·補遺》第 45 卷第 257 頁中。

〔4〕 此論是否爲僧肇所作，學界有不同看法。

〔5〕 《景德傳燈錄》卷十四《南岳石頭希遷大師》，《大正藏》第 51 卷第 309 頁中。

〔6〕 《景德傳燈錄》卷十四《潮州大顛和尚》，《大正藏》第 51 卷第 313 頁上。

〔7〕 見《景德傳燈錄》卷二十五《杭州真身寶塔寺紹岩禪師》，《大正藏》第 51 卷第 415 頁中、下。

〔8〕 《景德傳燈錄》卷十八《福州玄沙師備禪師》，《大正藏》第 51 卷第 345 頁上。

〔9〕 "醒"，原作"省"，據上下文義改。

〔10〕 《景德傳燈錄》卷二十六《溫州瑞鹿寺本先禪師》，《大正藏》第 51 卷第 427 頁上、中。

〔11〕 《景德傳燈錄》卷二十八《大法眼文益禪師語》，《大正藏》第 51 卷第 448 頁中。

〔12〕 《景德傳燈錄》卷五《吉州青原山行思禪師》，《大正藏》第 51 卷第 240 頁中。

〔13〕 《景德傳燈錄》卷十四《潭州招提寺慧朗禪師》，《大正藏》第 51 卷第 311 頁中。

〔14〕 《景德傳燈錄》卷十四《潮州大顛和尚》，《大正藏》第 51 卷第 312 頁下、313 頁上。

〔15〕 《景德傳燈錄》卷十四《南岳石頭希遷大師》，《大正藏》第 51 卷第 309 頁中。

〔16〕 《景德傳燈錄》卷二十八《大法眼文益禪師語》，《大正藏》第 51 卷第 448 頁中。

〔17〕 《景德傳燈錄》卷二十五《杭州寶塔寺紹岩禪師》，《大正藏》第 51 卷，第 415 頁中。

〔18〕 《景德傳燈錄》卷三十《丹霞和尚玩珠吟二首·其二》，《大正藏》第 51 卷，第 463 頁下。

〔19〕 《五燈會元》卷七《德山宣鑒禪師》，中華書局 1984 年 10 月版中册第 374 頁。

〔20〕《景德傳燈錄》卷十四,《鄧州丹霞山天然禪師》,《大正藏》第51卷第311頁上。
〔21〕《景德傳燈錄》卷三十《南岳石頭和尚〈參同契〉》,《大正藏》第51卷第459頁中。
〔22〕《景德傳燈錄》卷二十五《杭州報恩寺慧明禪師》,《大正藏》第51卷第410頁中。
〔23〕同上。
〔24〕《景德傳燈錄》卷二十五《杭州靈隱清聳禪師》,《大正藏》第51卷第413頁上。
〔25〕《景德傳燈錄》卷二十六《溫州瑞鹿寺本先禪師》,《大正藏》第51卷第427頁中。
〔26〕《五燈會元》卷十《清涼文益禪師》,中華書局1984年10月版,中冊第560—561頁。
〔27〕《景德傳燈錄》卷二十八《大法眼文益禪師語》,《大正藏》第51卷第448頁下。
〔28〕《景德傳燈錄》卷二十五《天台山德韶國師》,《大正藏》第51卷第408頁中。
〔29〕同上書,第409頁上。
〔30〕同上書,第409頁下。
〔31〕《景德傳燈錄》卷三十,《參同契》,《大正藏》第51卷,第459頁中。
〔32〕參見呂澂:《中國佛學源流略講》第239頁,中華書局1979年版。
〔33〕"十玄門",是華嚴宗人從十個方面說明本體與現象、現象與現象的圓融無礙關係的法門。
〔34〕《景德傳燈錄》卷三十《參同契》,《大正藏》,第51卷,第459頁中。
〔35〕同上。
〔36〕同上。
〔37〕同上。
〔38〕《景德傳燈錄》卷三十,《大正藏》第51卷第459頁中。
〔39〕同上。
〔40〕《景德傳燈錄》卷十五《筠州洞山良价禪師》,《大正藏》第51卷第321頁下。
〔41〕同上。
〔42〕《景德傳燈錄》卷十七《撫州曹山本寂禪師》,《大正藏》第51卷第336頁上。
〔43〕《景德傳燈錄》卷十四《南岳石頭希遷禪師》,《大正藏》第51卷第309頁中。
〔44〕同上書,第309頁下。
〔45〕《景德傳燈錄》卷十五《朗州德山宣鑒禪師》,《大正藏》第51卷第317頁下。
〔46〕《景德傳燈錄》卷二十九,《大正藏》第51卷第452頁下。
〔47〕《景德傳燈錄》卷十五《筠州洞山良价禪師》,《大正藏》第51卷第322頁上。
〔48〕同上書,第323頁中。
〔49〕《景德傳燈錄》卷二十九,《大正藏》第51卷第453頁中。

〔50〕 同上書，第453頁上。

〔51〕 同上書。

〔52〕 《景德傳燈錄》卷十七《湖南龍牙山居遁禪師》，《大正藏》第51卷第337頁下。

〔53〕 居遁有頌云："唯念門前樹，能容鳥泊飛。採者無心喚，騰身不慕歸。若人心似樹，與道不相違。"見《景德傳燈錄》卷二十九，《大正藏》第51卷第452頁下。

〔54〕 《景德傳燈錄》卷二十九《大正藏》第51卷第453頁上。

〔55〕 《景德傳燈錄》卷二十五《金陵報恩匡逸禪師》，《大正藏》第51卷第411頁中。

〔56〕 見《大正藏》第48卷，第402頁下。

〔57〕 《景德傳燈錄》卷十四《南岳石頭希遷大師》《大正藏》第51卷第309頁下。

〔58〕 《景德傳燈錄》卷十五《筠州洞山良价禪師》，《大正藏》第51卷第321頁下。

〔59〕 《萬善同歸集》卷上，《大正藏》第48卷第959頁上。

〔60〕 實指洪州宗和石頭宗中的曹洞宗等禪師。

〔61〕 《宗鏡錄序》，《大正藏》第48卷第417頁上。

〔62〕 《宗鏡錄序》卷二，《大正藏》第48頁第423頁中。

〔63〕 同上。

〔64〕 《宗鏡錄》卷一，《大正藏》第48頁第417頁中。

〔65〕 《宗鏡錄》卷二，《大正藏》第48卷第426頁上。

〔66〕 以上四處括號內的文字，有的版本作爲本文，有的作爲註釋，似應爲註釋。

〔67〕 《大正藏》第48卷第616頁下。

〔68〕 《大正藏》第48卷第615頁上。

〔69〕 同上書，第615頁中。

〔70〕 《宗鏡錄》卷一，《大正藏》第48卷第418頁下。

〔71〕 同上書，第416頁中。

〔72〕 《宗鏡錄》卷八，《大正藏》第48卷第458頁下。

〔73〕 《宗鏡錄》卷二，《大正藏》第48卷第424頁下。

〔74〕 《宗鏡錄》卷二，《大正藏》第48卷第958頁中。

〔75〕 《宗鏡錄》卷二，《大正藏》第48卷，第424頁下。

〔76〕 同上。

(本文作者　人民大學哲學系)

A Critical Account of the Theory of Mind-Nature in Shi-tou Sect

Fang Litian

Summary

This paper mainly discusses the contents, forms and characteristics of the Mind-Nature Theory in Shi-tou Sect. The author reports that Cao-dong, Yun-men and Fa-yan, which were the main three sub-sects of Shi-tou Sect, all inherited Xiqian's theory of Mind versus Objects and Principle versus Things and Fundament versus Incident. All the three Sects paid attention to the development of the internal Mind-Nature and emphasized the perfect compromise of the Things and the Principle. They maintained showing Nature from Things and regarded Phenomenon as the Reality and all living creatures as having the Real Mind. The Real Mind was natural, pure, perfect and superior to dirty and clean, sleeping and waking, living and destruction, and, it was the foundation of leading to Buddha-hood. The author says that the Mind-Nature Theory in Shi-tou sect, which included knowledgeable reason and moral reason, was based on the thought of Nature Real Mind. Shi-tou Sectarians, who drew thoughts from the theory of the perfect harmony between the Principle and Things owned by Hua Yan Sect, encouraged comprehending the general Principle from concrete things in the Buddhist practice of dhyana, thus leading to the realm of Zen. They also advocated the thought that Mindless Nature coincided with Tao, which appeared mergence with Taoism. The paper analyses the differences and similarities between the Mind-Nature Theory of Shi-tou Sect and that of Hong-zhou sect and He-ze sect and the minute differences among that of

Cao-dong Sect and Yun-men Sect and Fa-yan Sect. The author exposes the contradiction of the Mind-Nature Theory in Shi-tou Sect and considers it as an important theoretical problem for those scholars (including Buddhists) who expound the integration between the Mind and objects and that of Mind with Tao.

蘇軾的《東坡易傳》

余敦康

一、蘇軾易學的特色

蘇軾骨子裏是個儒家，但是出入於佛老數十年，倡三教合一之論，特別是喜好莊子。早在青年時代，"讀《莊子》嘆曰：吾昔有見，口未能言，今見是書，得吾心矣"（《宋史·蘇軾傳》），因而他的哲學思想似乎顯得雜而不純。朱熹作《雜學辯》，以蘇軾的《東坡易傳》爲首，正是據此而言的。《四庫全書總目》爲蘇軾作了辯解，認爲"然朱子所駁，不過一十九條，其中辨文義者四條，又一條謂蘇說無病，然有未盡其說者，則朱子所不取者，僅十四條，未足以爲是書病"。"今觀其書，如解乾卦象傳性命之理諸條，誠不免杳冥恍惚，淪於異學，至其他推闡理勢，言簡意明，往往足以達難顯之情，而深得曲譬之旨，蓋大體近於王弼。而弼之說惟暢玄風，軾之說多切人事，其文辭博辨，足資啟發，又烏可一概摒斥耶"！

北宋時期，蘇軾的易學獨樹一幟，陸游稱"自漢以來，未見此奇特"，代表了一種與周敦頤、程頤的性命之學以及李覯、歐陽修的經世之學迥然不同的學風，把重點放在"推闡理勢"、"發明愛惡相攻、情偽相感之義"上面。這是一種自然主義的易學傾向，但是由於其"多切人事"，在文化價值理想上仍然是本於儒家。這和王弼的致力於自然與名教相結合的易學，確實是大體相近的。王弼以老解易，哲學理論依據道家所明之自然，價值取向依據儒家所貴之名教，儒道兼綜，具有複雜的性格。李覯、歐陽修推崇王弼，取其貴名教的一面，發展爲一種儒家的經世之學。蘇軾解易多次引用王弼之言，則取其明自然的一面，在哲學理論上更多地傾向於道家，故其論性命之理"誠不免杳冥恍惚"，被嚴守儒家門户之見的理學家譏爲"雜學"。北宋年間，對王弼以老解易表示微辭的始自司馬光，司馬光不滿於王弼把天地之心歸結爲"寂然至無"的説法，企圖發揚儒家的剛健有爲的精神，建立一個以雷動風行、生生不已之有爲基礎的哲學理論，來取代王弼的易學。張載繼承了司馬光的未竟之業，從根本上否定了以有無言易的玄學思路，明確斷言，"《大易》不言有無，言有無，諸子之陋也"。（《正蒙·大易篇》）但是，《易傳》的思想體系本來是會通道家的自然主義與儒家的人文主義而後形成的，如果不推闡天道陰陽之自然的理勢，則人道之仁義的最高哲學依據就失去了着落。所以張載一方面站在維護儒家道統的立場排斥佛道，另一方面又把易所謂"絪緼"、莊生所謂"生物以息相吹"、"野馬"説成是一回事，認爲"不如野馬、絪緼，不足謂之太和"。（《太和篇》）張載所陷入的矛盾和朱熹幾乎是同樣的。朱熹一方面因蘇軾的易學染上了道家色彩而譏爲"雜學"，另一方面"又嘗謂其於物理上亦有看得着處"，對他所闡明的自然之理勢表示肯定。由此看來，對蘇軾的易學作一個公允的評價，真是未易言也。

中國的士人自漢以來，無論是在哲學思考還是在爲人處世方面，始終是在儒道二者之間徘徊不定，或內儒外道，或內道外儒，有時道家的宇宙意識佔了上風，有時儒家的人文情懷居於主流，先秦時期以孔孟老莊爲代表的那種儒道分明的界限越來越模糊，以致我們很難稱某一個人爲純儒或純道，往往是儒中有道，道中有儒，實際上都是在走着一條與玄學相近的儒道會通的路子。只是由於各人的性格氣質不同，生活經驗和時代感受不同，特別是由於各人對學術的追求有着不同的傾向，有的坦然承認這個事實，有的則諱莫如深。蘇軾作爲一個儒家，坦然承認自己對莊子有着偏愛。他在《莊子祠堂記》中明確表述了對莊子的看法：

> 余以爲莊子蓋助孔子者，要不可以爲法耳。……故莊子之言，皆實予而文不予，陽擠而陰助之，其正言蓋無幾，至於詆訾孔子，未嘗不微言其意。其論天下道術，自墨翟、禽滑厘、彭蒙、慎到、田駢、關尹、老聃之徒，以至於其身，皆以爲一家，而孔子不與，其尊之也至矣。（《蘇東

坡全集》卷三十二）

莊子對孔子既然是"陽擠而陰助"，則自然與儒相通，並不形成對立，至於二者的關係，孔子爲尊，莊子爲輔，主從的地位也不容顛倒。這和郭象對莊子的看法基本上是一致的。魏晉時期，正始玄學主要推崇老子，故王弼以老解易。竹林以後，逐漸轉而重視莊子。郭象注莊，稱莊子爲"不經而爲百家之冠"，即雖然夠不上聖人的資格，但可以成爲百家的首領。郭象本着這條儒道會通的思路，一方面在價值取向上把莊子的思想歸結爲一種"內聖外王之道"，使之合於儒家的人文情懷，另一方面在哲學理論上則把莊子的思想歸結爲一種"上知造物無物，下知有物之自造"的"獨化"，使之合於道家的宇宙意識。所謂獨化，其要點是"自爲而相因"，每個具體的事物雖然都按照自己特有的性分而自爲，但並不是彼此孤立，互不相涉，而是自然而然結成一種協同的關係，在玄冥之境中得到統一。因而在社會領域，"至仁極乎無親，孝慈終於兼忘，禮樂復乎已能，忠信發乎天光"，所有這些儒家的倫理規範都是人們率性而行的產物，是人們質樸本性的自然流露。根據這種理解，人們偏愛莊子，不僅無害於作爲一個儒家，而且可以"弘其鄙，解其懸"，去掉自己給自己帶上的精神枷鎖，活得瀟灑，活得自在，曠達任性，做一個無往而不逍遙的樂天派。就性格氣質而言，蘇軾是更多地契合於莊子而不是老子，他的那種自由的心態，開放的胸懷，以及超越脫俗的人生態度，受惠於莊子者實多。但是蘇軾心目中的莊子並非先秦時期的那個"詆訾孔子"的莊子，而是經過郭象重新解釋的儒道會通的莊子。正是由於蘇軾坦然承認這個不爭的事實，所以才做不成如理學家所自封的那種純儒，而被譏爲"雜學"。

拿蘇軾的易學來與王弼相比較，二者的主要差別並非如四庫館臣所言，"弼之說惟暢玄風，軾之說多切人事"。唐人李鼎祚曾以王弼的易學與鄭玄相比較，認爲"鄭則多參天象，王乃全釋人事"。王弼的義理派的易學之所以不同於鄭玄的象數派的易學，關鍵就在於"全釋人事"。宋代義理派的易學家，如李覯、歐陽修等人，都繼承了王弼的"全釋人事"的傳統。蘇軾當然也不會例外。追本溯源，蘇軾易學多切人事的特點實際上是本於王弼的。但是蘇軾與王弼畢竟有所不同。從他們二人所依據的哲學理論來看，這種不同主要表現爲王弼是以老解易，而蘇軾則是以郭象之莊解易。在《東坡易傳》中，我們可以隨處找到受郭象思想影響的痕迹。比如他釋《繫辭》首章云：

> 天地之間，或貴或賤，未有位之者也，卑高陳而貴賤自位矣。或剛或柔，未有斷之者也，動靜常而剛柔自斷矣。或吉或凶，未有生之者也，類聚群分而吉凶自生矣。或變或化，未有見之者也，形象成而變化自見矣。是故剛柔相摩，八卦相蕩，雷霆風雨，日月寒暑，更用迭作於其間，雜然施之而未嘗有擇也，忽然成之而未嘗有意也，及其用息而功顯，體分而名立，則得乾道者自成男，得坤道者自成女。夫男者豈乾以其剛強之德爲之，女者豈坤以其柔順之道造之哉，我有是道，物各得之，如是而已矣，聖人者亦然，有惻隱之心，而未嘗以爲仁也；有分別之心，而未嘗以爲義也。所遇而爲之，是心著於物也。人則從後而觀之，其惻隱之心成仁，分別之心成義。（《東坡易傳》卷七）

蘇軾強調"貴賤自位"，"剛柔自斷"，"吉凶自生"，"變化自見"，"我有是道，物各得之"，這明顯是發揮了郭象的獨化論的思想。郭象注莊，曾反復強調萬物獨化，突然自生。關於儒家的仁義，郭象認爲，"自是人之情性"，並非有意而爲之。比如他說：

> 道無能也，此言得之於道，乃所以明其自得耳。自得耳，道不能使之得也。我之未得，又不能爲得也。然則凡得之者，外不資於道，内不由於己，掘然自得而獨化也。（《大宗師》注）

> 故造物者無主而物各自造。物各自造而無所待焉，此天地之正也。（《齊物論》注）

> 欻然自生，非有本。欻然自死，非有根。死生出入，皆欻然自爾，無所由，故無所見其形（《庚桑楚》注）

> 夫人之一體非有親也，而首自在上，足自處下，府藏居内，皮毛在外。外内上下，尊卑貴賤，於其體中各任其極，而未有親愛於其間也。（《天運》注）

> 夫仁義自是人之情性，但當任之耳。恐仁義非人情而憂之者，真可謂多憂也。

> 夫與物無傷者，非爲仁也，而仁迹行焉；令萬理皆當者，非爲義也，而義功見焉。故當而無傷者，非仁義之招也。（《駢拇》注）

蘇軾的學術成就是多方面的。他一生寫了大量的詩詞散文，在文學史上享有盛名。同時他也是一位卓越的政治家，發表了不少具有遠見卓識的政論，在北宋的政治風雲中，曾兩次因堅持自己的政見而被迫害，一次是四十餘歲時謫居黃州，一次是六十餘歲的晚年謫居海南儋州。除此以外，他還是一位功底深厚的經學家，寫了《易傳》、《書傳》、《論語説》三部著名的經學著作。就其詩文所表現的特徵而言，人們多以曠達二字來形容，以爲傾向於道家，至於其政治上的信念，卻是無可否認地表現爲一種執著，始終不渝地堅持儒家的理想。從表面的形迹來看，曠達與執著，二者是相互矛盾的，蘇軾本人也確實是有時曠達，有時執著，發表了不少相互矛盾的言論。但是，蘇軾認爲，所有這些矛盾在所以迹上是統一的，都是他自己同一的性情受不同境遇的激發隨物賦形，有觸於中而見於外，自然而然流露出來的，因而表面形迹的矛盾並不影響内在人格的完整。他把自己的文章比作源頭活水，在《文説》一文中指出：

> 吾文如萬斛泉源，不擇地而出。在平地滔滔汩汩，雖一日千里無難。及其與山石曲折，隨物賦形，而不可知也。所可知者，常行於所當行，常止於不可不止，如是而已矣。其他雖吾亦不能知也。（《經進東坡文集事略》卷五十七）

文如其人，文章如水，爲人亦如水，水象徵着蘇軾的豐滿而完整的人格的内在精神。他的這個看法實際上是本於易學思想而來的，有着堅實的哲學依據，如果不了解他的易學，便無從了解他的文學，也難以了解他的爲人。在《東坡易傳》中，他把水提升爲一個重要的哲學範疇，賦予了極爲豐富的哲學含義。比如他注《繫辭》"一陰一陽之謂道"説：

> 陰陽一交而生物，其始爲水。水者有無之際也，始離於無而入於有矣。老子識之，故其言曰"上善若水"，又曰："水幾於道"。聖人之德，雖可以名言，而不囿於一物，若水之無常形。此善之上者，幾於道矣。（卷七）

他注習坎卦象辭説：

> 萬物皆有常形，惟水不然，因物以爲形而已。世以有常形者爲信，而以

無常形者爲不信,然而方者可斫以爲圓,曲者可矯以爲直,常形之不可恃以爲信也如此。今夫水雖無常形,而因物以爲形者,可以前定也,是故工取平焉,君子取法焉。惟無常形,是以遇物而無傷。惟莫之傷也,故行險而不失其信。由此觀之,天下之信,未有若水者也。

所遇有難易,然而未嘗不志於行者,是水之心也。物之窒我者有盡,而是心無已,則終必勝之,故水之所以至柔而能勝物者,維不以力爭而心通也。不以力爭,故柔外。以心通,故剛中。(卷三)

柔外是靈活性,名曰曠達,剛中是原則性,名曰執著,剛中而柔外,執著與曠達的統一,這就是水所象徵的聖人之德。蘇軾一生坎坷,數度遭貶,面對着嚴酷的現實和政治上的迫害,雖然有時不免寄情於山水,或陶醉於聲色,出入佛老,以抒發排遣胸中的憤懣,曠達的表現多於執著,但始終是以剛中而柔外的聖人之德自勉,力圖在執著與曠達之間進行整合,做到行險而不失其信,保持自己的人格的完整。蘇軾通過易學研究總結了自己的生活經驗和時代感受,表述了自己的理想追求,並且提煉爲一種哲學。這種哲學既有鮮明的個性特色,也有普遍的意義,不僅表現了蘇軾本人性格的全貌,而且是一面歷史的鏡子,典型地反映了中國士人如何徘徊於儒道之間的複雜的心態。

二、自然之理與人事之功

所謂曠達,是以一種宇宙意識和超然態度觀照人生,順應自然之理,不爲外物所蔽,其要點在於無心。所謂執著,是以一種憂患意識和人文情懷關心民生疾苦,急乎天下國家之用,力求發揚人事之功,撥亂反正,其要點在於有意。曠達與執著,無心與有意,自然之理與人事之功,這一系列的矛盾在哲學上就表現爲天道與人道的矛盾,自然與名教的矛盾,或者自然主義與人文主義的矛盾。中國的士人普遍地感受到這種矛盾,甚至連先秦的孔孟老莊也概莫能外。比如儒家的孔孟一方面固然是偏重於人文精神,強調人事之功,知其不可而爲之,但另一方面也在很大程度上流露出一種自然主義的傾向。孔子曾對"逝者如斯夫"的道體以及"曾點浴沂"的曠達氣象表示仰慕贊嘆,孟子曾以莫爲而自然之理詮釋天命，認爲"莫之爲而爲者天也，莫之致而至者命也"，這就與其居於主流地位的人文主義形成了某種矛盾。道家的老莊固然是偏重於宇宙意識，強調自然無爲，"不以心捐道，不以人助天"，但也表現了一種人文主義的傾向。比如老子激烈抨擊暴政，追求一種"以百姓心爲心"的政治理想，莊子講了一個"空谷足音"的故事，說明對祖國故鄉以及人間世的熱愛是人所難以擺脫的執著的情結，這種濃郁的人文情懷與其貌似冷靜的自然主義是相矛盾的。這種矛盾似乎構成了對立的兩極，啓示了人們用排斥的方法去化解；或者只要天道而不要人道，用自然主義去排斥人文主義，或者反過來，只要人道而不要天道，用人文主義去排斥自然主義。一般說來，西方的哲學用的就是這種排斥的方法，雖然沒有化解矛盾，卻促使自然主義與人文主義兩個領域都取得了強勁的發展勢頭，從而演變爲一種兩峰對峙、雙水分流的格局，形成了一種以外在的緊張關係爲特色的文化模式。中國的哲學與西方不同，拒絕採用這種排斥的方法，而普遍遵循一種天人合一的思路，力求把天道與人道、自然主義與人文主義有機地結合起來，使之圓融無間，相得益彰。這是因爲，在中國的歷史條件下，人們感到，無論是單有天道而無人道的自然主義，或是單有人道而無天道的人文主義，都不能作爲一種安身立命之道，去化解理智與情感的內在矛盾，使焦慮的心靈得到安息，而只能徘徊動搖於二者之間，探索一種整合的方法。就理論的層次而言，早在先秦時期，《周易》的儒道互補的體系就已經爲這種整合創造了一個成功的範例，其所謂的《易》道，"探賾索隱"，"開物成務"，不僅能闡明自然之理，而且能成就人事之功，完美地體現了中國哲學的精神。正是由於這個原因，所以漢代以後各家各派的哲學家都把天人合一的《易》道奉爲理想的哲學境界，進行不懈的追求。但是，天人合一是以天人之分爲前提的，儘管在人們的心目中普遍地樹立了一個天人合一的理想，而在現實的生活中卻無時無處不呈現出二者之間的矛盾。這種矛盾植根於人性的本質，伴隨着中國歷史的整個的進程，構成了中國士人的最真切的感受。由於各人所處的時代不同，個性氣質不同，生活經驗不同，對於矛盾的感受不相同，所以對《周易》的天人合一哲學的理解和詮釋也不相同，有的"說以老莊"，側重於道家的自然主義，有的"闡明儒理"，側重於儒家的人文主義。雖然如此，這兩種不同的傾向並沒有像西方哲學那樣外在化爲相互排斥的關係，而是形成一種內在的緊張，一種必要的張力，貫穿於每個哲學家的運思過程之中。因爲中國哲學始終是以天人合一作爲自己所追求的理想，這種理想促使每個哲學家在運思時言天必及於人，言人必上溯於天，不僅從來沒有誰想去破壞二者的張力結構，而且執意尋求互補，企圖通過建構一個會通整合的體系來克服植根於人性本質以及歷史進程中的理想與現實、自由與必然的背離。只是這種會通整合不免時有所偏，有的偏於天道，較多地強調自然之理，有的偏於人道，較多地強調人事之功。從這個角度來看，易學史上分化演變而成的"兩派六宗"都有歷史上的合理性，根本不存在意識形態的純正與駁雜的問題，實際上都是結合具體的歷史背景對《周易》的天人合一哲學所作的不同的理解和詮釋，既有異中之同，也有同中之異。所謂異中之同，是說儘管各家各派在處理天人關係時有着不同的側重點，但他們共同的用心所在都是在追求天人合一的理想，表現了中國哲學的精神。所謂同中之異，是說他們所建構的體系都是時代的產物，反映了不同的時代內容，總結了不同的歷史感受和生活經驗，並且由此而形成了不同的理論特色。因此，我們今天研究易學史上的各家各派，應該有一個全面的觀點，歷史的眼光，着眼於異中求同，同中求異，力求用一種雙向的思維方法來把握他們的理論特色，擺正他們的歷史地位。

就宋代的易學而論，呈現出一片空前繁榮的景象，學派林立，思路開闊，意見分歧，相互攻駁，有的重人事而輕天道，如李覯、歐陽修；有的重天道而輕人事，如劉牧；有的則是天道與人事並重，如司馬光。但他們的易學都是圍繞着天人關係這根主軸而展開的，並沒有破壞二者之間的張力結構。蘇軾的易學也是一個天人合一的體系，不過帶有鮮明的特色，表現爲一種自然主義的傾向，強調無心而反對有意。從哲學的理論依據來看，這是與他以莊解易的基本思路分不開的。郭象在《莊子注》中，曾反復強調無心二字。所謂無心，就是順應自然之理，任其自爲，率性而動，把天地萬物、社會人生看作是一個自我調節的和諧的系統，反對用有意的造作去橫加干涉。比如他說：

> 事有必至，理固常通。故任之則事濟，事濟而身不存者，未之有也，又何用心於其身哉！（《人間世》注）

夫理有至極，外内相冥，未有極遊外之致，而不冥於内者也；未有能冥於内，而不遊於外者也。故聖人常遊外以冥内，無心以順有。（《大宗師》注）

夫聖人之心，極兩儀之至會，窮萬物之妙數，故能體化合變，無往不可，旁礡萬物，無物不然。世以亂故求我，我無心也。我苟無心，亦何爲不應世哉！（《逍遙遊》注）

夫無心而任乎自化者，應爲帝王也。（《應帝王》注）

蘇軾在《東坡易傳》中發揮了郭象的這個思想，並且站在本體論的高度作了新的論證。比如他注《繫辭》"乾以易知，坤以簡能"說：

上而爲陽，其漸必虛，下而爲陰，其漸必實。至虛極於無，至實極於有。無爲大始，有爲成物。夫大始豈復有作哉？故乾特知之而已，作者坤也。乾無心於知之，故易。坤無心於作之，故簡。易故無所不知，簡故無所不能。

易簡者，一之謂也。凡有心者，雖欲一不可得也。不一則無信矣。夫無信者，豈不難知難從哉！乾坤惟無心故一，一故有信，信故物知之也易，而從之也不難。

夫無心而一，一而信，則物莫不得盡其天理，以生以死。故生者不德，死者不怨，無怨無德，則聖人者豈不備位於其中哉！吾一有心於其間，則物有僥倖夭枉不盡其理者矣。僥倖者德之，夭枉者怨之，德怨交至，則吾任重矣，雖欲備位可得乎！

他注"天生神物，聖人則之"說：

天生神物，聖人則之。則之者，則其無心而知吉凶也。（卷七）

他注"天地設位，聖人成能"說：

言易簡者，取諸物而足也。萬物自生自成，故天地設位而已。聖人無能，因天下之已能而遂成之，故人爲我謀之明，鬼爲我謀之幽，百姓之愚，可使與知焉。（卷八）

蘇軾的這種以乾坤之心爲無心的思想，與劉牧的易學也是很相近的。劉牧在《易數鈎隱圖》中曾說：

> 天地養萬物，以靜爲心，不爲而物自爲，不生而物自生，寂然不動，此乾坤之心也。……聖人之無心，與天地一者也，以物爲之心也，何已心之往哉。（《復見天地之心第六》）

但是劉牧的易學曾受到李覯的嚴厲的批評。李覯認爲，這種強調無心的易學，"言稱運命，矯舉經籍，以緣飾邪說，謂存亡得喪，一出自然，其聽之者亦已荒矣"。李覯爲了急乎天下國家之用，強調有意，於是矯枉過正，提出了一種重人事而輕天道的易學。歐陽修也是如此，他在《易童子問》中指出："聖人急於人事者也，天人之際罕言焉。"看來這兩種傾向都帶有很大的片面性，重天道而輕人事的傾向固然不好，重人事而輕天道的傾向也不值得贊許，應該按照《周易》的天人合一哲學的内在的邏輯，把二者有機地結合起來。司馬光的易學爲這種結合作了有益的探索。司馬光把《易》道看作是一種"自然之道"，這種"自然之道"作爲一種至極之道，"始於天地，終於人事"，既非專於天，亦非專於人，本身就是一個天人合一的完整的體系，因而不可割裂爲二，必須天道與人道並重。這個看法避免了以上的兩種片面性，在理論上顯然要高出一等。蘇軾是劉牧、李覯、歐陽修、司馬光等人的晚輩，在建構自己的易學體系時，當然要認真研究他們的各種觀點，了解易學的進展情況，否則就會重蹈覆轍，難以超越前人。因此，雖然蘇軾的強調無心的易學有近於劉牧，卻在吸收總結了李覯、歐陽修的易學的基礎上，揚棄了劉牧的那種重天道而輕人事的片面性，而在更大的程度上與司馬光的那種自然之道的易學相近。

如果細加比較，蘇軾的易學與司馬光也有很大的不同。因爲司馬光所謂的天道與人道並重，其理論依據本於荀子的"天生人成"的思想，偏於儒家。蘇軾所謂的順應自然之理而又不廢人事之功，其理論依據則本於郭象所詮釋之莊子，偏於道家。比如司馬光注《繫辭》"天地設位，聖人成能"說："天地能示人法象而不能教也，能生成萬物而不能治也。聖人教而治之，以成天地之能。"這個思想強調的重點不是"天生"，而是"人成"。爲了發揚人事之功，關鍵不在於無心，而在於有意，即執著恪守名教規範，嚴格遵循倫理準則。司馬光把他的哲學著作題爲《迂書》，自稱"迂夫"，典型地表現了他的執著的性格。蘇軾在注《繫辭》的這句話時，着眼點與司馬光恰恰相反，強調"聖人無能，因天下之己能而遂成之"。由於聖人無能，故無心。唯其無心，故能順應自然之理，因天下之己能，用天下之所知。蘇軾的這個思想也就是郭象所説的，"治之由乎不治，爲之出乎無爲"，雖然不廢人事之功，成就一番事業，仍然是心閑體舒，不失其爲曠達。在注《繫辭》"精義入神"時，蘇軾把這個思想表述得更加顯豁。他説：

> 精義者，窮理也。入神者，盡性以至於命也。窮理盡性以至於命，豈徒然哉？將以致用也。譬之於水，知其所以浮，知其所以沉，盡水之變，而皆有以應之，精義者也。知其所以浮沉而與之爲一，不知其爲水，入神者也。與水爲一，不知其爲水，未有不善游者也，而況以操舟乎？此之謂致用也。故善游者之操舟也，其心閑，其體舒。是何故？則用利而身安也。事至於身安，則物莫吾測而德崇矣。（卷八）

由此可以看出，雖然司馬光和蘇軾都把《易》道歸結爲一種自然之道，都在追求天人合一的理想，但是司馬光主要是立足於儒家的人文主義，蘇軾則主要是立足於道家的自然主義，理論特色各有不同。司馬光受荀子思想的影響很深，荀子曾批評道家"蔽於天而不知人"，司馬光也反對王弼以老莊解易的傾向。因此，司馬光的易學着重於闡發論證儒家的一套名教規範和倫理準則，而對自然之道的本身卻很少關注，並没有展開全面系統的研究。蘇軾與司馬光不同，他偏愛莊子，受郭象思想的影響很深，以莊解易，在哲學理論上認同於道家，極力想把儒家的人文情懷提到宇宙意識的高度，爲曠達與執着找到一個適當的結合點，因而對自然之道的本身傾注了極大的熱情，從宇宙論和本體論方面展開了全面系統的研究。通過這種研究，蘇軾提出了一個自然主義的易道觀，表現了鮮明的理論特色，在宋代易學史上，卓然成家，獨樹一幟，其地位不可忽視。

蘇軾首先從宇宙論方面對太極、道、陰陽、易、乾坤這幾個重要的易學概念作了詮釋。蘇軾認爲，"太極者，有物之先也"，也就是道。道是宇宙的本原，萬物產生以前的存在狀態，不可名狀，難以言説。"聖人知道之難言也，故借陰陽以言之"。但是陰陽究爲何物，也難以言説。因爲陰陽並非有形有象之物，而是無形無象之氣。物是由陰陽相交而後產生的。當陰陽之未交，廓然無一物，而不可謂之無有，以此比喻道，最爲切近。陰陽一交而生物，其始爲水，水離於無而入於有，是宇宙最先產生之物。自從產生水之後，於是相因而有，生生不已，這就是易。因而易的本質就是宇宙萬物生生不已的自然運行的過程。就易與道這兩個概念相比較而言，當然未生之時，易存乎其中而人莫見，故謂之道，而不謂之易。當物已生之後，道行乎其間而人不知，故謂之易，而不謂之道。乾坤是聖人爲了使人們更好地把握易的本質而設立的。易之道，至乾而始有成象，至坤而始有可見之法。就這個意義而言，乾坤爲生生之祖，易的精髓蘊藏於乾坤之中。故乾坤毀，則易不可見矣。蘇軾用雄辯的文體氣勢磅礴地表述了他的這種宇宙生成論的思想。他說：

陰陽果何物哉？雖有夔、曠之聰明，未有得其仿佛者也。陰陽交然後生物，物生然後有象，象立而陰陽隱矣。凡可見者皆物也，非陰陽也，然謂陰陽爲無有，可乎？雖至愚知其不然也，物何自生哉？是故指生物而謂之陰陽，與不見陰陽之仿佛而謂之無有者，皆惑也。聖人知道之難言也，故借陰陽以言之，曰"一陰一陽之謂道"。一陰一陽者，陰陽未交而物未生之謂也。喻道之似，莫密於此者矣。陰陽一交而生物，其始爲水。水者有無之際也，始離於無而入於有矣。老子識之，故其言曰，"上善若水"，又曰"水幾於道"。聖人之德，雖可以名言，而不囿於一物，若水之無常形。此善之上者，幾於道矣，而非道也。若夫水之未生，陰陽之未交，廓然無一物，而不可謂之無有，此真道之似也。陰陽交而生物，道與物接而生善，物生而陰陽隱，善立而道不見矣。

相因而有，謂之生生。夫苟不生，則無得無喪，無吉無凶。方是之時，易存乎其中而人莫見，故謂之道，而不謂之易。有生有物，物轉相生，而吉凶得喪之變備矣。方是之時，道行乎其間而人不知，故謂之易，而不謂之道。聖人之作易也，不有所設，則無以交於事物之域，而盡得喪吉凶之變。是以因天下之至剛而設以爲乾，因天下之至柔而設以爲坤。乾坤交，而得喪吉凶之變，紛然始起矣。故曰成象之謂乾，效法之謂坤。效，見也。言易之道，至乾而始有成象，至坤而始有可見之法耳。

太極者，有物之先也。夫有物必有上下，有上下必有四方，有四方必有四方之間。四方之間立，而八卦成矣。此必然之勢，無使之然者。（《東

坡易傳》卷七）

　　蘇軾的這種宇宙生成論顯然是本於道家的有生於無的思想。其所謂無，並非絕對虛無，而是內在地蘊含着有。這個有亦即無形無象的陰陽之氣。只是這種陰陽之氣處於宇宙的原初狀態，尚未交接而生物，故雖廓然無一物，而不可謂之無有。陰陽交接而生物，物轉相生，生生不已，是一個由無入有、由隱到顯的過程。這個過程是自然而然的，莫或使之，無主宰，無目的，也沒有啓示什麼先驗的道德準則，但卻有一種神妙的自然之理在起着支配的作用。蘇軾注《繫辭》"鼓之舞之以盡神"說："孰鼓之歟？孰舞之歟？莫適爲之，則謂之神。"注《說卦》"神也者，妙萬物而爲言者也"說："是萬物之盛衰於四時之間者也，皆其自然，莫或使之。而謂之帝者，萬物之中有妙於物者焉，此其神也。"易的本質是立足於生生之有的，是對自然之理的一種研究和闡發。由於此生生之有顯現爲一種德業，故易的本質也就蘊含於德業之中，除此以外，無別有易。通過這一番論證，蘇軾對他的易道觀作了總結性的表述："天地位則德業成，而易在其中矣，以明無別有易也。"

　　既然宇宙的生成是一個自然的過程，其中貫穿着一種自然之理，那麼這種自然之理的具體內容又是什麼呢？蘇軾明確指出，這主要是支配萬物變化的"出於一而兩於所在"的對立統一的規律。他圍繞着這個思想作了一系列的論述：

　　天地一物也，陰陽一氣也，或爲象，或爲形，所在之不同，故在云者明其一也。象者，形之精華發於上者也，形者，象之體質留於下者也，人見其上下，直以爲兩矣，豈知其未嘗不一邪？由是觀之，世之所謂變化者，未嘗不出於一而兩於所在也。自兩以往，有不可勝計者矣。故在天成象，在地成形，變化之始也。
　　夫剛柔相推而變化生，變化生而吉凶之理無定。不知變化而一之，以爲無定而兩之，此二者皆過也。天下之理未嘗不一，而一不可執，知其未嘗不一而莫之執，則幾矣。
　　同是戶也，闔則謂之坤，闢者謂之乾，闔闢之間而二物出焉。故變者兩之，通者一之。不能一，則往者窮於伸，來者窮於屈矣。（《東坡易傳》

卷七）

易將明乎一，未有不用變化晦明寒暑往來屈信者也。此皆二也，而以明一者，惟通二爲一，然後其一可必。

闔闢以生變化，易之所自出也。

陰陽，二物也，其合也，未嘗不雜，其分也，乾道成男，坤道成女，未嘗雜也。故曰陰陽合德而剛柔有體。陰陽合德，故雜；剛柔有體，故不越。

剛而無心者，其德易，其形確然。柔而無心者，其德簡，其形隳然。論此者，明八卦皆以德發於中，而形著於外也。故爻效其德，而象像其形，非獨乾坤也。（卷八）

關於"出於一而兩於所在"的思想，在宋代易學中曾受到普遍的關注，各家均有所論述。比如張載所說的"一物兩體"，程頤所說的"萬物莫不有對"，朱熹所說的流行與對待，陸九淵所說的三極之道，都是論述這個思想的著名的命題。這個思想固然是對《周易》的太極陰陽之理的一種發揮，但與老子的"道生一，一生二，二生三，三生萬物"的思想也有着很深的淵源關係。理學家出於排斥佛老的心態，故意隱瞞這種關係，蘇軾則坦然承認，直接依據道家哲學來研究萬物生成變化的內在原因。蘇軾認爲，這種內在原因就是"出於一而兩於所在"。這是一種自然之理，其本質在於無心，不僅陰陽合德之一爲無心，兩於所在之乾坤剛柔亦歸結爲無心。人與天地同受此無心的自然之理的支配，但人常不能與天地相似，是因爲人爲有意所蔽。如果人能解其有意之蔽，無心而循萬物之理，則與天地相似，無往而不自得，達到天人合一的境界。他說：

天地與人一理也，而人常不能與天地相似者，物有以蔽之也。變化亂之，禍福劫之，所不可知者惑之。變化莫大於幽明，禍福莫烈於死生，所不可知者莫深於鬼神。知此三者，則其他莫能蔽之矣。夫苟無蔽，則人固與天地相似也。

以神行智，則心不爲事物之所塵垢，使物自運而己不與。斯所以爲洗心退藏於密也。

莊子曰：賊莫大於德有心而心有眼。夫能洗心退藏，則心雖用武，而未

嘗殺，況施德乎？不然，則雖施德，有殺人者矣，況用武乎？（《東坡易傳》卷七）

循萬物之理，無往而不自得，謂之順。（卷九）

《莊子·列御寇》有云："賊莫大乎德有心而心有睫，及其有睫也而内視，内視而敗矣。"郭象注云："有心於爲德，非真德也。夫真德者，忽然自得而不知所以得也。率心爲德，猶之可耳，役心於眉睫之間，則僞已甚矣。乃欲探射幽隱，以深爲事，則心與事俱敗矣。……若中無自好之情，則恣萬物之所是，所是各不失，則天下皆思奉之矣。"蘇軾以莊解易，引用莊子此語來詮釋《繫辭》"洗心退藏於密"、"神武而不殺"之言，強調無心而反對有意。這種詮釋並沒有違背《繫辭》的本義。因爲《繫辭》曾明確指出，易道的本質無思無爲，寂然不動，感而遂通，是一種無心的自然之理。人們爲了認識此自然之理，也應該無思無爲，滌除思慮，退藏到密靜之處，做到無心而任自然。若能如此，則吉凶與民同患，事無不濟，功無不成，雖有神武而不用殺伐。《繫辭》的這個思想實際上是本於道家，與莊子完全相通。蘇軾以莊解易，從正反兩方面作了進一步的闡發，這種無思無爲的自然之理是表現得更加顯豁了。

蘇軾接着依據此自然之理來研究人性論的問題，把人性的本質歸結爲一種無善無惡的自然本性和生理本能，這就與以社會本性作爲人性本質的理學家的觀點形成了對立。周敦頤認爲，人爲萬物之靈，稟太極之理，具五行之性。太極之理爲純粹至善，故人之性亦本來是善。此人性之本然，即所謂誠。誠者五常之本，百行之源，誠源於乾之四德，元亨誠之通，利貞誠之復。故《易》爲性命之源。蘇軾反對這種人性本善的説法，對性命之理作了自然主義的詮釋。他説：

善者道之繼，而指以爲道則不可。……學道而自其繼者始，則道不全。昔者孟子以善爲性，以爲至矣，讀《易》而後知其非也。孟子之於性，蓋見其繼者而已。夫善，性之效也。孟子不及見性，而見夫性之效，因以所見者爲性。性之於善，猶火之能熟物也。吾未嘗見火，而指天下之熟物以爲火，可乎？夫熟物則火之效也。敢問性與道之辯。曰，難言也，可言其似。道之似則聲也，性之似則聞也。有聲而後有聞耶？有聞而後有聲耶？是二者，果一乎？果二乎？孔子曰：人能宏道，非道宏人。又曰：神而明之，存乎其人。性者，其所以爲人者也，非是無以成道矣。（《東坡易傳》卷七）

蘇軾認爲，善爲道之繼，而非道之本身。因爲道是陰陽未交而物未生之宇宙原初狀態，通過一種自然的生成，陰陽交而生物，道與物接而生善，物生而陰陽隱，善立而道不見，故道大而善小，道無形而善可見。繼是繼承、繼續，繼之則善，不繼則不善。孟子只就其可見之繼者而言性善，殊不知性也與道一樣，無形可見，其所表現爲有形之善者，並非性之本身。孟子的這個說法，根本錯誤在於沒有把握性之真正的本源，不能得道之大全。性是來源於道的，道先而性後，道之與性，有如聲之與聞的關係，必先有聲而後有聞。但是，性是人之所以爲人的本質所在，具有主觀能動性，唯有人才能自覺地對道有所繼承，若無性則無以成道。從這個角度來看，性與道是一非二，此一即天人合一之一，性是天與人聯結貫通的紐帶，是使道得以繼續不斷而落實於社會人生的依據。因此，蘇軾得出結論說："性所以成道而存存也，堯舜不能加，桀紂不能亡，此真存也。存是則道義所從出也。"這就是說，道無善惡，性亦無善惡，道不可見，性亦不可見，但性能繼成此道而表現爲可見之善，這是人人固有而爲堯舜桀紂所不能損益的自然的本性，若能保存此自然的本性，使之存而又存，繼續不斷，則道義從此而出。通過這一番詮釋，蘇軾論證了人的自然本性先於社會本性，只有這種無善無惡的自然本性才是真正的性命之源，道義之善是在這種自然本性的基礎上發展而成的。

在《揚雄論》一文中，蘇軾明確指出，這種自然本性就是人的飲食男女的生理本能，無論是聖人還是小人，都以這種生理本能作爲自己的人性的本質。他說：

人生而莫不有飢寒之患，牝牡之欲。今告乎人曰，飢而食，渴而飲，男女之欲，不出於人之性，可乎？是天下知其不可也。聖人無是無由以爲聖，而小人無是無由以爲惡。聖人以其喜怒哀懼愛惡欲七者御之而之乎善，小人以是七者御之而之乎惡。由此觀之，則夫善惡者，性之所能之而非性之所能有也，且夫言性者，安以其善惡爲哉！（《經進東坡文集事

略》卷八)

《周易·說卦》説："昔者聖人之作易也，將以順性命之理"，"和順於道德而理於義，窮理盡性以至於命"。這是《周易》的核心思想，但是各家的詮釋卻有不同的角度，意見分歧極大。理學家着重於從"人之所以異於禽獸者幾希"的社會本性的角度來詮釋性命之理，蘇軾則着重於從人的自然本性的角度來詮釋，把性命之理歸結爲一種自然之理。雖然如此，由於人性的本質既有不同於動物的社會性的一面，也有同於動物的自然性的一面，這二者既有矛盾，但也内在地統一在一起而不可割裂，所以凡是强調社會本性的哲學家都不否認人尚有自然本性的一面，凡是强調自然本性的哲學家也都不否認人尚有社會本性的一面，問題的關鍵在於如何處理二者之間的關係，究竟是以社會本性去統率自然本性，還是以自然本性去統率社會本性。這種植根於人性本質的内在矛盾及其統一的問題在哲學上就升華爲一個天人關係的問題。關於天與人的關係，也是既有矛盾的一面，也有統一的一面。由於人的社會本性與自然本性無時無處不存在着矛盾，有時甚至表現爲尖鋭的對立，是人們必須接受而無所逃於天地之間的活生生的現實，但是人們無法在這種現實中安身立命，而必須進行不懈的追求，希望找到一種有效的途徑來克服矛盾，把二者結合起來，所以天人合一也就自然而然成爲中國哲學的共同理想，代表了中國哲學的根本精神。從先秦的孔孟老莊開始，各家各派的哲學都是以這個問題的内在矛盾及其統一爲主軸而展開的。就宋代哲學而論，理學家着眼於以社會本性去統率自然本性，主張"克己復禮"，即克制人的自然的情欲使之服從社會名教的規範。按照這個思路，理學家對性命之理的詮釋，把人性區分爲義理之性與氣質之性，前者指社會本性，後者指自然本性。這二者在現實生活中是矛盾的，但是理學家致力於追求二者的統一，統一的途徑就是所謂"變化氣質"，即把人的自然本性改造成爲義理之性安頓的處所。如果改造成功，則成聖成賢，天人合一，達到一種無往而不自得的理想的自由的精神境界。但是，爲了達到這種理想，必須執著恪守名教規範，嚴格遵循倫理準則，以變化氣質爲前提。所以一般說來，理學家的性格大多表現爲一種過於執著、刻板，甚至不近人情，也就是莊子所批評的儒者"明於禮義而陋於知人心"。蘇軾是一個情感極爲豐富的才子型的性格，始終保持着一顆天真的童心，一個敏銳純潔的性靈，林語堂的《蘇東坡傳》稱之爲"一個不可救藥的樂天派"，他的這種性格天生是與理學家的那種執著方枘圓鑿，格格不入的。因此，他對性命之理的詮釋，雖然也是在追求天人合一的理想，但卻是與理學家的執著迥然不同的曠達的理想，一種率性而任自然的理想，一種如同莊子所說的那種"猖狂妄行而蹈其大方"的理想。所謂蹈其大方，是說爲人處世合乎儒家的風範，這顯然是對人文價值的一種執著。但是這種執著是建立在人的自然本性的基礎之上，用不着去作一番克己復禮、變化氣質的刻苦的心性修養，只要猖狂妄行，任其自然，就能蹈其大方。蘇軾在釋《說卦》的這一段話時，淋灕盡致地闡發了這個思想。他說：

> 道者其所行也，德者其行而有成者也，理者道德之所以然，而義者所以然之說也。君子欲行道德，而不知其所以然之說，則役於其名而爲之爾。夫苟役於其名而不安其實，則小大相害，前後相陵，而道德不和順矣。譬如以機發木偶，手舉而足發，口動而鼻隨也。此豈若人之自用其身，動者自動，止者自止，曷嘗調之而後和，理之而後順哉！是以君子貴性與命也。欲至於性命，必自其所以然者溯而上之。夫所以食者，爲飢也，所以飲者，爲渴也，豈自外入哉！人之於飲食，不待學而能者，其所以然者明也。盍徐而察之。飢渴之所從出，豈不有未嘗飢渴者存乎，於是性可得而見也。有性者，有見者，孰能一是二者，則至於命矣。（《東坡易傳》卷九）

蘇軾釋乾卦彖辭，也對性命之理作了闡發。他說：

> 古之君子，患性之難見也，故以可見者言性。夫以可見者言性，皆性之似也。君子日修其善，以消其不善，不善者日消，有不可得而消者焉。小人日修其不善，以消其善，善者日消，亦有不可得而消者焉。夫不可得而消者，堯舜不能加焉，桀紂不能亡焉，是豈非性也哉！君子之至於是，用是爲道，則去聖不遠矣。雖然，有至是者，有用是者，則其爲道常二，猶器之用於手，不如手之自用，莫知其所以然而然也。性至於是，則謂之命。命，令也。君之令曰命，天之令曰命，性之至者亦曰命。性之至者非命也，無以名之，而寄之命也。死生禍福，莫非命者，雖有聖智，莫

知其所以然而然。君子之於道，至於一而不二，如手之自用，則亦莫知其所以然而然矣。此所以寄之命也。情者，性之動也。溯而上，至於命，沿而下，至於情，無非性者。性之與情，非有善惡之別也，方其散而有爲，則謂之情耳。命之與性，非有天人之辨也，至其一而無我，則謂之命耳。（卷一）

朱熹的《雜學辯》評論說：「蘇氏此言，最近於理。夫謂'不善日消，而有不可得而消者'，則疑若謂夫本然之至善矣。謂'善日消，而有不可得而消者'，則疑若謂夫良心之萌蘖矣。以是爲性之所在，則似矣。」但是朱熹對這個斷語又不敢確信，因爲他認爲，蘇氏初不知性之所自來，善之所從立，其意似在「謂人與犬羊之性無以異」，把人性歸結爲與動物相同的自然本性。朱熹的這個看法表述得曲折委婉，十分微妙，既指出了蘇軾與理學家的根本分歧之點，也把握到這兩種不同的傾向都在極力尋求互補的共同願望。蘇軾並不反對道德理義是人所必須遵循的行爲規範，但卻強調履行這些行爲規範應該出於至誠而不容有僞，如同手之自用，飢而食，渴而飲，莫知其所以然而然。換句話說，蘇軾主張道德的「自律」而反對道德的「他律」。爲了建立這種自律的道德，他反復論證，道德理義本於人性之自然，與人的自然本性一而不二，是不待學而能者的良知良能。他的這個思想與郭象所說的名教即自然、「夫仁義自是人之情性，但當任之耳」，是息息相通的，也與孟子所說的良知良能有很大的相似之處。朱熹根據這種相似之處，認爲蘇軾所說的堯舜不能加、桀紂不能亡的人之本性，疑若謂夫本然之至善、良心之萌蘖，是頗有見地，也是符合實際的。由此可以看出，蘇軾受天人合一哲學的內在邏輯的驅使，不得不向以人的社會本性作爲人性本質的傾向尋求互補，否則勢必將天人割裂爲二，不能自圓其說。理學家也同樣主張道德的自律，因而他們普遍地服膺孟子的性善說而反對荀子的性惡說。孟子論證人性本善，主要論據即人所固有的良知良能，而所謂良知良能實際上指的就是與生俱來的生理本能。孟子常以這種生理本能來論證道德的自律，有時甚至直接把人性的本質歸結爲這種生理本能。比如他說：「故理義之悅我心，猶芻豢之悅我口。」（《孟子·告子上》）「口之於味也，目之於色也，耳之於聲也，鼻之於臭也，四肢之於安佚也，性也」（《盡心下》）。理學家沿襲孟子的思路，雖然認爲人的社會本性高於自然本性，應以社會本性規定人性的本質，但都被迫向自然主義的傾向尋求互補，否則就難以證成其説，根本不可能建立一種自律的道德。比如張載説："形而後有氣質之性，善反之，則天地之性存焉。"（《正蒙·誠明篇》）二程説："生之謂性，性即氣，氣即性，生之謂也。"（《遺書》卷一）這就是認爲，人的社會本性（天地之性）即寓於自然本性（氣質之性）之中，以自然本性爲基礎，若從理論上推到極處，則生之謂性，此與生俱來的自然本性即爲人性的本質。就蘇軾與理學家詮釋性命之理所表現的不同傾向而言，他們形成了對立，各自獨立成家。但就他們被迫各自向對方尋求互補而言，似乎取消了雙方的對立，從而也否定了他們自身，而百川歸海，融匯到中國哲學中的天人合一這個共同的大主題中來。

　　在中國哲學中，天人合一始終是一個理想，至於人們所面對的現實卻一直是令人心煩意亂的天與人的矛盾。理想是現實的彼岸，理想之所以爲理想，就在於它不等於現實。這也就意味着，雖然各家各派的哲學都在追求天人合一的理想，但是由於現實的矛盾是如此的深刻，如此的内在，如此的難以克服，所以他們所建構的體系無一例外都是以偏概全，得其仿佛，誰都免不了陷入理論上的失誤，常常是捉襟而見肘，顧此而失彼。從另一方面來看，哲學家們往往對此缺乏自覺，而表現爲一種理論上的確信，自以爲獨得天人之秘，因而自是而相非，以己之所是而非彼之所非。這就在哲學史上形成了各種對立的學派，入者主之，出者奴之，相互攻駁，彼此排斥。雖然如此，如果我們今天抱着一種超越的態度而以道觀之，則哲學史上所有這些學派的對立，意見的分歧，都是殊途而同歸，一致而百慮，爲解決天人合一這道難題提供了有益的思路，作出了可貴的貢獻。從這個角度來看，我們對理學家與蘇軾的分歧就能産生一種同情的了解，既能見出其所得，又能見出其所失。理學家之所得在於把名教規範、倫理準則提到天道性命的高度進行了哲學的論證，給人們啓示了一條克己復禮、成聖成賢之路。其所失則在於過分地強調了人的社會本性而壓抑了人的自然本性。蘇軾之得失與理學家恰恰相反，他希望達到一種猖狂妄行而蹈其大方的境界，試圖把名教建立在自然的基礎之上，但在現實生活中這二者總是難以結合得恰到好處，因而在理論上對天人關係問題的處理，也總是左右搖擺。蘇軾因理學家之所失而提出責難，認爲他們忽視人的自然本性而論性命之理，將使道德不合順，理義不自然，譬如以機發木偶，手舉而足發，口動而鼻隨，大小相害，前後相陵。這種意見的分歧雖相反而實相成。後來理學家接受了來自自然主義方面的批評，發展出陸王心學一派，生動地表現了二者的互補。蘇軾在哲學上作爲一個自然主義的代表，信奉"不以心捐道，不以人助天"的莊子思想，主張無心而順應自然之理，但在處理天人關係問題時，也本着儒家的那種濃郁的人文情懷，發表了許多人能勝天、志能勝氣的思想，體現了一種以天下爲己任的擔待精神。這種自相矛盾的情況說明蘇軾已經覺察到自己理論上的偏失，正在進行糾正，向強調人事之功的人文主義那裏尋求互補。

按照蘇軾本來的思路，自然之理與人事之功並不存在矛盾，只要做到無心而順應，便可自然而然成就一番德業。他認爲，"夫德業之名，聖人之所不能免也。其所以異於人者，特以其無心爾"（《東坡易傳》卷七）。因此，他在處理天人關係時，基本上是本着道家的"不以心捐道，不以人助天"的無爲思想，對以天或天命所代表的客觀自然之理表示極度的尊重。比如他釋復卦彖辭說：

> 凡物之將亡而復者，非天地之所予者不能也。故陽之消也，五存而不足，及其長也，甫一而有餘，此豈人力也哉！傳曰：天之所壞，不可支也，其所支，亦不可壞也。違天不祥，必有大咎。

釋無妄卦彖辭說：

> 無妄者，天下相從於正也。正者我也，天下從之者天也。聖人能必正，不能使天下必從，故以無妄爲天命也。

釋大畜卦彖辭說：

> 乾之健，艮之止，其德天也，猶金之能割，火之能熱也。物之相服者，必以其天。魚不畏網而畏鵜鶘，畏其天也。（卷三）

但是，如果這種客觀自然之理在現實生活中作爲一種盲目的外在的必然性而與人的價值理想相背離，阻礙德業的實現，遇到這種情況，又將作何選擇呢？蘇軾認爲，在這種情況下，應該反其道而行之，不以命廢志，堅持人文價值理想，發揚人定勝天的主宰精神。這也就是說，應該放棄無心而堅持有意。他釋姤卦九五"有隕自天"說：

> 姤者陰長之卦，而九五以至陽而勝之，故曰含章。凡陰中之陽爲章。陰長而消陽，天之命也，有以勝之，人之志也。君子不以命廢志。故九五之志堅，則必有自天而隕者，言人之至者，天不能勝也。（卷五）

他在釋《繫辭》"精氣爲物，遊魂爲變"時，就氣與志、魄與魂、鬼與神的關係來區分衆人與聖賢不同之所在，對志作了更多的强調，認爲聖賢之所以異於衆人，關鍵在於志勝氣，即以人的社會本性去統率自然本性。他説：

> 衆人之志，不出於飲食男女之間與凡養生之資。其資厚者其氣强，其資約者其氣微，故氣勝志而爲魄。聖賢則不然，以志一氣，清明在躬，志氣如神，雖祿之以天下，窮至於匹夫，無所損益也。故志勝氣而爲魂。衆人之死爲鬼，而聖賢爲神，非有二知也，志之所在者異也。（卷七）

蘇軾的這個思想顯然與他的自然主義的哲學相矛盾。他本來是追求一種無心的曠達而反對有意的執著，希望達到一種"猖狂妄行而蹈其大方"的自由的境界，以人的自然本性去統率社會本性，現在卻又否定了這個説法，認爲無心的曠達是"氣勝志"的衆人，而有意的執著才是"志勝氣"的聖賢。這種理論上的自相矛盾，其深刻的根源不在理論本身而在於現實，如果現實的矛盾不能克服，則理論也決不能圓通，蘇軾如此，理學家也同樣如此。中國的士人對這種現實的矛盾有着真切的感受，因而他們的心態始終是在曠達與執著、無心與有意之間徘徊不定，困惑莫解，雖然歷代的哲學家經過苦心的探索業已作出了各種各樣的解，但由於都不能有效地克服現實的矛盾，只能看作是一種無解之解。就蘇軾本人而言，早在童年時期，即慕東漢黨人范滂之爲人，慨然有澄清天下之志。這個志也就是"急乎天下國家之用"之志，建功立業、安邦定國之志，是一種儒家的人文情懷。中國的士人莫不抱有此志，但是當他們登入仕途、踏上人生之路時，卻在盲目外在的客觀必然性的驅使下，顛沛流離，歷盡坎坷，鬱鬱不得志。他們普遍地把這種遭遇歸結爲一種時命，有的則稱之爲天命。這是一種使志向理想無法實現的不可抗拒的阻力，理論上雖説來自於天命，實際上卻是來自於現實的人間。中國的士人面對這種不以人的意志爲轉移的客觀必然性，無論作出何種選擇，都會使自己陷入進退兩難的尷尬的處境。蘇軾骨子裏是個儒家，雖然他根據自己的生活經驗和歷史感受，選擇了認同天命的道家思想，追求無心的曠達，並且寫了大量膾炙人口的表現曠達的詩文，在文學史上佔有不朽的地位，但是他的心態卻由於始終無法擺脱儒家的情結，從來都沒有得到安寧，而所謂的曠達實際上只是一種寄沉痛於悠閒，其中蘊藏着深沉的憂患意識。因此，蘇軾通過一番艱苦的上下求索，走了一段否定之否定的曲折道路，又回到原來的起點，選擇了儒家的有意的執著精神，看似矛盾，其實是完全可以理解的。他在釋乾卦九三之德時，表述了與童年時期相同的那種以天下為己任的志向，但是由於以易理的高層次的哲學思考為依託，而且飽含着自己的豐富的人生體驗，這種志向是表述得更為堅挺，更為沉毅，更為富有擔待精神了。他説：

> 九三非龍德歟？曰，否！進乎龍矣。此上下之際，禍福之交，成敗之決也，徒曰龍者，不足以盡之，故曰君子。夫初之所以能潛，二之所以能見，四之所以能躍，五之所以能飛，皆有待於三焉。甚矣三之難處也，使三不能處此，則乾喪其所以為乾矣。天下莫大之福，不測之禍，皆萃於我而求決焉，其濟不濟，間不容髮，是以終日乾乾，至於夕而猶惕然，雖危而無咎也。（卷一）

這種擔待精神是與范仲淹所説的"先天下之憂而憂，後天下之樂而樂"以及歐陽修所説的"以天下之憂為己憂，以天下之樂為己樂"完全一致的，而與劉牧的那種"言稱運命"、"謂存亡得喪，一出自然"的無心思想卻有很大的不同。

三、卦爻結構與義理內涵

義理派的易學重視卦爻結構中之義理內涵，但並不否定象數本身。王弼在《周易略例》中曾説："盡意莫若象，盡象莫若言。""意以象盡，象以言著"。如果完全掃落象數，所謂義理內涵也就空無依傍，失去着落了。因而義理派的易學對卦爻結構的形式體例和哲學功能都作了細緻的研究，力求把卦爻結構處理成表現義理內涵的一種合適的工具，做到形式與內容的統一。只是由於各人對義理內涵有不同的看法，所建構的易學體系有不同的傾向，所以他們對卦爻結構的處理也不盡相同，甚至出現嚴重的分歧。比如蘇軾與歐陽修同屬義理派，作爲歐陽修的門生，他對歐陽修的道德文章和學術地位一直是推崇備至，但是在易學思想上卻不能苟同，對歐陽修否定河圖洛書的說法表示强烈的不滿，並且直言不諱地提出反對的意見。他說：

> 天垂象，見吉凶，聖人象之。象之者，象其不言而以象告也。河圖洛書，其詳不可得而聞矣，然著於《易》，見於《論語》，不可誣也，而今學者或疑焉。山川之出圖書，有時而然也。魏晉之間，張掖出石圖，文字粲然，時無聖人，莫識其義爾。河圖洛書，豈足怪哉！且此四者，聖人之所取象以作易也。當是之時，有其象而無其辭，示人以其意而已。故曰易有四象，所以示也。聖人以後世爲不足以知也，故繫辭以告之，定吉凶以斷之。聖人之憂世也深矣。（《東坡易傳》卷七）

歐陽修的易學着眼於經世致用，重人事而輕天道，而當時興起的河洛圖書之學則是着眼於編織天象圖式，重天道而輕人事，與他的主旨恰恰相反。歐陽修爲了維護自己的易學，不能不否定河圖洛書，指斥其説爲怪妄。蘇軾的易學雖不廢人事之功，關注的重點卻是推闡天道自然之理勢，與歐陽修並不相同。因而蘇軾必須依據河圖洛書、天地之數、八卦之象這些成説來建立一個宇宙論的體系，如果附合歐陽修的意見去一味地否定，便無從證成自己的易學。蘇軾一貫重視象數的研究。關於易數，他曾發表了不少獨到的見解，但直至晚年，仍以不懂數學爲憾，認爲未能把握易數之妙理。關於易象，他指出，"聖人非不欲正言也，以爲有不可勝言者，惟象爲能盡之"。"易有聖人之道四焉，以制器者尚其象。故凡此皆象也。以義求之則不合，以象求之則獲"。蘇軾的這個看法是從他的自然主義的易道觀合乎邏輯地推演而來的。在他看來，道是物之未生的宇宙原初狀態，未始有名。易是立足於生生之有的。此生生之有充滿了吉凶得喪之變，蘊含着一種自然之理，也就是意。爲了表示此不可見之意，必須賦之以名。取諸物以寓其意，進而斷之以辭。因此，他認爲，"夫道之大全也，未始有名，而易實開之，賦之以名，以名爲不足，而取諸物以寓其意；以物爲不足而正言之；以言爲不足而斷之以辭；則備矣"（《東坡易傳》卷八）。這就是説，易是一個生成的過程，經歷了無名、有名、立象、斷辭四個層次歷然的發展階段而逐漸完備，其中無名之道是第一性的，有名之易由意（自然之理）、象（卦爻象)、辭（卦爻辭）三者所組成。由於象生於意，言生於象，所以在此三者的關係中，意居於主導地位。但是從另一方面看，意以象著，不能離象以求意，所以應該十分重視象的作用。這就是蘇軾爲什麼不贊成歐陽修否定河圖洛書之説的根本原因。

蘇軾對卦爻結構的看法，大體上本於王弼。王弼作爲義理派易學的創始人，對卦爻結構的形式體例及哲學功能作了經典性的表述。在《周易略例》中，王弼指出，一卦六爻，結成一個整體，其中必有一個中心主旨。這是因爲，"物無妄然，必由其理：統之有宗，會之有元，故繁而不亂，眾而不惑"。這個中心主旨總攬全局，對六爻起着支配作用，稱之爲卦義，也叫時義，簡稱爲時，所以説"卦者時也"。由卦象所顯示之時是相對穩定的，而卦中之六爻則上下變動，處於不斷遷徙流轉的過程之中，所以説"爻者適時之變者也"。雖然如此，這種變化仍有規律可尋，只要能"識其情"，"明其趣"，就可以"暌而知其類"，"異而知其通"。蘇軾繼承了王弼的這個思想作了進一步的發揮。他説：

古之論卦者以定，論爻者以變。（《東坡易傳》卷一）

卦有成體，大小不可易，而爻無常辭，隨其所適之險易。故曰象者言乎象，爻者言乎變。夫爻亦未嘗無大小，而獨以險易言者，明不在乎爻而在乎所適也。

陰陽各有所統御謂之齊。夫卦豈可以爻別而觀之，彼小大有所齊矣，得其所齊，則六爻之義，未有不貫者。吾論六十四卦，皆先求其所齊之端。得其端，則其餘脈分理解無不順者，蓋未嘗鑿而通也。

物錯之際難言也，聖人有以見之，擬諸其形容，象其物宜，而畫以爲卦。剛柔相交，上下相錯，而六爻進退屈信於其間，其進退屈信不可必，其順之則吉、逆之則凶者可必也。可必者，則其會通之處也，見其會通之處，則典禮可行矣。故卦者至錯也，爻者至變也。至錯之中有循理焉，不可惡也。至變之中有常守焉，不可亂也。（卷七）

在王弼的易學中，時是一個極爲重要的範疇，時必有用，稱爲時用，六十四卦象徵六十四種不同的時用。王弼根據這個思想，以卦爲時，以爻爲人，對客觀形勢與主體行爲進行了十分詳盡的研究，提出了一套系統的適時之用的政治謀略主張，以適應曹魏正始年間的時代需要。因此，王弼的易學滲透着一種憂患意識和人文情懷，切乎人事之用，實質上是一種通過玄學的形式表現出來的經世之學。李覯、歐陽修之所以贊賞王弼的易學，主要不是着眼於其玄學的形式，而是着眼於其經世之學的內容。蘇軾的易學也以切合人事爲特點，所以也和王弼一樣，滲透着一種憂患意識和人文情懷，強調適時之用。他説：

> 卦所以有内外、爻所以有出入者，爲之立敵而造憂患之端，使知懼也。有敵而後懼，懼而後用法，此物之情也。憂患之來，苟不明其故，則人有苟免之志，而怠於避禍矣。故易明憂患，又明其所以致之之故。（卷八）

> 生生之極，則易成矣。成則惟人之所用。以數用之謂之占，以道用之謂之事。夫豈惟是，將天下莫不用之。用極而不倦者，其惟神乎！

> 至精至變者，以數用之也。極深研幾者，以道用之也。止於精與變也，則數有時而差。止於幾與深也，則道有時而窮。使數不差、道不窮者，其惟神乎！（卷七）

> 卦未有非時者也，時未有無義，亦未有無用者也。苟當其時，有義有用，爲往而不爲大！故曰時義，又曰時用，又直曰時者，皆適遇其及之而已。（卷二）

但是，蘇軾解《易》，卻不取王弼以卦爲時、以爻爲人之義，而另有主張，提出了卦以言其性、爻以言其情的新説。他注乾卦彖辭"保合太和，乃利貞"説：

> 貞，正也。方其變化，各之於情，無所不至；反而循之，各直其性，以至於命，此所以爲貞也。

> 其於《易》也，卦以言其性，爻以言其情。情以爲利，性以爲貞，其言也互見之，故人莫之明也。《易》曰：大哉乾乎，剛健中正，純粹精也。夫剛健中正純粹而精者，此乾之大全也，卦也。及其散而有爲，分裂四出而各有得焉，則爻也。故曰六爻發揮，旁通情也。以爻爲情，則卦之爲性也明矣。乾道變化，各正性命，保合太和，乃利貞。以各正性命爲貞，則情之爲利也亦明矣。又曰利貞者，性情也。言其變而之乎情，反而直其性也。至於此，則無爲而物自安矣。（卷一）

蘇軾解《易》的這種思路與王弼之不同，大體上類似於莊學與老學之不同。

老子之學關注的重點在於社會群體的政治操作，人稱君人南面之術，屬於經世之學的範疇。莊子之學則把關注的重點轉移到個體的安身立命之道上來，追求一種逍遙自得、曠達任性的精神境界，可以稱之爲心性之學或性命之學。《莊子·在宥》："故君子不得已而臨蒞天下，莫若無爲。無爲也而後安其性命之情。"郭象注説："無爲者，非拱默之謂也，直各任其自爲，則性命安矣。"莊子並不反對儒家所提倡的聰明仁義禮樂聖智，但卻認爲，"天下將安其性命之情，之八者，存可也，亡可也。天下將不安其性命之情，之八者，乃始臠卷獊囊而亂天下也"。所謂性命之情，指的是人皆有之的自然本性。莊子反復强調安其性命之情，力圖把道家的社會理想和經世之學建立在這種自然主義的人性論的基礎之上，是對老學的一種深化。蘇軾偏愛莊子，其性格氣質與莊子頗多契合，所以選擇了莊子的思路，把安其性命之情的問題列爲解《易》的重點，而不去走王弼的那種以老解《易》的路子。

其實，蘇軾選擇以莊解《易》的思路，並非完全出於個人的偏愛，而是受衆多的社會歷史動因的影響，在宏觀的意義上反映了宋代思想由經世之學向心性之學的轉變。心性之學偏於内聖，經世之學偏於外王，二者本無涇渭分明的界限，都是傳統的内聖外王之學的兩個不可缺少的組成部分，外王必以内聖爲基礎，内聖也必通向外王，因而所謂經世之學與心性之學只是就其主導傾向强爲之名而已。但是，由於歷史條件的變化，時代需要的不同，這種統一的内聖外王之學常常在某一個時期内熱衷於社會群體的外部事務，呈現爲經世之學的傾向，而在另一個時期内由外界退回到内心，關注個人的人格修養，呈現爲心性之學的傾向。從思想史的角度來看，這種主導傾向的轉變構成爲時代思潮的特點，規定了時代精神的風貌，並且從總體上影響思想家個人思路的選擇，其宏觀的意義不可低估。就北宋的思想發展而言，前期主要是受慶歷新政與熙寧變法的影響，以經世之學爲主流。這是兩次涉及面極廣的社會改革運動，許多站在時代前列的思想家都被卷入進來，包括范仲淹、李覯、歐陽修、王安石、司馬光等人。他們憂國憂民，匡時濟世，急乎天下國家之用，致力於發展撥亂反正的外王之學。其時雖有理學前驅胡瑗、孫復、石介倡導心性修養，但是他們所謂的明體達用，其主旨乃是使心性修養從屬於經世之用，並不影響經世之學的主流地位。慶歷新政與熙寧變法不幸都失敗了，這種失敗的經驗是極爲慘痛的，許多人飽受貶謫流放之苦，由政治舞臺退回到書齋，他們一方面冷靜地總結導致改革失敗的內在原因，同時又熱切地探索個人如何在時代的苦難中安身立命以保持自己人格的完整。以這種改革的失敗爲契機，於是北宋的思想發展到後期，心性之學逐漸上升到主流地位。蘇軾之所以選擇以莊解《易》的思路，在更大的程度上是與思想史的這種總的發展趨勢相適應的。

內聖外王這個詞是由《莊子·天下篇》首次提出，用來泛指各家學說的共同的主旨，儒道兩家的學說也包括其中，並不例外，因而儒家有自己的經世之學與心性之學，道家也同樣有自己的經世之學與心性之學。先秦時期，由老學發展爲莊學，表明道家學說的主導傾向由經世之學向心性之學的轉變，儒家方面，由孔學發展爲孟學，也意味着同樣的轉變。只是莊子的心性之學與孟子大不相同，莊子把人的自然本性置於首位，強調社會本性應服從於自然本性，孟子則恰恰相反，把人的社會本性置於首位，強調自然本性應服從於社會本性。一個偏重於自然主義，一個偏重於人文主義。孔與老同時，孟與莊同時，儒道兩家學說的轉變也同時，由此而形成兩種不同的心性之學各執一端，既互相矛盾，又彼此融合，糾纏扭結，難捨難分，對後來的心性之學的影響至深且巨。孟莊以後，中國的心性之學基本上分爲這兩大派，而且只要出現宗主孟子一派的心性之學，必有宗主莊子一派的心性之學與之對立，反之亦然。這確乎是中國思想史上的一個饒有趣味的現象。宋代思想史也重復了這個現象。雖然由於理學家的努力，使宗主孟子一派的心性之學發展爲主流，但在其興起之初，即受到兩方面的反對。一方面來自歐陽修。歐陽修認爲，心性之學是無用之空言，君子應該把自己的精力用於修己治人，不必去追究性之善惡。這是站在經世之學的角度來反對心性之學的。另一方面來自蘇軾。蘇軾認爲，"儒者之患，患在於論性"。但是蘇軾卻宗主莊子，特別是宗主郭象所詮釋之莊子，提出了一套以人的自然本性爲基礎的心性之學，與理學家形成了對立。這種對立同時也是一種互補，既補充了理學家的不足，也擴展了對人性本質的全面理解。就這個意義而言，在宋代思想史中，蘇軾的心性之學與理學家的心性之學共同構成一種必要的張力，二者的地位應該是平起平坐，不分軒輊。如果忽視蘇軾的這種立足於自然主義的心性之學，就會把本來是五彩斑斕、複雜多元的宋代思想弄得貧乏蒼白，變成理學家的一統天下了。

蘇軾的以卦爲性、以爻爲情的新說是在乾卦注中開宗明義提出來的。照蘇軾看來，剛健中正純粹而精，此乾之大全。乾元之德不可見，取龍之象以明之。龍得其正是爲貞，這就是乾卦之性。性是相對穩定的，故古之論卦者以定。性散而有爲，則謂之情。性之與情，非有善惡之別，二者的關係，一而不二，就其有共相與殊相、綜合與分析、常與變、靜與動、隱與顯而言，故或謂之性，或謂之情。情爲性之動，有動則必交於事物之域，與外界環境相接觸，而盡得喪吉凶之變。爻者效天下之動，分卦之材，裂卦之體，而適險易之變，故以爻爲情。所謂"利貞者性情也"，是說以各正性命爲貞，而以情爲利。由於物勢之不齊，加上主體的認識與行爲有種種的不同，情之是否合於利是不可必的，但是，順自然之理則吉，逆自然之理則凶，這一點卻是可必的。因此，蘇軾認爲，動者我也，而吉凶自外應之。行爲的後果是吉是凶，關鍵決定於主體自身。如果方其變化，各之於情，無所不至，而皆合於利，反而循之，各直其性以至於命，而皆合於貞，這就是無出無入，無內無外，周流六位，無往不適，達到了聖人的保合太和的最高境界了。乾之彖對以卦爲性、以爻爲情作了明確的闡述。乾之大全以龍爲象，乾之六爻乃其散而有爲、分裂四出而各有得者，故六爻皆爲龍德。但是，六爻各有不同的時位，各有不同的處境，所適不同，生活的環境不同，因而其所表現於外的飛潛見躍的行爲方式也互不相同。蘇軾根據這個觀點對乾之六爻作了具體分析。他釋"初九潛龍勿用"云：

　　乾之所以取於龍者，以其能飛能潛也。飛者其正也，不得其正而能潛，非天下之至健，其孰能之！

釋"九二見龍在田"云：

　　飛者龍之正行也，天者龍之正處也。見龍在田，明其可安而非正也。

釋"九三君子終日乾乾"云：

　　九三非龍德歟？曰，否，進乎龍矣。此上下之際，禍福之交，成敗之決也。徒曰龍者，不足以盡之，故曰君子。

釋"九四或躍在淵"云：

下之上，上之下，其爲重剛而不中，上不在天、下不在田者，均也。而至於九四獨躍而不惕者，何哉？曰：九四既進而不可復反者也，退則入於禍，故教之躍，其所以異於五者，猶有疑而已。三與四皆禍福雜，故有以處之，然後無咎。

釋"九五飛龍在天"云：

今之飛者，昔之潛者也，而誰非大人歟？曰見大人者，皆將有求也，惟其處安居正，而後可以求得。九二者龍之安，九五者龍之正也。

釋"上九亢龍有悔"云：

夫處此者，豈無無悔之道哉！故言有者，皆非必然者也。

通過這種具體分析，可以窺見蘇軾解《易》的基本思路。卦以言其性，爻以言其情，這對六十四卦是普遍適用的。但在乾卦，則表現爲"時乘六龍以御天"，飛潛見躍，各適其時以用其剛健之德，情與性合，性與道合，如手之自用，莫知其所以然而然，而至於命。達到這個境界，保合太和，則無爲而物自安。乾以龍爲象，飛者龍之正行，天者龍之正處，惟有九五始得其正，其他各爻皆不得其正。但其他各爻在其具體的處境中選擇了合理的行爲方式，當潛則潛，當躍則躍，即令處於亢龍有悔的不利的時位，亦有無悔之道，並非必然有悔，故皆有所得，而安其性命之情。由此看來，蘇軾所強調的是一種能在不同的處境下如水之隨物賦形的自由的選擇，主張不拘守一定之規，只要循理無私，誠而無僞，各直其性以至於命，便自然合理。因而蘇軾的心性之學與理學家之不同，在於理學家着眼於對行爲規範的執著，而蘇軾則着眼於率性而行的曠達。

曠達與執著，是相對而言的，貌似對立，實則互通。理學家雖着眼於執著，其所追求的最高理想則是希望達到如同孔子所說的那種"從心所欲，不逾矩"的曠達。蘇軾雖着眼於曠達，若不執著於順應自然之理而恣意妄爲，蔽於物欲，則必將事與願違，自取其咎，使曠達化爲烏有。因此，蘇軾並不否定心性修養，仍然表現爲一種執著。他在乾卦注中指出：

夫天豈以剛故能健哉？以不息故健也。流水不腐，用器不蠹。故君子莊敬日強，安肆日媮。強則日長，媮則日消。

堯舜之所不能加，桀紂之所不能亡，是謂誠。凡可以閑而去者，無非邪

也，邪者盡去，則其不可去者自存矣，是謂閑邪存其誠。不然，則言行之信謹，蓋未足以化也。（《東坡易傳》卷一）

這是一種對自然之理的執著。蘇軾希望通過這種執著，去蒙解蔽，恢復人的自然本性，做一個真正的性情中人，而反對理學家所主張的那種拘守禮法、謹小慎微的執著。

爲了在曠達與執著之間找到一個最佳的結合點，首先應該對天人關係的高層次的哲學問題有一個正確的認識。雖然天地與人本爲一理，但是人爲物欲所蔽，常不能與天地相似，因而必須自強不息，從事閑邪存其誠的心性修養，去其所蔽，才能回復到與天地相似的本來面目。蘇軾認爲，《周易》的卦爻結構所表現的義理内涵就是天與人的關係問題。賁卦䷕離下艮上，彖曰："賁，亨。柔來而文剛，故亨。分剛上而文柔，故小利有攸往，天文也。文明以止，人文也。"蘇軾解釋説：

剛不得柔以濟之，則不能亨。柔不附剛，則不能有所往。故柔之文剛，剛者所以亨也。剛之文柔，小者所以利往也。乾之爲離，坤之爲艮，陰陽之勢數也，文明以止，離、艮之德也。勢數推之天，其德以爲人。（卷三）

賁卦剛柔相濟，交錯而成文飾之美，就陰陽之勢數而言，亨通和諧，但這只是天文而非人文。由天文轉化而爲人文，使之化成天下，必須發揮人的主觀能動性，以離、艮之德去輔相裁成，做到文明以止。如果廢人事之功，推之天而純任自然，則天文與人文終必分裂爲二，人也就不能與天地相似了。因此，雖然泰否剝復的變化從總體上看由陰陽之勢數所決定，但是人可以通過人事的努力，精義以致用，使這種自然的變化符合於人文的價值理想。在泰卦注中，蘇軾對這個思想作了進一步的表述。他説：

物至於泰，極矣，不可以有加矣。故因天地之道而材成之，即天地之宜而輔相之，以左右民，使不入於否而已。否未有不自其已甚者始，故左右之，使不失其中，則泰可以常有也。（卷三）

但是，在實際的生活中，泰卻往往不能常有而變爲否，天文也往往不能轉化爲人文，大好的形勢往往被人的錯誤的行爲所破壞而產生悔吝，這種理想與現實、應然與實然、價值與事實的背離，原因何在呢？蘇軾與理學家不同，認爲原因主要不是一個道德問題，而是一個認識問題，一個胸襟、視野究竟是寬廣還是偏狹的問題。他指出：

> 悔吝者，生於不宏通者也。天下孰爲真遠？自其近者觀之，則遠矣。孰爲真近？自其遠者觀之，則近矣。遠近相資以爲別也，因其別也，而各挾其有以自異，則或害之矣。或害之者，悔吝之所從出也。
>
> 順其所愛，則謂之吉，犯其所惡，則謂之凶。夫我之所愛，彼有所甚惡，則我之所謂吉者，彼或以爲凶矣。
>
> 在我爲吉，則是天下未嘗有凶。在彼爲凶，則是天下未嘗有吉。然而吉凶如此其紛紛者，是生於愛惡之相攻也。（卷八）

蘇軾的這個思想實際是本於莊子的齊物之論。莊子認爲，以差觀之，因其所大而大之，則萬物莫不大，因其所小而小之，則萬物莫不小，遠近、愛惡、吉凶種種的差別都是相對的，人們不能認識在差別之外尚有無差別者在，見己而不見彼，於是美惡之辨戰於中，去取之擇交乎前，與物相刃相靡，眩亂反覆，馳騁追逐，終身役役，以致造成了人生莫大的悲哀。如果換一個角度而以道觀之，由遊於物之內而遊於物之外，則種種的差別都將不復存在而道通爲一，超然物外，無往而不樂。這就是宏通，也就是曠達。蘇軾親身經歷了慶歷、熙寧年間風雲變幻的政治衝突，把自己的時代感受和人生經驗提煉升華爲一個哲學上的心性問題，並且根據卦以言其性、爻以言其情的基本思路來解《易》，其主要目的就在於探索怎樣才能做到如同莊子所說的那種以道觀之，超然物外而達於宏通。宏通是一種理想，一種價值取向，不宏通則是人每日每時生活於其中的活生生的現實，一種由現實所帶來而又很難擺脱的苦澀的感受。蘇軾認爲，可以用《周易》的原理在理想與現實之間架設一道橋梁，使人由不宏通而達於宏通。因此，蘇軾從事兩方面的研究，一方面給人們樹立一個正面的宏通的理想，另一方面，又密切地聯係現實，針對着實際生活中的種種不宏通的具體情況，給人們啓示一種如何超脱的宏通之道。在乾卦注中，蘇軾着重於樹立正面的理想，闡述他解《易》的基本思路。乾之六爻，時乘六龍以御天，皆能變而之乎情，反而直其性，飛潛見躍，各正性命，保合太和，無爲而物自安。這是宏通的最高境界。但是，蘇軾認爲，只有聖人才能達到這個境界，凡人是難以企及的，他們在現實生活中常常是見己而不見彼,爲種種的不宏通所困擾,只能向着這個境界進行不懈的追求,"明其憂患之故,而蹈其典常,可以寡過",由不宏通而達到一種相對的宏通。根據這個看法,在其他各卦中,蘇軾結合人所面臨的各種具體的處境,着重於研究如何選擇適當的行爲方式而不喪失其真性情的問題。通過這種研究,蘇軾以其敏感的心靈,豐富的人生經驗以及富有特色的哲學思考,提出了一種與理學家大異其趣的儒道互補的心性之學,爲易學作出了不朽的貢獻。

咸、恒兩卦是人們在好的處境下由於認識片面、胸襟偏狹而導致行爲失誤的例證。蘇軾對這兩卦十分重視,作出詳盡的研究。在恒卦注中,他指出:

> 艮、兌合而後爲咸,震、巽合而後爲恒,故卦莫吉於咸、恒者,以其合也。及離而觀之,見己而不見彼,則其所以爲咸、恒者亡矣,故咸、恒無完爻,其美者不過悔亡。

恒卦☴下☳上,巽爲風、爲柔、爲順,震爲雷、爲剛、爲動。彖曰:"恒,久也。剛上而柔下,雷風相與,巽而動,剛柔皆應,恒。恒,亨,無咎,利貞,久於其道也。"蘇軾解釋說:

> 所以爲恒者,貞也,而貞者施於既亨無咎之後者也。上下未交,潤澤未洽,而驟用其貞,此危道也。故將爲恒,其始必有以深通之,其終必有以大正之。方其通物也,則上下之分有相錯者矣。以錯致亨,亨則悅,悅故無我咎者,無咎而後貞,貞則可恒。故恒非一日之故也,惟久於其道而無意於速成者能之。(卷四)

因此,恒久之道並非一個靜態的結構,而是一個動態的過程,不能執一而不變,在尚未達到既亨無咎的情況下拘守某種行爲規範而驟用其貞,必須以能變爲恒。就恒卦的卦爻結構而言,恒之始,陽宜下陰以求亨,及其終,陰宜下陽以明貞。這是因爲,惟有如此,才能剛柔相應,上下相錯,以錯致亨,由亨而貞。但是,恒之六爻由於不宏通之故,方其散而有爲,見己而不見彼,不能反而直其性,行爲方式都有失誤。比如九四不下初六以求亨,初六以九四不見下,不亨而用貞,故求深自藏以遠之,結果使九四雖田而無獲,自身則有浚恒之凶,雙方都受到損害。上六不下九三以明貞,不安其分而奮於上,欲求有功而非其時,結果導致振恒之凶。這種情況表明，情雖爲性之動，但往往爲物所蔽，不能各直其性以至於命。恒卦合而觀之固然吉利，但是恒無完爻，原因在於認識的片面，胸襟的偏狹，六爻各行其是而破壞了恒之大全。

咸卦的情況也是如此。咸卦☶☱艮下兌上，艮爲少男、爲剛、爲止，兌爲少女、爲柔、爲悦。彖曰："咸，感也。柔上而剛下，二氣感應以相與，止而説，男下女，是以亨，利貞，取女吉也。""觀其所感，而天地萬物之情可見矣"。蘇軾認爲，這是就咸之大全合而觀之而言的，"情者其誠然也，雲從龍，風從虎，無故而相從者，豈容有僞哉"！天地萬物之情交相感應，發於至誠之性而不容有僞，是一個無心而自然的運行過程，但是就咸之六爻别而觀之，則爲有意所蔽，見己而不見彼，不顧咸之大全而各行其是，這就產生了不凶則吝的不利的後果。咸卦以人體的各個部位由下而上的感應設喻。初六咸其拇，即感於足拇指。六二咸其腓，即感於小腿肚。九三咸其股，即感於大腿。九四爲心之所在。九五咸其脢，即感於背脊。上六咸其輔頰舌，即感於口舌。此六個部位本應配合默契，自然協調，進入到無差别的境界，實際的情況卻並非如此。蘇軾援引莊子的思想進行分析，認爲原因在於六體分裂四出而各有爲，未能做到遺心而存神。他説：

> 咸者以神交，夫神者將遺其心，而況於身乎！身忘而後神存，心不遺則身不忘，身不忘則神忘。故神與身，非兩存也，必有一忘。足不忘履，則履之爲累也，甚於桎梏。腰不忘帶，則帶之爲虐也，甚於縲絏。人之所以終日躡履束帶而不知厭者，以其忘之也。道之可名言者，皆非其至，而咸之可分別者，皆其粗也。是故在卦者，咸之全也，而在爻者，咸之粗也。爻配一體，自拇而上至於口，當其處者有其德，德有優劣而吉凶生焉。合而用之，則拇履腓行，心慮口言，六職並舉，而我不知，此其爲卦也。離而觀之，則拇能履而不能捉，口能言而不能聽，此其爲爻也。方其爲卦也，見其咸而不見其所以咸，猶其爲人也，見其人而不見其體也。六體各見，非全人也，見其所以咸，非全德也。是故六爻未有不相應者，而皆病焉，不凶則吝，其善者免於悔而已。（卷四）

《莊子·達生》："工倕旋而蓋規矩，指與物化而不以心稽，故其靈臺一而不桎。忘足，履之適也；忘要，帶之適也；知忘是非，心之適也；不內變，不外從，事會之適也。始乎適而未嘗不適者，忘適之適也。"所謂忘適之適就是一種無往而不樂的真正的曠達，這是莊子的心性之學所追求的最高境界。但是，這種曠達是以執著於無心而順應自然之理為前提的。就像工倕那樣，經過多年的操練，用志不分，乃凝於神，達到了指與物化的上乘之境，技藝純熟而與道契合無間，所以用手指畫圓而不必用心思去計量，便自然合乎規矩。蘇軾畢生都在追求這種忘適之適的境界，無論是為人、作文乃至藝術實踐，都是如此。比如他在《書晁補之所藏與可畫竹》的一首名詩中說："與可畫竹時，見竹不見人。豈獨不見人，嗒然遺其身。其身與竹化，無窮出清新。莊周世無有，誰知此疑神。"（《蘇東坡全集·前集》卷十六）

心性之學與經世之學本無涇渭分明的界限，內聖必通向外王。雖然蘇軾的以卦為性、以爻為情的解《易》思路着重於心性之學的研究，但對如何通向外王以建功立業的問題也十分關注。他曾指出："夫德業之名，聖人之所不能免也，其所以異於人者，特以其無心爾。"無心故無能。"聖人無能，因天下之已能而遂成之。故人為我謀之明，鬼為我謀之幽，百姓之愚，可使與知焉"。這種以莊子的心性之學為理論基礎的經世之學，強調無心、無能，主張發揮萬物自生自成的自組織的功能，借助事物本身剛柔相推的調控作用，使其發展變化自然而然符合於人文的價值理想，蘇軾稱之為"聖賢之高致妙用"。這是一種極為高明的謀略思想，類似於黑格爾所說的"理性的狡計"，蘊含了深刻的哲理。在大有卦和履卦注中，蘇軾集中闡述了這個思想。

大有卦☰乾下離上，履卦☰兌下乾上，兩卦的卦爻結構皆為一陰處群陽之間。大有之六五附於上九，而群陽歸之。履之六三附於九五，而收"履虎尾，不咥人"之功。大有上九："自天祐之，吉，無不利。"蘇軾解釋說：

> 曰祐，曰吉，曰無不利，其為福也多矣，而終不言其所以致福之由，而《象》又因其成文無所復說，此豈真無說也哉？蓋其所以致福者遠矣。夫兩剛不能相用，而獨陰不可以用陽，故必居至寡之地，以陰附陽，而後眾予之，履之六三、大有之六五是也。六三附於九五，六五附於上九，而群陽歸之。二陰既因群陽而有功，九五、上九又得以坐受二陰之成績，故

履有不疚之光，而大有有自天之祐，此皆聖賢之高致妙用也。故孔子曰：天之所助者順也，人之所助者信也，履信思乎順，又以尚賢也，是以自天祐之，吉無不利。信也，順也，尚賢也，此三者，皆六五之德也。易而無備，六五之順也，厥孚交如，六五之信也；群陽歸之，六五之尚賢也；上九特履之爾！我之所履者，能順且信，又以尚賢，則天人之助，將安歸哉？故曰：聖人無功，神人無名，而大有上九不見致福之由也。（卷二）

履卦卦辭："履虎尾，不咥人，亨。"彖曰："履，柔履剛也。說而應乎乾，是以履虎尾，不咥人，亨。剛中正，履帝位而不疚，光明也。"蘇軾解釋說：

履之所以爲履者，以三能履二也，有是物者不能自用，而無者爲之用也。乾有九二，乾不能用，而使六三用之。九二者，虎也。虎何爲用於六三而莫之咥，以六三之應乎乾也。故曰說而應乎乾，是以履虎尾，不咥人，亨。應乎乾者猶可以用二，而乾親用之不可，何哉？曰：乾，剛也，九二亦剛也，兩剛不能相下，則有爭，有爭則乾病矣，故乾不親用，而授之以六三。六三以不校之柔，而居至寡之地，故九二樂爲之用也。九二爲三用，而三爲五用，是何以異於五之親用二哉！五未嘗病，而有用二之功，故曰履帝位而不疚，光明也。夫三與五合，則三不見咥，而五不病。五與三離，則五至於危，而三見咥。卦統而論之，故言其合之吉。爻別而觀之，故見其離之凶。此所以不同也。（卷一）

統而論之，履卦六爻的配置是一種優化的組合，構成了一個相互影響、密切配合、協同發展的統一的整體，從而發揮出了整體的自組織的功能。履卦以虎爲象，九二爲虎，成卦之體，在於六三。六三以柔履剛，履虎尾而不見咥，是因爲六三居兌體之上，兌爲和悅而應乾剛，雖履其危而無害，故得亨通。因此，履卦的優勢，關鍵在於九二之虎樂爲六三所用，六三之無能假手九二之能以成其能。但是，就組合的結構層次而言，九五爲帝位，居於最高層次，整個組織系統所追求的最高目標應該是使九五"履帝位而不疚"，只有當九二之虎爲九五所用，才能達到這個目標。九五爲剛，九二亦爲剛，兩剛不能相下，必有所爭，如果九五不明此理而親用九二，將會事與願違，造成對自己的損害，必須採取一種迂回的戰略，施行一種理性的狡計，假手於六三以用之。六三既以不挍之柔，而居至寡之地，使九二樂爲之用，但是從整體上看，如果六三不附於九五，悦而應乎乾，則虎見六三而不見乾，這就不但不能有用二之功，反而會葬身虎腹。因此，六三必須以陰附陽而爲九五所用，決不能去乾以自用，九五之所以可能假手於六三以用九二，是一個自然之理。這樣説來，九二爲三用，而三爲五用，九五雖不親用九二，卻憑藉着整體結構中的環環相扣、層層制約的自組織功能，以無心、無能而坐享其成，從而維護了系統的和諧穩定，達到了"履帝位而不疚"的組織目標。

蘇軾認爲，這是"聖賢之高致妙用"，雖致福而不見其所以致福之由。實際上，這也就是道家所説的無爲而無不爲。但是，爲了把這種謀略思想用於經世，必須去蒙解蔽，培養一個曠達、宏通的胸懷，做到無心而順應自然之理。否則，如果不顧全局，脱離整體而自用，就會對整體造成危害，而自身也導致凶咎。履卦六爻，别而觀之，有的適應整體的需要採取了正確的行爲，有的行爲失當，後果各不相同。蘇軾對此作了具體的分析。初九，"素履往，無咎"。他解釋説：

> 履六爻皆上履下也，所履不同，故所以履之者亦異。初九獨無所履，則其所以爲履之道者，行其素所願而已。君子之道，所以多變而不同者，以物至之不齊也，如不與物遇，則君子行願而已矣。

九二，"履道坦坦，幽人貞吉"。他解釋説：

> 九二之用大矣，不見於二，而見於三。三之所以能視者，假吾目也；所以能履者，附吾足也。有目不自以爲明，有足不自以爲行者，使六三得坦途而安履之，豈非才全德厚、隱約而不慍者歟！故曰幽人貞吉。

六三，"眇能視，跛能履，履虎尾，咥人，凶。武人爲於大君"。他解釋説：

> 眇者之視，跛者之履，豈其自能哉？必將有待於人而後能。故言跛眇者，以明六三之無能而待於二也。二，虎也，所以爲吾用而不吾咥者，凡以爲乾也。六三不知其眇而自有其明，不量其跛而自與其行，以虎爲畏己，而去乾以自用，虎見六三而不見乾焉，斯咥之矣。九二有之而不居，故爲幽人。六三無之而自矜，故爲武人。武人見人之畏己，而不知人之畏其君，是以有爲君之志也。

九四，"履虎尾，愬愬，終吉"。他解釋說：

> 愬愬，懼也。九二之剛，用於六三，故三雖陰而九二之虎在焉，則三亦虎矣。雖然，非誠虎也。三爲乾用，而二輔之，四履其上，可無懼乎？及其去乾以自用，而九二叛之，則向之所以爲虎者亡矣，故始懼終吉。以九四之終吉，知六三之衰也。六三之衰，則九四之志得行矣。

九五，"夬履，貞厲"。他解釋說：

> 九二之剛，不可以剛勝也，惟六三爲能用之。九五不付之於三，而自以其剛決物，以此爲履，危道也。夫三與五之相離也，豈獨三之禍哉！雖五亦不能無危，其所以猶得爲正者，以其位君也。

上九，"視履考祥，其旋元吉"。他解釋說：

> 三與五，其始合而成功，其後離而爲凶。至於上九，歷見之矣。故視其所履，考其禍福之祥，知二者之不可一日相離也，而復其舊，則元吉旋復也。（卷一）

蘇軾對履卦六爻散而有爲的行爲方式作了具體的考查，贊美初九、九二，譴責六三、九五。初九之所以值得贊美，是因爲能在獨無所履的情況下行其素願，保持了人格的完整，既是一種曠達，也是一種執著。九二對於維護整體的和諧穩定起了關鍵性的作用，是個有功之臣，但卻有功而不居，甘爲人梯，其才全德厚、隱約而不慍的品德更是值得贊美。至於六三，眇而又跛，既不能視，又不能行，僅僅因爲暫時處於有利的時位，上有乾之相應，下有九二之鼎力相助，得到了整體力量的支持，故眇能視，跛能履，履虎尾而不見咥。但是六三對此毫無認識，愚而好自用，賤而好自專，貪天之功以爲己有，終於眾叛親離，爲虎所咥，自取其咎。九五居於帝位，是最高的決策者，承擔着維護整體的重大責任，在履卦之時，本應認清形勢，無心順應，假手六三之柔以用九二之剛，作出正確的戰略決策，但卻剛愎自用，以剛決物，把整個組織系統引入危道，從而也使自己的帝位岌岌可危。蘇軾認爲，六三、九五行爲的失誤固然要受到譴責，但不是一個道德問題，而是一個認識問題。他曾指出："爻者言乎變。夫爻亦未嘗無小大，而獨以險易言者，明不在乎爻而在乎所適也。同是人也，而賢於此，愚於彼，所適之不同也如此。"所適就是人所遭遇的具體的處境。處境是不斷變換的，同是一個人，在此處境下採取了適當的對策而爲賢，換了一個處境採取了不適當的對策而爲愚，因而賢愚並非一成不變，錯誤是可以通過人的主觀努力使之轉化爲正確的。履卦上九就是致力於這種轉化的典型的例證。上九處於履卦之終，親身經歷了由三與五的錯誤行爲所導致的凶災，懷着沉痛的心情總結失敗以及教訓，終於認識到三與五不可一日相離的自然之理，於是調整自己的行爲，由錯誤轉化爲正確，從而獲得了元吉。

由此可以看出，蘇軾解《易》所展示的義理內涵雖以心性之學爲重點，但也與經世之學相通。蘇軾並不是如同莊子的那種隱士類型的人物，他一直生活於政治漩渦的中心，始終未能忘懷政治。他就像履之上九那樣，對歷次改革運動的失敗對波譎雲詭、此起彼伏的黨爭進行冷靜的反思，企圖找到一個可以見出成效的撥亂反正之道。因此，在他的易學中，心性之學與經世之學是融爲一體的，內聖必通向外王，蘊含着極爲豐富的內容。值得注意的是，他的這些思想都是通過六十四卦的卦爻結構形式表現出來的，如果不了解他對卦爻結構的獨特的看法，也就很難了解他的思想。

蘇軾反復强調卦與爻之不同，卦以言其性，爻以言其情。性者卦之大全，統而論之，得其所齊，則六爻之義，未有不貫者。情者性之動，卦散而爲爻，別而觀之，隨其所適之險易，而爻無完辭。這麼說來，通過卦爻結構以明易理，究竟是由卦而爻，還是由爻而卦呢？蘇軾認爲，由於易爲逆數，應該重視對爻的研究，由爻而卦，據其末而反求其本。他在《說卦傳》中指出：

斷竹爲籥，窾而吹之，唱和往來之變，清濁緩急之節，師曠不能盡也。反而求之，有五音十二律而已。五音十二律之初，有哼然者而已。哼然者之初，有寂然者而已。古之作樂者，其必立於寂然者之中乎！是以自性命而言之，則以順爲往，以逆爲來。故曰數往者順，知來者逆。六十四卦、三百八十四爻，皆據其末而反求其本者也，故易逆數也。（《卷九》）

所謂寂然者即性，性不可見，而只能見夫性之效，即表現於外的可以看得見的行爲，也就是情。情交於事物之域而盡得喪吉凶之變，由此而構成現實生活林林總總複雜紛紜的圖景。爻以言其情，對爻的研究也就是對現實生活本身的研究，對人的行爲方式的研究。人的行爲方式有的正確，有的錯誤，有的宏通，有的不宏通，決定於其所發之情能否反而直其性以至於命，故必逆而上之，由爻而卦，據其末而反求其本，以把握人所本有的性命之理。蘇軾根據這個解《易》的思路，成功地把卦爻結構改造成表現其易學思想的合適的工具，充分地顯示了義理派易學的特色。

四、蘇軾的文化價值理想

　　蘇軾的文化價值理想本於易學的普遍原理，追求天與人的整體和諧。這是由易學傳統世代相承長期凝聚而成的理想，並且由易學傳統朝外横向輻射，成爲中華民族精神生活各個領域的理想。歷代的易學家莫不有此理想，許多並非易學家的思想家、政治家、史學家乃至文學家，也都自覺或不自覺地抱有這種理想。因而蘇軾的文化價值理想帶有很大的共性，與絶大多數人相通，也與當時的一些與他的政治見解、學術觀點完全相左的人如王安石、程頤、司馬光等人相通。但是，蘇軾也有自己的鮮明的個性。他把自己的獨一無二的生活經驗以及對時代的特殊的感受納入此理想之中，使之充實豐滿，有血有肉，成爲自己畢生真誠追求的一個對象，一個永不衰竭的精神原動力。他的這個鮮明的個性已爲陸游所敏鋭地感覺到了，稱之爲"自漢以來，未見此奇特"。這種共性與個性的統一，就是理學家所常説的"理一分殊"、"萬殊一理"。理學家的文化價值理想也是共性與個性的統一，與蘇軾同樣，既有異中之同，又有同中之異，個性也是頗爲鮮明的。但是，在如何處理共性與個性的關係問題上，蘇軾與理學家的關注之點卻有着十分微妙而且意味深長的分歧。一般説來，理學家把共性置於個性之上，認爲共性先於個性，同比異重要，因而他們的思路是由理一而分殊，然後使分殊從屬於理一。蘇軾則持相反的看法，認爲抽象之共性不可見，可見者皆爲具體的個性，强調異比同更重要，主張據其末而反求其本，由分殊而理一。他在《東坡易傳》中曾反復闡述這種尊重個性、尊重差異的思想。比如他在睽卦注中指出："同而異，晏平仲所謂和也。"和就是和諧，春秋時的晏嬰早就提出了和諧的理想。和必包含同與異兩個對立的方面，而以異爲前提。排斥異的同是簡單的等同，並不是和。睽卦☲兑下離上，兑爲少女，離爲中女，兑爲澤，離爲火。象曰："睽，火動而上，澤動而下，二女同居，其志不同行。說而麗乎明，柔進而上行，得中而應乎剛，是以小事吉。"蘇軾解釋說：

> 有同而後有睽，同而非其情，睽之所由生也。說之麗明，柔之應剛，可謂同矣，然而不可大事者，以二女之志不同也。人苟惟同之知，若是必睽。人苟知睽之足以有爲，若是必同。是以自其同者言之，則二女同居而志不同，故其吉也小。自其睽而同者言之，則天地睽而其事同，故其用也大。

初九，"悔亡。喪馬，勿逐自復；見惡人，無咎"。蘇軾解釋說：

> 睽之不相應者，惟九與四也。初欲適四，而四拒之，悔也。四之拒我，逸馬也，惡人也。四往無所適，無歸之馬也。馬逸而無歸，其勢自復，馬復則悔亡矣。人惟好同而惡異，是以爲睽。故美者未必婉，惡者未必狠，從我而來者未必忠，拒我而逸者未必貳。以其難致而捨之，則從我者皆吾疾也，是相率而入於咎爾，故見惡人所以辟咎也。

上九，"睽孤，見豕負塗，載鬼一車，先張之弧，後說之弧。匪寇婚媾，往遇雨則吉"。蘇軾解釋說：

> 上九之所見者，六三也。汙非其配，負塗之豕也，載非其人，載鬼之車也，是以張弧而待之。既而察之曰，是其所居者不得已，非與寇爲媾者也，是以說弧而納之，陰陽和而雨也。天下所以睽而不合者，以我求之詳也。夫苟求之詳，則孰爲不可疑者？今六三之罪，猶且釋之，群疑之亡也，不亦宜哉！（卷四）

睽是乖違，即事物的兩個對立的方面相反而不相成，產生了對抗性的衝突。蘇軾認爲，睽是由於人們好同而惡異，片面地追求排斥異的同而引起的。同與異是相對而言的，有同必有異，異必生於同。"方本異也，而以類故聚，此同之生於異也。物群則其勢不得不分，此異之生於同也"（卷七）。至於比較二者的輕重本末，則是"物之不齊，物之情也"，個性的差異是事物的根本，異比同更重要。因此，如果人們只知簡單的等同，不顧事物的根本，追求無個性的共性，必然引起乖違，造成天下睽而不合、動亂衝突的惡果。反之，如果尊重個性，尊重差異，知睽之足以有爲，不好同而惡異，則由此而達到的同，謂之誠同，其用也大。這是一個認識的過程，也是一種行爲方式的自由的選擇，吉凶得喪由此而生焉。睽之初九、上九開始是選擇了好同而惡異，是以爲睽，後來通過切身的體驗，改變了行爲方式，選擇了由睽而合，於是把衝突轉化爲和諧，無咎而吉。初九捐棄前嫌，主動接納與己對立的惡人，避免了矛盾的激化。上九消除了因猜疑而產生的敵意，認識到六三並非與寇仇爲媾，從而陰陽和暢而得吉。初九之無咎，上九之得吉，是在"交於事物之域，而盡得喪吉凶之變"，以自我的實際的感受爲基礎，進行不懈的追求而後得到的。就其無咎而吉而言，是趨近於共同的理想，但此理想卻帶有鮮明的個性特色，或者說就是個性的本身。人莫不有性，性必發而爲情，當情爲物所蔽而處於不理想的狀態，就會反而直其性，自覺地去追求情與性合、性與道合的理想。每個人都有自己的理想，人千差萬別，理想也是千差萬別的，所謂共同的理想實即寓於此千差萬別之中，只有當每個人都實現了自己的理想，這才由分殊而達於理一。因而理想並非外在的強加，而是植根於每個人的内在的本性，是人所固有的一種精神原動力。蘇軾根據這個思想進行了廣泛的探討，在政治上反對專制而主張寬容，在文化上反對一元而主張多元，總的精神是企圖扭轉當時流行的以共性壓抑個性的做法，反對好同而惡異，主張存異以求同，倡導一種尊重個性、尊重差異的自由的風尚。

　　蘇軾以易理爲據，對和諧的理想作了哲學的論證。他在乾卦注中指出："陰陽和而物生曰嘉。"嘉之會爲亨。《文言》曰："嘉會足以合禮，利物足以和義。"蘇軾解釋說："禮非亨則偏滯而不合，義非利則慘洌而不和。"這是認爲，陰陽和則嘉美會萃，萬物亨通，禮若不以萬物亨通爲基礎，則偏滯而不合；物得其宜，各有其情，情以爲利，義若不利於此物之情，則慘洌而不和。蘇軾的這個解釋乃秉承其父蘇洵的舊說，代表了蜀學的一貫的思想。朱熹特別不滿蜀學對"利物足以和義"的解釋，但自己也感到極大的困惑。朱熹曾說：

　　"利物足以和義"，此數句最難看。

　　伊川說"利物足以和義"，覺見他說得糊塗。如何喚做和合於義？

　　蘇氏（老蘇）說"利者義之和"，卻說義慘殺而不和，不可徒義，須着些利則和。如此，則義是一物，利又是一物；義是苦物，恐人嫌，須着些

利令甜，此不知義之言也。義中自有利，使人而皆義，則不遺其親，不後其君，自無不利，非和而何？（《朱子語類》卷六十八）

義是社會群體的行爲規範，帶有共性，利是個體所追求的功利目的，帶有個性，理學與蜀學都希望把二者結合起來，使之達於和諧的理想，但是處理的方法思路卻很不一樣。朱熹把群體的共性置於首位，認爲義中自有利，利自義中來，個體應從屬於群體。蜀學則把個體的功利置於首位，認爲個體與群體常常發生矛盾，不合乎利之義是個苦物，只有當義能滿足個體的功利的需要，由苦物變爲甜物，社會才能和合。照蘇軾看來，所謂和合，乃天地萬物之情，也就是每個作爲個體的人所本有之情。情者誠而無僞，誠者純屬自然而不矯揉造作，發自內心而樂之，好善如好色，惡惡如惡臭。禮義雖是一種外在的行爲規範，自本而觀之，則皆出於人情，本於剛柔相濟、陰陽協調之和合。因而人之履行禮義是一種發自內心而樂之的自然的追求，通過此種追求滿足了個體的和合的需要，同時也使社會群體的人際關係達於和合。如果過分地強調群體的共性而不尊重個體自身對和合的需要，把禮義當作神聖的教條強制人去履行，使之由自律變爲他律，那麼這種禮義就會偏滯而不合，慘洌而不和，異化爲一種壓迫人的手段，而非人情之所樂。

蘇軾曾依據郭象解莊所闡發之獨化的思想，反復強調萬物自生自成，皆其自然，莫或使之。由於萬物自生自成必以陰陽和合爲前提，所以陰與陽必然是互相追求，陰必從陽，陽必從陰，猶如雲從龍，風從虎，無故而相從，是一種爲陰陽之本性所驅使向對方尋求互補的自然的需要，否則，自我將無以實現其生成。他注中孚之九二"鳴鶴在陰，其子和之"云："鳴鶴而子和者天也，未有能使之者也。"注謙之六二"鳴謙，貞吉"云："雄鳴則雌應，故易以陰陽唱和，寄之於鳴。……鳴以言其和於三，貞以見其出於性也。"關於貞，他在《繫辭》注中解釋說："貞，正也，一也。老子曰：王侯得一以爲天下貞。夫貞之於天下也，豈求勝之哉！故勝者貞之衰也，有勝必有負，而吉凶生矣。"謙之六二爲陰，貞於其性，而求和於九三之陽，故能陰陽唱和，使六二與九三共達於和合。習坎之六爻則相反，不貞於其性而求爭勝。蘇軾注習坎之初六云："六爻皆以險爲心者也。夫苟以險爲心，則大者不能容，小者不能忠，無適而非寇也。"以險爲心的後果是彼此猜忌，互爲寇仇，不僅破壞了整體的和諧，自身也受到了傷害。因此，和諧的理想能否實現，決定於行爲主體在所適之境遇中究竟是以險爲心而爭勝還是貞於其性以求和。這是行爲主體的一種自由的選擇，隘且陋者選擇前者而爲小人，見遠知大者選擇後者而爲君子。他注升之六四云："今六四下爲三之所升，而上不爲五之所納，此人情必爭之際也，然且不爭，而虛邑以待之，非仁人其孰能爲此！"因此，蘇軾雖然反對衝突而提倡和諧，但卻不贊成用強制的手段來平息衝突，即令小人主動地挑起衝突，發動暴亂，君子也應該居之以至靜，以一種廣大的胸懷寬容之，不與小人爭勝，而使衝突消滅於無形。他注既濟之六二"婦喪其茀，勿逐，七日得"云：

> 安樂之世，人不思亂，而小人開之。開之有端，必始於爭。爭則動，動則無所不至。君子居之以至靜，授之以廣大，雖有好亂樂禍之人，欲開其端，而人莫之予，蓋未嘗不旋踵而敗也。既濟爻爻皆有應。六二、六四居二陽之間，在可疑之地，寇之所謀。而六二居中，九五之配也，或者欲間之，故竊其茀。茀者婦之蔽也。婦喪其茀，其夫必怒而求之。求未必得，而婦先見疑，近其婦者先見詰，怨怒並生，而憂患之至，不可以勝防矣。故凡竊吾茀者，利在於吾之逐之也，吾恬而不逐，上下晏然，非盜者各安其位，而盜者敗矣。故曰勿逐，七日得。（卷六）

他在泰卦注中指出：

> 陽始於復而至於泰，泰而後爲大壯，大壯而後爲夬。泰之世，不若大壯與夬之世，小人愈衰而君子愈盛也。然而聖人獨安夫泰者，以爲世之小人不可勝盡，必欲迫而逐之，使之窮而無歸，其勢必至於爭，爭則勝負之勢未有決焉，故獨安夫泰，使君子居中常制其命，而小人在外不爲無措，然後君子之患無由而起。此泰之所以爲最安也。（卷二）

蘇軾認爲，關於君子小人之辨，並非界限分明，一成不變。比如人之所以爲盜，根本原因在於衣食不足。如果衣食不足，不能保證農夫市人不變爲盜。反之，如果衣食既足，盜也可以重新變爲農夫市人。同是一個人，在不同的境遇下，賢於此者爲君子，愚於彼者爲小人。一個人之所以有不正之行，必有其不得已的原因。基於這種認識，蘇軾反復強調，應該用一種寬容的精神來處理社會的各種人際關係，把異己者的存在看作是天然合理的，不可好同惡異，求全責備，強迫天下之人都來隨從自己。他在隨卦注中指出：

> 大時不齊，故隨之世容有不隨者也。責天下以人人隨己而咎其貞者，此天下所以不悅也。（卷二）

在無妄卦注中指出：

> 善爲天下者，不求其必然，求其必然，乃至於盡喪。無妄者，驅人而内之正也。君子之於正，亦全其大而已矣。全其大有道，不必乎其小，而其大斯全矣。……無妄之世而有疾焉，是大正之世而未免乎小不正也。天下之有小不正，是養其大正也，烏可藥哉？以無妄爲藥，是以至正而毒天下，天下其誰安之？故曰無妄之藥，不可試也。（卷三）

在鼎卦注中指出：

> 聖人之於人也，責其身不問其所以，論其今不考其素，苟騂且角，犂牛之子可也。鼎雖以出否爲利，而擇之太詳，求之太備，天下無完人。（卷五）

就理想的層面而言，蘇軾追求一種誠同的境界。所謂誠同，就是社會的各個成員本於自己的性情，真而無僞，循理無私，根據對陰陽和合之易理的實際的體會，相互信賴，團結合作，不依賴外在的強制手段而以内在的誠心求同爲基礎所共同創造的一種社會整體的和諧。但是，就現實的層面而言，蘇軾清醒地看到，有聚必有黨，有黨必有爭，社會群體中的相互鬥爭、彼此傾軋是一個不可避免的現象。這種理想與現實的背離使得他焦慮不安，憂心如焚，畢生都在苦苦地探索一種解脱之道，企圖在二者之間找到一個行之有效的結合點。由於他對理想的追求表現得真誠而執著，所以人們往往稱之爲浪漫的理想主義者。另一方面，由於他歷經坎坷，備受折磨，對充滿於現實生活中的鬥爭傾軋有着切身的感受，所以又表現爲一個清醒的現實主義者。從深層的心態來看，蘇軾的易學實際上就是以理想與現實、和諧與鬥爭的關係爲主題而展開的。也許他並没有真正找到二者之間的結合點，但是他在探索過程中所迸發的那些思想的閃光、人格的魅力、追求的意向以及理論的困惑至今仍然熠熠生輝，啓發後人去作進一步的探索。我們且以他對萃卦與噬嗑卦的解釋爲例，說明他對現實層面的剖析。萃卦☷坤下兌上，萃者聚也，即社會成員由個體聚集而爲群體。蘇軾解釋説：

> 易曰：方以類聚，物以群分。有聚必有黨，有黨必有爭，故萃者爭之大也。盡取其爻而觀之，五能萃二，四能萃初；近四而無應，則四能萃三；近五而無應，則五能萃上；此豈非其交爭之際也哉！（卷五）

五與二相聚而成黨，四與初相聚而成黨，三與四相聚而成黨，上與五相聚而成黨，四黨之間的關係，犬牙相錯，縱橫捭闔，各欲以其不正爭非其有，因而是一個利益交爭的領域。初六之所應者爲九四。六三始以無應而萃於四，終以四之有應，咨嗟而去之，始信而終叛，是一種苟合之聚，故六三之象曰萃如嗟如。萃有四陰，而九四分其二，非其位而有聚物之權，爲九五之所忌，非大吉則有咎。九五以位爲心，不能容忍九四之奪權，存位以忌四，其志不光，僅得無咎。上六近五而無應，被迫與五相聚，而又不安其位，因而自怨自艾，嗟嘆哭泣。由此看來，當人們聚集爲群體之時，並不呈現爲一種理想的和諧，而是一幅令人心煩意亂的相互爭奪、彼此傷害的景象。

噬嗑卦☲☳震下離上，象徵頤中有物，梗塞不通，必相噬而後合。蘇軾解釋説：

> 噬嗑之時，噬非其類而居其間者也，陽欲噬陰以合乎陽，陰欲噬陽以合乎陰。
>
> 居噬嗑之時，六爻未有不以噬爲事者也。自二與五，反覆相噬，猶能戒以相存也，惟初與上，內噬三陰，而莫或噬之，貪得而不戒，故始於小過，終於大咎。
>
> 九四居二陰之間，六五居二陽之間，皆處爭地而致交噬者也。夫不能以德相懷，而以相噬爲志者，惟常有敵以致其噬，則可以少安。苟敵亡矣，噬將無所施，不幾於自噬乎？由此觀之，無德而相噬者，以有敵爲福矣。九四噬乾胏得金矢，六五噬乾肉得黃金。九四之難噬，是六三、六五之得也。六五之難噬，是九四、上九之得也。得之爲言，猶曰賴此以存云爾，利艱貞吉，貞厲無咎，皆未可以安居而享福也。（卷三）

在一個社會群體中，由於個性之不同，差異之存在，人與人之間的矛盾衝突是一個普遍的現象。至於如何解決這種矛盾衝突，使之達於整合，則有兩種不同的價值取向,一種是"以德相懷",另一種是"以相噬爲志"。以德相懷者,尊重個性,尊重差異,胸襟廣大,態度寬容,追求一種真而無僞的誠同。蘇軾認爲,通過這種方式來整合,可以安居而享福,而不依賴有敵而後存。以相噬爲志者則不然,否定個性,否定差異,把所有"非其類而居其間"的異己分子都當作敵人,採用殘酷鬥爭、無情打擊的方式予以消滅。由於"陽欲噬陰以合乎陽,陰欲噬陽以合乎陰",陰陽各自以對方爲敵而力量又不足以消滅對方,這就維持了一種力量的均勢,形成了一種以相互之間的敵意爲基礎的平衡依存關係。自身的存在必須依賴於敵人的存在。如果把敵人統統消滅了,再也找不到一個可以殘酷鬥爭、無情打擊的對象,就會破壞這種平衡依存關係而"自噬",即自己殘殺自己,自己與自己爲敵。因此,爲了使社會不致於滅絕,以相噬爲志者也不得不違反初衷去肯定個性,肯定差異,依賴於敵人的存在而維持自身的存在。通過這種方式也可以使社會達於整合,但是由此而整合的社會充滿了敵意,成爲一個進行你死我活的激烈鬥爭的戰場,"未可以安居而享福",不是人們可以怡然自得生活於其中的舒適和美的家園。就陰陽二者之間的關係而言,除了有彼此鬥爭的一面以外,還有相輔相成的一面。"陰陽和而物生曰嘉"。爲了使社會達於整合,爲什麼人們不拋棄那種以相噬爲志的做法,轉而採用以德爲懷的方式,來謀劃一種和諧的、自由的、舒暢的社會發展的前景,使得社會領域的各種人際關係能夠像天地萬物那樣調適暢達、嘉美會萃呢?這就是蘇軾剖析噬嗑卦時所欲解答的一個根本問題。

就理想的層面而言,蘇軾認爲,社會成員由個體聚集而爲群體,應以有所不同爲同,從我者納之,不從者付之,根據各人的自由選擇,本於至情不期而聚,達到一種誠同的境界。同人卦☲離下乾上,象曰:"同人於野,亨。利涉大川,乾行也。"蘇軾解釋說:

> 野者無求之地也。立於無求之地,則凡從我者,皆誠同也。彼非誠同,而能從我於野哉?同人而不得其誠同,可謂同人乎?故天與人同,物之能同於天者蓋寡矣。天非求同於物,非求不同於物也。立乎上,而天下之能同者自至焉,其不能者不至也。至者非我援之,不至者非我拒之,不拒不援,是以得其誠同,而可以涉川也。故曰"同人於野,亨。利涉大

> 川，乾行也"。苟不得其誠同，與之居安則合，與之涉川則潰矣。涉川而不潰者，誠同也。（卷二）

蘇軾認爲，同人之六二與九五是誠同的範例。六二欲同於九五，九五亦欲同於六二，開始因九三、九四以武力相阻隔而未能如願，號咷哭泣，後來由於二人同心，忠貞不渝，終於克服了障礙而結爲一體，破涕爲笑。其所以如此，是因爲"陰陽不同而爲同人"，"君子出處語默不同而爲同人"，六二爲陰，九五爲陽，合之則兩美，離之則兩傷，必然是互相追求，其心誠同，雖有堅強之物，也不能阻隔。這種誠同本於陰陽雙方的內在的本性，既尊重了各自不同的個性，又形成了協調並濟的互補的結構，所以是一種理想的境界。

蘇軾站在這種理想的高度來觀察政治問題，提出了一系列光輝的思想。關於君臣關係，蘇軾認爲，君爲陽，臣爲陰，只有當陰陽之勢保持一種均衡狀態，才能協調並濟，相輔相成。如果君主驕佟，蔑視臣下，剛愎自用，專制獨裁，造成陽盛而陰衰的局面，就會破壞政治上的均衡和諧而產生禍亂。他在大過卦注中指出：

> 過之爲言，偏盛而不均之謂也。故大過者，君驕而無臣之世也。易之所貴者，貴乎陽之能御陰，不貴乎陽之凌陰而蔑之也。人徒知陰之過乎陽之爲禍也，豈知夫陽之過乎陰之不爲福也哉！立陰以養陽也，立臣以衛君也。陰衰則陽失其養，臣弱則君棄其衛，故曰大過，大者過也。（卷三）

關於君民關係，蘇軾認爲，君主應該視民如己，惠之以心，"乘天下之至順而行於人之所悦"，"爲無窮之教，保無疆之民"。在渙散之世，民無常主，此時應以仁德寬厚廣係天下之心，聽任民衆的選擇，贏得民衆的信賴，而不可動用武力去爭奪民衆。渙卦☰坎下巽上，象徵社會由治而亂，進入渙散之世。蘇軾解釋說：

> 世之方治也，如大川安流而就下，及其亂也，潰溢四出而不可止。水非樂爲此，蓋必有逆其性者。泛溢而不已，逆之者必衰，其性必復，水將自擇其所安而歸焉。古之善治者，未嘗與民爭，而聽其自擇，然後從而導之。渙之爲言，天下流離渙散而不安其居。此宜經營四方之不暇，而其象曰王假有廟，其象曰先王以享於帝立廟，何也？曰：犯難而爭民者，

民之所疾也，處危而不偷者，衆之所以恃也，先王居渙散之中，安然不爭，而自爲長久之計，宗廟既立，享帝之位定，而天下之心始有所繫矣。（卷六）

儒家曾說，得民心者得天下，失民心者失天下。道家曾說，聖人無常心，以百姓之心爲心。這都屬於民本思想的範疇。蘇軾繼承了這種思想，進一步提出，"古之善治者，未嘗與民爭，而聽其自擇"。自擇即由民衆自己來選擇。這就超出了民本思想而接近於民主思想了。

屯卦☳震下坎上，坤交於乾而成坎，乾交於坤而成震，剛柔始交而難生，象徵屯難之世，社會處於無序狀態，利於建立諸侯，經綸天下。蘇軾對六爻的關係作了詳盡的分析：

初九以貴下賤，有君之德而無其位，故盤桓居貞，以待其自至。惟其無位，故有從者，有不從者。夫不從者，彼各有所爲貞也。初九不爭以成其貞，故利建侯，以明不專利而爭民也。民不從吾，而從吾所建，猶從吾耳。

勢可以得民從而君之者，初九是也。因其有民，從而建之，使牧其民者，九五是也。苟不可得而強求焉，非徒不得而已，後必有患。六三非陽也，而居於陽，無其德而有求民之心，將以求上六之陰，譬猶無虞而以即鹿，鹿不可得，而徒有入林之勞。

屯無正主，惟下之者爲得民。九五居上而專於應，則其澤施於二而已。夫大者患不廣博，小者患不貞一。故專於應，爲二則吉，爲五則凶。（卷一）

王弼在《周易注》中解釋此卦時，從民本思想出發，強調屯難之世，陰求於陽，弱者不能自濟，必依於強，人民迫切需要一個君主來領導他們。就作爲強者的君主方面而言，"安民在正"，"弘正在謙"，"以貴下賤"，"應民所求"，這都是一些必須具備的品德。如果不具備這些品德，也就不能大得民心。蘇軾解釋此卦的着眼點與王弼不同，強調人民"各有所爲貞"，貞一於其本身固有的性命之情，具有獨立自主的意識，是一個可以進行自由選擇的主體，因而在屯難之世，儘管初九以貴下賤，有君之德，人民仍然本於自己的主體意識，有從者，也有不從者。在這種情況下，作爲強者的君主唯一正確的做法應該是，尊重人民的主體意識，聽任人民的自由的選擇，"盤桓居貞，以待其自至"，決不可憑借手中所掌握的武力權勢强迫人民來服從自己。當年郭象曾依據莊子的思想區分了兩種不同的政治，一種是"無心而付之天下"，這是合乎民心的理想的政治，另一種是"有心而使天下從己"，這是爲人民所厭惡的專制獨裁的政治。蘇軾以莊解《易》，根據自己一貫堅持的尊重個性、尊重差異的主張，把這種民本思想轉化爲一種民主思想，認爲實現"無心而付之天下"的政治理想，關鍵在於承認人民是政治的主體，應該"聽其自擇"，"待其自至"，由人民自己來選擇君主。

蘇軾在文化上反對一元而主張多元，也是從這種尊重個性、尊重差異的思想自然引申而來的。他在《答張文潛書》中指出：

> 文字之衰，未有如今日者也！其源實出於王氏（王安石）。王氏之文，未必不善也，而患在於好使人同己。自孔子不能使人同，顔淵之仁，子路之勇，不能以相移。而王氏欲以其學同天下。地之美者，同於生物，不同於所生。惟荒瘠斥鹵之地，彌望皆黃茅白葦，此則王氏之同也。

（《經進東坡文集事略》卷四十五）

朱熹站在理學家的立場評論蘇軾的這個思想指出：

> 東坡云："荆公之學，未嘗不善，只是不合要人同己。"此皆説得未是。若荆公之學是，使人人同己，俱入於是，何不可之有？今卻説"未嘗不善，而不合要人同"，成何説話！若使彌望者黍稷，都無稂莠，亦何不可？只爲荆公之學自有未是處耳。（《朱子語類》卷一百三十）

朱熹的這個看法也自有其易學理論的依據，但在處理同與異的關係上表現出另一種思路，與蘇軾迥然不同。朱熹着眼於理一，蘇軾着眼於分殊。朱熹解釋睽卦，認爲"皆言始異終同之理"。"在人則出處語默雖不同，而同歸於理；講論文字爲説不同，而同於求合義理；立朝論事所見不同，而同於忠君"。"蓋其趣則同，而所以爲同則異"。"理一分殊，是理之自然如此，這處又就人事之異上説。蓋君子有同處，有異處，如所謂周而不比，群而不黨，是也"。（見《語類》卷七十二）朱熹並不反對異，但强調理之同者比異重要。蘇軾卻持相反的看法，認爲異比同重要，"人苟惟同之知，若是必睽。人苟知睽之足以有爲，若是必同"。蘇軾並不反對同，但强調只有尊重個性、尊重差異，才能達到一種誠同。由於他們二人的易學思路互不相同，所以對文化問題的看法也不一樣。朱熹希望文化歸於一元，"若荊公之學是，使人人同己，俱入於是，何不可之有"？若荊公之學自有未是處，則應另立一止於至善之學取而代之，使人人同己而歸於一元。因此，宋代的理學從周敦頤開始，一直是朝着建立一個止於至善之學的目標而努力。蘇軾對這種一元化的目標絲毫不感興趣，而只是追求文化上的多元，反對當時流行的好同而惡異的學風。他在《與楊元素書》中曾説："昔之君子，惟荊（王安石）是師。今之君子，惟溫（司馬光）是隨。所隨不同，其爲隨一也。老弟與溫，相知至深，始終無間，然多不隨耳。"（《東坡續集》卷六）在宋代的中央集權君主專制的體制下，蘇軾由於始終堅持自己的獨立的個性，自由的思想，不苟同，不盲從，雖然吃夠了苦頭，受盡了折磨，但仍然至死不悔，引以自豪。他的這種文化價值理想也是依據於易理的，代表了宋代易學的另一種發展方向，後來贏得了與理學家性格不相同的另一種類型的知識分子的喜愛，成爲他們的安身立命之道。

(本文作者　中國社會科學院世界宗教研究所)

Sushi's *Dongpo Yi Zhuan*（東坡易傳）

Yu Duenkang

Summary

This article investigates Sushi's thought of *Zhouyi* from four aspects: 1. The characteristic of Sushi's thought of *Zhouyi* 2. The natural law and manpower. 3. The symbol structure of *Zhouyi* and its philosophical content. 4. The Sushi's ideal of cultural value. Particularily speaking, Sushi's thought of *Zhouyi* is charcterized by explanation of *Zhouyi* with Zhuangzi's idea, especially with Guoxiang's annotation of *Zhuangzi*, which aims at the integration of conformity (Ming jiao) and naturalness and fusion of Confucianism and Taoism. Through his study of *Zhouyi*, Shushi summarizes his life experience and his feeling to his time and expresses his pursuits to his ideal with a philosophical systems which is of bright individual chracter and universal meaning. His philosophical system not only shows his individual chracter, but also provides a historical mirror which reflects the mental state of ancient Chinese Literati who swayed between Confucianism and Taoism.

郝敬氣學思想研究

〔日本〕荒木見悟　李鳳全譯

一

郝敬（名仲輿，號楚望，1558～1639），湖北京山人，萬曆十六年（1588）舉鄉試，翌年進士及第[1]，其明年被任命爲浙江處州府縉雲縣知縣，翌年轉任於溫州府永嘉縣。當時，倭寇侵略日益激化，這是造戰艦、籌軍餉、羽檄連綿的緊急時期，但郝敬還是很機智地處理了他的政務。此時，他與吳興鮑士龍（名學博）結爲親好，"簿書暇日，相與謫求性命宗旨，言必稱宋朱陸、近代王陳語錄，和以柱下西竺之義"，由上可知他是如何爲探求性命之學而熱心工作了。由於他的政績卓越，萬曆二十三年（1595）被升遷爲禮科給事中。其間，他的兩個弟弟相繼逝去，爲家事所困，一度返回故里，兩年後，又被復職爲户科給事中。這時，發生了豐臣秀吉侵略朝鮮的事變，明王朝要支付援助朝鮮的巨額軍費。隨之而來的是臭名昭著的礦税問題的產生，極爲猖獗的中使之橫暴。他對時局的悲憤之情從下面的書信中可略見一斑：

> 祖宗養士二百餘年來，未有闃然無氣息若今日者。上既賤士，士亦自賤。不知天下後世，誰執其咎。方今國家多事，根本未植，忠正之心膂日退，小民之膏血日枯。（《小山草》卷七〈京邸報方大楊直指〉）

内廷的財政使用因與户科職權有關，郝敬上諫章竟達十二次之多，然非但不達天聽，反而因"浮躁"之名，於萬曆二十七年（1599）左遷宜興縣丞，翌年遷江陰知縣。此地臨近海岸，是島夷鹽徒出没剽掠的劇邑，郝敬在此處又充分發揮了其天才的手段，建立了逮捕勾結縉紳大盜的功績、但卻招致了一部分官僚的反感並想上章彈劾。儘管因遭到輿論的反對，這一上奏被阻止了，但"浮躁"的批判之聲不絕於耳，終於再次被降職了。憤慨於官場的醜惡和無所作爲，郝敬遂於萬曆三十二年（1604）辭職歸鄉，過上了種樹耕田的生活，專事於經學的研究和救濟時弊的思索，終了了他的餘生。他經學研究之集大成的《九經解》的完成在萬曆四十二年（1614），下面的叙述道出了他其時的心境：

> 經教之衰，亦無如今日者矣。三百年來，雕龍綉虎，作者實繁，含經味道，羽翼聖真，寂於無聞。是子矜之羞，聖代之闕典也。某一介腐儒，有志未酬。十年閉戶，揣摩粗就，而瓠落無用，抱璞求沽。（同上，卷七《送九經解啓》）

其經解之特色是對朱子注提出率直的異議。《考亭疑問》（同上，卷三）中就有：1. 關於删除詩經的序的問題；2. 爲説明易經而把卜筮當作重點的問題；3. 以《通鑑綱目》爲《春秋》的直接承續者的問題（即無視漢、唐、宋亦有明王之事實）；4. 使《大學》和《中庸》從《禮記》中獨立出來的問題。這其中顯示了從道學意識脱離開來、貼近人情的尊重合理性的態度。徐心達所言"讀經解，直是聖門傳心真訣，非潛心大業，何以致此"（《南州草》卷二十《報郝老師》），還多是充滿了對恩師的敬意的話[2]，黄宗羲的話則該是公允的了，他稱贊説："疏通證明，一洗訓詁之氣，明代窮經之士，先生實爲巨擘。"作爲百年以來窮經之士，舉了何楷、黄石齋、郝楚望三人的名字。（《思舊録》）[3]

當時，雖然文壇極盡盛況，但他卻竟然拒絶作一個詞人，立志作一個經學家。其理由是他認定當時的詞人貪圖賣文市利而墮落爲負販家之流。（《小山草》卷六〈刻制義叙〉）郝敬不滿於當時的制義文輕視聖賢的文章，頻繁地引用諸史、諸子，更有甚者，連異端、稗言都濫用起來。他依據自己經學的豐富教養背景，致力於嶄新的制義時文的創作。（《讀書通》《四書制義跋》）這就產生了一定的效果，文人陶石簣因此而作了如次論述：

> 大凡看人文字，須知神表。吾同年郝楚望諸作，能投棄繩檢，恣心橫口，枯者必腴，死者必活。直透此機，何題可縛，何世俗非譽可動哉？（《歇庵集》卷十六《登第後寄君奭弟書》第四書）

如上所述，也可以在一定程度上反映出在經學與時文領域裏，決心要脫離因襲的郝敬的思想形成了吧。

二

如前所述，給予了郝敬以思想探求契機的是鮑士龍，其後，郝敬又長期醉心於佛教，其事實由下面的書簡可以得到證明：

昔我墮無明障，輪迴七道中垂十五年，閱歷眾生多矣。惟有老兄一人妙淨不染，每蒙慈誨，拔濟弘多。別後二載，嚼鐵吞針，以日爲歲。甲辰（萬曆三十二年）春，忽天樂降迎，超升彼岸，離諸苦海，至今願力堅固，證不退果。（《小山草》卷七《報張熙臺學博》）

這是他辭職後的書簡，整段地使用佛教法語，也表明了他拒絕歸復官場的堅定信念。即使如此，他這樣長時間熱衷於佛教被認爲可能是由於他的親人相繼地走向彼岸所帶給他的無常感以及由其脫俗心情所帶來的無拘無束的自由意識。當我們去探索急劇惡化的世相人情的根緣時，佛教所宣稱的"一切脫離，空虛寂滅，然後爲道"（《四書攝提》卷一、第二頁）說教，就不能不直面於給人製造所謂"亂臣賊子"的最好借口這一現實。下面的話，是他充滿苦痛體驗的由佛到儒的轉向論吧：

浮屠所以害道者，不始於滅倫，而始於空苦。惟其以眾生爲苦，故並父母君師，皆謂之魔。惟其以世界爲空，故舉天地萬物，皆謂之幻。如此又焉知有人倫禮法。敗常亂俗，自此始矣。是以聖人言學必言悅，悅則無往不學，隨在而自得。……所以與浮屠異也。（同上，卷一，第一頁）

但是在他辭職的十五年後長子去世，次年妻子去世，其後四年次子亦辭世，遭遇如此命運，甚至連累後世，他一下子陷於淒慘的心境中。處在這一窮境裏，他的最大的精神支柱則是如前所說的鑽研經學、學孔子而聞道，不受向來的學派所束縛，以自得爲目標追求學問之精進。（《生狀》《死狀》）在他那裏既有對使自己遭到不幸的時勢的憤怒，也有對爲困難生活條件所壓迫的民眾的同情。但所有這些都是以現體制的安定繼續爲基本條件的，他自己並沒有想從體制本身疏遠的意識。在一向被稱爲道學、理學、心學之學問的無用的形而上的議論中，被他楔入了一根鐵釘，即他想提倡日常淺近的思想。

> 蓋大道無隱秘，六經無奧義。惟是日用子臣弟友之常，身心視聽言動之間而已。今浮屠教行，怪繆者不足論。其近者，舍下學而求上達，荒蕩空寂，遺世傷化。儒者欲反經，而單舉誠意正心，又何以異於浮屠之空寂也。其講致知格物，局於讀書窮理，煩瑣支離，彼浮屠之徒，復掩口葫蘆而笑矣。操其心以求不舍，知既至而後求行。此類大抵紕繆，乃汲汲聚徒講學。(《生狀》《死狀》)

這裏，"誠意正心"以下可認爲是指陽明學，"致知格物"以下是指朱子學。如此看來郝敬很不滿於朱、王二學，而想開拓自己獨立的道路。他一貫倡導以"下學而上達"爲第一義基調，而反對超越日用尋常去翻弄空疏觀念即沉淪於形而上的世界裏。他認爲之所以產生這樣的風潮，是由於佛教和沉溺空疏的變態儒教的流行所致。忌諱宋學、回避心學、拒絕佛教，他又想怎樣解決自己的這一憤懣呢？展開郝敬哲理的主要著作被命之爲《時習新知》。關於本書名的由來，他作了如次說明：

> 問：時習新知，何也？曰：所謂溫故而知新也？問：何謂溫故而知新：曰：道在天地間，無嶄然更新者，皆是自然現成，謂之故。……溫故即時習也。……舍故外，別無有新，舍溫故外，別無有知新。道理只在尋常日用間。時時習，時時知，即時時新。所以謂之時習知新也。(《時習新知》卷六，四十六頁》)

依此，所謂"時習新知"就是要窮究尋常日用之間的自然現成之道，那麼這樣就具有了由故向新轉變的某種可能性了嗎？它是良知說所說的那樣，由於良知現成故而允許良知的自主創造行爲嗎？非也。"致良知，則流爲空虛，溫習之功廢。"(同上，四十七頁)那麼它是朱子學所說的那樣要窮客觀世界的理嗎？亦非也。"窮理則局爲聞見，而本原之地荒"。(同上)

就是說，如果借用中國現在學界的術語來表現的話，他既不同調於主觀唯心論，也不同流於客觀唯心論，而走上了第三條道路。這大約是接近唯物論的內容了吧。

三

朱子不斷地把禪和陸象山放在心上，並發出不要超越日用尋常、好高鶩遠的警告。但是朱子並不是將存在的東西毫不改變地當作道，而是將所以存在（所以然）看作道（或是理），由是將氣與理大致區別開來的想法便出現了。如果將感覺的色聲行爲直接當作理，其結果就會使是非善惡發生混亂，因而朱子內在面主張持敬存養、未發之中，外在面主張格物致知。爲使內外融合起來而重視窮理盡性。當將心性精細地區分開時，對理的性格的探討便嚴格起來了，如按此說法，這應該說是將"尋常"進行了理論性的深化。那麼在郝敬那裏，日用尋常又是何物呢？

> 世上道理，說得行不得，總屬虛妄。道只在尋常日用間。所以誠之爲貴。二氏亦要人爲善，而言語浮誕，可知不可行。聖教以行爲知，不行都不算知。（同上，卷一，二十二頁）

> 據事實落，則無隱秘可傳，談理空虛，則有奧義、有秘傳。試觀論語二十篇，有何隱秘。佛氏所以欺人，正爲空虛無著，故譸張爲幻。理學若不向內說心說性，都與尋常人事一般，有目共見。其實道本無隱秘，聖賢設教，只是尋常做人而已矣。（同上，卷二，三十四頁）

就這樣，郝敬是想極力抵制神秘地理解、形而上地窮究尋常的。關於批判佛教問題，我們在後面還將提及，而上面已經看到的，對理學內向性的不滿，究竟是怎麼回事呢？我們最好看一下下面的語錄：

> 宋儒設許多教門：主靜持敬、操存省察、致知窮理。大端專於內而疏於外，舉其體而遺其用。自謂理學，到至處，只完得自己，於世道無濟。（同上，卷四，二十頁）

這裏所謂致知窮理，即是對於客觀世界的理的窮究和理解，郝敬也將此看作向內的方法。爲什麼會是這樣呢？這是因爲，在朱子學那裏雖叫做實踐論，但無論是向內的還是向外的，全部都是以非日常性的理爲基準的。

> 學者須就日用事物上體勘，以求自得。所謂道學，不是懸空學道。理學

不是懸空學理。道與理是虛位，事物是實據。離卻事物，無處有道理。
（《新知》卷二，三十三頁）

那麽與日常性緊密結合的有效工夫到底應該如何確立呢？這就是從理向氣的重心的轉移。上文（《新知》卷四之文）又繼續說道：

如孟子以當大任爲用，以養氣爲主。養氣則內外體用，無所不該。天下事，莫非氣之所爲。而理學以氣爲駁雜，以理不雜氣爲純粹，執理遺氣，但持敬主靜，其究虛極靜篤，爲浮屠而已，安能任得天下事？

由此郝敬的氣學也就誕生了。像大多數氣學家一樣，郝敬也承認其理論得力於張橫渠，[4]但其氣學結構，則是基於一個完全獨立的方法。在理氣的問題上，郝敬大抵也沿襲前輩的觀點，抑制理之突出，主張理氣一體化：

天地之間惟氣。人身亦惟氣。人與天地相通亦惟氣。無氣兩間爲頑虛。……世儒離氣言理，空談性命，與孔孟之旨戾。[5]

那麽在氣學看來，氣與規矩之間關係又應怎樣對待呢？對於倡導自然現成的郝敬來說，儘管對眼前的事實不去強探力取，在事實自身必然會具有規矩。構成眼前的事實的成份是氣，這一氣的正常狀態是成規矩的。那麽其正常狀態是怎樣決定、是怎樣被認識的呢？"宇宙千變萬化，莫非道也。而人道爲易簡"。（《四書攝提》卷一，二十一頁）郝敬雖作如是說，但人道與宇宙有着不同意義，包含着複雜的階層、人種、文化、經濟等問題。正是由於這樣理由現代中國的學者們才非常矚目於氣學。然而郝敬對氣的認識卻是處於對現實的變革要素的無關心狀態中。

天地只是一氣摶聚周旋不捨。氣中包孕一片光明，發生出許多道理，凝合在人心上。此理易簡明白，卻被諸家說得千奇萬怪。（《新知》卷三，十九頁）

氣所包含的"一片光明"，多大程度上反映爲氣所包孕社會諸要素，把人間的自由作爲目的，是完全不明確的。在此令人擔心的是如郝敬所說的那樣："氣是繫心之繩，心是關氣之鎖"，鎖必須隨時開閉，繩卻一瞬間也不可從手中放開。"總之氣爲把柄。氣可調，心難調"（《新知》卷七），這樣論述是說調節氣的時候是需要調節心，而氣之調節又是先於心的。但僅此一事還不能認爲就可以判其唯物論對唯心論的優位性，還必須充分探討其氣之調節的方法。那麼他爲使氣正常化，究竟想做什麽呢？他主張：要反對使氣隨意流動起來，要抑制實踐主體的隨便行動而使其保持穩健和平的態度。

  眼前色色現成。但心氣和平，無入不自得。（《新知》卷一，七頁）

  心氣和平，自覺萬物與我相親。（同上，卷一，六頁）

  心在，到處從容和平。心忘，則習氣用事，鹵莽滅裂，行止無度，語言無序。是謂僋父。（同上，卷二，四頁）

氣的世界是盡可能使現狀得以保持，並不需要特意發揮鬥爭之心。所以爲了和平，就必須先"懲忿窒欲"。[6]如果遇到貪愛嗔恚，就必須勇猛斬斷，以保持精神的平衡性。作爲保持其身心和平的方法，郝敬所重視的是孟子的養氣説，他把"養氣"放在了"知言"之先。

  知言即理學所謂講學明理也。先儒以此爲入德之門，而孟子論不動心，先養氣。氣質好，學問自易。子云："君子不重則不威"，先養氣也。"學則不固"，後學問也。昔人謂，士先器識，而後學文。文以文其質也，故養氣先也。（《新知》卷八《養氣餘言》）

依這樣的理氣一體論，來評論被朱子學那裏尊爲至寶的《大學章句》的《格物補傳》，他如次批判道："果若此，則是人心不具此理，專待外來湊集，如貯錢谷般。………聖門無此等貪多支離之學。"（《大學解》二十六頁、和刻本）關於"今日格一物，明日格一物"，他也以爲是窮年皓首也不能將物窮盡的。（同上）郝敬對窮理的這種批判，是與他中年時代接近陽明學有很密切關係的，也是表現了受熏染於從陳白沙開始的明代的風氣。這一批判還如次地指出了理優先的理論產生的弊害：

  學問之道，刻勵太過則難從，防檢太嚴則難守，搜索太深則難知。理學之家，細微苛切，人由之者少。操心愈甚，與世愈違。……學者視道爲桎梏。（《新知》卷八）

爲打倒朱子學的苛刻的非人情性，陽明學打出了心（絶對主體）的大旗。出於對打破因襲、充滿旺盛活力之良知説的恐懼感，郝敬將注重點放在比心還溫和的氣。正因爲如此，這不會具有較之陽明學更進步之立場，也許是可以預感到的吧。

四

　　以上可以洞察到郝敬的理與氣之間的關係，但仍需要在理論領域進行深入的檢討，他的關於反朱子學的觀點是引人注目的。

　　　　朱元晦云：太極，理也。當初原無一物，只有此理。有此理，便會動而生陽，靜而生陰。愚按：原無一物，此理安頓何處？是禪家所謂真空法界者耳。聖教不如此云虛，直說個一陰一陽之謂道。太極是渾淪底陰陽，陰陽是零碎底太極。太極既是理，陰陽亦是理。陰陽既是氣，太極亦是氣。（同上）

　　這最後一句話，可以說具有與朱子學訣別的意味。如果太極是氣的話，在其上也就無須再另立一個無極了，（同上，卷四，九頁）而對天理的嚴肅的敬畏感情也就變得不必要了。"敬"就要使之結合日用尋常的東西，如果像程朱那樣搞成了百聖相傳之心法的秘傳，那麼也就類同於佛教的"衣鉢傳受"、"拈華微笑"了。（同上，卷八）

　　那麼氣與理（規矩）的關係應該怎樣理解呢？上面引用了"自然現成"一語，就是說即使不用致知格物的繁瑣的過程，眼前的事物也是具有"自然道理"的。

　　　　萬事萬物，各有自然脈絡。由乎理之謂道，順乎道之謂理。草木根節盤錯，文理各各清疏，所以枝葉條暢，生惡可已。人事酬酢千變，所由惟一理。處事從道，如析木順理。故易知易從，可久可大。（同上，卷一，二十四頁）

　　從而在日用常行那裏，只要遵從天理人情當然之處就可以了。在此之上再添加個人的意見去追求道理，恐怕要就墮入狂狷之中了。（同上，卷一，三十頁）郝敬同朱子一樣提倡性善說，但這不是基於"性即理"，而是以"氣即理"爲前提的。朱子的性善說把惡的責任推給了氣。但主張氣學的郝敬則說"性善者原無理氣之分。性之初，理固善也。氣亦無不善"（同上，卷四，十七頁），拒絕了將惡的責任歸結爲氣本身。其理由是因爲氣與構成虛空之虛之東西是一體的。[7]那麼對於氣來說善應該處於怎樣的位置呢？他既然主張"現成自然"，善也就必然是超越人爲之物。《易經》云"繼之者善也，成之者性也"，朱子學就以此爲根據，進而以天＝性＝善，使善具有了形而上的權威，但是郝敬不承認這樣的善之形而上化與理先氣後說聯繫在一起。如果以"現成自然"爲基本原則，不斷顧及到氣之流動性，從而決定善之存在形態的話，也就不能不主張"善在性先"之說了。在這裏郝敬先引用了《易經》之語給予了獨自的解釋：

> 易云：繼之者善也，成之者性也。善在性先，性在善後。繼者，天人相與之際，性者，資始化生之初。天無心而始知，人有覺而無爲。此之謂善，是性之大原大虛之本體也。……至善在性前，性自善出也，習又自性出也。如是且不得以性累善，況可以習累性乎？今之言善者求之性後，今之言性者求諸善前。求性於善前，則善掩矣；求善於性後，則善雜矣。故知善之爲善，雖習於不善者，其初亦善也。況習於善者乎？……能見性，即凡有爲皆習也。能見善，即凡所習皆性也。知繼善成性，即知凡性皆善也。善即太極之全體也。性即洪纖高下各正也，習則即往來蕩摩而生變化也。故善者人性之太虛也。二氏崇尚虛無，猶知見性。荀卿溺於習而反疑性爲惡，曾二氏之不如矣。（《小山草》卷二，《性習解》）

這是一段很難讀解的文字，但這可以清楚地品味到的是，自然現成的太虛之善比之於與氣一體化的性來是一個先行的存在，因而也是純粹無雜的。它進入到性的層次來時就有雜於習之可能性，正因爲如此就必須明確地保持善與性之間的區別。（這在朱子學那裏簡直是不可思議的想象）這裏雖被做了"善即太極之全體也"的規定，這一太極與朱子規定其爲理之根源不同，具有"元氣混沌，無大無小，無首無尾，無古無今，是名太極"（《新知》卷四，九頁）之性格，就這樣保持住了氣學之面目。那麼不善又是怎樣產生出來的呢？

> 人物初生，理氣皆善。成性之後，習於善則善，習於惡則惡。……凡性初皆可欲。不失其可欲則信矣。不善者，人自失信，非性初不善也。安得罪氣質。（同上，十七頁）

就是說所謂不善是愚昧之習給現成規矩帶來的自信之喪失。這樣社會各階層關於"習"的反省就不能不中止了。

像上面那樣要使其與尋常日用密切結合的郝敬所重視的實踐論，就是"下學而上達"之事，宋儒將其顛倒，先去上達，便流於空寂，有類於佛教了。他說：

> 聖學只就用上顯體，凡用皆體也，所以著實。浮屠偏就體上藏用，滅用執體，所以落空。故聖人下學而上達，浮屠上達而下學。宋諸儒理學亦是先上達而後下學也。（《新知》卷三，二十九頁）[8]

想要徹底接近具體的郝敬的願望在這裏已明白顯示出來，也在大學的解釋中加以表達，即僅有"正心誠意"只會停留在觀念的領域，因而與此同時也必須包括"修身齊家治國平天下"的具體事情。

如上所述，契合於眼前的日用尋常，當爲者爲之，除此之外若加以思想的、實踐的穿鑿，則反而會扭曲現實，混濁於心術之中了。按照某種觀點來說這是極爲保守的現實認識。若以此作爲社會認識之視點來看，當然現行的體制是非常完美的，因而就根本無必要去將此加以修正，不需要改變上下的秩序。[9]他屢次引用"民可使由之，不可使知之"則更加證實了這一點。然後有"天命率性，皆係現成。人不肯安分循理，自生撈攘。聖人從容中道，一片易簡田地。人安分循理，與聖同歸"。從而將素位安分當作至上的處世術而推獎。從朱子的社倉法看到的對農民自治意識的期待及王陽明所倡導的拔本塞源論等，則均在他的關心之外。此處可認定爲他的思想之界限。爲進一步明確這一點我們再來討論他的陽明學觀吧。

五

郝敬將良知說放在歷史的位置上，作如是說：

> 學惟《論語》爲正宗。……《孟子》七篇較精深。《大學》又深於孟子，《中庸》又深於《大學》。……宋人理學，又高於《中庸》。近代諸儒講良知，又高於宋人。大都被浮屠空寂之説汩沒，以明心見性爲斷然不易，將天命人性在日用尋常者，搬弄成鬼道，使人不可知、不可能，以爲秘。聖

> 學荒蕪久矣，不可不亟反也。（同上，卷二，二十一頁）

這樣一來，他認爲良知說比宋儒更流於高遠，因而與佛教並無二致。從這一高遠的基地出發，進而遊離於人倫，產生了視規矩爲格套的弊害。

> 理學諸儒，專向不睹聞、無聲臭、未發之前探討。近代講良知，專向念頭不起處捕風捉影，如何歸寂照應，如何保聚收攝，如何爲主宰，如何爲流行，如何爲現成，如何爲開造，如何是本體，如何是功夫。……終日揣摩虛空，將世上人倫庶物、規矩程法，一切斥爲格套。以此學道，何濟世用。豈如言忠行、行篤敬，入則孝，出則弟，腳根著地，不枉費歲月，耽誤一生。（同上）

這是對個個人人都應根據自己具有的良知進行自主的判斷和行動的良知說之原則以及由此產生的創意式的倫理觀和規矩觀的挑戰。在郝敬看來，對在日用尋常中現存之倫理和規矩實施不必要的變更是混亂墮落之根源。他激烈地辱罵良知說的不起意、不起念，但在一味地要一成不變地保持現狀這點上，他的立場不也是一種想要壓制意欲之物嗎？儘管如此，排斥良知說的不起意的目的在於：他擔心心之所發之意，收斂於心，又會起到推動心的活動的作用，從而作爲心之尖兵而自在地奔走。這樣他爲了不使氣產生波瀾而否定了心學。他很了解陽明學克服朱子學的弱點的事實，但卻不能容忍其克服之方式，因爲它過分執著於無原則地肯定人的自主性，加速現狀的改革。總之在他看來，良知說不過是模仿禪宗的東西而已。進而就連陽明學派的口號"就日用事物"，郝敬也沒有簡單地接過來，其原因也在於對待日用事物問題上尊重主體的方法有很大的差異。爲着扼制那樣的心之膨脹，他與王廷相不同，頻頻地主張要保持寂靜的態度。"寧靜則性見，鬧擾則氣昏。鬧擾中，自有寧靜。"（同上，卷一，二頁）"靜坐觀心，鬧中一樂。"（同上，卷四，四頁）"靜虛中看萬物，都自有快樂意思。心平氣和，養身養德，總在裏許。"（同上，卷四，八頁）不過陽明學、朱子學也並不認爲主靜是不必要的，只認爲它可能伴隨著虛無寂滅之弊害。下面的話可以說是真實地明確地表現了上面所論述的郝敬的立場：

> 近代講學，不患不主靜，患主靜而入於虛，貴無而賤有；不患不求定，患貪定而入於寂，逃實而歸空。先聖慮人忽於近，故語以下學，人又蔽近

而遺遠；後賢慮人馳於外，故語以立本，人又執上而忘下。此中行所以難也。故曰：民可使由之，不可使知之。與其不由而知，不如不知而由。學荒道弊，只爲徒知不由，墮二氏之空寂也。（同上，卷二，二十三頁）

在這裏人民大衆的自由已完全被剝奪了。爲抑制心之自負，郝敬着眼於對禮的尊重。關於此點，他高度評價了張橫渠的使人學禮，正容謹節，把解釋氣質之變化當作下學上達之實踐等觀點（同上，卷四，二十三頁），從而把《西銘》裏的尊禮的主張視爲張子的真髓。[11]這一問題大約還是與上面所論述的他的壓抑民意之意識有直接關係吧。

以上，通過對朱子學、陽明學的看法，郝敬的立場已經很清楚了。但即使這以尋常日用爲第一義，並告戒不要再外加不必要的深遠性，又在多大程度上可以對所謀求的使心安定之方法、應付異變的思想準備及各種各樣的人際關係起到作用，仍是一個疑問。儘管在説"下學而上達"，在"下學"那裏必然要考慮伴隨着成爲下學的諸困難條件。黄宗羲批判郝敬道：

先生之學，以下學上達爲的。……下學者行也，上達者知也。故於宋儒主靜窮理之學，皆以爲懸空着想，與佛氏之虛無，其間不能以寸。而先生於格物之前，又有一段知止功夫。亦只在念頭上，未着於事爲，此處如何下學？不得不謂之支離矣。（《明儒學案》卷五十五，《郝楚望小傳》）

另外《四庫全庫總目提要》中作了如次的批判：

既借姚江之學以攻宋儒，而又斥良知爲空虛以攻姚江。亦可謂工於變幻者矣。（卷百二十五，《時習新知》）

在主張與尋常日用密切結合的同時，又不能不受到所謂"變幻"的批判，由此也可以窺見其思想之難解了。

六

責難與自己的學説不一致的對手爲佛老的手法是宋以來傳承下來的，郝敬也非常喜歡使用這一方法。像他自己所叙述的"早歲出入佛老"（《時習新知》後跋）那樣，由於有出入於佛教的時期，因而他就有了詳細瞭解佛教內情的自信。所以當他覺悟爲氣學之後，就不能不敏感地予以反擊了。從他下面的話裏可以知道，當時佛教的痕迹已傳染到官僚知識階層甚至已浸透到科舉的制義文中，可見佛教猖獗已極：

> 今聖學寂寥，百氏蜂午，而浮屠尤爲猖獗。無論縉紳先生，官成解組，談空說苦。雖青衿小子蹭蹬學步，而亦厭薄規矩，奔趨左道。無論翰墨遊戲，捉麈清談，夸毗因果。雖六經四書博士制義，而牽帥禪解，剝蝕聖真。……世道經術，人心士風，如今日者，可不爲痛哭流涕，長大息也哉。（《小山草》卷七《報葉寅陽道尊》）

他進而如是描繪了他故鄉儒佛地位顛倒的狀況：

> 且如京山一縣，萬家之聚，比屋好佛，求一人不惑浮屠，不信因果，不念南無者，無之。由於上之表帥不端，故下之民風不軌。即今學舍荒蕪，文廟傾圮，不蔽風雨，而梵宇佛刹，日增月新。（同上）

他雖哀嘆由於奉聖教者信念浮薄而佛教得以流行，但並沒有認爲佛教流行現象的緣由是追逐心學思潮泛濫的結果。最詳細地闡述了他的佛教觀的是他給自己五十多年的舊友沙門藏六復支的《駁佛書》（《小山草》卷一），在其中他的觀點可簡單地歸納爲：第一，聲稱死後世界有陰司、地獄、天堂、刀山劍樹之刑、牛頭馬面之鬼，這是脅迫愚民，從而誘之以"我佛力廣大，能破地獄，拔餓鬼，登天堂，生淨土"，誘使人民施財供養寺院，損子棄夫爲僧尼，名終年禁錮爲閉關，稱絕食骨立爲清齋，其他還有練魔、坐化、荼毘等，生盡其財，死絕其嗣等，這是比三夷五刑還殘酷之事。第二，今日之縉紳頭戴進賢，手持槵子，口唱南無，平素即使犯下如山之罪，卻揚言一度入空門，就直登聖果；即使有虎狼樣的惡業，卻傲稱一度舊依佛法，就可免除大罪。即使是儒者之門也是僧尼滿室，輕視禮教，攪亂風俗。第三，人之生是陽，人之死是陰，陽動而有，陰靜而無，所以死後世界就不可能有陰司、地獄，若以爲有，那末幾億萬載之間地獄大約已容納不下那麼多罪人了吧。因此天堂地獄之說分明是虛妄的。人是生於太虛而歸於太虛之物，所以僅是生而向有，死而化無。故而與其徒然等待死期之到來，孰若隨時勉勵生業。

以上僅在於批判卑陋的佛教習俗，其次就該將"三界唯心，萬法唯識"這一佛教最高的基礎理論置之俎上了。然而郝敬卻是在死後依舊殘存心識這一意義上來理解此語的,故而他不厭其煩地重復着輪迴因果否定論,甚至還引用了范縝的神滅論。他認爲佛教的主張有如次之矛盾:

> 佛言唯心唯識,欲掃除法界而留心識也。聖人言至誠無息,謂心識有生死而天地太虛無生死也。掃除法界者,欲留心識以受輪迴因果。不思法界既可掃除,心識安能長在,輪迴因果又安能長在?(《駁佛書》)

這清楚地暴露了郝敬對佛教理解之不深刻。總之他雖則憤怒於以"善惡皆空"之原則爲依據而肆無忌憚作惡的鼠輩們橫行霸道,卻不能正視正是在這尋常日用之間,有着使善惡之基準不斷動搖的時代波瀾。這一時代在已迅速地將宗教界綫延伸的陽明學派內,容忍禪門所謂無善無惡的傾向逐漸抬頭,他對此抱有敵意,並説:"人倫庶物,循規蹈矩。隨時隨處,皆未發之中,皆不睹不聞戒懼之地。必覓取不思善不思惡時境,以求本來面目,無此理也。"(《新知》卷一,二十七頁)儘管人離開氣是無法存在的,佛教卻説:"消滅世界,以求法身。……空諸有。"(同上,二十九頁)他認爲這是消殺法,(同上,二十五頁)使人無視生成之道理,把現世當成苦海。(同上,三十一頁)比起生來更重視死的佛教以空虛寂滅爲道,而以不消滅太虛之元氣爲無知。(同上,卷三,五頁)下面的話應該説是他晚年心境的告白:

> 余衰年多艱,只覺知命爲難,而空諸所有爲便。然使諸有可空,世界可出,何憚而不爲,畢竟無是理也。益信聖道爲平安,樂天知命爲易簡。人安其所以爲人,天行其所以爲天。天於人一視耳,何容心哉!(同上,卷四,三十二頁)

郝敬是根據他自己與佛教格鬥的體驗,苦慮於此種超克的吧。但他的佛教觀是有很大缺欠的。這就是將佛教單純地歸結爲主張寂滅、消殺、出世、因果、死葬等非日常性的宗教,無視正是此時代接連不斷地使有能力的高僧層出不窮、拯救和撥開混迷的世相並給其帶來生機的事實。黄宗羲將前者即靜的佛教規定爲如來禪,將後者即動的佛教規定爲祖師禪,當否另行別論,但指出"純任作用爲人"的祖師禪"方今彌天漫地"這一事實,來表明了對郝敬佛教觀的不滿,(《明儒學案·郝楚望小傳》)則是理所當然的。

七

身爲縉紳卻潛入佛門、剃髮爲僧形的最大異端者當數李卓吾了。郝敬四十歲的時候爲其高名所吸引拜訪了卓吾，卻認爲卓吾不過是"莽然一儈父"而已。（《閑邪記》卷一，第一條）其後他又陸續地讀了已出版的卓吾的書，見到、聽到其輕蔑聖教，流毒於世間的實情，毅然奮起進行抨擊，執筆寫了《閑邪記》二卷（但其刊行已在卓吾没後二十三年了），其題辭中說：

> 士被儒服，而倒戈孔孟，以狂悖爲氣節，以譏詐爲通敏，以浮淫爲風流，以放蕩爲淹雅，以隱怪爲新奇，以釋迦爲宗師。詆六經四書爲芻狗，而奉李氏三書，爲黃巾之主藏，爲綠林之先鋒，涓涓不息，流爲江河。此世道之憂也。可不亟爲之提防乎？

儘管一旦成了僧侶，就應該隱居山中，卻攪入縉紳之中，託講學以談禪，招集無賴群小，使僧俗男女混雜，入都門，交權貴，並傲慢地自號爲卓吾長者，這當是"士類之魑魅，名教之亂賊"，（同上，第二條）這就不能不使郝敬勃然大怒了。以前對佛教本身抱有反感的郝敬，爲超出想象的事態發展所驚愕，從而斷定："最惑人者，莫如浮屠。古之言浮屠者出自浮屠，而惑於因果福田。今之言浮屠者出自儒生；而惑於空虛荒蕩"（同上，第三條），卓吾最花力氣的是把那些保守傳統的價值觀、遵守儒教的規矩準繩的人們當作"假道學者"來排斥，而在頑强地固執於既成的價值意識的郝敬看來，這是沉溺於佛教的消滅論的謬論：

> 若又洗垢吹毛，斥爲假道學，猜爲真亂賊，其究不至舉藩籬繩墨，一切掃蕩不已。聖賢惓惓維世，如恐不及。贅專務掃蕩，爲夷狄浮屠之教而後已。此所以裂冠毀冕，斷髮披緇，甘爲浮屠而不恥者也。（同上，第七條）

在郝敬看來，卓吾的言論全無規矩意識。而一直主張離開規矩無以成方圓，離開下學無以上達的郝敬認爲卓吾的自高自大的言論不過是完全模仿禪門的"一超直入説"而已。（同上，卷二，三十二頁）"世俗學浮屠，斷緣息想，謂規矩不必守，師匠不足法，世教所以大壞亂"，這個顛倒黑白的卓吾是惑世誣民的狂人，思想界的盜賊。

如上所述郝敬對卓吾進行激烈的批判，但其思想形態則過於僵硬了，他甚至自己也弄不清將自己逼入窮迫不遇的社會弊病之根源，因而不能不說他是缺乏走到時代前列的力量的。儘管他如此喧囂地展開對佛教及卓吾的批判，在有識者看來，"緣楚望曾習釋學，故議論便顛倒縱橫，大約三王之餘，卓吾之次耳"，（《思辯錄輯要》後集，卷十一）受到如此之攻擊，真可說是受捉弄的命運。李卓吾在現代中國學界是常被評價爲封建社會最急進的唯物思想家的人物。那麼從把卓吾視爲毒蛇一樣去忌諱的郝敬思想可以清楚地看到他是希望封建統治的安定與永存的頑固的保守人物。所以他才稱"名教之樂，人生一快也"（《小山草》卷七，《再答田肖玉》）。儘管學界有許多學者將心學規定爲唯心論，將氣學規定爲唯物論，將前者規定爲肯定現狀的觀念論，將後者規定爲變革現狀的進步論，在反省郝敬思想變遷的過程時，就不能不對氣學性格之規定進行一些修正了吧。

注　釋

〔1〕以下的敘述主要是出自應視爲郝敬的自敘傳的"生狀、死狀"。（《小山草》卷九）也參考了明史卷二百八十八的小傳。

〔2〕徐必達還說："每讀經解，不但學者指南，實是孔門真諦，不朽之業。"（《南州草》卷二十，三十八頁，《上郝楚望座師》）另外必達在萬曆三十四年還刊行了《二程全書》，並爲其撰寫了序文。

〔3〕但錢謙益卻對其進行激烈的批判："若近代之儒，膚淺沿習，謬種流傳。嘗見世所推重經學，遠若季本，近則郝敬。舛駁支蔓，不足以點兔園之册，而當世師述之，令與漢唐諸儒分壇立埠，則其聽熒詩傳，認爲典記也。又曷怪乎？"（《牧齋初學集》卷七十九，《與卓去病論經學書》）

〔4〕郝敬說："張子厚云：聚亦吾體，散亦吾體，今人只信聚是吾體，不信散是吾體。故中庸惓惓顯微之義。"（《新知》卷一，二十四頁）又說："張子厚云：太和所謂道。不如野馬絪縕，不謂之太和。盈天地間，皆太和之氣，即三才而兩之道。道至有也，至實也。言無所以疏通其有，言虛所以融會其實。要之，天地間有而已，實而已。故曰：言

有無，諸子之陋也。"（《新知》卷七）

但是郝敬對張橫渠尊重禮的觀點抱有更深切的關心，而高出了對《正蒙》的評價："大抵理學諸儒，品格清高，自是名賢。然其學術多禪寂之意，非孔孟正路。學者有志正學，但從人道切實處。未中行，莫如禮。子厚拋卻禮，別作《正蒙》《西銘》。學者讀千百部《正蒙》，不如讀一句《論語》曰：'克己復禮'。"（同上，卷六）

這作爲給予郝敬氣學論以獨自色彩的東西是很引人注目的。另外刊本《山草堂集》（日本內閣文庫藏）所收的《時習新知》是全六卷，而該文庫還收藏有寫本《時習新知》全八卷，卷七和卷八爲刊本所未收。被認爲與此爲同系統的寫本爲靜嘉堂文庫及九州大學醫學部圖書館所藏。

[5] 可參照下面的話："先儒言：性既分理與氣，又分氣與質，云氣有清濁昏明，質有純雜美惡，所以性有善惡也。按氣外分質，氣內分理，其支離同，總之氣耳。形體曰質，即氣之凝聚也。宇宙間形形色色，皆氣化也。"（《新知》卷八）

[6] 郝敬爲省戒自己，制定了"訟言八條"，（《新知》卷三，三十一頁以下）其第一條就是"懲忿"。

[7] 可參照下面的話："太虛空渾是一片雲，靈處都是氣。人生其間，如魚在水。肝腸都是水，與太虛渾成一片。一念之動，一事之行，一呼一吸之出入，皆與太虛通。作如是觀，可知氣關係甚大。"（《新知》卷六）

[8] 可參照如次語錄："下學而上達五字，聖教之宗領也。"（《新知》卷四）"或問曰：下學而上達，何以辨之？曰：譬如登高必自卑。易曰：卑法地，崇效天。天無形，地有質。行爲地，而知爲天。行實踐，而知玄虛。下學踐履，而上達空洞。……由下而上，先學後達者，聖人至誠之道也。自上而下，先達後學者，二氏空寂之教也。"（《新知》卷四）

[9] 他在江陰縣知事的任中，用通俗的語言解釋了明太祖的六諭，告示於百姓。（《小山草》卷十《聖諭俗解》）其中有這樣的話："從今以後，你們何不回心轉頭，體太祖皇帝的心，體我們爲官的心。大家改行從善，不犯法，不遭刑，保身保家，豈不是好事。"這完全是只有做統治者的順民，才可保證一身一家之幸福的說教而已。

[10] 可參照下面的語錄："近代致良知之學，只爲救窮理支離之病。然矯枉過直，欲逃墨而反歸楊，孟子言良知謂性善耳。是非之心，人皆有之。然自明自誠，先知先覺者少。若不從意上尋討，擇善固執，但渾淪致良知，突然從正心起，則誠意一關虛設矣。致知者致意中之知，無意則知爲虛影，而所致無把鼻，須意萌然後知可致，人莫不有良心，邪動膠擾於自欺。必是知止定靜，禁止其妄念，以達於好惡。然後物可格，知可

〔11〕 下面的語錄可參照:"邵堯夫皇極經世,窮高極遠。張子厚正蒙,隱奧深刻,都未甚切下學。"(《新知》卷四)

〔12〕 這裏所説的事實決不僅是郝敬一家的偏見。葉向高在萬曆三十一年所撰述的《重鍥朱子語類序》中有如次的論述:"近世之爲新學者,好齮齕朱子,其始直朱子耳,浸淫不已,且及朱子。蓋至今日,士大夫修瞿曇淨土之業,其卑訾洙泗家言,以爲不足當靈山之下乘者,嗷爭鳴也。"

(本文作者　日本九州大學,譯者　日本九州大學)

An Approach to the Theory of "Qi" of Hao Jing

Araki Kengo

Summary

The founding of Hao Jing's thought of material force is the outgrowth of which the emphasizes on "learning six arts and attaining the way" and objects thinking nothing beyond the ordinary things. Hao Jing's method is differentiated from Zhu Xi who thinks the reason of existence as the way and stresses the difference of principle and material force. He wants to inquire the extant natural way among the ordinary things, which, as the starting point of his theory, is different from others and makes his method of thought is unique though the thought is related to Zhany Zai.

Theoretically, the transition from moral practice which bases on the beyond-ordinary principle to effectual effort closely connected with the ordinary things presents the change of Hao Jing's doctrinal stress from principle to material force. The actual world constituted by material force is so comfortable to the principle that the routine actions only require to be in accordance with the moral rule in the world. So the overlaborate process of the investigation of things and the extention of knowledge is unnecessary. The actual world is the normal state of material force. Even if you do not painstakingly search, the things before you also have the natural principle. Anybody can attain the equilibrium of spirit so long as the status quo is maintained, which is called "nourishing material force" according to Hao Jing. Because "nourishing material force" is part of the realm of "learning six arts", it is prior to "knowing words" which belongs to "attaining the way". The theoretical basis above all is the doctrine "material force is principle".

Since Hao Jing lays stress on the extant natural way, he objects not only Zhu Xi's teaching of the investigation of things and the extention of knowledge but also Wang Yangming's contempt for the extant rule which is derived from the extention of innate knowledge. Basing on the warm stand point of material force, Hao Jing regards serving one's duty as the uppermost easy way.

論《文選》中樂府詩的幾個問題

曹道衡

一

《文選》在詩的部類中設立了"樂府"這一子目，分爲"上"、"下"兩個部分，所收作品據李善注本爲四十首，六臣注本爲四十一首（多古辭《君子行》一首）。其實《文選》所錄樂府詩並不限於此數。若據宋郭茂倩《樂府詩集》的分類，那麼其他一些子目如"軍戎"（收王粲《從軍詩》五首）；"郊廟"（收顏延之《宋郊祀歌》二首）；"挽歌"（收繆襲、陸機、陶淵明之作共五首）；"雜歌"（收《荊軻歌》、《漢高帝歌》、劉琨《扶風歌》、陸厥《中山王孺子妾歌》均屬於樂府詩的範疇。）除此而外，像"咏史"中的顏延之《秋胡詩》；"哀傷"中的曹植《七哀詩》（"明月照高樓"）；"雜擬"中的袁淑《效曹子建樂府白馬篇》、鮑照《代君子有所思》；還有江淹《雜體詩三十首》中擬《古離別》和班婕妤等人之作，也是樂府詩；若根據其他一些書中說法，那麼"雜詩"內的《古詩十九首》中一些作品，實亦爲樂府詩。

提到"樂府詩"，顯然應該是可以演唱的歌辭。但從《文選》中所選錄的篇目看來，當時尚能入樂歌唱的並不多。例如被列入"樂府"這一子目的，像曹植的四首詩中，只有一首《箜篌引》（"置酒高殿上"）據《宋書·樂志》作《置酒·野田黃雀行》，在晉代曾被演奏過。但據《樂府詩集》卷三十九引《古今樂錄》："王僧虔《伎錄》有《野田黃雀行》，今不歌。"在智匠生活的陳代，此曲已不演唱，那麼在蕭統編纂《文選》時，它是否被歌唱就很難說了。至曹植的其他三首（《美女篇》、《白馬篇》、《名都篇》）和陸機所作的十七首，據《文心雕龍·樂府篇》云："子建、士衡，咸有佳篇，並無詔伶人，故事謝絲管"，也就是説並未付諸演唱，只是取其曲調之名。至於謝靈運的《會吟行》和鮑照的八首詩，大約也是這種情況。因此在這一子目中所收的作品根據《宋書·樂志》所載，只有曹操的二首（《短歌行》、《苦寒行》）、曹丕的二首（《燕歌行》和《善哉行》）以及曹植的那首《箜篌引》確實曾被晉代的樂官配樂演唱過。至於所載的三首（或四首）"古辭"，在晉代以前，有些也許演奏過，（但它們是否"本辭"，似乎都存在着疑問，這要在下文中詳談）。因爲據《三國志·魏志·武帝紀》注引《曹瞞傳》："太祖爲人佻易無威重，好音樂，倡優在側，常日以達夕。"曹操當時所欣賞的音樂，當是漢代以來的"相和歌"，不等於《宋書·樂志》中所載晉代"荀勖撰舊詞施用者"的"清商三調歌詩"亦即用《相和歌》曲調重新配曲或加以改動之作；更不等於王僧虔《伎錄》所載宋齊間所演唱的樂曲，因爲到東晉以後，樂曲又會有所改變（詳見下）。所以《宋書·樂志》所載歌辭以外的詩歌和《古今樂錄》所説"今不歌"的詩，也未必在漢魏時代也未演唱過。但是反過來説，像《文心雕龍·樂府篇》所論曹植、陸機之作的情況，也是存在的。所以《文選》所立"樂府"這一子目，顯然只是因爲這些詩具有文學價值而又採用"樂府"題目，並不考慮它們是否還在演奏或曾被演奏過。因此在《文選》中，"樂府"只是作爲"詩"的一個子目出現，並不像《文心雕龍》那樣在《明詩篇》之外，另立一《樂府篇》。

在《文選》的其他詩歌子目中，情況大致也是這樣。例如："郊廟"一類，只收了顏延之兩首《宋郊祀歌》，這顯然是劉宋時演奏過的樂曲，卻不歸入"樂府"。"雜歌"一類中，《荆軻歌》據《史記·刺客列傳》確曾唱過，並由高漸離擊築伴奏；《漢高祖歌》（即《大風歌》），也是叫歌童唱過的；而劉琨的《扶風歌》、陸厥的《中山王孺子妾歌》，卻無演奏的記載，大約因爲稱"歌"，就被蕭統把它們與荆軻、劉邦之作歸入一類。關於"軍戎"、"挽歌"、"雜詩"、"咏史"幾個子目的問題，問題較爲複雜，下文將專門討論。這裏我只想指出一點，即《文選》中所錄詩歌，都是作者的原文和《宋書·樂志》及《樂府詩集》所載"晉樂所奏"的歌辭文句出入往往很大，如曹操的《短歌行》與《宋書·樂志》及《樂府詩集》所載"晉樂所奏"不同；《苦寒行》與《樂府詩集》不同，而與《宋書·樂志》則只有個別文字出入，（可能《宋書·樂志》已刪去了演唱時要重復的字句）。"哀傷"中曹植《七哀詩》和《宋書·樂志》所載《明月·怨詩行》及《樂府詩集》所載"晉樂所奏"的《怨詩行》文句有很大差別。這說明蕭統選詩，雖立"樂府"這一子目，卻並不考慮這些詩在演唱時所作的改動，而只是選錄其原詩。尤其像曹植的《七哀詩》，雖被樂官們改成了歌辭，他還是没有把它當作"樂府"來收入。從這一情況看來，他的把袁淑和鮑照的兩首擬樂府之作歸入"雜擬"而不算"樂府"也就不難理解。

二

關於《文選》所錄"樂府"中的幾首"古辭"，頗有研究的必要。根據一般的理解，所謂"古辭"，當指這一樂曲最原始的歌辭，如《樂府詩集》卷二十七所載《相和歌·薤露》的"古辭"："薤上露，何易晞。露晞明朝更復落，人死一去何時歸"；《水經注·河水》引楊泉《物理論》所載民歌："生男慎勿舉，生女哺用餔；不見長城下，尸骸相支柱"；以及《樂府詩集》所載《江南》、《烏生》、《東光》、《平陵東》等民歌本辭。因爲據《宋書·樂志》云："凡樂章古詞，今之存者，並漢世街陌謡謳，《江南可採蓮》、《烏生十五子》、《白頭吟》之屬是也"（按：同書所載"烏生"爲"烏生八九子"，蘇晉仁、蕭煉子《宋書樂志校注》云："按《樂府詩集》二八，《烏生》，一名《烏生八九子》，此"十五"二字，疑爲"八九"二字之誤）。又説："凡此諸曲，始皆徒歌，既而被之弦管。又有因弦管金石，造哥以被之，魏世三調哥詞之類是也。"所以《宋書·樂志》所錄"清商三調歌詩"，説是"荀勗撰舊詞施用者"。蘇晉仁、蕭煉子《宋書樂志校注》認爲："按《隋書·經籍志》四載荀勗撰《晉讌樂歌辭》十卷，《舊唐書·經籍志》二、《新唐書·藝文志》一均作《樂府歌詩》十卷，此處所載'荀勗撰舊詞施作'之曲，當即出於其書。亦即《古今樂錄》所云'荀氏錄'也。"現在我們從《文選》中所見幾首"古辭"，《飲馬長城窟行》屬"瑟調曲"，《傷歌行》屬"雜曲歌辭"；《長歌行》和六臣註本所載《君子行》則屬"平調曲"。"平調"、"瑟調"均屬於"清商三調歌詩"，經荀勗整理過，他是否採用民歌本辭，本來就是疑問；至於"雜曲歌辭"《傷歌行》，據《樂府詩集》卷六十二説：

"《傷歌行》，側調曲也。"這"側調曲"據《文選》謝靈運《會吟行》李善注引《宋書》佚文云："第一平調，第二清調，第三瑟調，第四楚調，第五側調。然今三調，蓋清、平、側也。"那麼《傷歌行》當亦屬"清商三調歌詩"，經荀勗的手整理過。荀勗整理這些樂曲，用的雖爲"舊詞"，卻多非原本的民歌，而更多地代之以曹操父子等人的擬作。其中雖然也有部分採用了漢"相和歌"的原辭如《白頭吟》、《雁門太守行》、《艷歌羅敷行》等，但數量不多，更多的則爲曹操、曹丕、曹叡和少量曹植之作。所以宋齊間人王僧虔曾云："又今之《清商》，實由銅雀，魏氏三祖，風流可懷。"（見《宋書·樂志》及《南齊書·王僧虔傳》）《文心雕龍·樂府篇》也説："至於魏之三祖，氣爽才麗，宰割辭調，音節靡平。觀其北上衆引，秋風列篇，或述酣宴，或傷羈戍，志不出於淫蕩，辭不離於哀思；雖三調之正聲，實韶夏之鄭曲也。"劉勰説曹操父子祖孫"宰割辭調"，可能指他們對漢"相和歌"原曲已作過修改調整，那麼荀勗所撰錄的"清商三調歌詩"，其更動漢曲本來面目處，有些可能還是承襲魏時人的故技。這只要看曹丕的《臨高臺》中雜入古辭《艷歌何嘗行》；曹叡的《步出夏門行》中雜有曹操《短歌行》、曹丕《丹霞蔽日行》就很清楚。

值得注意的是：《文選》所錄四首"古辭"，在其他曲籍中竟都可以找到它們的作者主名。如《飲馬長城窟行》，原文云：

青青河邊草，緜緜思遠道。遠道不可思，宿昔夢見之。夢見在我傍，忽覺在他鄉。他鄉各異縣，輾轉不可見。枯桑知天風，海水知天寒。入門各自媚，誰肯相爲言。客從遠方來，遺我雙鯉魚。呼兒烹鯉魚，中有尺素書。長跪讀素書，書上竟何如。上有加餐食，下有長相憶。

關於此詩，李善注云："酈善長《水經》曰：余至長城，其下往往有泉窟，可飲馬。古詩《飲馬長城窟行》，信不虛也。然長城蒙恬所築，言征戍之客，至於長城而飲其馬。婦思之，故爲《長城窟行》。"按：李注所引《水經注》文字，與今本《水經注》不同。檢《河水三》有如下一段文字："其水又西南，入芒於水，西南逕白道南谷口，有長城在右，側帶長城，背山面澤，謂之白道。南谷口有城，自城北出，有高阪，謂之白道嶺。沿路惟土穴，出泉，挹之不窮。余每讀《琴操》，見琴慎相和，《雅歌錄》云：飲馬長城窟，及其扳陟斯途，遠懷古事，始知信矣，非虛言也。"這段文字似只是講長城旁邊的泉窟，而且下文有"疑趙武靈王之所築也"語，似與秦築長城無干。而同書同卷又有另一段話："始皇二十四年，起自臨洮，東暨遼海，西並陰山，築長城，及南越地，晝警夜作，民勞怨苦。故楊泉《物理論》曰：'秦始皇使蒙恬築長城，死者相屬，民歌曰：生男愼勿舉，生女哺用餔；不見長城下，尸骸相支拄。其冤痛如此矣。"這段話則涉及了秦始皇築長城的事。《樂府詩集》卷三十八中引了《水經注》中後一段話，也略述了前一段話的大意。又引《樂府解題》曰："古詞傷良人遊蕩不歸，或云蔡邕之辭。若魏陳琳辭云：'飲馬長城窟，水寒傷馬骨'，則言秦人苦長城之役也。"據此，郭茂倩似乎也認爲《文選》所載"古辭"，乃遠行者思家的作品，與陳琳之寫築長城時人民的冤痛無關。這大約是他採用了唐以前人對這首古辭的比較一致的看法。據五臣張銑注云："長城，秦所築以備胡者，其下有泉窟，可以飲馬，征人路出於此而傷悲矣。言天下征役軍戎未止，婦人思夫故作是行。"此説與李善相同。至於徐陵所編《玉臺新詠》，則把這首詩置於陳琳《飲馬長城窟行》之前，定爲漢蔡邕之作。此詩是否蔡邕所作，研究者多取懷疑態度。但據《後漢書·蔡邕傳》，蔡邕在漢靈帝時，確曾因觸怒皇帝，"與家屬髡鉗徙朔方"，"居五原安陽縣"，"自徙及歸，凡九月焉。"因此《玉臺新詠》之説，也未必全無可能。關於這首詩，已故的齊天舉同志認爲"從風神意藴看，本篇很像是剛從民歌脫胎的，酷肖《古詩十九首》中的某些篇章，所以前人或認爲是擬古詩"（見《漢魏六朝詩鑒賞辭典》，上海辭書出版社本第94頁）。此説頗有見地，而《古詩十九首》也大抵是東漢中後期人所作，與蔡邕年代相去不遠。但此詩和陳琳的《飲馬長城窟行》内容很不相同。陳琳之作，當非擬此而作。但陳詩中也有《水經注》引楊泉《物理論》所載的"生男愼勿舉"等四句，楊泉是由吳入西晉的人，他不可能誤以陳琳詩句爲秦時民歌。最大的可能應是在漢末以前，本有一首民歌《飲馬長城窟行》，其中原有"生男"四句，陳琳之作中保存了那首民歌的原文。至於《文選》所收的"古辭"，則爲無名氏文人或蔡邕之作，後來曾一度被樂官們譜曲演唱過，就被稱爲《飲馬長城窟行》的古辭。其實它本身也許和長城根本沒有關係。詩中説到的只是"遠道"、"他鄉"，並非確指長城，更和邊地之苦無關。試看《樂府詩集》所載晉代傅玄、陸機的兩首同題之作，那麽傅詩近於"古辭"，陸詩近於陳作。可見兩個不同題材的《飲馬長城窟行》，在西晉已有，而證以楊泉之説，則《文選》所謂"古辭"，只能是"古詩"的同義語，非指樂曲原辭。

關於《傷歌行》"昭昭素月明"一首，《文選》和《樂府詩集》雖作"古辭"，但《玉臺新詠》卷二作魏明帝曹叡。《藝文類聚》卷四十二作"古《長歌行》"，而《樂府詩集》則謂"側調曲"，編入"雜曲歌辭"中。關於這詩，清人吳淇在《六朝選詩定論》中説："此首從《明月何皎皎》翻出。古詩俱是寐而復起，俱以'明月'作引，俱有'徘徊''徬徨'字。但彼於户内寫徘徊，户外寫徬徨，態在出户入房上。此首徘徊徬徨俱在户外，中卻於離床以後，下階以前，先寫出一段態來，各極其妙。'東西何所之'，莫我知也夫；'舒憤訴穹蒼'，知我其天乎。"此論極有見地，説明此首當作於《古詩十九首》中的《明月何皎皎》之後，乃文人擬古之作，雖未必能斷定是曹叡作，至少也是文人作品，並非《傷歌引》的民歌本辭。再説據《文選》李善注引《宋書》佚文，"側調"本亦清商三調歌詩"，其中多有"魏三祖"詩，亦可見此詩出於文人擬作。

關於《長歌行》（"青青園中葵"），雖然《文選》和《藝文類聚》都認爲是"古辭"，但我認爲也有疑問。因爲《樂府詩集》卷三十講到"平調曲"時，引《古今樂録》曰："王僧虔《大明三年宴樂伎録》：平調有七曲。一曰長歌行，二曰短歌行，三曰猛虎行，四曰君子行，五曰燕歌行，六曰從軍行，七曰鞠歌行。荀氏録所載十二曲，傳者五曲：武帝'周西'、'對酒'，文帝'仰瞻'，並《短歌行》。文帝'秋風'、'別日'，並《燕歌行》，是也。其七曲今不傳：文帝'功名'，明帝'青青'，並《長歌行》。武帝'吾年'，明帝'雙桐'，並《猛虎行》。'燕趙'，《君子行》。左延年'苦哉'，《從軍行》。'雉朝飛'，《短歌行》是也。"這裏所謂"今不傳"的七曲，當指曲譜不傳，至於曲辭並沒有都失傳，如"明帝'雙桐'"，即《樂府詩集》卷三十一所引"雙桐生空井，枝葉自相加；通泉溉其根，玄雨潤其柯"等句。黄節先生和逯欽立先生均已輯録（見《魏武帝魏文帝詩注》附《魏明帝詩注》和《先秦漢魏晉南北朝詩》）。"左延年'苦哉'"，即《樂府詩集》卷三十二引《樂府廣題》所載左延年《從軍行》："苦哉邊地人，一歲三從軍。三子到燉煌，二子詣隴西。五子遠門去，五婦皆懷身。"那麽所謂

"明帝'青青'",疑即今《樂府詩集》卷三十所載古辭《長歌行》中的"青青園中葵"一首,亦即《文選》所錄那首詩。因爲《樂府詩集》所載古辭《長歌行》有二首,其第二首"仙人騎白鹿"的下半首,逯欽立先生據《藝文類聚》卷二十七考定,詩中"岧岧山上亭"以下,是曹丕的《於明津作詩》。那麼《文選》所錄的《長歌行》"青青園中葵"爲曹叡詩,確有其可能性,至少從此詩風格看,也與《古詩十九首》等作相似。所以此詩是否民歌,也頗可懷疑。

六臣注本《文選》所多出的那首古辭《君子行》,據《藝文類聚》卷四十一說是"魏陳思王曹植《君子行》"。此詩是否曹植作,當然很難據此孤證下結論。不過從詩中"周公下白屋,吐哺不及餐;一沐三握髮,後人稱聖賢"等句看,的確不大像"漢世街陌謠謳"。尤可注意的是所用周公典故,在建安曹氏父子詩中多次出現,如曹操《短歌行》:"周公吐哺,天下歸心";曹丕《善哉行》("朝日樂相樂"):"慊慊下白屋,吐握不可失";曹植《豫章行》:"周公下白屋,天下稱其賢。"這不能説是一種偶然現象,所以《藝文類聚》把此詩算作曹植作,當有其理由。

綜上所述,我們大致可以得出這樣一個結論:即《文選》所錄樂府詩,並不取"漢世街陌謠謳",收的只是一些文人擬作。所以像《陌上桑》、《孔雀東南飛》、《孤兒行》、《婦病行》等民歌,辛延年《羽林郎》、宋子侯《董嬌嬈》等下層文人之作亦未入選。這裏涉及到蕭統的文學思想有崇尚典雅,而反對俗體的傾向。關於這問題,我在《從樂府詩看〈文選〉》一文中已有論述,不必贅言。根據這一情況,我認爲《文選》所謂"古辭",其實與"古詩"是同義語。這一點逯欽立先生《漢詩別錄》(《漢魏六朝文學論集》第 28 頁)和拙作《樂府與古詩》(《中古文學史論文集》第 435 頁)均已論到。正因爲如此,《文選》所收作品中也還有本屬樂府,而蕭統只以普通古詩視之者,我將在下節詳論。

三

關於《文選》中有主名的詩,有些也頗可研究。例如班婕妤的那首《怨歌行》,據《文心雕龍·明詩篇》記載,齊梁時代人就懷疑並非班婕妤作。後來學者多持懷疑態度。逯欽立先生認爲出於三國魏初年高等伶人之手，王發國先生在《詩品考索》中則認爲此詩出現在王粲、徐幹和曹丕之前，因此不當懷疑（見《詩品考索》第187頁）。其實五言詩的興盛一般在東漢中期以後，此詩的出現比王粲等人爲早，這完全可能，至於是否班婕妤作，卻很難斷定。但我覺得需要注意的似不在於它是否班婕妤作，而在它作爲《怨歌行》的曲辭。據《文選》李善注："《歌錄》曰：'《怨歌行》，古辭。'然言古者有此曲，而班婕妤擬之。"據此，則李善認爲此詩並非《怨歌行》的本辭。那麼《怨歌行》的本辭究竟是哪首呢？據《宋書·樂志三》，"楚調"中有《明月·怨詩行》，即經過改寫的曹植《七哀詩》，據云是"晉樂所奏"。《樂府詩集》卷四十一引《古今樂錄》曰："《怨詩行》，歌東阿王（即曹植'明月照高樓'）一篇。王僧虔《伎錄》曰：'《荀錄》所載古《爲君》一篇，今不傳。'"又引《樂府解題》曰："古詞云：'爲君既不易，爲臣良獨難'。言周公推心輔政，二叔流言，致有雷雨拔木之變。"這首"爲君既不易"，在《樂府詩集》卷四十二作《怨歌行》，列於班婕妤之作後面，題"魏曹植"，詩末有"右一曲晉樂所奏"七字。這首《怨歌行》在晉代確實演奏過。《晉書·桓宣附桓伊傳》：

> 時謝安女壻王國寶專利無檢行，安惡其爲人，每抑制之。及孝武末年，嗜酒好内，而會稽王道子昏瞀尤甚，惟狎昵諂邪，於是國寶讒諛之計稍行於主相之間。而好利險詖之徒，以安功名盛極，而構會之，嫌隙遂成。帝召（桓）伊飲讌，安侍坐。帝命伊吹笛。伊神色無迕，即吹爲一弄，乃放笛云："臣於筝分乃不及笛，然自足以韻合歌管，請以筝歌，並請一吹笛人。"帝善其調達，乃敕御妓奏笛。伊又云："御府人於臣必自不合，臣有一奴，善相便串。"帝彌賞其放率，乃許召之。奴既吹笛，伊便撫筝而歌《怨詩》曰："爲君既不易，爲臣良獨難。忠信事不顯，乃有見疑患。周旦佐文武，《金縢》功不刊。推心輔王政，二叔反流言。"聲節慷慨，俯仰可觀。安泣下沾衿，乃越席而就之，捋其鬚曰："使君於此不凡！"帝有愧色。

這段記載亦見《世説新語·任誕篇》注引《續晉陽秋》，雖未收詩句，卻也提到"伊撫筝而歌《怨詩》，因以爲諫也"。桓伊所歌的《怨詩》，也就是王僧虔所説的"《荀錄》所載古《爲君》",但並非"不傳",而是至今猶存,他說"不傳",可能亦指演奏的曲調。關於此詩作者歷來說法不一,王僧虔《伎錄》、《古今樂錄》、《樂府解題》等以爲是"古辭";《太平御覽》以爲是"古詩";《北堂書鈔》以爲是曹丕作;《藝文類聚》和《樂府詩集》等以爲是曹植。後來人大抵相信是曹植作。但我在《樂府和古詩》中曾懷疑這看法。現在看來,此詩作者大約並非曹植。因爲據《樂府詩集》卷五十三《魏陳思王(即曹植)鼙舞的説明中引《古今樂錄》文字説:"魏曲五篇:一《明明魏皇帝》,二《大和有聖帝》,三《魏歷長》,四《天生烝民》,五《爲君既不易》,並明帝造,以代漢曲,其辭並亡。陳思王又有五篇,……"《宋書·樂志四》也有"魏《鼙舞歌》五篇"之目,與《古今樂錄》同,雖未錄歌辭,卻與"魏陳思王《鼙舞歌》"分開。這是一個很重要的綫索,因爲魏晉時同一歌辭,本可用不同曲調歌唱。如《宋書·樂志四》所載"《拂舞》歌詩五篇"中有《碣石篇》,即曹操《步出夏門行》;"相和歌"《棄故鄉·陌上桑》(曹丕作),"亦在瑟調《東西門行》"。那麼這《爲君既不易》,當即《怨詩·爲君既不易》。此詩未必是曹叡作,因爲曹叡恐怕不能自作"太和有聖帝"這樣的詩,疑是他命所屬官員作,也可能採用"古辭"。但這"古辭"當亦無名文人作,其內容亦不像民歌。

從王僧虔《伎錄》和《古今樂錄》的話看來,似乎曹植《七哀詩》和《爲君既不易》同屬晉代樂官所奏的《怨歌行》或《怨詩》。這當然也有此可能。因爲《宋書·樂志三》所載《陌上桑》,凡三首;《短歌行》也是三首;《燕歌行》有二首。但這裏講的《怨歌行》,情況不同。根據《古今樂錄》,在南朝時所演奏的是《七哀詩》,據王僧虔《伎錄》,則西晉荀勖時曾奏《爲君既不易》,而且東晉時所奏似亦爲《爲君既不易》(據《晉書》和《世說》注)。爲什麼到《宋書·樂志》中就只錄《七哀詩》了呢?我覺得《宋書·樂志》所載的那首經改寫的《七哀詩》,其改定時間最早也應在東晉以後,改編者還可能是南方籍的樂官。因爲改寫後的歌辭第四解云:

君懷常不開,賤妾當何依。恩情中道絶,流止任東西。

在這裏是"依"字與"西"字爲韻,這裏的"西"字,和後來《廣韻》等書中把它列入"齊"韻是一致的。但漢魏人對"西"字的讀法完全不是這樣。它和

"先"是同音字。如《文選》史孝山《出師頌》:"西零不順,東夷遘逆。"李善注"西零即先零也"。《水經注·河水二》:"湟水又東南流,逕龍夷城,故西零之地也。《十三州志》曰:'城在臨羌新縣西三百一十里,王莽納西零之獻,以爲西海郡,治此城。'"史孝山(史岑)爲東漢人;酈道元雖北魏人,記漢事當據漢代的記載,故襲用古字。[1]在漢魏六朝詩的用韻中,可以找到許多例子說明這問題。如:漢代的民歌《雁門太守行》:"天年不遂,蚤就奄昏。爲君作祠,安陽亭西。欲令後世,莫不稱傳。"曹丕《燕歌行》:"耿耿伏枕不能眠,披衣出戶步東西。"曹植《吁嗟篇》:"驚飆接我出,故歸彼中田。當南而更北,謂東而反西。"曹叡《步出夏門行》:"商風夕起,悲彼秋蟬。變形易色,隨風東西。"左延年《從軍行》:"苦哉邊地人,一歲三從軍。三子到燉煌,二子詣隴西。五子遠鬥去,五婦皆懷身。"甚至南朝宋袁淑的《效曹子建樂府〈白馬篇〉》也有"義分明於霜,信行直如弦。交勸池陽下,留宴汾陰西"等句。袁淑祖籍陳郡陽夏(今河南太康),故仍用中原舊音。至於南朝民歌,則用韻依據吳地方音,"西"字已入"齊"韻。如《子夜歌》第三十六首:"儂作北辰星,千年無轉移。歡行白日心,朝東暮還西。"《神弦歌·湖就姑曲》:"湖就赤山磯,大姑大湖東,仲姑居湖西。"梁吳均《與柳惲相贈答六首》其三:"幂羃蠶餌蠒,差池燕吐泥。願逐東風去,飄蕩至遼西。"吳均是吳興故鄣人,故用"齊"韻。從這裡我們可以得出一個結論,即所謂"晉樂所奏"的《明月·怨詩行》(即改編了的《七哀詩》)當出於東晉後南方人之手。至於《怨歌行》和《怨詩行》,本是一曲,《樂府詩集》分爲二種,其實並不正確。因爲班婕妤的《怨歌行》,《玉臺新詠》作《怨詩》;《爲君既不易》一首,《樂府詩集》和《曹植集》作《怨歌行》,而《晉書》則作《怨詩》。王僧虔《伎錄》和《古今樂錄》則把《七哀詩》、《爲君既不易》都算作《怨詩行》。從目前材料推測,我認爲相傳爲班婕妤的《怨歌行》和那首《爲君既不易》的"古辭",入樂當較早,應在三國魏時或更早,尤其前者更可能在建安以前。但這兩首詩均非民歌,且亦非《怨歌行》的原辭,這一點《文選》李注已有說明。此外,《樂府詩集》卷四十一還有一首稱爲"古辭"的《怨詩行》:

天德悠且長,人命一何促。百年未幾時,奄若風吹燭。嘉賓難再遇,人

命不可續。齊度遊四方，各繫太山錄。人間樂未央，忽然歸東岳。當須
盪中情，遊心恣所欲。

此首在唐以前典籍中均未提及，但從風格來看似較古樸，大約和《古詩十九首》中的《驅車上東門》、《去者日以疏》、《生年不滿百》是一類作品，情調、風格均很近似。它和阮瑀那首《怨詩》："民生受天命，漂若河中塵。雖稱百齡壽，孰能應此身。猶獲嬰凶禍，流落恒苦辛"也較相像。我覺得此首恐是《詩品》所說古詩"《去者日以疏》四十五首，雖多哀怨，頗為總雜，舊疑是建安中曹王所制"中的一首。其產生時代大約也在漢魏之間，恐不見得早於相傳為班婕妤之作，亦不能說它是《怨詩行》的本辭。

關於"軍戎"、"詠史"和"挽歌"三個子目中選的詩，情況各不相同，但有一點可以肯定：即《文選》本來不是以樂府詩視之。"軍戎"只取王粲的五首《從軍詩》，這五首詩本非一時一事之作（第一首寫建安二十年曹操平關中事；第二至五首寫建安二十一年伐吳事），也和後來一些人擬作的《從軍行》無甚關係。"清商三調歌詩"中"平調曲"有《從軍行》，據《樂府詩集》卷三十所引《古今樂錄》轉載王僧虔《大明三年宴樂技錄》提到此曲時稱"左延年'苦哉'《從軍行》"一語來看，魏及西晉時所歌《從軍行》，本為左延年作，不是王粲的《從軍詩》；而且左詩除了《樂府廣題》所載《苦哉邊地人》外，還有一首稱"古樂府左延年《從軍詩》，見於《初學記》卷二十二，其辭曰：'從軍何等樂，一驅乘雙駁。鞍馬照人白，龍驤自動作。'"現在看來，陸機、顏延之擬作的《從軍行》均以"苦哉遠征人"開首，明顯地模仿左延年，與王粲之作卻並無關係。左延年是個樂官，地位不高，據《晉書·樂志》，他生活於魏黃初、太和年間，時間比王粲為晚。這裏就產生一個疑問：像陸機、顏延之這樣的一代文宗作擬樂府，為什麼不擬大名鼎鼎的王粲，而去擬一個位卑名微的左延年。我認為只以說明王粲原作本非樂府歌辭，而左延年之作，卻本屬歌辭。左延年的詩，今存者還有一首《秦女休行》，風格質樸，近似當時口語，這和《從軍行》的風格也相類。看來左延年其人文學修養不高，他這些詩可能只是對民歌作些音樂上的加工。這些詩倒可能原是民歌本辭。我甚至懷疑相傳左延年的兩首《從軍行》一首寫"苦"，一首寫"樂"，可能還是較早的民歌。王粲《從軍詩》第一

首以"從軍有苦樂"開首，還可能是從此受的啓發。因此《文選》立"軍戎"一目，不把王粲詩作樂府，而把陸機《從軍行》收入樂府目該是對的，《樂府詩集》收王粲之作則是錯誤的。

關於《挽歌》，據《樂府詩集》卷二十五引《古今樂錄》記述劉宋張永《元嘉技錄》所載《相和》有十五曲，無"挽歌"名目。《文選》李善註在繆襲之作題下引譙周《譙子·法訓》，指爲起於田橫門人。關於譙周此説，《世説新語·任誕篇》註所引尤詳，而劉孝標已對此提出反駁。此説是非姑置勿論，但《樂府詩集》把"挽歌"列於《薤露》《蒿里》之後，大約認爲性質相近之故。但《薤露》、《蒿里》均有"古辭"，且頗似民歌。"挽歌"則和《文選》一樣，以繆襲之作爲首。繆詩顯然已屬較成熟的文人詩，是否演奏過很難確知。《世説新語·任誕篇》記張湛和袁山松曾在酒後和出遊時唱"挽歌"，是否繆詩，無可改知。至於陸機之作，本來不是演奏所用，陶淵明所作，顯然模仿陸機。這些詩既非樂府名目，也不見得演唱，那麼不入"樂府"這一子目，當亦合理。

關於"詠史"一類，其實只有一首顏延之的《秋胡詩》，被《樂府詩集》收入。《秋胡行》確是"清商三調歌詩"中的"清調曲"之一。《宋書·樂志三》所載曹操《晨上散關山》、《願登泰華山》二首，《樂府詩集》還載有曹丕所作《秋胡行》三首（《堯任舜禹》、《朝與佳人期》、《汎汎淥池》）都和秋胡故事毫無關係。《秋胡行》本來應該是叙事詩。《文選》李善註只引劉向《列女傳》介紹故事情節是對的。因爲曹操、曹丕之作僅僅是模仿其曲調。相對來説，傅玄的《秋胡行》倒是符合此曲原意的。"秋胡戲妻"這個在古代相當流行的故事，未必實有其事，但蕭統篤信劉向的記載在當時也不難理解。問題在於蕭統不取傅玄之作而僅取顏延之的詩，這大約是由他的文學觀決定的。傅玄的兩首《秋胡行》，前一首不免質木無文，後一首雖較有文采，仍多民歌氣息，不如顏作典雅。這正是蕭統棄彼取此的主要原因。另外，顏延之此詩在南朝確也是很傳誦的名作。《南史·謝弘微附謝莊傳》："莊有口辯，孝武嘗問顏延之曰：'謝希逸《月賦》何如？'答曰：'美則美矣，但莊始知"隔千里兮共明月"。'帝召莊以延之答語語之，莊應聲曰：'延之作《秋胡詩》，始知"生爲久離別，没爲長不歸"。'帝撫掌竟日。"此事不見《宋書·謝莊傳》，不管是否出於傳聞，但至少説明

《秋胡詩》是當時傳誦之作，因此《文選》中所收詩歌，多爲抒情之作，而僅取這一篇叙事詩。從這個事實來看，也更可以理解蕭統不錄《陌上桑》、《羽林郎》、《孔雀東南飛》等名篇而僅取顏延之此詩是出於他的過於强調"典雅"。

關於《雜詩》這一子目，主要是涉及《古詩十九首》中一些作品的問題。《古詩十九首》雖非有主名之作，但這問題卻與入選的個別有主名的作品有關，而且和某些雖未入選卻也頗有影響的詩歌有關。例如《驅車上東門》一詩，在《文選》中只是"古詩"，而《藝文類聚》卷四十一則作古《驅車上東門行》，以它爲"樂府古詩"；《樂府詩集》卷六十一作爲《驅車上東門行》的《雜曲歌辭》收入。值得注意的是《藝文類聚》中在古《驅車上東門行》之後錄入"晉陸機《駕言出北闕行》"、"宋鮑照《驅馬上東門行》"二首。其中陸機那首《駕言出北闕行》的起句竟是"驅車上東門"。據馮煦校本云："意是題下註，今混寫耳。"《駕言出北闕行》據《陸機集》原文爲：

> 駕言出北闕，躑躅遵山陵。長松何鬱鬱，丘墓互相承。念昔徂殁子，悠悠不可勝。安寢重冥廬，天壤莫能興。人生何所促，忽如朝露凝。辛苦百年間，戚戚如履冰。仁知亦何補，遷化有明徵。求仙鮮克仙，太虛不可凌。良會罄美服，對酒宴同聲。（《樂府詩集》所載基本相同，僅個別字有出入。）

此詩一望而知是在着力模仿《驅車上東門行》，所以馮舒的説法顯然不誤。《樂府詩集》將陸機此詩也緊靠《驅車上東門行》載入，説明郭茂倩和歐陽詢一樣，認爲陸詩是這首古詩的擬作。《藝文類聚》在陸詩下錄鮑照《驅車上東門行》，實即《文選》中"樂府"的鮑照《東門行》。《文選》錄《東門行》，李注引《歌錄》曰："《日出東門行》，古辭也。"胡克家《考異》云："案'日'字不當有，各本皆衍。"其實胡氏没有考慮到爲什麽"各本皆衍"。恐怕他没有考慮到《藝文類聚》的異文，僅憑《鮑參軍集》作《東門行》，而相和歌中又確有《東門行》的曲調。我懷疑《文選》李註在這裏也許有脱誤，"日"甚至可能是"車"字之誤。至於《樂府詩集》在陸機詩下面載有阮瑀的《駕出北郭門行》，阮瑀卒於漢末，比陸機早。但郭茂倩以陸詩置於阮詩之前，正説明他認爲陸詩是直接擬古詩的，阮詩内容不同，故另立一類。我卻覺得阮詩與古詩《驅車上東門》還是有模仿關係的。因爲"上東門",本是漢魏洛陽城東最靠北頭的城門。《洛陽伽藍記》楊衒之原序:"東面有三門,北頭第一門曰建春門。漢曰上東門。阮籍詩曰:'步出上東門'是也。"洛陽城北的北邙山,是漢魏至北朝許多達官貴人墳墓所在。古詩所謂"驅車上東門,遙望郭北墓"就是指此,因此不論"《駕出北闕門行》"、"《駕出北郭門行》"還是"《驅馬上東門行》",用意都和《驅車上東門行》相類似。不過陸機是着力模仿,阮瑀、鮑照是略變其意。這和曹操的《薤露》、《蒿里》同是在用一個曲調而注入某些新內容。

關於《驅車上東門》的問題,又使人聯想起前人爭論已久的《生年不滿百》問題。清人朱彝尊在《書〈玉臺新詠〉後》中曾提出此詩是竄改《西門行》古辭而成,關於這問題,近人古直在《漢詩研究·古詩十九首辨證》中已作了有力的反駁。我過去在《樂府與古詩》(《中古文學史論文集》第436頁)中雖不完全同意朱說,卻仍懷疑《生年不滿百》是從《樂府詩集》所載《西門行》本辭而來。其實那首"本辭"不見於《宋書·樂志》,是否比古詩《生年不滿百》爲早,頗可懷疑。以"本辭"來說,它原文爲:

> 出西門,步念之。今日不作樂,當待何時?逮爲樂,逮爲樂當及時。何能愁怫鬱,當復待來茲。釀美酒,炙肥牛,請呼心所歡,可用解憂愁。人生不滿百,常懷千歲憂。晝短苦夜長,何不秉燭遊。遊行去去如雲除,弊車羸馬爲自儲。

這首詩似乎也是演奏的唱辭,如"逮爲樂,逮爲樂當及時"這樣的句子,如果不是唱辭,很難想像會這樣寫。再說此詩大部分句子同於《生年不滿百》外,"釀美酒,炙肥牛"很像曹丕《艷歌何嘗行》中"但當飲醇酒,炙肥牛";"可用解憂愁"又近似曹操《短歌行》中"以何解愁"。看來它是一首拚湊出來的詩,可能爲晉代樂官改編《生年不滿百》時的初稿。所謂"晉樂所奏",本來比較複雜,上面我已說到像曹植《七哀詩》的改變,大約出於東晉時人之手,還不一定是西晉荀勖等人所改。至於《古詩十九首》中許多作品,陸機已作模仿,陸機時代和荀勖差不多,如果《駕出北郭門行》與《驅車上東門》確有聯繫的話,那麼阮瑀還在荀勖以前。上述情況說明,在漢魏甚至晉代,人們對"樂府"和"古詩"二者的概念是很少區別的,所以《孔雀東南飛》原名就叫《古詩爲焦仲卿妻作》。凡是詩歌都能改編成一定曲調歌唱。本來，正如《文心雕龍·樂府篇》所說："凡樂辭曰詩，詩聲曰歌。"最早的詩，都是歌辭。《史記·孔子世家》："三百五篇（即《詩經》），孔子皆弦歌之，以求合韶武雅頌之音。"詩和歌的分家，則爲從魏晉以後逐步地區分開來的。即使到了蕭統、徐陵時，他們有時還承襲前人沿用的名稱，不加劃分。時至今日，由於史料的的缺乏，我們更難把《文選》、《玉臺新詠》中所存"古詩"一一加以區別。説某首曾經入樂，某首未曾入樂。至於像朱彝尊那樣硬要把無名氏"古詩"定爲枚乘所作，就尤屬主觀武斷了。

注　釋

〔1〕《顏氏家訓·音辭》講到南北朝人語言時説："而南染吳、越，北雜夷虜，皆有深弊，不可具論。"可見南北朝時語音不同。對"西"字的讀法，可能南朝已受吳語影響，而北朝當時尚存古音，也未可知。但入隋後北人作詩，亦入"齊"韻如薛道衡《昔昔鹽》"今年往遼西"與"泥"、"蹄"爲韵。

（本文作者　中國社會科學院文學研究所）

On Yue-Fu Poetry in the Anthology edited by Xiao Tong

Cao Daoheng

Summary

There is a catalogue of Yue-fu Poetry in the Anthology edited by Xiao Tong. In fact, that is not all the same kinds of poetry, because there are some Yue-fu poems in the other catalogues. Judging from this, Xiao Tong edited all of these poems by the litary standard. The so-called "Ancient Songs" by anonymous poets was not necessarily the original words of folk songs, especially the so-called "Qing Shang San Diao Ge Shi" by Xun Xu, based on the poems of Cao Cao and his sons. These poems hardly belonged to the folk, mainly to the anonymous poets.

Under similar circumstances, some poems, for example, "the Complaint Song" by Ban Jie-yu, perhaps were written by anonymous poets. "The Complaint Song" (being monarch is not easy) in the west Jin Dynasty was not included in the Anothology, which belonged to the anonymous poets. As to "Seven Lament" (by Cao Zhi), compared with the same title poems in the Anthology, being included in the Song Shu, it was revised by southern poets after the East Jin Dynasty.

Being three catalogues, "Military", "Histry", "Dirge" including Yue-fu poetry, but Xiao Tong did not regard these poems as Yue-fu poetry. For instance, "With Army" by Wang Can should not been classified to Yue-fu poetry. In fact, it was taken in the Anthology of Yue-fu poetry by Guo Mao-qian. As to the "Ninteen Ancient Poems", for instance, "Driving to Shang Tong Gate" was sung. Lu Ji and Bao Zhao imitated it ever. Another poem called "Life under Hundred Years" may preceded the Song played by the Jin Dynasty.

讀稗散札

程毅中

《甘澤謠·素娥》的化身

唐袁郊《甘澤謠》的版本問題比較複雜。現存傳本九篇，與《郡齋讀書志》、《直齋書錄解題》著錄相合，但《聶隱娘》一篇《太平廣記》引作《傳奇》，還存在疑問，至今未能確認。周亮工《書影》卷一曾説：

> 今人演《武三思素娥》雜劇，鄙俚荒唐，見之令人噴飯。然實本於唐祠部郎中袁郊所作《甘澤謠》。或曰《甘澤謠》別自有書，今楊夢羽所傳，皆從他書抄撮而成，僞本也。或曰夢羽本未出時，已有抄《太平廣記》中二十餘條爲《甘澤謠》以行者，則夢羽本又贗書中之重儓矣。[1]

周亮工所引"或曰"的"抄《太平廣記》中二十餘條"以行的《甘澤謠》，現在未見傳本。只有錢希言《獪園》卷七也曾説："嘗見唐人小説有《甘澤謠》一書，載《魚服記》甚詳。"《魚服記》當即《續玄怪錄》中的《薛偉》故事，與《甘澤謠》無關，顯爲僞書。而瞿鏞《鐵琴銅劍樓藏書目錄》卷十七又説："《太平廣記》反多數篇，非原書也。"似乎他所見的《甘澤謠》還少於《太平廣記》所引的八篇，否則就是他説反了，誤認爲《太平廣記》所引還不止九篇。

與今本差異最大的是《分門古今類事》卷二《天后知命》條所引的《甘澤謠》佚文，節錄如下：

> 唐武三思已封王，后欲立之。晚歲獲一妓曰綺娘，有出世色，三思寵以專房，情意大惑。欲咤於人，乃置酒會公卿，莫不畢至。惟狄梁公托疾不往。酒行，命綺娘佐酒，清歌艷舞，妙冠一時。魏元忠有詩曰："傾國精神掌上身，天風驚雪上香裀。須臾舞徹霓裳曲，駴卻高堂滿座人。"拾

· 191 ·

> 遺蘇焜和之曰："紫府開樽召衆賓，更令妖艷舞紅裀。曲終獨向筵前立，滿眼春光射主人。"三思大喜，惟恨梁公不至，謂其客曰："何薄我哉！吾欲致之死地，易若反掌。"……綺娘曰："我非人也，乃天上花月之妖，帝遣我來奉笑言，亦欲蕩公之心爾。天方眷李氏，他姓不可當，願公無異志，則永保富貴。不然，武氏無遺類。狄公，時之正直人，我不敢見，安李氏者，必狄也。"遂寂不聞耗。……[2]

試與今本《素娥》篇作對比：

> 素娥者，武三思之姬人也。三思初得喬氏窈娘，能歌舞。三思曉知音律，以窈娘歌舞天下至藝也。未幾，沉於洛水，遂族喬氏之家。左右有舉素娥者曰："相州鳳陽門宋媼女，善彈五弦，世之殊色。"三思乃以帛三百段往聘焉。素娥既至，三思大悅，遂盛宴以出素娥，公卿大夫畢集，惟納言狄仁傑稱疾不來。三思怒，於座中有言。……（素娥）曰："請公不召梁公，今固召之，某不復生也。"三思問其由。曰："某非他怪，乃花月之妖，上帝遣來，亦以多言蕩公之心，將興李氏。今梁公乃時之正人，某固不敢見，某嘗爲僕妾，寧敢無情。願公勉事梁公，勿萌他志。不然，武氏無遺種矣。"言訖，更問亦不應也。……[3]

這二者除故事内容大體相似外，主人公姓名和情節都大不相同，素娥變成了綺娘，而且還增添了魏元忠和蘇焜的兩首詩，令人感到奇怪，不能不懷疑《分門古今類事》所引的是另一種書，或許是根據《甘澤謠》敷演改編的另一種版本。《分門古今類事》編纂於南宋初年，引書常有删節，但這樣的大改還没有發現其他例證。南宋周守忠《姬侍類偶》卷上《綺娘畏狄》條引《甘澤謠》亦作綺娘[4]，正與此同。更值得注意的是明代王圻編的《稗史彙編》卷一七五引素娥故事，與今本《甘澤謠》同，而注作《集異記》。如果王圻所注出處確有所據，那麼《太平廣記》引作《甘澤謠》倒是錯了。不過這樣解釋也很難肯定，因爲《太平廣記》編纂年代較早，而且權威性比《分門古今類事》和《稗史彙編》都更高一些，只能存疑。

《素娥》故事並不十分曲折，然而影響之大卻出乎我們想像之外。除上引《書影》所說《武三思素娥》雜劇外，明代有一本通俗性的艷情小說《素娥篇》，基本上據《甘澤謠》鋪演,而加入了大量的淫穢描寫[5],當然不能說是什麼重要的作品。值得注意的還有許多摹擬這個故事而改寫的明代小說。談遷《棗林雜俎》義集《天台山仙女》條載:

> 天台縣桃源洞,千山萬山,人烟斷絕。其間古桃樹年深化爲精魅,常迷人。宋王介甫夜坐,梅月照軒窗,讀《易》。忽有一姝,容貌姝麗,見介甫,自言知《易》,遂相與談論,盡窮妙理[6],實能發人所未發,介甫喜甚。間得報司馬君實來訪,介甫出迎至軒中,彼姝即隱身不出。及司馬出,彼姝復來。介甫怪而問之,對云:"妾乃此梅,花月之妖。君實正人,妾不敢相見。"介甫爽然。[7]

從文字看不像宋代人的記載,而像是明代人的小說。它按照《素娥》篇的情節結構,而把花月之妖所迷惑的對象說是王安石,明指他不是"正人",寫成了武三思一流的人物,顯然是一種惡意的攻擊。它雖然講的是宋代故事,但產生的年代卻可能較晚。明代嘉靖年間侯甸《西樵野記》卷五有一篇《桂花著異》,原文如下:

> 景泰間,總兵石亨西征,振旅而旋。舟次綏德河中,天光已暝,亨獨處舟中,扣舷而歌。忽聞一女子溯流啼哭,連呼救人者三。亨命軍士亟拯之,視其容貌妍絶。女泣曰:"妾姓桂,芳華其名也。初許同里尹氏,邇年尹家衰替,父母逼妾改醮,妾苦不從,故捐生赴水。"亨詰之曰:"汝欲歸寧抑欲爲我之副室乎?"女曰:"歸寧非所願,願爲公相箕帚妾耳。"亨納之,裁剪補綴,烹飪燔燎,妙絶無伍。亨甚嬖幸,凡相親愛者,輒令出見,芳華亦無難色。是年冬,兵部尚書于公謙至其第,亨欲誇寵於公,令芳華出見之,華竟不出。亨命婢督行者相踵於道,華竟不出。于公辭歸。亨大怒,拔劍欲斬之,芳華走入壁中,語曰:"邪不勝正,理固然也。妾本非世人,實一古桂,久竊日月精華,故成人類耳。今于公棟梁之材,社稷之器,安敢輕詣!獨不聞武三思愛妾不見狄梁公之事乎?妾於此永别矣。"言罷杳然。[8]

這個桂芳華自己就引證了"武三思愛妾不見狄梁公之事",可見它接受了《甘澤謠》素娥故事的影響,其情節結構如出一轍。有趣的是,祝允明的《祝子志怪錄》卷一有一篇《柏妖》，故事與《西樵野記》完全相同，主人公也是石亨和于謙，只是桂花變成了柏樹，桂芳華改爲柏永華。二者本爲一事，到底誰侵犯了誰的著作權呢？論年代祝允明略早於侯甸，不過《西樵野記》是侯甸自己編定的，有嘉靖庚子（十九年，1540）自序，而《祝子志怪錄》則是祝允明的曾孫祝世廉所編輯，刻於萬曆年間，似乎不如《西樵野記》可信。而且《艷異編》（四十五卷本之卷四十）也引作《桂花著異》。周近泉刻本《古今清談萬選》（王重民先生考定刻在萬曆八年之後）卷四又有《綏德梅華》一篇，還是這個故事，而花妖則變成了梅花，名爲梅芳華了。更晚一些，序於崇禎二年（1629）、署作西湖碧山臥樵纂輯的《幽怪詩譚》卷六《媚戲介胄》，又轉抄了這個故事，女主角還是梅芳華。談遷的《棗林雜俎》年代更晚，而花妖也是梅精，因此我懷疑它產生於《綏德梅華》流傳之後，只是把石亨改成了王介甫，于謙改成了司馬君實。同一母題的故事不斷演化，在古代文言小説中是常見的，但像素娥故事這樣源遠流長，變化多端，卻是一個十分突出的例證。由明代的情況來推想，那麽《分門古今類事》所引的綺娘故事也許是《甘澤謠》之後最早的一次再創作。

今本《甘澤謠》的文字與《太平廣記》所引略有差異，似出於不同的版本。例如《陶峴》一篇，今本結尾多出這樣一段：

> 孟彦深復遊青瑣，爲武昌令。孟雲卿當時文學，南朝上品。焦遂天寶中爲長安飲徒，時好事者爲《飲中八仙歌》云："焦遂五斗方卓然，高談雄辯驚四筵。"

焦遂這個人物，只見於《甘澤謠》，可以爲杜甫的《飲中八仙歌》作注。所以《四庫全書總目提要》說："今考此書陶峴條中實有布衣焦遂，而絕無口吃之説，足以證師古偽注之謬。是亦足資考證，不盡爲無益之談矣。"《陶峴》條亦見於陶宗儀《説郛》（涵芬樓排印本卷十九），文字與今本大致相同，可見它是元代以前的舊本。《輟耕錄》卷十四《婦女曰娘》條引《甘澤謠》也作綺娘而不作素娥，可證陶宗儀所見的《甘澤謠》確爲另一種版本。

《真珠傳》考

北宋張君房的《麗情集》基本上是一部再創作的小説集[9]。現存佚文散見各書，影宋本施、顧注《東坡先生詩集》卷六《五月十日與呂仲甫……同泛遊北山》注引《麗情集》盧諫議批牛相婢真珠牒後詩云："謝安山下娉婷女，馬季紗前縹緲人。"[10]同書卷十九《四時詞》之二注引《麗情集·真珠傳》："牛丞相婢曰真珠，盧肇賦詩曰：'知道相公憐玉腕，強將纖手整金釵。'"兩條當爲一事，盧諫議應即盧肇。按楊慎《譚苑醍醐》卷三《弓足》條說：

> 《麗情集》載章仇公鎮成都，有真珠之惑。或上詩以諷云："神女初離碧玉階，彤雲猶擁牡丹鞋。應知子建憐羅襪，顧步褰衣拾墜釵。"[11]

《升庵詩話》卷五載此詩題作《何兆章仇公席上詠真珠姬》。同引《麗情集》而主名及詩句均不同，似別有所據。按《唐詩紀事》卷五五《盧肇》條云："肇初計偕至襄陽，奇章公方有真珠之惑。肇賦詩曰：神女初離碧玉階，彤雲猶擁牡丹鞋。……"即《麗情集》所載詠真珠的詩。奇章公即牛僧孺。《唐摭言》卷十云：

> 皇甫松……丞相奇章公表甥，然公不薦。因襄陽大水，遂爲《大水辨》，極言誹謗，有"夜入真珠室，朝遊玳瑁宮"之句。公有愛姬名真珠。[12]

由皇甫松作序的劉軻《牛羊日曆》也曾詳細叙述了真珠的來由：

> 寶曆中，李愿，太尉晟之子也。早以勳蔭入仕，累仕方面，性甚奢豪而多內寵。時晚得一青衣，乃色中之尤者，乃字之曰真珠，意取季倫綠珠未臻於此。及愿年老，真珠轉名著，乃謀於親友曰："匹夫無罪，懷璧其罪。愿今老矣，乃家藏一女寶，曾不上聞，恐非臣子所宜。如得一善文者若登徒子能狀其妍艷，希一表以進，吾死無恨矣。"其所親乃求表於漢公。漢公辭不能文，乃告於（楊）虞卿，虞卿欲自圖之，曰："須一見，俾容態誌在一口目（疑有脫訛），然後可以操文。"愿從之。虞卿一見此姬，恍□□終不可得，乃話於僧孺。僧孺方持國柄，且曰："□吾能致之，亦何必上聞。"虞卿曰："愿意已決矣，相公若直取之，恐不如意。若計取之，萬萬得也。"乃薦漢公爲行人，曰："是子掉三寸，能易人五藏。"僧孺然之。漢公乃往見愿曰："竊聞司空欲貢一妓，誠有之乎？"愿曰："然。"漢公曰："竊爲司空危之。"愿驚曰："何至危也？"漢公曰："今主上春秋鼎盛，後宮如西子者數千。司空方更一真珠投之，何異擲一米於

太倉乎？若真珠承寵，上□意勢傾六宮，必責司空久自寵憐、歷年不進之□□退思之，乃爲司空危矣。"愿翻然曰："奈何？"漢公曰："大凡尤物必能禍人。真珠進與不進，恐終與司空爲禍。然向外竊知司空欲進此妓久矣，一旦罷之，人必謂司空惑溺而未能舍也。爲司空計，不若別與一人。"愿曰："誰可與也？"漢公曰："牛相訪一美色久矣，今司空不過求大鎮，冀欲回天心，不若將與牛相。牛相得妓，司空得鎮，不亦可乎？"愿乃甚悦。乃以真珠歸於僧孺。漢公遂爲狎客，以真珠爲賞心之具。雖公卿候謁，四方有急切，要一見而終不可得。[13]

《牛羊日曆》是極力攻擊牛僧孺、楊虞卿的，甚至稱他們爲"牛羊"，實際上不免有所虛構，近於小說。《麗情集》對這個故事可能又有鋪演，補充了盧肇題詩的後話。《施顧注蘇詩》所引佚文只能看出一些眉目，原貌已經不清楚了。周守忠《姬侍類偶》卷下引《真珠叙錄》，也只説："牛丞相鎮襄陽，納婢曰真珠，有殊色，歌舞之態，時號絕倫。"[14]《真珠叙錄》年代不詳，也不能與《真珠傳》互證。但明代人編的《繡谷春容》卷五下卻收了一篇《真珠乞離萬通受》的故事：

中丞陽公有一官妓，名真珠，甚有姿色，公甚寵之，歌舞絕倫。偶會盧參議同飲，出妓真珠佐歡。酒闌，盧善詞章極美，陽公重其文藝，復延於中寢。會珠沐髮，方以手加額。公曰："此盧公也。"因歸西院。公曰："此珠也，何惜一詠？"盧曰："神女初離碧玉階，彤雲低擁牡丹鞋。只道相公攜玉腕，強將纖手整金釵。"公稱賀之。自後公溺愛尤甚。公薨，珠有它志，攜妝奩數百萬出其第，遂就不逞之徒，委身於潼關閽者萬通受。既爲之妻，又更張紛拏。會盧參議有事於潼關，珠泣訴前事，陳狀乞離。參〔議〕批其牒云："謝安山上娉婷女，馬季樓前縹緲人。何事潼關萬通受，不生知感得相親。"通受得詩而謝過焉。[15]

這段記載比較完整，可以看出故事的全貌，似乎就出自張君房的《麗情集》。兩首詩的詞句與《施顧注蘇詩》所引佚句基本相同，盧參議當即盧諫議之誤。可是真珠的主人卻變成了中丞陽公，顯然並非《麗情集》的原文。"中丞陽"可能是"牛丞相"之訛，或者出自宋代之後的一種改編本。楊慎所引的

《麗情集》又把牛僧孺改成了章仇公（兼瓊），則是另一種改本了。《全唐詩》卷三百十一收有《章仇公兼瓊席上詠真珠姬》詩，文字與《升庵詩話》所引何兆詩相同，而題范元凱作，不知何據。或謂"章仇公"爲"奇章公"之訛，則詩當依《唐詩紀事》屬盧肇爲是。何兆，蜀人，《全唐詩》卷二百九十五收詩二首，其《贈兄》詩，《全蜀藝文志》卷二十亦作范元凱撰。《麗情集》所載《真珠傳》疑問很多，只能以宋人的《施顧注蘇詩》爲準，而以明人的資料作爲參考。

從《紅梅傳》到《古杭紅梅記》

北宋劉斧《摭遺》中有一篇紅梅故事，《類説》卷三十四引作《紅梅》，文字簡略，僅爲節要。《永樂大典》卷二八○九引《摭遺新説》作《紅梅傳》，文字較詳：

蜀州有紅梅數本，清香絶艷，花之殊品者也。郡侯構閣，環堵以固之，梅盛芳則郡侯開宴賞之。他時皆扃鑰，遊人莫得見之。一日梅已芳，郡將未至，有兩婦人高髻大袖，憑欄語笑。守梅吏仰視，因驗扃鑰如故，而上有人，何耶？乃走報郡侯。侯遣人往驗，既啓鑰，不見人，惟於閣東壁有詩一首，其詞曰："南枝向暖北枝寒，一種春風有兩般。憑仗高樓莫吹笛，大家留取倚欄干。"詩意清美，字體神秀，豈神仙中人乎？[16]

這個故事極簡單，所寫兩個婦人，與紅梅到底有什麽關係，並未説清楚。只有一首題壁詩，寫得頗有神韵，但也不見有多少仙意。這首詩又見於《詩話總龜》前集卷十引《金華瀛洲集》，説是劉元載妻作的《早梅》詩。據説：天聖中禮部郎中孫冕記三英詩，"劉妻哀子無立"，孫公愛其才而取其詩。《詩話總龜》編者原注也説明："又《摭遺》記《梅花》詩是女仙題蜀州江梅閣。"[17]看來這首詩是劉元載妻所作，後來被附會爲女仙的詩。劉元載妻作於天聖（1023—1031）以前，比劉斧的年代略早。南宋時洪邁《夷堅丙志》卷二《蜀州紅梅仙》又記載了另一個故事：

舊傳蜀州州治有所謂紅梅仙者。紹興中王相之爲守，延資中人李石爲館客。石年少才俊，勇於見異，戲作兩小詩書屏間以挑之。明日，便題一章於後，若相酬答。他日，郡宴客，中夕方散。石已寢，見一女子背榻踞胡床而坐，問之，不對。疑司理遣官奴來相汙染爲謔，或使君侍妾乘主父被酒而私出者，不然則鬼也。自謀曰："三者必居一於此矣，不如殺之，猶足立清名於世。"取劍奮而前。女子起行，相去數步間，逐之出户，俄躍升高木上，奄冉而滅。（下略）[18]

洪邁所記的是紹興年間的事，開頭就說"舊傳蜀州州治有所謂紅梅仙者"，可見紅梅仙故事相傳已久。但這個故事並不優美，李石所見的到底是仙是鬼也分辨不清。

明曹學佺《蜀中名勝記》卷二十五記載：

小說《摭遺》云："古靜州知州王鶚子讀書於義陽山，忽一女子前，自稱爲張笑桃，題紅梅詩於壁，墨迹未乾，遂不見人，疑爲梅仙。"以山屬平梁，故志於此，詩云："南枝向暖北枝寒……"[19]

曹學佺所引的《摭遺》有主人公的姓名王鶚子和張笑桃，似乎曾見到原書。但與《永樂大典》所引《摭遺新説》顯然有差別，而與《繡谷春容》、《燕居筆記》等書所收的佚名《古杭紅梅記》卻有相同之處。《古杭紅梅記》說的紅梅仙就名張笑桃，而男主角王鶚則是唐安刺史王瑞之子，題壁詩亦與《摭遺》相同。《古杭紅梅記》篇幅很長，插入詩歌很多，無疑是明代人的作品，可能是根據《摭遺》進行了奪胎換骨的改寫。開頭一段與《紅梅記》原作非常相似：

唐貞觀時諫議大夫王瑞字子玉，乃骨鯁臣也，出爲唐安郡刺史之任。有二子，長名鵬，次名鶚，皆隨焉。鶚頗有素志，處州治中紅梅閣下，置館讀書。閣前有紅梅一株，香色殊異，結實如彈，味佳美，真奇果也。郡守見而愛護之，每年結實時，守登咸以數標記，防竊食者，留以供燕賞饋送，祗待賓客。是以紅梅畔門鎖不開，若遇燕賞方可開門。忽一朝閣上有人倚欄，笑聲喧嘩。門吏回報，恐是宅眷之人，又不聞聲音，可去閣前看視，則封鎖不開，驚詫而回，急報刺史，開鎖看之，杳然無人，止見壁上有詩一首，墨迹未乾。……[20]

《古杭紅梅記》情節十分複雜，敘張笑桃本爲上界仙梅，因酒醉違命被謫居三峰山下，又爲蛇妖擄去，幸而逃出，後遇眉州太守移栽於唐安郡東閣，王鶚折下梅樹南枝，笑桃不得回宮，遂與王鶚成婚。笑桃預示試題，助王鶚考試得中，授眉州簽判。笑桃隨王鶚同遊三峰山時，又被蛇妖擄去，幸爲虎神萬壽大王救出。王鶚父母以爲笑桃已死，即爲子另聘陳氏，笑桃知世緣已盡，遂回仙界。這個故事荒誕離奇，細節混亂，文辭淺薄，只有題壁詩還是承襲《摭遺》的，整篇不像宋代人的原著。故事發生於唐安和蜀州，而題作《古杭紅梅記》，也難以理解。《蜀中名勝記》所引的《摭遺》似出原書，但改蜀州爲靜州（唐置靜州在今四川，非蜀州），又和《類說》、《永樂大典》所引不同，也很可疑。也許在《摭遺》和《古杭紅梅記》之間，還有一種過渡性的作品。這個故事以宋代蜀州紅梅仙傳說爲基礎，以一首題壁詩作爲中心綫索，始終傳承不替，但《古杭紅梅記》里的許多情節則是明代以後鋪衍出來的。從它的演化過程看，似乎還有一些民間傳說的餘味。

朱本《西遊釋厄傳》源出古本

《永樂大典》[21]卷一三一三九"夢"字門引《西遊記》的《夢斬涇河龍》一節，在袁守成先生揭穿了涇河老龍王的真面目之後，老龍對先生變出真相。下面有一首五言詩：

　　黃河摧兩岸，華岳振三峰

　　威雄驚萬里，風雲噴長空。

這首詩亦見於朱鼎臣"編輯"的《唐三藏西遊傳》[22]卷五《老龍王拙計犯天條》一則的結尾，只是第二句"華岳振三峰"改作"華岳鎮三峰"，第四句"風雲噴長空"改成了"風雨振長空"，位置也移到了老龍王求救於唐太宗之後。《永樂大典》本的《西遊記》佚文並未完整地保存在朱本《西遊傳》內，但這首詩出於永樂五年（公元1407）以前的古本無疑，決不會是朱鼎臣自己的杜撰。有人認爲朱本《西遊傳》是由吳承恩《西遊記》刪改而成的，可是現存世德堂本《西遊記》第九回裏卻找不到這首詩。陽（一作楊）至和本、汪淇本的《西遊記》裏也沒有這首詩，可見其別有來源。長期以來，關於朱本所據以刪節的底本到底是在通行的百回本之前，還是在通行的百回本之後，聚訟紛紜，莫衷一是。我認爲，這一首二十個字的五絕，就可以解答這個問題。朱鼎臣所見到的《西遊記》，還是載有這首詩的一個古本。

汪淇《西遊證道書》[23]第九回開頭有一段憺漪子的評語，說："童時見俗本竟刪去此回，杳不知唐僧家世履歷，渾疑與花果山頂石卵相同。而九十九回歷難簿子上劈頭卻又載遭貶、出胎、拋江、報冤四難，令閱者茫然不解其故，殊恨作者之疏謬。後得大略堂《釋厄傳》古本讀之，備載陳光蕊赴官遇難始末，然後暢然無憾。"

朱本《西遊傳》全稱爲《唐三藏西遊釋厄傳》，正好有這四難故事（實際上卻沒有拋江情節），而且比《西遊證道書》還詳細，佔了第四卷整整一卷，分爲八則。汪本據說是根據《釋厄傳》來的，但這一回文字較略，細節又和朱本有所不同。值得注意的一點是朱本的《殷丞相爲婿報仇》一則結尾，在陳光蕊合家團圓之後，說是：

唐王 奏，就宣陳光蕊爲丞相之職，隨朝治事，殷丞相致仕歸，江流和尚分付在龍興寺內修行去訖。

汪本則作：

唐王 奏，即命升陳萼爲學士之職，隨朝理政。玄奘立意安禪，送在洪福寺內修行。後來殷小姐畢竟從容自盡。

憺漪子在這句話之下，加上了"是！是！"兩個字的評語。不知這一回的正文，是大略堂古本《釋厄傳》原文如此，還是出於汪淇的改筆。這裏所增"殷小姐畢竟從容自盡"的後話，與汪淇（或黃周星）所加的評語正好相應，大概出於某一位衛道先生的手筆。朱本在陳光蕊合家團圓之後，並沒有說殷小姐從容自盡，還保留着民間故事的開明意識和寬容態度。到了汪本裏卻非要叫殷小姐死去，因爲她被強盜霸佔了十八年之久，在封建道學家看來，這樣的失節之婦，怎能容許她再活下去呢？因此，我們有理由認爲朱本這一點還是保存了比較原始的古本面貌的，而《西遊證道書》則已經遭到了文人的修改。至於大略堂，則是汪淇友人查望（字于周）的齋名，他著有《大略堂集》，見於汪淇與徐士俊合編的《分類尺牘新語》[24]（這一條資料是美國學者魏愛蓮教授首先提出的）。查望與汪淇同時，活動於康熙初年，不會是《釋厄傳》"古本"的編印者，汪淇所説的"古本"也許是指大略堂的藏本而已。可能大略堂真有這一古本，也可能就是朱本，又經汪淇改寫而成爲現行的《西遊證道書》本，尚難判斷。在通行的百回本裏，乾脆連江流兒故事也全部刪除，根本不讓玄奘有那麼一個失節的母親出場，以免褻瀆了聖僧。這和憺漪子認爲殷小姐自盡爲"是"，同樣是出於道學家"餓死事極小，失節事極大"的觀念。從憺漪子兩個"是"字的評語，可以推想爲什麼汪本多出了殷小姐自盡的緣由，從而也可以推想世德堂等一系列版本的《西遊記》爲什麼不取江流兒故事，那就不難理解了。我相信在古本《西遊記》裏的殷小姐並没有自盡，還是如朱本上文太白金星所説的"夫妻相會，子母團圓"，與《西遊記》雜劇的處理相近。

朱本確是一個很粗劣的刪節本，不過它源出古本，還保存了那一首五絶詩和玄奘四難的早期形態，已具備了八十一難的基本結構，應當給予足夠的重視。

注　釋

〔1〕　清周亮工《書影》，上海古籍出版社1981年排印本，27頁。
〔2〕　宋委心子《新編分門古今類事》，中華書局1987年排印本，16頁。
〔3〕　唐袁郊《甘澤謡》，《學津討原》本。
〔4〕　宋周守忠《姬侍類偶》，明鈔《説集》本（中國科學院圖書館藏）。
〔5〕　《素娥篇》，美國印第安納大學金賽研究所藏，據《中國古代小説百科全書》，中國大百科全書出版社1993年1版，511頁。
〔6〕　"盡窮"原作"畫前"，據《筆記小説大觀》本改。
〔7〕　明談遷《棗林雜俎》，《適園叢書》本義集"名勝"。
〔8〕　明侯甸《西樵野記》，舊鈔本（分藏北京圖書館、北京大學圖書館）。
〔9〕　參看拙作《〈麗情集〉考》，載《文史》第十一輯。中華書局1981年1版，207—226頁。
〔10〕　宋施元之、顧禧注《東坡先生詩集》，臺灣藝文印書館影宋本。
〔11〕　明楊慎《譚苑醍醐》，《叢書集成》本。
〔12〕　五代王定保《唐摭言》，上海古籍出版社1978年排印本，117頁。
〔13〕　唐劉軻《牛羊日曆》，《粵雅堂叢書·續談助》本。
〔14〕　同上注〔4〕。
〔15〕　明起北齋赤心子編《繡谷春容》，明世德堂刊本。

〔16〕明姚廣孝等編《永樂大典》，中華書局 1986 年影印本。

〔17〕宋阮閱《詩話總龜》，人民文學出版社 1987 年版，周本淳校點本。胡仔《苕溪漁隱叢話》後集卷三十引此詩亦作《摭遺》。朱翌《猗覺寮雜記》卷上"梅用南枝事"條引《紅梅》詩謂《青瑣》所載，恐係誤記，因《青瑣高議》與《摭遺》同爲劉斧編。何汶《竹莊詩話》卷二十二引《倦遊錄》則作劉元載妻詩。

〔18〕宋洪邁《夷堅志》，中華書局 1981 年排印本，374 頁。

〔19〕明曹學佺《蜀中名勝記》，《粵雅堂叢書》本。"平梁"不知所指，曹學佺以之置巴州恩陽縣下。

〔20〕明赴北齋赤心子編《繡谷春容》卷十上層。

〔21〕明姚廣孝等編《永樂大典》，中華書局 1986 年影印本。

〔22〕明朱鼎臣編輯《唐三藏西遊傳》，中華書局 1987 年《古本小說叢刊》第一輯影印本。

〔23〕清黃周星定本《西遊證道書》，中華書局 1993 年版黃永年、黃壽成點校本。

〔24〕清汪淇、徐士俊編《分類尺牘新語》，有正書局鉛印本。

（本文作者　中華書局）

Random Notes on Some Deserted Stories

Cheng Yizhong

Summery

The paper indudes notes on four ancient stories：

1. Variants of 素娥：素娥 is a story collected in 甘澤謠 written during the Tang Dynasty, in which 素娥 was a concubine of 武三思, who being a flower spirit, dared not meet 狄仁傑. In the Song Dynasty, she appeared as 綺娘 involved in a different story. In the Ming Dynasty, she was successively described in stories as a cypress spirit, spirit of the osmanthus flower, and spirit of plum blossom. She may be regarded as an example being described in a series of variant stories about a common topic.

2. Textual criticism of 真珠傳: 真珠傳 is a story in the collection 麗情集 written by 張君房 of the Song Dynasty. A part of the text is missing, only a fragment of which survives to this day. We complete the story by using 真珠乞離萬通受 in 繡谷春容 compiled during the Ming Dynasty as collateral evidence.

3. From 紅梅傳 to 古杭紅梅記: The text of 紅梅記 is missing from the collection of stories 摭遺 written by 劉斧 of the Song Dynasty, the title of which can be seen in 永樂大典, though its story is not quite clear. But a part of the text was cited in 蜀州名勝記, a study of which reveals that the Ming story 古杭紅梅記 was evolved from 紅梅集.

4. The red printing edition of 西遊釋厄傳 was developed from the original text: 西遊釋厄傳 compiled by 朱鼎臣 of the Ming Dynasty is a simplified and changed version of 西遊記. Its source with respect to the popular version of 西遊記 has been a controversial problem, and thereby become the chief difficulty to date the completion of 西遊記. From a poem in 西遊釋厄傳 which is soley seen in the text of 西遊記 cited in 永樂大典, we argue that the former was developed from the original text. Morevoer, using the story of 江流兒 collected in 西遊證道書 as collateral evidence, we infer that the plot of 玄奘's four calamities was also contained in the original text.

從"白體"到"西崑體"

——兼考楊億倡導西崑體詩風的動機

張　鳴

關於宋初詩壇風氣，有三條材料屢爲治宋詩史者引用。一是北宋末蔡居厚的《蔡寬夫詩話》：

> 國初沿襲五代之餘，士大夫皆宗白樂天詩，故王黃州主盟一時。祥符、天禧之間，楊文公、劉中山、錢思公專喜李義山，故崑體之作，翕然一變。

二是南宋嚴羽的《滄浪詩話·詩辯》：

> 國初之詩尚沿襲唐人，王黃州學白樂天，楊文公、劉中山學李商隱。

三是宋末元初方回的《送羅壽可詩序》：

> 宋剗五代舊習，詩有白體、崑體、晚唐體。白體如李文正、徐常侍昆仲、王元之、王漢謀。崑體則有楊、劉《西崑集》傳世。二宋、張乖崖、錢僖公、丁崖州皆是。晚唐體則九僧最爲逼真，寇萊公、魯三交、林和靖、魏仲先父子、潘逍遙、趙清獻之祖。凡數十家，深涵茂育，氣極勢盛。

蔡氏所言，學白居易之白體詩在前，學李商隱之崑體在後，且白體是"沿襲五代之餘"。嚴氏之說，則白體、崑體似乎是同時併出，且均是"沿襲唐人"。方氏則分宋初詩壇爲三派，增加了晚唐體，似乎三體同時併出，且皆是"剗五代舊習"者。方回的宋初三體詩說，影響較大，今人論宋初詩風，多採納其說。不過，由於宋初詩壇處於唐宋兩代詩風因革過渡的階段，情況比較複雜，加上當時有名的許多詩人作品失傳，史料湮沒，給研究者帶來許多不便。上述三條材料，雖然都是時代較爲切近的宋人的看法，但已互有出入。因此對於宋初詩壇狀況，還有待深入考察。關於方回所說的"晚唐體"，因含義不清，界限不明，涉及的問題比較複雜，故擬另文探討。本文着重討論當時佔主導地位的白體詩風和西崑體詩風的因革更替過程，並考察楊億學習李商隱詩、提倡西崑體的具體情況及其動機。

一

從北宋開國到西崑體出現之前，四十多年中，詩壇上佔主導地位的是學習白居易的白體詩。今人陳植鍔氏在《試論王禹偁與宋初詩風》和《宋初詩風續論》[1]二文中，較爲深入地考察了宋初君臣唱和的情況以及主要文臣如李昉、徐鉉、王禹偁等人的風格，雖然有的觀點還有待商討，但陳文認爲當時"白居易體"是"左右宋初文壇近半個世紀的主要詩風"[2]，這個結論則基本上符合事實。不過，應該注意的是，宋太祖、太宗兩朝，白體詩風流行之廣，遠遠超出了朝廷和達官、士大夫的範圍。當時白體詩風不僅如陳文所論流行於文臣之間、廟堂之上，同樣也流行於未做官的一般寒士之間，山林隱士和僧侶佛徒之中也不乏寫作白體詩歌的詩人。典型的例子就是著名隱士詩人魏野。

魏野生於公元960年，年輩與王禹偁相當。他被方回列爲宋初晚唐體詩人[3]。宋人劉克莊說魏野詩"皆逼姚、賈"[4]，亦認爲他學姚合、賈島詩風，《江西詩派小序》則明確說他"規規晚唐格調，寸步不敢走作"[5]。後人論宋初詩壇，亦把魏野詩看作效法賈島的"晚唐體"[6]。其實，魏野雖有一些表現隱居生活情趣、刻劃山林風光的詩歌學習賈島、姚合清苦幽僻一路的寫法，但大多數作品卻是學白居易的閑適詩和唱酬詩。如他的《述懷》云：

　　東郊魏仲先，生計且隨緣。任懶自掃地，更貧誰怨天。
　　有名閑富貴，無事小神仙。不覺流光速，身將半百年。[7]

隨緣自足的心態，與白居易閑適詩的精神就十分接近[8]，至於語言的平易淺直，顯然不是學賈島的晚唐體風格。再如他的《寓興七首》其一云：

　　天地無他功，其妙在自然。堯舜無他聖，其要在知賢。
　　知賢無他術，觀其出處焉。堯苟不知舜，徒云能則天。[9]

議論方式就很像白居易的《放言》詩，詩意和語言甚至比白詩更平直淺俗[10]。其他如《上知府石太尉》其二："婢僕出來皆會樂,兒童生下便爲官。"[11]《別同州陳太保》："至道不在言,至言不在舌,在琴復在詩,諒爲君子別。"[12]這種白話口語似的詩,顯然也是仿效白居易體。魏野詩集中還有許多與朝廷達官和山林人士的唱和次韵之作。寫作唱和詩正是宋初白體詩派仿效元、白唱和而盛極一時影響極廣的風氣[13]。魏野友人薛田《鉅鹿東觀集序》云:"余與之(魏野)交越三十年,凡遇景遣興,迭爲酬唱,每筒遞往還,則馳無遠邇。"[14]足見其興趣之深。魏野有《和薛田察院咏雪三首》:

林間踏去宜沽酒,石上收來好煮茶。
除卻子猷當此景,高情偏憶戴逵家。

七字空吟六出花,與君無酒只烹茶。
門前俱絕行踪迹,還似袁安卧在家。

密壓溪筠入戶斜,照開睡眼不須茶。
誰言落處無偏黨,牽率詩家比酒家。[15]

和詩是步其原韵,語言平直,意思淺顯,用典也不生僻,顯然近於白居易體,而與晚唐賈島一派的風格相去較遠。魏野這種與友人"筒遞往還"的興致,如果與白體詩派的代表王禹偁與友人"公暇不妨閑唱和,免教來往遞詩筒"[16]相比,雖然一是"公暇"的遊戲,一是"林間"的風雅,但其唱和的作風和目的,則全無二致,且都是有意仿效元、白"爲向兩州郵吏道,莫辭來去遞詩筒"[17]的唱酬活動的流風餘韵。王禹偁曾把這種唱和活動形象地稱作"詩戰",而魏野也有《酬和知府李殿院見訪之什往來不休因成四首》其四,通篇把寫唱和詩比作"詩戰"[18]。從寫作唱和詩的觀念上看,作爲隱士的魏野和作爲仕途中人的白體詩人王禹偁並無根本的差別。這都從一個側面説明魏野詩與當時籠罩詩壇的白體詩風保持着密切而内在的聯繫。

關於魏野詩學白居易體的情況,北宋人早就有明確的論斷。文瑩《玉壺清話》卷七云:"其詩固無飄逸俊邁之氣,但平樸而常,不事虚語爾。"[19]這就是學白居易詩的特點。魏野與司馬光之父司馬池是忘年交,司馬光曾爲魏野學生馮亞的詩集作序，稱魏野詩"大行於時"[20]，而《溫公續詩話》就明確地說魏野詩是"效白樂天體"[21]。從魏野全部詩作看，文瑩和司馬光的評斷是符合事實的。已故趙齊平師曾認爲"魏野詩往往不假雕飾，而流於淺顯平近"，並說："魏野詩是否晚唐體，看來先得打個問號。"[22]宋末方回把魏野詩歸入晚唐體，雖不能說全無根據，但顯然忽略了他的詩風的主導方面。從以上的分析看，與其把他算作晚唐體詩人，不如說他是宋初隱士中寫白體詩的代表。大約因爲魏野的詩風符合當時流行的風尚，所以他當時詩名頗高，其詩曾"行於人間，傳諸海外"（見薛田《鉅鹿東觀集序》），名臣寇準、王旦、趙昌言等都慕其詩名對他優禮有加[23]。當時他的詩不僅流行於中朝，且很早便傳入契丹。據文瑩《玉壺清話》卷七、《宋史·魏野傳》等載，真宗"大中祥符初契丹使至"，嘗言本國喜誦魏野詩，但得其上帙，"願求全部，詔與之"[24]。可見魏野詩在當時流傳之廣。至於契丹喜誦魏野詩的原因，文瑩認爲是因魏野詩"中的易曉，故虜俗愛之"[25]。這是從魏野詩本身的特點考慮。若從當時契丹國內的風氣看，則其原因更爲清楚。《詩話總龜》前集卷十七引《古今詩話》載，"雄州安撫都監稱宣事云：'虜中好樂天詩。聞虜有詩云：樂天詩集是吾師。'"雄州即今河北雄縣，在河北中部，當時是宋與契丹交界的邊境重鎮。這位安撫都監身處其地，當然比較了解契丹的情況。據《遼史·聖宗紀》、厲鶚《遼史拾遺》卷八引《契丹國志》等載，遼聖宗耶律隆緒"十歲能詩"，既長，"性尤喜吟咏"，常"出題詔宰相以下賦詩，詩成進御，一一讀之，優者賜金帶"，頗有點宋太宗、真宗的作風。他曾"親以契丹字譯白居易《諷諫集》，詔番臣等讀之"[26]。耶律隆緒即位之統和元年正當宋太宗太平興國八年（983）。帝王有所喜好，自然會影響一時之風氣。那位雄州安撫都監所言，當是契丹的實情。雖然有遼一代，詩歌流傳不多，但從以上情況可以推知，相當於北宋初期太宗、真宗朝一段時間，契丹文學當是以學習白居易詩風爲主的。因此，契丹使者向宋真宗說"本國喜誦魏野詩"，大約也是同他們"好樂天詩"一樣，是因魏野詩淺顯平俗，明白易懂。

像魏野這樣接受白居易詩影響的詩人，在當時的山林之中不是唯一的例子。另一著名隱士林逋雖不模仿白居易體，但其"放達有唐惟白傅，縱橫吾宋是黃州"[27]這樣的詩句，顯然對白居易和王禹偁詩懷有由衷的景仰和贊賞。白居易與元稹唱和,創"詩筒"往還之制,王禹偁、魏野等與友人唱和,步趨元、白,同樣是"筒遞往還"。而林逋,不僅寫了大量唱和詩,而且作有《詩筒》詩歌咏詩筒之制,題下自注云:"樂天早與微之唱和,常以竹筒貯詩往還。"詩有句云:"唐賢存雅制,詩筆仰防閑。遞去權應緊,封回債已還。"[28]林逋的詩並不學白居易,但其與友人的唱酬活動,則不能不說與白體唱和詩的影響有一定關係。被方回看作寫晚唐體"最爲逼真"的九僧,其現存的詩中照樣有大量贈答唱酬之作,同樣證明了由白體詩派倡導起來的唱和風氣的影響之廣。據詩僧智圓說,九僧之一的青城惟鳳,曾作有《遞詩筒》詩。[29]此詩今已不存,但從智圓的擬作可以大致推知其内容。智圓擬《遞詩筒》詩云:"元白舊裁制,規模傳至今。凌霜重高節,容物貴虛心。豈倦關河遠,寧辭雨雪深。雅言如見托,終爲報知音。"[30]惟鳳原作的内容當亦與此相近。這說明唱和詩的風氣,不僅在宋初文臣士大夫和一般隱士中廣泛流行,而且在叢林僧人中也有相當影響。這裏提到的智圓尤其值得注意,他生於公元976年,比王禹偁小二十三歲,是宋初一位名僧。卜居西湖孤山瑪瑙院,與隱士林逋爲鄰。他與林逋關係密切,與九僧中的惟鳳和保暹亦是至交。他的《湖居感傷五十四韵》詩自云:"内藏儒志氣,外假佛衣裳。"[31]又取了一個儒家味道的號叫"中庸子"[32],是一個亦儒亦佛的和尚。曾自謂"於講佛之外,好讀周、孔、揚、孟書,往往學古文以宗其道,又愛吟五七言詩,以樂其性情。"[33]自言十五歲便知騷雅,好爲詩[34]。著有詩文集六十卷,名《閑居編》,今存五十一卷。其詩頗具才力,題材較廣,風格多樣。他最爲推崇的唐代詩人就是白居易。《讀白樂天集》云:

　　李杜之爲詩,句亦模山水。錢郎之爲詩,旨類圖神鬼。
　　諷刺義不明,風雅猶不委。於鑠白樂天,崛起冠唐賢。
　　下視十九章,上踵三百篇。句句歸勸誡,首首成規箴。
　　謇諤賀雨詩,激切秦中吟。樂府五十章,譎諫何幽深。
　　美哉詩人作,展矣君子心。豈顧鑠金口,志遏亂雅音。
　　齷齪無識徒,鄙之元白體。良玉爲碔砆,人參呼薺苨。
　　須知百世下,自有知音者。所以長慶集,於今滿朝野。[35]

把白居易看作"冠唐賢"的詩人,置於李白、杜甫之上,當然有言過其實之處。

但他特別看重白居易的諷喻詩，則不能不說獨具眼光。這種態度直接與王禹偁相呼應，在見識上是高出其他白體詩派的詩人的。智圓論詩主張"善善，惡惡，頌焉，刺焉"[36]。《言志》詩自言："疇昔學爲詩，模範風雅辭。立言多諷喻，反爲時人嗤。"[37]大概由於出家人身份所限，他現存的詩中看不到學習白居易關懷民生疾苦的《秦中吟》、《新樂府》一類的政治諷喻詩。其詩之諷喻多是"傷風俗之浮薄"[38]，而以儒釋兩家的倫理道德觀警勵流俗，勸誡世人。《古人與今人》詩云："古人與今人，祿仕一何異。古人貴行道，今人貴有位。古人貴及親，今人貴悅意。古人同白日，光明溢天地。今人如履險，動足易顛墜。古道如可行，斯言不遐棄。"[39]內容是針砭世道人心之不古，語言風格和議論方式則顯然受了白體詩的影響。又如《湖西雜感二十首》其十一云：

蘭在深林亦自馨，豈因風雨阻雞鳴。
由來君子須謀道，不爲時人有重輕。

其十五云：

月照閑軒虧復盈，吉凶消長勢相傾。
須知人事同天道，寵辱由來盡可驚。[40]

從議論方式和語言風格看，與白居易《放言五首》和王禹偁的《放言五首》極爲接近。[41]他的《閑咏》詩云："造化無餘豈有私，如何庶物自參差。群鳥不涅身長黑，雙鷺無愁頂亦絲。岩桂翠濃深雪夜，井桐黃落暮秋時。虛空世界都如幻，莫把閑心逐境思。"[42]講佛教虛空如幻的道理，語言卻平易淺直，也是白居易"知足保和"的閑適詩一路的寫法。

上述這些隱士和僧人，雖然不是宋初白體詩派的主要詩人，在宋詩發展史上的地位也不高。不過，他們的存在說明了白居易的影響之廣，也證明當時白體詩風不僅籠罩了官場，而且彌漫到了山林；不僅流行於廟堂之上，同樣也流行於水邊林下。正如智圓所說："所以長慶集，於今滿朝野。"這"朝野"二字，頗宜注目。

二

關於宋初白體詩風的流行及影響，還有一些事實值得注意。宋真宗朝興起的西崑體詩風（關於西崑體的形成及流行年代，其說詳後）以"雕章麗句"爲特色，與白體詩的淺俗平易正好形成風格上的反差。但《西崑酬唱集》中的一些詩人，卻有過寫作白體詩的經歷，或曾與白體詩的代表詩人有過密切的交往。首倡西崑體的楊億，由於作品失傳較多[43]，早期詩風已不能詳知。今存的《武夷新集》主要收錄了他二十五歲到三十四歲的部分作品，卷四有《讀史斅白體》一首，詩云：

易牙昔日曾蒸子，翁叔當年亦殺兒。
史筆是非空自許，世情真僞復誰知。

從詩意到語言、筆法，完全仿效白居易《放言五首》其三："周公恐懼流言日，王莽謙恭未篡時。向使當初身便死，一生真僞復誰知。"這樣亦步亦趨地模仿白體之作，竟是出於西崑體主帥楊億之手，其中消息，就很值得注意。有趣的是，宋初不少白體詩人都作有仿效白居易《放言》的詩作，如前文所擧魏野《寓興七首》即是。又如白體詩派的代表詩人王禹偁，亦作有《放言五首》，序中明確表示是仿效元稹、白居易之作[44]。詩以議論的方式抒寫謫官的複雜心情，或說："誰信人間是與非，進須行道退忘機。"（其一）表達"人生唯問道如何，得喪升沉總是虛"（其四）的自信。或說："榮枯禍福轉如輪，幽暗難欺有鬼神。"（其二）表達天道好還，任隨自然的心情。比白居易借咏史以自白的寫法更直接了當。而其三的"德似仲尼悲鳳鳥，聖如姬旦賦鴟鴞。看松好待嚴霜降，試玉宜將烈火燒"四句，則直接從白居易的"朝真暮僞何人辨，古往今來底事無"（《放言》其一）和"試玉要燒三日滿，辨材須待七年期"（《放言》其三）等詩句引申而來。王禹偁仿效白居易《放言》詩，自是情理中之事，而楊億也仿效《放言》詩，就頗耐人尋味。首先，咸平元年（998年）楊億出知處州（治今浙江麗水縣）時，王禹偁任知制誥，作詩爲楊億送行，稱贊他"弱冠珥朝簪，才堪入翰林"。並云："我佔掖垣久，自驚年鬢侵，妨賢兼罔極，相送淚盈襟。"[45]依依不捨，頗爲深切，足見二人關係甚好。王禹偁比楊億大二十歲，他的詩代表了宋初白體詩的最高成就，楊億作詩雖不一定直接受他影響，但處在當時白體詩流行的詩壇風氣中，大概也不能完全超脫其外。其次，《武夷新集》所收詩歌，起於咸平二年（999）春到處州任上之後，迄於景德四年（1007）在朝任翰林學士知制誥時[46]。這段時間，正是楊億探索改變詩風，轉而效法李商隱，並開始唱和西崑體詩歌的時期（說詳後）。此集之詩大多是交遊贈答之作，辭藻華麗，對偶精切，堆砌典故，多與《西崑酬唱集》中詩歌相近。但也有平易淺近，不同於西崑體風格的作品。如《次韵和章子美對雪》：

　　破臘連空粉絮飄，離離一番長山苗。

　　旗亭誰氏來沽酒，臺笠何人去採樵。

　　背日旋依松澗積，迎風先傍藥畦消。

　　袁安此際偏無賴，獨掩閑門對一瓢。[47]

全詩除尾聯借袁安臥雪故事抒發一點浮泛的感慨之外，寫景切近，語言淺易，與徐鉉、王禹偁等白體詩人的一些寫景抒懷詩並無二致。[48]集中佳句如《送張彝憲歸鄉》的"後夜灘聲妨客夢，初晴雲物入詩題"（卷一）；《郡齋西亭夜坐》的"樹影成帷密，灘聲激箭奔"（卷一）；《次韵和并州錢大夫夕次豐州道中見寄》的"孤烟戍樓迥，密雪戰袍乾"（卷三）等，也並不堆砌典故、雕琢辭藻。總之，《武夷新集》中詩歌風格不一的現象，顯然反映了楊億本人詩風轉變時期的情況。而《讀史戲白體》和其他一些寫得平易淺近的詩歌的存在，證明楊億在仿效李商隱詩歌之前，也曾受白體詩淺易風格的影響。[49]

　　參與西崑酬唱的詩人中，與宋初白體詩有關係的並不止楊億一人。其中張秉曾與王禹偁共作聯句詩[50]。李宗諤則是白體詩派代表人物李昉之子。淳化三年（992）王禹偁謫居商州時，李宗諤曾致書安慰，勸他多讀白居易詩[51]。又如李維（961—1031）雖亦參與西崑酬唱，卻喜讀白居易詩，錄出白居易詩中遣懷之作、近道之語，編爲一集，名爲《養恬集》[52]。至於晁迥（951—1034），則不僅深喜白居易詩，仿李維之例錄白居易遣懷之詩編爲《助道詞語》。自己作詩則更是亦步亦趨地仿效白居易的閑適、遣懷之作。他與白體詩的代表王禹偁是至交，王禹偁《答晁禮丞書》云："某始識足下時，年未冠，身未婚。"（《小畜集》卷十八）晁迥在太宗朝官太常丞，故稱"晁禮丞"。王又有《酬太常晁禮丞見寄》詩云："當年布素定交情，恨不同爲出谷鶯。"（《小畜集》卷十一）可見二人自少年時即已有深厚交情。王偁《東都事略·晁迥傳》甚至說迥嘗從學於王禹偁。按晁比王年長三歲，太平興國五年（980）進士及第，亦比王中舉早三年，謂晁從學於王，恐未必屬實。不過二人早年即關係親密，作詩亦可能互相影響。今晁迥詩大多已佚，但他的《法藏碎金錄》一書中記錄了平生擬作的許多白體詩歌。是書卷五説："予觀白氏詩，凡有愜心之理者，每好依據而沿革之，往往得新意以自規耳。白氏詩中有題目云《遣懷》，其詩七言四韻，予今擬其語句，聊加變易，入於別韻，前四句依舊意，述時景之迅遷，後四句立新意，述世態之不一，而終篇亦斷之以不驚也。白氏詩云：'羲和走馭趁年光，不許人間日月長。遂使四時都似電，爭教兩鬢不成霜。榮銷枯去無非命，壯盡衰來亦是常。已共身心要約定，窮通生死不驚忙。'予擬之而作詩云：'羲和走馭逞年華，不許人間歲月賒。春正艷陽春即老，日方亭午日還斜。時情莫測深如海，世事難齊亂似麻。已共身心要約定，古今如此勿驚嗟。'"又卷九云："白公有詩句云：'澄江深淺好，最愛夕陽時。'予自有所得，因而擬之，別爲二句云：'耳音清亮好，最愛夢醒時。'事雖不同而句相類也。"可見其學白居易詩真是步趨其後，連句法也不稍加變化。按《法藏碎金錄》有晁迥自序，作於仁宗天聖五年（1027）九月，知此書是他晚年編定。其中所錄之擬白居易詩，"爰自弱齡，逮兹暮齒"，當是平生有會於心之作，故而晚年編定是書，尚加採錄，即使與文集"意涉重出"，亦"不復刪簡"[53]。可以推知晁迥在真宗景德年間參與楊億等唱和辭藻華麗的西崑體詩歌[54]，大概是一時興之所至，偶爾涉筆，並未從此改變作風，放棄學習白居易的愛好。當然，晁迥並不以詩著稱，其詩集亦不傳，難以見其全貌，但他處在宋初白體詩風流行的環境中，學習並仿效白居易詩且把這種作風保持到晚年，則是肯定無疑的。

參與西崑酬唱的詩人與白體詩風的這種關係，從一個角度證明了宋初白體詩風影響之廣泛。不過，令人感興趣的還不止這一點。如果進一步考慮，還可以提出以下一些問題：比如以白體詩佔主導的詩壇風氣，究竟是怎樣形成的？爲什麼能在宋初風行四十多年？西崑體主要詩人從寫白體詩轉而學習李商隱，以至於西崑體詩風很快取代了白體詩的地位，其原因究竟何在？爲什麼西崑體詩歌從形成之時即受到指責，可是卻又很快風行，形成"時人爭效之"（《六一詩話》語）的局面？這些問題涉及對宋初詩史發展走向及演變動因的認識，值得深入探討。

三

要解答以上問題，首先應該注意楊億本人倡導李商隱詩風的主觀動機。以下全文引錄楊億的一段自述：

> 至道中，偶得玉溪生詩百餘篇，意甚愛之，而未得其深趣。咸平、景德間，因演綸之暇，遍尋前代名公詩集，觀富於才調，兼極雅麗，包蘊密致，演繹平暢；味無窮而炙愈出，鑽彌堅而酌不竭；曲盡萬態之變，精索難言之要，使學者少窺其一斑，略得其餘光，若滌腸而換骨矣。由是孜孜求訪，凡得五七言長短韻歌行雜言共五百八十二首。唐末，浙右多得其本，故錢鄧帥若水未嘗留意捃拾，才得四百餘首。錢君舉《賈誼》兩句云："可憐半夜虛前席，不問蒼生問鬼神。"錢云："其措意如此，後人何以企及？"余聞其所云，遂愛其詩彌篤，乃專緝綴。鹿門先生唐彥謙慕玉溪，得其清峭感愴，蓋聖人之一體也。然警絕之句亦多，予數年類集，後求得薛廷珪所作序，凡得百八十二首。世俗見予愛慕二君詩什，誇傳於書林文苑，淺拙之徒，相非者甚眾。噫！大聲不入於俚耳，豈足論哉！[55]

《西崑酬唱集》編成的時間，據王仲犖及徐規考訂，在大中祥符元年（1008）秋冬之間，收錄楊億等人景德二年（1005）至大中祥符元年共三年間參與編纂《册府元龜》時作的唱和詩[56]。楊億在序中推劉筠、錢惟演為主，自稱"得以遊其牆藩而咨其模楷。二君成人之美，不我遐棄，博約誘掖，實之同聲"。《楊文公談苑》又說："近年錢惟演、劉筠首變詩格。"[57]其實就當時地位及影響言，楊億是盟主，就詩格之變化言，也是楊億首倡。從楊億的自述中可以得知，他最初讀到李商隱詩，在太宗至道年間（995—997），尚未得其深趣。而這時詩壇還是白體詩風的天下。從楊億自身看，情況發生變化，則是在真宗咸平、景德年間。所謂"演綸"指為皇帝起草誥命，是知制誥的職責，王禹偁任知制誥時作《和陳州田舍人留別》詩有"演綸多暇每封章"之句。楊億初任知制誥職在咸平四年（1001）三月（見《續資治通鑒長編》卷四十八），可見他真正研讀李商隱詩，體會到其妙處並致力於模仿，乃是在咸平四年之後。有意思的是王禹偁恰於這一年去世。參考《武夷新集》中所收詩歌風格的變化情況，可以推知咸平四年以後到景德年間，是楊億本人詩風轉變的關鍵時期。就詩壇的全局看，咸平四年以後隨着白體詩盟主王禹偁去世，盛行了四十多年的白體詩風也進入了尾聲，這就爲西崑體詩風取而代之提供了客觀的契機。從這條材料看，嚴羽《滄浪詩話》和方回《送羅壽可詩序》把西崑體説成與白體詩派同時並出，顯然模糊了這兩種詩風先後更替的史實[58]。事實上王禹偁去世之後，西崑體盛行之時，雖然還有一些詩人寫作白體詩，但其主導詩壇的地位已經被西崑體取代了。清吳之振等在《宋詩鈔·小畜集鈔》小序中説"是時西崑之體方盛，元之獨開有宋風氣"云云，同樣也混淆了白體與西崑體出現的先後順序[59]。至於後來一些論者據以推論王禹偁反對西崑體，則更是無稽之談。其所以如此，原因就在於沒有注意這條重要材料。

從楊億的自述中看，他以李商隱作爲效法的對象，是"遍尋前代名公詩集"之後經過比較而作出的選擇。對前代某個詩人及詩風的理解、發現以致接受效法，與某種現實文化條件以及受這種文化條件制約的接受主體的性質、動機直接相關。楊億"發現"李商隱，也不例外。楊億在這裏對李商隱的評價是："富於才調，兼極雅麗，包蘊密致，演繹平暢；味無窮而炙愈出，鑽彌堅而酌不竭；曲盡萬態之變，精索難言之要。"就是説李商隱作詩富有才華，風格典雅華麗，寄託深遠，組織細密而又平正通達；既善於體貼豐富多變的人情世態，也善於表現精深難言的意念情緒。這些特點，無論是否符合李商隱詩的實際，都可以説明楊億選擇李商隱的動機何在。不難看出，楊億發現的這些特點，幾乎都有所針對，完全是以當時流行的淺俗平易的詩風作爲對照的。這就反過來提示我們：楊億本人的動機和目的，除了個人的審美喜好之外，主要是爲了尋找能夠替代白居易的學習對象，進而倡導改變詩壇的風氣。

白體詩風之所以能在宋初盛行四十多年，有特定的原因和條件。早在晚唐五代，白居易詩在社會上就有廣泛影響。晚唐張爲撰《詩人主客圖》，以白居易爲"廣大教化主"，列於全書之首。吳融撰《禪月集序》，亦謂"白樂天《諷諫》五十篇，亦一時之奇逸極言。昔張爲作詩圖五層，以白氏爲廣德大教化主，不錯矣"(《四部叢刊》初編本《禪月集》卷首)。五代後晉史臣撰寫的《舊唐書》更把白居易和元稹看作是唐代最杰出的詩人,其《元白傳論贊》對二人的極高評價,既説明了白居易詩歌在當時社會上廣泛風行的狀況,也反映了白居易詩在當時文人心目中的地位[60]。在這種背景下,白居易的諷喻詩、唱和詩、閑適詩都有人效法[61]。正是五代一些寫作白體詩的詩人如徐鉉、李昉等直接把這種風氣帶到了宋初,特別是寫作唱和詩的風氣,由於帝王的提倡以及適應了士大夫交遊往來的文化需要而發展到了極盛的地步。[62]從詩風發展演變的角度看,宋初白體詩其實正是晚唐五代淺俗一派詩風的延續。因此北宋《蔡寬夫詩話》説"國初沿襲五代之餘,士大夫皆宗白樂天詩",正是比較貼近而符合事實的描述。而南宋嚴羽《滄浪詩話》認爲是"沿襲唐人",則只注意了白體詩學習唐人的事實,忽略了這種風氣的由來。而宋末方回把宋初白體詩看作是"剗五代舊習"者,則顯然考察不周,並不準確,大概是因時代已遠,對宋初詩壇的了解已較模糊。

應該注意的是晚唐五代尚有人學白居易諷喻詩,而宋初早期幾位學白體詩的代表李昉、徐鉉之流,則只專門模仿閑適詩與唱和詩,直到後起之秀王禹偁才兼學諷喻詩,從而寫出表現士大夫社會責任感的力作。這一變化不是一個偶然現象,它不只是王禹偁個人的問題,還涉及當時士大夫主體地位、素質的變化。與自五代入宋的李昉、徐鉉等相比,新一代詩人王禹偁具有較强的士大夫責任意識,《吾志》詩自謂"致君望堯舜,學業根孔姬"。《三黜賦》申明"屈於身兮不屈其道","當守正直兮佩仁義,期終身以行之"。以儒家之道爲立身根本,並以天下爲己任。這種精神正是一些由五代入宋的文人所缺少的。王禹偁的詩歌創作勢必要受到這種精神的影響。淳化四年(994)冬,京師大雪,他因憂慮百姓饑寒,"鬱鬱不快",其子嘉祐問他何不作詩歌頌祥瑞以"獻酬"?他於是作《對雪示嘉祐》詩表示:"胡爲碌碌事文筆,歌時頌聖如俳優?"(《小畜集》卷十二)因此,他從效法白居易的唱和詩與閑適詩轉而兼學諷喻詩,進而學習杜甫,從精神上向杜詩靠攏,正是順理成章的變化。王禹偁詩從總體上看没有突破白體詩的舊模式,但他以天下爲己任的責任感和士大夫的正直精神被北宋中期大批詩人發揚光大,促成了宋代詩風的變革。不過,值得一提的是在北宋中期詩風變革之前取代白體詩的西崑體，其實並沒有拋弃王禹偁的精神，就是說，西崑體以精深華麗的風格取代了白體詩的淺近平易，但楊億等人的士大夫意識及以天下爲己任的精神，則仍然是與王禹偁相通的，只不過其表現形式不同於王禹偁而已。雖然參加《西崑集》唱酬的詩人情況比較複雜，人品操守和政治態度都不一樣，有的甚至很惡劣，如丁謂奉迎皇帝以謀私，做盡壞事，以至張詠上疏"乞斬丁謂頭以謝天下"。但其中多數人特別是首倡者楊億、劉筠則都是正直有器識的士大夫。了解這一點，對分析楊億提倡學習李商隱詩的動機十分重要，因此以下略加考察。

楊億其人耿直剛正，重名節，"以直道獨立"[63]，連後來攻擊他的石介也得承認他"少知古道"[64]。丁謂曾勸他順從皇帝以取富貴，他回答說："如此富貴，亦非所願也。"[65]錢惟演《金坡遺事》說："楊大年性剛，頻忤上旨。"歐陽修《歸田錄》卷一說："楊文公億以文章擅天下，然性特剛勁寡合。有惡之者以事譖之。"[66]連宋真宗也說："楊億真有氣性，不通商量。"（《續資治通鑒長編》卷八十）有趣的是宋太宗也曾認爲王禹偁"賦性剛直，不能容物"（同上卷三十四）。王、楊二人性格頗爲相似。楊億與寇準是至交，在政治上與寇準站在一邊。景德元年契丹南侵，王欽若、陳堯叟等建議逃往南方，寇準力主抵抗，堅請真宗親征。真宗猶豫不決，"召問從官，至皆默然，楊文公（億）獨與公（寇準）同，其說數千言"[67]。據《續資治通鑒長編》卷五十八載：真宗到澶州前綫後，膽怯無信心，派人探看寇準動靜，得知寇準每夕與知制誥楊億痛飲，謳歌諧謔，喧嘩達旦，喜曰："得渠如此，吾復何憂乎！"澶淵之盟後，寇準被王欽若等逃跑派譖毀而罷相出知陝州。真宗又用王欽若的建議，僞造天書，並到泰山行封禪大典。又大興土木，修建宮觀，拜神求僊，爭獻祥瑞，搞得烏烟瘴氣。於是引起一些士大夫的不滿，朝中因此產生了迎合真宗的一派與反對派的鬥爭。楊億的立場，是站在反對派一邊的。大中祥符元年下詔封禪，楊億奉命草詔，原稿有"不求神僊，不爲奢侈"等語，真宗看了頗不高興，說："朕不欲斥前代帝王。"遂親筆改作："朕之是行，昭答元貺，匪求僊以邀福，期報本而潔誠。"[68]可見楊億反對封禪，態度鮮明，且不怕得罪真宗。由於楊億性格剛直，政治上與寇準一致，平時對朝政多有批評，於是被政敵王欽若等人抓住把柄，在真宗前説他"謗訕"時政,使他不自安於朝[69]。他的作爲證明他並不是一個只知歌功頌德的"御用文人"。當時有勸楊億"歌頌上美,更祈清貴者,則掉臂不顧。或以其早成夙悟,比前代王勃輩者,則愀然曰:'吾將勉力,庶幾子雲、退之,長驅古今,豈止於辭人才子乎?'"[70]這與王禹偁"胡爲碌碌事文辭,歌時頌聖如俳優"的看法,何其相似。後來蘇軾稱贊楊億爲"忠清鯁亮之士"[71],黃庭堅更把他與王禹偁並稱:"元之如砥柱,大年如霜鶚。王楊立本朝,與世作郛郭。"[72]南宋理學家真德秀也稱贊他:"其清忠大節,凜凜弗渝,不義富貴,視猶涕唾,此所以屹然爲世之郛郭也歟!"[73]

楊億的爲人性格、政治立場及處境,自然會在詩中反映出來。如《武夷新集》卷五所收的《書懷寄劉五》詩:

風波名路壯心殘,三徑荒涼未得還。
病起東陽衣帶緩,愁多騎省鬢毛斑。
五年書命塵西閣,千古移文愧北山。
獨憶瓊林苦霜霰,清尊歲晏強酡顏。

"愁多"句下自注:"予行年三十有二。"可知詩作於景德二年(1005)。這正是宋真宗令修《歷代君臣事迹》(後更名《册府元龜》)、楊億與修書的館臣開始唱和西崑體詩歌的時間[74]。"劉五"即劉筠,時以大理評事、秘閣校理的身份參與修書[75]。詩寫厭倦"風波名路"之感,憂心忡忡,牢騷滿腹。反映了他因才高性剛而受朝中政敵猜嫉、陷害而不自安於朝的真切感受。這首詩的內容和寫法可以和王禹偁《寄田舍人》詩相比較:

出處升沉不足悲,羨君操履是男兒。
左遷郡印辭綸閣,直諫書囊在殿帷。
未有僉諧征賈誼,可無章疏雪微之?
朝行孤立知音少,閑步蒼苔一泪垂。[76]

田舍人指田錫,與王禹偁同官知制誥,亦同以剛直敢言著稱當世。田因上書直諫忤宋太宗及宰相,於淳化元年(990)罷知制誥貶知陳州,王禹偁作此詩爲他送行。詩雖爲田錫而發,但頗有物傷其類的真切感觸,因而激憤的情調正顯示了王禹偁的剛直不屈之氣。相比之下,楊億詩是爲自己的處境而發,雖然較爲沉着而不過於激憤，但其憂心、牢騷，同樣是剛直性格的體現。可見楊億詩並不全是無病呻吟之作。

回過頭來再看楊億的自述，他看重李商隱詩歌，除了欣賞其才華橫溢，藝術上精深華美以外，還有一個重要原因，就是李商隱的一些詩作往往包含有深微的諷刺和政治感慨，表現了士大夫的高明見識。這一點正是楊億他們最欽佩的。如他和錢若水一起稱道的《賈誼》詩，正是李商隱寄託感慨，暗含政治諷刺的代表作之一。又據《楊文公談苑》云："予知制誥日，與陳恕同考試，……因出義山詩，酷愛一絕云：'珠箔輕明拂玉墀，披香新殿斗腰肢。不須看盡魚龍戲，終遣君王怒偃師。'擊節稱嘆曰：'古人措辭寓意，如此之深妙，令人感慨不已。'"[77]楊億咸平四年任知制誥，次年與陳恕主持考試[78]，這正是楊億開始認真研讀李義山詩、體會到其妙處的時期。李商隱這首《宮妓》詩，顯然寄託有諷刺的寓意，清人馮浩曾謂"此諷官禁近者不須日逞機變，致九重悟而罪之也，托意微婉"（《玉谿生詩集箋注》卷三）。馮浩的理解是有道理的。楊億欣賞這首詩正是因爲其深微的"寓意"。與楊億一同稱贊李商隱詩的錢若水和陳恕，都是宋初名臣，且二人在政治上都與寇準同一陣營。錢若水是寇準賞識推薦的人才（見《續資治通鑒長編》卷三十一），爲人正直，"有器識，能斷大事"，曾在北邊主持軍事，防邊有功，爲"儒臣中知兵者"（《宋史·錢若水傳》）。陳恕在太宗朝任三司使，主管財政，爲人清正剛直，不怕冒犯皇帝。真宗即位，欲知天下錢糧情況，命陳恕具奏，恕不從，並曰："陛下富於春秋，若知府庫充實，恐生侈心，臣是以不敢進。"（《宋史·陳恕傳》）後來真宗的作爲證明陳恕頗有遠見。陳恕因病請求解職，真宗讓他推薦一人任三司使，他即推薦寇準以自代。錢若水和陳恕都是有器識的士大夫，他們認爲李商隱詩託意深遠，這種贊賞的態度對楊億產生了深刻的影響。可以說，楊億等人推崇、學習李商隱詩，既是爲了以典故豐博、辭采富贍等特點體現他們才高學博的文化修養，以取代平易淺俗的流行風氣，同時更是爲了借李商隱詩表達政治感慨、寄託諷刺寓意的方法，表現他們對朝政的諷刺和批評，更好地體現士大夫的批判精神。這兩方面的動機都是由於詩人主體的素質發生變化而產生的。因此，楊億他們"發現"李商隱，並"誇傳於書林文苑"，正順應了現實條件的變化和詩人主體素質的改變，於是很快得到詩壇的響應。雖然當時"淺拙之徒，相非者甚衆"，但《西崑酬唱集》出來之後，他們詩中所體現的才華、學力和精神，使詩壇耳目一新，於是"時人爭效之，詩體一變"（歐陽修《六一詩話》語）。雖然後來產生了種種弊端，特別是知學而不知變，沒有爲建立宋詩的時代風格注入更多的活力，但從當初倡導李商隱詩的動機上看並不是爲了"歌時頌聖"而提倡空洞浮艷的詩風。

四

楊億沒有指明當時"相非者"是誰。其實考察一下反對者的情況，也很能説明問題。據石介《祥符詔書記》説，當時反對者有"執政馮文懿與二三朝士"。馮文懿即馮拯，景德二年任參知政事，正是西崑體詩人開始唱和的時候。馮拯爲人"好富貴"，"論事多合帝意"，（見《宋史·馮拯傳》）寇準很看不起他，他亦曾在真宗前詆毀寇準[79]。兩人品格不同，政見亦多不合。而楊億則是寇準的支持者。因此馮拯反對楊億提倡西崑體，未必沒有政治上的原因。另外一個反對西崑體的人是陳從易。據田況《儒林公議》卷上説："陳從易頗好古，深擯億之文章，億亦陋之。"[80]歐陽修《六一詩話》説他"以醇儒古學見稱，其詩多類白樂天"。《宋史·陳從易傳》説："景德後，文士以雕靡相尚，一時學者向之，而從易獨守不變。"初看，似乎陳從易反對西崑體是因文風的好尚不同，其實問題並不那麼簡單。如前面所分析的晁迥，也是習尚淳古的人，作詩也以摹擬白居易爲主，直到晚年不變，但這並不妨礙他參與修書時與楊億等人唱和西崑體詩歌。另外如張詠作詩以"句清詞古"[81]著稱，但這也沒有妨礙他參與西崑體詩人的唱和。陳從易曾參與編修《册府元龜》，但不與楊億等人唱和西崑體詩歌，除了文風好尚不同之外，重要的原因在於陳從易是王欽若一黨的人，由王欽若推薦，而且"王欽若最善之"，因而與寇準一派是對立面。[82]王欽若當時主持編修《册府元龜》，但其爲人奸詐傾險，爲清議不許，楊億及館閣同僚極鄙視之。《續資治通鑒長編》卷六十七載景德年間修《册府元龜》，"欽若爲人傾巧，所修書或當上意，褒賞所及，欽若即書名表首以謝。或謬誤有所譴問，則戒書吏稱楊億以下所爲以對。同僚皆疾之，使陳越寢如尸，以爲欽若，石中立作欽若妻哭其傍，餘人歌《虞殯》於前。欽若聞之，密奏，將盡絀責。王旦持之得寢。億在館中，欽若或繼至，必避出。他所亦然。及欽若出知杭州，舉朝皆有詩，獨億不作。欽若辭日，具奏，詔諭億作詩，竟遷延不送"[83]。這些記載都證明了楊億等館臣對王欽若的痛恨，這也正是王欽若一黨反對楊億等提倡西崑體的一個重要原因。由此看來，陳從易反對楊億，同樣有政治派別之爭的因素。

其實，反對西崑體的最高人物是宋真宗。據文瑩《玉壺清話》卷一記載，"樞密直學士劉綜出鎮幷門，兩制、館閣皆以詩寵其行，因進呈。真宗深究詩雅，時方競務西崑體，磔裂雕篆，親以御筆選其平淡者，止得八聯"。劉綜出鎮并州，在景德四年（1007）六月[84]，從咸平末楊億倡導李商隱詩以來，不過四、五年時間，朝中便已"競務西崑體"，可見其影響之大。而真宗親選其"平淡"者，無疑標明了他的態度。到了《西崑酬唱集》剛編成，真宗便於大中祥符二年（1009）正月下詔，給西崑體加上了文風"浮靡"的罪名，以政令的形式加以禁止。初看這也是文風問題，但實際上也不那麼簡單。問題的關鍵是在《西崑集》中多有諷刺之作。如楊、劉、錢唱和的《宣曲》詩，咏前代後宮的艷情之事，諷刺其荒淫。據王仲犖先生的考證，乃是借古代帝王後宮荒淫諷刺宋真宗[85]。其詩出來之後，"盛傳都下，……或謂頗指宮掖"[86]。於是楊億等人的政敵正好抓住把柄，據《續資治通鑒長編》卷七十一引江休復《嘉祐雜志》，"楊、劉在禁林作《宣曲》詩，王欽若密奏，以爲寓諷，遂著令戒僻文字。"寇準"素惡之"的另一政敵王嗣宗也借機彈劾："翰林學士楊億、知制誥錢惟演、秘閣校理劉筠唱和《宣曲》詩，述前代掖庭事，詞涉浮靡。"[87]真宗於是下詔："自今有屬辭浮靡，不遵典式者，當加嚴譴。其雕印文集，令轉運使擇部內官看詳。"[88]警告是頗嚴厲的。本來《宣曲》詩寫前代宮廷艷情之事，自然有艷麗之辭，但本意是譏諷，如吳小如先生《西崑體平議》一文所說："其爲諷刺帝王宮掖之作，昭昭然一望而知。"[89]總之要害在於內容而非文辭，而真宗下詔乃歸結爲文辭浮艷，其實是避開了要害。因爲《西崑集》中許多諷刺詩，都涉及到宋真宗本人或當時的朝政，如果針對其諷刺內容下詔，則等於不打自招。而戒文風浮艷，則堂而皇之，事實上詔書中也有"冀斯文之復古，期末俗之還淳"一類冠冕堂皇的話，可見他是煞費苦心的。後來攻擊楊億的石介正是被這些冠冕堂皇的話瞞過，而謂"介讀祥符二年詔書，知真宗皇帝真英主矣"〔90〕。還是陸游比較清楚其中要害，《跋西崑酬唱集》分析了《宣曲》詩的諷刺含意之後説，幸好真宗"愛才士，皆置而不問，獨下詔諷切而已。不然亦殆哉！"所謂"置而不問"，是指未象後來"烏臺詩案"一樣給楊億等人定罪。從這次事件的原委看來，首先是被王欽若黨告御狀，借文風問題利用皇帝的權威打擊政敵。其次宋真宗也正好利用這個機會借文風問題警告敢於諷刺皇帝、批評朝政的文士。雖然未給楊、劉等人定罪，但從實質上説，則是一次文字獄無疑。特別是詔書中要求作者必須遵循"典式"，更明顯透露出以封建禮法控制文學創作的專制氣味。

可以看出，當時反對西崑體的人主要是寇準和楊億一派的政敵，他們反對西崑體與其説是因文風的好尚不同，不如説主要是政治派系之爭的因素在起作用。特別是宋真宗下詔禁文體浮靡，更不能只據其堂皇的表面文章簡單地把他看作是在打擊不良風氣而倡導文風復古。這些人的態度從反面説明楊億推崇倡導李商隱詩的一個重要動機，乃是爲了學習李商隱寄託諷刺寓意的手法爲己所用。馮浩曾推測楊億和陳恕稱贊李商隱《宮妓》詩的原因説，"蓋以同朝有不相得者，故託以爲言也"（《玉谿生詩集箋注》卷三）。應該説馮浩是看得很準的。

一般認爲，楊億等西崑體詩人的創作是宋初浮靡詩風的代表，屬於館閣文臣的頌聖文學。本文的研究則證明這種觀點不完全符合實際。首先，從楊億提倡西崑體的主觀動機上看，並不是爲了歌時頌聖、點綴升平。其次，今天看來，西崑體雖有堆砌典故辭藻等流弊，但在當時，卻以一種全新的格局衝擊了晚唐五代以來的淺俗寒窘的風氣，起到了"首變詩格"的歷史作用。〔91〕當然楊、劉等人學李商隱詩，還處在以模仿爲主的境界，並過分在辭藻、典故上用功夫，走向另一個極端，掩蓋了他們轉變詩壇風氣的初衷。但他們詩中表現出來的才華和學力，卻引起了領導北宋詩文革新的歐陽修的由衷贊賞："先朝楊、劉風采，聳動天下，至今使人傾想。"〔92〕因此，可以説西崑體是宋代詩史上對晚唐五代以來淺俗寒窘詩風的第一次反撥，是宋詩發展史上的一個重要環節。此外，西崑體的作品不全是空洞無聊的應酬之作，不可一概否定。限於篇幅，這裏不再具體討論《西崑酬唱集》中作品的內容和特點。鄭再時先生《西崑酬唱集箋注》和王仲犖先生《西崑酬唱集注》都較詳細地考證了詩集中一些作品的諷刺含意或感慨寄託；吳小如先生《西崑體平議》一文分析了詩集中《宣曲》等作品，亦指出："總之皆屬'刺'詩範疇。"[93]中肯有見地，均可參讀。

1990年12月初稿，1994年9月重寫，1995年2月再改，於北京大學中關園

作者附記：本文曾以《宋初詩風發展走向及演變動機探論》爲題，在香港浸會大學1994年12月主辦的"國際宋代文學研討會"上宣讀。此次發表，對個別地方作了修改。北京大學吳小如先生提供了寶貴的修改意見，謹在此表示衷心的感謝。

注　釋

〔1〕　見《中國社會科學》雜誌1982年第2期、1983年第1期。
〔2〕　《中國社會科學》1982年第2期，137頁。
〔3〕　見前引方回《送羅壽可詩序》。
〔4〕　《後村詩話》後集卷一，中華書局1983年版，52頁。
〔5〕　《歷代詩話續編》本，中華書局1983年版，478頁。
〔6〕　如梁崑《宋詩派別論》；陳植鍔《試論王禹偁與宋初詩風》、《宋初詩風續論》；又《中國大百科全書·中國文學卷》"魏野"條："魏野的詩歌效法姚合、賈島，苦力求工。""宋代詩"條："效法賈島的，主要有九僧和魏野、寇準等人。""惠崇"條："（九僧）與魏野、寇準、林逋、潘閬等俱宗賈島姚合，同屬晚唐派。"又許總《宋詩史》列專章討論宋初"晚唐詩體"，亦把魏野列爲此派代表之一。
〔7〕　《鉅鹿東觀集》卷六。
〔8〕　參看白居易《閑咏》："步月憐清景，眠松愛綠蔭。早年詩思苦，晚歲道情深。夜學禪多坐，秋牽興暫吟。悠然兩事外，無處更留心。"見《全唐詩》卷四百四十八，中華書局1960年版第十三冊，5039頁。
〔9〕　《鉅鹿東觀集》卷十。
〔10〕　參看白居易《放言五首》其一："朝真暮僞何人辨，古往今來底事無。但愛臧生能詐聖，可知寧子解佯愚。草螢有耀終非火，荷露雖團豈是珠。不取燔柴兼照乘，可憐光彩亦何殊。"見《全唐詩》卷四百三十八，中華書局1960年版第十三冊，4874頁。
〔11〕　《鉅鹿東觀集》卷四。

〔12〕 同上卷十。

〔13〕 參見本文注〔62〕。

〔14〕 《鉅鹿東觀集》卷首，趙氏峭帆樓刊本。

〔15〕 《鉅鹿東觀集》卷六。

〔16〕 《官舍書懷呈羅思純》，《小畜集》卷七。

〔17〕 白居易《醉封詩筒寄微之》，《全唐詩》卷四百四十六，中華書局1960年版第十三册，5001頁。

〔18〕 參見本文注〔62〕。

〔19〕 中華書局1984年版，66頁。

〔20〕 見魏野《貽司馬池詩》："年少老成人，林間訪我頻。"《鉅鹿東觀集》卷五。司馬光《馮亞詩集序》見《溫國文正司馬公文集》卷六十四，《四部叢刊》初編本。

〔21〕 《歷代詩話》本，中華書局1981年版，276頁。

〔22〕 見趙齊平著《宋詩臆說》，北京大學出版社1993年版69頁、95頁。

〔23〕 《宋史·魏野傳》："前後郡守，雖武臣舊相，皆所禮遇，或親造焉。趙昌言性尤倨傲，特署賓次，戒閽吏野至即報。"《續資治通鑒長編》卷七十五："野居州之東郊，不求聞達。趙昌言、寇準來守是州，皆賓禮。野爲詩精苦，有唐人風。"司馬光《溫公續詩話》云："王太尉相旦從車駕過陝，野貽詩曰：'昔年宰相年年替，君在中書十一秋。西祀東封俱已了，如今好逐赤松遊。'王袖其詩以呈上，累表請退，上不許。野又嘗上寇萊公準詩云：'好去上天辭將相，卻來平地作神仙。'……有詩人規戒之風。"

〔24〕 參見《續資治通鑒長編》卷七十五大中祥符四年（1011）："野爲詩精苦，有唐人風，契丹使者嘗言本國得其《草堂集》半帙，願求全部，詔與之。"文瑩《玉壺清話》卷七："祥符中，契丹使至，因言本國喜誦魏野詩，但得上帙，願求全部。真宗始知其名，將召之，死已數年，搜其詩，果得《草堂集》十卷，詔賜之。"又宋人《古今詩話》云："魏仲先《贈萊公詩》曰：'有官居鼎鼐，無宅起樓臺。'真宗即位，北使至，賜宴，惟兩府預焉。北使歷視坐中，問譯者曰：'孰是無宅起樓臺相公？'丁晉公令譯者曰：'南方須大臣鎮撫，寇公撫南夏，非久即還。'"（郭紹虞輯《宋詩話輯佚》上册176頁）又邵伯溫《邵氏聞見後錄》卷七謂："魏野贈公（寇準）詩曰：'有官居鼎鼐，無宅起樓臺。'後虜使在廷，目公曰：'此無宅相公耶？'"以上諸説，時間頗不一致。按諸家所引魏野詩乃《上知府寇相公》之兩句，見《鉅鹿東觀集》卷一，據詩題知是寇準知陝州時魏野所上。檢《宋宰輔編年錄》卷三、《續資治通鑒長編》卷六十二、《宋史·寇準傳》等，寇準罷相，事在景德三年（1106）二月，出知陝州，事在三月。

而魏野此詩尚有"鎮臨求二陝,調燮輟三臺。鳳閣須重去,龍旌暫擁來。下車三度雨,上事數聲雷"等句,可推知是寇準初至陝州時,即景德三年(1106)所作。其詩當是與魏野詩集的上半部一起傳入契丹,時間當在景德三年之後。而《古今詩話》謂真宗即位時(997年)北使已知此詩,顯然不確,且此時丁謂不在兩府,寇準亦未貶南方。檢《四部叢刊》本《詩話總龜》前集卷十七引《古今詩話》,"真宗即位"作"仁宗即位",較爲可信。若《邵氏聞見錄》未明言時間,所記其事與《古今詩話》稍有不同,未知孰是,待詳考。至於契丹使者求魏野詩集之事,《玉壺清話》説是"祥符中";《續資治通鑒長編》則繫於大中祥符四年(1011),但又明言"契丹使者嘗言"云云,則其事顯然在四年之前。參照魏野作《上知府寇相公》詩的時間,可以推知,其事當在景德三年(1006)以後,大中祥符四年(1011)以前。《宋史》本傳定爲大中祥符初年(1008)較爲可信。至於《玉壺清話》説大中祥符中,因契丹使者言本國喜誦魏野詩,"真宗始知其名",且謂其時魏野"死已數年",顯然與事實不符。魏野卒於天禧三年十二月(1020年1月),見《續資治通鑒長編》卷九十四。清厲鶚撰《遼史拾遺》卷八據《玉壺清話》將契丹使者求魏野詩集一事繫於遼聖宗開泰三年(宋大中祥符七年,公元1014年),且謂其時魏野"死已數年",亦失考。

〔25〕 見文瑩《玉壺清話》卷七。《宋朝事實類苑》卷三十四謂"王禹偁詩多紀實中的"。可見在宋人看來,白體詩的共同特點就是"中的易曉"。

〔26〕 見《遼史拾遺》卷八引《契丹國志》,《叢書集成初編》本;清周春輯《遼詩話》,《清詩話》本,上海古籍出版社1978年版,789頁。

〔27〕 《讀王黄州詩集》,《林和靖先生詩集》卷三。

〔28〕 《贈張繪秘教九題》其八《詩筒》,《林和靖先生詩集》卷一。

〔29〕 見智圓《擬洛下分題》詩序,《閒居編》卷三十七,《全宋詩》第三册,北京大學出版社1991年版,1497頁。

〔30〕 《擬洛下分題》其三,同上,1498頁。

〔31〕 《閒居編》卷四十九,《全宋詩》第三册,北京大學出版社1991年版,1562頁。

〔32〕 《中庸子傳》上云:"中庸子,智圓名也,無外字也。既學西聖之教,故姓則隨乎師也。嘗砥礪言行,以庶乎中庸,慮造次顛沛忽忘之,因以中庸自號。"見《閒居編》卷十九,《全宋文》第八册,巴蜀書社1990年版,289頁。

〔33〕 《閒居編自序》,《全宋文》第八册,巴蜀書社1990年版,188頁。

〔34〕 見《中庸子傳》中,同注32,291頁。

〔35〕 《閒居編》卷四十八,《全宋詩》第三册,北京大學1991年版,1559頁。

〔36〕《錢唐聞聰師詩集序》,《閒居編》卷二十九,《全宋文》第八册,巴蜀書社1990年版,224頁。參見《湖西雜感詩》序,《閒居編》卷二十四,《全宋詩》第三册,北京大學出版社1991年版,1519頁。

〔37〕《閒居編》卷四十八,《全宋詩》第三册,北京大學出版社1991年版,1557頁。

〔38〕《湖西雜感詩》序,《閒居編》卷四十二,《全宋詩》第三册,北京大學出版社1991年版,1519頁。

〔39〕《閒居編》卷四十八,《全宋詩》第三册,北京大學出版社1991年版,1560頁。

〔40〕同注〔38〕。

〔41〕如白居易《放言五首》其二:"禍福回還車轉轂,榮枯反覆手藏鈎。"其四:"莫笑貧賤誇富貴,共成枯骨兩如何?"其五:"泰山不要欺毫末,顏子無心羨老彭。松樹千年終是朽,槿花一日自爲榮。何須戀世常憂死,亦莫嫌身漫厭生。生去死來都是幻,幻人哀樂繫何情?"(《全唐詩》卷四百三十八,中華書局1960年版,第十三册,4874頁)又王禹偁《放言五首》其一:"誰信人間是與非,進須行道退忘機。"其二:"榮枯禍福轉如輪,幽暗難欺有鬼神。"其四:"人生唯問道何如,得喪升沉總是虛。"(《小畜集》卷八、《小畜外集》卷七)

〔42〕《閒居編》卷五十,《全宋詩》第三册,北京大學出版社1991年版,1570頁。

〔43〕《宋史·楊億傳》著錄有《括蒼》、《武夷》、《穎陰》、《韓城》、《退居》、《汝陽》、《蓬山》、《冠鰲》諸集及内外制刀筆等一百九十四卷,今諸集除《武夷新集》二十卷外,均已失傳。

〔44〕見《小畜外集》卷七、《小畜集》卷八。小序云:"元、白謫官,皆有《放言》詩著於編集,蓋騷人之道味也。予雖才不侔於古人,而謫官同矣。因作詩五章,章八句,題爲《放言》云。"

〔45〕見《小畜集》卷十一《送正言楊學士億之任縉雲》。

〔46〕楊億《武夷新集》自序謂取咸平戊戌歲(咸平元年,公元998年)至景德四年"十來年詩筆,條次爲二十卷,目之日《武夷新集》"。此序作於"丁未歲(景德四年,公元1007年)十月",見《浦城遺書》本《武夷新集》卷首。《武夷新集》卷一有《初至郡齋書事》詩,題下注"到處州以後",知此集所收實自此詩始。自序謂到達處州任所乃咸平元年十二月,而此詩有"聽訟棠陰密,行春柳影疏"之句,推知此詩實爲咸平二年(999)作。故此集所收,實起於咸平二年。

〔47〕《武夷新集》卷一。

〔48〕如王禹偁《齋後望山中春雪》、《春郊寓目》等,見《小畜集》卷九。徐鉉《和蕭郎中

小雪日作》，見《徐公文集》卷二。

[49] 按楊億十一歲入朝試詩賦受太宗賞識，授秘書省正字。後依其從祖楊徽之讀書。楊徽之亦宋初著名詩人，其詩主要學習鄭谷，但亦兼效白居易，以清切爲宗。楊億早年作詩當亦受其影響。關於宋初詩人學習鄭谷的情況，擬另文討論。

[50] 見《小畜集》卷八《鄭州與張秉監察聯句》："函關秋霽雁初回，六里商於曉色開。（張秉）四皓有靈應笑我，謫官方始入山來。（王禹偁）"按《四部叢刊》本《西崑酬唱集》唱和詩人姓氏最後一人作"□秉"，其他各本則作"劉秉"，據鄭再時、王仲犖及徐規諸先生考證，"劉秉"應爲"張秉"之訛。見鄭再時《西崑酬唱集箋注》，齊魯書社1986年版，87頁；王仲犖《西崑酬唱集注》，中華書局1980年版，337頁；徐規《王禹偁事迹著作編年》，中國社會科學出版社1982年版，99頁。今從其説。

[51] 見《小畜集》卷八《得昭文李學士書報以二絕》自注："來書云：'看書除莊老外，樂天詩最宜枕藉。'"詩有"多謝昭文直學士，勸教枕藉樂天詩"之句。

[52] 見晁迥《法藏碎金錄》卷五。

[53] 《法藏碎金錄自序》，臺灣商務印書館影印文淵閣《四庫全書》本《法藏碎金錄》卷首。

[54] 《西崑酬唱集》中收其詩兩首。《屬疾》乃楊億原唱，晁迥等和作；《清風十韵》爲晁迥原唱，楊億等和作。

[55] 見宋江少虞《宋朝事實類苑》卷三十四，上海古籍出版社1981年版校點本，435頁。按《事實類苑》原未注明引自何書，是何人所説。但此條內容屢見於宋人詩話筆記轉引，參證各書即可考知實出自楊億《楊文公談苑》。葛立方《韵語陽秋》卷二："楊文公在至道中得義山詩百餘篇，至於愛慕而不能釋手。公嘗論義山詩，以謂'包蘊密致，演繹平暢，味無窮而炙愈出，鑽彌堅而酌不竭，使學者少窺其一斑，若滌腸而洗骨。'……又嘗以錢惟演詩二十七聯……劉筠詩四十八聯……皆表而出之，紀之於《談苑》。"（《歷代詩話》本，中華書局1981年版，499頁）這就是《事實類苑》所引一則的轉述和節錄，證明《事實類苑》所引確是出自《楊文公談苑》。又《詩話總龜》前集卷十二引《談苑》云："錢鄧帥嘗舉《思賈誼》兩句云：'可憐夜半虛前席，不問蒼生問鬼神。'後人何可及！"（人民文學出版社校點本，1987年版，139頁）亦與《事實類苑》所引一則相合。又《唐詩紀事》卷五十三云："大年又曰：'鄧帥錢若水舉《賈誼》兩句云：可憐夜半虛前席，不問蒼生問鬼神。錢云：措意如此，後人何以企及？鹿門先生唐彥謙爲詩慕玉溪，得其清峭感愴，蓋其一體也，然警絶之句亦多有。'"（中華書局上海編輯所校點本，1965年版）參看葉夢得《石林詩話》卷中："楊大年、劉子儀皆喜唐彥謙詩，以其用事精巧，對偶親切。"（《歷代詩話》本，中華書局1981

年版，416頁）又《蔡寬夫詩話》："（楊）文公尤酷嗜唐彥謙詩，至親書以自隨。"（《苕溪漁隱叢話》前集卷二十二引，人民文學出版社1981年版，145頁）參考以上諸書可以判定《事實類苑》所收此條確爲楊億的自述。萬曼先生撰《唐集敘錄》，謂馮浩曾引《皇宋事實類苑》的這段話以考察李商隱詩的流傳，亦謂是楊億所說，並據馮浩所引轉錄了這段話的前半部分（見《唐集敘錄》，中華書局1980年版，283頁）。又今校點本《宋朝事實類苑》所錄有個別意義難通、明顯錯訛的字未出校，兹據各書所引作了校訂。"炙"原作"久"，據《韻語陽秋》及馮浩所引校改。"難言"原作"推言"，據馮浩所引校改。"錢鄧帥"原作"錢鄧師"，據《唐詩紀事》及馮浩所引校改。"警絕"原作"警之"，據《唐詩紀事》校改。

[56] 見王仲犖《西崑酬唱集注》前言及楊億序注；徐規《王禹偁事迹著作編年》淳化三年（992）紀事，該書99頁。又鄭再時先生則認爲《西崑酬唱集》編成於大中祥符六年（1013），所收爲景德二年至大中祥符六年的唱和詩（見鄭著《西崑酬唱集箋注》，齊魯書社1986年版，229頁、551頁等），亦備一說。

[57] 《宋朝事實類苑》卷三十七引，上海古籍出版社1981年版校點本，479頁。參見蔡居厚《詩史》，《宋詩話輯佚》本，中華書局1980年版，444頁。

[58] 方回在《瀛奎律髓》卷二十二梅堯臣《和永叔中秋月夜會不見月酬王舍人》詩的評語中說："宋初詩人惟學'白體'及晚唐。楊大年一變而學李義山，謂之'崑體'，有《西崑倡酬集》行於世。"（見上海古籍出版社1986年版《瀛奎律髓》彙評本，925頁）從這一表述看，"白體"與"西崑體"的先後更替，方回是很清楚的。而他的《送羅壽可詩序》卻是另一種說法，顯然並不確切。

[59] 錢鍾書先生曾認爲《宋詩鈔》小序"把王禹偁說得仿佛他不是在西崑體流行以前早已成家的"，較早指出了《宋詩鈔》小序的這一錯誤（見錢鍾書《宋詩選注》序，人民文學出版社1958年版，29頁）。陳植鍔《論王禹偁與宋初詩風》也論證了西崑體出現在白居易體之後的事實（見《中國社會科學》雜誌1982年第2期，137頁）。又趙齊平師亦曾明確指出："'西崑之體方盛'在王禹偁已死之後。"（見趙齊平著《宋詩臆說》，北京大學出版社1993年版，39頁）諸家的研究都糾正了這種顛倒史實順序的錯誤。不過若參考本文所引楊億的自述，則結論就更加清楚了。

[60] 《舊唐書·元白傳論贊》論及唐代詩文，認爲元和以前"向古者傷於太僻，徇華者或至不經，齷齪者局於宮商，放縱者流於鄭衛；若品調律度，揚摧古今，賢不肖皆賞其文，未如元、白之盛也。"甚至以"不習孫、吳，焉知用兵"來比喻學習元、白詩歌的重要（見中華書局校點本，1975年版，4359頁、4360頁）。王運熙、楊明《隋唐五

代文學批評史》第三編討論《舊唐書》文學觀，亦認爲"史臣對元、白給予極高的評價，反映了當時大多數文人的審美標準"（上海古籍出版社1994年版，718頁），可參看。

〔61〕晚唐皮日休、陸龜蒙兩人既學白居易的諷喻詩，也效法元、白唱和而大寫唱和詩，收入《松陵集》十卷。《宋史·西蜀世家》載後蜀歐陽迥"嘗擬白居易諷諫詩五十篇以獻，（孟）昶手詔嘉美"。宋初錢易《南部新書》癸卷載，五代時"四明人胡抱章作擬白氏諷諫五十首，亦行於東南，然其詞甚平。後孟蜀末楊士達亦撰五十篇，頗諷時事"。五代各國尤其南唐、吳越和前後蜀更有寫作唱和詩的風氣。徐鉉在南唐時曾參與中主李璟、後主李煜及李建勛等人的詩歌唱和（參見王士禎《五代詩話》卷一引《江表志》）。又《宋史·吳越世家》載吳越廢王錢倧長子錢惟治，"慕皮、陸爲詩，有集十卷"，當亦是效其唱和之作。吳越錢氏家風頗好文辭，喜作詩。錢俶弟錢儼"樂爲文辭"，"國中詞翰多出其手"，歸宋後，"與朝廷文士遊，歌咏不絕"。吳越忠獻王錢佐之子錢昱亦"喜吟咏"，歸宋後，"多與中朝卿大夫唱酬"。又前蜀後主王衍喜作詩，亦常"宣令從官繼和"（王士禎《五代詩話》卷一引《王氏見聞錄》），參與唱和的中書舍人王仁裕的詩作多達萬首，蜀人稱爲"詩窖子"（吳任臣《十國春秋·王仁裕傳》），詩風也是屬於"得於容易"的一路。至於效白居易閑適詩者，可以歷事四朝的馮道爲代表。馮道爲人極會明哲保身，作詩多學白居易"知足保和"的閑適詩，"淺近而多義理"（《宋朝事實類苑》卷三十六）。如："窮達皆由命，何勞發嘆聲？但知行好事，莫要問前程。冬去冰須泮，春來草自生。請君觀此理，天道甚分明。"又如："莫爲危時便愴神，前程往往有期因。須知海岳歸明主，未省乾坤陷吉人。道德幾時曾去世，舟車何處不通津？但教方寸無諸惡，狼虎叢中也立身。"（並見吳處厚《青箱雜記》卷二）據說二詩之"但知行好事"一聯和"須知海岳歸明主"一聯，到宋時尚"盛傳"。吳處厚《青箱雜記》卷二又說：宋仁宗時邵亢"常謂余詩淺切，有似白樂天。一日閱相國寺書肆，得馮瀛王（道）詩一帙而歸，以語之，（邵）公曰：'子詩格似白樂天，今又愛馮瀛王，將來捻取個豁達李老。'"吳處厚自注云："慶歷中，京師有民自號'豁達李老'，每好吟詩，而詞多鄙俚，故公以戲之。"可見在宋人看來，馮道詩是比白居易更爲淺易俚俗的。

〔62〕陳植鍔《試論王禹偁與宋初詩風》一文分析了宋太宗與臣下唱和的情況，認爲由於皇帝的提倡，"遂使唱和活動越演越烈"，甚是。可參看。此外，還應看到，宋初幾位皇帝與臣下的詩歌唱和活動，不僅是附庸風雅或點綴升平而已，還是貫徹文治國策的一個表現。《古今詩話》載：太祖嘗顧近侍曰："五代干戈之際，猶有詩人，今太平日久，

豈無之也?"並命臣下廣爲尋訪。又太平興國五年有趙國昌求應百篇詩舉,太宗親出二十字爲題,令各賦五篇,至晚僅成數十首,且辭意無可觀,但亦"特賜及第以勸來者"(見《續資治通鑒長編》卷二十一,宋王闢之《澠水燕談錄》卷六則謂"至晚僅能成數篇")。其時太宗"方欲興文教"(見《續資治通鑒長編》卷十八),重視詩人,正是"興文教"的一個方面。咸平元年,太宗與蘇易簡論唐時文人,感嘆不與李白同時,蘇易簡因言錢易能爲歌詩,不下李白,太宗驚喜曰:"誠如是,吾當白衣召置禁林。"(見《續資治通鑒長編》卷四十三)這顯然是爲推行以文治國的國策,表示重用文士,推崇詩人。淳化二年宋太宗爲翰林院書"玉堂之署"匾額,作詩二章賜翰林學士蘇易簡,批注云:"詩意美卿居清華之地也。"蘇易簡認爲:"自有翰林,未有如今日之榮也。"於是會集學士韓丕、畢士安,秘書監李至、史館修撰楊徽之、梁周翰;知制誥柴成務、呂佑之、錢若水、王旦,直秘閣潘慎修,翰林侍書王著、侍讀呂文仲等在翰林院觀太宗所書匾額和御制賜詩,舉行宴會。參加者都和詩以記其事。當時任宰相的白體詩代表李昉也約了參知政事賈黃中、李沆等寫了和詩。宋太宗對李昉說:"蘇易簡以卿等詩什來上,斯足以見儒墨之盛,學士之貴也。"(見《續資治通鑒長編》卷三十二)這些唱和詩,還被編爲詩集流傳,取名《禁林宴會集》。徐規先生認爲:"宋初白居易詩體(指唱和詩)盛行,現存宋人唱和詩什,以此集爲最早。"(見《王禹偁著作事迹編年》)當時君臣之間的唱和,成爲定制,含有考察臣下才華,以選拔人材的用意。《續資治通鑒長編》卷四十五載,咸平二年,真宗作《社日》詩賜近臣屬和,宰執求免次韵,真宗說:"君唱臣和,亦舊制也,無煩多讓。"又卷八十二載大中祥符七年六月,真宗作《憫農歌》和《讀十一經》詩賜近臣和,百僚亞賦。其後,梅洵等以館職居外任者還上表請求次韵和作,"詔寫本附驛賜之"。本來梅洵等居外任,可以不參與宮廷的唱和,大約是怕失去表現才華的機會,故專門上表請求次韵。可見在這些文臣看來,參與這樣的詩歌唱和活動是多麼重要。於是當時文士之間寫作唱和詩,在表現友人之間交情之外,便多了表現才華,較量詩藝、擴大名聲的動機。王禹偁《仲咸以予編成〈商於唱和集〉以二十韵詩相贈依韵和之》詩云:"詩戰雖非敵,吟多偶自編。"(《小畜集》卷七)把詩歌唱和稱作"詩戰",形象地概括了其動機和特點。有趣的是,另一位白體詩人魏野有《酬和知府李殿院見訪之什往來不休因成四首》其四,通篇把寫唱和詩比作詩戰:"雖喜乘驄到水村,卻愁詩敵勢難親。平生未竪降旗客,臨老將爲弃甲人。矛角勇無心害物,鷄皮怯有汗沾巾。數篇勉和情枯竭,潦倒詞鋒息戰塵。"(《鉅鹿東觀集》卷八)綜上可知,宋初唱和詩流行的動機,從唱和者方面看,除了友人交遊、官場應酬的目的之外,主要是通過唱和較量詩藝,表現個人才華,擴大名聲,並作爲正式進入官場前的準備或作爲圖謀晉升的途徑。要應付大量的唱酬活動,在缺乏深厚的才學的情況下,自然要尋找現成的寫作模式和容易學習便於模仿的詩人作爲效法的對象,這樣,元、白開創的唱和詩的路數和淺切平易、"只是好做"(明江進之《雪濤小書》評白居易詩語,轉引自《白居易資料彙編》,中華書局1986年版,226頁)的白居易詩風,便適應了宋初詩壇的這種現實需要而廣泛流行。

〔63〕朱熹《五朝名臣言行錄》卷四引《家塾記》:"楊文公以直道獨立,時有挾邪說以進者,面戲公曰:'君子知微知章,知柔知剛。'公應聲答曰:'小人不恥不仁,不畏不義。'"(《四部叢刊》初編本)參見范仲淹《楊文公寫真贊》:"天下知公之文,而未知其道也。昔王文正公(旦)居宰府僅二十年,未嘗見愛惡之迹,天下謂之大雅;寇萊公(準)當國,真宗有澶淵之幸,而能左右天子,如山不動,卻戎狄,保宗社,天下謂之大忠;樞密扶風馬公(知節),慷慨立朝,有犯無隱,天下謂之至直。此三君子者,一代之偉人也。公與三君子深相交許,情如金石,則公之道,其正可知矣。"見《范文正公集》卷五,《四部叢刊》初編本。

〔64〕見《祥符詔書記》,《徂徠石先生文集》卷十九。

〔65〕見《續資治通鑒長編》卷八十。參見江休復《江鄰幾雜志》,《筆記小說大觀》本,廣陵古籍刻印社1984年版,第八册,17頁。

〔66〕中華書局1981版,6頁。

〔67〕見陳師道《後山談叢》,《後山集》卷十八。

〔68〕見《續資治通鑒長編》卷六十八。

〔69〕《續資治通鑒長編》卷八十:"(楊)億雖頻忤旨,恩禮猶不衰。王欽若、陳彭年等深害之,益加譖毀,上意稍息。"又卷八十三載真宗曾對宰相王旦說:"億性峭直,無所附會,文學固無及者,然或言其好竊議朝政,何也?"旦對曰:"此蓋與億不足,誣謗之耳。"朱熹《五朝名臣言行錄》卷四引《王文正公遺事》亦載真宗對輔臣曰:"聞楊億好謗時政。"王旦對曰:"楊億文人,幼荷國恩,若諧謔過當,則恐有之;至於謗訕,臣保其不爲也。"案王旦與楊億是至交,他的辯解,是想爲楊億洗刷罪名。楊億自知被人中傷,得罪了宋真宗,爲避禍,遂於大中祥符六年以母病爲由逃歸陽翟。其事參見歐陽修《歸田錄》卷一:楊億知爲人所譖,"由是佯狂奔於陽翟"(中華書局1981版,7頁)。又葉夢得《石林燕語》卷七:"楊文公既佯狂逃歸陽翟,時祥符六年也。"(中華書局1984年版,107頁)

〔70〕石介《祥符詔書記》,《徂徠石先生文集》卷十九。

〔71〕《議學校貢舉狀》,《經進東坡文集事略》卷二十九。

〔72〕《次韵楊明叔見餞十首》其七,《山谷內集詩注》卷十四。

〔73〕《跋楊文公書玉溪生詩》,《真西山文集》卷二十四。

〔74〕《續資治通鑒長編》卷六十一:景德二年九月丁卯,"令資政殿學士王欽若、知制誥楊億修《歷代君臣事迹》,欽若請以直秘閣錢惟演等同編修"。

〔75〕《宋史·劉筠傳》:"會詔知制誥楊億試選人校太清樓書,擢筠第一,以大理評事爲秘閣校理。……筠預修圖經及《册府元龜》,推爲精敏。"王仲犖《西崑酬唱集序》注引宋程俱《麟臺故事》:"景德二年九月,命刑部侍郎資政殿學士王欽若、右司諫知制誥楊億修《歷代君臣事迹》,……初命欽若、億等編修,俄又取秘書丞陳從易,秘閣校理劉筠。"

〔76〕《小畜集》卷七。

〔77〕此條轉引自《苕溪漁隱叢話》後集卷十四。宋人其他詩話多有轉述,《詩話總龜》前集卷四引《古今詩話》作:"楊大年同陳恕讀李義山詩,酷愛一絶云云。"計有功《唐詩紀事》卷五十二則作:"楊大年出義山詩示陳恕,酷愛一絶云云。"又《苕溪漁隱叢話》所引此條"陳恕"作"余恕",兹據《古今詩話》及《唐詩紀事》等校改。檢《續資治通鑒長編》卷五十三及《宋史·陳恕傳》,咸平年間與楊億同主考試者爲陳恕,非余恕。

〔78〕見《續資治通鑒長編》卷五十三,參看《宋史·陳恕傳》。

〔79〕見《續資治通鑒長編》卷六十四。

〔80〕《筆記小説大觀》本,廣陵古籍刻印社1984年版,第八册,1頁。

〔81〕《苕溪漁隱叢話》後集卷十九。

〔82〕參見《宋史·陳從易傳》。

〔83〕館閣同列疾王欽若事,又見《宋人軼事彙編》卷五引楊億《談苑》,中華書局1981年版,212頁。參見江休復《江鄰幾雜志》,《筆記小説大觀》本,廣陵古籍刻印社1984年版,第八册,24頁。對楊億抗命不爲王欽若出知杭州作送行詩一事,宋人多稱贊他重名節。南宋馮去非《對牀夜語序》云:"楊大年倡'西崑體',一洗浮靡,而尚事實;至送王欽若行,君命有所不受,其名節有如此者。"(范晞文《對牀夜語》卷首,《歷代詩話續編》本,中華書局1983年版,406頁)

〔84〕見《續資治通鑒長編》卷六十五。

〔85〕見《西崑酬唱集注》78頁,中華書局1980年版。

〔86〕陸游《跋〈西崑酬唱集〉》,《渭南文集》卷三十一。

〔87〕見《續資治通鑒長編》卷七十一。據《宋史·王嗣宗傳》,王爲人"尤傲狠,務以醜言

凌挫群類", 寇準"素惡之"。

〔88〕《宋史・真宗本紀》載此詔作："讀非聖之書及屬辭浮靡者，皆嚴譴之。"此詔又見《宋大詔令》卷一百九十一，題作《誡約屬辭浮艷令欲雕印文集轉運使選文士看詳詔》，有云："近代以來，屬辭多弊，侈靡滋甚，浮艷相高。"又云："今後屬文之士，有辭涉浮華，玷於名教者，必加朝典。"

〔89〕見《文學評論》1990年第5期，77頁。

〔90〕《祥符詔書記》，《徂徠石先生文集》卷十九。

〔91〕北宋田況認為楊億"變文章之體"，"雖頗傷於雕摘，然五代以來蕪鄙之氣，由茲盡矣"（《儒林公議》卷上，《筆記小說大觀》本，廣陵古籍刻印社1984年版，第八冊，1頁）。話雖過於絕對，卻指出了一個基本事實。方回亦認為："崑體詩一變，亦足以革當時風花雪月，小巧呻吟之病。非才高學博，未易到此。"（《瀛奎律髓》卷三錢惟演《始皇》詩方回評語，上海古籍出版社1986年版彙評本，134頁）北宋詩文革新的代表人物歐陽修更稱賞楊、劉、錢等人之詩："雖用故事，何害為佳句"，"其不用故事，又豈不佳乎？"並說："蓋其雄文博學，筆力有餘，故無施而不可。非如前世號詩人者，區區於風雲草木之類，為許洞所困者也。"（《六一詩話》，人民文學出版社1983年版，13頁）按所謂"為許洞所困者"指仿效賈島、姚合的九僧諸人。

〔92〕劉克莊《後村詩話》前集卷二引，中華書局1983年版，22頁。

〔93〕同注〔89〕

（本文作者　北京大學中文系）

From "Bai School" to "Xikun School"
——Also on the Motive of Yang Yi's Promoting of "Xikun Style"

Zhang Ming

Summary

This article investigates the development of poetic style by the beginning of the Song Dynasty. It also deals with the change of poetic style from "Bai Style", the leading poetic form during that period, to "Xikun style". In this article, we will also investigate the situation and the motive of Yang Yi's promoting of "Xikun style".

During Song Taizu and Taizong period, Bai Juyi's poetic style —— "Bai style" was very popular. Many poets, including "Xikun School" poets, had experience of writing "Bai style" poems. According to Yang Yi's own words and the change of his own poetic style, we can see that it was after the fourth year of Xianping, Song Zhenzong (1001 A. D.), he started to promote Li Shangyin's poetic style. This demonstrates that "Xikun style" and "Bai style" did not appear at the same time. One of the purposes of Yang Yi's studying of Li Shangyin's poetic style was to demonstrate their artistic appreciation and aesthetic interest in their poems through imitating Li Shangyin's poetic style such as having many literary quotations and exquisite dictions in their poems, in order to take the place of the plain and simple style. The other purpose was to study Li Shangyin's way of expressing his political emotions and placing implied meaning and satire in his poems to air his criticism and satire on the government. Yang Yi's political stand and his personality decides that the motive of his promoting "Xikun style" was to express literati and officialdom's spirit of criticism. Generally, scholars believes that "Xikun style" represented a kind of showy and flowery poetic style by the beginning of the Song Dynasty and belonged to royal writers' poems extolling the rulers of the country. We hardly agree with this argument. Yang Yi's promoting of "Xikun style" was not for putting on a fales show of peace and prosperity. Though "Xikun style" had the problem of loading their poems with fancy phrases and literary quotations, it did bring something new to replace the simple, sentimental, and plain poetic style since the late Tang and Five Dynasties.

試論"逸品"說及其對王漁洋"神韵"說的影響

丁 放

"逸品"說是中國書畫理論中的重要範疇之一,並且對詩歌理論產生過積極影響。當代學者曾對"逸品"理論作過一些研究,"逸品"說與王漁洋"神韵"說的關係,亦有人論及。然而,對這些問題的研究似乎有進一步深入的必要。筆者曾從事中國畫論的校注工作,近年來,又主要從事中國詩歌理論的學習、研究,在研習過程中,不揣譾陋,撰成此文,以就正於方家。

一

以"逸品"來論書、畫,其根源可上溯至漢、魏時的人物品評之風。在班固《漢書‧古今人表》中,就把人物分爲九等。《漢書‧揚雄傳》載揚雄《法言》之目有"德行顏閔,股肱蕭曹,爰及名將尊卑之條,稱述品藻"之語,顏師古注曰:"品藻者,定其差品及文質。"王先謙《漢書補注》引宋咸語,說揚雄《法言》這一章是"品歷世之臣"[1],故"品藻"即評論、衡量,"品"即"品量"。[2]東漢時許劭與從兄許靖好品評鄉黨人物,號"月旦評"。[3]三國時魏司空陳群在郡縣設立"中正"一職,評論人材高下,分爲九等,稱爲"九品中正制"。魏、晉之時,人物品評之風大盛,《世說新語》的《言語》、《賞譽》、《品藻》、《容止》、《德行》、《任誕》諸篇,就記載了許多這方面的材料。

以"品"論人之風,很快影響到繪畫、書法、詩歌乃至博弈理論。南齊謝赫撰《古畫品錄》,分六品論畫,共評論歷代畫家二十八人(今本缺一人)。梁朝鍾嶸撰《詩品》，在《序》中明言自己受到班固"九品論人"、劉歆"七略裁士"的影響，他將古今詩人分爲上、中、下三品，共品評自漢至梁的一百二十二位詩人。梁朝庾肩吾作《書品》，取自漢迄梁善草隸者一百二十八人（今本存一百二十三人），分爲上、中、下三品，每品之中，又分上、中、下，與"九品中正制"相似。同時人王愔、王僧虔、袁昂亦撰有《書品》。《隋書·經籍志》載范汪等注《棋九品序錄》、袁遵《棋後九品序》、梁武帝《圍棋品》、陸云《棋品序》，亦皆分"品"論棋。

齊、梁時的繪畫、書法、詩歌、棋藝研究著作，多以"品"命名，説明漢、魏以來人物品評的方法已被廣泛運用到文藝批評領域中了。在"品"的數目上，也發生了一些變化，"九品"之外，出現了"六品"、"三品"等分法。這些，都直接啓發了後世的書、畫理論。

唐、宋時期，是中國書論、畫論發展的高潮期，"逸品"、"神品"、"妙品"、"能品"的分法已經成熟。"逸品"理論產生於唐，成熟於宋，首先在書論中提出，然後在畫論中被普遍應用。

唐代高宗、武后時人李嗣真作《書後品》，是續庾肩吾《書品》的。該書首次在書法理論中提出"逸品"之説，並用"逸品"、"上品"、"中品"、"下品"的順序論書法，其上、中、下又各分三等。李嗣真的《書後品》提出"逸品"説，且將其置於上、中、下三品之前，這在中國書、畫理論史上具有開創性的意義，但這一重要論述，卻爲一些學者所忽略，故一些論"逸品"的文章，往往未能弄清此説的源頭。李嗣真《書後品序》即提出"逸品"説：

> 昔蒼頡造書，天雨粟，鬼夜哭，亦有感矣。蓋德成而上，謂仁義禮智信也。藝成而下，謂禮樂射御書數也。吾作《詩品》，猶希聞偶合神交自然冥契者，是才難也。及其作《書評》，而登逸品數者四人。故知藝之爲末，信也。雖然，若超吾逸品之才者，亦當復絕終古，無復繼作也。故斐然有感而作《書評》。[4]

這裏兩次提到的《書評》，即《書後品》。嗣真在《序》中只提"逸品"而不提上、中、下三品，又説"今始於秦氏，終於唐世，凡八十一人，分爲十等"，[5]並以李斯、張芝、鍾繇、王羲之、王獻之五人爲"逸品"，置於眾之首，其餘從

"上上品"至"下下品"共九等，亦以書法成就的高低爲序。其《逸品贊》云："倉頡造書，鬼哭天稟。史籀湮滅，陳倉籍甚。秦相刻銘，爛若舒錦。鍾、張、羲、獻，超然逸品。"此處以鍾（繇）、張（芝）、羲（王羲之）、獻（王獻之）四人爲"逸品"，未列李斯，與《書後品序》相合，而與正文所列不同，當係嗣真偶然失誤，故自相矛盾。

李嗣真置"逸品"於"十等"之首，是爲了突出"逸品"的地位。故此處"逸"字，應作"超絶"、"出衆"解。"逸"在《尚書》、《左傳》、《國語》、《論語》、《莊子》諸書中即已出現，有安樂、放縱、奔逃、疾速、隱逸諸義，"超絶"、"出衆"則爲"逸"重要的引申義之一。荀悦《漢紀·宣帝紀》四："益州刺史因奏王襃有逸才，能爲文。"[6]《後漢書·蔡邕傳》："伯喈曠世逸才。"[7]《三國志·蜀書·諸葛亮傳》："亮少有逸群之才，英霸之器，身長八尺，容貌甚偉。"[8]《文選》劉琨《答盧諶詩一首並書》："竿翠豐尋，逸珠盈椀。"李善注："逸，謂過於衆類。"[9]這些"逸"字，皆與李嗣真所說的"逸品"之"逸"意思相同。所以後人評《書後品》云："庾書分九等，此分十等。蓋加逸品一等於九品之上。逸品者，超逸倫類之謂。"[10]"上上品之上更列逸品，爲嗣真所創，明其在九等之上也。昔謝赫作《古畫品錄》，於陸探微亦欲躋之於上上品之上，而謂無他寄言，故屈標第一等，得嗣真以逸品名之，自此以後，遂爲定論。"[11]可見，"逸品"之稱既早於"神"、"妙"、"能"諸品而出現，而且一開始便有凌駕於衆品之上的崇高地位。當然，"超絶"、"出衆"只是"逸品"的主要含義之一，且局限於書論中，"逸品"說的完成，尚有待於後人。

唐朝開元間，翰林供奉張懷瓘撰《書斷》，分"神"、"妙"、"能"三品評論歷代書家，這種分法似乎受到鍾嶸《詩品》及庾肩吾等人《書品》上、中、下三品說的啓發，又能體現書法本身的特點，比上、中、下三品的分法演進了一大步（雖然兩種分法的依據並不相同），並且很快在書、畫理論界流行開來。誠如周中孚《鄭堂讀書記》所云："後來書家有三品之目，自此書始。畫家亦有三品之目，則因此書而類例之也。"[12]

從李嗣真到張懷瓘，"逸"、"神"、"妙"、"能"的名目均已出現，但尚未合爲一個完整的系統。中唐時人朱景玄著《唐朝名畫錄》始吸取李嗣真、張懷瓘之論，以"神"、"妙"、"能"、"逸"來論畫，但他對"逸品"的理解，與李嗣真並不完全相同。朱氏《唐朝名畫錄序》云：

> 古今畫品，論之者多矣。……景玄竊好斯藝，尋其踪跡，不見者不錄，見者必書。推之至心，不愧拙目。以張懷瓘《畫品斷》神、妙、能三品，定其等格，上、中、下又分爲三。其格外有不拘常法，又有逸品，以表其優劣也。[13]

這段話有兩點值得注意：其一，關於張懷瓘《畫品斷》的分品。朱景玄説張懷瓘《畫品斷》分爲"神"、"妙"、"能"三品，《畫品斷》已佚，張彦遠《歷代名畫記》存有少量佚文，其中没有關於品第的論述。但朱景玄與張懷瓘年代相近，他看到過《畫品斷》是完全可能的，這説明在唐玄宗開元年間，張懷瓘曾以"神"、"妙"、"能"來論繪畫，並撰有《畫品斷》一書。其二，此《序》中"其格外有不拘常法，又有逸品"數語，是朱氏自己的話。朱景玄不僅繼承了張懷瓘的"三品"説畫論，還首次將"逸品"這一概念由書論引入畫論，並且將二者合爲一體，第一次用"神"、"妙"、"能"、"逸"的順序論畫，對於中國畫論的豐富與發展，頗有貢獻。在朱景玄之前，"逸品"説雖未在畫論中出現，但"逸"字，卻早被用來論畫。如謝赫《古畫品錄》論袁蒨："比方陸氏，最爲高逸。"姚曇度："畫有逸方（才），巧變鋒出。"毛惠遠："出入窮奇，縱橫逸筆，力遒韵雅，超邁絶倫。"張則："意思横逸，動筆新奇。"[14]蕭繹《山水松石格》[15]："或格高而思逸，信筆妙而墨精。"唐貞觀時沙門彦悰《後畫錄》評吳敏智："宗匠梁寬，神襟更逸。"[16]朱景玄吸取六朝、初唐諸人有關"逸"的論述，結合李嗣真之論，建立了自己的"逸品"説。其"逸品"説體現在《唐朝名畫錄》的《序》及對王墨（默）、李靈省、張志和三位"逸品"畫家畫風與人格的評論中。其要點有三：

第一，"逸品"畫"不拘常法"，"非畫之本法"，"前古未之有"，具有超脱世俗、異乎衆品的特點。如記王墨作畫："醺酣之後，即以墨潑，或笑或吟，腳蹙手抹。或揮或掃，或淡或濃，隨其形狀，爲山爲石，爲雲爲水。……皆謂奇異也。"[17]李靈省："但以酒生思，傲然自得，……得非常之體，符造化之功，不拘於品格，自得其趣爾。"[18]像這樣作畫，擺脱一切拘束，自然不同流輩。

第二，"逸品"畫的畫風接近自然。如王墨："應手隨意，倏若造化。圖出雲霞，染成風雨，宛若神巧，俯觀不見其墨污之跡。"[19]李靈省"若畫山水、竹樹，皆一點一抹，便得其象，物勢皆出自然。"[20]張志和"隨句賦象，人物、舟船、鳥獸、烟波、風月，皆依其文，曲盡其妙，爲世之雅律，深得其態。"[21]"自然"在這裏有兩層含義，一指客觀自然，即所謂"造化"。二是自然而然，毫不做作，這兩層意思都成爲後世"逸品"說的重要組成部分。

第三，"逸品"畫家多爲隱士，"逸"有"隱逸"之義。朱氏所列的三位"逸品"畫家，立身處世都類似於《論語·堯曰》中所說的"興滅國，繼絕世，舉逸民"的"逸民"。如王墨"不知何許人，亦不知其名。……多遊江湖間，……性多疏野。"[22]《歷代名畫記》說他"風顛酒狂，……貞元末，於潤州歿，舉柩若空，時人皆云化去。"[23]迹近神仙者流。李靈省"落托不拘檢，……但以酒生思，傲然自得，不知王公之尊重"[24]，是一位孤傲的隱士。張志和"性高邁，不拘檢，自稱烟波釣徒。著《玄真子》十卷，書迹狂逸，自爲漁歌便畫之，甚有逸思"[25]。張志和是唐憲宗時著名的隱士，李德裕說他："漁父賢而名隱，鴟夷智而功高，未若玄真隱而名彰，顯而無事，不窮不達，其嚴光之比歟？"[26]這三位畫家共同的性格特點是不慕名利，不事權貴，逍遙遁世。

朱景玄對"逸品"特點的描繪，大大豐富了李嗣真以來的"逸品"理論。但是，由於他將"逸品"置於四品之末，指出其"非畫之本法"，雖未必以爲"逸品"低於另外三品，但總不如李嗣真置"逸品"於"十等"之首給人的印象深刻。李嗣真"逸品"定義的"超絶"、"出衆"之義，似乎被淡化了。

晚唐張彥遠則以"五等"論畫：

夫失於自然而後神，失於神而後妙，失於妙而後精，精之爲病也而成謹細。自然者爲上品之上，神者爲上品之中，妙者爲上品之下，精者爲中品之上，謹而細者爲中品之中。余今立此五等，以包六法，以貫衆妙。[27]

張彥遠的"自然"即等於"逸品"，故位居"神"之上，"神"即"神品"；"妙"即"妙品"；"精"即"能品"；"謹而細者"，在四品之下。值得注意的是，張彥遠已將"自然"（即"逸品"）置於神、妙、能諸品之上了。《歷代名畫記》

論畫時，有上品上、上品中、上品下、中品直至下品下，共分爲十一類，其中"上品上"即指"自然"或"逸品"。

到了宋朝初年，江夏黃休復撰《益州名畫錄》[28]，進一步發展了"四品"理論，確立了"逸品"領袖衆品的地位。黃氏此書最大的特點是將"逸格（品）"置於其它三格（品）之上，且給予最崇高的評價。南宋鄧椿《畫繼》論朱景玄到黃休復"四品"説的演進云："自昔鑒賞家分品有三：曰神、曰妙、曰能。獨唐朱景真（朱景玄原名景真，宋人避帝諱改）撰《唐賢畫錄》（即《唐朝名畫錄》），三品之外，更增逸品。其後黃休復作《益州名畫記》，乃以逸爲先，而神、妙、能次之。景真雖云逸格不拘常法，用表賢愚，然逸之高，豈得附於三品之末，未若休復首推之爲當也。"[29]

黃休復《益州名畫記》的"品目"即以"逸"、"神"、"妙"、"能"的次第論畫，他對"逸品"的總評是：

畫之逸格，最難其儔。拙規矩於方圓，鄙精研於彩繪，筆簡形具，得之自然；莫可楷模，出於意表，故目之曰逸格爾。[30]

"拙規矩於方圓"，指不守規矩，不爲畫法所拘；"鄙精研於彩繪"，指輕視技巧和色彩；"筆簡形具，得之自然"，指繪畫須以少勝多，接近自然，"莫可楷模，出於意表"，指"逸品"畫具有不可摹仿、出人意料的藝術效果。黃氏用極簡括的語言，勾畫了"逸品"畫的主要特徵，豐富、發展了"逸品"説。

《益州名畫記》中，"逸格"畫家僅列孫位一人，這亦爲當時公論。南宋郭若虛《圖畫見聞志》孫遇（即孫位）條注云："仁顯評'逸品'。"[31]蜀僧仁顯，生活年代與黃休復相同，撰有《廣畫新集》（《圖畫見聞志》曾著錄，原書已佚），評孫位爲"逸品"，當出自該書。宋人陳師道亦云："蜀人勾龍爽作《名畫記》，以范瓊、趙承祐爲神品，孫位爲逸品。謂瓊與承祐類吳生而設色過之，位雖工不中繩墨。"[32]勾龍爽爲宋初畫院待詔，與黃休復也是同時代人，其《名畫記》已佚。勾龍爽所論神、逸二品的代表人物均與黃休復《益州名畫記》相同，但神、逸二品的順序與黃氏相反。仁顯、勾龍爽之論，可作爲黃休復評孫位爲"逸品"的重要佐證，可惜這兩條材料一直未引起研究者的注意。

黃休復論"逸品"畫家孫位的特點，是從人格與畫風兩方面着眼的。論其爲人云："孫位者，東越人也。……性情疏野，襟抱超然，雖好飲酒，未嘗沉酩。禪僧道士常與往還，豪貴相請，視有少慢，縱贈千金，難留一筆。"又說他"情高格逸"，[33]足見孫位也是一位蔑視權貴、性情瀟灑的高人逸士，與王墨、張志和諸人相似。論孫位的畫風有兩個特點，一是接近造化自然，其畫如"縱橫馳突，交加戛擊，欲有聲響"的天王部衆，"千狀萬態，勢欲飛動"的龍水，都深得造化之妙。二是"筆簡形具"："鷹犬之類，皆三五筆而成；弓弦斧柄之屬，並掇筆而描。"[34]凡此，皆與黃休復所述的"逸品"總特點相符。

北宋中葉，蘇軾在《書蒲永昇畫後》[35]一文中，論述孫位、孫知微、蒲永昇三人的畫風與人格，豐富了黃休復的"逸品"論。他說孫位："始出新意，畫奔湍巨浪，與山石曲折，隨物賦形，盡水之變，號稱神逸。"認爲孫位畫水能把握自然界的本質規律，窮盡自然之變化。蘇軾論孫知微，說他得到孫位的筆法，並記載他在大慈寺作畫的情形："始，知微欲於大慈寺壽寧院壁作湖灘水石四堵，營度經歲，終不肯下筆。一日，倉皇入寺，索筆墨甚急，奮袂如風，須臾而成，作輸瀉跳蹙之勢，洶洶欲崩屋也。"孫知微作此畫，構思年餘，始終不肯下筆，忽然靈感爆發，即"奮袂如風，須臾而成"，這種作畫方法，與那些用筆謹細的"院體"畫法顯然異趣，而接近《莊子》所謂"解衣般礴"的境界。知微壁畫給人的感受是有奔騰跳躍之狀，好像要冲垮房屋，既生動又自然。蘇軾評蒲永昇云："嗜酒放浪，性與畫會，始作活水，得二孫本意，……王公富人或以勢力使之，永昇輒嘻笑捨去，遇其欲畫，不擇貴賤，頃刻而成。嘗與余臨壽寧院水，作二十四幅，每夏日掛之高堂素壁，即陰風襲人，毛髮爲立。"蒲永昇嗜酒放浪，不巴結權貴，品行高潔；其畫"頃刻而成"，是"筆簡形具"；夏天懸掛室中，竟然"陰風襲人，毛髮爲立"，說明其畫能表現自然的本質。另外，蘇軾還說蒲永昇畫的水與董羽、戚氏諸人之"死水"相對立，則蒲氏之水當爲"活水"，亦與孫位相近。所以孫知微、蒲永昇二人，皆可列入"逸品"，米芾《畫史》即稱孫知微爲"逸格"，說其畫"造次而成，平淡而生動，雖清拔，筆皆不圜，學者莫及。"[36]蒲永昇是學二孫的，故其畫亦近"逸品"。

從唐代至宋代，是"逸品"說的發展、成熟期，也是"逸品"理論發展的第一個重要階段。此期諸家的觀點亦同中有異。李嗣真《書後品》中"逸品"之

"逸",是"超絶"、"出衆"之義;"品"既指"品第"、"等級",又反指"品類",合起來看,"逸品"指那些超過衆類、列爲第一等的書法家。朱景玄《唐朝名畫錄》則説"逸品"有"閑逸"、"野逸"之義,即不拘常法,與世人不同,異乎衆品,風格獨特,"超絶"之義則退居其次。黄休復《益州名畫錄》,論"逸品",則包含了李嗣真、朱景玄二人的意見,即一方面認爲"逸格"(即"逸品")超過衆品,可列爲第一等,另一方面説"逸格"畫有"野逸"、"閑逸"之風。"格",在此處有"格調"、"風格"、"品格"之義。同時,朱、黄二書中所列的"逸品"畫家,均爲高人逸士,"逸"又有"隱逸"之義。綜合諸人之論而言之,"逸品"説的主要定義爲:"逸品"畫要能以簡約的筆墨,傳達出豐富的意藴,能表現出的本質特徵,達到隨心所欲、運用自如的境界,"逸品"畫多以山水自然爲描寫對象,常常不守法度,輕視色彩。"逸品"畫家大都是遺世高蹈的隱士,他們往往傲視權貴,鄙棄功名,性格自由,不拘形迹,具有"高逸"的特徵。

元、明時期是"逸品"説發展的第二個階段,也是"逸品"理論的變化期。此期的顯著特點,是"逸品"與"文人畫"和"南北宗"畫論發生了密切關係,"逸品"畫家的身份也有很大變化。

早在北齊時,顔之推即推崇"名士"之畫,指出:"畫繪之工,亦爲妙矣;自古名士,多或能之。"[37]唐末張彦遠云能畫者多爲"衣冠貴胄,逸士高人",[38]北宋蘇軾正式提出"士人畫"之説,並以"士人畫"與"畫工"相對立,其《又跋漢傑畫山》一文曰:"觀士人畫,如閲天下馬,取其意氣所到。乃若畫工,往往只取鞭策皮毛槽櫪芻秣,無一點俊發,看數尺許便卷。漢傑真士人畫也。"[39]韓拙《山水純全集》卷四對"文人畫"的特點説得較清楚:"今有名卿士大夫之畫,自得優遊閑適之餘,握管濡毫,落筆有意,多求簡易,而取清逸,出於自然之性,無一點俗氣,以世之格法所在勿識也。"[40]"文人畫"是與"院體"畫及民間畫相對而言的,多是文人自娛之作,他們在公務之餘,讀書吟咏之暇,揮毫作畫,寄託其高情逸韵,本非以此求名或爲稻粱謀,故能揮灑自如,不求形似,多境界高絶、超俗之作。如元代文人畫家倪瓚稱己作"逸筆草草,不求形似,聊以自娱"[41]。又説:"余之竹聊以寫胸中逸氣耳,豈復較其似與非,葉之繁與疏，枝之斜與直哉！"[42]黃公望則說："畫一寠一石，當逸墨撇脱，有士人家風。"[43]明人王紱《書畫傳習錄》說"文人畫"的特點云：

> 高人曠士，用以寄其閑情；學士大夫，亦時彰其絶業。凡此皆外師造化，未嘗定爲何法何法也！内得心源，不言得之某氏某氏也。興至則神超理得，景物逼肖；興盡則得意忘象，矜慎不傳。亦未嘗以供人耳目之玩，爲己稻粱之謀也。唯品高故寄託自遠，由學富故揮灑不凡，畫之足貴，有由然耳。……迨夫元人專爲寫意，瀉胸中之邱壑，潑紙上之云山。[44]

明代後期，董其昌大力提倡"文人畫"，並提出著名的"南北宗"之論，他認爲"文人畫"與"南宗"皆以王維爲始祖，所列兩派"傳人"亦基本相同，其《畫旨》叙述"文人畫"的流變曰：

> 文人之畫，自王右丞始。其後董源、巨然、李成、范寬爲嫡子，李龍眠、王晉卿、米南宫及虎兒，皆從董、巨得來。直至元四大家黄子久、王叔明、倪元鎮、吳仲圭，皆其正傳。吾朝文、沈則又遠接衣鉢。[45]

董其昌叙"南宗"畫云：

> 南宗則王摩詰始用渲淡，一變鈎斫之法，其傳爲張璪、荆、關、董、巨、郭忠恕、米家父子，以至元之四大家，亦如六祖之後，有馬駒、云門、臨濟兒孫之盛，而北宗微矣。[46]

在董其昌看來，"逸品"、"文人畫"、"南宗畫"關係頗爲密切，他說："畫家以神品爲宗極，又有以逸品加於神品之上者，曰：失於自然，而後神也。此誠篤論。……士大夫當窮工極研，師友造化，能爲摩詰，而後爲王洽之潑墨；能爲營邱，而後爲二米之云山。乃是闢畫師之口，而供賞音之耳目也。"[47]他認爲"逸品畫"與"文人畫"、"南宗畫"没有什麽區别，這就擴大了"逸品畫"的範圍，"逸品"畫家的身份也不再是朱景玄、黄休復書中的"隱逸"之士了。這種說法並不確切，因爲"逸品"只是"文人畫"或"南宗畫"的一個重要特點，不能與後二者劃等號。董其昌所列的這些畫家，有許多並不應當劃入"逸品"範圍之内。董氏標舉宗派，自命"正宗"、"嫡脈"的作法，也頗爲人詬病。[48]但是，由於董其昌在當時的繪畫界地位極高，影響極大，其學說一直爲後人所尊奉，卻也是事實。明末清初許多人即尊董氏爲"文人畫"領袖、"南宗"正脈，稱贊其畫有"逸韵"。對王士禎"神韵"説詩論影響極大的清人王原祁，即自命爲董其昌衣鉢傳人。因此，董其昌"逸品畫"、"文人畫"、"南宗畫"三者合一的理論，雖然頗有弊病，但其影響，卻不容忽視。

二

"逸品"説對清代著名詩論"神韵"説産生過較大影響。

這還要從清初的畫壇説起。清初"四王"之首的王時敏，字遜之，號烟客，江南太倉人。明大學士錫爵孫，以蔭官至太常寺少卿。他的畫是效法董其昌的，《清史稿·藝術傳三》説："時敏係出高門，文彩早著。鼎革後，家居不出，獎掖後進，名德爲時所重。明季畫學董其昌，有開繼之功，時敏少時親炙，得其真傳。錫爵晚而抱孫，彌鍾愛之。居之別業，廣收名迹，悉窮秘奥，於黃公望墨法尤有深契，暮年益臻神化，愛才若渴，四方工畫者接踵於門，得其指授，無不知名於時，爲一代畫苑領袖。"[49]王時敏之孫原祁，字茂京，號麓臺，亦爲"四王"之一，"原祁畫爲時敏親授，於黃公望淺絳法獨有心得，晚復好用吳鎮墨法。時敏嘗曰：'元季四家，首推子久，得其神者惟董宗伯，得其形者予不敢讓，若形神俱得，吾孫其庶幾乎？'王翬名傾一時，原祁高曠之致突過之。"[50]王原祁康熙時爲皇帝所重，名噪一時。顯而易見，王原祁是董其昌一派的正宗嫡傳。所以，他論畫亦重視"逸品"與"南宗"，他評倪瓚曰："雲林纖塵不染，平易中有矜貴，簡略中有精彩，又在章法筆法之外，爲四家（按：指元四家）第一逸品。"[51]"宋元諸家，各出機杼。唯高士（按：指倪瓚）一洗陳迹，空諸所有，爲逸品中第一。"[52]其《仿黃子久設色》云："畫家自右丞以氣韵生動爲主，遂開南宗法派。北宋董、巨，集其大成，元高、趙暨四家俱宗之。用意則渾樸中有超脱，用筆則剛健中含婀娜，不事粉飾，而神彩出焉；不務矜奇，而精神注焉。此爲得本之論。"[53]王原祁爲王士禎宗侄，年齡僅比士禎小八歲[54]，他將董其昌以來的"南宗正脈"介紹給王士禎，促進了其"神韵"説詩論的發展與完善。

王士禎字貽上，號阮亭，別號漁洋山人，謚文簡。他是清代大詩人，官至刑部尚書，是康熙朝的詩壇盟主。當時的畫壇盟主王原祁，將"南宗"畫理介紹給詩壇領袖王士禎，並以此豐富了王漁洋的"神韵"說，這堪稱中國藝術史上的一段佳話。

王士禎《居易錄》記此事云：

宗侄茂京（原祁），庚戌進士，今爲禮科都給事中，太常烟客先生孫，同年端士兄（揆）長子也。畫品與其祖太常頡頏，爲予雜仿荆、關、董、巨、倪、黃諸大家山水小幅十幀，真元人得意之筆。又自題絶句多工，其二云："蟹舍漁莊略彴邊，柳絲荷葉門清妍；十年零落荒園景，仿佛當時趙大年。"（《西園圖》）"橫岡側面出烟鬟，小樹周遮雲往還；尺幅巒容寫荒率，曉來剪取富春山。"（大痴《富春山嶺》）一日秋雨中，茂京攜畫見過，因極論畫理，其義皆與詩文相通。大約謂始貴深入，既貴透出，又須沈著痛快。又謂畫家之有董、巨猶禪家之有南宗，董、巨後嫡派，元唯黃子久、倪元鎮，明唯董思白耳。予問倪、董以閑遠爲工，與沈著痛快之說何居？曰：閑遠中沈著痛快，唯解人知之。又曰：仇英非士大夫畫，何以聲價在唐、沈之間，徵明之右？曰：劉松年、仇英之畫，正如溫、李之詩，彼亦自有沈著痛快處。昔人謂義山善學杜子美，亦此意也。[55]

漁洋《蠶尾文·芝廛集序》的說法與上文相近，而且漁洋直接將茂京的話引申到論詩方面：

芝廛先生刻其詩成，自江南寓書，命給事君屬余爲序。給事自攜所作雜畫八幀過余，因極論畫理。以爲畫家自董、巨以來，謂之南宗，亦如禪教之有南宗云。得其傳者，元人四家，而倪、黃爲之冠。明二百七十年擅名者，唐、沈諸人稱具體，而董尚書爲之冠。非是則旁門魔外而已。又曰：凡爲畫者，始貴能人，繼貴能出，要以沈著痛快爲極致。予難之曰：吾子於元推雲林，於明推文敏。彼二家者，畫家所謂逸品也，所云沈著痛快者安在？給事笑曰：否否。見以爲古澹閑遠，而中實沈著痛快，此非流俗所能知也。予曰：子之論畫至矣。雖然，非獨畫也，古今風騷流別之道，固不越此。唐、宋以還，自右丞以逮華原、營邱、洪谷、河陽之流，其詩之陶、謝、沈、宋、射洪、李、杜乎！董、巨，其開元之王、孟、高、岑乎！降而倪、黃四家，以逮近世董尚書，其大曆、元和乎！非是則旁出，其詩家之有嫡子正宗乎！入之出之，其詩家之捨筏登岸乎！沈著痛快，非唯李、杜、昌黎有之，乃陶、謝、王、孟而下莫不有之。子之論，論畫也，而通於詩矣。[56]

不難看出，王原祁、王士禎正是將"南宗畫"、"文人畫"、"逸品畫"視爲同一種畫風的。王原祁說倪、董等"逸品畫""見以爲古澹閒遠，而中實沈著痛快"，正與他《論黃子久設色》說"南宗""剛健含婀娜"之語相同，"剛健含婀娜，端莊雜流麗"爲蘇軾論詩之語，原祁用來評畫，主要是指外表簡淡瀟灑，實際上別有用意的作品，而這正是"逸品"、"南宗"或"文人畫"的共同特點。

王漁洋正是接受了"逸品"理論來豐富自己的"神韵"說。但是，對他那一段以畫理通於詩論的話，不可輕信，必須識破其故作狡獪處。漁洋說陶、謝、沈、宋、陳子昂、李、杜、王、孟、高、岑及大曆、元和詩人，皆近於"逸品"或者"南宗"，這實際上是違心之論。他對杜甫、高、岑、韓、孟一類詩人並不欣賞，因爲這些人的詩距離"神韵"太遠。漁洋心中認爲接近"逸品"與"南宗"的詩，乃是陶淵明、王、孟、韋、柳諸人，而杜與高、岑、韓、孟，如果要分宗，當然也只能列入"北宗"。

王漁洋不僅論畫時重"逸品"，如說："得倪雲林喬柯竹石小幅，澹逸絕塵。"（《香祖筆記》）說陸治、林羽"書畫皆入逸品"（《居易錄》）。而且，他常直接用"逸品"來評詩：

或問"不著一字，盡得風流"之說。答曰：太白詩："牛渚西江夜，青天無片雲；登高望秋月，空憶謝將軍。余亦能高詠，斯人不可聞；明朝掛帆去，楓葉落紛紛。"襄陽詩："掛席幾千里，名山都未逢；泊舟潯陽郭，始見香爐峰。常讀遠公傳，永懷塵外踪；東林不可見，日暮空聞鐘。"詩至此，色相俱空，政如羚羊掛角，無跡可求，畫家所謂逸品是也[57]。

漁洋以李白、孟浩然的兩首詩爲例，將司空圖、嚴羽的詩論等同於"逸品"，也就是等同於"神韵"詩風。

漁洋云："郭忠恕畫山水，入逸品。"[58] 又說："'《新唐書》如近日許道寧輩畫山水，是真畫也。《史記》如郭忠恕畫天外數峰；略有筆墨，然而使人見而心服者，在筆墨之外也。'右王楙《野客叢書》中語，得詩文三昧，司空表聖所謂'不著一字，盡得風流'者也。"[59]又云："予嘗觀荆浩論山水而悟詩家三昧矣。其言曰：'遠人無目，遠水無波，遠山無皴。'又王楙《野客叢書》有云：'太史公如郭忠恕畫天外數峰，略有筆墨，意在筆墨之外。'詩文之道，大抵皆然。"[60]在漁洋看來，郭忠恕畫"在筆墨之外"，荆浩"遠人無目，遠水無波，遠山無皴"，即畫家所謂"逸品"，即詩家之"不著一字，盡得風流"，亦即漁洋所謂"神韵"。

漁洋《蠶尾續文》云："唐、宋、元、明已來，士大夫詩畫兼者，代不數人。清溪先生晚出，兩俱擅場，詩與畫皆登逸品。予昔爲周櫟園侍郎題先生畫山水云：'琴中賀若誰能解，詩里淵明子細尋；古木蒼山數茅屋，清溪遺老歲寒心。'"[61]既說清溪（程正揆）詩畫入"逸品"，又說其詩與陶淵明相似，亦將陶詩視爲"逸品"。

王漁洋以畫論中之"逸品"，來比擬詩中之"神韵"說，當時人已有明確認識。吳寶崖云："先生（按：指王士禎）論詩，要在神韵。畫家逸品居神品之上，唯詩亦然。司空表聖論詩云：梅止於酸，鹽止於鹹，飲食不可無酸鹹，而其美常在酸鹹之外。余嘗深旨其言。酸鹹之外何？味外味。味外味者何？神韵也。詩得古人之神韵，即昌谷所云'骨重神寒。'詩品之貴，莫踰於此矣！"[62]

王士禎的"神韵"說在許多方面都受到"逸品"說的影響，舉其大者，約有以下數端：

第一，"隱逸"與山水詩、畫。

"逸品"或"南宗"畫家以王維、張志和、王墨（洽）、倪瓚、黄子久等高人逸士爲代表，王漁洋"神韵"說也給陶淵明、王維、孟浩然、韋應物、柳宗元以較高評價。

值得注意的是，凡是漁洋認定的"神韵"詩人，都是追求自由、熱愛自然的山水田園詩人，都對現實有一定不滿情緒，這與"逸品"畫家縱情山水、不滿現實、嗜酒放浪的性格十分相似。陶淵明爲"古今隱逸詩人之宗"。他對當時腐敗、黑暗和虛偽的社會非常不滿，寧可終死田里，而不肯爲五斗米折腰，他性格質樸真率，詩歌題材多取寧靜、純樸、遠離塵俗的田園風光與隱逸生活。盛唐詩人孟浩然，是一位生於盛世而不幸淪落的詩人，"不才明主棄，多病故人疏"，正是其身世的寫照。他也好酒，詩歌以山水、田園爲主要題材。王維既是"南宗畫"、"文人畫"的創始人，又是著名的神韻詩人。他是一位亦官、亦隱、亦居士的人物，其詩以刻劃山水風光、抒寫隱逸之情見長。韋應物也淡泊名利，"爲性高潔，鮮食寡欲，所居必焚香掃地而坐，冥心象外"[63]，詩中多寫山水與隱逸。柳宗元長期被貶謫南荒，詩歌多寄情山水，發泄不平。對於這種情況，錢鍾書先生總結説："荀（爽）以'悦山樂水'緣'不容於時'；（仲長）統以'背山臨流'换'不受時責。'又可窺山水之好，初不盡出於逸興野趣，遠致閑情，而爲不得已之慰藉。達官失意，窮士失職，乃倡幽尋勝賞，聊用亂思遺老，遂開風氣耳。"[64]"蓋悦山樂水，亦往往有苦中強樂，樂焉而非全心一意者。概視爲逍遙閑適，得返自然，則疏鹵之談爾。"[65]錢氏這一論斷，對"逸品"畫家與"神韻"詩人都是適用的，不過，我們也不可將山水田園詩一概理解爲不滿現實之反映。

王士禎雖爲康熙朝大臣，卻經常流露出淡薄宦情、向往山水田園之志。其《癸卯詩卷自序》云："予兄弟少無宦情，同抱箕穎之志，居常相語，以十年畢婚宦，則耦耕醴泉山中，息壤在彼，得毋笑是食言多乎？"漁洋説他們兄弟想當隱士，這不單純爲了"閑適逍遙"，而是有不滿情緒的。漁洋《鑾江倡和集序》云："楚大夫心傷搖落，臨水登山；梁王孫怨寄波潮，江楓林葉。況復鷄臺夢遠，江東之桃葉難逢；螢苑人稀，河南之楊花未落。蕪城斜日，風景蒼涼。瓜步清秋，川原蕭瑟。此固騷人所爲悵望而秋士予以感興也。"説明他心中頗有不平之氣。漁洋的《秋柳》詩，在吟咏山水風物的同時，表達了對明王朝的悼念之情。[66]其《自序》即云："昔江南王子，感落葉以興悲；金城司馬，攀長條而隕涕。僕本恨人，性多感慨。寄情楊柳，同《小雅》之僕夫，致托悲秋，望湘皋之遠者。"[67]似乎交代了這組詩别有寄託，但欲言又止，這大概就是"神韻"吧。所以，漁洋將陶、王、孟、韋、柳等視爲"神韻"詩的最高代表。指出："如説田園之樂，自是陶、韋、摩詰。"[68]"陶淵明純任真率，自寫胸臆。"[69]"漢人蘇武、李陵、枚乘、傅毅之作，去《國風》未遠。六代唯陶彭澤，三唐唯韋蘇州，可以企及。"[70]

"阮（籍）、陶二公在典午皆高流，然嗣宗能辭婚司馬氏，而不能不爲公卿作勸進表，其品遠出淵明下矣。"[71]"觀王、裴《輞川集》及祖詠《詠終南殘雪》詩，雖鈍根初機，亦能頓悟。"[72]《池北偶談》說：明朝詩有"古澹一派，如徐昌國、楊夢山、華鴻山輩。"[73]又云："楊夢山先生五言古詩，清真簡遠，陶、韋嫡派也，五律尤高雅沉澹。"[74]鄭方坤評漁洋詩云："故其爲詩籠蓋百氏，囊括千古，而尤浸淫於陶、孟、王、韋諸家，獨得其象外之旨，弦外之音，不雕飾而工，不錘鑄而煉，氣超乎鴻濛之先，而味在酸鹹之外。"[75]

陶、王、孟、韋、柳及漁洋本人作詩，表面上冲淡閑遠，骨子裏有很深的牢騷不平，他們善於用平淡、玄遠的詩句傳達出豐富、複雜的感情，這與"南宗畫""見以爲古澹閑遠，而中實沈著痛快"的特點是一致的。朱熹云："陶淵明詩，人皆說是平淡，據某看他自豪放，但豪放得來不覺耳。其露出本相者，是《詠荆軻》一篇，平淡底人如何說得這樣言語出來。"[76]司空圖評王、韋之詩云："王右丞、韋蘇州澄淡精致，格在其中，豈妨於遒舉哉？"[77]《吟譜》云："孟浩然詩祖建安，宗淵明，冲淡中有壯逸之氣。"[78]程哲說王士禎詩"激昂慷慨"，[79]王掞說漁洋詩學陶、孟、王、韋，又能"極沉鬱排奡之氣，而深造自然；盡鑱刻絢爛之奇，而不由人力。"[80]見解都很透辟。通過冲虛澹逸的外表，看到"豪放"、"遒舉"、"壯逸"、"絢爛"的實質，才算把握了"神韵"詩與"逸品"畫的真諦。

第二，"逸品"說的"筆簡形具"、"逸筆草草"與"神韵"說的"不著一字，盡得風流"。

黃休復說"逸格"是"筆簡形具"，倪瓚說自己作畫"逸筆草草"，沈周評倪瓚畫"筆簡思清"，王原祁評倪畫"簡略中有精彩，又在章法筆墨之外"，惲格說"逸品"的特徵是"天外之天，水中之水，筆中之筆，墨外之墨"。王漁洋"神韵"說繼承了司空圖的"不著一字，盡得風流"和嚴羽的"羚羊掛角，無跡可求"之論，這與"逸品"理論是水乳交融的。所以，在論詩時，漁洋反對直露，主張"妙悟"，特別贊賞那些言少意多，有言外之意的作品。

漁洋《古夫于亭雜錄》云：

宋景文云：左太冲"振衣千仞岡，濯足萬里流"，不減嵇叔夜"手揮五弦，目送歸鴻"。愚案：左語豪矣，然他人可到；嵇語妙在象外。六朝人詩，如"池塘生春草"，"清暉能娛人"，及謝朓、何遜佳句多此類，讀者當以神會，庶幾遇之。[81]

對於"妙在象外"的詩，必須用"捨筏登岸"之法，方能領會其"妙諦微言"。而對以"豪"見長的詩，漁洋並不看重，因爲這種詩無"言外之意"。漁洋批評詩風直露、平實的元、白詩，說他們"於盛唐諸家興象超詣之妙，全未夢見"。[82]又說"虞山先生（按：即錢謙益）不喜妙悟之論，公一生病痛正坐此。"[83]而對於言少意多的韋、柳詩，漁洋則頗爲欣賞，其論詩絕句云："風懷澄淡推韋柳，佳處多從五字求。解識無聲弦指妙，柳州那得並蘇州？"既肯定了二人的"澄淡"，對風格玄遠的韋詩，又更加偏愛。上文所引他對王楙《野客叢書》及荆浩之語的解說，也貫穿了這一觀點。他經常將司空圖"味在酸鹹之外"、嚴羽"羚羊掛角，無跡可求"和"水月鏡花"之喻掛在口頭，別人評他的詩"筆墨之外，自具性情；登覽之餘，別深寄託。"他曾高興地錄入《漁洋詩話》。他還說："《林間錄》載洞山語云：'語中有語，名爲死句。語中無語，名爲活句。'予嘗舉似學詩者。今日門人鄧州彭太史直上來問予選《唐賢三昧集》之旨，因引洞山前語語之，退而筆記。"[84]則又借鑒了嚴滄浪以禪喻詩之法。

漁洋認爲詩歌的這一特點多體現在短小的五絕、五律或七絕中。如《香祖筆記》所列"文外獨絕"之詩，均爲五言：

張道濟手題王灣"海日生殘夜，江春入舊年"一聯於政事堂。王元長賞柳文暢"亭皋木葉下，隴首秋雲飛"，書之齋壁。皇甫子安、子循兄弟論五言，推馬戴"猿啼洞庭樹，人在木蘭舟"，以爲極則。又若王籍"蟬噪林逾靜，鳥鳴山更幽"，當時稱爲文外獨絕。孟浩然"微雲淡河漢，疏雨滴梧桐"，群公咸閣筆，不復爲繼。司空表聖自標擧其詩曰："回塘春雨盡，方響夜深船。"玩此數條，可悟五言三昧。[85]

他還曾指出王維的五絕《息夫人》"看花滿眼泪，不共楚王言"兩句，"更不著判斷一語，此盛唐所以爲高。"[86]又曾說李白的《夜泊牛渚懷古》和孟浩然的《晚泊潯陽望廬山》兩首五律"色相俱空，政如羚羊掛角，無迹可求，畫家所謂逸品也。"[87]明確指出了"神韻"與"逸品"的關係。漁洋常以"飄逸"、"瀟灑"、"塵外之思"等語品評宋、元以來近乎"逸品"的畫,以有"神韵"評米芾的書法,都是將"筆簡形具"、"逸筆草草"的"逸品"畫與"不著一字,盡得風流"的"神韵"詩等同起來。漁洋認爲好詩應當超越形相,皮毛落盡,精神獨存,即能由虛處傳神,以少勝多。在他看來,有時不拘形迹,反而可以達到更高層次的藝術真實。《池北偶談》云:

> 世謂王右丞畫雪中芭蕉,其詩亦然。如"九江楓樹幾回青,一片揚州五湖白。"下連用蘭陵鎮、富春郭、石頭城諸地名,皆寥遠不相屬。大抵古人詩畫,只取興會神到,若刻舟緣木求之,失其指矣。[88]

在《漁洋詩話》裏,他又指出江淹、孟浩然詩寫路程不準確;"只取興會超妙,不似後人章句,但作記里鼓也。"[89]

明、清畫論對這種不拘形迹、虛處傳神的繪畫多有論述。明人顧凝遠《畫引》云:"氣韵或在境中,亦或在境外。"[90]清人笪重光《畫筌》云:"空本難圖,實景清而空景現。神無可繪,真境逼而神境生。位置相戾,有畫處多屬贅疣;虛實相生,無畫處皆成妙境。"[91]王翬與惲格評這段話云:"人但知有畫處是畫,不知無畫處皆畫。畫之空處,全局所關。即虛實相生法,人多不著眼空處,妙在通幅皆靈,故云妙境也。"[92]王昱《東莊論畫》云:"嘗聞諸夫子(指王原祁)有云:奇者不在位置,而在氣韵之間;不在有形處,而在無形處。"[93]戴熙《習苦齋題畫》云:"筆墨在境象之外,氣韵又在筆墨之外。然則境象筆墨之外,當別有畫在。"[94]可見重視以少勝多、虛處傳神的觀點,是"逸品"畫論和"神韵"詩論所共有的。錢鍾書先生聯繫詩歌、音樂、繪畫理論談"不著一字,盡得風流",最具妙解。《談藝錄》云:"'不著'者,不多著,不更著也。已著諸字,而後'不著一字',以默佐言,相反相成,豈'不語啞禪'哉。馬拉梅、克洛岱爾輩論詩,謂行間字際、紙首葉邊之無字空白處與文字纏組,自蘊意味而不落言詮,亦爲詩之幹體。"又云:此等處"猶畫圖上之空白、音樂中之靜止也。""蓋吾國古山水畫,解以無筆墨處與點染處互相發揮烘托,豈'無字天書'或圓光之白紙哉。"[95]"逸品"與"神韵"理論所贊賞的這種韵味,接近於所謂"含蓄"。袁行霈先生精辟地指出:"含蓄不等於隱晦,注重言外之意,追求含蓄不盡,並不是有話不說,而是引而不發。言有盡而意無窮,這是詩人浮想聯翩、思想感情的飛躍接近極頂時，自然達到的藝術境界。最後的一躍已經開始，無限的風光即將展現。既是終結，又是起始；既是有盡，又是無窮。在個別中寓以普遍，在特殊中寓以一般；使詩歌語言保持在最飽滿、最富啓發性的狀態之中，給讀者留下最廣闊的想象餘地。"[96]

第三，"逸品"説的"得之自然"、"倏若造化"與"神韻"説的"自然"、"天真"、"本色"論。

朱景玄説王墨（洽）潑墨是"應手隨意，倏若造化"，李靈省畫"物勢皆出自然"、"符造化之功"。黃休復説"逸格"的特點是"得之自然"。董其昌説"士大夫當窮工極研，師友造化。"惲格説"高逸"有"平淡天真"之特點。這對王漁洋的"神韻"説也有積極影響。所以漁洋強調天機湊泊，自然天真，恰到好處。其論詩絕句云："五字清晨登隴首，羌無故實使人思。"即敷衍鍾嶸《詩品序》"'清晨登隴首'，羌無故實；'明月照積雪'，詎出經史"語意，認爲好詩本無須堆砌典故，只要能妙合自然即可。又云："楓落吳江妙入神，思君流水是天真。""楓落吳江冷"，爲唐人崔信明句，"思君如流水"，爲徐幹《雜詩》句，都是自然天真的妙句。鍾嶸《詩品序》："思君如流水，既是即目；高臺多悲風，亦唯所見。"漁洋還曾評王維"興闌啼鳥緩，坐久落花多"二句"自然入妙"。[97]並列舉過一些"神韻天然，不可湊泊"的名句："如高季迪'白下有山皆繞郭，清明無客不思家。'楊用修'江山平遠難爲畫，雲物高寒易得秋。'曹能始'春光白下無多日，夜月黃河第幾灣。'""李太虛'節過白露猶餘熱，秋到黃州始解涼。'程孟陽'瓜步江空微有樹，秣陵天遠不宜秋'"他又舉自己的登燕子磯詩句：'吳楚青蒼分極浦，江山平遠入新秋。'或亦庶幾爾。"[98]他評高子業詩"自寫胸情，掃絕依傍"。又云："《弇州詩評》謂昌谷（徐禎卿）如白雲自流，山泉泠然，殘雪在地，掩映新月；子業如高山鼓琴，沉思忽往，木葉盡脫，石氣自青。譚藝家迄今奉爲篤論。"亦以"妙合自然"來論詩。其所舉之例，多爲山水詩，由此可見其論詩宗旨所在。

因爲強調自然、天真，漁洋對那些以工力見長的詩表示不滿，如論《桃源行》云："唐、宋以來作《桃源行》最傳者，王摩詰、韓退之、王介甫三篇。觀退之、介甫二詩，筆力意思甚可喜；及讀摩詰詩，多少自在，二公便如努力挽强，不免面赤耳热。此盛唐所以高不可及。"[99]對詩之"本色"，漁洋也極爲重視，《蠶尾續文》曰：

> 論詩當先觀本色。《碩人》之詩曰："巧笑倩兮，美目盼兮。"而尼父有"繪事後素"之說，即此可悟本色之旨。彼黃眉黑妝，折腰齲齒，非以增妍，只益醜耳；矧效西子之顰，學壽陵之步者哉？……綜而論之，妙在本色，如邢夫人亂頭粗服，能令尹夫人望而泣下，自慚弗如。[100]

所謂"本色"，就是李白所說的："清水出芙蓉，天然去雕飾"，即淨洗鉛華，以天生麗質取勝，這是對詩歌藝術美提出的很高的要求。"本色"的對立面是矯揉造作，忸怩作態，違背自然，故漁洋譏之云："非以增妍，只益醜耳。"

王漁洋自己創作了大量的山水詩，表現出對大自然的無比熱愛及注重自然的詩風，這也是他受"逸品"說影響而產生的重"神韻"詩論的實踐。

總之，"逸品"畫論在作家論、題材論、風格論諸方面，都給王漁洋的"神韻"說以重要的、積極的影響，並已融合爲"神韻"說的有機組成部分。漁洋的"神韻"說之所以比前人更爲深入、全面，"逸品"說的引入，是一個極爲重要的原因。

但是，"逸品"說的浸潤，只是王漁洋"神韻"說形成的原因之一，對其作用不宜過分誇大。因爲，王漁洋還直接繼承並發展了司空圖、蘇軾、姜夔、嚴羽、徐禎卿、孔文谷諸人的詩論，並從老莊哲學、魏晉玄學和南宗禪學中吸取了有用的成分，加上一番融會貫通的功夫，從而形成了其"神韻"說，對此，我們已有專論，兹從略。[101]

注 釋

[1] 此處所引《漢書》原文、顏師古注、王先謙補注之語，俱見王先謙《漢書補注》卷八十七，中華書局1983年9月影印本，第一五一二頁。

[2] 《增韻·寢韻》："品，品量也。"

[3] 《後漢書·許劭傳》："劭與靖俱有高名，好共覈論鄉黨人物，每月輒更其品題，故汝南俗有'月旦評'焉。"見《後漢書》卷六十八，中華書局1965所1月版，第二二三五頁。

[4] 《全唐文》卷一六四，中華書局影印本第二冊，第一六七六頁。另見於張彥遠《法書要

錄》(文淵閣《四庫全書》本)、陶宗儀《説郛》(宛委山堂本)号八十七，文字略有出入，關鍵處皆相同。

〔5〕 同注〔4〕。

〔6〕 荀悦《漢紀》，《四部叢刊》本。

〔7〕 《後漢書》卷六十，中華書局1965年1月版，第二〇〇六頁。

〔8〕 《三國志·蜀書·諸葛亮傳》，中華書局1982年7月版，第九三〇頁。

〔9〕 《文選》卷二十五，中華書局1977年影印本，第三五六頁。

〔10〕 《慈雲樓藏書志》，見丁福保、周春雲編《四部總錄·藝術編》，商務印書館排印本，第六九六頁。

〔11〕 余紹宋《書畫書錄解題》卷四《品藻》，浙江人民出版社1982年11月影印本，第四卷第二頁。

〔12〕 《鄭堂讀書記》，見丁福保、周春云編《四部總錄·藝術編》，第六九六頁。

〔13〕 于安瀾編《畫品叢書》本，上海人民美術出版社1982年3月版，第六八頁。

〔14〕 對袁蒨、姚曇度、毛惠遠、張則四人的評語，見《畫品叢書》本《古畫品錄》第七、八、九頁。

〔15〕 《山水松石格》，見《中國畫論類編》第五八七頁。

〔16〕 見《中國畫論類編》第三八四頁。

〔17〕〔18〕〔19〕〔20〕〔21〕〔22〕 見朱景玄《唐朝名畫錄》，《畫品叢書》本第八七、八八頁。

〔23〕 張彦遠《歷代名畫記》卷十，《津逮秘書》本。

〔24〕 同注〔17〕，第八八頁。

〔25〕 同注〔23〕。

〔26〕 《李文饒文集》卷七《玄真子漁歌記》，《四部叢刊》本。

〔27〕 《歷代名畫記》卷二"論畫體工用拓寫"條，《津逮秘書》本。

〔28〕 黄休復，字歸本，宋初人。長期生活在成都，著有《益州名畫錄》、《茅亭客話》。

〔29〕 鄧椿《畫繼》卷九，《學津討源》本。

〔30〕 《益州名畫錄》，《四庫全書》本。

〔31〕 《圖畫見聞志》卷二，《四部叢刊》本。

〔32〕 陳師道《後山談叢·論畫》，《中國畫論類編》本，第六四頁。

〔33〕〔34〕 同注〔30〕。

〔35〕 《經進東坡文集事略》卷六十，文學古籍刊行社排印本。

〔36〕 米芾《畫史》，《四庫全書》本。

〔37〕《顏氏家訓》卷第七,《雜藝》十九,見王利器《顏氏家訓集解》(上海古籍出版社1980年7月版)第五一六頁。

〔38〕張彥遠《歷代名畫記》云:"自古善畫者,莫匪衣冠貴冑,逸士高人,振妙一時,傳芳千祀,非閭閻鄙賤之所能爲也。"

〔39〕《蘇軾文集》卷七十,中華書局1986年排印本,第二二一六頁。

〔40〕陶宗儀《說郛》卷四十二,商務印書館一百卷本。

〔41〕倪瓚《答張仲藻書》。

〔42〕倪瓚《題自畫墨竹》。

〔43〕黃公望《寫山水訣》,《中國畫論類編》第六九八頁。

〔44〕舊題明王紱《書畫傳習錄》,《中國畫論類編》第九九至一〇〇頁。

〔45〕董其昌《畫旨》,《畫論叢刊》本,人民美術出版社1962年8月版,第七六頁。

〔46〕同注〔45〕,第七五頁。又:這段話又見於莫是龍《畫說》及陳繼儒《眉公題跋》。

〔47〕《畫旨》第七五頁。

〔48〕參見《俞劍華美術論文選·再談文人畫》(山東美術出版社1986年10月版),伍蠡甫《中國畫論研究·董其昌論》(北京大學出版社1983年7月版)等論著。

〔49〕〔50〕《清史稿》卷五〇四《藝術傳三》,上海古籍出版社、上海書店影印《二十五史》本,第一五九二頁。

〔51〕王原祁《雨窗漫筆·論畫十則》,《畫論叢刊》本第二〇七頁。

〔52〕王原祁《麓臺題畫稿》,《畫論叢刊》本第二二八頁。

〔53〕同上第二二九頁。

〔54〕王士禛生於公元1634年,王原祁生於公元1642年(據《清史稿》本傳)。

〔55〕王士禛《帶經堂詩話》卷三(錄自《居易錄》),人民文學出版社1982年11月版,第八六頁。

〔56〕同上,第八六至八七頁。按《帶經堂詩話》錄這段文字時有刪節,然大旨未變。

〔57〕《帶經堂詩話》卷三(錄自《分甘餘話》),人民文學出版社1982年版,第七〇至七一頁。

〔58〕《帶經堂詩話》卷三(錄自《香祖筆記》),同上第八四頁。

〔59〕同注〔58〕,第八五至八六頁。

〔60〕《帶經堂詩話》卷三(錄自《蠶尾續文》),同上第八六頁。

〔61〕《帶經堂詩話》卷五,第一二七頁。

〔62〕《漁洋山人自撰年譜》引見《王士禛年譜》,中華書局1992年1月版,第一三頁。

〔63〕 辛文房《唐才子傳》卷四，傅璇琮等校箋本，第一六九頁。這段話出自李肇《唐國史補》，原文作："韋應物立性高潔，鮮食寡欲，所居焚香掃地而坐。其爲詩馳驟建安以還，各得其風韻。"

〔64〕 錢鍾書《管錐編》第三冊，中華書局1979年10月版，第一〇三六頁。

〔65〕 《管錐編》第五冊，中華書局1991年6月版，第八二頁。

〔66〕 李兆元《漁洋山人秋柳詩舊箋》："此先生吊明亡之作。第一首追憶太宗開國時，後三首皆咏福王近事也。"（《清詩紀事》第四冊，第二〇二三頁）鄭鴻也有類似説法，見《清詩紀事》第四冊，第二〇二四至二〇二五頁。

〔67〕 《漁洋精華錄集注》，齊魯書社1992年1月版，第五二頁。

〔68〕 王士禛《然燈記聞》，《清詩話》上冊，上海古籍出版社1978年9月版，第一一九頁。

〔69〕 王士禛《師友詩傳錄》，《清詩話》上冊，第一三三頁。

〔70〕 同上，第一三九頁。

〔71〕 同上，第一四〇頁。

〔72〕 《帶經堂詩話》卷三，第六九頁。

〔73〕 《帶經堂詩話》卷一，第四八頁。

〔74〕 《帶經堂詩話》卷二，第六四頁。

〔75〕 鄭方坤《國朝名家詩鈔小傳》，《清詩紀事》第四冊，第一九九四頁。

〔76〕 朱熹《朱子語類》卷一四〇，中華書局1986年3月第1版第三三二五頁。

〔77〕 司空圖《與王駕評詩書》，郭紹虞《詩品集解》附錄《表聖雜文》，人民文學出版社1981年9月版，第五〇頁。

〔78〕 胡震亨《唐音癸籤》卷五引。上海古籍出版社1981年5月版，第四七頁。

〔79〕 程哲《漁洋續詩集序》，《清詩紀事》第四冊，第一九八五頁。

〔80〕 王掞《誥授資政大夫經筵講官刑部尚書王公神道碑銘》，《王士禛年譜》附錄，見該書第一〇二頁。

〔81〕 《帶經堂詩話》卷三，第六九頁。

〔82〕 《池北偶談》卷十四，中華書局1982年1月版，第三四二頁。

〔83〕 《帶經堂詩話》卷六（錄自《蠶尾續文》），第一三八頁。

〔84〕 《帶經堂詩話》卷三（錄自《居易錄》），第八二頁。

〔85〕 《帶經堂詩話》卷二（錄自《香祖筆記》），第七〇頁。

〔86〕 《帶經堂詩話》卷二（錄自《漁洋詩話》），第五三頁。

〔87〕 《帶經堂詩話》卷三（錄自《分甘餘話》），第七〇至七一頁。

〔88〕　王士禎《池北偶談》卷十八，第四三六頁。

〔89〕　《漁洋詩話》卷上，《清詩話》本第一八三頁。

〔90〕　顧凝遠《畫引》，《畫論叢刊》本第一四〇頁。

〔91〕〔92〕　笪重光《畫筌》，《畫論叢刊》本第一七〇頁。

〔93〕　王昱《東莊論畫》，《畫論叢刊》本第二五八頁。

〔94〕　戴熙（字醇士）《習苦齋題畫》，《中國畫論類編》本，第九九五頁。

〔95〕　錢鍾書《談藝錄》，中華書局1984年9月版，第四一三至四一五頁。

〔96〕　袁行霈《中國詩歌藝術研究・言意與形神》，北京大學出版社1987年6月版，第九五頁。

〔97〕　《帶經堂詩話》卷二（錄自《池北偶談》），第五二頁。

〔98〕　《帶經堂詩話》卷三，第七一頁。

〔99〕　《帶經堂詩話》卷二，第五〇頁。

〔100〕　《帶經堂詩話》卷五，第一三一頁。

〔101〕　請參閱《中國詩學通論》第六章第一節《王士禎的"神韻"說》，袁行霈、孟二冬、丁放撰，安徽教育出版社1994年12月第1版。

（本文作者　安徽省教育學院）

On the Theory of "Yipin" and Its Influence on That of "Shenyun" Held by Wang Yuyang

Ding Fang

Summary

This article discusses the genesis, evolution and the distinguishing features of the theory of "Yipin" (works of consummation) and its influence on that of "Shenyun" (the divine charm) held by Wang Shizhen of the Qing Dynasty in his evaluation of poetry.

The theory of "Yipin" figures significantly in Chinese aesthetic theories on calligraphy and painting. In the early Tang Dynasty, Li Sizhen used it in his discussion of calligraphy in the book Shuhouping (Calligraphy Review—A Sequel), thinking that the acknowledged "Yipin" was most outstanding of all calligraphy works. Zhu Jingxuan of the mid-Tang Period introduced the proposition "Yipin" in the discussion of paintings and defined the so-called "Yipin" as works of art produced with complete spontaneity and freedom. In the early Song Dynasty, Huang Xiufu in his Yizhou Ming Hua Lu (A Catalogue of Preeminent Paintings of Yizhou) classified all the paintings listed into four categories, namely, "yi, shen, miao and neng" (consummate, uncanny, fine and skillful), with the quality of "yi" placed topmost of all the four qualities. This classification marks the maturity of the "Yipin" theory. During the Song and Yuan Dynasties, this theory underwent further development.

The paintings that are regarded as "Yipin" have the following characteristics: using simple strokes but sophisticated in the implications, natural and unrestrained in the execution and with little concern for colour. The painters of "Yipin" are most of them transmundane recluses who despise any scholarly honour or official rank. The "Yipin" theory as used in the discussion of paintings bears influence on Wang Shizhen's poetic theory of "Shenyun" in three ways: firstly, like the "Yipin" theory, the "Shenyun" theory also emphasizes the recluse in the poet; secondly, the "fine perception" and "pithy profundity" as maintained in the "Shenyun" theory bespeaks their indebtedness to the "simplicity and lifelikeness" upheld in the "Yipin" theory; and thirdly, the alleged "natural and unaffected quality" in the "Yipin" theory has provided inspirations for the observations of "naivety", "natural and plain aura" that we see in the theory of "Shenyun".

《墨經》"伿""誧""廉""令"四條校釋

裘錫圭

按照《墨經》原來的旁行讀法，《經上》篇的"忠""孝""信"等條與"任""勇"二條之間，有"伿""誧""廉""令"四條。現將此四條《經》文以及《經說上》對它們的解說抄錄於下（文字據《墨子閒詁》本），《說》文各條分別附於所解《經》文之後，低一格抄寫，各條《經》文與《說》文之前分標加方括號的"經"字與"說"字，以清眉目：

〔經〕伿，自作也。

　〔說〕伿：與人遇人眾循。

〔經〕誧，作嗛也。

　〔說〕誧：爲是爲是之台彼也，弗爲也。

〔經〕廉，作非也。

　〔說〕廉：己惟爲之，知其䚡也。

〔經〕令，不爲所作也。

　〔說〕所令非身弗行。

對上引各條，研究《墨經》的學者們已經作了不少校勘和解釋，其說有得有失。今採各家之長，參以己意，對此四條《經》文與相應的《說》文加以校釋。

高亨《墨經校詮》（以下簡稱"校詮"）在校釋了上引四條文字之後說：

> 右四條伿、誧、廉、令四字，皆言人之品德，故次於忠、孝、信與任、勇之間，舊解多誤。（42頁，科學出版社，1958）

此言甚確，是我們進行校釋的指導思想。以下對此四條文字逐條加以校釋。

一、佴

《校詮》解釋"佴,自作也"說:

說文:"佴,佽也。"按佴者即今語所謂退縮無勇氣也。居從而不居主,居後而不居先,故許訓爲佽。……作疑借爲怍、說文:"怍慚也。"第十六條云:"諿,作嗛也。"(引者按:《校詮》爲《墨經》各條編了順序號,所以稱此條爲第十六條。下文第十七條、第十八條同例。)第十七條云:"廉,作非也。"第十八條云:"令,不爲所作也。"諸作字並借爲怍。人之退縮由於心之慚愧,慚愧力不如人則退縮畏懼矣。故曰:"佴,自作也。"(40頁)

又解釋此條《說》文說:

"與人遇"三字爲句。"人眾"兩字爲句。"惰",一字爲句。說文無惰字,以形求義,惰遁也,有遁退之心也,从心、盾聲。(原注:譚戒甫說:"惰假爲遁。")有遁退之心、即有退縮之心。與人相遇,人之數眾力偉,自愧不如,莫敢與爭,因而存遁退之心,即佴矣。故曰:"與人遇,人眾,惰。"此舉事例以釋經文也。(40頁)

按:《校詮》對"佴"字條的解釋優於其前各家,但是據《說文》訓"佴"爲"佽",仍嫌牽強。又"惰"字當從譚氏讀爲"遁",《校詮》解爲"有遁退之心",未免求之過深。

我在《考古發現的秦漢文字資料對於校讀古籍的重要性》一文中,指出《漢書·司馬遷傳》所載報任安書"而僕又茸以蠶室"句的"茸"字,《文選》作"佴",《漢書》古本也應作"佴"。馬王堆帛書和銀雀山漢簡中都有用"佴"爲"恥"之例,報任安書中的"佴"字也應是用作"恥"的(《中國社會科學》1980年5期24頁。又見拙著《古代文史研究新探》34頁,江蘇古籍出版社,1992)。李解民君讀拙文後,撰《讀〈墨經〉一則》,指出《墨經》"佴自作也"的"佴"也應讀爲"恥"(《文史》12輯96頁)。其說甚是。不論是作爲"言人之品德"的字,還是作爲"自作也"這一句所解釋的字,"佴"讀爲"恥"都要比訓爲"欿"合適得多。"與人遇，人衆，遁"，作爲可恥之事的一個實例，也是合適的。

附帶說一下，《經上》下文中還有"佴，所然也"一條，"佴"字之義與此條顯然不同，《校詮》且以爲"循"之誤字（73頁），當與"恥"無關。

二、㾴

"㾴，作嗛也"條的"㾴"字，孫詒讓《墨子間詁》（以下簡稱"間詁"）讀爲"狷"，其言曰：

"㾴"當爲"獧"之借字，字又作"狷"。《論語》云："狷者有所不爲也。"

故《經說上》云："爲是之䛊彼也，弗爲也。"

各家多從之，可信。

"作嗛"二字最爲難解，各家所說皆牽強，這裏就不徵引了。竊疑此"作"字與"令"字條"不爲所作"的"作"字，都是"非"的形近誤字（詳下文）。"嗛"與"謙"通。《莊子·齊物論》："大仁不仁，大廉不嗛。"陸德明《釋文》："嗛，徐音謙。"古書中以"嗛"爲"謙"之例尚多，不具引（請參看高亨、董治安《古字通假會典》256頁"嗛與謙"條、《漢語大字典》"嗛"字條）。孔子以"狷者"與"進取"的"狂者"對舉（《論語·子路》："子曰：不得中行而與之，必也狂、狷乎！狂者進取，狷者有所不爲也。"）。狷者有所不爲，其迹近似謙退，實非謙退，所以《墨經》說："狷，非謙也。"但《墨經》中除此條外，找不到"A，非B也"這種格式的句子。所以我對此說尚不敢十分自信，有待繼續研究。

此條《說》文重叠二"爲是"，《間詁》以爲"下'爲是'二字蓋誤衍"，各家多從之，可信。

"台彼"之"台"，顧廣圻讀爲"䛊"，《間詁》從之，其言曰：

按顧說是也。《說文·言部》："䛊，相欺䛊也。"謂獧者不爲欺人之言。

（引者按：欺䛊之"䛊"一般多作"紿"。）

譚戒甫則釋"台"爲"怡悅"，其言曰：

《説文》："台，説也。"按古言"台説"，今作"怡悦"。(《墨經分類譯注》195頁，中華書局，1981)

譚氏將"爲是之台彼也則不爲"譯作"爲己而怡悦彼的則不爲"（同上）。他訓"是"爲"己"無據，以"是"與"彼"爲對文則是正確的。"是"與"彼"在此都應是指事而不是指人的。讀"台"爲"詒"或"怡"都於文義不合。

于省吾《雙劍誃墨子新證》指出："晚周金文。以字多作台。王孫鐘。用享台孝。用匽台喜。……邿王壺。台爲祠器。此例不勝舉。"所以他把"台彼"的"台"讀爲"以"，把"爲是爲是之以彼也弗爲也"解釋爲"因彼而爲是爲是弗爲也"（《雙劍誃諸子新證》154頁，中華書局，1962）。于氏不從《閒詁》"爲是"衍文之説，恐非；讀"台"爲"以"則可從。"爲是之以彼"蓋謂做的是這件事而出發點卻在另一事，如表面上是救濟窮人實際上卻是沽名釣譽，表面上做的是一件跟某人無關的事實際上卻有討好此人的意思。狷者是不屑於做這類事情的，所以説"爲是之以彼也，弗爲也"。

三、廉

"廉，作非也"條的"作"字，曹耀湘《墨子箋》認爲應作"怍"。梁啓超《墨經校釋》説同。《校詮》從曹説，其言曰：

> 作借爲怍（原注：曹耀湘改作爲怍）。廉者知恥，所行者非，則内懷慚愧，故曰："廉，作非也。"（41頁）

在現有各説中，此説算是比較合理的。

各家對此條《説》文的解釋，以《校詮》爲最優。其言曰：

> 惟讀爲雖，古字通用（原注：此採孫詒讓説）。説文無覭字。疑覭即恥之異文。説文："恥辱也，從心、耳聲。"覭當是從思、耳聲。從思與從心同意。故知覭即恥之異文。如勰即恊之異文。恊從心、劦聲。勰從思、劦聲。説文分恊勰爲二字、非也。恥之作覭、猶恊之作勰矣。廉者所行或非，己雖過而爲之，而心知其恥。故曰："己惟爲之知其覭也。"然則廉者不在己之無過，而在己之恥過。（41頁）

以"聑"爲"恥",文從字順,允爲卓識。徐復《説聑》一文持論略同(《徐復語言文字學叢稿》9—10頁,江蘇古籍出版社,1990)。

上引李解民《讀〈墨經〉一則》也提到"聑"字。他説:

> "佴"和"恥"皆从耳聲。在語音上完全具備通假的條件。馬王堆帛書《戰國縱橫家書》也把从"耳"聲的"餌"、"聭"等字用作"恥"字。這裏順便提一下,《墨子·經説上》"己惟爲之,知其聑也"的"聑",也應是从"耳"聲的字。高亨"疑聑即恥之異文",當可無疑。(《文史》12輯96頁)

他所提到的用作"恥"的"聭"字,見於《戰國縱橫家書》第四章33—34行"除羣臣之聭"句(《馬王堆漢墓帛書〔叁〕》圖版12頁,文物出版社,1983)和第十九章205行"報惠王之聭"句(同上19頁)。形聲字偏旁位置每可互易。《墨經》的"聑"應是"聭"的形近誤字,也有可能是後人爲了使字形切合字義,有意把"鬼"旁改作"思"旁的。吳毓江《墨子校注》引明嘉靖陸穩校芝城銅板活字本,"聑"正作"聭"(493頁,中華書局,1993),可爲確證。吳氏《墨子舊本經眼録》謂陸校銅活字本"雖訛字微多,其古樸處較之道藏轉似過之。周香巖謂其出於内府,日本吉田漢宦謂爲宋代遺本,洵非無見之言也。"(同上1006頁)上舉"聭"字可證其所從出之本,時代確較今所見各本爲早。

馬王堆帛書《戰國縱橫家書》中"恥"有"聭"、"餌"兩種寫法(讀作"恥"的"餌"見第十七章176行,上引《馬王堆漢墓帛書〔叁〕》圖版18頁),《春秋事語》中"恥"有"恥"(第十二章75行,同上圖版6頁)、"佴"(第三章17行,圖版3頁;第十三章84行、十四章86行,圖版6頁)兩種寫法。所以《墨經》"恥"字有"佴"、"聭"兩種寫法,一點也不奇怪。

《校詮》指出"聑"即"恥"之異文雖然正確,從《間詁》讀"己惟爲之"爲"己雖爲之"卻是有問題的。廉者的特點應該是不爲可恥之事。如"廉"只是指對過失感到可恥,與"恥"又有什麽區别呢?竊疑"己惟爲之"是"己不爲之"之誤。但究竟如何致誤,尚待研究。《經》文的"作非"如確應讀爲"怍非",也應是泛指以"非"爲恥的,不能像《校詮》那樣解釋爲"所行者非,則内懷慚愧"。也許"作非"是"非作"的誤倒之文("非""作"二字形本相近,詳下文），當讀爲"非怍"。"廉非怍也"是相對於"恥自怍也"而言的，意謂能自怍並非廉，知恥而不爲非才是廉。

四、令

要校釋"令"字條，必須從《說》文入手。

梁啟超《墨經校釋》將此條《說》文校改爲："令。非身所行。"其言曰：

> 舊本作"所令非身弗行"。孫校謂"弗"當爲"所"，是矣。但以"所令"連讀爲句，仍誤。本書之例，凡說皆牒舉經之一字爲標題。此文"令"字本爲標題，傳寫者誤將下文"所"字移冠其首，又妄改原文"所"字爲"弗"耳。（《飲冰室全集·專集之三十八》11頁）

《校詮》也以"令"爲"標牒字"，但認爲"'所令'當爲'令所'，蓋轉寫誤倒"（41頁）。

梁氏認爲"令"字當在句首，乃標題字，可信。以"令"上之"所"爲誤衍之字，則不如《校詮》"所令"二字誤倒之說合理。梁氏從舊說，以爲此條"令"字即取命令之義，所以信從《閒詁》"非身弗行"當作"非身所行"之說，並且不得不把"令"上的"所"字看作衍文。《校詮》訓"令"爲"善"，讀《經》文"令，不爲所作也"之"作"爲"怍"（41頁），所以將《說》文校改爲"令所非身弗行"，並解釋說：

> 令乃標牒字。所非身弗行、乃釋經之說辭也。經文所謂不爲所怍者，謂其心之所非、其身不肯行也。故曰："所非，身弗行。"（41—42頁）

《校詮》對《說》文的校改可從，但訓"令"爲"善"卻有問題。善這個概念的涵蓋面很廣，如"令"字確當訓爲"善"，《說》文似不應以"所非身弗行"來解釋它。

我認爲"令"應該讀爲"矜持"之"矜"。"矜"字本從"令"聲。段玉裁《說文解字注》"矜"字條改今本"矜"篆爲"矜"，改"从矛今聲"爲"从矛令聲"，注曰：

> 字从令聲。令聲古音在真部，故古叚"矜"爲"憐"。《毛詩·鴻雁·

傳》曰："矜，憐也。"言叚借也。

又曰：

> 各本篆作"矜"，解云"今聲"，今依《漢石經·論語》、溧水校官碑、魏受禪表皆作"矜"正之。《毛詩》與"天"、"臻"、"民"、"旬"、"填"等字韵，讀如鄰，古音也。

馬王堆帛書、銀雀山漢簡等的"矜"字也都從"令"（《秦漢魏晉篆隸字形表》——四川辭書出版社，1985 年——1021 頁"矜"字中欄收三例，皆見馬王堆帛書。《老子》甲本、乙本二例皆從"令"，《縱橫家書》一例從"今"。後一例見《馬王堆漢墓帛書〔叁〕》圖版 16 頁 132 行，細辨其形，右旁實爲"令"而非"今"，因其下部不甚清晰而被《字形表》誤摹爲"今"），可證段説之確。所以"令"沒有問題可以讀爲"矜"。

《論語·衛靈公》："子曰：君子矜而不爭，羣而不黨。"何晏《論語集解》引包咸注："矜，矜莊也。"朱熹《論語集注》："莊以持己曰矜。"同書《陽貨》："古之矜也廉，今之矜也忿戾。"《大戴禮記·小辨》："大夫學德別義，矜行以事君。"盧辯注："矜猶慎也（聚珍版叢書本據永樂大典本改"慎"爲"莊"）。"《漢書·賈誼傳》陳政事疏："嬰以廉恥，故人矜節行。""矜行"、"矜節行"義同。由以上所引可知"矜"有莊敬慎重的意思，而且與"廉"有密切的關係。以"所非身弗行"來解説"矜"，顯然是很合理的。

《校詮》讀此條經文的"作"爲"怍"，義似可通。但如將此條的《經》文"不爲所作"與《説》文"所非身弗行"對照起來看，"作"很像是"非"的譌字。"非"字金文作北（《金文編》760 頁，中華書局，1985），漢代隸書仍基本保持此形（見上引《字形表》834 頁。今本《説文》"非"字篆形作非，爲後人所改，詳馬衡《談刻印》，《凡將齋金石論叢》299 頁，中華書局，1977）。"作"字篆文作㐇，古隸或作乍、作等形（《字形表》560 頁），與"非"形近。傳抄《墨經》者有可能由於誤以爲本應讀爲"矜"的"令"即是命令之"令"，而把"不爲所非"的"非"誤認或誤校爲"作"。

按照以上所説，"令"字條可以寫定如下：

〔經〕矜，不爲所非。

〔説〕矜：所非，身弗行。

"恥"、"狷"、"廉"、"矜"都是"言人之品德"的字，而且彼此意義相關，所以《墨經》作者把它們排列在一起，置於"忠"、"孝"、"信"與"任"、"勇"之間。

《墨經》極爲難讀。以上所作校釋必有不當之處，敬祈識者指正。

1994 年 10 月 7 日寫畢

（本文作者　北京大學中文系）

Remarks on the Paragraphs of 佴、狷、廉、令 in *Mojing*（墨經）

Qiu Xigui

Summary

While posing new explanations to four paragraphs 佴、狷、廉、令 in *Mojing*, two main points are maintained by the authou of this paper：

1. Gao Heng's（高亨）identification that the character 騽 of 知其騽也 in the paragraph 廉 of *Jingshuo*（經説）is a variant form of 恥 is rightly fit for the context. In the Mawangdui silk books（馬王堆帛書）the character 恥 has a variant form 聭, thus the character component 思 of 騽 should come from 鬼. In the copper type edition of *Mozi*（墨子），printed by Luwen（陸穩）during the Jiajing period of Ming，it is written just as 魍. This not only supports Gao's identification but also shows that Lu's copper type edition was based on a very valuble old text.

2. The character 令 in the paragraph 令 should read as 矜 of 矜持. In ancient time it is originaly written as 矜, pronounced similarly as 令. 令 thus can read as 今.

古文字雜識（五則）

李 零

一、熱氣寒氣，以爲其序

子彈庫帛書，中間的短篇是講"四時"創造的神話，其中有兩句迄無確解。牠們是：

　　　　𤉳炁𡆥炁，㠯爲亓㓷。

上面八個字，第二、四兩字應釋"氣"，五至七字是"以爲其"，這都很清楚。但第一、三和八字卻值得討論。

（一）第一字。

此字舊釋寮，字形相似，但並不吻合。饒宗頤先生以爲"熏"字的異構〔案：參看《金文編》0062 錄番生簋熏字〕[1]，現在看來也有問題。

近讀《包山楚簡》（文物出版社 1991 年），我發現一個與此有關的字，作以下不同寫法：

　　(1) 〔圖〕（簡 82），原釋鼀
　　(2) 〔圖〕（簡 97），原釋䨣
　　(3) 〔圖〕（簡 115），原釋鼅
　　(4) 〔圖〕（簡 115），原釋鼃
　　(5) 〔圖〕（簡 124），原釋鼉
　　(6) 〔圖〕（簡 125），原釋鼃
　　(7) 〔圖〕（簡 194），原釋鼉

這些例子都是人名用字。另外簡 139 還有"戠"字（辭例作"大胆尹公婁與～卅二（三十）"），簡 179 還有"鄩"字（辭例作"～人登（鄧）蒼"），也都含有類似的偏旁。

上述各例，（1）—（7）都是由三部分組成，左上爲炅（（2）（3））或炅（（1）（2）（5）（6）），右上除（4）（5）作糸或系，其他還有待研究，下半爲黽（除（2）作糸）。其左上所從偏旁的炅即這裏討論的第一字所含，可以證明炅往往省體作炅。由這一綫索我們還可推論，《古璽文編》187頁的寅字（作𡨄或𡨄）與帛書此字是同一字。

現在我們都已知道秦漢隷書往往把熱字寫成炅[2]。如馬王堆帛書《老子·德經》，甲乙兩本的"静勝熱"，"熱"均作"炅"。但更早一點的熱字是作什麼樣呢？這個問題卻值得探討。《説文解字》卷十上火部熱字是从火埶聲。但宋代的古文字書熱字卻作䙴（《汗簡》66頁背和《古文四聲韻》卷五14頁正引《義雲章》），黃錫全《汗簡註釋》（武漢大學出版社1990年）422頁認爲凷是坴之訛，字應隷定作爇。牠的左半與炅極爲相似，使我們產生懷疑，熱字作炅可能是一種字形訛變，即由爇演義成爇或爇，再演變成炅。總之，帛書寅字應分析爲从宀熱聲大概是没有什麽問題的。

上揭例（1）至（7），字从黽，我們懷疑即古書表示灼龜之義的爇字。如《周禮·春官·菙氏》："凡卜，以明火爇燋。"爇燋均指灼龜。燋，《説文解字》卷十上有爑字，釋爲"灼龜不兆也"，亦燋龜之燋的專字。後者爲䅽（秋）字所从。秋字的戰國寫法往往作䅽、䅽（參看《古璽文編》178頁），現在看來是从禾从熱字的省體。例（1）（2）（5）（6）（7）的右半現在還不易確定，我們懷疑例（1）（7）也許是丮旁的省略（參看《金文編》0444執字、0723箕字所附𣪘字，1135𠬝字）。

當然這裏應當說明的是，秦漢用爲熱字的炅雖然字形與《説文解字》卷十上釋爲"見也"的炅字相同，但卻並不是同一個字[3]。還有秦公簋"鎭靜不廷"，第一字亦从炅，學者釋爲鎭。如此説可靠，則炅與真讀音應相同或相近，也不會是這個字。《説文》炅字，唐代切音爲古迥切，於上古音爲見母耕部，真字是章母真部，都和熱字的讀音（日母月部）相距甚遠。我們在上文已説明，熱字作炅恐怕並非原形，乃是炅的省體，牠與這兩個例子祇是湊巧同形罷了。另外，過去學者認爲炅字是从火日聲[4]，現在也值得重新考慮。

上面提到的包山楚簡中的戩字不詳何物，鄭字是地名也無法確指，但這兩個字並非从尞是可以肯定的。

（二）第二字。

此字，我曾疑爲害[5]，曾憲通先生採之，讀爲百[6]，現在從文例看，應是寒字。寒字，金文寫法與小篆相近，是作▨、▨（參看《金文編》1714 寒字和附錄下 335（應釋寢），此字作▨，與之相似。

（三）第八字。

饒宗頤先生舊釋疋（即疏的本字），但後來又改釋殽，以爲淆亂之義。今案帛書此字仍以釋疋爲妥，讀爲序（古書中的疏、叙、序三字均有條理之義，音同義通）。帛書此篇的上文有"山陵不㱾，乃命山川四晷（海）"兩句，饒先生指出這裏所述與《書·呂刑》"禹平水土，主名山川"相似，"命"是命名之義，至確。但下句既然是說爲山川四海命名，照理說上句應是講山川未經命名時的情況。山陵未有其名則亂，"不㱾"應指無序而不是有序，也是很明顯的。可見以淆亂釋㱾字正好是把意思搞反了。

在古代數術之學中，四時之序是以陰陽二氣的消長來解釋，如《管子·乘馬》"春夏秋冬，陰陽之推移也。時之長短，陰陽之利用也。日夜之易，陰陽之化也"。"陰陽"的另一種表達是"寒暑"，如《易·繫辭下》"寒往則暑來，暑往則寒來，寒暑相推而歲成焉"（過去《千字文》稱之爲"寒來暑往，秋收冬藏"）。古代有三十節氣（《管子》的《幼（玄）官（宮）》和《幼（玄）官（宮）圖》）和二十四節氣（《漢書·律曆志下》），牠們都是從陰陽二氣或寒暑二氣析分。這裏的"熱氣寒氣，以爲其序"對古代思想史的研究很重要，因爲牠說明了，楚帛書中不但有"五行"的概念（如"青、赤、黄、白、墨木之精"和"五正"）[7]，而且也有"陰陽"的概念。

二、蔡、叕、太

在古文字中有一組與"大"字相關的字很值得討論。牠們是：

（一）蔡。

蔡字在古文字中是像人形鉗其足，如《金文編》0080所錄下述各字：

(1) ☆（叔　鐘）、☆（蔡侯申鐘）；

(2) ☆（九祀衛鼎）；

(3) ☆（蔡公子果戈）、　（蔡☆戈）

這個字，過去是據《正始石經》蔡字的古文（作𠂔）而認出。由於《石經》此字與𠂔相似，故舊多隸定爲𠂔，很少有人懷疑。但𠂔是脂部字，蔡是祭部字，古音並不相近，隸定爲𠂔並不合適。現在與古文字對照，我們可以看出，《正始石經》的字形是有訛誤的，其正確寫法是作人形而鉗其左足、右足或雙足。古人以刑具加頸叫鉗，加足叫釱。釱字從大得聲，而蔡是清母月部字，大是定母月部字，兩個字的讀音也相近。所以我們認爲這個字應即釱字的初文。

（二）叕。

《說文解字》卷十四下叕部解釋此字曰："叕，綴聯也。象形，凡叕之屬皆从叕。"釋義是據訛變的字形。古文字中的叕字，現在我們已知是作☆，從西周到秦漢一直如此[8]。字形皆像人形而鉗其雙手雙足。叕，古音爲端母月部字，與蔡、大等字亦相近。另外，叕也有省形作☆者，如中山王𩑹鼎銘："邵（昭）～皇工（功）"，中山王𩑹壺銘："明～之於壺"，從文義看皆讀爲綴。後者字形與蔡字也相近。

（三）太。

包山占卜簡記禱祠神物，首祭之神名☆（簡210、213、215、227、237、243，亦作☆、☆）。從祭祀順序看，其地位在"侯（后）土"和"司命"、"司禍（過）"之上，我們把牠釋爲太，理解爲太一[9]。

按古人有時把"道"稱爲"一"或"大"，或"大（太）一"，用之天象則指極星。《老子》第二十五章："有物混成，先天地生。寂兮寥兮，獨立而不殆，可以爲天下母，吾不知其名，字之曰'道'，强爲之名曰'大'"，《呂氏春秋·大樂》："道也者，至精也，不可爲形，不可爲名，强爲之名，謂之'太一'"，漢武帝甘泉宮太一壇也稱"太時"。湖北荆門出土的"兵避太歲"戈和馬王堆帛書《避兵圖》，其圖中的"大（太）一"皆以形如"大"字的人形表示。可見"太一"可省稱爲"大"或"太"。

"太"是從"大"分化，古音爲透母月部，與"大"字形、讀音都很相近，不同處祇是把刑具加於左手（但夳似是加於左足）。

上面三個字的關係可示意如下：

大（大）｛夳（太）/夵、夵、夵（鈇—蔡）/夵、夵（夊）

另外，在金文中，我們還發現兩個从心从例（一）的字，牠們是：

(1) 中山王譽鼎："爾毋大而～。"

(2) ～子棘鼎："～子棘之鼎。"（見《商周金文錄遺》62，現藏故宮博物院）

例（1）從文例看應讀爲"泰"，是驕泰之義，而例（2）有兩種可能，一種是讀爲"蔡子棘之鼎"，一種是讀爲"太子棘之鼎"。後者的可能性似更大。

現在我們見到的"太"字或"泰"字（可能與"汰"字有關）都是後起之字，牠們的來源應即上面這組字。

三、䢅

此字於文獻罕見，但《説文解字》卷三下丮部收有這個字，解釋爲"擊踝也。……讀若踝"，是以聲訓爲説。在甲骨文和金文中，這個字除作人名和地名，有文義可尋的例子主要是：

(1) 麥尊："侯易（賜）者（諸）～臣二百家。"

(2) 縣妃簋："易（賜）女（汝）婦爵～之……"

(3) 史牆盤："方蠻亡不～見。"

這幾個例子，學者有釋揚（唐蘭）、釋戒（裘錫圭）、釋娸（李學勤、戴家祥）、釋獻（徐中舒）、釋踝（于省吾）諸説[10]，核以上述辭例，似皆未安。

近來，我有一個考慮，這個字也許最好讀爲謁。根據是，第一，謁是影母月部字，而䢅是匣母歌部字（以踝音推測），屬於聲母相近的陰入對轉字。第二，從文義看，釋謁也都可以講得通。如例（1）"諸～臣"，學者多以爲是貼身侍衛，東周以來的王公近臣正有所謂"謁者"。《孫子·用閒》："凡軍之所欲擊，城之所欲攻，人之所欲殺，必先知其守將左右、謁者、門者、舍人之姓名，令吾閒必索知之。"《墨子·號令》："謁者侍令門外爲二曹，夾門坐，鋪（餔）食更，無空。門下謁者一長，守數令入中報。四人夾令門內坐，二人夾散門外坐，客見，持兵立前，鋪（餔）食更，上侍者名。"例（3）"方蠻亡不～見"是說四方蠻夷賓服，都來朝見，文義通順。例（2）釋爲"謁之"也毫無格礙。

按謁字，古書有謁告、請謁等義。《左傳》昭公四年："入弗謁"，杜預注："見也。"《釋名·釋書契》也說"謁，詣也"，都說明謁是進謁之義。"謁臣"蓋即"客見，持兵立前"的掌謁之人，故字作雙手持戈。

四、羊百鞘

師同鼎述師同伐戎，所獲戰利品有"羊百鞘"。過去我們懷疑鞘字是刲字之誤，不確[11]，但這個字從文義看肯定是個量詞。按古書從鞘之字有絜字和挈字，也是量詞。《說文解字》卷十三上糸部："絜，麻一耑也"，段玉裁注："一耑謂一束也。"絜又借爲挈，參看朱駿聲《說文通訓定聲·泰部》。《墨子·備城門》："守城之法，必數城中之木，十人之所擧爲十挈，五人之所擧爲五挈，凡輕重以挈爲人數，爲薪樵挈，壯者有挈，弱者有挈，皆稱其任。凡挈輕重所爲，使人各得其任。"則以挈作爲計算守城之木的量詞。故"羊百鞘"似應讀爲"羊百絜"或"羊百挈"，是說有一百捆羊肉。古人以十條乾肉爲一束，稱爲"束脩"，"羊百鞘"的"鞘"與"束"是類似之義。

五、巛與川

古文字中有一種偏旁是作巛或巜，如：

(1) ⿱ （《金文編》1099：朝歌右庫戈）

(2) ⿱ （《金文編》1802：衍□簠）

(3) ⿱ （《金文編》1866：王子漁戈）

(4) 㾕（《包山楚簡》簡86）

(5) 㲋（《包山楚簡》簡170）

上述各例，除（1）爲地名用字都是人名用字。例（1）是朝字。《説文解字》卷七上倝部："朝，旦也。从倝舟聲。"但從《金文編》1099所錄朝字的不同寫法我們可以看得很清楚，朝字的左半是像日在草中，而並非从倝；右半亦非从舟而是从川。其川旁的寫法分三種，一種作 巛（巜），一種作 巛（川），一種作 巛 或 巜。前兩種寫法，照許慎的講法是兩個字，但古文字無別，如楚帛書訓作 巛，从巜與从川同。這裡川字的第三種寫法最值得注意。因爲《説文》所謂朝字舟聲之説極易使人誤解這是舟字的另一種寫法。例（2），中間从第三種川字與从水同，原書釋衍可从。例（3）應是漁字的一種異寫，下从又，右从第三種川字，類似潮本作淖，後加此旁作潮（詳下）。例（4）原書釋逌，其實是巡字。例（5）應同（3），原書釋鮂，則是把右旁理解爲州。

與上例（1）有關，值得注意的是陳侯因資敦是把"朝聞（問）諸侯"的"朝"字寫成 巛，此字，《説文解字》卷十一上水部用爲潮水的潮字，解釋爲"水朝宗於海，从水朝省"，徐鉉説"隸書不省"。此字也見於《正始石經》，並被《汗簡》61頁正和《古文四聲韻》卷二10頁正引用〔案：前者脱出處，後者注出《石[經]》〕。可見是古文寫法。隸書作潮，大概是沿襲秦系文字常見的"疊床架屋"之法。《太平御覽》卷六八引《説文》"潮，朝也。从水朝"。其實此字从水與从川同，與朝實爲一字。也就是説朝字本來就是潮水的潮字，用爲朝見之朝和表示平旦之義，反而是假借字。

1994年5月23日寫於北京薊門里

注 釋

〔1〕 饒宗頤、曾憲通《楚帛書》（香港中華書局1985年），17—18頁。

〔2〕〔3〕〔4〕 朱德熙、裘錫圭《七十年代中國出土的秦漢簡册和帛書》，《中國語文研究》第6期（1984）1—12頁。

〔5〕 李零《長沙子彈庫戰國楚帛書研究》，中華書局1985年，68頁。

〔6〕 注〔1〕引書271頁。

〔7〕 李學勤《長沙楚帛書通論》，收入《李學勤集》（黑龍江教育出版社1989年）266—273頁。

〔8〕 湯余惠《略論戰國文字形體研究中的幾個問題》,《古文字研究》第 15 輯（中華書局 1986 年）9—100 頁。

〔9〕 李零《包山楚簡研究（占卜類）》, 收入《中國典籍與文化論叢》（一）（中華書局 1993 年）425—448 頁。

〔10〕 參看周法高編《金文詁林補》（福元印刷事業有限公司 1982 年）903—912 頁。

〔11〕 李零《"車馬"與"大車"》,《考古與文物》1992 年 2 期 72—74 頁。

（本文作者　北京大學中文系）

Deciphering Ancient Chinese Inscriptions: Five Notes

Li Ling

Summary

This paper, which includes five notes, seeks to decipher some unidentified characters in ancient Chinese inscriptions. The first concerns the explanation of two sentences of the Chu silk manuscript excavated from Changsha in 1942. The author has found that the five-element theory is expressed in the form of a "五色木"(five colored tree), and Yinyang theory is expressed through "熱"and "寒"of hot and cold energies. The argument is based on the identification of the two key characters "熱" and "寒" in the silk manuscript, and a new reading of the character "斌". The second note discusses the characters "蔡", "叕" and "太", pointing out their common origin in the character "大", and the relationship of their written forms, pronunciations and meanings. The third note suggests reading the character "䫻" on various bronze inscriptions as "謁", arguing from a number of cases in which the character "䫻" appears. The fourth note, on the reading of the character "剉" of the Shi-tong tripod as "絜", identified as a measure word for a bundle. The fifth note identifies the radical "丱" as a variant form of character "川", and not "舟" as often understood.

謝靈運《十四音訓敘》輯考

王邦維

引　言

在中國中古時期的文學史上，謝靈運從來公認是一位很有才華、對後代也很有影響的文學家。謝靈運一生主要的行事，記載於宋沈約編撰的《宋書》卷六十七《謝靈運傳》中。他的詩文，據《隋書》的《經籍志》(《隋書》卷三十二、三十三、三十五)以及新舊兩種《唐書》的《經籍志》(《舊唐書》卷四十六、四十七)和《藝文志》(《新唐書》卷五十七、五十八、六十)的記載，在他去世以後，結成集而流傳的，至少有十多種，其中不少部帙在數十或百卷以上，數量很大。這其中還不包括他的與佛教有關的一部分作品。不過，這些詩集或文集，後來都完全散佚。靈運的作品，現在所能見到的，都出於他之後編纂的各種總集、類書、史書以及後來一些人著作中的引文，經人輯錄或編排，始結成單獨的詩集或文集。

謝靈運工詩，善屬文，爲一代文宗，但行事"頗不檢"，因此最後未能以善終。這些，在他的傳記中都講得很清楚，爲人所熟知。靈運又信佛，一生與僧人往來密切，撰寫了不少有關佛教的文字，甚至還參加過翻譯或者嚴格説是"改治"佛經的工作。這些事，研究謝靈運以及他的著作的人，大多也都注意到了。研究者中，較少注意到，或者説比較被忽視的，是謝靈運撰寫的《十四音訓敘》一文或一書。後人所編的靈運的文集，即使是收文最全最多的，都沒有一種有所輯錄。[1]原因大概是：第一、靈運一生，主要以詩文而有名於當時及後世，而不是治學或其它，前者的盛名掩蓋了後者。第二、《十四音訓敘》一書，散佚得比靈運其它的作品更早。而關心這部書的人，靈運之後的，大致只有一部分佛教徒和悉曇家，其他的人則很少。但是，這並不就表示，靈運撰寫《十四音訓敍》這件事和《十四音訓敍》這部書不重要。相反，如果我們今天要了解從來就使用漢語、寫方塊字的中國古代的文化人在接觸到一種完全不同的、屬於印歐語系的語言——梵語，以及有關梵語的語言知識時，是如何去嘗試學習和理解，並在後來加以吸收和利用，卻不能不提到靈運的這部書。本文的目的，即是將早已失傳的《十四音訓敍》的佚文，儘量地輯出，並加以適當的校正和考釋。有關的一些問題，也一並作一點討論。希望由此不僅爲研究謝靈運，更爲研究古代中印、中外文化交流，也包括研究中國古代音韵學史的學者們提供一點有用的資料。[2]

一、謝靈運、慧睿和《十四音訓敍》

謝靈運撰《十四音訓敍》一事，我們今天能夠知道，主要是靠梁慧皎《高僧傳》的記載。《高僧傳》卷七《慧睿傳》：

> 陳郡謝靈運篤好佛理，殊俗之音多所達解，乃咨（慧）睿以經中諸字並衆音異旨，於是著《十四音訓敍》，條列胡漢，昭然可了，使文字有據焉。

慧睿冀州人，少年出家。據僧傳中的記載，慧睿常遊方學經，到了蜀之西界，卻爲人所掠，成爲牧羊奴。後來被好心的商人救出，"還襲染衣，篤學彌至，遊歷諸國，乃至南天竺境。音譯詁訓，殊方異義，無不必曉"。後來回國，先到廬山。不久又到關中，"從什公（即鳩摩羅什）咨稟"。最後還回到南方，住在京師（建康，今南京）烏衣寺。慧睿在宋元嘉年中去世，終年八十五歲。[3]

根據這些記載，我們可以知道，靈運撰《十四音訓敍》，是在向慧睿討教後所爲，因爲慧睿曾經到過印度，通曉印度的語言以及相關的知識。靈運向慧睿討教的時間，是在元嘉年中。地點是在南京。但是還有更重要的一點，靈運向慧睿討教的是"經中諸字並衆音異旨"。經是指什麼經呢？當然這也是很清楚的，就是指靈運參加過"改治"的，在中國佛教史上最有名的經典之一的大乘《大般涅槃經》。靈運撰《十四音訓敍》一書，與《大般涅槃經》有關。更確切地說，是與《大般涅槃經》中講到梵文文字和語音的一節，即一般所稱的《文字品》一節有關。不過，所謂"十四音"，究竟是指梵文的哪十四個音，是不是就是梵文的十四個元音，卻從來就有許多爭論。[4]

但是此外也還曾經有過一點小問題。《慧睿傳》的原文，從慧睿的生平直書而下，有人因此認爲，《高僧傳》的作者慧皎，在"於是著《十四音訓敘》"一句之前，省略了"慧睿"二字，著《十四音訓敘》的，是慧睿而不是謝靈運。不過，這無論如何是錯誤的，對此幾乎用不着作討論。

二、《十四音訓敘》與《大般涅槃經》

《大般涅槃經》本來是印度大乘佛教的經典，原文是一種不太規範的梵文，傳到中國後被譯成爲漢文。[5]漢譯的大乘《大般涅槃經》，現存的有三種：

一、東晉法顯與印度來華僧人佛大跋陀合譯的六卷本。但經題的譯名稍有不同，稱作《大般泥洹經》。譯出地點在建康（今南京）道場寺，時間是在東晉義熙十三至十四年（417—418）。

二、北涼曇無讖譯四十卷本。譯出地點在武威，時間是北涼玄始十年（421）。這個譯本就是後來一般所稱的"北本"。

三、南本《大般涅槃經》，三十六卷。劉宋僧人慧嚴、慧觀與謝靈運等根據前兩種譯本"改治"而成。過去說靈運參加譯經，就是指這件事。不過，改治與翻譯其實是有區別的。這部經，舊題"宋代沙門慧嚴等依《泥洹經》加之"，其它古本或作"三藏曇無讖譯，梵沙門慧嚴、慧觀同謝靈運再治"，或作"北涼沙門天竺三藏曇無讖譯，梵宋沙門慧嚴、慧觀同謝靈運再治"，就說得很清楚。靈運等人"改治"的地點也在建康，但準確的時間不很清楚。依據隋碩法師《三論游意義》的記載，曇無讖本在宋元嘉七年（430）始至揚州，俄爾至京師。[6]而靈運被殺，是在元嘉十年（433），"改治"的時間因此當在元嘉七年與十年之間。又據《宋書》中靈運的傳記，靈運元嘉七年在會稽，八年因事返回京師，年末復往臨川赴任，此後在臨川因罪被捕，徙付廣州，十年在廣州被殺。據此推算，靈運參加"改治"《大般涅槃經》，以及"改治本"的完成，是在元嘉八年。新的"改治本"因爲完成於南方，所以相對於先前的曇無讖本，一稱爲"南本"，一稱爲"北本"。其實，從內容上講，二者幾乎沒有差別，只是文字上"南本"比"北本"顯得較爲雅馴。雖然後代許多人更推重南本，但是，如果要與原來的梵本作比較，或者打算通過譯本去探討原本的狀況，應該使用"北本"，而不是"南本"。這一點，本來很清楚，但可惜過去很多人一直沒有認識到。

法顯本卷五，有《文字品》一節，比較詳細地講到了梵文的一些語音知識。相應的一節，在北本《大般涅槃經》的《如來性品》。今引北本開首一段，原文是迦葉菩薩和如來佛的對話，在北本卷八：

> 善男子！所有種種異論、咒術、言語、文字，皆是佛說，非外道說。迦葉菩薩白佛言：世尊！云何如來說字根本？佛言：善男子！說初半字，以爲根本，持諸記論、咒術、文章、諸陰實法。凡夫之人，學是字本，然後能知是法非法。迦葉菩薩復白佛言：世尊！所言字者，其義云何？善男子！有十四音，名爲字義。所言字者，名曰涅槃。常故不流，若不流者，則爲無盡。夫無盡者，即是如來金剛之身。是十四音，名曰字本。[7]

以下接着便是如來佛對五十個梵文字音逐一作詳細的解釋。南本中這一節，也在卷八，作爲一品，也稱爲《文字品》。靈運的書，爲什麼稱作《十四音訓敘》？原因就在於，《大般涅槃經》中這段文字一開端便講到"十四音"，並且以"十四音"作爲"字本"，其後才解釋其它的字音。上引《慧睿傳》講，謝靈運"咨睿以經中諸字並衆音異旨，於是著《十四音訓敘》"，正是從這裏來的。它說明靈運因何而著此書，因何而有此書名。說明這一點，並非毫無意義，因爲這牽涉到一千多年前，謝靈運這一類中國人，在怎麼一種情況下，通過什麼途徑，得到的關於梵文拼音的基本知識，以及他們當時對此了解的範圍和深度。

這裏還可能有一個問題，就是，靈運撰《十四音訓敘》，準確地是在什麼時候？雖然從情理上推斷，應該也是在他參與"改治"經本的元嘉八年，但也許有人會問：法顯本早在義熙十四年就已經譯出，經文中也有"十四音"的內容，有無可能會在元嘉八年以前？答案是否定的。因爲從現在所見到的靈運《十四音訓敘》中使用的譯字來看，靈運已經見到了北本，並且把北本作爲他最重要的依據。這一點，本文的第四部分還要談到。

不過，也要說明，《大般涅槃經》中雖然講到梵文的五十字音，它本身卻並不是印度"聲明"一類的著作，作爲佛經，它只是借講述這五十個字音來宣傳大乘佛教的教義。因此，經文中對每一個字音除了作神秘性解釋外，一般來說，並未講得更多。這種以解釋字音的方式宣講教義的作法，不能說是《大般涅槃經》最早發明，但卻在《大般涅槃經》中有新的發展。[8]明白這一點，也很重要。

三、《十四音訓敍》與《悉曇藏》

靈運《十四音訓敍》一書，早已佚失。歷代的文獻目錄，不管是《經籍志》、《藝文志》，還是佛教自身的經錄，以及其它的私家目錄都未見著錄。唯一提到此事的，上面講了，是慧皎的《高僧傳》。但是，慧皎只提到書名，約略講到一點有關書的事情，卻沒有進一步講到書的內容，更沒有像他常在《高僧傳》其它地方那樣的做法，抄錄一段或幾段原文。我們今天能具體知道其一部分內容，大部分要感謝後來的日本僧人，具體地講，是日本僧人安然，他在他所編纂的《悉曇藏》和《悉曇十二例》兩書中大量抄錄了靈運原書的一些段落。安然是日本天台宗僧人。他編《悉曇藏》一書，在日本元慶四年（880），相當於中國唐僖宗廣明元年。在日本，他是傳悉曇學的大家之一。但安然實際上也未見到靈運原書，他的書，大部分是轉引自中國唐代僧人慧均的《無依無得大乘四論玄義記》。慧均是隋代三論宗大師吉藏的學生，因爲作過僧正，在書中常被稱爲均正。慧均的這部書，又常被簡稱爲《大乘四論玄義記》或《玄義記》，在中國也早已佚失，卻存於日本，後來被收入日本人編的《續藏經》中。但遺憾的是，它被收入《續藏經》時，已經成爲殘書。從現存的《玄義記》中，已經無法找到靈運書的引文。[9]所以我們還是只有依靠安然的書。不過，在安然之前，甚至在慧均之前，靈運的書也不是沒人引過，例如隋代章安大師灌頂的《涅槃經玄義文句》，其中就能找到一段。其它的書中，可能也還有。

四、《十四音訓敘》佚文輯考

下面將謝靈運《十四音訓敘》佚文輯錄出來。首先需要説明三點：第一、如前所述，《十四音訓敘》一書，現存的書中，安然的《悉曇藏》中引用最多。安然的書，最通行的有兩個版本，一個收入《大日本佛教全書》，另一個收入《大正新修大藏經》。這兩種書，都是規模極大的叢書，編成的時間雖然相差不遠，卻都收入了《悉曇藏》一書，輯錄時因此可以在文字上作一些校正。[10]輯出的文字大多出於《悉曇藏》，但也有兩三條，出自其它的文獻。這些文獻中，有的成書的年代比安然的書更早，因此也值得注意。輯書校書，雖片言隻字，亦如吉光片羽，不可不重視。第二、所謂佚文，標準比較寬泛。除了自成段落的幾段以外，安然及其他人書中凡是提到謝靈運的地方，有關的段落也都一律輯出。這些段落，引到靈運的書和説法，雖然往往只是隻言片語，但對我們今天了解《十四音訓敘》的內容，卻是很重要。第三、輯錄出的文字，從原則上講，很難，或者説不可能完全依照靈運原書的次序重新再排列起來。但是，如前所述，靈運的書，主要是配合《大般涅槃經》的譯出而寫成，因此，我以爲有一個辦法，也許可以使用，那就是不妨將輯錄出的文字逐段與《大般涅槃經》相應的一節，即《文字品》一節對照，以此作爲基礎，排列輯錄出的文字。我這裏就是這樣作的，希望如此或可比較接近於靈運書中本來的次序。[11]

靈運的書，開篇的部分，推測應該有一段總論性質的文字。這段總論，應該首先是用來解釋《大般涅槃經》開始的那一段經文。可以歸於此，並大致可以排列成序的幾段佚文有：

> 宋國謝靈運云：胡書者梵書，道俗共用之也，而本由佛造。故經云異論、咒術、言語、文字皆是佛説，非外道也。外道因此以通文字。胡字謂之佉樓書。佉樓書者，是佉樓仙人抄梵文以備要用。譬如此間《蒼》、《雅》、《説》、《林》，隨用廣狹也。

此段出《悉曇藏》卷一所引慧均《大乘四論玄義記》，因爲所引"經云"一段在經文的最前面（見前"《十四音訓敘》與《大般涅槃經》"一節），估計在靈運原書中也屬於最前部分。胡書梵書，此處並舉，反映出當時中國人對西域及印度語言文字的認識所經歷的一個逐步深化的過程。中國古時，稱西北方少數民族以及域外更遠的國家和人民爲"胡"、"胡人"或"胡國"，由是而有"胡語"、"胡書"、"胡本"。后來與西方或"西域"交往漸多，知識增加，方纔把印度的主要語言梵語與其它的"胡語"逐漸區別開。東晉道安以前以至道安的時代，一律稱"胡"。有意識地作胡梵之分，過去多認爲始自隋代彥琮。彥琮曾經在其《辯正論》中對此而有所批評："至於天竺字體，悉曇聲例，尋其雅論，亦似閑明。舊喚彼方，總名胡國。安雖遠識，未變常語。胡本雜戎之胤，梵惟真聖之苗。根既懸殊，理無相濫，不善諳悉，多致雷同。見有胡貌，即云梵種；實是梵人，漫云胡族。莫分真僞，良可哀哉！"[12]其實，彥琮之前，對胡與梵以及二者之間的同異，中國人中，已不是沒有認識。靈運此段文字，便是證明。不過，二者之間的同，靈運似乎知道得比較多，而二者之間的異，則似乎知道得比較少。大致說來，道安以前以至道安時代，漢地所來經本，胡梵皆有，胡本可能更多一些。其後梵本漸增，終至於到隋唐時幾乎全是梵本。靈運由晉入宋，正處在第二個階段。不過，梵本胡本，從語言上講不同，但胡書梵書二名，如果僅是泛指古代西域的文字，實在不易區別。因爲現代學者依據考古發現的材料研究的結果知道，當時西域的各種胡語，大多屬於印歐語系，有文字的幾種，使用的文字也大多是從印度傳來的文字或者就此而略加改變的幾種變體。[13]靈運此處稱"胡書者梵書"，意即謂此。至於說"本由佛造"，是佛教徒自己一家的說法，可以置之不論。靈運下文，接着又說"胡字謂之佉樓書"。按靈運此語僅有一半正確。說佉樓書爲胡字不錯，但胡字不止佉樓一種。古代在印度及中亞使用的"胡字"，以大類分，至少有婆羅謎（Brāhmī）和佉樓（Kharoṣṭhī）兩種。狹義的梵書就是指婆羅謎字。佉樓又稱佉盧，或佉盧書、佉盧文，玄奘譯爲"佉盧瑟吒文"，爲印度一種古代文字，由左向右橫行，今早已不用。靈運謂"佉樓書是佉樓仙人抄梵文以備要用"說法則誤。印度傳說，佉盧文是佉盧仙人所造。這一傳說亦是隨佛教而傳到中國。有意思的是，有關印度文字的知識，傳到中國後，又由中國人加以傅會和發展。典型的一例是梁代的僧祐，他在其所撰《胡漢譯經音義同异記》中專門論到中西文字的異同："昔造書之主，凡有三人,長名曰梵,其書右行;次曰佉樓,其書左行;少者倉頡,其書下行。梵及佉樓居於天竺。黃史倉頡在於中夏。梵、佉取法於淨天,倉頡因華於鳥迹。文畫誠異,傳理則同矣。仰尋先覺所説,有六十四書。鹿輪轉眼,筆制區分。龍鬼八部,字體殊式。唯梵及佉樓唯世勝文。故天竺諸國謂之天書。西方寫經,雖同祖梵文,然三十六國往往有異,譬諸中土猶篆籒之變體。"[14]僧祐時代晚於靈運。或謂漢文典籍中,提到佉盧文者,以僧祐此書爲最早,其實最早者應推靈運此段文字。[15]靈運最後復以《蒼》、《雅》、《説》、《林》作譬喻。四種書都是靈運時代流行的文字工具書。當時不管佛教徒,還是與佛教徒接近的文人學士,好以中土事物比擬天竺諸事,謂之"格義",此爲一例。上引僧祐之文,行文語氣和方式亦相似,是同一種情形。

  謝靈運云:梵、佉婁爲人名。其撮諸廣字爲略,如此間《倉》、《雅》之
   類。從人立名,故言梵、佉婁。雖復廣略,還是世間之二字。

此段内容與上一段同,今從隋章安灌頂《涅槃經玄義文句》卷下抄出。[16]章安時代早於慧均,更早於安然,所見或是靈運原書。這説明,《十四音訓敍》一書,直至隋代,有可能還存在於世間。不過,章安所抄,文字較簡,大概也只是撮抄的原書大意。

  謝居士云:所有文字,皆是過去迦葉等佛所説,外道偷安己典。釋迦一
   化,在外道後者。今據諸經。然梵文者,成劫之初,梵王所出。至住劫
   時,俱樓孫佛滅後,佛慧比丘之時,外道創起。

  謝靈運云:梵言本由佛造,過去迦葉等佛所説。外道拾得,安置己典。

以上二段在《悉曇藏》卷一,亦是由安然從慧均《玄義記》中抄出。兩段文字,從内容上看,實出自同一原文,而簡略不同。佛教所傳,釋迦之前,有六佛,加上釋迦牟尼,共有七位佛,合稱過去七佛,迦葉佛和拘樓孫佛都在其中。佛教又有成、住、壞、滅四大劫的説法,住劫在第二。此處所講,都是神話傳説。所謂"外道偷安己典",則是靈運對最前所引《大般涅槃經》一段經文的解釋。靈運的説法,出於"諸經"。

《大般涅槃經》在"言語文字皆是佛説"一段以後,即依次舉出"五十字",並一一解釋。以下輯出的佚文大都與此有關:

謝靈運云：諸經胡字，前後講説，莫能是正，歷代所滯，永不可解。今知胡語，而不知此間語，既不能解；故於胡語中雖知義，不知此間語，亦不能解。若知二國語，又知二國語中之義，然後可得翻譯此義，以通經典。故睿法師昔於此研採經義，又至南天竺國，經歷年歲，頗了胡語。今就睿公是正二國音義，解釋經中胡字曉然，庶夫學者可無疑滯。粗爲標例在後，差可推尋云爾也。胡字一音不得成語。既不成語，不得爲物名。要須字足，然後可得名物。不牽他語足句，則語不成。皆隨其他語，足其上字得也。此間語或有名同而字異，異字尋同名，得其語意。得其語意者，如食時求脯臘之脯，木作時求斧鋸之斧，隨言而取，得旨故不謬。至於字時，各有異形。今胡書意不然，皆字聲對，無有共聲通字者也。

此段在《悉曇藏》卷一，亦是從慧均《玄義記》中抄出。前引第一段佚文，即已講到"胡字"，此段佚文亦以"胡字"開頭，放置此處，或較適宜。但其內容，則主要討論胡語譯漢語，包括梵語譯漢語的理論。此段可注意者有三點：第一、靈運所論，於研究中國翻譯理論史，實爲重要一節。靈運所謂"若知二國語，又知二國語中之義，然後可得翻譯此義，以通經典"，在今日看來，是平常之論，但在一千五百多年前的當時，能有此認識，實不能不予以注意。在中國佛教史上，由於翻譯佛經而特別研究翻譯的理論和方法，在靈運之前，有道安和慧遠，在靈運之後，又有僧祐、彥琮和玄奘等。各家都有高論，此處不詳舉。第二、靈運撰書時與慧睿的關係。這與《高僧傳》中前引那一段記載互相印證。此處又稱睿公在南天竺所學爲"胡語"，以及《大般涅槃經》"經中胡字"，足證靈運所稱"胡語"、"胡字"，實際也包括"梵語"、"梵字"。如前所說，對梵胡異同的認識，靈運還處在第二階段上。關於慧睿在印度的經歷，與《十四音訓叙》內容的關係，後面還將談到。第三、靈運對梵語或胡語語言特點和性質的認識。梵語胡語無論語言結構還是拼寫方法，都與漢語大不相同，所以靈運特別強調"胡字一音不得成語。既不成語，不得爲物名。要須字足，然後可得名物"，同時還強調"不牽他語足句，則語不成。皆隨其他語，足其上字得也"。這點道理，今天的人，只要學過一點外語，很容易理解，但是退回一千五百多年，這種對梵語一類印歐語系的語言的知識，對中國人來說，卻恐怕十分新鮮。對於當時和後來中國人對語言音理的認識,意義實在非同一般。梁代僧祐,在靈運之後約一百年,尚且感嘆"胡字一音,不得成語。必餘言足句,然後義成。譯人傳意,豈不艱哉"?足見要達到這一認識並付諸實踐,其間有個過程,而且並不容易。[17]

宋國謝靈運云:《大涅槃經》中有五十字,以爲一切字本。牽彼就此,反語成字。其十二字,兩兩聲中相近。就相近之中,復有別義。前六字中,前聲短,後聲長。後六字中,無有長短之意。但六字之中,最後二字是最前二字中餘聲。又四字非世俗所常用,故別列在衆字之後。其三十四字中,二十五字聲從内出,轉至脣外;九字聲從外還内。凡五字之中,第四與第三字同,而輕重微異。凡小字皆曰半字。其十二字譬如此間之言。三十四字譬如此間之音。以就言,便爲諸字。譬如諸字,兩字合成,名滿字。聲體借字,以傳胡音。後別書胡字。

噁、阿、億、伊、鬱、優、嚁、野、烏、炮。右十字,兩聲中皆兩兩相近。

庵、阿。右二字是前噁、阿兩字之餘音。若不爾者,音則不盡一切字,故復取二字以窮文字。足前十字,合爲十二字也。

迦、呿、伽、恒、俄。此五字舌根聲。

遮、車、闍、膳、若。此五字舌中聲,亦云牙齒邊聲。

吒、啅、茶、袒、拏。此五字近舌頭聲。

多、他、陀、彈、那。此五字舌頭聲,亦云舌上聲。

波、頗、婆、滼、摩。此五字脣中聲,亦云脣上相博聲。

虵、囉、羅、啝、奢、沙、娑、呵、茶。此九字還脣裏聲。至舌頭,凡有三十四字竟。

魯、流、盧、樓。此四字是前三十四字中不取者,世得罕用,後別出之。都合五十字。[18]

以上一長段在《悉曇藏》卷五,亦是安然抄自慧均《玄義記》。前講"十四音"是"字本",此處又說"五十字"是"字本"。"字"或"字本"一詞,梵文的原文看來是akṣara。"牽彼就此,反語成字"一句,意謂每個字,是由輔音和元音拼合而成。其中"反語"一名，六朝時人常用，使用時往往有不同的意思。靈運此處借用來說明輔音和元音的拼合，在意思上與反切相通。[19]以下講十二字，即梵文的十二個元音。靈運的字母表中列出的有：a ā i ī u ū e ai o au aṃ aḥ。但這與印度一般通行的字母表不完全一樣。例如當時通行的一種梵文語法書 Kātantra，舉列元音，有十四個。語法學家解釋説，是前十個元音，加上四個流音 r ṝ ḷ ḹ，卻不包括 aṃ 和 aḥ。[20]所謂"兩兩聲中相近"，指十二個音，分爲六組，每兩個音相近。即 a ā, i ī, u ū, e ai, o au, aṃ aḥ。[21]十二音中，前六個音又有長短之分。靈運由此而講"前六字中，前聲短，後聲長。後六字中，無有長短之意。"[22]十二音中最末二音，aṃ 稱爲 anusvāra，aḥ 稱爲 visarga 或者 visarjanīya。它們雖然始終跟在元音後面，如果嚴格一些，算不算元音，在古代印度語法學家中，尚有爭議。所以此處也稱作"餘聲"或"餘音"。"四字"則指梵文的四個流音 r ṝ ḷ ḹ。四個音本屬元音。但位置應該放在哪兒，從來問題最大，爭議也最多。《大般涅槃經》中是放在五十字的最末。靈運書依《大般涅槃經》作解説，所以説"非世俗所常用，故別列在衆字之後"。[23]以下接着列出三十四輔音。靈運講，"其三十四字中，二十五字聲從内出，轉至脣外"，是指排列成五組的梵文二十五個輔音，每組的發音位置依現代的講法，依次爲喉、腭、頂、齒、脣。梵文輔音的發音部位，古説多不明了，又多錯誤，而靈運此處所説，則最近於實際。不過，"九字聲從外還内"卻似乎有些問題。九個字的發音部位，依照音理，依次是腭、頂、齒、脣，再是腭、頂、齒，再是喉，最後是一個復合輔音。發音部位既"從外還内"，也從内到外。後來的悉曇家講"遍口聲"，倒很切近事實。靈運以下又講"凡五字之中，第四與第三字同，而輕重微異"。指送氣音與不送氣音的區别。對照法顯本，可以知道這是從法顯等人的譯法來的。至於靈運以"言"字指元音，"音"字指輔音，以及"聲"和"體"的説法，也很值得注意。"聲"即後來所講"聲勢"，"體"即後來所講"體文"，都是講悉曇和等韻常用的術語。但文獻中最早所見，即推靈運此書。下面列出五十個譯音字，實際是一個字母表。此處值得注意的是，如果把靈運書中的五十個譯音字和三種《大般涅槃經》中的譯音字逐一對比，就會發現，靈運撰書時，主要依據的，既不是他自己參與改治的南本，也不是法顯本，而是北本。由此可以説明，靈運自己，雖然有改治經本之舉，但他最重視的，是北本。了解這一點，對我們準確地理解和解釋靈運書中的内容，也很重要。

爲方便研究，以下依靈運書中原來的次序，重新用拉丁字母轉寫出上表中的五十個梵文字母：

    a ā i ī u ū e ai o au

    aṃ aḥ

    ka kha ga gha ṅa

    ca cha ja jha ña

    ṭa ṭha ḍa ḍha ṇa

    ta tha da dha na

    pa pha ba bha ma

    ya ra la va śa ṣa sa ha kṣa

    ṛ ṝ ḷ ḹ

與字母表對照，靈運的話，大多很清楚。前五組輔音，後來的悉曇家稱作"五毗聲"，靈運未講，但在每一組後以舌和唇作爲基準，對發音部位作了解釋。他的解釋，可説是相當地準確。雖然《大般涅槃經》的經文已經講到了"吸氣"、"舌根"、"隨鼻"、"長"、"短"、"超聲"，以及"隨音解義，皆因舌齒而有差别"，但並未講得如此詳細。靈運對發音部位的知識從哪裏來？推想這就是他"咨（慧）睿以經中諸字並眾音異旨"的結果之一。

《大般涅槃經》的本文，雖然一開始就講"十四音"，但在第一段中卻只列舉了十二個元音的譯音字。怎麼解釋？歷來有種種不同説法，大多與四個流音的地位有關。靈運列出的字母表，與經文一致，流音列在最後，書中關於流音的段落因此可以放置於此：

    第四謝靈運解云：以後魯流盧樓四字足之。若爾則成十六，何謂十四？解云：前庵、痾二字非是正音，止是音之餘勢，故所不取。若爾前止有十，足後四爲十四也。問：若以後四字足之者，何不接次解釋，而後别明此四字耶？彼解云：後之四字世希用，故别明也。

此段出《悉曇藏》卷二所引吉藏《涅槃疏》文。吉藏爲陳隋間名僧，又稱嘉祥大師，撰《玄義記》的慧均就是他的學生。吉藏講《大般涅槃經》，爲作注疏。今《大藏經》中尚存其《涅槃經游意》一書。可惜安然所引《涅槃疏》原書也已經佚失。吉藏書中謂"十四音"有七解，一一列舉，此是第四。接下來第五、第六又提到謝靈運：

> 第五真諦三藏解云：與謝公同。云後四字足之而復小異者。

真諦即陳真諦。陳真諦是中國佛教史上最有名的譯經僧之一，西印度人，蕭梁時從海道來華。他對"十四音"的解釋與靈運相同。

> 第六梁武解並彈前來諸師。彼彈：前云書缺二字者，爾時去聖久，所以缺二字，今聖人出世，何得言缺耶？次宗法師以悉曇足之者亦非。悉曇自吉祥，何關十四音耶？次彈謝公以后四字足之者，此是外道師名葉波跋摩，教婆多婆呵那王以後四字，是爲十四音，實非音也。

梁武即南朝的梁武帝。梁武帝極熱心佛教，曾講《大般涅槃經》，並作疏一百卷，稱爲《制旨大涅槃經講疏》，可惜也是早佚失了。梁武的解釋中，最值得注意的是提到了印度的"外道師"葉波跋摩，這正是前面提到的，印度有名的梵文語法書 Kātantra 傳說的作者 Sarvavarman，在安然《悉曇藏》中另一處地方，名字又翻作攝婆跋摩。婆多婆呵那一名，第一個"婆"字應作"娑"。婆多婆呵那王即娑多婆呵那王，梵文原文是 Sātavāhana。印度方面的傳說，攝婆跋摩是南印度國王娑多婆呵那王的國師，爲教國王學習梵語而編寫了 Kātantra 一書。[24]前面講了，Kātantra 中，正是講"十四音"，十四音中又完全包括 r ṝ l 四個流音。但梁武帝不同意謝靈運以四流音補足"十四音"，認爲這與外道所傳無異。梁武的說法，得自梁天監初年（502）從扶南來華的僧人曼陀羅。梁武帝沒有提 Kātantra 一書的書名，但聯想到靈運從慧睿咨詢而撰《十四音訓叙》，慧睿有關梵文的知識，又得自他在印度，尤其是在南印度的經歷，我們可以推論，靈運和慧睿所主張的"十四音說"中關於流音的那一部分內容，應該說與 Kātantra 是一個來源。

以上三段，又見於日本求法僧淳祐的《悉曇集記》卷中。[25]淳祐的書，撰成於日本天慶五年，即中國後晉天福七年（942），也比較早。不過他大概也是轉抄的。

《文字》云：《澤州疏》云，十二音中，除庵，阿二字是助音，故除此二字，爲十四音。若據經本，但言十四音，名爲字母。不言庵、阿，非正音也。十六、十四，差升（舛？）不同。如言二月十五日涅槃，八月八日涅槃，見聞不同，流例非一。今但依經憑疏，隨字略釋。所言庵、阿非是正音，是助辭者，經雖不言，據理應爾。如文言炮者爲大乘義，於十四音是究竟義。此謂前十字并魯等四，説十四音，十四音字義無缺也。魯等四字，梵本合在十二字優下哩上，故除庵，阿，爲十四音。所言庵、阿爲助辭者，據經有理。文云庵者，解遮一切諸不淨物，表前遮惡。阿者，名勝乘義，表前大乘於諸經中最爲殊勝。此爲助辭，稱贊聖教也。此乃經義疏意。真諦三藏及謝居士皆同此説。

這一段也在安然書中卷二。文中並沒有直接引到靈運原書，但也是最後提到靈運，因此在此處輯出。文中提到的《文字》一書，全名是《涅槃文字》，書早佚，作者亦不詳，賴安然書而知其部分内容。《澤州疏》即《澤州涅槃疏》，爲隋代慧遠所著，書名又稱《大般涅槃經義記》，十卷，今存，收入《大正藏》第三十七卷。慧遠敦煌人，初在澤州東山古賢谷寺出家，後居洛陽淨影寺，事迹見《續高僧傳》卷八。傳中即提到慧遠著有《涅槃疏》十卷。[26] 慧遠是隋代最有學問的僧人之一，所著《大乘大義章》，最是有名。慧遠以四流音補足十四音的主張，與靈運相同，可以説是繼承了靈運之説。靈運和真諦，時代都在慧遠之前。但安然的書，在羅列材料時，卻從來很少注意年代的先後。這是一例。

《大般涅槃經》原文，對"五十字"中每一個"字"，還有詳細的解釋。原書的結構，是每一個字，聯上一個或幾個梵文詞，説明這些梵文詞的意思，再由此生發出一大段神秘化的解釋。靈運的書，本是因《大般涅槃經》而作，估計行文也應配合經文，逐一有所解釋。在安然的書中，有關的段落一共可以找到八處，實際上也是安然從吉藏的《涅槃疏》抄出，其中間或提到靈運書中的片言隻語，用作"字義解釋"。可惜現存的只有這麼一點兒内容。有關的段落都集中在《悉曇藏》卷七。以下將此數段文字輯出並試作一些説明。

伊者，彼云"伊奢支"。《謝論》翻爲"此"，則如下云，此是佛經，此是魔説。真諦三藏翻爲"無垢"。

"謝論"即指謝靈運的《十四音訓敍》。由此我們可以知道，靈運的書，當時還有《謝論》一名。這一段，原文要解釋的是"伊"，但指的是所謂"短伊"，而不是"長伊"，在前面所錄謝靈運全面解釋五十字一段中，翻作"億"，即梵文的短元音 i。文中舉了"伊奢支"一詞爲例，再引謝靈運的意譯，解釋爲"此"，又引陳真諦的意譯，解釋爲"無垢"。平田昌司嘗試把"伊奢支"還原爲中世印度語 esā，二者雖然意思相符，音值卻不符，於是只好再嘗試用構擬詞來作解釋。我的看法，伊奢支一詞，未必是靈運書中原來的詞語，而很可能是吉藏或其他人舉出的例子。這裏的"彼云"二字，不必是指謝靈運。《大般涅槃經》經文中也沒有這個詞。《謝論》翻爲"此"，如果要找原文，我以爲就是梵文的指示代詞 idam，它的語法變化形式很多都以短元音 i 開頭。[27]同樣的道理，陳真諦譯爲"無垢"，在意思上就完全清楚了。"無垢"一詞，梵文是 vimala。真諦這裏是要用 vimala 一詞中的 i 來說明"短伊"。再看《大般涅槃經》有關一段經文：

> 億者，即是佛性。梵行廣大，清淨無垢，喻如明月。汝等如是應作不作，是義非義。此是佛説，此是魔説。故名億。

靈運的"此是"一例和真諦的"無垢"一例，都是從此而來。

"伊首羅"，《謝論》翻爲"自在"。

這也是要解釋"伊"字，但和前面的"伊"不同，不是"短伊"，而是"長伊"，即梵文長元音 ī。安然書中舉字，並沒有統一的的規矩。這是一例。此處舉出"伊首羅"一詞，是不是出於靈運原書，不清楚。但《謝論》翻爲"自在"，指的是梵文詞 īśvara。īśvara 又是印度有名的大神的名字，佛教諸神中也有他，即常稱的"自在天"。不過，此處實際上只是要利用 īśvara 一詞中的 ī 音。這也是《大般涅槃經》經文中所舉列的：

> 伊者，佛法微妙，甚深難得。如自在天、大梵天王，法名自在。若能持者，則名護法。又自在者，名四護世，是四自在，則能攝護《大涅槃經》，亦能自在敷揚宣説。又復伊者，能爲眾生，自在説法。復次，伊者爲自在，故説何等是也？所謂修習方等經典。復次伊者，爲斷嫉妒，如除稗穢，皆悉能令變成吉祥，是故名伊。

這裏有一連串的"自在",也就是一連串的 i 音。

> 今短憂,名"優哆邏",《謝論》翻爲"上",以其最上,所以樂也。真諦三藏翻爲"最勝"。

這一段解釋"短憂",即梵文短元音 u。文中舉的例子是"憂哆邏",《謝論》翻爲"上",真諦翻爲"最勝"。梵文詞是 uttara。這是《大般涅槃經》經文中所舉列的詞。但北本在此處用的譯音字是"鬱",而不是"憂"。前面所錄謝靈運全面解釋五十字一段中,也是"鬱"。上面講了,與靈運書相表裏的,三種《大般涅槃經》中,是北本。因此"短憂"一詞,只是安然書中選用的,不是《十四音訓敍》中的原字。北本有關的一段是:

> 鬱者,於諸經中最上最勝,增長上上,謂大涅槃。復次,鬱者,如來之性,聲聞緣覺所未曾聞。如一切處,北鬱單越最爲殊勝。菩薩若能聽受是經,於一切衆,最爲殊勝。以是義故,是經得名最上最勝。是故名鬱。

實際上,這段經文中還舉了一個詞,來說明 u 音,就是"北鬱單越"。原詞中也有一個 uttara。[28]

> 野者,外國言"野折"。真諦三藏翻爲"利益",此亦從前文生。前即開如來與涅槃,次分別其不異,今明如此異不異義,並能利益衆生,故有今文也。《謝論》翻爲"如來",文中具明有此意。《謝論》得其前,三藏得其後也。

這一段解釋"野"字,即梵文的復合元音 ai。此處講,《謝論》翻爲"如來"。"如來"一詞,如果作爲專名,梵文是 tathāgata。但這很費解,因爲 tathāgata 這個詞裏沒有 ai 這個元音。答案還是只能從《大般涅槃經》經文本身中找。北本《大般涅槃經》有關一段是:

> 野者,如來靜止曲申舉動,無不利益一切衆生,是故名野。

真諦翻的"利益"一詞,來源也在這兒。但是問題還是沒有解決。爲了解決這個問題,可以設想,《大般涅槃經》的這段原文中,至少有一個詞,是有 ai 音的。這個詞極有可能是 aiṣīt,即動詞 i 的第三人稱單數的不定過去式,或者它的在佛教梵語中的一個類似的形態,配上 tathāgata 做主語,意思與"靜止屈申舉動"也相近。法顯的譯本,用了同一個譯音字"咽",分別兩處,前一個代表 e,後一個代表 ai。相應於後一個"咽"的一段的譯文是：

> 咽者如來也，有來去義，以是故說如來如去。

正好可以證明我上面的設想，ai s it 就是"來去義"。只是法顯所使用的原本或者是他對原文的理解與曇無讖似乎不完全一樣。[29] 至於說"外國言野折"，我相信它是吉藏所舉，從哪里來，抄寫中有無訛誤，一時還難斷定。

> 闍者，此第三字。釋前第三伽字，前伽字名庫藏，明煩惱復佛性。今釋：彼云"闍羅"。三藏翻爲"不老"，明雖爲煩惱所覆，終不變老也。《謝論》翻爲"生"，生猶不老也。

這一段解釋"闍"字，即梵文輔音字母 j。舉的例詞是"闍羅"，梵文可以還原成 jara。但 jara 一詞的意思不是"不老"，或者"生"，恰恰相反，是"老"或者"變老"。因此，從表面上看，無論謝靈運，還是陳真諦，他們的解釋都錯了。但是問題不是這麼回事。答案仍然要從《大般涅槃經》經文本身去找。北本《大般涅槃經》有關一段是：

> 闍者，是正解脫，無有老相，是故名闍。

而法顯本相應的一段漢譯是：

> 闍者生也，生諸解脫，非如生死危脆之生，是故說闍。

經文很通順，意思也很清楚，法顯本比曇無讖本尤其更清楚一些。《大般涅槃經》使用的例詞，在原文中一定是 jāti 或者動詞 jan 的某一個或幾個變化形式。如果依照曇無讖的譯本，也還有 jara 一詞。目的都是要解釋字母 j。謝靈運要解釋的，是法顯本中的 jāti。而真諦要解釋的，不只是 jara 這個詞，而是"無有老相"這一句經文。[30] 不過，此處把"闍羅"和靈運對"闍"字的解說"生"以及真諦的解說"不死"都一古腦兒串在一起，實在把人攪得糊里糊塗。我因此有些懷疑，不管這段文字是出於吉藏還是安然之手，他們是否真正弄清楚了經文與各種解說之間的關係，甚至明不明白有關的幾個梵文詞的意思？這也表明，安然的書中，不是沒有自相矛盾的地方。[31] 或者安然一類悉曇家的梵文程度，需要打些折扣。類似的錯誤，在安然的書中，並不止一處，我們下面還會遇到。[32] 再有，這也證明，靈運撰寫《十四音訓敘》時，手邊既使用曇無讖本，也使用法顯本。這同他"改治"《大般涅槃經》是一樣的情形。這還說明，靈運的書，很大一部分在解釋經義，或者説就經中的内容作提示，而不僅是在講聲韵。當然，依照靈運當時的情形，他這樣做，完全可以理解。

《謝論》云："陀囊"者，亦翻爲"布施"者。

這裏舉"陀囊"一詞爲例，解釋的是"陀"字，即梵文輔音字母 d。"陀囊"的梵文原文是 dāna，取其 da 音。"陀囊"意譯爲"布施"，這也緊扣經文本身：

陀者，名曰大施，所謂大乘，是故名陀。

"大施"、"布施"，一個意思。

和者亦作禍字。此翻爲"多"。則是釋前第三字，既云大乘不動，人疑：若大乘不動者，應爲説大乘，何得復説小乘？今譯此如多。有草木多，大者自得多，小者自得小，大小隨緣。佛説教亦爾也。《謝論》翻爲"雪"，雪猶多也。

這一段解釋"和"字，即梵文輔音字母 v。照前引一段佚文中的寫法，"和"也寫作"啝"，後一個字寫法特殊，但卻是正確的。此處説《謝論》翻爲"雪"。北本《大般涅槃經》相應一句經文是：

和者，如來世尊爲諸衆生，雨大法雨，所謂世間咒術、經書，是故名和。

由此看來，安然書中的"雪"字，應是"雨"字之誤。"雨"的梵文原文，是varsa，其中的 va，正與"和"音相合。但安然書説，此翻爲"多"，卻不好解釋。我想到一個梵文詞，是 sarva 或 sarvva，其中有 va 音，意思上也相合，可能是這句話的根據。法顯本相應的一句譯文是：

和者，一切世間咒術制作，菩薩悉説，是故説和。

可以證明我的設想是對的。不過，書中接下來説，"雪猶多也"，卻真有點匪夷所思。因爲即使把"雪"字改正爲"雨"，二者在意思上無論如何也拉不到一起來。或者所謂"雨猶多也"，是指兩個字中都有一個 va 音。但我仍懷疑撰書者在這裏是否真正理解了這些字詞原來的意思以及相互之間的關係。

賒者，真諦三藏翻爲"箭"。《謝論》翻爲"刺"，謂能遠離三毒箭也。

這一段解釋"賒"字，即梵文輔音字母s。前引一段佚文中，"賒"也寫作"奢"。舉例和解釋仍然與《大般涅槃經》相應一句經文緊密相關：

> 奢者，遠離三箭，是故名奢。

這是利用梵文詞sara來作解釋。謝靈運翻爲"刺"，真諦翻爲"箭"，都很合適。就《大般涅槃經》經文本身而言，重點其實並不是講梵文字母，而是要宣傳教義。但是，可以想象，這樣的經文，翻譯成漢語，如果沒有一點梵文知識，很難真正理解。靈運撰書，目的之一，就是爲解決這個問題。

《大般涅槃經》的經文，在舉列完"五十字"後，還講了一點發聲原理。《悉曇藏》卷二也有一處地方，提到靈運的書，與此有關：

> 《謝論》不導九字是吸氣聲，而云九字從外入內也。

這也是引的吉藏的《涅槃疏》，只有"九字從外入內"一句纔是靈運書中的原話，前引靈運討論"五十字"一節中作"九字聲從外入內"。《大般涅槃經》的經文，提到吸氣、舌根、隨鼻、長、短、超聲：

> 吸氣、舌根、隨鼻之聲，長、短、超聲，隨音解義，皆因舌齒而有差別。

舌根聲就是現在一般稱作的喉音，前面已經講到過。隨鼻就是anusvāra。長聲和短聲指長短元音。超聲指 y r l v ṣ ś h kṣ 九個音。以這九個字或音爲吸氣聲，靈運的書，並沒有提到。靈運的講法，前面已經討論過。不過，吉藏這樣講，反映了六朝時人對音理的探求。

《大般涅槃經》以下文字，講到有名的"半字滿字"之說。對此謝靈運也有所解釋：

> 謝靈運傳惠觀法師解云：以音爲半，字音合說，名之爲滿也。

此句在《悉曇藏》卷七。惠觀即慧觀。靈運與之合作，改治《大般涅槃經》。惠觀的生平事迹，見《高僧傳》卷七。[33]

> 謝靈運云：猶如真旦諸字，若直言字，名爲半字。若加者，名爲滿字。

此句《悉曇十二例》所引。[34]《悉曇十二例》的作者，也是安然。《大般涅槃經》有關"半字滿字"的一段經文，就其本意而言，不過是一種比喻：

> 是故半字於諸經、記論、文章而爲根本。又半字義者，皆是煩惱言說之本，故名半字。滿字者，乃是一切善法言說之根本也。譬如世間爲惡之者，名爲半人。修善之者，名爲滿人。如是一切經書、記論，皆因半字而爲根本。

半字滿字，作爲一種比喻，對於使用拼音文字的人而言，很容易理解，只是當時對於中國人來說是一件新鮮事。至於當時和後來的佛教徒對此所作的形形色色、各種各樣的解釋，有些雖然也很有意思，但大多已經超過了本文想要討論的範圍，此處就不再多講了。

五、謝靈運所傳"十四音說"的源和流

首先要說明，這是一個相當複雜的問題。前面已經舉列的香港饒宗頤先生、業師季羨林先生，以及日本平田昌司先生的文章都已從不同角度涉及到此，但有關的問題太多，還大有深入的餘地。在此，我只能比較簡要地說明我的一些看法。

我把問題分作源和流兩個方面，先講源。十四音的最初的源，在印度。這沒有問題。前面已經說明，謝靈運關於十四音的知識，首先得自《大般涅槃經》。由讀《大般涅槃經》爲起因，他又"咨（慧）睿以經中諸字並眾音異旨"，進而寫出《十四音訓敘》一書，因此靈運這方面的知識又有一部分來自慧睿。所以我們可以從這兩處來源來考慮問題。關於前者，到目前爲止，我還是相信經錄和僧傳裏的記載，認爲《大般涅槃經》的原本主要是從中印度來的，當法顯和曇無讖見到時，原文是梵文。而且，原文中講的就是"十四音"，而不是其它。[35]由於《大般涅槃經》在中國的地位和影響，雖然在靈運前後，傳入中國的也有"十二音"、"十六音"等不同說法，但最廣爲人所接受的，是"十四音說"。關於後者，靈運對四流音的解釋，《大般涅槃經》中本身沒有，可以相信，大部分是從慧睿得來。慧睿在印度學習"音譯詁訓，殊方異義"，其中應該就有典型的講"十四音"的梵文語法著作 Kātantra。再有，"十四音說"在傳到漢地以前，早已先傳到了中亞。至晚到公元四、五世紀時，Kātantra 已經在中亞，包括現在中國的新疆地區廣泛流行。在此之前，大約三世紀時，還有當時有名的佛教說一切有部的僧人拘摩羅多（Kumāralāta）的梵文語法著作 Kaumāralāta。[36]十四音說通過其他僧人傳到漢地，也有可能。這些，也都可以是靈運講的"十四音說"的源。

再説流。"十四音説"一經傳入中國，就受到空前的重視。靈運的書，便是證明。其原因也可以從兩方面來看：第一、歷史上從魏晉南北朝以至隋唐，佛教在中國得到大發展，文人學士少有不對佛教發生興趣的。這段時間譯出的佛經中，《大般涅槃經》又具有特殊的影響和地位，講習極盛，以至最後形成一個專門的學派。經文中"文字"一節，也成爲討論的重要題目之一。第二、魏晉南北朝，是中國古音韵學在理論和方法上發生重大轉折的一個時期，當時極大規模的佛經翻譯活動，無疑是促使發生這一轉折的最重要的動因之一。翻譯中涉及到的對當時的中國人完全是新的一些語言學語音學的理論和方法，以及必須解決的一些實際問題，不僅大大地推動了中國學者去認識梵語和"胡語"，也推動了他們從新的角度去認識自己的語言漢語。由此他們討論問題的範圍便擴大開來。發展到後來，在和尚一邊，形成研究梵文的語音和文字以探求佛教中神密一派理論的所謂悉曇學；在學者一邊，受悉曇學的影響，逐漸形成等韵的理論，最後成爲等韵學。這其中，研究和討論"十四音"是重要的一部分。這個時期"十四音説"的影響，在佛教以外，表現最明顯的例子是《隋書》卷三十二《經籍志》中的一段話：

  自後漢佛法行於中國，又得西域胡書，能以十四字貫一切音，文省而義廣，謂之婆羅門書，與八體六文之義殊別。

至於在佛教的圈子之内，討論"十四音"更爲熱烈，出現一批以"十四音"爲題，研究"十四音"理論的著作。在這個過程中，靈運的《十四音訓叙》撰寫得最早，它開了這一批類似著作的先河。[37]作爲中國古代一位著名的文學家謝靈運的成就和貢獻，就不僅僅只限於文學了。

1995. 2.

注釋

[1] 我所見到近年出版的，大概也是最新最全的一種，是《謝靈運集校注》，顧紹柏校注，河南，中州古籍出版社，1987。

[2] 謝靈運著有《十四音訓叙》一事，早已有一些學者注意到，並在文章中或多或少提到過。例如，比較早的，有逯欽立《四聲考》，載其《漢魏六朝文學論集》，陝西人民出

版社，1984；興膳宏《宋書謝靈運傳論綜説》，漢譯文載《中國文藝思想論叢》，北京大學出版社，1984；馬淵和夫《增訂日本韵學史の研究》，京都，臨川書店，1984。逯文中並輯錄了《十四音訓敍》最主要的一段佚文。較晚的，如饒宗頤討論唐以前悉曇學以及相關問題的一系列文章，前後分别收入其《中印文化關係史論集·語文篇》，香港中文大學中國文化研究所·三聯書店，1990，以及《梵學集》，上海古籍出版社，1993。歐美的學者，如荷蘭的高羅佩（R. H. van Gulik）、法國的戴密微（P. Demieville）、美國的芮沃壽（A. F. Wright），著作中也有提及。不過，直至今日，仍有學者誤以爲《十四音訓敍》已完全"不傳，内容不可考"。見曹述敬主編《音韵學辭典》，湖南出版社，1991年，頁193，"十四音訓敍"條。本文寫作中，見到日本平田昌司《謝靈運十四音訓敍系譜》，載高田時雄編《中國語史の資料と方法》，京都大學人文科學研究所，1994。平田的文章，討論到有關《十四音訓敍》的各個問題，並附有輯錄的佚文。文章已經發表，因此，本文在討論問題時儘量注意與平田文章在處理方法和内容上各有側重，有的地方有所補充，對有的問題，看法則不同。

〔3〕 《大正新修大藏經》（以下簡稱《大正藏》），卷五十，頁367上至368中。

〔4〕 參考饒宗頤《唐以前十四音遺説考》，收入注〔2〕所引饒宗頤二書。饒先生文中列舉和考證了唐以前各家各派對"十四音"的不同解釋。饒先生舉出十幾種不同説法，都很有意思，有些還很有趣。

〔5〕 參見拙稿《略論大乘〈大般涅槃經〉的傳譯》，載《季羨林教授八十華誕紀念論文集》，卷下，江西人民出版社，1991。這裏説"原文是梵文"，是因爲已經發現了梵文原文的殘本。中國早期翻譯的佛經，原典並不全部是梵文，而有不少顯然是來自印度或者中亞其它的古語言，因此講到"原本"問題時，必須要考慮到多方面的情况。

〔6〕 參見湯用彤《漢魏晉南北朝佛教史》，中華書局，1983，頁434—435。

〔7〕 《大正藏》卷十二，頁412下至413上。以下所引三種《大般涅槃經》均出《大正藏》卷十二，頁412下至414中，頁653下至655中，頁887下至889上，具體頁碼不再注出。

〔8〕 例如各種《摩訶般若波羅蜜經》、《大方廣佛華嚴經》、《普曜經》等數量很多的一批佛經。參見注〔2〕所引馬淵和夫書第一篇第一章第二節。

〔9〕 收入《續藏經》的慧均《玄義記》，標明爲十卷，十卷中又闕卷一、三、四，卷五、卷八亦有闕文。但安然所見《玄義記》，分卷似乎不止十卷，因爲所引靈運書的段落在卷十一。見《悉曇藏》卷七，《大正藏》卷八十四，頁443中。

〔10〕 分别收入《大正藏》卷八十四，頁365上至462上和《大日本佛教全書》第三十册，

〔11〕 平田昌司上引文附錄一是將輯錄出的《十四音訓叙》佚文根據内容分爲"序"和"五十字"兩部分，再將"五十字"部分分爲"總論"、"母音 r r̄ l l̄ 位置"、"吸氣聲"、"半字和滿字"、"五十字的意義"五組。但我想嘗試儘量照靈運原書的次序來排列這些佚文。此外，我又補充了幾條，在文字的標點和校正上有的地方也略有差異。

〔12〕 見《續高僧傳》卷二，《大正藏》卷五十，頁 438 中。彥琮之後，論胡梵之辨的，還有北宋贊寧。見其《宋高僧傳》卷三，《大正藏》卷五十，頁 723 中至下。

〔13〕 關於古代西域尤其是在中國新疆地區使用的梵語或胡語的文字，可以參考 L. Sander：Paleographischies zu den Sanskrithandschriften der Berliner Turfansammlung, Wiesbaden, Franz Steiner Verlag, 1968。但 Sander 書主要講屬於婆羅謎字體一類的字母。關於佉樓書，則需要另外參考幾種著作。

〔14〕《出三藏記集》卷一，《大正藏》卷五十五，頁 4 中。

〔15〕 林梅村編：《沙海古卷》，頁 2，文物出版社，1988。作爲譯名，"佉樓"出現可能是最早的。靈運使用的這個譯名，顯然又出於苻秦時來華的矇罽賓僧人僧伽跋澄所譯《鞞婆沙論》。

〔16〕《續藏經》第一輯，第五十六套，第二册，頁 176 第一面。又見《大正藏》第三十八卷，頁 12 下。

〔17〕 見僧祐《胡漢譯經音義同異記》，同注〔14〕。

〔18〕 安然書中的字母表，先寫出悉曇字，然後標注譯音字，此處略去悉曇字。我的看法，這些悉曇字不大可能是靈運原書中有的。

〔19〕 顔之推《顔氏家訓》卷七"音辭"講到的"反語"，指反切。靈運此處，亦頗近於"格義"。

〔20〕 Kātantra 1. 1. 2. tatra caturda śādau avarāḥ. 以及 Durgasiṃha 的注。此處根據的是 J. Eggeling 的校刊本 The Kātantra with the Commentary of Durgasiṃha, Culcutta, 1874—1878。

〔21〕 對比 Kātantra 1. 1. 4. teṣām dvāu dvav anyonyasya savarṇau. 但 Kātantra 排除了 ai, o, au, aṃ, aḥ, 而把四個流音包括進來，因此不是六組十二個音，而是五組十個音。

〔22〕 對比 Kātantra 1. 1. 5. pūrvo hrasvaḥ. 和 1. 1. 6. paro dīrghaḥ.

〔23〕 饒宗頤先生曾經很詳細地討論過有關四流音的一些問題，見注〔2〕引饒宗頤書。饒先生對此有很多極好的見解，雖然在有些方面我有不同看法。業師季羨林先生寫過一篇

文章《梵語佛典及漢譯佛典中四流音 r r̄ l l̄ 問題》，專論流音，最宜參考。但似乎至今尚未正式刊出。

〔24〕參見 H. Scharfe：Grammatical Literature，A History of Indian Literature，ed. by J. Gonda，Vol. V, Fasc. 2, Wiesbaden, Otto Harrassowitz, 1977, pp. 162—163。

〔25〕《大正藏》卷八十四，頁 482 下。

〔26〕《大正藏》卷五十，頁 489 下至 492 中。

〔27〕平田昌司似乎想通過分析靈運書佚文中的一些詞語，來推測它們不是來自梵語，而是來自俗語。但我以爲這樣不大可能，也沒有大的必要。因爲：一、很難判斷我們看到的這些詞語是否是靈運自己所引，有一些明顯的不是。二、實際上，靈運書涉及的有關梵語和胡語的知識是很初步的，他撰書時的情形，和翻譯佛經不一樣。見平田文 36 至 37。

〔28〕與北鬱單越一詞相應的梵文是 uttarakuru，但前者不是譯自後者，而是譯自另一個詞 uttaravatti。

〔29〕佛教的經典，在流傳的過程中，文本常常發生變化。法顯使用的《大般涅槃經》的原本，未必與曇無讖使用的原本文字上完全一樣。參見注〔5〕所引拙稿。

〔30〕平田昌司說，這裏的譯語與意思不符。似乎也不是很清楚這裏的問題所在。其實這裏不存在意思符與不符的問題。見平田文，頁 37。

〔31〕舉一個例子，《悉曇藏》卷一論及"梵文本源"時提到僧睿和鳩摩羅什，講："僧睿法師是什門人。什生龜茲，東天竺人，所傳知是東天本也。"《大正藏》卷八十四，頁 372 下。龜茲與東天竺相距萬里，怎麼可以扯在一起？說鳩摩羅什是東天竺人，並由此推斷所傳爲東天本，安然錯得太遠了。

〔32〕我有時想，在處理類似的一些問題時，應該考慮到古代悉曇家以至於其後的等韻學家，在不同時候，不同條件下，梵文程度會有不同。因此常常引發出許多問題，使人對他們的一些似通非通的說法很難理解。

〔33〕《大正藏》卷五十，頁 368 中至下。

〔34〕《大正藏》卷八十四，頁 462 中。

〔35〕至于《大般涅槃經》經文本身，爲什麼講十四音，以及十四音中四流音的地位，牽涉到佛教最初使用的語言，佛經語言從俗語到梵語的轉變，大乘佛教和小乘佛教的關係等一系列問題，非常複雜。這裏不可能作詳細討論。參注〔23〕所引季羨林先生文。

〔36〕見 E. Sieg：Neue Bruchstücke der Sanskrit—Grammatik aus Chinesisch—Turkistan, Sitzungsberichte der Königlich Preussischen Akademie der Wissenschaft, 1908, pp. 182—206. H. Lüders：Kātantra und Kaumāralāta, Philogica Indica, Göttingen,

Vandenhoeck und Ruprecht, 1940, pp. 659—720。平田文附有中谷英明編制的一個簡表:"中亞出土梵文文法和韵律學文獻編年",其中列出了在中國新疆發現的 Kaumāralāta 和 Kātantra 等書的情況,表中列出的書,年代和發現地點都很清楚,可以參考。不過,中谷的表,在内容上還可以加以補充。

〔37〕 靈運之後,直接以"十四音"爲題的著作,如托名鳩摩羅什的《大般涅槃經如來性品十四音義》、《十四音辨》、《涅槃經十四音七曇章圖卷》、《涅槃經十四音義秘訣》、《涅槃經十四音義》、《涅槃經羅什譯出十四音辨》等。這些書,出現得並不太早,大多在隋唐時代。當時十四音説流傳很廣。例如敦煌寫本 S. 1344 號抄有一段文字,一開始就提到"十四之聲",饒宗頤先生曾經認爲是鳩摩羅什所作,稱爲《通韵》。我的看法,它不是鳩摩羅什所作,但是是在同一影響下產生的作品。參見拙稿《鳩摩羅什〈通韵〉考疑暨敦煌寫卷 S. 1344 號相關問題》,載《中國文化》,第七期,北京,1992。

(本文作者 北京大學東方學系)

Xie Lingyun and his *Sishi Yin Xunxu*: The Earliest Approach to Indian Phonology in Mediaeval China

Wang Bangwei

Summary

In 431 C. E. Xie Lingyun, a well-known literatus during the Liu Song Period, wrote a work titled as *Sishi Yin Xunxu* (*Explanations of the Fourteen Sanskrit svaras*, *thereafter SYX*). As the earliest one of such kind of works we know today, it may represents the first step of the scholars' approach to Indian phonology in mediaeval China. However, the work was unfortunately lost for a long time. This paper, while collecting and re-editing the extant passages of *SYX* dispersed among other books, analyses its contents in the cultural and scholastic context of Xie's time. With this it is hoped to throw some new light on the relationship between Indian and Chinese phonologic theories, although they look so different.

有關《史記》歌頌漢王朝的幾個問題

祝總斌

早在東漢初年，漢明帝已批評司馬遷著《史記》，"至以身陷刑之故，微文刺譏，貶損當世，非誼士也"[1]。三國之世，魏明帝更說："司馬遷以受刑之故，內懷隱切，著《史記》非貶孝武，令人切齒。"[2]直到今天，仍有一些學者主張司馬遷具有"叛逆"性格，《史記》乃旨在揭露、批判漢武帝，反對漢代專制統治之作。事實是不是這樣的呢？司馬遷具備這一思想基礎嗎？

一

首先來探討司馬遷的人生觀與政治態度。二者雖然不能等同，但緊密關聯。一般說，前者對後者不同程度地起着制約作用，同時又一齊對學術思想發生重大影響。

司馬遷的人生觀，和他同時代的士大夫比，有沒有十分特殊的地方，以至可看成是叛逆性格呢？沒有。他的人生目的就是要事親孝，事君忠，並通過撰寫一部高水平的通史著作，揚名於後世。

試看以下證明：

1. 據《史記·太史公自序》，司馬談臨終叮囑司馬遷："夫孝始於事親，中於事君，終於立身，揚名於後世，以顯父母，此孝之大者。"[3]他要司馬遷繼任太史後，以孔子為榜樣，無忘"論著"，成為大孝。司馬遷流涕曰："小子不敏，請悉論先人所次舊聞，弗敢闕。"這是儒家思想和父親遺囑對他的影響。證以後來所寫《悲士不遇賦》，表示"恒克己而復禮，懼志行而無聞"，"沒世無聞，古人惟恥"[4]，可見他的人生觀的確是依照這個路子發展的。

2. 據《漢書·司馬遷傳》，他遭李陵禍，下蠶室，後在《報任少卿書》中說，其所以當時不"引決"，是因爲"恨私心有所不盡，鄙没世而文采不表於後也"。又説"古者富貴而名摩滅，不可勝記，唯俶儻非常之人稱焉"，全靠留下論著，"垂空文以自見"。他自己也是如此，爲把草創未就的《史記》最後完成，"是以就極刑而無慍色"。這一思想與上述懼没世無聞的人生觀，以及同書中"成一家之言"的願望，完全一致。

3. 這一人生觀也反映在司馬遷忠於漢武帝的政治態度上。在《報任少卿書》中，他説，繼任太史令後，對武帝感激涕零，"日夜思竭其不肖之材力，務一心營職，以求親媚於主上"。其所以要替李陵辯護，首先是"陵敗書聞，主上爲之食不甘味……"，自己"見主上慘悽怛悼，誠欲效其款款之愚，……以廣主上之意"。其次是認爲李陵一向忠心，"常思奮不顧身，以徇國家之急"，這次不得已降匈奴，"彼觀其意，且欲得其當而報於漢"[5]，意思是，李陵投降是策略，遲早會得機"報漢"。一句話，司馬遷的辯護，全爲漢武帝及漢室着想。可是他没料到，"事乃有大謬不然者"，由於"明主不深曉，……拳拳之忠，終不能自列"，致遭宫刑。很明顯，這個後果，和他忠心於武帝的動機毫不矛盾。

那麽，受宫刑後，他的政治態度是否改變了呢？否！據《漢書》本傳，漢武帝不久用司馬遷爲中書令，他"尊寵任職"。這個評價有兩點證明：

第一、武帝晚年"遊宴後庭"，不去未央宫前殿朝會。由於百官包括尚書一般不能出入後庭，所以文書（有時是口信）上下要靠中書令傳遞。司馬遷能任此職，雖然地位不算高，但這是樞機之任，必得武帝信任則無疑。同時他天漢二年（前99）被刑，不久爲中書令，自此至太始四年（前93）報任少卿書[6]時間少説也有三、四年，如不稱職，定遭斥責、免黜，而史書無此記載，則班固稱他"尊寵任職"，顯然不是誇張。

第二、益州刺史任安（少卿）致書司馬遷"責以古賢臣之義"，要他"慎於接物，推賢進士"，也可能有怨他不在武帝面前薦舉自己之意。這就從另一角度反映當時人們對司馬遷的觀感。如果他不得武帝信任，從未有人出入他門下鑽營，則"慎於接物"何從談起，更不用説"推賢進士"了。任安的話肯定有所指，而這也和"尊寵任職"的評價一致。

固然，從司馬遷給任安回信的行文看，似乎與"尊寵任職"有些矛盾，這就需要分析。對他某些話，我們不能不信，但也不能理解得太實，特別是涉及他在朝廷中的地位問題。先看太史令。當司馬遷將太史令與"已虧形"的中書令對比時明明說："鄉者僕亦嘗廁下大夫（指太史令）之列，陪外廷末議"，有資格"引維綱，盡思慮"，似乎頗以爲榮。可是到下文想說明爲何接受宮刑而不引決時卻又強調，太史令地位低微，"文史星歷，近乎卜祝之間，固主上所戲弄，倡優畜之，流俗之所輕也"。死了"與螻蟻何異"，所以不如活下來完成《史記》。兩種不同說法，哪個對呢？顯然前一個對。依漢制，太史令秩六百石，地位相當於大夫，有罪上請，乘車可施轓（裝車耳），極受時人羨慕，有"作吏高遷車生耳"之諺[7]。何況據《自序》，司馬談臨死曾說：司馬氏先世一直爲太史，"嘗顯功名"於古代，後中衰，他自己也無甚成就，死後司馬遷必爲太史，"汝復爲太史，則續吾祖矣！"如果太史令真是"倡優畜之"的賤官，司馬談豈會寄予那麼大的期望？[8]

再看中書令。司馬遷還宣稱受宮刑後"爲掃除之隸，在闒茸之中"，內心極其痛苦，已無法再"仰首信眉，論列是非"，更談不上"推賢進士"了。似乎地位極其低下。其實，中書令由宦官充任，這是事實。但在官制上，它畢竟秩千石，地位高過太史令，且爲武帝近臣，豈能再是"掃除之隸"？說這話，如果不是有意自貶，便是把受宮刑後任中書令前的一段經歷，當作現狀描述了[9]。後來漢元帝寵任中書令石顯，"事無大小，因顯白決，貴幸傾朝"[10]，證明中書令有時權勢極重。固然，漢武帝精明，司馬遷品質也與石顯大不相同，不能簡單類比，但聯係任安"責以古賢臣之義"分析，無論如何司馬遷當時擁有一定權勢，卻可以肯定。至於因內心痛苦而很少行使，"與時俯仰"，那是另一回事。

順便一說，郭沫若先生曾主司馬遷受宮刑後爲中書令，又再度下獄死[11]，其說未被學術界接受，此處亦不擬評論。只想就其中引用的一條史料略加分析，因爲如依郭文考證，它恰好可證明司馬遷晚年很得寵。這條史料見於《鹽鐵論·周秦》。原文是："文學曰：……古者君子不近刑人，刑人，非人也，……故無賢不肖，莫不恥也。今無行之人貪利以陷其身，蒙戮辱而捐禮義，恒於苟生。何者?一日下蠶室,創未瘳,宿衛人主,出入宫殿,得由受奉祿,食大官享賜,身以尊榮,妻子獲其饒。故或載卿相之列,就刀鋸而不見閔,況衆庶乎?夫何恥之有!(後九字郭文未引)"郭文以爲此處即指司馬遷。因爲鹽鐵會議召開於昭帝初,離司馬遷去世不遠。這段時間裏,既"下蠶室",又"載卿相之列"的人,只有司馬遷(郭文將中書令歸入"載卿相之列");而他後來又"就刀鋸","不就是暗指司馬遷的再度下獄致死嗎"?

其實,這個"下蠶室"的人指司馬遷,雖不無可能[12],但絶對得不出郭文的結論。因爲據上下文意,"文學"只是想説,由於下蠶室後可以尊榮,影響所及,連"載卿相之列"的大臣,也"就刀鋸"而不在乎,並不以爲恥辱,何況"衆庶"?"載卿相之列"與"下蠶室"後尊榮者,並非一人;"就刀鋸"也不是指下獄死,恰恰是指受肉刑後活下來。所以縱使郭文關於"下蠶室"者指司馬遷之考證無誤,也只能證明司馬遷晚年確實"身以尊榮",且極受時人羨慕,而不是其他。

總之,我們决不能毫無分析地根據《報任少卿書》,把司馬遷在朝廷中的地位估計太低,更不能進而據此推斷,他具有叛逆性格。因爲如上所述,不用説千石的中書令,即使六百石的太史令,也是一個比上不足,比下有餘的官吏。這就是説,除了宫刑,司馬遷與漢王朝没有任何重大利害衝突;就宫刑言,由於長期孝親忠君教育的影響,司馬遷早已定型的人生觀已不可能因此有多大改變,而且其政治上的損失已在隨後幾年"尊寵"的中書令任上得到補償。而司馬遷也以"任職",基本上表明了自己繼續忠於漢武帝的政治態度。這也就是説,我們從家世、教育、仕進上,找不到《史記》旨在揭露、反對漢朝統治的思想基礎。當然,遭到宫刑後的内心創傷,對士大夫出身的司馬遷來説,終生無法愈合,所謂"居則忽忽若有所亡,出則不知所如往",但它不應是司馬遷當時主導思想,否則便無法解釋處在晚年喜怒無常的武帝身旁,爲何他仍可當樞機之任,且一直"尊寵任職"。人的思想形成原因是複雜的,要受多方面因素制約,以司馬遷的家世、教育、仕宦經歷,僅憑宫刑一個因素,是無法導致他成爲"叛逆"的。

二

再來研究《史記》的基本政治傾向。

《平準書》、《封禪書》等記下不少漢武帝窮兵黷武、窮奢極欲、迷信鬼神、橫徵暴斂、人民遭難之事。《酷吏列傳》暴露酷吏殘酷鎮壓、冤殺無辜的罪行，等等。如《平準書》曰："自是之後，嚴助、朱買臣等招來東甌，事兩越，江淮之間蕭然煩費矣。唐蒙、司馬相如開路西南夷，……巴蜀之民罷焉。彭吳賈滅朝鮮，……則燕齊之間靡然發動。及王恢設謀馬邑，匈奴絕和親，侵擾北邊，兵連而不解，天下苦其勞，而干戈日滋。……中外騷擾而相奉，百姓抏弊以巧法，財賂衰耗而不贍。入物者補官，出貨者除罪，選舉陵遲，廉恥相冒，……"

人們常愛引用這一類材料，用以證明司馬遷站在專制政權對立面，揭露、批判漢武帝的立場。粗粗一看，未始不可以同意這個觀點。但深入一研究，又感到問題並不這麼簡單。因為司馬遷還有大量對漢王朝、漢武帝歌功頌德的言論和史實記載，與此觀點抵觸。例如：

《自序》："漢興五世，隆在建元，外攘夷狄，內修法度，封禪，改正朔，易服色。作今上本紀。""隆在建元"，這是很高的評價。其中改正朔，據《漢書·律曆志》，還是司馬遷親自參與奏請和測算定下來的。

《自序》："漢興以來，至明天子（指武帝），……臣下百官力誦聖德，猶不能宣盡其意。""明天子"，與"隆在建元"的意思一致。

《漢興以來諸侯王年表》序：漢武帝行推恩之令，形成"強本幹，弱枝葉之勢，尊卑明，而萬事各得其所矣"，這是對漢武帝加強中央集權政策的肯定。

《建元以來侯者年表》序：自三代以來一直以臣服戎狄爲務，"況乃以中國一統，明天子在上，兼文武，席卷四海，內輯億萬之衆，豈以晏然不爲邊境征伐哉！自是後，遂出師北討強胡，南誅勁越，將卒以次封矣"。這是對漢武帝開邊政策的肯定，而且似乎用的是批駁反對者的口氣。固然，在《匈奴列傳》論贊中司馬遷曾認爲北伐匈奴"建功不深"，但他又將它主要歸罪於有關臣下"諂納其說"，而未能全面謀劃，將帥又乏遠慮，"人主因之以決策"，故有其失。所以司馬遷對討伐匈奴仍然支持，"堯雖賢，興事業不成，得禹而九州寧，且欲興聖統，唯在擇任將相哉，唯在擇任將相哉"。可見，他希望漢武帝成爲"堯"，稱贊其各項措施是"欲興聖統"，這和上引"明天子"豈能"不爲邊境征伐"的看法，基本精神完全一致。

《封禪書》序："自古受命帝王，曷嘗不封禪。"清梁玉繩以爲司馬遷是否定封禪的，寫封禪諸事，"正以著其妄"。[13]可是《封禪書》明明稱贊周文王"受命"，至成王有功德，因而封禪；記載齊桓公因無"受命"徵兆，爲管仲所沮，封禪作罷；譏諷秦始皇"無其德"，登上泰山，硬行封禪，結果"遇暴風雨"，遭儒生笑；然後詳載漢武帝封禪經過，從得寶鼎，有司以爲是"受命而帝"的符瑞，到武帝封禪泰山，"無風雨災"，於是"建漢家封禪，五年一修封"。如果認爲這些只是如實反映史實經過，不足以說明司馬遷態度，那麼上引《封禪書》序，一上來便稱封禪是"受命帝王"的事，接着又說，受命帝王"未有睹符瑞見，而不臻乎泰山者也"。這顯然是與得寶鼎一事相呼應，而把漢武歸入"受命帝王"行列；不僅此也，在《自序》中他又再一次強調"受命而王"，封禪"則萬靈罔不禋祀"，指的也是漢武"巡祭天地諸神、名山川"之事[14]，在本來可以不提"受命"的序、論中，一再點明漢武是"受命帝王"，這不是直接表示對漢武封禪的基本肯定又是什麼？何況《自序》還記載司馬談因未能參與封禪而痛哭流涕：[15]"今天子接千歲之統，而余不得從行，是命也夫，命也夫。"如果司馬遷確對封禪持否定態度，不就等於把父親端出來，充當愚蠢可笑的典型嗎？在極重孝道的先秦兩漢，這也是司馬遷決不可能否定封禪之強證。

《自序》、《儒林列傳》序：贊揚孔子及"六藝"，贊揚漢武帝批准置五經博士弟子等，"自此以來，則公卿大夫士吏斌斌多文學之士矣"；並表示著《史記》是爲了"拾遺補藝（六經）"。這些是對漢武帝尊崇儒術政策的肯定。[16]

以上全是司馬遷的論述。至於他在《史記》中所記史實，有關漢王朝、漢武帝偉大功績的內容，更不勝枚舉。

這樣，我們便不能不發生疑問：《史記》對漢王朝、漢武帝究竟是旨在揭露、批判呢？還是歌頌、肯定呢？

是歌頌、肯定。

因爲凡是暴露漢王朝、漢武帝殘暴、腐朽的内容，都是以記述史事的形式出現的。如上引《平準書》"江淮之間蕭然煩費矣"、"巴蜀之民罷焉"；《酷吏列傳》諸酷吏殺人如麻，或"專以人主意指爲獄"；《汲黯列傳》面斥漢武帝"内多欲而外施仁義"等等。而凡是《史記》的序、傳論，也就是直接表述司馬遷觀點的地方，如果涉及對漢王朝、漢武帝的評價，絕大多數是毫不含混的歌頌、肯定（某些部分有點批評，如《平準書》末議論，其解釋，見後）[17]。這樣就不能不使我們考慮：與其撇開大量明確地歌頌、肯定的論述和史實記載不提，或放在次要地位，而一味強調《史記》的揭露、批判和"叛逆"立場，是不是倒不如聯繫司馬遷的人生觀和政治態度，採用以下看法更全面些：

即司馬遷確把漢武帝看成"明天子"，對他和漢王朝旨在歌頌、肯定。這樣，《史記》的有關史實記載，特別是序、傳論中具有這一傾向的大量論述，便找到思想基礎了。但作爲一個繼承古代"直筆"光榮傳統的史官，司馬遷同時又不得不如實記載下漢武帝和漢王朝的錯誤與失策，及其帶給人民的災難，並基本上根據儒家觀點，給予批評，總結經驗教訓，而體現《史記》的基本指導思想："稽其成敗、興壞之理。"[18]這正是一個正直史學家的偉大所在。但由於這些錯誤與失策，在司馬遷看來，是"明主賢君"所犯的[19]，功大於過，瑕不掩瑜，與秦始皇不同，所以除不得不以記述史事的形式反映外，在序、傳論中很少再提及，也就是毫不奇怪的了。如果這一看法不錯，則《史記》的基本政治傾向，就決不可能是反對當時專制政權的，恰恰相反，正是擁護這一政權的。

爲證明《史記》這一基本政治傾向，試再以人們不太留意的《司馬相如列傳》證之。

如所周知，《史記》與《漢書》不同，很少全文刊載有關文章、奏疏，而往往是摘錄或縮寫。然而《司馬相如列傳》例外，它是列傳中刊載全文最多的一篇。爲什麼呢？除了子虛諸賦文筆靡麗，特別是傳論所說，"其要歸引之節儉，此與《詩》之風諫何異"，符合儒學精神外，還因爲另外兩篇政治性文章也和司馬遷觀點一致。

一篇是喻巴蜀檄。此檄的緣起是：唐蒙通西南夷，"發巴蜀吏卒千人，郡又多爲發轉漕萬餘人，用興法，誅其渠帥，巴蜀民大驚恐。上聞之，乃使相如責唐蒙，因喻告巴蜀民以非上意"。這和前引《平準書》唐蒙等開路西南夷，"巴蜀之民罷焉"，說的是一回事。而在此處明確記載是唐蒙之過，而"非上意"。檄文被全文刊載，除喻告此意圖外，還有一重要內容，即强調漢武帝開邊和通西南夷的意義，勸導百姓不要對抗、逃亡或自殺。意思是：唐蒙搞過頭了，不對；但西南夷還要通，百姓對抗也不對。

另一篇是難蜀父老文。這可以説是一篇典型的歌頌和宣揚漢武帝開邊政策的文章。内容先設蜀父老反對通西南夷的理由，如"士卒勞倦，萬民不贍"，而其地"無用"等，然後借"使者"之口，歌頌漢武帝開邊是"非常之人"行"非常之事"，成"非常之功"；歌頌漢武帝作爲"賢君"，不甘心寂寞，而要"創業垂統，爲萬世規"，對"夷狄"政策是"兼容並包"，"遐邇一體"。"故北出師以討强胡，南馳使以誚勁越"，並通西南夷。認爲雖然推行這些措施"始於憂勤"，會帶給人民一些困難，但最終必使天下"佚樂"。"然則受命之符，合在於此矣"。這篇文章的意圖和作用十分清楚。雖然司馬遷説，司馬相如撰此文是爲了諷諫天子（當指反映蜀父老的痛苦、不滿情緒），但又説另一面此文還想"令百姓知天子之意"（當指要求支持開邊政策）。然而讀罷全文，便會發現，文章開頭的那一點點諷諫，幾乎全被"使者"駁倒了，所能起的只是歌頌開邊政策、並鼓動蜀人支持的作用。如果司馬遷對開邊政策抵觸，他完全可以只摘録蜀父老反對理由，强調司馬相如諷諫天子的一面，不必刊載全文；或者原文一字不登，只講司馬相如曾有諷諫天子的難蜀父老之作，不也就可以了嗎？[20]既刊載全文，又未另加評語，自表明其基本贊許的態度。值得注意的是，司馬相如此文，還是前引《建元以來侯者年表》序中肯定漢武帝開邊那一大段論述之所本；不但是基本精神，連"北討强胡，南誅勁越"的文字，似乎也是脱胎於此文[21]。這就再一次表明，是由於基本觀點一致，《史記》方才予以全文刊載的。

還有一點重要補充：司馬相如臨死又撰文"言封禪事"上奏，《史記》也全文刊載。此文只有一個内容，就是竭力吹捧漢武帝"諸夏樂貢，百蠻執贄，德侔往初，功無與二"，因而"符瑞"衆多，相繼而至，必須"奉符以行事"，進行封禪壯舉。[22]對這篇連子虚諸賦一點點可憐諷諫都付之闕如的文章，《史記》竟然也全文刊載，聯繫司馬遷對漢武封禪的肯定態度，除了説明他是因爲欣賞或至少不反對其內容觀點，方才如此處理，還能說明什麼呢？[23]

以小喻大，僅通過《司馬相如列傳》，《史記》的基本政治傾向是對漢王朝、漢武帝的歌頌、肯定，已可得其仿佛了，何況還有前述大量相同傾向的序、傳論和史事記載在？

三

還有兩個問題需要回答。

一、有沒有可能《史記》序、傳論，凡涉及對漢王朝、漢武帝總的評價之處，全都言不由衷，是爲了敷衍當局，而將真正的揭露、批判和反對派的立場，通過記述史事的形式曲折體現呢？

沒有可能，也沒有必要。

首先是沒有可能。最有力的反證就是《自序》記司馬談臨死叮囑司馬遷的一番話。他說："今漢興，海內一統，明主賢君、忠臣死義之士，余爲太史而弗論載，廢天下之史文，余甚懼焉，汝其念哉。"如果司馬遷著《史記》的真實意圖與這一遺囑正好相反，他何必要在《自序》中端出這段話來？須知這是遺囑，他不說，誰也不知道，也沒有人強迫他說。現在一說，後人如認定他肯定遵行遺囑（《自序》後文還說過如不能對漢歌功頌德，"墮先人之言，罪莫大焉"之類的話），則苦心孤詣著《史記》的真實意圖豈不因此被埋沒了？後人如看破他的真實意圖，則也必然會明白，這一遺囑實際上等於《史記》暗中批駁的一個靶子，豈不要把他司馬遷看成不孝的典型？甚至是賣父立論、不擇手段的卑鄙小人？司馬遷爲什麼要給自己找這個麻煩呢！

其次是沒有必要。因爲當時先秦史官"直筆"的傳統猶存，在史書中如實反映漢代諸帝包括漢武帝的錯誤與失策，並依據儒家觀點予以批評，在司馬遷心目中，以及當時和後來很長一個時期士大夫心目中，並不認爲有什麼不對，更談不上是誹謗了。這裏有一個強證，就是儘管東漢明帝因《史記》記下漢武帝的錯誤、失策，指責司馬遷"微文刺譏，貶損當世"，但明帝以前，卻從來沒有人就此問題批評《史記》：

《漢書·司馬遷傳》："遷既死後，其書稍出。宣帝時，遷外孫平通侯楊惲，祖述其書，遂宣佈焉。"如果楊惲認爲有"誹謗"內容，他敢於"宣佈"嗎？

《史記·自序》集解引張晏曰：司馬遷死後，《史記》有十篇亡佚，"元成之間，褚先生補缺"。如果褚少孫把反映漢統治者錯誤等內容看成是"誹謗"，他怎麼會去"補缺"呢？特別是《封禪書》，涉及武帝迷信鬼神，爲方士愚弄等醜事頗多，他竟把它補爲孝武本紀，他的膽子何以有那麼大？[24]

《史通·古今正史》："《史記》所書，年止漢武，太初以後，闕而不錄。"其後劉向、劉歆、馮商、楊雄等十五人"相次撰續"。其中劉向對漢室十分忠心。如果當時人們視《史記》某些記載是"誹謗"，劉向等人爲什麼要替這部"謗書"寫續篇？[25]

《後漢書·班彪傳》：對《史記》學術思想不滿，給予尖銳批評，還說："此其大敝傷道，所以遇極刑之咎也。"如果他認爲《史記》政治上有誹謗內容，至少總得與"遇極刑之咎"聯系吧！可是不但批評內容一個字也未涉及誹謗之事，而且在肯定《史記》優點之後，還爲其"作《後傳》數十篇"。更值得注意的是，班彪之子班固繼承其觀點，在《漢書·司馬遷傳》論贊中，一面重復班彪的批評，但另一面又極力贊許《史記》"不虛美，不隱惡，故謂之實錄"；在《漢書》有關各紀、傳中幾乎照抄《史記》內容無誤。如抄《封禪書》入《漢書·郊祀志》，抄《平準書》入《漢書·食貨志》等，這又是什麼道理呢？

回答只能有一個，就是因爲在這一段時期內，從未有人把《史記》有關記載視爲"誹謗"，更沒有人加《史記》以"謗書"之名。《史記》的"實錄"，被認爲是史官的美德，理所當然的。正因如此，當東漢明帝在歷史上第一次批評司馬遷"微文刺譏，貶損當世，非誼士也"之後，班固作爲當時親自讀到詔書的一員，最後到章帝時完成《漢書》，對司馬遷的評價依然如故，這決不是偶然的。

爲了進一步證實上述問題，我們還必須弄清，在後代往往會興起文字獄的內容，這時則被譽爲"實錄"，其原因何在？

原因恐在於時代不同。先秦史官晉董狐、齊大史兄弟秉筆直書的光榮傳統，在兩漢尚在延續。當時，中央集權君主專制主要尚停留在政治領域：漢高祖鎮壓造反功臣,自不用説;漢武帝果於屠戮大臣,也都是那些涉及現實政治上反抗他,觸犯法律,或執行政策不力的人[26]。思想領域雖已提倡獨尊儒術,但對"百家"並未在法律上給予打擊。由於當時社會、政治、經濟和文化條件的限制,統治者還没有來得及,或尚未感到有必要,要控制史學等意識形態領域,改變舊的秉筆直書傳統,來維護自己的利益。試舉一例:

《漢書·東平思王宇傳》:上書求《太史公書》(東漢末始稱《史記》[27]),王鳳建議漢成帝予以拒絶,理由是:"《太史公書》,有戰國縱横權譎之謀,漢興之初謀臣奇策,天官災異,地形阨塞,皆不宜在諸侯王,不可予。"

這條史料可説明兩個問題:首先王鳳作爲領尚書事和幫助成帝決策的輔政大臣,審查《史記》,對司馬遷秉筆直書以往漢帝的錯誤、失策,不但和一般士大夫褚少孫、劉向等人一樣,並不認爲是"誹謗",而且竟然也没有從這個角度考慮如果此書落入諸侯王手中會帶來什麽危害。他關心的全是《史記》中一些外交權謀、軍事策略、天變災異,以及與戰爭勝負關係密切的地形、關塞狀況等史料記載,因爲這些内容如被諸侯王了解,可能被利用來對抗漢中央。這是漢統治者審查史學著作,僅着眼於其與現實政治有無直接利害關係等具體内容的一個證明。至於史學作爲一種意識形態,如總結歷史經驗教訓等,將它們看成一種鞏固統治的重要工具,進行控制和防範,則尚未提上議事日程。兩漢史學不發達,這也是重要原因。[28]其次,東平王宇作爲一個諸侯王,竟然連一部《史記》也得向皇帝求取,其書流傳之少,影響之小可知。這在竹簡、絹帛爲書的時代,是可以理解的。恐怕這也是爲什麽統治者對控制史學意識形態未感到很迫切,和紙張流行的後代大不相同的一個原因。

通過王鳳的指導思想,我們就不難看出,先秦秉筆直書的光榮傳統爲何在漢代仍然延續了,一句話,統治者還没有必要,也没有想到要改變這個傳統。在這種政治環境和文化氣氛中,《史記》自然不會被貶爲"謗書",而要褒爲"實錄"了。由此我們還可聯想到:當時司馬遷"不虚美、不隱惡",敢於實錄,固是高尚史德,但要説需頂住多大政治壓力,冒着多大殺身風險,則未必是事實。因爲他和董狐、齊大史的情况不同。嚴格地説,董狐、齊大史的直筆並不僅是史官記事問題,而首先是直接在政治上與執政趙盾、崔杼對抗。趙盾弟趙穿殺晉靈公，崔杼殺齊莊公，董狐、齊太史立即斥爲"弒君"，並"以示於朝"，這不是赤裸裸的現實政治鬥爭又是什麼？遭到鎮壓，自不奇怪。至於趙盾寬容，崔杼中途罷手，是另有原因，這裏不擬細論。古來有幾個統治者肯放過現實政治鬥爭與他對抗的人？但撰史書則有所不同。由於前述先秦兩漢社會種種條件，對於歷史上的是非功過，一般說是允許"實錄"的。漢武帝剛死不久，鹽鐵會議上賢良、文學對他以往政策尖銳批評，就是明證（參《鹽鐵論》）。甚至當代皇帝的是非，只要事情已經過去，也可以"實錄"。司馬遷明明因爲替李陵辯護，被看成現實政治上對抗武帝政策，犯誣罔罪，而遭宮刑，可是爲什麼在《報任少卿書》中還敢感情充沛地再次申述和堅持自己觀點，實即指責武帝措施失當呢？任少卿當時已是重犯，書信寄去，難道不怕有關官吏審查，送交武帝嗎？恐怕就因爲這已是歷史上的是非，沒有多少風險了。由此可以推定，《汲黯列傳》敢於記汲黯指責漢武帝"內多欲而外施仁義"，當亦如此。既然汲黯當面批評，都安然無恙，則事後作爲史事記下來，遭到打擊的可能性自然極小。把這些"實錄"的無畏精神估計過高，簡單地與魏晉以後不同歷史條件下，對某些問題不得已而曲筆阿世的史官相比，是未必公正的。

　　不但記述史事如此，即使在序、傳論中評論史事，有所非議，也不會有什麼風險。《平準書》末"太史公曰"，曾提到秦始皇"外攘夷狄，內興功業，海內之士力耕不足糧餉，女子紡績不足衣服。古者嘗竭天下之資財以奉其上，猶自以爲不足也。"這是《史記》諸傳論中個別涉及可能對漢武帝政策有所非議的一個地方。人們愛引用這段話，企圖證明司馬遷將漢武與秦皇等同，暗示其統治已瀕臨崩潰邊緣，認爲這就是對漢武內外政策的全面否定。

　　其實，第一，這段話的原意究竟爲何，尚待探究[29]。

　　第二，縱使這段話確有批評漢武政策之意，也不意味着司馬遷以此基本否定漢武，因當時上書以秦爲鑒，已成慣例：《漢書·嚴助傳》：淮南王安上書諫伐閩越，便舉秦伐南越，"士卒勞倦"，促成"山東之難"（指陳勝起義），作爲理由。書中還直接批評如堅持伐閩越，會導致"男子不得耕稼種樹，婦人不得紡績織紝，……盜賊必起"。

　　《漢書·主父偃傳》：上書諫伐匈奴，也以秦爲鑒戒。稱秦伐匈奴"暴兵露師，十有餘年"，導致"男子疾耕，不足於糧餉；女子紡績，不足於帷幕"[30]。

《漢書·嚴安傳》：上書諫開邊，也以"秦禍北構於胡，南挂於越"，人民"苦不聊生"，"天下大畔"爲鑒戒。還指責漢之開邊，"非天下之長策"，只會"靡敝國家"。

對這些諫諍、批評，漢武帝態度爲何？對前一上書是"上嘉淮南之意"；對後兩上書是立即召見他們説："公皆安在，何相見之晚也。"既然直接上書將漢武與秦皇聯繫起來，都未被看成"誹謗"，則司馬遷在史書傳論中幾乎是照前人套語批評幾句，又會有什麽風險，又怎能是基本否定漢武帝？

以上瑣碎考證和分析表明，在西漢，史官"直筆"傳統和風氣，瀰漫於朝野上下，史書記事，評論都還比較自由[31]，既然如此，司馬遷有什麽必要，要在序、傳論中言不由衷，弄虛作假呢？

由此可見，司馬遷歌頌、肯定漢武，只能是發之肺腑的由衷之言。

二、關於《史記》的上述基本政治傾向，還有一條似乎很不利的史料，經常爲人們援引。這就是在《自序》和報任少卿書中，司馬遷舉周文王、孔子、屈原、左丘、孫臏、呂不韋、韓非七人遭受挫折與打擊，而發憤著書之例，來比喻自己爲何要撰寫《史記》。這不就是暗示，因李陵之禍，所以要通過著書，進行揭露、批判、發洩對漢武帝的怨氣嗎？何況漢明帝、魏明帝早已説司馬遷因受宮刑，心懷不滿，而"非貶孝武"。

然而事實並非如此。

司馬遷所舉七例，的確説到他們"意有所鬱結"而"發憤"寫作，可是仔細琢磨上下文，便可發現，其意僅在説明人只有遭到挫折、打擊，處於逆境，其他上進、留名後世之路堵塞了，才會轉而著書，以此發洩鬱結之氣，並借以留名後世。在《報任少卿書》中，司馬遷且明確表達此意："及如左丘明無目，孫子斷足，終不可用，退論書策以舒其憤，思垂空文以自見。"所謂"垂空文"，是對幹一番事業而言，既已無目、斷足，實事無法幹了，所以不得不通過著書即"垂空文"來揚名後世。正因如此，所舉七例，有五例其著書内容均與本人遭遇無關。他們只是想用"垂空文"來發洩暫時或永遠不能幹一番事業的内心鬱結，實現自己的人生價值，而不是想在著作内容上向誰發洩怨氣。如《周易》内容與文王拘押無關，《國語》內容與左丘失明無關，孫臏《兵法》內容與他被龐涓陷害無關，《呂覽》內容與呂不韋流放無關，《孤憤》內容與韓非幽囚無關。只有兩部著作內容與作者遭遇有點關係。《春秋》涉及陳國、蔡國；孔子受厄，也確由於陳、蔡大夫的包圍，見《史記·孔子世家》，但《春秋》並無向陳、蔡發洩怨氣的意圖和內容。《離騷》內容涉及放逐，但也不是向楚懷王發洩怨氣，據《屈原列傳》，其創作"蓋自怨生也"。他依然"睠顧楚國，係心懷王"。所以以上七例，無論從整體言，或從個別言，全都不能成爲司馬遷以此暗示因受宮刑，而發憤撰寫《史記》，"非貶孝武"的證據。它們僅僅能說明，司馬遷受宮刑後很痛苦，覺得從此與古來士大夫的理想，出將入相，建功立業絕緣，只得像這七人一樣，"思垂空文以自見"。而這正和他揚名後世的人生觀，及位中書令"尊寵任職"的政治態度是一致的。

也正因此故，所舉七例，史實並不都準確。崔述在《豐鎬考信錄》卷二曾全部予以駁斥（駁的並不全對，此處不擬涉及），古今不少學者也反復考辨，爭長論短，他們蓋未深思，以司馬遷之博學，何至於一再疏舛呢？原來，古人撰寫書信、序贊、發表議論，猶如諸子著書，中心只在闡明思想觀點，而對所舉事實則不甚經意。這和撰寫史書，無論紀、傳、表、書（志）都需仔細考證歲月、事實，是不同的[32]。司馬遷正是如此。他在《自序》和《報任少卿書》中，一心只在表述"思垂空文以自見"，不得已而著《史記》的悲愴心情，至於所舉比喻，史實有些出入，他是不會在意的。崔述批駁七例中之四例，史料根據就是《史記》列傳正文的記載，因而他還奇怪，爲什麼司馬遷要"自反"其說。殊不知這正好表明，在寫《自序》和《報任少卿書》時，司馬遷並沒有把心思用在有關史實的使用確切與否上，因而我們今天應該把握的，不是別的，而只是他想借以表明的思想意圖。東漢班固在《漢書·司馬遷傳》論贊中說："既陷極刑，幽而發憤，書亦信矣。迹其所以自傷悼，小雅巷伯之倫。"提巷伯，似著眼於司馬遷受宮刑（因巷伯即宦者）。而"自傷悼"，應對我們理解司馬遷其所以堅持完成《史記》，有所啓發。

至於漢明帝、魏明帝，雖然離司馬遷比我們近得多，但時代和地位決定他們，恐怕未必認真讀過《史記》，很可能是碰到幾處記事，與當時流行不久的

"爲尊者諱"觀點不合，便人云亦云，亂加評論而已。試看班固並不理會漢明帝評論而據以修改《司馬遷傳》，王肅當面駁斥魏明帝，指出《史記》是"實錄"，而不是"非貶"[33]，不亦可以了然了嗎！

最後，要說明的是，認定《史記》基本政治傾向是旨在歌頌、肯定漢代統治者，並無損於它的輝煌。誰也無法否認司馬遷是我國古代一位最杰出、最偉大的史學家、文學家。恩格斯高度贊揚十九世紀文學家巴爾扎克是一位偉大的現實主義大師，但同時又指出他"在政治上是一個正統派（保皇派）"[34]。這種評價歷史人物的方法，我們必須好好學習。何況在司馬遷的時代，漢王朝正處在上昇時期，與十九世紀沒落的波滂王朝不可同日而語！

注 釋

[1] 見班固"典引"一文引明帝詔。載《昭明文選》卷四八。

[2][33] 《三國志·王肅傳》。

[3] 此乃儒家思想，見《孝經·開宗明義》引孔子語，次序略有出入。

[4] 《藝文類聚·人部十四》。此乃先秦兩漢士人一般思想。《論語·衛靈公》"子曰：君子疾沒世而名不稱焉。"《史記·管晏列傳》"鮑叔……知我不羞小節，而恥功名不顯於天下也。"揚雄《法言·問神》"或曰：君子病沒世而無名。"

[5] 此兩句《文選》五臣注："良曰：'彼觀'猶'觀彼'也。"《資治通鑒》卷二一天漢二年條，司馬光更以意改爲"彼之不死，宜欲得當以報漢也"。

[6] 此據王國維說，見《觀堂集林》"太史公行年考"。

[7] 以上參《漢書·景帝紀》中六年"千石至六百石朱左軬"下王先謙補注；孫機《漢代物質文化資料圖說》93頁，文物出版社，1991年版。

[8] 《史記·太史公自序》司馬談"爲太史公"下集解引如淳曰"《漢儀注》：太史公，武帝置，位丞相上。"又正義引虞喜《志林》：漢太史公，朝會坐位"居公上"。關於這些記載，雖有不同看法，但據此卻可以肯定，對所謂史官爲主上"倡優畜之"的話，決不能理解得太實。

[9] 《漢書·佞幸石顯傳》：任中書令，遭劾，上書表示"臣願歸樞機職，受後宮掃除之役"。此證當中書令時絕無掃除之役。

[10] 同上。

[11] 郭沫若：關於司馬遷之死。載《歷史研究》1956年4期。

〔12〕 馬非百《鹽鐵論簡注》，中華書局，1984年版，406頁，亦主指司馬遷，另有理由。

〔13〕 《史記志疑》卷十六"封禪書第六"附案。

〔14〕 見《封禪書》末"太史公曰"。

〔15〕 "接千歲之統"，當從周成王封禪算起，和司馬遷敘述一致。看來這是當時人們一般看法。

〔16〕 關於《史記》崇儒，詳參拙作"有關《史記》崇儒的幾個問題"。載《國學研究》第二卷，北大出版社，1994年版。

〔17〕 有的傳論則是對正文所暴露的史實，給予全面的評論。如《酷吏列傳》雖列舉他們"慘酷"的史實，但在傳論中卻說，採用這種手段，足以"禁奸止邪"，"雖慘酷，斯稱其位矣"；特別是在《自序》中說："民倍本多巧，奸軌弄法，善人不能化，唯一切嚴削爲能齊之。"更從維護統治秩序角度，明確給予肯定。

〔18〕 《漢書·司馬遷傳》。請參同〔16〕

〔19〕 "明主賢君"乃司馬談的評價，而爲司馬遷所接受，見《自序》。

〔20〕 《商君列傳》末評論，雖稱讀過商君"開塞"、"耕戰"之文，但原文一字不登，只在商鞅事迹中通過簡略敘述變法措施，體現其精神，原因是司馬遷根據儒家學說，對商鞅及其文章持否定態度。此證是否刊登文章，司馬遷可以以意取舍。

〔21〕 八字又見《自序》述作《建元以來侯者年表》緣起之文。兩處僅將司馬相如此文之"誚"字，改爲"誅"字，當因司馬相如撰此文時尚未用兵南越等地，而司馬遷撰《史記》時越地已平定之故。

〔22〕 《論衡·須頌》舉歌頌"漢家功德"，首列此"封禪文"。

〔23〕 在《司馬相如列傳》末，司馬遷說，其所以刊載相如這幾篇文章，是因爲它們"尤著公卿者云"。"尤著公卿者"，只能是歌功頌德之作。這就從另一角度反映了司馬遷的觀點。《習學記言序目》卷二十曰："若相如之文，不則於義，不當於用，而盡載之，亦不可曉。"《十七史商榷》卷六進了一步，看出《史記》載相如之文，欣賞、肯定佔了一半成分，但又說"譏之之意"也佔一半，仍然未達一間。

〔24〕 也有人主張武紀非褚少孫所補，如張照、錢大昕，此處不深考，參《余嘉錫論學雜著》"太史公書亡篇考"，中華書局1963年版。

〔25〕 劉向《別錄》，甚至直接用《史記》原文，參陳直"漢晉人對《史記》的傳播及其評價"，載《中國史學史論文集》（一）236頁，上海人民出版社1980年版。

〔26〕 司馬遷之遭宮刑，並不是因爲《史記》記太初以前的錯誤與失策，而是因爲李陵問題，在漢武帝看來，這是犯了"誣罔"罪，"欲沮貳師（指大將李廣利），爲陵遊說"，見《資治通鑒》卷二一，天漢二年條。

〔27〕 參同〔25〕240頁,又楊明照《學不已齋雜著》"太史公書稱史記考",上海古籍,1985年版。

〔28〕 據《漢書·藝文志》,《七略》無"史學",每一"略"下的小類("種")中也沒有。而王鳳關心的權謀等內容,卻有"諸子略"、"兵書略"、"數術略"包容之。由此可見,學術的發展與否,與統治集團是否重視,關係極大。

〔29〕 有一可能,即此傳論乃傳序,因傳論佚失,故後人移於傳末,見《史記志疑》卷十六《平準書》後引明柯維騏《史記考要》說。如果這樣,"外攘夷狄"云云這段話,只是敘述、批評秦朝之政,與漢武帝無涉。柯說有可能性。第一,《平準書》一上來就説:"漢興,接秦之弊"云云,很突然,不像其他七《書》均先交待漢以前歷史狀況(《天官書》一上來雖記載星宿、天人感應,但在一千多字的大段傳論中依然先交待歷史然後敘述漢代,與《平準書》傳論只講歷史,不涉及漢代,顯然不同)。如傳論為傳序,正好使體例劃一。第二,《平準書》在敘述漢承秦之弊後,接著說"於是為秦錢重難用,更令民鑄錢",可秦錢怎麼重,無從得知。如傳論為傳序,則傳論所說秦下幣銅錢重半兩,與正文正好相互銜接。第三,傳論全文中心似乎在敘述歷史上財政經濟的一種規律:物盛則衰。它說:"物盛則衰,時極而轉,一質一文,終始之變也。"下面敘述湯武、齊、魏,皆含此意。於秦代在最後也說:"事勢之流,相激使然,曷足怪焉",意思是秦統一貨幣等是"盛",但事物發展,相互衝激,一定導致資財不足,而走向"衰"。所以在正文敘述漢武帝後期,也出現"物盛而衰,固其變也"的話。如果這一看法不錯,則先敘述歷史,然後落腳到漢代,文氣方順;正文中"物盛而衰",也就容易理解了。第四,《漢書·食貨志》照抄《平準書》部分,正是將秦的這段話放在漢代之前;"物盛而衰,固其變也",則在後。

〔30〕 《漢書·伍被傳》,提到秦之暴政,也説"男子疾耕,不足於糧饟;女子紡績,不足於蓋形"("糧饟",《史記·淮南王安傳》作"糟糠")。可見,它們已成套語,不會給人多大刺激。

〔31〕 雖然春秋公羊學的"為尊者諱"思想(見《春秋公羊傳注疏》閔公元年)以後逐漸發展,並隨統治者開始注意史學意識形態,而出現漢明帝對司馬遷的批評,至東漢末又有王允斷言《史記》為"謗書"(《後漢書·蔡邕傳》),這是史學史上的一個規律,此處從略。

〔32〕 朱一新《無邪堂答問》卷四曰:"諸子書,發攄己意,往往借古事以申其說,年歲舛謬,事實顛倒,皆所不計。或且虛造故事……""若紀事之文出於史,……則固不得如此也。"蒙文通《古學甄微》"周代學術發展論略"一文,巴蜀書店,1987年版,也説:諸子雖也徵引史事,"但其目的只是為了闡明其思想理論,以致常常出現用自己

的思想、觀點來把歷史加以改造，而使它背離了歷史的真實"。

〔34〕《馬克思恩格斯選集》第四卷 462—463 頁。

（本文作者　北京大學歷史學系）

Some Comments on Shi Maqian's Eulogy on Han Dynasty

Zhu Zongbin

Summary

The article holds that the gist of *Shiji* by Si Maqian is eulogising the merits of the Han Dynasty. The four parts of argument are as follows:

1. Though suffering from the castration given by Han Wu emperor, Si Maqian still maintained his loyalty to the imperial court because of his own familial, educational background and his outlook on life.

2. Si Maqian was a serious historian. His praises on Han court, and his frank criticisms in *Shiji* on many mistaken policies of the Han Emperors that had caused the misery of the people, run parallel and are not mutually exclusive.

3. The influence of the deep tradition developed by ancient Chinese historians of "criticise without reservation" still existed in the Han Dynasty, so it would rarely bring about political persecutions to state the shortcomings and scandals of the rulers. So *Shiji* should not be overestimated, and no "rebelling spirit of the personality" can be deduce from the book.

4. Si Maqian explained his motivation of writing *Shiji* by giving seven examples that include some historical figures who put their energy into writing after the political frustration, but that did not mean that he planed to express his grievances for the suffering of castration by writing *Shiji*.

懸泉置、效穀縣、魚澤障的設與廢

張傳璽

懸泉置、效穀縣、魚澤障是兩漢時期的三個性質不同的單位名稱，其駐地均在敦煌郡效穀縣境内。懸泉置是一座重要郵驛，在效穀縣東境。魚澤障是一處重要邊塞，在效穀縣北境。三單位駐地比鄰，關係密切。可是在現存漢晉文獻中不見有懸泉置之名，亦無其史事。對效穀縣和魚澤障的記載也極少，不足以說明問題。正因爲如此，後代學者對懸泉置一無所知，對效穀縣和魚澤障也知之甚少，以致每有論及，常有錯誤。近年，懸泉置遺址已被甘肅省的考古工作者發掘出來，所獲各種器物三千餘件，簡牘文書多達二萬五千餘枚。[1]這些資料爲研究上述三單位的情況將提供重要條件。目前，所出漢簡尚在整理中，已公佈的原簡圖片或釋文不足百枚。[2]此外，還有一些有關報導。本文係根據已見到的新舊簡牘資料以及有關的碑刻、封泥等，結合文獻，對上述三個單位的設、廢及其他一些情況進行的初步研究。

一、懸泉置及其與效穀縣的關係

懸泉置是以地名名置者。所謂"懸泉"，是瀑布的一種名稱。懸泉置所在地的懸泉，在今甘肅省西部敦煌市與安西市之間的龍勒山上，距離兩市均約有六十餘公里。懸泉下瀉之水成爲小河，名懸泉水，細流約一里許，潛入地下。《元和郡縣圖志·隴右道下·沙州燉煌縣》：懸泉水"在縣（燉煌）東一百三十里。出龍勒山腹。"道光《敦煌縣志·山川》："懸泉水在城東一百三十里，出懸泉山。"懸泉山爲龍勒山的支脈。兩千年來，懸泉水的地理方位未有變動。

"置"是一種郵驛名稱。在古代,步遞曰郵,馬遞曰置。春秋、戰國時期已是如此。如《孟子·公孫丑》(上)引孔子曰:"德之流行,速於置郵而傳命。"朱熹《集注》:"置,驛也。郵,馹也。所以傳命也。"漢武帝設在懸泉附近的郵驛名"懸泉置",是以馬遞爲主的郵驛。

漢武帝時,是中國古代郵驛事業大發展的時期,這與當時的軍事需要是分不開的。懸泉置的設立也是如此,其設立的具體時間約在漢武帝對西域用兵的過程中。

西漢前期,中原官民與西域之間,可以説沒有往來。漢武帝即位後,爲了聯合大月氏東西夾擊匈奴,曾於建元三年(公元前138年)派張騫第一次出使西域。十二年後,即元朔三年(前126年),無功而返回長安。此時,今甘肅的祁連山西至敦煌地區,都在匈奴的控制之下,分別由昆邪王和休屠王管轄。元狩二年(前121年)秋,昆邪王殺休屠王,並其眾共四萬餘人降漢。漢東徙降眾於隴西、北地、上郡、朔方、雲中五郡塞外,在原昆邪王牧地設酒泉郡,在原休屠王牧地設武威郡,徙中原人民前來屯居。[3]元鼎六年(前111年),又分武威、酒泉二郡設張掖、敦煌二郡,再徙中原人民以充實其地。[4]這就是説,至元鼎六年,西漢王朝才比較穩固地控制着今甘肅地區。當然,至此時,或再早一些時間,西漢王朝在這裏一定已開始了郵驛業務,可是還沒有資料證明懸泉置已經設立。當時的郵務可能是隨時通過邊地烽燧亭障傳遞的。懸泉置的設立,是在稍後漢武帝派貳師將軍李廣利西伐大宛獲勝歸來之後。

李廣利第一次伐大宛是在太初元年(前104年),次年即大敗而歸。他在屯兵敦煌一帶時,爲解決飲水問題,發現了懸泉。《漢書·李廣利傳》記載:李廣利伐大宛,至半途已死傷慘重,被迫退歸。"往來二歲,至敦煌,士不過什一二。"《西涼異物志》:"漢貳師將軍李廣利西伐大菀(宛),回至此山,兵士眾渴乏,廣[利]乃以掌拓山,仰天悲誓,以佩劍刺山,飛泉湧出,以濟三軍。人多皆足,人少不盈。側出懸崖,故曰懸泉。"[5]此説雖有傳奇色彩,但此懸泉從此而受到官方重視是可以肯定的。

李廣利第二次伐大宛是在太初三年(前102年)。《漢書·李廣利傳》:所率士卒有"惡少年及邊騎,歲餘而出敦煌六萬人,負私從者不與。牛十萬,馬三萬匹，驢橐駝以萬數齎糧，兵弩甚設。"校尉五十餘人，"轉車人徒相連屬至敦煌"。次年春，攻破大宛，廣利凱旋而歸。《西域傳·序》：自此，"西域震懼，多遣使來貢獻；漢使西域者益得職，於是自敦煌西至鹽澤（今新疆羅布泊），往往起亭。"從此時開始，自中原通往西域的要道河西走廊日益繁忙起來，為軍事和政治服務的正規郵驛開始設立，其中包括了懸泉置的設立。

如上所述，在文獻中沒有關於懸泉置的資料，要考證懸泉置設立的時間，只能從敦煌地區出土的漢簡文字中求得解決。但在這些漢簡中，無紀年者，其論證作用不大。有紀年者，如不出自懸泉置遺址，難據之推定當時是否已有懸泉置存在。即使出自懸泉置遺址，此紀年亦不能斷定其為懸泉置存在的上限時間。不過依據這些資料求出一個相對明確的時間界限還是有價值的。

在敦煌漢簡中，其有紀年者要以出土於小月牙湖東墩烽燧遺址的原始編號D.XY.C：8簡為最早。文曰：

　　☐鼎三年敢言之……☐
　　☐毋忽如律令敢言之☐　　　　　（A）
　　☐☐☐卒☐☐☐年庚申毋忽如律☐　　　（B）（1278）[6]

此簡的紀年為元鼎三年（前114年），早於李廣利伐大宛十年，早於敦煌、張掖設郡三年，此時，懸泉置尚未設立。次早者為出土於敦煌北的烽燧遺址中的一枚漢簡，文曰：

　　天漢三年十月　　　燧長遂除居平望☐
　　☐☐☐其十石五斗粟存任君所天漢三年☐
　　☐☐☐☐☐遂為君已入大石四石一斗少大☐　　（672）[7]

此簡雖有紀年，但紀事為廩給性質，不一定屬於郵遞文書，因之不宜於論證。據懸泉置遺址的主要發掘者何雙全先生說："懸泉簡最早者為太始三年（前94年）。"又說："太始三年以前，還沒有建立正式的專門的郵驛路綫，"太始以後，才"從軍事系統中分離出郵驛而形成獨立的體系"。[8]這就是說，懸泉置的設立時間不會早於太始三年。80年代後期，在敦煌北小月牙湖東墩烽燧遺址出土的原始編號D.XY.C：14簡，文曰：

　　大始四年十一月☐☐朔壬戌

　　　　□署從事□□官書遣送敢言之　　　　（1284）[9]

從年代來看，此簡有可能是通過懸泉置傳遞的最早的紀年簡。可是，懸泉置是轉口郵驛，在這裏出土最早的紀年簡，如無其他有力旁證，還不能説其年代就是懸泉置設立的時間。

　　李廣利第二次伐大宛，始於太初三年（前102年），次年凱旋。"於是自敦煌西至鹽澤，往往起亭。"又在居延簡中發現有一篇追述延壽"以負馬田敦煌"事者，文曰：

　　　　延壽迺大初三年中又以負馬田敦煌延壽與□俱來田事已
　　（1598）[10]

根據這些情況，推定懸泉置設立的時間是在太初四年至太始元年（前101—前96年）之間，應當説是比較合理的。

　　懸泉置與效穀縣的關係是很密切的。在一枚懸泉置簡中有這樣的簡文：

　　　　效穀縣（懸）泉置嗇夫光以亭行□　　　　（1290）[11]

何雙全先生説：懸泉置的"行政級別相當於縣級；但隸屬關係有變化，早期直隸敦煌郡，後曾改屬效穀縣"。[12]懸泉置簡尚未公佈，無法對何先生之説發表評論。今只根據已知的資料談點補充意見。

　　懸泉置的"行政級別相當於縣級"，此説是正確的。在漢代，置不同於一般郵亭，而往往設於兩個相臨的縣界之上，作爲重要的中轉郵驛，因之其機構較大，級別較高。東漢應劭曰："置者，度其遠近之間置之也。"[13]從出土的漢簡來看，大致是設於縣城的郵驛稱傳舍，設於縣界的郵驛稱置。兩縣城間相距不足百里者，中間不設置。兩縣城間相距在百里以上者，設置於兩縣界上。例如京師長安西至右扶風茂陵七十里，中不設置；茂陵西至好畤一百一十里，中設茯置。[14]酒泉郡的玉門西至沙頭九十九里，中不設置；張掖郡的昭武至酒泉郡的表是一百三十一里，中設祁連置。[15]關於懸泉置機構，何先生説："有置、廄、廚、倉等分設機構。置内有置長、丞、嗇夫、置佐、田官等職；廄、廚、倉設嗇夫。置爲總管機構；廄主管馬匹、車輛；廚主管食宿；倉主管供給。"[16]在金石和文獻資料中，記載漢代的郵置還設有郵書掾、郵亭掾、承驛吏、行亭掾、置尉等。[17]有的郵驛里程簿簡將置與縣併列。

關於懸泉置的歸屬關係，從已有資料看，漢代郵驛屬於軍事系統，亦由監察系統督導。其最高領導爲三公之一的太尉。《後漢書·百官志·太尉》："法曹主郵驛科程事。"在郡，歸太守主管，由督郵主其事。應劭《風俗通》："府督郵職掌此。"[18]至於置與縣的關係，如簡單地說是隸屬關係，恐不確切。應當說，縣對境內的郵驛有督導之責；但其主要責任是繕修郵亭道橋，供給差役等。如《漢書·薛宣傳》：宣之子惠爲彭城令，境內"橋梁郵亭不修，宣心知惠不能"。

關於懸泉置廢止時間，從遺址情況及出土簡帛文字判斷，這裏作爲郵驛，廢止於東漢中期。此後，改作烽燧。何先生説：懸泉置，"魏晉時期曾廢置，唐代以後復稱'懸泉驛'。宋代以降，逐漸廢棄。"[19]此説不確。主要問題是唐的懸泉驛與漢的懸泉置並無關係。

唐兩度用"懸泉"名驛。其最早者是在高宗永淳二年（683年）至武則天天授二年（691年）間，只存在了八年。此懸泉驛在漢懸泉置舊址以東約十五里之懸泉谷附近。原來唐代前期的郵路之沙州（燉煌）至瓜州（今安西市東南鎖陽城）段，初在空谷山南，沿途郵驛自西而東，爲其頭、無窮、空谷、黃谷、魚泉等，並無懸泉之名。據《沙州都督府圖經》：

> 懸泉驛　右在州東一百卅五里，舊是山南空谷驛。唐永淳二年錄奏，奉敕移就山北懸泉谷置。西去其頭驛八十里，東去魚泉驛卅里。同前奉敕移廢。

這就是説，山南空谷驛移至山北懸泉谷，因地改名懸泉驛。所謂"同前奉敕移廢"，是懸泉驛建立第八年之事。當時，刺史李無虧以新闢郵路山險迂曲，且多沙鹵，行用不便，奏請再北移。《沙州都督府圖經·東泉驛》：

> 懸泉驛等"奉天授二年五月十八日　敕，移就北。其驛遂廢。"

北移之懸泉驛其新"驛側有甘草，因以爲號"。[20]即改名甘草驛。由此亦可證唐之以懸泉名驛是因地名；其後廢懸泉之名而更用新名，亦因該郵驛遷出了懸泉谷。

唐後期再用懸泉驛之名，是在一百數十年之後。當時，敦煌地區已爲吐蕃所佔據，郵路中斷。敬宗寶曆二年（826年），山南西道觀察使上言："創驛右界名者三：甘亭館請改爲懸泉驛，駱駝蔫館改爲武興驛，坂下館請改爲右界驛。並可之。"[21]上述三座館驛均在今甘肅、陝西、四川三省交界處,西距漢懸泉置舊址千餘公里。此懸泉驛不僅與漢懸泉置無關係,就是與唐前期的懸泉驛亦無關係。

唐代用"懸泉"名地還有一些。例如當時的瓜州常樂縣東有地名懸泉堡,此堡不是在兩漢效穀縣境的懸泉置舊址,而是在其東鄰廣至縣城舊址。[22]又唐還在沙州(燉煌)境内設"有府三,曰龍勒、效穀、懸泉。"[23]在燉煌縣城東郊十五里至三十里一帶,設有懸泉鄉。[24]這些地名與兩漢的郵驛懸泉置都無關係。

二、效穀縣及其與魚澤障的關係

效穀縣與魚澤障的駐地或治所都在懸泉置之西北,地濱今疏勒河。魚澤障建立較早,效穀縣建立稍後。這裏首先探討一下關於效穀縣設立的時間問題。

文獻關於效穀縣設立的記載,只有一條,就是西漢後期地理學家桑欽所說:"孝武元封六年,濟南崔不意爲魚澤尉,教人力田,以勤效得穀,因立爲縣名焉。"[25]據此,效穀縣之設當在元封六年或稍後。

崔不意所任"魚澤尉"是縣級尉還是郡級尉呢?有人說是縣級尉。主要根據是《後漢書·百官志·縣鄉》所說:"邊縣有障塞尉。"認爲魚澤尉就是"障塞尉"。此說不確。原因有如下五點:

1.《漢書·百官公卿表》中無"障塞尉"。

2. 縣令秩千石至六百石,縣長秩五百石至三百石。《百官志》所記"諸邊障塞尉"爲二百石。以二百石之"魚澤尉"請立至少爲"五百石至三百石"之效穀縣,似於理不合。

3.《沙州都督府圖經·古效穀城》引桑欽曰:"崔不意爲魚澤都尉"。前輩學者據此,指出《漢書·地理志·敦煌郡·效穀》本注奪一"都"字,此說甚是。

4.(清)周壽昌曰:"《武帝本紀》,元狩二年置五屬國,以其地爲武威、酒泉郡。自此,邊塞皆設都尉。如隴西之臨洮,爲南部都尉治;酒泉之會水,北部都尉治偃泉障,又東部都尉治東部障;乾齊,西部都尉治西部障;敦煌,中部都尉治[步廣候官]。外如受降都尉（受降城,《田廣明傳》）、宜禾都尉（敦煌屬），皆屬國都尉也。凡近塞多有之。"[26]魚澤都尉也屬於此類都尉。

5. 崔不意如爲魚澤都尉，秩比二千石，"教人力田，以勤效得穀，因立爲縣名焉"，這是可能的。據此，我認爲崔不意所任，是都尉，而非縣級尉。

障是都尉部中的主要邊塞，其長官爲候，亦稱候官、障候，秩比六百石，同於縣道，兼治兵民。《漢書·地理志·敦煌郡·敦煌》本注："中部都尉治步廣候官。"王先謙《補注》曰："步廣，地名。候官，與縣道同。不爲縣道，則別立候官以領之。《續志》，張掖屬國有候官。後總云：'涼州刺史部，縣、道、候官九十八，'是其明證也。"候官的屬吏，有丞、掾、令史、尉史、士吏等。都尉下轄數障，屬官有丞、千人、司馬、候等。[27]都尉駐地稱城，衙署稱府，"稍有分縣，治民比郡"。[28]此事亦可證崔不意教人力田，從而請立縣也是合理的。

效穀縣建立後，與魚澤障分治，縣城在魚澤障南，西南距敦煌城約二十公里，東南距懸泉置約五十公里。城垣很小，至唐代，遺址猶存。《沙州都督府圖經》："古效穀城　周回五百步　右在州東北卅里，是漢時效穀縣，本是漁澤障。"據敦煌文物研究所史葦湘先生考察，今敦煌"東北二十公里的戴家墩古城遺址"[29]即漢效穀縣城所在。自西漢中期以後至東漢末年，這裏的戰爭很少，東西大道暢通，官民過往者很多，土地墾闢，户口繁殖，人文漸盛。漢簡所記效穀縣鄉里之名，有西鄉、高議里、常利里、益壽里、陽玉里、得玉里、宜禾里等。居民出任邊塞候長、候史、燧長等下級官吏的很多。東漢《曹全碑》還記載了效穀望族曹氏的世宦情況。碑文説：全之"高祖父敏，舉孝廉，武威長史，巴郡朐忍令，張掖居延都尉。曾祖父述，孝廉，謁者，金城長史，夏陽令。祖父鳳，孝廉，張掖屬國都尉丞，右扶風隃麋侯相，金城西部都尉，北地太守。"父琫，早世。曹全則歷任涼州治中、別駕、西域戊部司馬、槐里令、禄福長、郃陽令等。[30]

效穀縣城是在十六國前秦時毀壞的。《沙州都督府圖經·古效穀城》："秦苻堅建（安）〔元〕廿一年（385年），爲酒泉郡人黃花攻破，遂即廢壞。"後來的效穀城是移地新建的。至北周時，效穀縣撤廢。《隋書·地理志》（上）《敦煌郡·敦煌》本注："舊置敦煌郡，後周併效穀、壽昌二郡入焉。又併敦煌、鳴沙、平康、效穀、東鄉、龍勒六縣爲鳴沙縣。"[31]隋唐時期已無效穀縣的建制。但在敦煌資料中，尚有效穀鄉一名，屬於敦煌縣。其鄉在敦煌城東，與懸泉鄉比鄰，是以舊效穀城區爲基礎設立的。[32]

三、魚澤障的設與廢

魚澤障是漢在河西地區的防綫上的重要障塞之一。這條防綫約始建於元鼎六年（前111年）設張掖、敦煌二郡之時。防綫以酒泉郡首府禄福城爲起點，向兩個方向延伸：一沿弱水東北行，以長城、烽燧、障塞爲連體，構成右翼防綫，達於居延澤。其中的重要障塞有位於會水的東部障、偃泉障和位於居延的遮虜障等。一沿冥澤南岸及今疏勒河西北行，亦以長城、烽燧、障塞爲連體，構成左翼防綫，達於玉門關以西。其中的重要障塞有位於乾齊的西部障、廣至的昆侖障、效穀的魚澤障、敦煌的步廣障等。左右兩翼防綫均約二百五十公里。這樣巨大的工程不是短時間可以完成的。就左翼防綫來說，《漢書·張騫傳》曰：元封三年（前108年），"酒泉列亭障至玉門矣"！崔不意則在元封六年已任魚澤都尉。據此，推定魚澤障建於元鼎六年至元封三年之間是合理的。障北臨魚澤，以澤名障。

魚澤障存在了多久呢？文獻未交代。在效穀立縣百年之時，也就是建平元年（前6年），西漢朝廷上發生了司隸孫寶彈劾哀帝祖母傅太后迫害中山孝王母馮氏致死之事。傅太后大怒，哀帝"順指下寶獄。尚書僕射唐林爭之，上以林朋黨比周，左遷敦煌魚澤障候"。[33]王念孫註釋此事説："敦煌之魚澤障自武帝時已改爲效穀縣。此云魚澤障候者，仍舊名也。"[34]這就是說，自效穀設縣以後，魚澤障已不復存在。近年出版的由譚其驤先生主編的《中國歷史地圖集》第二册第22—23頁《西漢涼州刺史部》圖幅中，其註記"效穀"下加有"（魚澤障）"註記；第50—51頁《東漢涼州刺史部》圖幅中，其註記"效穀"下不再有"（魚澤障）"註記，這樣的處理當是採用了王念孫之説。

可是王念孫之説並不正確，因爲效穀縣設立後，魚澤障不僅未撤銷，相反，卻依然存在。今就如下資料加以辨證。

1. 關於唐林左遷魚澤障候事——唐林字子高,沛人,是西漢後期的名儒,品德高尚,直言極諫,曾任尚書僕射、尚書令等重要官職。東漢著名思想家王充曰:"谷子雲、唐子高章奏百上,筆有餘力,極言不諱,文不折乏,非夫才知之人不能爲也。"[35]他是大經學家許商的四大弟子之一。許商稱贊四大弟子曰:"沛唐林子高爲'德行',平陵吳章偉君爲'言語',重泉王吉少音爲'政事',齊炔欽幼卿爲'文學'。"[36]唐林左遷前任尚書僕射,左遷不久即被召回,陞任尚書令,後至封侯。班固對唐林也很尊重,說他是"自成帝至王莽時清名之士","以明經飭行顯名於世"。[37]班固在《漢書》中寫唐林,尤其是寫唐林遭哀帝、傅太后左遷這樣重大的事件,不會以被廢止的舊名"魚澤障候"代替現行官名"效穀縣長"。既是這樣,至哀帝時,魚澤障仍存在,當是無可懷疑的。

2. 敦煌北出《政致幼卿書》——此書二篇,寫於縑上,爲在定襄郡成樂縣供職的名政者寫給在敦煌郡之幼卿字君明者。書中有"因同更郎今置爲敦煌魚澤候守丞王子方"[38]之語。王國維、羅振玉均認爲此二書爲西漢末的遺物。這就是說,西漢末猶有魚澤候存在。又唐林的同窗、同僚炔欽,字幼卿,爲給事中博士。唐林左遷後,他也因事激怒傅太后,被貶秩二等。[39]不知是否亦左遷敦煌?此二幼卿有無關係,值得作進一步探討。

3. 關於《宜禾郡烽第》簡——此簡出於敦煌西北的烽燧遺址中,亦爲西漢末年的遺物。文曰:

宜禾郡烽第:廣漢第一,美稷第二,昆侖第三,魚澤第四,宜禾第五。
王國維曰:"宜禾郡者,漢無此郡名,殆指宜禾都尉所轄全境。"此簡亦證明至西漢末年,魚澤障仍存在。

這裏有一個問題需要附帶說一下。就是魚澤障既爲宜禾都尉所轄,那麼原有的魚澤都尉是否還存在呢?對此問題,王國維做了這樣的解釋:"魚澤都尉當即宜禾都尉之舊名,蓋敦煌一郡除宜禾外,尚有中部、玉門關、陽關三都尉,自不容更分魚澤、宜禾爲二都尉也。"他認爲,武帝初置敦煌北邊都尉時,治魚澤障,因名魚澤都尉;後移治宜禾障,改稱宜禾都尉;至平帝元始(1—5年)時,又移治昆侖障,在廣至縣境,仍稱宜禾都尉。[40]

4. 關於《永平十八年魚澤尉書》簡——此簡出於敦煌北的烽燧遺址中,永平是東漢明帝的年號。文曰：

　　　　魚澤尉印十三日起詣府

　　入西蒲書一吏馬行　永平十八年正月十四日——中時楊威卒□□受

　　　　□□卒趙仲

"入西蒲書"，爲由東向西之書，"蒲"爲"簿"之俗體。"永平十八年"爲公元75年。此"魚澤尉印"證明了魚澤障至此時，也就是在效穀立縣之後一百八十年，仍然存在。

　　如上條所述，王國維認爲西漢的魚澤尉是魚澤都尉，是郡級尉；可是他卻認爲東漢的魚澤尉是縣級尉。理由是"後漢省諸都尉，則永平十八年之魚澤尉亦障塞尉之類也。"[41]他的主要根據只有兩條：一、如他所説，《百官志》五《州郡》："中興，建武六年（30年），省諸郡都尉。"二、同書《縣鄉》："邊縣有障塞尉。"應當指出，王國維引用的這兩條資料都是有頭無尾，很不完整。他對這兩條資料的理解也不正確。如第一條，全文是："中興，建武六年，省諸郡都尉，並職太守，無都試之役；省關都尉。唯邊郡往往置都尉及屬國都尉，稍有分縣，治民比郡。"由此看來，王國維忽略了這個魚澤尉正是"邊郡都尉"之一。第二條的全文是："邊縣有障塞尉。本注曰：掌禁備羌夷犯塞。"這個"本注"點明了障塞尉制產生的社會背景、產生的時間及其主要作用。就是東漢王朝在其中期，也就是自安帝時起，爲了防範，鎮壓羌人的反叛，始命各縣建塢候、障塞，並置"障塞尉"。此即所謂"邊縣有障塞尉"者。例如《後漢書·順帝紀》：永建元年（126年）二月，"隴西鍾羌叛，護羌校尉馬賢討破之。夏五月丁丑，詔幽、并、涼州刺史，使各實二千石以下至黃綬，年老劣弱不任軍事者，上名。嚴敕障塞，繕設屯備，立秋之後，簡習戎馬。"此類"障塞"之尉才是《百官志》所説的"障塞尉"。又在小月牙湖東墩烽燧中還發現了這樣一枚漢簡，文曰：

　　　　永平六年　步廣候□　　87D 小月牙：3A（1281A）

　　　　吏　　田胡許　　　87D 小月牙：3B（1281B）[42]

步廣候的繼續存在，亦證明了東漢此時未將六百石的"障塞候"制改爲二百石的邊縣"障塞尉"制。綜上所述，可以肯定王國維之説很不正確。東漢的魚澤尉仍然是魚澤都尉。

這裏還有一個問題，就是魚澤都尉既在西漢後期已因治所遷移而改稱宜禾都尉，爲何在東漢永平十八年簡上又出現了"魚澤尉"即"魚澤都尉"呢？這是因爲永平十六年，東漢將軍竇固率軍擊敗北匈奴，奪取了伊吾盧（今新疆哈密），並移宜禾都尉築城駐守伊吾盧，領兵屯田。[43]宜禾都尉在敦煌境内的舊防區，又以始初魚澤都尉的名號進行管轄。永平十八年竹簡上的"魚澤尉"就是恢復了名號的"魚澤都尉"。

永平十八年之後，魚澤障還存在不存在呢？由於資料缺乏，無從考證。但在《漢右扶風丞李君通閣道記》中卻記載"宜禾都尉"至東漢桓帝永壽元年（155年）仍然存在。[44]如果魚澤障也存在的話，它與效穀縣併存的時間將超過二百六十年。

> 1994年11月13日初稿，1995年3月24日
> 修訂於北京大學六公寓112號。

注　釋

〔1〕何雙全、孟力《甘肅出土簡牘文獻大觀》，國家古籍整理出版規劃小組辦公室編《古籍整理出版情況簡報》1994年第10期（總287期）第3—10頁。

〔2〕何雙全《敦煌新出簡牘輯錄》收入懸泉置漢簡六十九枚，見李學勤主編《簡帛研究》第一輯第228—232頁。（日）西林昭一編著、每日新聞社於1994年12月發行的《中國甘肅新出土木簡選》收入懸泉置漢簡二十枚。此外，還有少量見於報導、論文等的懸泉置漢簡釋文。

〔3〕《漢書》卷六《武帝紀》：元狩二年（前121年），以匈奴昆邪王和休屠王故地"爲武威、酒泉郡"。卷二十八下《地理志》（下）："武威郡"，本注曰："故匈奴休屠王地，武帝太初四年（前101年）開。""酒泉郡"，本注曰："武帝太初元年（前104年）開。"本文從《武帝紀》。

〔4〕《漢書》卷六《武帝紀》：元鼎六年（前111年），"乃分武威、酒泉地置張掖、敦煌郡，徙民以實之。"卷二十八下《地理志》（下）："張掖郡"，本注曰："故匈奴昆邪王地，武帝太初元年開。""敦煌郡"，本注曰："武帝後元年分酒泉置。"本文從《武帝紀》。

〔5〕黃永武編《敦煌寶藏》（新文豐出版公司印行）第138册第6頁伯2005號《沙州都督府圖經》"懸泉水"條引。原文"兵土"、"故曰"當作"兵士"、"故曰"，"廣利"奪

"利"字，今均改補。

〔6〕吳礽驤、李永良、馬建華釋校《敦煌漢簡釋文》第132頁。

〔7〕林梅村、李均明編《疏勒河流域出土漢簡》第75頁，文物出版社1984年出版。亦見羅振玉、王國維《流沙墜簡·屯戌叢殘考釋·稟給類》第六條。

〔8〕何雙全《敦煌懸泉置和漢簡文書的特徵》，（日）大庭脩編《漢簡研究的現狀與瞻望》（'92年漢簡研究國際討論會報告書）第139—140頁，關西大學出版部 1993年出版。何說：漢武帝時稱懸泉亭，昭帝時改稱懸泉置。

〔9〕吳礽驤、李永良、馬建華釋校《敦煌漢簡釋文》第133頁。

〔10〕中國科學院考古研究所編輯《居延漢簡甲編》叄《釋文》第67頁上。

〔11〕吳礽驤、李永良、馬建華釋校《敦煌漢簡釋文》第133頁。

〔12〕何雙全《敦煌懸泉置和漢簡文書的特徵》，（日）大庭脩編《漢簡研究的現狀與瞻望》第138頁。

〔13〕《後漢書》卷六十八《郭符許列傳》附《王柔傳》注引《風俗通》。

〔14〕參看甘肅省文物考古研究所等編《居延新簡》第395頁破城子探方五九（E. P. T59：1—937）編號582。

〔15〕參看何雙全《敦煌懸泉置和漢簡文書的特徵》，（日）大庭脩編《漢簡研究的現狀與瞻望》第147頁。

〔16〕何雙全《敦煌懸泉置和漢簡文書的特徵》。（日）大庭脩編《漢簡研究的現狀與瞻望》第139頁。

〔17〕"郵書掾"見《金石萃編》卷十八《郃陽令曹全碑》，"郵亭掾"見《漢安長陳君閣道碑》，"承驛吏"見《後漢書》志二十九《輿服》（上）劉昭注補。"置尉"見"藍田置尉"封泥，轉引自陳直《居延漢簡綜論》十一《郵驛制度》。

〔18〕《後漢書》志第二十九《輿服》（上）劉昭注補中華書局標點本第十二册第3652頁。

〔19〕何雙全《敦煌懸泉置和漢簡文書的特徵》，（日）大庭脩編《漢簡研究的現狀與瞻望》，第132頁。

〔20〕以上所引均見《敦煌寶藏》第138册第21頁伯2005號《沙州都督府圖經》。

〔21〕《唐會要》卷六十一《御史臺》中《館驛》。

〔22〕《後漢書》卷五十八《蓋勳傳》李賢注："廣至，縣名，故城在今瓜州常樂縣東，今謂之懸泉堡是也。"杜佑《通典》卷一百七十四《州郡·瓜州》："常樂"，本注："漢廣至縣地，故城在東。武德五年置。"

〔23〕《新唐書》卷四十《地理志》四《隴右道·沙州燉煌郡》本注。

〔24〕《敦煌寶藏》第四册第 219 頁斯 514 號面《沙州敦煌縣懸泉鄉宜禾里大曆四年（769年）手實》；中國科學院歷史研究所資料室編《敦煌資料》第一輯第 61—79 頁伯 3877 號《唐開元九年（721 年）帳後户籍殘卷》。（日）池田温《中國古代籍帳研究》龔澤銑譯本中華書局 1984 年版第 244 頁注二謂慈惠鄉籍與懸泉鄉籍連帖。

〔25〕《漢書》卷二十八下《地理志》（下）："敦煌郡·效穀"注。王鳴盛《十七史商榷》卷三十《漢書》十四《地理雜辨證》三曰："敦煌郡效穀。師古曰：'本漁澤障也。桑欽説云云。'漁，南監作魚，是。胡渭曰：'師古曰三字，後人妄加，此非師古所能引也。《地理志》引桑欽者六，皆班氏原注。桑欽傳孔壁真古文尚書者。《地理志》亦引《禹貢》古文山水十一條，皆孔安國義，則知班氏好古。此效穀下桑欽説，亦必班氏原注也。'胡説確甚。"本文引桑欽説，據《沙州都督府圖經·古效穀城》，"教力田"補作"教人力田"，"立爲縣名"補作"立爲縣名焉"。又原作"効穀"、"崔意不"、"漁澤部"亦逕改。

〔26〕周壽昌《漢書注校補》卷十一《百官公卿表》（上）"關都尉"條，廣雅書局光緒辛卯本和國學基本叢書本。各本"中部都尉治"下均脱"步廣候官"四字，致使不少人引用此文時斷句混亂，鑄成繆誤。

〔27〕應劭《漢官儀》卷上，（清）孫星衍等輯《漢官六種》，中華書局 1990 年版。

〔28〕《後漢書》志第二十四《百官志》五《州郡》。

〔29〕梁尉英《漢代效穀城考》，1983 年《全國敦煌學術討論會文集·文史·遺書編》，甘肅人民出版社 1987 年第一版。

〔30〕王昶《金石萃編》卷十八《郃陽令曹全碑》。隃麋，縣名，時爲侯國，今陝西千陽縣東。

〔31〕效穀郡，西魏置，治效穀縣，北周廢。

〔32〕《敦煌寶藏》第 129 册第 587 頁伯 3669 號背面《大足元年（701 年）燉煌縣效穀鄉户籍》、第三十六册第 626 頁斯 4583 號《户籍殘片》。

〔33〕《漢書》卷七十七《孫寶傳》。

〔34〕《漢書》卷七十七《孫寶傳》王先謙《補注》引。

〔35〕黄暉撰，王充《論衡校釋》第十三卷《效力》，商務印書館發行本（二）第五八二頁。

〔36〕《漢書》卷八十八《儒林傳·夏侯勝傳》。

〔37〕《漢書》卷七十二《鮑宣傳》。

〔38〕羅振玉、王國維《流沙墜簡·簡牘遺文考釋》三十六、三十七。"更"或釋作"吏"。

〔39〕參看《漢書》卷八十八《儒林傳·夏侯勝傳》。

〔40〕 羅振玉、王國維《流沙墜簡》第十五—十七頁《屯戍叢殘·烽燧類》七"釋文"並"考釋"。

〔41〕 以上所引見羅振玉、王國維《流沙墜簡》圖版《屯戍叢殘》第四頁下,《屯戍叢殘·簿書類》六十一"考釋"。吳礽驤、李永良、馬建華釋校《敦煌漢簡釋文》第 241 頁編號 2228。釋文"蒲封"當作"蒲書","魚譯尉"當作"魚澤尉",補"日"、"臨介"等字。

〔42〕 何雙全《敦煌新出簡牘輯錄》,李學勤主編《簡帛研究》第一輯第 225 頁。吳礽驤、李永良、馬桂華釋校《敦煌漢簡釋文》第 132 頁。

〔43〕《後漢書》卷八十八《西域傳·序》。

〔44〕 陸增祥《八瓊室金石補正》第四卷《漢》三。

(本文作者 北京大學歷史學系)

Founding and Abolishing of the Xuanquan Station (懸泉置), Xiaogu County (效穀縣), and Yuze Fort (魚澤障)

Zhang Chuanxi

Summary

Xuanquan Station, an important postal relay station (郵驛), and Yuze Fort, an important border stronghold in the Han Dynasty, were both located in Xiaogu County, Dunhuang Prefecture (敦煌郡). Xuanquan Station, located sixty-five kilometers east of the Dunhuang prefectural town, was established between 101 B.C. and 96 B.C. and afterwards abolished during the middle period of the Eastern Han Dynasty. During the early Tang Dynasty, Xuanquan Station (Yi, 驛) was established on a site seven or eight kilometers east of the former Xuanquan Station, but was abolished soon after. Towards the end of the Tang Dynasty, Ganting Guan (甘亭館) was renamed as Xuanquan Yi, but was located in what is now eastern Gansu Province and over 1000 kilometers east of the site of the Han's Xuanquan Station. Xiaogu County was founded in about 105 B. C. or shortly thereafter. The county town was located fifteen kilomeners northeast of the Dunhuang prefectural town. The county's wall had a circumference of approximately 800 meters. During the Former Qin in the Sixteen Kingdoms period, the city was razed in the wart. In the Later Zhou, it was incorporated into Mingsha County (鳴沙縣). Yuyang Fort was located in the northern part of Xiaogu County, and was established approximately between 111 B. C. and 108 B. C. Its commander was a Hou(候,not to be confused with 侯). During the later years of the West Han Dynasty, a Shangshu Puye (尚書僕射) named Tang Lin (唐林) and a Jishizhong Boshi (給事中博士) named Gui Qin (炔欽) were both in succession demoted to the position of Hou of the Yuze Fort because they incurred the wrath of Emperor Ai (哀帝) and Empress Dowager Fu (傅太后). Yuze Fort and Xiaogu County both existed as administrative units at least until the East Han Dynasty.

祆教初傳中國年代考

榮新江

一、前人的研究成果及遺留的問題

火祆教又稱祆教、拜火教，即中國古代對波斯古代宗教瑣羅亞斯德教（Zoroastrianism）的習慣稱呼。這種在波斯曾兩度立爲國教，而且在中亞廣闊地域內有着極大影響的宗教，也早就傳入中國，並且在許多方面影響了中國的傳統文化發展。但這種宗教沒有留下漢文的經典，所以我們對它早期傳播情形的了解，遠不如對佛教的了解，甚至也不如較之更晚進入中國的摩尼教。以下簡要回顧前人有關祆教入華的研究成果，同時借以指出尚未解決的問題之所在。

固然清朝末葉已有一些學者留意到祆教的傳播，但在這個問題上第一篇系統的研究論文是陳垣先生《火祆教入中國考》。他根據《魏書》所記"高昌國俗事天神"和《梁書》所記滑國"事天神火神"等，認爲"火祆之名聞中國，自北魏南梁始，其始謂之天神，晉宋以前無聞也"。他還據《魏書》所記"靈太后幸嵩高山，廢諸淫祀，而胡天神不在其列"，得出結論："中國之祀胡天神，自北魏始。"[1]這一結論長期以來爲許多中外學者所遵循。[2]

陳垣的結論是建立在把"天神"或"胡天神"視作祆神的基礎上的，學者們大都認同此點。唐長孺先生在研究十六國之一後趙石勒的種族時，據《晉書‧石季龍載記》所記"龍驤孫伏都、劉銖等結羯士三千，伏於胡天"，認爲石趙所奉之"胡天"，就是西域的祆神。[3]這一結論實際上把祆教入華的年代從公元六世紀初提前到四世紀前半葉。但是，也可能是因爲《晉書》晚出，唐長孺的結論沒有引起應有的重視。

1976年，柳存仁教授發表《唐代以前拜火教摩尼教在中國之遺痕》，除了指《魏書》中所記"有蜜多道人，能胡語"者爲"奉蜜多（Mithra）之拜火教士"，以堅實陳垣的結論外，還特別申論南齊（479—501）嚴東所注《元始無量度人上品妙經》中的"九萬九千九百九十九萬"的數字，與火祆教經典中的基本數字"九"正相同，因而推論這部道經是受了祆教的影響。[4]這一觀點受到福井文雅氏的強烈批評，福井認爲"蜜多"是梵文 mitra 的對譯，與伊朗的 Mithra 神沒有關係；至於《度人經》，據嚴東自注應當從梵文找其名稱的來源，而不是祆教經典。[5]對此，柳存仁教授在用中文重寫其同一論文時，並未加以反駁。[6]顯然，説《度人經》中有祆教因素，似乎有些牽強。

1978年，饒宗頤教授發表《穆護歌考》，指出"穆護"即火祆教僧人，波斯文作 Mogu 或 Magi，《晉書》所記莫護跋一名中的"莫護"，即穆護。又舉《晉書》卷八六所記"然燈懸鏡於山穴中爲光明"一事，説明晉時民間信仰已頗有火祆教成分。[7]然而，他所舉證的兩條史料也是出自成書較晚的《晉書》。此外，饒教授在文中揭示了吐魯番安伽勒克古城（即安樂城）發現的《金光明經》題記："庚午歲八月十三日，於高昌城東胡天南太后祠下，爲索將軍佛子妻息合家寫此金光明一部。"[8]並指出庚午爲430年，"胡天"指胡天神，即祆教祠。

此後，王素先生發表《魏晉南朝火祆教鉤沉》一文，所舉最早的史料，除饒宗頤教授已經提到的《晉書》卷八六外，還有《高僧傳》卷一《維祇難傳》，王素認爲維祇難所奉事的"火祠"即是火祆教。[9]針對這一點，林悟殊先生發表《火祆教始通中國的再認識》，以爲維祇難在印度所信奉的"以火祠爲正"的異道，應解釋爲也有拜火儀式的婆羅門教。[10]關於維祇難來華的路徑雖無記載，但他首先到達的是武昌，所以把他視爲從海路而來的印度僧人更爲合適。在公元三世紀的印度本土，似還不能説有瑣羅亞斯德教流行，因此我們傾向於林悟殊的説法。林悟殊否認《高僧傳》這條史料並不是要把祆教入華的時間倒回到陳垣所説的北魏神龜年間，相反，他根據東漢末以來西域的商隊和使臣不斷來華的記載，認爲火祆教徒之到達中國，應當早於神龜年間，而火祆教在中國內地產生影響，則要到公元五世紀以後。

稍後，陳國燦先生在《魏晉至隋唐河西〔胡〕人的聚居與火祆教》中，認爲《高僧傳》卷十《安慧傳》所記"天神"也是祆神。[11]按佛教中也有天神（Deva）的信仰，故此處佛教僧人安慧所祈求的天神尚難遽定爲祆神。陳先生此文重申了唐長孺先生關於石趙時火祆教已入中國的觀點，並據唐代墓誌記涼州第五山有胡村，以爲《晉書》所記劉弘然燈爲祆教活動之補證。

近年來，祆教傳入中國問題重新引起熱烈的討論，主要原因還在於吐魯番新史料的發現。1977年，吐魯番文書整理小組和新疆維吾爾自治區博物館合撰的《吐魯番晉——唐墓葬出土文書概述》一文，提示了吐魯番高昌國時代文書中的"丁谷天"、"胡天"以及安伽勒克古城發現的佛經題記中的"城南太后祠下胡天"，指的都是祆教祠。[12]此後，唐長孺先生在《新出吐魯番文書發掘整理經過及文書簡介》一文中，也重述了這一看法。[13]1986年，王素發表《高昌火祆教論稿》，對這些吐魯番新出土的材料做了通盤的解說。他考證安伽勒克古城出土《金光明經》題記寫於高昌郡時期（327—460），其所記之"胡天"爲火祆教祭祀場所。他把屬於麴氏高昌國時代（460—640）文書中的"丁谷天"、"胡天"、"諸天"、"天"，都解釋爲祆神或其祭祀場所。他還指出《高昌永平二年（550）十二月三十日祀部班示爲知祀人名及讁罰事》中的"薩薄"，即高昌國專門管理和監督火祆教的官。[14]

對此，林悟殊先生在《論高昌"俗事天神"》一文中，把高昌帳歷中所祀之天，解釋爲高昌地區對天體自然崇拜的傳統信仰，他認爲目前考古材料中沒有發現火祆教經典、寺廟遺跡、文書記錄等，因此正史所記高昌國所俗事的"天神"，也並非祆教。林悟殊所要強調的是，高昌國不是沒有人信奉火祆教，而是沒有普遍信奉這種宗教。[15]針對此文，王素又發表《也論高昌"俗事天神"》，重申自己的天神指祆教的觀點。[16]

對於高昌的"天神"，陳國燦先生《從葬儀看道教"天神"觀在高昌國的流行》一文，又把高昌的"俗事天神"，指爲當地普遍存在的崇信道教天帝神的習俗。[17]在同時發表的《對高昌國某寺全年月用帳的計量分析》中，陳國燦先生並不否認《高昌乙酉、丙戌歲某寺條列月用斛斗帳歷》中的"祀天"，是指祆教祈拜。[18]

林悟殊、陳國燦兩氏的論文，對傳統所認爲的"天神"即祆神或祆祠的看法提出質疑，如果他們的觀點成立，則動搖了自陳垣以來所有關於祆教入華的論說。然而，他們在建立自己的學說時，沒有對涉及"天神"的史料做全盤的解說。因此，大多數學者仍然把史籍和吐魯番文書中的"天神"、"天"、"胡天"等，解釋為祆神或祆祠。特別是把高昌的祆教官職薩薄與天神結合起來考慮時，就更容易理解了。[19]對此做出最為透徹解說的是最近發表的姜伯勤先生《論高昌胡天與敦煌祆寺》，他幾乎涉獵了所有重要的與祆教有關的史料，論證高昌之薩薄即伊蘭胡戶聚居點上的一種政教兼理的蕃客大首領；高昌之天神，即主要由粟特等胡人供奉的祆神，吐魯番供祀文書中的"阿摩"，即粟特文 Adbag "大神"的對音，係指祆教大神阿胡拉馬茲達（Ahura Mazdā）。作者所得的結論是："十六國至北朝，'胡天'一詞有兩重含義。一指祆教，如'以事胡天'例，一指祆祠，如'伏於胡天'例。"但又說"高昌所事天神究竟包括哪些神祇，仍然是一個有待探究之謎"，這顯然是針對林、陳二氏提出的質疑所說的。[20]

歸納前人的研究成果，我們可以得出以下認識：第一，除了《高僧傳》中的"火祠"和"天神"指印度系信仰外，較早的史料中所記之"天神"，由於沒有明確的佐證，因而難以論定是指祆神，還是天體自然崇拜或道教天帝神。第二，"胡天"一名帶有"胡"字，指為祆神或祆祠比較容易接受，但此稱最早見載於唐初纔編成的《晉書》，因此容易讓人以為"胡"字是後加上去的。目前所見"胡天"一稱的最早例證是吐魯番發現的《金光明經》題記，寫於庚午年，饒宗頤先生指為 430 年，池田溫先生亦表贊同。[21]第三，高昌國官制中的"薩薄"有助於"天神"指祆神的論證，但此稱始見於六世紀中葉的文書，所以無補於說明祆教早期的情形。

實際上，不論是祆教最早傳入中國的年代，還是史籍或文書中的"天神"，都是含混不清的。即使是對"天神"質疑者略而不談的"胡天"，也可以被認為是高昌胡人的傳統天神信仰。究其原因，是漢文史料在記錄胡人的情況時表述不清所致，我們有必要檢索本世紀初以來在敦煌吐魯番等地發現的胡語文獻資料，並且結合胡語文獻來重新理解有關的漢文史料。

二、從粟特文古信札看祆教傳入中國的年代

從北朝末到唐朝，史料所記的祆教信徒主要不是波斯人，而是粟特人或其後裔。如出自粟特安國的涼州安氏，從"後魏安難陀，至孫安盤羅，代居涼州爲薩寶"。[22]唐天寶元年（742）以前，長安崇化坊有米國大首領米薩寶。[23]敦煌城東圍繞祆祠建立的從化鄉，也是由粟特人爲主的聚落。[24]這不是個偶然的現象，它反映了中國的祆教主要是來自於粟特地區。

瑣羅亞斯德教由教主查拉圖斯特拉（Zarathustra）創立後，很快就在波斯全境流傳開來，阿契美尼德王朝（公元前539—前331年）時立爲國教。亞力山大東征曾使該教一度沉寂，到帕提亞王朝（Parthia，前247—224年，即安息）晚期，重又復興。薩珊王朝（224—651年）重立瑣羅亞斯德教爲國教，只有沙卜爾一世（Shapur I 242—272年）更喜歡正統瑣羅亞斯德教的異端——祖爾萬教（Zurwanism），因而一度皈依了與祖爾萬教相類似的摩尼教。

位於阿姆河和錫爾河中間粟特地區（Sogdiana）的粟特人，早在阿契美尼德王朝時期就接受了瑣羅亞斯德教，並逐漸在該地區廣泛流傳。在薩珊王朝時期，已經占據統治地位。粟特人以經商著稱於世，利之所在，無遠弗至，自漢迄唐，不斷有粟特商人成群結隊前來東方販易貨財。

粟特人的語言是屬於中古伊朗語東支，與大夏語（Bactrian）、于闐語（Khotanese）相同，一般稱之爲粟特語或粟特文（Sogdian）。迄今爲止，在中國發現的最早的粟特文文獻，是斯坦因1907年在敦煌西北一座長城烽燧（編號T. XII. a）下，找到的一批用粟特文寫的古信札，有大小不等的十餘件殘片，它們是在河西走廊和中國內地作生意的粟特人寫給家鄉撒馬爾干（Samarkand）的書信。這組重要的粟特語世俗文書，最早由賴歇爾特（H. Reichelt）刊佈在《英國博物館藏粟特文寫本殘卷》中，[25]但並沒有做出圓滿的解釋。關於古信札的年代，發現者斯坦因根據考古調察時所見同出漢簡資料的年代，認爲這些紙本信札也是公元二世紀的產物。[26]1948年，伊朗學家恒寧（W. B. Henning）發表《粟特語古信札年代考》一文，在解讀其中最重要的一封信函內容的基礎上，參

照漢文史籍的有關記載，認爲寫成於公元 311 年前後。[27]這一結論爲學術界廣泛接受，但到了七十年代末，哈馬塔（J. Harmatta）連續發表《斯坦因爵士與粟特語古信札的年代》、《粟特語古信札年代的考古學證據》、《伊斯蘭化以前的中亞史的粟特語史料》三篇文章，力圖從考古和文獻學兩方面，證明古信札是公元 196 年的遺物。[28]我國學者陳國燦發表《敦煌所出粟特文信札的書寫地點和時間問題》，[29]林梅村發表《敦煌出土粟特文古書信的斷代問題》，[30]分別傾向於恒寧和哈馬塔的觀點。此後，格瑞内（F. Grenet）與辛姆斯威廉姆斯（N. Sims—Williams）合撰《粟特語古信札的歷史内容》一文，全面考察了與斷代相關的考古、紙張、内容、字體等各方面的情況，結論是寫於 311 年後不久，進一步肯定了恒寧的觀點。[31]對涉及古信札年代的種種内證和外證的進一步考索，可以肯定恒寧、陳國燦、格瑞内與辛姆斯威廉姆斯等人的結論，即這組書信寫於西晉永嘉五年（311）及其後幾年間。[32]

我們之所以要詳細介紹粟特文古信札的年代，是因爲我們認爲在這些信札中包含了傳入中國的最早的祆教要素。這些信札大多數已殘缺不完，只有第二號信札保存了比較完整的内容，它是一位名叫 Nanai-Vandak 的人寫給家鄉的書信，報告他從河西地區派往各地的商人的活動情況和他們各自遇到的戰事。信札的内容主要是以 Nanai-Vandak 爲首的粟特商團經商活動的報告，但其中仍可以發現他們宗教信仰方面的蛛絲馬跡。

早在 1948 年，恒寧在確定古信札的年代時就曾指出，這些信札中没有提到後來粟特文文獻中經常提及的佛教和摩尼教，但在一些人名中包含了古代伊朗神祇的名稱，如第二號信札的發信人 Nanai-Vandak，意爲"娜娜女神之僕"；又如 Artixw-vandak，意爲"（祆教《阿維斯塔經》中）Ašiš-vaŋuhi 之僕"；還有第一號信札中的 βγnpt-，他認爲就是當年敦煌娜娜女神祠中的一位神職人員。[33]1965 年，恒寧在《粟特神祇考》一文中，列舉了現存粟特文獻中出現的伊朗萬神殿中的一系列神祇，其中見於粟特文古信札人名者，除上述兩神外，還有 Druvāspa（Druvāspā?）和 Taxsič，他還比定後者即《新唐書》卷二二一下《西域傳》昭武九姓中西曹國條下提到的"得悉神"。[34]

由此看來，寫於西晉末年的粟特文古信札雖然没有直接講到瑣羅亞斯德教，但其中的人名包含了一些祆神要素，透露出信札所提到的粟特人很可能是些祆教信徒。

隨着伊朗學界對瑣羅亞斯德教研究的進步，特别是前蘇聯學者在粟特人的本土撒馬爾干附近的穆格山（Mug）發現的八世紀粟特文文書的解讀，以及近年德國和巴基斯坦學者在印度河上游發現的數百件粟特文題銘的刊佈，我們今天對於粟特人所信仰的祆教神祇和他們的祆教教團組織都有了更爲深刻的認識。具體説來，八世紀的穆格山地區，正處在粟特地區最大的康國的首府附近，正如八世紀中葉經行中亞的新羅僧人慧超所記："從大寔國已東，並是胡國，即是安國、曹國、史國、石騾國、米國、康國……又此六國，總事火祆，不識佛法。"[35]在穆格山文書中，記有兩個負責祆教事務的官稱，即 $mw\gamma pt$-（chief magus，穆護長）和 $\beta\gamma npt$-（lord of the temple，祠主），姜伯勤先生非常有説服力地證明了，這兩個稱呼分别相當於《通典》所記管理祆教的薩寶府視流内官祆正和視流外官祆祝。[36]近年的研究成果表明，粟特文 $\beta\gamma$（神）是瑣羅亞斯德教衆神中具有支配地位的最重要神祇，因此在文獻中經常就用單獨的 $\beta\gamma$ 一詞，來指稱瑣羅亞斯德教的最高神阿胡拉·瑪兹達（Ahura Mazda）。[37]這種認識可以進一步確定 $\beta\gamma npt$-就是指專門負責祆教教團内部事務的祆祝。由此，我們可以重新認識恒寧早就從第一號古信札中檢出的 $\beta\gamma npt$-一名，他的確是西晉末年敦煌地區一所祆祠中的祆祝。

儘管人們還没有從粟特文古信札的殘文中找到 $mu\gamma pt$-（穆護長）一詞，但日本年輕的粟特語專家吉田豐氏，最近成功地重新轉寫了賴歇爾特誤讀的第五號古信札開頭的人名部分，並對證出其中的 $s'rtp'w$ 即漢文史料中的"薩寶"，意指"隊商首領"。[38]吉田氏的發現，解決了長年以來有關"薩寶"語源的爭論，值得進一步强調的是，此詞在粟特文中的本義是"隊商首領"之義無疑，但其深層含義應當是"伊蘭系胡户聚居點上的一種政教兼理的蕃客大首領"。[39]結合以上祆祝和人名中祆神的記錄，我們不難把這裏的 $S'rtp'w$（薩寶）認作兼管這個粟特商團商務和祆教事務的大首領。

根據第五號古信札的發信地點，[40]這個粟特商團的主要根據地是河西走廊中最大的城鎮涼州姑藏（$Kc'ny$），而他們活動的範圍很廣，東到金城（$kmzyn$）、長安（'xwmt'n）、洛陽（srγ）、鄴城（'nkp'）等中原内地，西到酒泉（cwcny）、敦煌（δrw''n）乃至粟特本土，儘管有些地名尚無法確定下來它們所指，[41]但可以肯定這批粟特商人足跡所至，遠較上面所說的範圍要廣闊得多。他們已經深入到中原地區，而且從他們書信中的口氣以及他們所做買賣的數額之多，我們不難想象他們的到來已經有了一段時間。從本論題上來說，至晚在西晉時期，也即公元三世紀末到四世紀初，粟特商人已將他們所信仰的瑣羅亞斯德教傳入中國。而且從古信札所見的薩寶和祆祝兩個祆教神職人員稱號來看，粟特商人聚居區内，可能已有了教團組織以及從事宗教事務的場所——祆祠。

第二號古信札的書寫者 Nanai-Vandak 顯然是這個粟特商團中的重要人物，他信中提到前往各地的商人都是他派出的。他的信是寫給撒馬爾干家鄉的主人 Nanai-δvār 的。兩者的名字中都含有娜娜女神（Nanai）的名字，反映了當時粟特人對此女神的特殊喜愛。這一點在印度河上游粟特銘文中也得到印證，這些鐫刻在今天中巴友誼公路巴基斯坦一側的粟特銘文，年代稍晚於古信札，其中也是以帶有"Nanai"神名者居多。[42]從同一地點所見到的瑣羅亞斯德教祭火神壇嚴刻以及其它古伊朗宗教主題來看，[43]這些粟特人也主要是祆教信徒。粟特人早期這種娜娜女神信仰也可以從漢文史料中得到佐證。《周書》卷五十《突厥傳》記："大統十一年（545），太祖遣酒泉胡安諾槃陀使焉。"這位出使突厥的安國粟特人的名字，即粟特文 'n'xtβntk 的對譯，[44]與第二號古信札書寫者的名字類似，也意爲"娜娜女神之僕"。此外，吐魯番出土文書《高昌曹莫門陀等名籍》（七世紀初）中的"（曹）那寧潘"、[45]《高昌内藏奏得稱價錢帳》中的"（安）那寧畔"、"（康）那寧材"、[46]《唐康某等雜器物帳》中的"（康）那你延"、[47]《唐垂拱元年（685）康義羅施等請過所案卷》中的"（翟）那你潘"、[48]以及敦煌發現的《唐天寶十載（751）敦煌郡敦煌縣差科簿》中的"（羅）寧寧芬"，[49]這些人名中的"那寧"、"那你"、"寧寧"，都是"Nanai"女神名字的不同音譯，是這種娜娜女神信仰的反映。

以上我們根據對粟特文古信札中專有名詞的分析，特別是其中的"薩寶"和"祆祝"的對應詞的確認，基本上可以確定，在寫成古信札的公元四世紀初葉，源於波斯的瑣羅亞斯德教就由粟特人帶到中國，從這個粟特商團成員的活動範圍，可以推知此時祆教應當已經傳入晉朝的中心地區——長安和洛陽一帶。

粟特文古信札的祆教內涵和年代的確定，也有助於我們理解已知的漢文材料。

唐長孺先生檢出的《晉書・石季龍載記》所記三千羯士伏於胡天的時間，正好就在比粟特文古信札稍晚的年份中。結合唐先生所論證的石氏之胡姓及石趙國中火葬之俗與粟特人的關係，[50]使我們可以進一步肯定這條成書較晚的史料的可靠性。

粟特文古信札所揭示的這批信奉祆教的粟特人，是以涼州武威爲其大本營的。漢文史料也表明涼州是最早有祆教的地點之一，其中來自布哈拉的安氏，自北魏以來任涼州九姓胡的政教首領薩寶。由古信札更可以將涼州祆教集團的歷史上溯到西晉末年。另外，《朝野僉載》記唐代涼州有祆祠，供奉祆神，[51]這也應當是和古信札時代的祆祠一脈相承的。

我們基本可以確定祆教的入華年代最晚是在西晉末葉，但是，應當指出的是，祆教最初大概只是在粟特人的聚居地內部流行，所以漢人對他們的宗教活動了解不多。隨着入華粟特人的逐漸漢化，漢人也漸漸對祆教有了更多的了解，這大概是有關祆教的漢文史料大都較晚的原因所在。

三、西域早期的天神崇拜

在確定了祆教在公元四世紀初傳入中國這一事實後，還應當對西域諸國"俗事天神"問題加以解說。現存史料對西域諸國信仰天神的記載大致如下：

"波斯國俗事火神天神"，見《北史》九七、《魏書》一〇二。

"高昌國俗事天神，兼信佛法"，見《北史》九七、《隋書》八三、《魏書》一〇一。

"焉耆國俗事天神"，見《北史》九七、《周書》五〇、《魏書》一〇二。

"滑國……事天神火神"，見《梁書》五四、《南史》七九。

"康國俗事天神"，見《通典》一九三引韋節《西蕃記》。

"疏勒國俗事祆神"，見《舊唐書》一九八。

"于闐國好事祆神，崇佛教"，見《舊唐書》一九八；"喜事祆神、浮屠法"，見《新唐書》二二一。

"安國、曹國、史國、石騾國、米國、康國……總事火祆，不識佛法"，見慧超《往五天竺國傳》。

這裏所記波斯國和康、安、曹、史、石、米等昭武九姓諸國以及滑國所信之天神即祆神，[52]如果單從文字上對證，也可以認爲高昌、焉耆所事之天神，即疏勒、于闐所事之祆神。

從吐魯番的考古發現和現存的宗教遺址來看，幾乎都是佛教、摩尼教、景教的文物或文獻遺存，而沒有明確的祆教材料，因此有的學者對上述高昌國俗事天神的記載產生懷疑。對此，我們仍可以從當地出土的中古伊朗語文書中找到答案。

雖然上個世紀末和本世紀初在吐魯番所獲伊朗語文獻材料主要是摩尼教、佛教和景教的内容，但通過對這些宗教文獻所用詞彙的細心考察，伊朗語專家阿斯木森（J. P. Asmussen）認爲，現存粟特語文獻表現的是一種文化和宗教發展到最後階段時的形態，它們的一些詞彙表明，在這個歷史發展的初期階段，有一個瑣羅亞斯德教流行的時期。他舉出一系列摩尼教和佛教文獻中的粟特文，說明它們來源於哪些《阿維斯塔經》或特定的瑣羅亞斯德教詞語，如 *rwxšn'γrδmn* 源於《阿維斯塔》的 *raoxšan-＋garō dəmāna-*，意爲"光明王國、天國"，等等。[53]吐魯番發現的粟特語佛教文獻大多是譯自漢文佛典，而漢文佛典最早者爲大谷探險隊在吐峪溝所獲的元康六年（296）所寫《諸佛要集經》。[54]摩尼教和景教一般也是七世紀初以後流行的。因此，可以把語言學家們指出的祆教詞彙流行於吐魯番的年代，放到七世紀以前或更早一些的時間裏。

吐魯番地區從甚麽時候開始傳入祆教？這是個很難回答的問題，從河西走廊的情況看，至少不應晚於粟特文古信札的年代。考古學者曾經從吐魯番西面的阿拉溝中，發掘到屬於戰國到兩漢時期的銅器，其中有一件高方座承獸銅盤，被認爲是與祆教拜火有關的文物。[55]但這件孤證，尚不能肯定它與祆教的直接聯繫。

有關吐魯番地區最早的祆教信息，是1950－1957年在高昌故城中發現的三批共 32 枚薩珊波斯銀幣，都是沙卜爾二世（Shapur Ⅱ 309—379）、阿爾達希二世（Ardashir Ⅱ 379—383）和沙卜爾三世（Shapur Ⅲ 383—388）時期鑄造的。這些錢幣的固定模式是，正面爲發行該貨幣的國王頭像，頭冠上有三個雉形飾物，象徵祆教最高神阿胡拉·馬兹達；背面中間爲拜火祭壇，兩邊各立一個祭司或其他神職人員，火壇上方的火焰之上，有阿胡拉·馬兹達的側面像。值得注意的是 1955 年發現的一組 10 枚，是裝在一個用煤精製成的黑色方盒內，夏鼐先生因而推測它們是十個一組供奉在宗教場所的，但所供爲何種宗教並未說明。[56]我們很懷疑是供奉給祆祠的，因爲信奉祆教的粟特人是當時波斯銀幣的主要持有者。無論如何，薩珊銀幣上清楚的拜火教圖像，必然引起當地人的興趣，並由此了解祆教的基本說教。這三批薩珊銀幣的年代，稍遲於粟特文古信札的年代。此後，又有了我們在吐魯番文書中見到的"胡天"（430 年）、"丁谷天"（535 年）、"薩薄"（550 年）、"阿摩"（622 年）等記載，從而可以把高昌地區信奉祆教的史實貫通起來。

高昌的天神或胡天，即粟特文的 *Baga*（βγ 神）和 *Adbag*（"δβγ 大神），後者音譯爲"阿摩"，*Baga* 是阿胡拉·馬兹達的通稱，天神應當即指祆教最高神阿胡拉·馬兹達，此神又是善神、太陽神，代表光明、火，又是智慧之主。祆教是產生於公元前六世紀的古老宗教，其宗教建築和儀式都比較簡單，伊朗、原蘇聯中亞地區或阿富汗等地發現的祆祠或拜火聖壇，都是相當簡單的。[57]所以，在吐魯番沒有留下祆祠是容易理解的。況且，在高昌國時期，隨着佛教勢力的壯大發展，有些祆祠很可能被改造成佛寺，[58]以致於今天人們已經在當地很難找到祆祠遺跡了。吐魯番祆教材料的缺少，或許正可以說明這個宗教的傳播是在相對較早的年代裏，從這些方面去看高昌國"俗事天神，兼信佛法"的記錄就容易理解了。

"俗事天神"的"俗事"，強調的是當地胡人的土俗信仰。這些胡人主要是吐魯番盆地的原住民車師人和外來的西域人。在五世紀中葉北涼殘部進入高昌時，許多車師人隨車師王逃離故土，此後吐魯番的西域人應以粟特人最多，麴氏高昌國時期俗事天神者恐怕主要就是粟特人了。因爲信奉祆教的粟特人死後採用天葬的方法處理，[59]所以沒有留下多少他們俗事天神的證據。而當地漢族死後採用土葬，因而使漢族所信奉的佛教和道教文獻較多地保存下來。高昌地區俗事天神兼信佛法的記載，應當主要是指高昌國時代的粟特人和漢人的宗教信仰情況。

同樣"好事祆神，崇佛教"的于闐，史料所記與高昌相仿，也是先祆後佛。今天我們所見到的于闐語文獻，不論是和田當地出土的，還是敦煌藏經洞發現的，完全是佛教的内容。即使是這樣，伊朗語學家貝利（H. W. Bailey）也指出了于闐語中與吐魯番粟特語同樣的現象，即在佛教文獻的詞彙中，可以看出一個瑣羅亞斯德教或其異端馬兹達教（Mazdaism）詞彙的背景來。比如于闐文中表示佛教世界最高峰須彌盧（Sumeru）的 *haraysa* 或其古老形式 *ttaira haraysä*，源出《阿維斯塔》的 *harā*, *harā bərəz*, *harā bərəzaitī* 或 *haraiti-*，指瑣羅亞斯德教義中的世界最高峰；又表示佛教大天女（*mahādevī*）的 *śśandrāmatā-*，來源於《阿維斯塔》的 *spənta ārmaitiś*；又表示太陽的 *urmaysdan-*，來源於 *ahura mazdā*（阿胡拉·馬兹達），等等。[60]最近，藝術史研究者根據粟特本土發現的祆教壁畫，重新比定出斯坦因從和田丹丹烏里克發現的木板畫上的祆神像，[61]年代雖然晚到八世紀，但表明祆教的信仰在于闐地區長期保持着影響的情況。由此看來，新舊兩《唐書》說于闐人喜事祆神不是無稽之談，它反映了于闐民間原本就有祆教流行。我們曾論證過古代于闐國内部粟特人聚落的存在，[62]于闐的祆教也應當是粟特人傳入的。

儘管迄今爲止發現的有關材料十分缺乏，但是我們仍然可以找到西域地區很早就流行祆教的痕跡，高昌、于闐等國的俗事天神，兼信佛法的記載，應當有其根據，至少我們可以肯定天神或胡天是指祆神。

注　釋

[1]　載北京大學《國學季刊》第1卷第1期，1923年；此據作者1934年的校訂本，載《陳垣學術論文集》第1集，北京中華書局，1980年，305—307頁。

[2]　如W. Watson, "Iran and China", *The Cambridge History of Iran*, 3 (1), Cambridge University Press 1983, p. 554；黄心川《瑣羅亞斯德教》，《中國大百科全書》宗教卷，中國大百科全書出版社，1988年，382頁。

〔3〕 唐長孺《魏晉雜胡考》,《魏晉南北朝史論叢》,北京三聯書店,1955年,416—417頁。

〔4〕 Liu Ts'un-yan, "Traces of Zoroastrian and Manichaean Activities in Pre-T'ang China", *Selected Papers from the Hall of Harmonious Wind*, Leiden: E. J. Brill 1976, pp. 3—25;石井昌子與上田伸吾日譯文《柳存仁教授の研究ゾロアスター教及びマニ教の活動》上、下,載《東洋學術研究》第17卷第4,6號,1978年;林悟殊漢譯文《唐前火祆教和摩尼教在中國之遺痕》,載《世界宗教研究》1981年第3期。

〔5〕 福井文雅《柳存仁〈唐以前のゾロアスター教とマニ教の活動の形跡〉についての方法論》,《池田末利博士古稀記念東洋學論集》,東京,1980年,771—785頁。參看劉仲宇《〈度人經〉與婆羅門思想》,《上海社科院學術季刊》1993年第3期。

〔6〕 柳存仁《"徐直事爲"考——並論唐代以前摩尼、拜火教在中國之遺痕》,香港中國語文學會編《王力先生紀念論文集》,香港三聯書店,1986年,89—103頁;改訂稿題《唐代以前拜火教摩尼教在中國之遺痕》,收入所著《和風堂文集》上卷,上海古籍出版社,1991年,495—514頁。

〔7〕 原載《大公報在港復刊卅年紀念文集》下卷,香港,1978年;收入作者《選堂集林·史林》中册,香港中華書局,1982年,472—509頁;又載《文轍》下,臺灣學生書局,1991年,467—470頁;又載《饒宗頤史學論文集》,上海古籍出版社,1993年,404—441頁。

〔8〕 饒文所據爲《新中國之出土文物》圖122,1972年外文出版社出版。據我所知,這是此《金光明經》題記首次刊佈。

〔9〕 《中華文史論叢》1985年第2輯,226—227頁。

〔10〕 《世界宗教研究》1987年第4期,13—23頁。

〔11〕 《西北民族研究》1988年第1期,206—209頁。

〔12〕 《文物》1977年第3期,26頁。按,其所錄佛經題記文字有誤,參看上引饒宗頤的錄文。

〔13〕 《東方學報》(京都)第54册,1982年,94頁。又見唐長孺《山居叢稿》,北京中華書局,1989年,326頁。

〔14〕 《歷史研究》1986年第3期,168—177頁。作者沒有看到《新中國之出土文物》所刊《金光明經》題記的圖版,其所據《文物》的錄文有誤。

〔15〕 《歷史研究》1987年第4期,89—97頁。參看 Lin Wushu, "A Discussion about the Difference between the Heaven-God in the Qoco Kingdom and the High Deity of Zoroastrianism", *Zentralasiatische Studien*, 23, 1992, pp. 7—12.

〔16〕《歷史研究》1988 年第 3 期，110—118 頁。

〔17〕《魏晉南北朝隋唐史資料》第 9、10 期，1988 年，13—18，12 頁；又見《吐魯番學研究專輯》，烏魯木齊，1990 年，126—139 頁。此外，Albert E. Dien, "A note on *hsien* 祆 'Zoroastrianism'" (*Oriens*, X. 2, 1957) 曾提出唐以前"祆"指佛教天神的觀點。

〔18〕同上《資料》，4—12 頁。

〔19〕參看拙稿《吐魯番的歷史與文化》，胡戟等編《吐魯番》，西安三秦出版社，1987 年，49—51 頁；關尾史郎《章和五 (535) 年取羊供祀帳の正體（Ⅰ）——〈吐魯番出土文書〉劄記（七）》，新潟大學《史信》第 2 號，1988 年，1—3 頁；荒川正晴《トウルフアン出土〈麴氏高昌國時代ソグド文女奴隷賣買文書〉の理解おめぐつて》，《内陸アジア言語の研究》Ⅴ，1989 年，147—148 頁；錢伯泉《從祀部文書看高昌麴氏王朝時期的祆教及粟特九姓胡人》，《新疆文物》1990 年第 3 期，93—101 頁；孟憲實《麴氏高昌祀部班祭諸神及其祭祀制度初探》，《新疆文物》1991 年第 3 期，74，78—79 頁。按，最近馬里千《祆祠與波斯寺》一文把天神、祆神説成是婆羅門教的濕婆，但他對於祆教史料與瑣羅亞斯德教的關聯未予充分考慮，而直接説它們全是婆羅門教的東西，似乎難以讓人信服，文載《中國歷史地理論叢》1993 年第 1 輯，155—169 頁。

〔20〕《世界宗教研究》1993 年第 1 期，1—18 頁；又參看姜伯勤《敦煌吐魯番文書與絲綢之路》，北京文物出版社，1994 年，226—243 頁。

〔21〕池田溫《中國古代寫本識語集錄》，東京大學東洋文化研究所，1990 年，84 頁。按，李遇春《吐魯番出土〈三國志・魏書〉和佛經時代的初步研究》，推測題記中的"太后祠"是 460 年以後沮渠安周兄弟爲其母孟氏所建之祠，因而認爲庚午爲 490 年，文載《敦煌學輯刊》1989 年第 1 期，44—45 頁。然而，自公元 421 年沮渠蒙遜攻滅西涼，高昌郡就易主北涼，似不必把太后祠的建立局限在 460 年以後。據王素《高昌佛祠向佛寺的演變》的統計，高昌地區由"祠"轉稱"寺"的時間界限是 460 年。（《學林漫錄》第 11 集）故此題記仍以看作是 430 年爲宜。

〔22〕《元和姓纂》卷四安氏條。

〔23〕向達《唐代長安與西域文明》，北京三聯書店，1957 年，12—24，89—92 頁。

〔24〕池田溫《8 世紀中葉における敦煌のソグド人聚落》，《ユーラシア文化研究》第 1 號，1965 年，49—92 頁。

〔25〕H. Reichelt, *Die soghdischen Handschriftenreste des Britischen Museums*, Ⅱ, Heidelberg 1931, pp. 1—42.

〔26〕 A. Stein, *Serindia*, Ⅱ, Oxford 1921, pp. 671—677.

〔27〕 W. B. Henning, "The Date of the Sogdian Ancient Letters", *BSOAS*, ⅩⅡ, 1948, pp. 601—615.

〔28〕 J. Harmatta, "Sir Aurel Stein and the Date of the Sogdian 'Ancient Letters'", *Jubilee Volume of the Oriental Collection 1951—1976*, Budapest 1978, pp. 73-88; idem., "The Archaeological Evidence for the Date of the Sogdian 'Ancient Letters'", *Studies in the Sources on the History of Pre-Islamic Central Asia*, Budapest 1979, pp. 75—90; idem., "Sogdian Sources for the History of Pre-Islamic Central Asia", *Prolegomena to the Sources on the History of Pre-Islamic Central Asia*, Budapest 1979, pp. 153—165.

〔29〕《魏晉南北朝隋唐史資料》第7期，1985年，10—18頁。

〔30〕《中國史研究》1986年第1期，87—99頁。此前，黄振華《粟特文及其文獻》一文也有同樣的觀點，載《中國史研究動態》1981年第9期，32—33頁。

〔31〕 F. Grenet and N. Sims-Williams, "The Historical Context of the Sogdian Ancient Letters", *Transition Periods in Iranian History* (*Studia Iranica*, cahier 5), Leuven 1987, pp. 101—122.

〔32〕 Harmatta 仍然堅持自己的觀點，見其所撰簡短的札記 "The Date of the Sogdian Ancient Letters", 載 *Turfan and Tun-huang the Texts*, ed. A. Cadonna, Firenze 1992, pp. 18—20。大多數學者均採用恒寧的説法（有的年代稍有不同），如陳連慶《漢唐之際的西域賈胡》，《1983年全國敦煌學術討論會文集·文史遺書編》上，甘肅人民出版社，1987年，91—93頁；張廣達《唐代六胡州等地的昭武九姓》，《北京大學學報》1986年第2期，77頁。按，李志敏《有關地名研究與斯坦因所獲粟特信札斷代問題》據哈瑪塔譯本的漢譯文，來考訂古信札中的一些地名，結論是寫於五代後晉天福二年（937）。作者没有考慮學者們對哈瑪塔所譯地名的質疑，更不考慮粟特文字體、語言、內容表明古信札在整個粟特文獻中的古老地位，其論説不煩詳辨，其文載《中國歷史地理論叢》1992年第4輯，137—152頁。

〔33〕 Henning, *op. cit.*, pp. 602—605.

〔34〕 W. B. Henning, "A Sogdian God", *BSOAS*, ⅩⅩⅧ. 2, 1965, pp. 252—253.

〔35〕 參看桑山正進編《慧超往五天竺國傳研究》，京都大學人文科學研究所，1992年，24，43頁。

〔36〕 姜伯勤上引文，4—5頁。參看杜佑《通典》，中華書局標點本，北京，1988年，1105

頁作"祓祝"，失校。

〔37〕 N. Sims-Williams, "Mithra the Baga", *Histoire et cultes de l'Asie centrale preislamique*, ed. P. Bernard and F. Grenet, Paris 1991, p. 179.

〔38〕 吉田豐《ソグド語雜錄（Ⅱ）》，《オリエント》第31卷第2號，1989年，168—171頁。此前有關薩寶的種種解說，參看 Albert E. Dien, "The *sa-pao* Problem Reexamined", *JAOS*, 82.3, 1962, pp. 335—346。

〔39〕 姜伯勤上引文，4頁。

〔40〕 N. Sims-Williams, "A Sogdian Greeting", *Corolla Iranica: papers in honour of Prof. Dr. David Neil MacKenzie*, ed. R. E. Emmerick and D. Weber, Frankfurt 1991, p. 185. 陳國燦上引文12—13頁推測第二號信札的寄發地點是姑臧，極有見地。

〔41〕 粟特文古信札中的地名尚未全部比定出來，這裏提到的地名，是上引 Henning, Harmatta, Grenet/Sims-Williams 論文中比較統一認識的部分。

〔42〕 Sims-Williams, "Mithra the Baga", p. 177; idem., "The Sogdian Inscriptions of the Upper Indus: a preliminary report", *Antiquities of Northern Pakistan. Reports and Studies*, 1: *Rock inscriptions in the Indus Valley*, ed. K. Jettmar, Mainz 1989, p. 135.

〔43〕 K. Jettmar, "Iranian Motives and Symbols as Petroglyphs in the Indus Valley", *RSO*, 60. 1—4, 1986, pp. 149—163。作者後來又將神壇形式與匈奴錢幣圖案做了類比，但未敢肯定，見上注引書 XLVⅢ-XLIX 頁，今不取。

〔44〕 H. Harmatta, "Irano-Turcica", *AOH*, XXV, 1972, p. 273; Y. Yoshida, "Review of *Corpus Inscriptionum Iranicarum. Part* Ⅱ: *Inscriptions of the Seleucid and Parthian periods and of Eastern Iran and Central Asia. Vol.* Ⅲ: *Sogdian. Part* Ⅱ: *Sogdian and other Iranian inscriptions of the Upper Indus*", *BSOAS*, LVⅡ.2, 1994, p. 391.

〔45〕 《吐魯番出土文書》第三册，北京文物出版社，1981年，120頁。比定見吉田豐《ソグド語の人名再構》，《ぶつくれっと》No. 78，三省堂，71頁。

〔46〕 《吐魯番出土文書》第三册，319，323頁。

〔47〕 《吐魯番出土文書》第六册，北京文物出版社，1985年，48頁。

〔48〕 《吐魯番出土文書》第七册，北京文物出版社，1986年，88頁。

〔49〕 池田溫上引文，64頁。比定見 D. Weber, "Zur sogdischen Personennamengebung", *Indogermanische Forschungen*, 77, 1972, pp. 198—199；蔡鴻生《唐代九姓胡禮俗叢

考》,《文史》第 35 辑，1992 年，122 页。

〔50〕 唐长孺上引文，416—418 页。

〔51〕 《朝野佥载》，赵守俨点校本，中华书局，1979 年，65 页。

〔52〕 关于昭武九姓，参看桑山正进编《慧超往五天竺国传研究》，162—166, 168—169 页（古田丰执笔）；滑国，参看余太山《嚈哒史研究》，齐鲁书社，1986 年，143—144 页。

〔53〕 J. P. Asmussen, "Die Iranier in Zentralasien. Kultur-& religions-historische Bemerkungen", *Acta Orientalia*, XXVⅡ. 3/4, 1963, pp. 119—127; idem., "Peoples and Religions in Central Asia", *Xuāstvānīft, studies in Manichaeism*, Copenhagen 1965, pp. 131—134.

〔54〕 池田温《中国古代写本识语集录》，74 页。

〔55〕 穆舜英、王明哲、王炳华《建国以来新疆考古的主要收获》，新疆社会科学院考古研究所编《新疆考古三十年》，新疆人民出版社，1983 年，5 页，图版 43；彩色图版见新疆维吾尔自治区社会科学院考古研究所编《新疆古代民族文物》，北京文物出版社，1985 年，图版 118。

〔56〕 李遇春《新疆吐鲁番发现古代银币》，《考古通讯》1957 年第 3 期，70 页；夏鼐《新疆吐鲁番最近出土的波斯萨珊朝银币》，《考古》1966 年第 4 期，211—214 页；又《中国最近发现的波斯萨珊朝银币》，《考古学论文集》，北京科学出版社，1961 年，117—121, 124—126, 127 页。

〔57〕 Cf. D. Stronach, "On the Evolution of the Early Iranian Fire Temple", *Papers in Honour of Professor Mary Boyce（Acta Iranica* 25), Leiden 1985, pp. 605—628.

〔58〕 陈国灿认为《高昌乙酉、丙戌岁某寺条列月用斛斗帐历》所记之寺是佛教化的祆祠，见《魏晋南北朝隋唐史资料》第 9、10 期，4 页。又伊朗地区把祆祠改造成清真寺的例子，见 M. Shokoohy, "Two Fire Temples Converted to Mosques in Central Iran", *Papers in Honour of Professor Mary Boyce*, pp. 545—572.

〔59〕 关于祆教徒天葬的方法，见林悟殊《火祆教的葬俗及其在古代中亚的遗痕》，《西北民族研究》1990 年第 1 期，61—67 页。我们统计了本世纪初以来所发现的吐鲁番墓志。除黄文弼所获《唐麟德元年（664）翟那宁昏母康波蜜提墓志》和《唐神龙元年（705）康富多夫人康氏墓志》两方较晚的外，墓主几乎全是汉人，这也可以反证粟特人不土葬。参看黄文弼《高昌砖集（增订本）》，北京，1951 年，41—80 页，特别是 53, 79 页；白须净真、荻信雄《高昌墓砖考释（一）》，《书论》第 13 号，1978 年，179—190 页；侯灿《解放后新出吐鲁番墓志录》，《敦煌吐鲁番文献研究论集》第 5 集，1990

[60] H. W. Bailey, "Saka Śsandrāmata", *Festechrift für Wilhelm Eilers, ein Dokument der internationalen Forschung zum 27. September 1966*, ed. G. Wiessner, Wiesbaden 1967, pp. 136—143; idem., *The Culture of the Sakas in Ancient Iranian Khotan*, New York 1982, pp. 48—51.

[61] M. Mode, "Sogdian Gods in Exile—Some iconographic evidence from Khotan in the light of recently excavated material from Sogdiana", *Silk Road Art and Archaeology*, 2, 1991/92, pp. 179—214.

[62] 拙稿《西域粟特移民考》，馬大正等編《西域考察與研究》，新疆人民出版社，1994年，158-161頁。

（本文作者　北京大學歷史學系）

The Dating of the Early Spread of Zoroastrianism

Rong Xinjiang

Summary

In his article entitled *A study on the entry of Zoroastrianism into China*, famous historian Chen Yuan suggested that the first appearance of Zoroastrianism in China was in the Northern Wei and Southern Liang Dynasties (the early 6th century). Afterwards, more early dates were put forward by Professors Tang Zhang-ru, Liu Ts'un-yan, and Jao Tsong-i. Recently, an animated discussion about the meaning of the Heaven-God of the Gao-chang Kingdom (460—640 A. D.), mentioned both in the Chinese Historian Records and documents from Turfan, set off among the scholars such as Wang Su, Lin Wu-shu, and Chen Guo-can. Professor Jiang Bo-qin prefers Zoroastrianism for the Heaven-God, but he still leaves the question open.

In present paper, we turn our attention to the Sogdian documents discovered at Dunhuang and Turfan, because Sogdians were not only merchant, but also missionaries on the Silk Road according to the Chinese sources. Among the unearthed Sogdian manuscripts there are several Sogdian Ancient Letters. They were from Ku-chang (Liang-zhou) in Gansu Corridor, dated 311 A. D. or some years later. In these letters, we found the Zoroastrian title *s'rtp'w* (caravan-leader) and *βγnpt-* (lord of the temple), as well as some name of Zoroastrian deities such as Nanai in the personal names. So we can confirm that Sogdian Ancient Letters recorded the entrance of Zoroastrianism into Western Jin China.

As for the Heaven-God, it should be identified with *βγ* (the God), a synonym of the highest god in the Zoroastrian pantheon, i. e. *Ahura Mazda*. Chinese Historian recorded "generally the people worshipped the Heaven-God, and secondarily they believed in Buddhism in the Gao-chang Kingdom". We can draw a same conclusion from the fact that some Avestan words used in Sogdian and Khotanese Buddhist texts.

《貞觀政要》與貞觀君臣論治

吳宗國

一、《貞觀政要》與貞觀君臣論治

1.《貞觀政要》寄託了八世紀初政治家和史學家的政治理想

《貞觀政要》初次成書於唐中宗景龍三年（709）。編撰者吳兢有《上〈貞觀政要〉表》，見於北京圖書館藏明洪武三年王氏勤有堂本，亦見於日本鈔本[1]。表云："比嘗見朝野士庶，有論及國家政教者，咸云若陛下之聖明，克遵太宗之故事，則不假遠求上古之術，必致太平之世。故知天下蒼生所望於陛下者，誠亦厚矣。"中宗神龍元年（705）復位後，縱容武三思、韋后、安樂公主等干政，貴族高官競起第宅，盛造佛寺，度人不休，僧人免租庸者數十萬；中宗還擴大食實封，食封之家用丁達六十餘萬丁，食封家所收庸調絹超過了國家絹的收入。國家租賦，大半轉入私門。他們還賣官納賂，任用私人，造成濫官充溢，政治腐敗。許多官吏上疏進諫，都遭到中宗的拒絕。朝野士庶迫切要改變現狀。表中所云"天下蒼生所望於陛下者"，此之謂也。表的最後，吳兢寫道："《易》不云乎，'聖人久於其道而天下化成'。伏願行之而有恒，思之而不倦，則貞觀巍巍之化，可得而致矣。"進一步敦促中宗修貞觀之政，結束政治混亂局面，使天下化成，成太平之業。

唐玄宗時吳兢對《貞觀政要》進行了修訂，成書的時間在開元十七年之後，而開始修訂的時間，則在開元八年（720）至十年源乾曜為侍中、張嘉貞為中書令期間。[2]經過玄宗和姚崇、宋璟君臣的努力，穩定了政局，革除了弊政，生產由恢復走向發展，但也出現了新的問題。正如《唐大詔令集》卷一百三《處分朝集使敕八道》之七所云："將以固茲邦本，致諸昇平，而大道渺然，淳風未暢，租賦頗減，戶口猶虛，水旱相仍，耕桑莫贍。"因此，鞏固已經取得的成就，解決面臨的各種問題，把開元之治推向一個更高的境界，便成爲當務之急。繼姚崇、宋璟之後執掌朝政的源乾曜和張嘉貞，便把目光放到了貞觀時期的政化。吳兢修訂完成後的《貞觀政要序》云：

> 有唐良相，曰侍中安陽公，中書令河東公，以時逢聖明，位居宰輔，寅亮帝道，弼諧王政，恐一物之乖所，慮四維之不張，每克己勵精，緬懷故實，未嘗有乏。太宗時政化，良足可觀，振古而來，未之有也。至於垂世立教之美，典謨諫奏之詞，可以弘闡大猷，增崇至道者，爰命不才，備加甄錄。

不論是吳兢，還是源乾曜、張嘉貞，都把貞觀時期的政化看作是振古未有的。吳兢在唐中宗時寫的《上〈貞觀政要〉表》說得更爲明確："竊惟太宗文皇帝之政化，自曠古而來，未有如此之盛者也。雖唐堯、虞舜、夏禹、殷湯、周之文武、漢之文景，皆所不逮也。"沒有像貞觀君臣那樣，把五帝、二王視爲楷模，而是把貞觀政化奉爲典範。因此，這就不是一種高不可攀的理想境界，而是半個多世紀以前的現實；不是一種空泛抽象的理論，而是可以切實效法的榜樣。"於是綴集所聞，參詳舊史，撮其指要"，把貞觀君臣的對話、行事，以及大臣的奏疏分門別類，不加評論地加以敘述，編訂成十卷四十篇的《貞觀政要》。

由於形勢的發展，兩次定稿的時間不同，因此，在篇目上有所調整，內容也有刪改和補充。日本原田種成先生根據流傳到日本的各種鈔本，對此進行了詳細的研究，撰有《貞觀政要研究》可資參考，此不贅述。

2. 貞觀君臣論治是唐初政治家對治道政術的探索

唐太宗李世民即位前，先是忙於南征北戰，後來又忙於皇位爭奪，不論是治道政術，還是執政官員，準備都是不足的。儘管早在武德四年（621）攻下洛陽後觀隋宮殿時他就嘆曰："逞侈心，窮人欲，無亡得乎！"[3]即位後他也認識到"取之或可以逆得，守之不可以不順"。[4]但除了抽象的"增修仁義"，到底怎樣去順守，他是不清楚的。在他原有的班子秦府十八學士和留任的高祖時的宰相中，集中了各種人才，包括善謀能斷，運籌帷幄，在平定群雄和奪取皇位中成爲李世民左膀右臂的房玄齡、杜如晦，文學之士虞世南、褚亮、姚思廉，儒生陸德明、孔穎達等，唯獨沒有能幫助他正確分析政治形勢、確定治國方針的人才。而原太子李建成卻收羅了魏徵、王珪等一批來自下層或地方，博通經史，熟悉民間情勢，具有遠見卓識的經世治國的人才。在李建成與李世民爭奪皇位的鬥爭中，他們也出過不少主意，魏徵並曾勸建成早除世民。李世民即位後，拋棄前嫌，把他們都吸引到自己的周圍，並經常與他們及其他大臣一起議論，探討治道政術。這就是歷史上有名的貞觀君臣論治。

在貞觀君臣論治中，太宗即位後不久的一次議論具有特別重要的意義。《資治通鑒》卷一九三：「上之初即位也，嘗與群臣語及教化，上曰：『今承大亂之後，恐斯民未易化也。』」《貞觀政要》卷一《政體》的記載更爲詳實：

> 太宗與秘書監魏徵從容論自古理政得失，因曰：「當今大亂之後，造次不可致理。」徵曰：「不然。凡人在危困，則憂死亡，憂死亡則思理，思理則易教，然則亂後易教，猶飢人易食也。」太宗曰：「善人爲邦百年，然後勝殘去殺。大亂之後，將求致理，寧可造次而望乎。」徵曰：「此據常人，不在聖哲，若聖哲施化，上下同心，人應如響，不疾而速，朞月而可，信不爲難。三年成功，猶謂其晚。」太宗以爲然。封德彝等對曰：「三代以後，人漸澆訛。故秦任法律，漢雜霸道，皆欲理而不能，豈能理而不欲。若信魏徵所說，恐敗亂國家。」徵曰：「五帝、三王不易人而理，行帝道則帝，行王道則王，在於當時所理，化之而已。考之載籍，可得而知。……若言人漸澆訛，不及純樸，至今應悉爲鬼魅，寧可復得而教化耶！」德彝等無以難之，然咸以爲不可。太宗每力行不倦，數年間，海內康寧，突厥破滅。

在這次議論中，魏徵分析了大亂之後人心思治，人心思定的政治形勢，解除了太宗對大亂之後能否迅速致治的疑慮，堅定了太宗的信心；駁斥了封德彝等三代之後人漸澆訛，對百姓必須實行高壓的主張，指出只有行「帝道」、「王道」，即五帝、三王之道，實行教化的方針，才能致太平。

唐太宗完全接受了魏徵的意見。這在唐太宗政治思想的發展上，是一個巨大的轉折，是認識上的一次飛躍。在貞觀之治的局面剛剛形成的時候，太宗謂群臣曰：

> 貞觀初，人皆異論，云當今必不可行帝道、王道，惟魏徵勸我，既從其言，不過數載，遂得華夏安寧，遠戎賓服。（《貞觀政要》卷一《政體》。以下凡引自《貞觀政要》者，只注卷數，篇名）

貞觀十年，他談得更加明確。《貞觀政要定本》卷六《杜讒佞》：

> 朕是達官子弟，少不學問，唯好戎馬。至於起義，即有大功，既封爲王，偏蒙寵愛，理道政術，都不留心，亦非所解。及爲太子，初入東宮，思安天下，唯魏徵與王珪，導我以禮義，弘我以政道。我勉強從之，大覺其利益，力行不息，以致今日安寧，並是魏徵等之力，所以特加禮重，每事聽從。

魏徵和封德彝的辯論，對於太宗的思想固然產生了深遠的影響，但還只是解決了對形勢的認識和統治方針問題。在此後六七年裏，貞觀君臣經歷了一個反復的提出問題，學習、討論、實踐、總結的過程，逐步探求，對治道政術形成了一個比較系統、完整的理論。

二、貞觀君臣論治與傳統文化

1. 唐初對傳統文化的認識和態度

《隋書·經籍志序》云：“經籍也者，機神之妙旨，聖哲之能事。所以經天地，緯陰陽，正綱紀，弘道德。……其王者之所以樹風聲，流顯號，美教化，移風俗，何莫由乎斯道。……夫仁義禮智，所以治國也。方伎術數，所以治身也。諸子爲經籍之鼓吹，文章乃政化之黼黻，皆爲治之具也。”整理經籍以“弘道設教”，經籍皆爲治之具。這就是貞觀時期對傳統文化的基本認識。

在《經籍志》各條之後的叙論中，對兩漢以來的經學，頗多微詞，對史學亦多批評，獨於諸子有云：

> 《易》曰：“天下同歸而殊途，一致而百慮。”儒、道、小説，聖人之教也，

而有所偏。兵及醫方,聖人之政也,所施各異。……若使總而不遺,折之中道,亦可以興化致治者矣。

不抑此揚彼,也不獨尊一家,而是分別指出它們在"興化致治"方面所能起的作用,表現出一種尊重傳統,不迷信傳統,兼容並收,批判繼承,繼往開來的態度。

2. 貞觀君臣對傳統文化的學習

唐太宗即位之初,就很注意對經史的學習。《貞觀政要》卷七《崇儒學》:

> 太宗初踐祚,即於正殿之左置宏文館,精選天下文儒,令以本官兼署學士,給以五品珍膳,更日宿直,以聽朝之隙,引入內殿,討論墳典,商略政事,或至夜分乃罷。

太宗還命魏徵編纂了《群書治要》,摘要匯編了五經、《論語》、《孝經》、諸子以及《史記》、《漢書》、《後漢書》、《三國志》等典籍中有關治道政術和可資鑒戒的內容,作爲自己和諸王學習的材料。還下令設立秘書內省,修撰了《梁書》、《陳書》、《北齊書》、《周書》和《隋書》等五代史書,以爲統治鑒戒。

貞觀君臣通過學習和實踐,對學習傳統文化的重要性有了更深切的體會。

> 貞觀二年,太宗謂房玄齡曰:"爲人大須學問。朕往爲群凶未定,東西征討,躬親戎事,不暇讀書。比來四海安靜,身處殿堂,不能自執書卷,使人讀而聽之。君臣父子,政教之道,共在書內。古人云:'不學牆面莅事惟煩。'不徒言也。卻思少小行事,大覺非也。"(卷六《悔過》)

> 貞觀二年,諫議大夫王珪曰:"人臣若無學業,不能識前言往行,豈堪大任。"(卷七《崇儒學》)

> 貞觀三年,李大亮爲涼州都督。太宗下書曰:"……方大任使,以申重寄,公事之間,宜觀典籍。兼賜卿荀悦《漢紀》一部。此書敘致簡要,論議深博,極爲政之體,盡君臣之義。今以賜卿,宜加尋閱。"(卷二《納諫》)

> 貞觀六年,詔曰:"朕比尋討經史,明王聖帝,曷嘗無師傅哉。……前代聖王,未遭此師,則功業不著乎天下,名譽不傳乎載籍。況朕接百王之

末，智不同聖人，其無師傅，安可臨兆民哉！詩不云乎：'不愆不忘，率由舊章。'夫不學則不明古道，而能政致太平者，未之有也。"（卷四《尊敬師傅》）

貞觀九年，太宗謂魏徵曰："頃讀周齊史，末代亡國之主，為惡多相類也。"（卷八《辯興亡》）

貞觀九年，太宗謂公卿曰："……少從戎旅，不暇讀書。貞觀以來，手不釋卷，知風化之本，見政理之源，行之數年，天下大理而風移俗變，子孝臣忠。"（卷十《慎終》）

貞觀十二年，太宗謂侍臣曰："朕讀書見前王善事，皆力行而不倦。"（卷十《慎終》）

從上述言論可以看到，唐太宗讀書確是非常認真，並卓有成效的。至於大臣，從他們與太宗議論時言必堯舜周孔如何教導，語必歷代興亡鑒戒，可以知道他們對傳統文化典籍是非常熟悉，並有深刻理解的。

唐太宗一再提到"不學則不明古道"，只有讀書學習，才能識前言往行，"知風化之本，明政理之源"。綜觀《貞觀政要》中君臣言論，可知貞觀君臣所接受的傳統文化中的"古道"，主要是儒家的民本思想，即帝道、王道，道家清淨無為的思想，以及歷史上歷代興亡的經驗教訓。

儒家的民本思想，比較集中在《尚書》中成書較晚的《虞書》、《夏書》中。而在《貞觀政要》所載的君臣言論中，引用最多的典籍是《尚書》。而所引《尚書》之文，有一半以上出自《虞書》、《夏書》。《老子》雖引用不多，但清淨無為的思想卻貫串於許多言論之中。引史為鑒則幾乎在每次議論中都會出現。

這樣，貞觀君臣在議論時就能從統治理論、歷史經驗和現實情況三者結合的基礎上對治道政術進行探討，對軍國大政進行研究。因而貞觀君臣就能比其他一些時代的統治者站得高一些，看得深一些，能夠在統治理論和方法上有所創造，有所發展，並且在實踐上更加慎重，更加堅決。

三、貞觀君臣論治對中國古代政治思想的發展

唐太宗的高明之處並不在於他比別人站得高，看得遠，也不在於他提出了

多麽高明的見解和正確的方針，而在於他善於學習，經常與大臣一起議論。正是在議論的過程中，貞觀君臣提出了一系列的理論和政治原則。而唐太宗則始終處在主導地位，他不僅不斷提出新的問題，而且廣泛聽取群臣的意見，並加以集中，提到理論的高度，從而把中國古代政治思想推向一個新的階段。

1. 君權與爲君之道

《貞觀政要》卷一《政體》：

> 貞觀六年，太宗謂侍臣曰："'可愛非君，可畏非民。'天子者有道則人推而爲主，無道則人棄而不用，誠可畏也。"魏徵對曰："……臣又聞古語云：'君，舟也；人，水也，水能載舟，亦能覆舟。'陛下以爲可畏，誠如聖旨。"

唐太宗即位後，先後提出了爲君之道、明君暗君、隋煬帝、古之帝王有興有衰等問題與大臣討論。貞觀六年的這段話可以看作是貞觀君臣圍繞帝王和如何行使帝王權力討論的總結，有着豐富的內容和深刻的內涵。

首先是君主權力來源和君民關係問題。

君權神授的思想和君長的產生一樣久遠。西周時王稱爲天子，王權受命於天已經是貴族和百姓一種普遍承認的思想。春秋時期，王權衰落，周天子失去天下共主的地位。戰國時期，各國混戰不息。傳統的王權觀念受到很大衝擊。孟子在回答萬章"堯以天下與舜，有諸"時説："天子不能以天下與人，然則舜有天下，孰與之，曰：天與之。"[5]承認天子之位乃天與之。但同時又在論述天與之者，"天不言，以行與事示之而已"之後，引用了《尚書·周書·泰誓》："天視自我民視，天聽自我民聽。"這與當時把天命和民意結合起來的思潮是一致的。而在《孟子·盡心下》中孟子所強調的"民爲貴，社稷次之，君爲輕"，則更突出了民。《荀子·王制篇》："選賢良，舉篤敬，興孝弟，收孤寡，補貧窮，如是則庶人安政矣。庶人安政，然後君子安位。傳曰：君者，舟也；庶人者，水也，水則載舟，水則覆舟，此之謂也。"只強調了君權與民的關係，把王權完全與天脫鉤。這與他在《天論篇》中"明於天人之分"的思想是完全一致的，代表了孟子之外的另一種思潮。

《韓非子·五蠹》：

> 上古之世，人民少而禽獸衆，人民不勝禽獸蟲蛇。有聖人作，構木爲巢，以避群害，而民悦之，使王天下，號之曰有巢氏。民食果、蓏、蚌、蛤，腥臊惡臭，而傷害腹胃，民多疾病。有聖人作，鑽燧取火，以化腥臊，而民悦之，使王天下，號之曰燧人氏。中古之世，天下大水，而鯀、禹決瀆。近古之世，桀、紂暴亂，而湯、武征伐。

韓非從分析君長產生的原因入手，得出了"民悦之，使王天下"的結論，從根本上否定了君權天授説。因此，秦始皇統一全國，建立起皇帝制度後，雖然賦予皇帝以至高無上的權力，"天下事無大小皆決於上"，並吸受了五德終始説來神化皇權，給皇權蒙上一層神秘的色彩，但是没有着力去和天或上帝聯繫起來。

直到漢武帝時，董仲舒才重又提出王者受命於天之説。他在對策中提出："臣聞天之所大奉使之王者，必有非人力所能致而自至者，此受命之符也。天下之人同心歸之，若歸父母，故天瑞應誠而至。""國家將有失道之敗，而天乃先出災害以譴告之；不知自省，又出怪異以警懼之；尚不知變，而傷敗乃至。以此見天心之仁愛人君而欲止其亂也。"[6]其後，王者受命於天説一發而不可收，歷東漢而至魏晉南北朝，雖然皇權有所衰落，但除了鮑敬言的《無君論》，似乎没有提出其他相反的理論和觀點。天命論一直有着強大的影響。

唐太宗以皇帝的身分明確提出"天子者有道則人推而爲主，無道則人棄而不用"。雖然没有像韓非在《五蠹》中那樣從君長的產生來分析王權或皇權的來源，但他明確提出了天子是民推而爲主，而且可以棄而不用，強調皇帝與民的依存關係。這就否定了皇帝受命於天的觀點，否定了皇帝及其權力與天的聯繫。

在貞觀初年，太宗與大臣反復強調："以百姓之心爲心。"《貞觀政要》卷五《公平》：太宗曰："朕與公等，衣食出於百姓，此則人力已奉於上，而上恩未被於下。今所以擇賢才者，蓋爲求安百姓也。"認識到自己和官吏都是百姓養活的，因此，爲百姓辦事，恩及百姓，乃是一種責任，應盡的義務。在《貞觀政要》記載的貞觀二年君臣的幾次對話中，對此有進一步的發揮：

> 貞觀二年，太宗問黄門侍郎王珪曰："近代君臣理國，多劣於前古，何也？"
> 對曰："古之帝王爲政，皆志尚清淨，以百姓之心爲心。近代則唯損百姓

以適其欲。"（卷一《政體》）

（貞觀二年魏徵進言曰：）"陛下爲人父母，撫愛百姓，當憂其所憂，樂其所樂。自古有道之主，以百姓之心爲心。"（卷二《直諫》）

貞觀二年，太宗謂侍臣曰："朕每日坐朝，欲出一言，即思此一言，於百姓有利益否，所以不敢多言。"（卷六《慎言語》）

貞觀二年，太宗謂侍臣曰："朕每夜恒思百姓間事，或至夜半不寐，惟恐都督、刺史堪養百姓以否。"（卷三《擇官》）

在這幾次談話中，貞觀君臣都是只談百姓，把百姓之心和百姓利益作爲爲政的出發點。

而在貞觀二年的另外兩次談話中，則談到了天和天心。

貞觀二年，關中旱，大饑。太宗謂侍臣曰："水旱不調，皆爲人君失德。朕德之不修，天當責朕。百姓何罪，而多遭困窮。"（卷六《仁惻》）

朕每思出一言，行一事，必上畏皇天，下懼群臣。天高聽卑，何得不畏。群公卿士，皆見瞻仰，何得不懼。以此思之，但知常謙常懼，猶恐不稱天心及百姓意也。"（卷六《謙讓》）

貞觀八年，太宗也談到："朕每聞居靜坐，能自內省，恒恐上不稱天心，下爲百姓所怨。"（卷二《納諫》）"上順天心，下安百姓"[7]一類的說法，在先秦兩漢的典籍中屢有提及，這些談話說明，太宗也深受其影響。但從他所說的"朕德之不修，天當責朕。百姓何罪，而多遭困窮"來看，他在這裏並不是重復天人感應說的老調，而是對天人感應說提出了疑問。至於他所說的"天心"，與其說是一種高高在天的超自然的意志，還不如看作是一種神秘化了的帝王行事準則和行爲規範。因此，太宗對天的觀念其實是很模糊也很淡薄的。而對百姓，他則看得很重。

《貞觀政要》卷十《災祥》：

貞觀六年，太宗謂侍臣曰："朕比見衆議，以祥瑞爲美事，頻有表賀慶。如朕本心，但使天下太平，家給人足，雖無祥瑞，亦可比德於堯舜。……夫爲人君，當須至公理天下，以得萬姓之歡心。若堯舜在上，百姓敬之如天地，愛之如父母，動作興事，人皆樂之，發號施令，人皆悅之。此是大祥瑞也。

祥瑞固然是吉祥的徵兆，但按照傳統的説法，祥瑞總是和天聯係在一起的，它和災異一樣，是天對政治好壞的鼓勵或警告。而太宗以堯舜之政化爲大祥瑞，認爲只要"天下太平，家給人足"即可"比德於堯舜"，因而把"至公理天下，以得萬姓之歡心"作爲人君的最高準則。這完全是一種基於道義上的責任，是没有其他前提的。比起太宗貞觀二年所説的"猶恐不稱天心及百姓意也"是一個很大的改變。太宗着眼的完全是人事，天被抛到一邊。正是由於他在思想上有了這樣的變化，他才能作出"天子者有道則人推而爲主，無道則人棄而不用"這樣完全不具天命論色彩的論斷。把對皇權來源和君民關係的認識提到一個前所未有的高度。儘管這種觀點在唐初存在的時間並不很長，到貞觀十年魏徵就重新抬出"陛下受命於天"來向唐太宗進諫，但貞觀君臣以此爲出發點而提出的許多理論和原則，卻有着深遠的影響，一直爲後代所崇奉。

其次是爲君之道。唐太宗所説的"天子者有道則人推而爲主"的"道"，不是一個抽象的概念，而是有着具體的内容。這就是"爲君之道"。

《貞觀政要》卷一《君道》第一章：

> 貞觀初，太宗謂侍臣曰："爲君之道，必須先存百姓。若損百姓以奉其身，猶割股以啖腹，腹飽而身斃。若安天下，必須先正其身，未有身正而影曲，上理而下亂者。"

太宗已經認識到君主的存在是以百姓的生存作爲前提的，因此皇帝必須先存百姓。至於怎樣做才能不損百姓，在認識上還是不夠具體的。貞觀君臣在貞觀二年的談話中進一步回答了這個問題：

> 貞觀二年，太宗謂侍臣曰："凡事皆須務本，國以人爲本，人以衣食爲本。凡營衣食，以不失時爲本。夫不失時者，在人君簡靜乃可致耳。若兵戈屢動，土木不息，而欲不奪農時，其可得乎！"王珪曰："昔秦皇、漢武，外則窮極兵戈，内則崇侈宫室，人力既竭，禍難遂興。彼豈不欲安人乎；失所以安人之道也。亡隋之轍，殷鑒不遠，陛下親承其弊，知所以易之，然在初則易，終之實難。"（卷八《務農》）。

這次談話表明，貞觀君臣在總結歷代興衰存亡經驗教訓的基礎上，認識又有了進一步的發展。

國以民爲本的核心問題是衣食問題，是從《尚書·夏書·五子之歌》"民爲邦本，本固邦寧"、《淮南子·主術訓》"食者，民之本也；民者，國之本也"引申出來的，不是什麼新的思想。而唐太宗提出"凡營衣食，以不失時爲本"，把生產能否正常進行作爲中心問題提了出來，並且將之與國家的徭役、兵役徵發聯係起來，則把問題推向深入。王珪提出"人力既竭，禍難遂興"，則是從歷史的對比中得出了一個規律性的結論：國家的徵發，不論是戰爭還是土木興建，都必須保持在"人力不竭"，即百姓的承受能力的限度之內，以保證生產的正常進行和農民進行再生產的能力。這樣，才能保持政治上的穩定。這就是王珪所説的"安人之道"。唐太宗所説的"爲君之道，必須先存百姓"，這才有了更加具體的內容。

再次是對天子無道則人棄而不用的認識，貞觀初唐太宗在談到隋煬帝廣造宮室，大修馳道時就談到："人力不堪，相聚爲盜。……此皆朕耳所聞，目所見，深以自戒，故不敢輕用人力，惟令百姓安靜，不有怨叛而已。"[8]上引王珪所言"人力既竭，禍難遂興"，也明確指出"禍難興"的原因是"人力竭"，並且提出"亡隋之轍，殷鑒不遠"要吸取隋朝覆滅的教訓。貞觀君臣都認識到，對百姓的徵發超過了一定限度，百姓無法忍受，就會起來造反。"民"在貞觀君臣的心目中不再是一種任人宰割、消極被動的力量，而是一種可以使王朝覆亡的力量。太宗所云"無道則人棄而不用，誠可畏也"，不是抽象的説教，也不是一句口頭禪，而是親身經歷了隋末動亂的貞觀君臣對農民在一定程度上的畏懼心理的表述。正是這種畏民的心理使貞觀君臣在一段時間裏保持清醒的頭腦，"不敢恃天下之安，每思危亡以自戒懼"，兢兢業業，勵精圖治，並把民生問題作爲考慮一切問題時的出發點。

2. 怎樣運用君權

唐太宗曾説過，"安人寧國，惟在於君"。"今天下安危，係之於朕"。認識到自己作爲皇帝在整個政權結構中所處的核心地位和所應擔負的責任。因此，圍繞怎樣看待和運用皇權，太宗與大臣進行了反復的討論。

(1) 君人者，以天下爲公

太宗初即位，中書令房玄齡奏言，太宗爲秦王時的屬官沒有得到官職的，埋怨前太子李建成和齊王李元吉的屬官已經得到官職。太宗曰："古稱至公者，蓋謂平恕無私。丹朱、商均，子也，而堯舜廢之。管叔、蔡叔，兄弟也，而周公誅之。故知君人者，以天下爲公，無私於物。"貞觀元年，又有上封事者，請秦府舊兵並授以武職，追入宿衛。太宗謂曰："朕以天下爲家，不能私於一物。惟有才行是任，豈以新舊爲差。"[9]

貞觀二年，張蘊古自幽州總管府記室，兼直中書省，表上《大寶箴》，其中談到："聖人受命，拯溺亨屯，歸罪於己，因心於人，大明無偏照，至公無私心，故以一人治天下，不以天下奉一人。"最後也歸結到"天下爲公"。表上後，"太宗嘉之，賜帛三百段。"[10]，張蘊古的意見，得到太宗的肯定。

"天下爲公"出自《禮記·禮運篇》，是對"大道之行也"的大同世界的概括，包含了社會、經濟、政治和倫理道德等多方面的內容。而處於《禮運篇》所說的"今大道既隱，天下爲家"時代的貞觀君臣重新提出"天下爲公"，則是作爲一個政治原則提出來的，是要求在處理政事時，"以天下爲公，不能私於一物"。張蘊古提出的"至公無私心，故以一人治天下，不以天下奉一人"，則是在承認君主專制政治體制的前提下對君主的權力範圍和行事準則作了最大的限制和界定。

(2) 君主不能一人獨斷

君主不能一人獨斷，這是唐太宗與群臣總結歷代興亡教訓時得出的一個重要結論。

太宗即位之初，就有人上書，"言人主必須威權獨任，不得委任臣下。"[11]同年，太宗召見景州錄事參軍張玄素，訪以政道。張玄素對曰：

> 臣觀自古以來，未有如隋室喪亂之甚，豈非其君自專，其法日亂。向使君虛受於上，臣弼違於下，豈至於此。且萬乘之重，又欲自專庶務，日斷十事而五條不中，中者信善，其如不中者何？況一日萬機，已多虧失，以日繼月，乃至累年，乖謬既多，不亡何待！如其廣任賢良，高居深視，百司奉職，誰敢犯之。（《舊唐書》卷75《張玄素傳》）

貞觀四年（631），唐太宗在與蕭瑀談論隋文帝時，對這個問題作了進一步的發揮。他認爲隋文帝性至察而心不明，"不肯信任百司，每事皆自決斷，雖則勞神苦形，未能盡合於理。朝臣既知其意，亦不敢直言，宰相以下，惟即承順而已"。他表示：

> "朕意則不然。以天下之廣，四海之衆，千端萬緒，須合變通，皆委百司商量，宰相籌畫，於事穩便，方可奏行。豈得以一日萬機，獨斷一人之慮也。且日斷十事，五條不中，中者信善，其如不中者何？以日繼月，乃至累年，乖謬既多，不亡何待？豈如廣任賢良，高居深視，法令嚴肅，誰敢爲非！"因令諸司若詔敕頒下有未穩便者，必須執奏，不得順旨，便即施行，務盡臣下之意。（卷一《政體》）

話雖不長，但卻包含了豐富的内容，短短一百多字中，至少有下面幾層意思。

一是以天下之廣，四海之衆，皇帝是不可能徧知天下之事的；而事物又是千頭萬緒，變化多端的，要使決定都合於變通，合於不斷變化的情況，靠皇帝一人獨斷也是不可能的。這就爲君主不能一人獨斷從理論上作了説明。

二是肯定了皇帝每事皆自決斷，不可能盡合於理，一定會造成大量乖謬，也就是承認皇帝不是萬能的，也是會犯錯誤的。

三是提出了"皆委百司商量，宰相籌畫，於事穩便，方可奏行"的政務處理程序，強調發揮中央各官僚機構的作用，運用政治體制來保證決策和政令的正確制定，而不是單純強調廣任賢良。這是以三省制在隋末唐初確立作爲前提的。在三省制的政治體制下，皇帝只是國家權力機關的最高負責人，從決策到一般政務的決定，都嚴格地按照一定程序進行，最後由皇帝批準執行。在一般情況下，皇帝不能越過中書省和門下省直接發號施令。正是政治體制的這種變革，導致了政治觀念的更新。

四是明令詔敕頒下後，如有不穩妥的，臣下必須執奏，不得順旨施行。太宗強調的不是皇帝説的都是對的，皇帝決定的事都必須執行，而是反覆強調經過皇帝批準或同意的詔敕都可能有不穩便處，要求群臣"皆須執論"。貞觀三年太宗曾對侍臣曰："若惟署詔敕，行文書而已，人誰不堪，何煩簡擇，以相委付！"（卷一《政體》）如果不能認真負責，忠於職守，僅僅在詔敕或文書上簽個字，又有誰不能做呢？何必要委派你呢！

唐太宗還曾問門下省副長官黃門侍郎王珪，中書省所出詔敕，有不同意見或有錯失時，是否加以糾正？他並且指出，"人之意見，每有不同，有所是非，本爲公事"。但有的人往往護己之短，不願聽到批評或不同意見，不論別人的意見是否正確，都懷怨在心。有的人爲了避免個人之間的矛盾，或是顧惜別人的情面，雖然知道不當，也照樣施行。這實在是亡國之政！隋朝内外百官上下依違，當時不以爲患，最後終至滅亡。他要求大臣"滅私徇公，堅守直道"，勇於提出自己的意見，切勿上下雷同！（卷一《政體》）

（3）兼聽納諫。

貞觀二年，太宗問魏徵："何謂爲明君，暗君？"魏徵回答說："君之所以明者，兼聽也；其所以暗者，偏信也。"並舉秦二世偏信趙高，梁武帝偏信朱异，隋煬帝偏信虞世基，終至危亡爲例，說明"是故人主兼聽納下，則貴臣不得壅蔽，而下情必得上通也。"[12]唐太宗深以爲然，經常注意聽取臣下的意見。他命五品以上京官輪流在中書内省住宿，隨時召見，"詢訪外事，務知百姓利害，政教得失。"[13]

貞觀六年，太宗又謂侍臣曰："看古之帝王，有興有衰，猶朝之有暮，皆爲蔽其耳目，不知時政得失。忠正者不言，邪諂者日進，既不見過失，所以至於滅亡。朕既在九重，不能盡見天下事，故布之卿等，以爲朕之耳目。莫以天下無事，四海安寧，便不存意。"[14]

太宗君臣都懂得了解情況的重要性，把知百姓利害，時政得失，使下情必得上通看作是關係到國家興衰存亡的重要問題。因此，太宗不僅經常廣泛聽取不同意見，並且鼓勵臣下進諫。貞觀初，太宗嘗謂公卿曰："人欲自照，必須明鏡，主欲知過，必藉忠臣。"要求大臣"每看事有不利於人，必須極言規諫"。[15]他並且鼓勵臣下犯顏直諫。貞觀二年，他與侍臣談到隋煬帝"好自矜誇，護短拒諫"時說："若人主所行不當，臣下又無匡諫，苟在阿順，事皆稱美，則君爲暗君，臣爲諛臣。君暗臣諛，危亡不遠。朕今志在君臣上下，各盡至公，共相切磋，以成理道。公等各宜務盡忠讜，匡救朕惡，終不以直言忤意，輒相責怒。"[16]太宗這樣說，也這樣做。貞觀四年，太宗下詔發卒修復洛陽乾元殿，給事中張玄素上書諫止。張玄素認爲"承凋殘之後，役瘡痍之人，費億萬之功，襲百王之弊，以此言之，恐甚於煬帝遠矣。"太宗問他："卿以我不如煬帝，何如桀紂？"張玄素回答說："若此殿卒興，所謂同歸於亂"，和桀紂也是一樣。太宗終於接受了他的意見，暫時停止了這項工程。唐太宗認爲他能"以卑干尊，古來不易"，賜絹五百匹以資鼓勵。魏徵也稱嘆"張公遂有回天之力"。[17]

唐太宗堅持兼聽納諫，鼓勵不同意見的發表，鼓勵對皇帝的失誤提出意見，從而造成了一種讓人敢於說話，敢於發表自己的見解，敢於對皇帝提出批評，敢於堅持自己意見的政治環境。而這種比較寬鬆的政治環境對於調動大臣們的積極性，減少決策和政務處理上的失誤，起了極爲重要的作用。

3. 君臣關係

（1）君臣共治

圍繞君臣關係和怎樣爲臣，貞觀君臣也進行了許多次討論。

貞觀元年，太宗謂侍臣曰："正主任邪臣，不能致理。正臣事邪主，亦不能致理。惟君臣相遇，有同魚水，則海內可安。朕雖不明，幸諸公數相匡救，冀憑直言鯁議，致天下於太平。"[18]貞觀三年，又謂侍臣曰："君臣本同治亂，共安危，若主納忠諫，臣進直言，斯故君臣合契，古來所重。若君自賢，臣不匡正，欲不危亡，不可得也。君失其國，臣亦不能獨全其家。"[19]太宗這兩次談話都闡明了君臣本同治亂、共安危這樣一種相互依存的關係，並把主納忠諫，臣進直言作爲這種關係的主要內容。

而在貞觀之治的局面形成後，太宗則更強調了君臣共治的一面。貞觀五年，太宗謂侍臣曰："當今遠夷率服，百穀豐稔，盜賊不作，內外寧靜，此非朕一人之力，實由諸公等共相匡輔。"[20]貞觀九年，太宗謂公卿曰："朕端拱無爲，四夷咸服，豈朕一人之所致，實賴諸公之力耳。當思善始令終，永同鴻業。"[21]太宗沒有把功勞歸於自己，而是充分肯定了群臣在致天下太平中的作用，並要求大臣繼續共相匡輔，使統治長治久安，君臣永同鴻業。

（2）忠君愛民

在君臣關係方面，唐太宗在即位前後對於忠是很重視的。對忠於所事者，他總是加以肯定和寬容。而對於背主反覆者，則不屑一顧。他重用李勣，就是因爲李密失敗降唐後，李勣没有上表自獻民衆、土地，而是籍郡縣户口士馬之數啓李密，使李密自獻之。太宗對李勣這種不背主邀功的行爲留下了深刻的印象。後來在一次宴會上對李勣説："朕將屬以孤幼，思之無越卿者。公往不遺於李密，今豈負於朕哉。"[22]而在攻下東都洛陽後，誅殺單雄信，就是因爲在李密殺翟讓時，單雄信頓首求哀，後來李密失敗後，又投降了王世充，是一個反覆無常之輩。玄武門之變後，在處理魏徵等原太子李建成舊屬時，太宗也是因爲他們是忠於所事而不加治罪，並加以重用。

但在貞觀初年君臣議論的過程中，太宗對臣下没有强調忠，没有抽象地要求他們對皇帝個人忠誠。貞觀四年太宗曰："飭兵備寇，雖是要事。然朕唯欲卿等存心理道，務盡忠貞，使百姓安樂，便是朕之甲兵。"把留心治道政術，使百姓安樂，作爲忠的主要內容。把忠君和愛民聯繫起來，是和唐太宗對爲君之道的認識相一致的。只有臣下處處注意使百姓安樂，爲君之道才能落到實處。

4. 廣任賢良

以上所述，多屬思想認識和方針政策方面的問題。在具體操作上，貞觀君臣圍繞廣任賢良和堅守法令進行了許多討論。

對於廣任賢良，太宗有一個認識過程。貞觀元年太宗談到"今欲專以仁義誠信爲治，望革近代之澆薄也"。黄門侍郎王珪對曰："弘道移風，萬代之福。但非賢不理，惟在得人。"指出再好的方針如果不得賢才，國家還是治理不好的。太宗曰："朕思賢之情，豈捨夢寐。"意思是找不到賢才，正在爲此苦惱。給事中杜正倫進曰："世必有才，隨時所用，豈待夢傅説，逢呂尚然後爲治乎！"[23]太宗聽後深受啓發，命群臣舉賢。身爲最高行政長官的尚書右僕射封德彝久久不舉，太宗詰問道："致安之本，惟在得人。比來命卿舉賢，未嘗有所推薦。天下事重，卿亦分朕憂勞。卿既不言，朕將安寄？"封德彝辯解説："臣愚豈敢不盡情，但今未見有奇才異能。"太宗駁斥道："前代明王，使人如器，皆取士於當時，不借才於異代。豈待夢傅説、逢呂尚，然後爲政乎？且何代無賢，但患遺而不知耳。"[24]唐太宗引用孔子關於君子用人如器的思想，意思是對人才不能作不切實際的要求，不應求全責備，而是要用其所長。因此，問題不在於有沒有賢才，而在於對人才怎樣看待和使用。太宗在這裏還把杜正倫對他所說的"世必有才"的思想加以發揮，指出任何一個致治的時代都沒有向其他時代借過人才。這就從歷史上論證了每一個時代都會有它所需要的人才，關鍵是要發現和使用這些人才。

貞觀君臣進而對用人標準進行了探討。貞觀二年，太宗謂侍臣曰："爲政之要，惟在得人，用非其才，必難致治，今所任用，必須以德行學識爲本。"諫議大夫王珪曰："人臣若無學業，不能識前言往行，豈堪大任。"[25]

廣任賢良，對於太宗來說，不是口頭上說說而已的政治原則，而是有着實實在在的具體內容。太宗即位後，面臨着長期戰爭造成的混亂局面，農民流亡，生產凋敝，而原來高祖時執掌大權的勳貴和太宗爲秦王時的幕僚都無力處理這種複雜的局面，使政局迅速穩定下來。因此，唐太宗逐步調整了最高統治機構的成員。他先後罷去高祖時重用的宇文士及、裴寂等勳貴重臣，擺脫秦府舊屬的包圍，堅持"惟有才行是任，豈以新舊爲差"。"用人但問堪否，豈以新故異情"[26]的原則，起用了一批在隋末唐初戰亂中成長起來的，既具有使國家迅速致治的情懷和較高的學識水平，又具有豐富的政治經驗，並且熟悉下層情況和全國政治形勢的比較年輕的士人，如魏徵、王珪、韋挺、杜正倫等。

對新選用的官員，唐太宗也不是立即委以重任，而是在實際政務中加以考察，逐步地加以提拔。如魏徵，玄武門之變後，太宗引爲詹事主簿，旋爲諫議大夫。不久又任命爲給事中。有一次太宗根據封德彝的建議，點十八歲以下中男壯大者爲兵，魏徵堅持不肯署敕。太宗找他談話，他仍然堅持自己的意見，並且指出這樣做是"竭澤取魚"，並有悖於太宗經常所說的"我之爲君，以誠信待物，欲使官人百姓，並無矯僞之心"。[27]太宗聽後很高興，看到他論事精要，是一個不可多得的治國人才，便破格把他從正五品上階的給事中擢升爲正四品下階的尚書右丞，讓他與戴冑共同主持尚書省的工作。時在貞觀元年。到貞觀三年二月，又提升爲從三品的秘書監，參預朝政，做了宰相。又如馬周，原爲中郎將常何家客。有一次唐太宗命群臣極言得失。馬周爲常何草擬了一個有二十餘事的奏疏。唐太宗看後很奇怪一個武人能條陳這些事。當他得知是馬周所作，即日召見這位二十九歲的青年。"未至間,凡四度遣使催促。"[28]充分反映了唐太宗求賢若渴的心情。常何也因爲"知人"而受到賜絹三百匹的獎勵。但是唐太宗並没有讓馬周一步登天,而是先讓他直門下省,尋又任監察御史,累官至中書舍人。十五年後,馬周才被任爲宰相,時年四十五歲。

正是由於唐太宗這樣急於求賢,善於發現人才,細心地考察人才,不拘一格地提拔人才,把這些當時最優秀的人才放到最重要的崗位上,大膽地加以使用,放手地讓他們工作,因此,他在不長時間裏就調整好了中央政權機構的官員,建立起了一個適應當時穩定政局,恢復發展生產需要的中樞機構,並爲貞觀中後期乃至高宗時期準備了一批人才。這是貞觀之治能夠持續發展的基本保證。

5. 堅守法令

早在武德七年(624)唐高祖就頒佈了新律令,太宗即位後,進一步減輕了刑罰,把絞刑五十條改爲加役流,把流刑七十一條改爲徒刑,並對律令着手進行修訂。唐朝的律是刑法典,令則是對各項制度所作的規定。此外還有格、式。式是各部門的辦事條例、工作章程,格大多是各種禁令和違禁處罰的規定。律、令、格、式構成了一個嚴密的法的系統。其中令式對政府各部門的職掌、辦事的程式,乃至公文處理和傳遞的天數,都作了具體的規定。

唐太宗勵行法治,要求君臣都堅守法令,一切定於法,而不以皇帝的一時喜怒和片言隻字作爲標準。貞觀元年,他曾經說過:"法者,非朕一人之法,乃天下之法。"[29]當時朝廷大開選舉,有詐僞資階者,太宗曾令詐僞者自首,不首,罪至於死。不久,發現詐僞者,大理少卿戴胄據法斷以流刑。太宗知道後對戴胄說:"朕初下敕,不首者死。今斷從法,是示天下以不信矣。"戴胄回答說:"法者,國家所以佈大信於天下;言者,當時喜怒之所發耳。陛下發一朝之忿,而許殺之,既知不可而置之以法,此乃忍小忿而存大信。"[30]太宗接受了戴胄的意見,並注意力行。貞觀五年他對房玄齡等說:"自古帝王多任情喜怒,喜則濫賞無功,怒則濫殺無罪。是以天下喪亂,莫不由此。朕今夙夜未嘗不以此爲心。恒欲公等盡情極諫。"[31]貞觀六年又謂侍臣曰:"朕比來臨朝斷決亦有乖於律令者，公等以爲小事，遂不執言。凡大事皆起於小事，小事不論，大事又將不可救，社稷傾危，莫不由此。"[32]這兩次談話，都把堅守法令提到了國家興亡的高度，反映了太宗在這個問題上認識的深化。貞觀十一年魏徵回顧說：

> 管子曰："聖君任法不任智，任公不任私，故王天下，理國家。"貞觀之初，志存公道，人有所犯，一一置於法。縱臨時處斷，或有輕重，但見臣下執論，無不忻然受納。民知罪之無私，故甘心而不怨。臣下見言無忤，故盡力以效忠。（卷五《公平》）

以上五個方面，並不是貞觀君臣議論的全部內容，但從中我們也可以看到貞觀君臣議論的內容已經大大超過了前人，是在大量吸收傳統文化精華的基礎上，結合新的情況，加以創造發展，從而把中國古代政治思想推向了一個新的高峰。

四、貞觀君臣議論主題的變換

1. 居安思危

貞觀四、五年貞觀之治的局面初步形成後，居安思危是君臣議論的一個主題。貞觀五年，太宗謂侍臣曰："安不忘危，理不忘亂，雖知今日無事，亦須思其終始，常得如此，始是可貴也。"魏徵對曰："天下今雖太平，臣等猶未以爲喜。惟願陛下居安思危，孜孜不怠耳。"貞觀六年，太宗又謂侍臣曰："自古人君爲善者，多不能堅守其事。……朕所以不敢恃天下之安，每思危亡以自戒懼，用保其終。"[33]太宗也還能把這種憂患意識貫徹到自己的行動中。

貞觀十年，太宗向侍臣提出"帝王之業，草創與守成孰難"的問題。房玄齡認爲草創爲難，魏徵則認爲守成則難。太宗認爲"玄齡昔從我定天下，備嘗艱苦，出萬死而遇一生，所以見草創之難也。魏徵與我安天下，慮生驕逸之端，必踐危亡之地，所以見守成之難也。今草創之難，既已往矣，守成之難，當思與公等慎之。"[34]雖然最後還是落到守成上，但草創與守成孰難的問題唐太宗並沒有作出明確的回答。此後，像貞觀初年那樣，太宗不斷提出問題，與群臣集體議論的情況明顯減少。貞觀十一年和十三年令臣下上封事，也只是泛泛要求"極論朕過"。說明在社會穩定、經濟發展、統治鞏固的情況下，太宗已經看不到問題，不再作進一步的追求。

而魏徵、馬周、劉洎、岑文本等仍然保持着與下層的聯繫，時刻關心國家的命運。在貞觀十一年至十四年期間，他們不斷上疏，從多方面提出問題。特別是魏徵，在貞觀十一年，他先後五次上疏，反復提出了居安思危的問題。

在正月所上疏中，他首先提出自古帝王"克終者鮮，敗亡相繼，其故何哉？所以求之，失其道也。殷鑒不遠，可得而言。"接着他指出隋煬帝並不是因爲惡天下之治安，不欲社稷之長久，故行桀虐以就滅亡，而是因爲他"恃其富强，不虞後患，驅天下以從欲，罄萬物而自奉，採域中之子女，求遠方之奇異，宮苑是飾，臺榭是崇，徭役無時，干戈不戢，外示嚴重，內多陰忌，讒邪者必受其福，忠正者莫保其生，上下相蒙，君臣道隔，民不堪命，率土分崩，遂以四海之尊，殞於匹夫之手。"要求太宗"鑒彼之所以失，念我之所以得，日慎一日，雖休勿休"。[36]要在行動上作出努力。

在四月所上疏中，魏徵開宗明義："臣聞求木之長者，必固其根本；欲流之遠者，必浚其泉源；思國之安者，必積其德義。"人君"不念居安思危，戒奢以儉，德不處其厚，情不勝其欲，斯亦伐根以求木茂，塞源而欲流長者也"。他並且進一步指出，帝王"有善始者實繁，能克終者蓋寡，豈取之易而守之難乎"？那麼，怎樣才能積其德義，使情勝其欲呢，魏徵提出：

> 君人者，誠能見可欲，則思知足以自戒；將有作，則思知止以安人；念高危，則思謙沖而自牧；懼滿溢，則思江海下百川；樂盤遊，則思三驅以爲度；憂懈怠，則思慎始而敬終；慮壅蔽，則思虛心以納下；想讒邪，則思正身以黜惡；恩所加，則思無因喜以謬賞；罰所及，則思無因怒而濫刑。總此十思，弘茲九德，簡能而任之，擇善而從之，則智者盡其謀，勇者竭其力，仁者播其惠，信者效其忠。文武爭馳，君臣無事，可以盡豫遊之樂，可以養松喬之壽。鳴琴垂拱，不言而化，何必勞神苦思，代下司職，役聰明之耳目，虧無爲之大道哉！（卷一《君道》）

這就是爲後代廣爲傳誦的《諫太宗十思疏》。此二疏對太宗都沒有提出正面的批評，只是通過歷史的分析要太宗"鑒彼之所失"，求守成之道；從理論上說明人君必須居安思危，戒奢從儉，積其德義，才能使國家久安。是在新的情況下對貞觀初年君臣經常議論的為君之道、安人之道加以進一步發揮。

十思中，"見可欲"、"將有作"，是指君主的欲望；"念高危"、"懼滿溢"是指君主對自己地位和功業的滿足；"樂盤遊"、"憂懈怠"是指君主對政務的勤怠；"慮雍蔽"、"想讒邪"是指君主對下情的了解；"恩所加"、"罰所及"則是指君主對賞罰的正確行使。十思就是如果碰到這些情況應該思些什麽，想些什麽，怎樣避免這些錯誤。

疏中還提到"弘兹九德"。九德見於《尚書・虞書・皋陶謨》，言人之德見於行者，具體為"寬而栗、柔而立、願而恭、亂而敬、擾而毅、直而溫、簡而廉、剛而塞、強而義"，涉及為人處世的各個方面。

十思、九德主要屬於思想德行、君主個人修養的範圍，至於應該怎樣做，魏徵則概括為"簡能而任之，擇善而從之"十個字。他指出，只要做到這兩點，便能調動百官中智者、勇者、仁者、信者的積極性，各司其職，君主便可以垂拱而治，實現無為之大道。

清淨無為的道家思想對唐初政治有着深刻的影響。貞觀二年王珪談及秦皇、漢武失所以安人之道，希望太宗慎終如始後，太宗道："公言是也，夫安人寧國，惟在於君。君無為則人樂，君多欲則人苦。朕所以抑情損欲，剋己自勵耳。"[37]直到貞觀九年，太宗還對侍臣談到，他看到隋煬帝宮中美女珍玩，無院不滿，意猶不足，征求無已，兼窮兵黷武，百姓不堪，遂至滅亡。"故夙夜孜孜，惟欲清淨，使天下無事"。[38]《十思疏》中魏徵提出的"無為之大道"則不僅是思想上的清淨，行動上的無為，而且包含了指導貞觀政治的理論基礎之一的道家思想和貞觀君臣所追求的理想的政治境界。

2. 不悅逆耳之言

貞觀十一年五月魏徵在所上疏中談到："伏惟陛下欲善之志不減於昔時，聞過必改，少虧於曩日。若以當今之無事，行疇昔之恭儉，則盡善盡美矣。"[39]語氣是比較緩和的。而在另一次上疏中魏徵則尖銳地對太宗的思想和行為提出了批評：

> 自頃年海内無虞，遠夷懾服，志意盈滿，事異厥初。高談疾邪，而喜聞順旨之説；空論忠讜，而不悦逆耳之言。私嬖之徑漸開，至公之道日塞。[40]

太宗雖然在手詔中説"省前後諷諭，皆切至之意"，但除了標榜自己即位十餘年來"垂拱無爲"，"常懼萬機多曠，四聰不達，戰戰兢兢，坐以待旦，詢於公卿，以致隸皂"，對於魏徵的批評，在手詔中無一言及之，實際上是没有聽進去。因此，貞觀十二年魏徵在回答太宗"比來所行得失政化何如往前"時，指出"若德義潛通，民心悦服，比於貞觀之初，相去又甚遠"。太宗頗不以爲然。魏徵進一步談道：

> 昔者四方未定，常以德義爲心。旋以海内無虞，漸加驕奢自溢。所以功業雖盛，終不如往初。
>
> 貞觀之初，恐人不言，導之使諫。三年已後，見人諫，悦而從之。一二年來，不悦人諫，雖勉強聽受，而意終不平，諒有難也。

太宗聽後還是不能接受，反問"於何事如此？"待魏徵舉出事實後，太宗曰："人皆苦不自覺，公向未道時，都自謂所行不變。及見公論説，過失堪驚！"[41]也還是就事論事，對於魏徵批評的"志意盈滿"、"驕奢自溢"，還是没有"自覺"。

3. 待下之情未盡於誠信

貞觀初年，唐太宗廣任賢良，虛心納諫，君臣契合，寄同魚水，上下同心，固同金石。但隨着貞觀之治局面的形成和形勢的變化，太宗與大臣的關係和對大臣的態度也發生了變化。正如魏徵在貞觀十一年所上十思疏中所云："夫在殷憂，必竭誠以待下。既得志，則縱情以傲物。"在此後的幾個奏疏中，魏徵一再指出，太宗"待下之情未盡於誠信"，對於擔任中樞要職的大臣，"任之雖重，信之未篤"。"至於有事，則信小臣而疑大臣"。[43]

魏徵並且指出由此而造成的兩個嚴重後果，一是由於"信之未篤，則人或自疑；人或自疑，則心懷苟且"。嚴重影響了大臣的負責精神和積極性的發揮。二是由於信小臣而疑大臣，因此往往"求其細過"。刀筆之吏則"順旨承風，舞文弄法，曲成其罪"。大臣如果申辯，則以爲是心不服罪。不申辯則以爲是所犯皆實。大臣"進退惟咎，莫能自明，則苟求免禍"[44]。奸邪之徒也乘機攻擊正直敢言的大臣，使他不敢無保留地直言。這樣，便會出現欺詐萌生，矯僞成俗，視聽混淆，情不上通，毀譽決於小人，刑罰加於君子的嚴重局面。[45]

怎樣在新的情況下搞好君臣關係，魏徵向太宗提出：

其一：君必藉臣以致治，而臣能否盡心竭力，"非惟高官厚祿，在於禮之而已"。他並且抬出孟子的話："君視臣如手足，臣視君如腹心。君視臣如犬馬，臣視君如國人。君視臣如糞土，臣視君如寇仇。"他還引用了《荀子·王制》所云："君，舟也；人，水也，水所以載舟，亦所以覆舟。"[46]荀子的話他雖然沒有加以發揮，但結合他所引上述孟子的話，魏徵在這裏實際上是通過論述君主無禮於臣下的嚴重後果來說明以禮對待臣下的重要性。

其二："夫委大臣以大體，責小臣以小事，爲國之常也，爲理之道也。"[47]要讓大臣和小臣都按照他們的官職所賦予的職守去發揮他們的作用，各得其所，各盡其力。

其三："親愛君子，疏斥小人"。"善善而惡惡，審罰而明賞，則小人絕其私佞，君子自强不息。無爲之治，何遠之有"。[48]

魏徵的上述議論集中到一點，就是君主到底依靠誰來進行統治。雖然魏徵只是提出是依靠大臣，還是依靠小臣；是依靠一心致治、剛直忠貞的君子，還是依靠阿諛奉承，内懷姦利，承顔順旨，危人自安的小人？這實際上還只是一種表面現象。

貞觀初年，唐太宗儘管把關隴貴族作爲自己統治的核心，但同時起用了一大批一般地主家庭出身、來自下層的官吏，並把他們放到關鍵部門擔任負責的工作。在當時，太宗對他們是信用不疑的。但隨着統治的穩定，以及這些人力量的發展，唐太宗對他們的疑忌也增加了。太宗曾想通過把公主嫁給大臣子弟的辦法來擴大統治核心，但由於太宗的門閥思想作怪，因此除了極少數的一兩個人，這些人都被排斥在外。貞觀十一年治書侍御史劉洎所揭露的尚書省詔敕稽停，文案壅滯，綱維不舉，"並爲勳親在位，器非其任"，[49]並不是一種偶然的現象，正是太宗上述思想的反映。重用小臣，求大臣細過，遠君子、近小人等現象也都是在疑忌非勳貴大臣這樣一個背景下出現的。

4. 漸不克終

從唐太宗即位到貞觀六年（626—632），貞觀君臣議論的主要內容是對治道政術的探討。而到貞觀十一年至十四年期間，則主要是臣下對朝政和太宗個人的思想行爲的諫諍。

貞觀十三年，魏徵上疏列舉太宗漸不克終事十條，將太宗在貞觀初年的思想行爲和貞觀十年後的變化加以集中的對比。疏中指出：

貞觀之初，太宗愛民如子，無爲無欲，損己利物，事惟清淨。近年以來，不能固志，意在奢縱，輕用人力，甚至説："百姓無事則驕逸，勞役則易使。"

貞觀之初，求賢若渴，信而任之；敬以接下，君恩下流，臣情上達。近年以來，輕褻小人，好惡由心，或一人毀而棄之，或一朝疑而棄之，"不審察其根源而輕爲之臧否"。

貞觀之初，孜孜不怠，屈己從人，恒若不足。近年以來，微有矜放，意蔑前王，心輕當代。欲有所爲，皆取遂意。縱或抑情從諫，終是不能忘懷。志在嬉遊，不復專心政事。[50]

此疏大體反映了這個時期大臣諫諍的主題，可以看作是這個時期臣下議論的總結。而太宗則始終處在被動的地位。

貞觀十五年唐太宗又一次與侍臣討論守天下難易問題。魏徵認爲甚難。太宗則曰："任賢能，受諫諍即可，何謂爲難？"魏徵答曰："觀自古帝王在於憂危之間，則任賢受諫。及至安樂，必懷寬怠。言事者惟令兢懼。日陵月替，以至危亡。"[51]唐太宗雖然還没有達到"日陵月替，以致危亡"的程度，但也没有逃脱"及至安樂，必懷寬怠"這一規律。

貞觀中晚年，在巨大的成功面前，唐太宗自認爲在武功、文治和懷遠三方面都大大超過了古人，驕滿情緒有了很大滋長，但有時還能保持清醒的頭腦。貞觀十七年二月，在一次談話中他説：

人主惟有一心，而攻之者甚衆。或以勇力，或以辯口，或以諂諛，或以姦詐，或以嗜欲，輻湊攻之，各求其售，以取寵祿。人主少懈，而受其

一，則危亡隨之，此其所以難也。(《資治通鑑》卷一九六)

李治在貞觀十七年被立爲太子後，唐太宗對他"遇物必有誨諭。見其臨食將飯，謂曰：'汝知飯乎？'對曰：'不知。'曰：'凡稼穡艱難，皆出人力。不奪其時，常有此飯。'見其乘馬，又謂曰：'汝知馬乎？'對曰：'不知。'曰：'能代人勞苦者也。以時消息，不盡其力，則可以常有馬也。'見其乘舟，又謂曰：'汝知舟乎？'對曰：'不知。'曰：'舟所以比人君，水所以比黎庶。水能載舟，亦能覆舟。爾方爲人主，可不畏懼。'見其休於曲木之下，又謂曰：'汝知此樹乎？'對曰：'不知。'曰：'此木雖曲，得繩則正。爲人君雖無道，受諫則聖。此傅說所言，可以自鑒。'"[52]沒有忘記把爲君之道、安人之道傳授給他的後繼者。

注釋

[1] 原田種成：《貞觀政要の研究》；《貞觀政要定本》。

[2] 據《新唐書·宰相表》、《舊唐書·源乾曜傳》、《舊唐書·張嘉貞傳》，開元八年五月，源乾曜爲侍中，張嘉貞爲中書令。十一年二月張嘉貞貶出。吳兢《貞觀政要序》中提到宰相源乾曜、張嘉貞令其編撰，故開始編撰的時間當在開元八年五月至十一年二月期間。張嘉貞其後封河東侯，源乾曜封爲安陽公的時間則在開元十七年。序中提到源、張二人封爵，故成書上進的時間應在源乾曜封爲安陽公之後。

[3] 《資治通鑑》卷一八九武德四年。

[4] 《資治通鑑》卷一九二太宗貞觀元年六月戊申條。

[5] 《孟子·萬章》。

[6] 《漢書》卷五六《董仲舒傳》。

[7] 《漢書》卷九八，《元後傳》。

[8] 《貞觀政要》卷十《行幸》。

[9][11][26][29][30][40] 《貞觀政要》卷五《公平》。

[10][39] 《貞觀政要》卷八《刑法》。

[12][34][36][51] 《貞觀政要》卷一《君道》。

[13][14][32][38] 《貞觀政要》卷一《政體》。

[15][16][18][31] 《貞觀政要》卷二《求諫》。

[17] 《貞觀政要》卷二《納諫》。

[19][43][44][46][47] 《貞觀政要》卷三《君臣鑒戒》。

〔20〕〔21〕〔33〕〔50〕　《貞觀政要》卷十《慎終》。

〔22〕〔28〕　《貞觀政要》卷二《任賢》。

〔23〕　《貞觀政要》卷五《仁義》。

〔24〕〔49〕　《貞觀政要》卷三《擇官》。

〔25〕　《貞觀政要》卷七《崇儒學》。

〔27〕〔41〕　《貞觀政要》卷二《直諫》。

〔37〕　《貞觀政要》卷八《務農》。

〔42〕〔45〕〔48〕　《貞觀政要》卷五《誠信》。

〔51〕　《貞觀政要》卷四《教戒太子諸王》。

（本文作者　北京大學歷史學系）

Zhen'guan Zhengyao and the Discussions of the Emperor Tang Taizong with his Ministers

Wu Zhongguo

Summary

In the book *Zhen'guan Zhengyao* (*The Policies in the Years of Zhen'guan*, 6 27—649 *AD*) contained the political ideals of the statesmen and historians in the 7th century. The discussions of the emperor Tang Taizong (reigned in 626—649 AD) with his ministers about domination were the researches of statesmen into the arts of governance in the early Tang Dynasty when the traditional culture was taken in everything, assimilated with criticism, carried forward and forged ahead into the future, its essences were absorbed, and the experiences and lessons of ups and downs in history were summed up. The emperor Tang Taizong and his ministers often approached the arts of governance on the basis of synthesizing the ruling theories, historical experiences and actual conditions. Discussing the problems of what is the monarchical power and the way to be a monarch, how does use the the monarchical power, what should be the relation between a monarch and his subjects and the way to be a subject, how do widely elect and apoint the wise and virtuous men, and how do strictly enforce the law, ect. , the emperor Tang Taizong and his ministers developed the ancient Chinese political idea with a series of theories and priciples, such as "The Son of Heaven (the emperor) is a lord chosen for his just cause but thrown over for his unjust cause", "The monarch should not be a dictator" as well as listening to both sides and accepting remonstrances, loyalty to monarch and cherishing people, only dealing with the wise men, having the country to serve the interests of vast majority but not merely for one man (a monarch), submiting to the public with private interests, etc. After the eleventh year of Zhen'guan (637 AD), the ministers had sharp criticisms on the emperor Tang Taizong for being prepared for danger in times of peace, being careful in the end just as the begining as well as the problems of disliking the advice unpleasant to hear, no-confiding in ministers and being biased to villains, etc.

唐代直官制初探

李錦綉

　　見於唐代史籍中的"直官"有兩種，其一爲宿直之官，據《唐六典》卷一尚書都省左右司郎中員外郎條，知"內外百僚，日出而視事，既午而退，有事則直官省之"，這裏的"直官"即指午後和晚上宿直官衙的官。除諸司長官、通判官及上佐、縣令外，內外官均要輪流宿直。安排宿直的記錄爲直簿。《唐會要》卷八二特列"當直"一門記錄官員宿直時的具體情況。宿直是官員休假值班制度的一部分，但不屬於官品令或職員令。另一含義的直官是一種官制，《新唐書》卷四七百官志殿中省條略云：

　　（尚藥局）直官十人。

　　（尚乘局）直官二十人。

這十名、二十名直官並不是宿直之官，而是與職、散、勳、爵、衛不同的另一類官，本文所論的正是這種直官制。

　　《唐六典》卷二吏部郎中職掌條云：

　　凡諸司置直，皆有定制。（諸司諸色有品直：吏部二人，兵部三人，考功、職方、庫部、戶部、度支、駕部、比部各一人，門下省明法一人、能書二人、裝潢一人，刑部明法一人，弘文館學直四人、造供奉筆二人、造寫御書筆二人、裝書一人、搨書一人，修史館裝書一人，中書省明法一人、能書四人、裝制敕一人、翻書譯語十人、乘驛二十人，集賢院能書六人、裝書十四人、造筆四人，大理寺明法二人，太常寺三十人，光祿寺十人，鴻臚寺譯語並計二十人，金銀作一人，漆作一人，太府、太僕、衛尉、司農寺各三人，沙苑監一人，少府監十四人，將作監五十人，殿中省尚食局尚藥局各十人、尚乘局二十人、尚輦局三人、尚舍局四人、尚衣局一人，祕書省圖畫一人，丹青五人，造筆一人，太史監五人，國子監明五經一人、文章兼明史一人，崇文館搨書一人，內侍省一百人，內坊四人，僕寺十人，家令寺七人，教坊二十人，總監十四人，軍器監四人，隴右六使孳課一十二人，太原府監牧役使孳課二人。外官直考者，選同京官。其前官及常選人，每年任選。若散官、三衛、勳官直諸司者，每年與折一番。）

這是有關直官設置的最完整記錄。爲了便於使用，我們先來考證一下此段的時間。

《元和郡縣圖志》卷一三河東道太原府條記玄宗開元十一年，"改并州爲太原府"，兩《唐書·地理志》同，《六典》此段有"太原府"，則其時間當在開元十一年之後。又《唐六典》卷九記，集賢殿書院開元十三年置，則此段最上限可定爲開元十三年，同書卷一〇太史局令下注略云：

開元二年，又改令爲監……十四年，又改爲局，復爲太史令二員，隸祕書。[1]

則太史監存在的時限在開元二至十四年之間，置直一段有太史監，則表明其在開元十四年之前，這樣我們可以初步確定《六典》關於置直的令式是開元十三、十四年之間的，但這段令式也有後來修改的痕迹，如同書卷九"裝書直十四人"下注云：

開元六年置八人，七年更加十人，十九年八月減四人。

裝書直開元十三、十四年十八人，十九年才減爲十四人，《六典》卷二記爲"十四人"，當是後來修改者，但令式的具體框架還是開元十三、十四年者。

直官性質如何，自宋以來，學者們多語焉不詳，兩《唐書》職官志、百官志、《通典》、《會要》等對唐直官也未有完整記載。幸賴《六典》此段，爲我們恢復唐代直官制度提供了最基本史料。本文以《六典》此段爲中心，結合史籍、墓志、文書中的資料，初步探索直官的設置、種類、意義，力圖從直官的角度解釋唐官制並探討唐科技文化發達的原因，請讀者指正。

一

直官是不同於職、散、勳、爵、衛的另一類官。《唐會要》卷三一輿服上雜錄門略云：

> （太和）六年六月敕，詳度諸司制度條件等，《禮部式》：親王及三品已上，若二王後服色用紫，飾以玉……九品已上，服色用青，飾以鍮石。應服綠及青人，謂經職事官成及食祿者。其用勳官及爵，直司依出身品，仍聽佩刀礪紛帨。

職事官服色依本品，即散品[2]，《禮部式》中也提到了勳、爵、直司服飾，可見直司不同於職、散、勳、爵，身份特殊。同書卷二五文武百官朝謁班序門引《儀制令》略云：

> 諸在京文武職事九品以上，朔望日朝。其文武官五品以上及監察御史、員外郎、太常博士，每日朝參……其長上折衝果毅、若文武散官五品以上、直諸司及長上者，各準職事參。

將直司朝參單獨標出，並注明直司同職事參，表明了直司的特殊性。據上引《六典》卷二，直司的充任者有外官、前官、常選人、散官、三衛、勳官，這些官按例不在朝參範圍之內，但一任直司，即同在京職事朝參，可見直官不但不同於一般的職、散、勳、衛等，而且從某種意義上說，還比散、勳、衛等更為重要。

直官的特殊性還表現在其待遇及選拔標準上。《唐六典》卷二一國子監"大成十人"下注云：

> 俸祿、賜會同直官例給。

可見直官有自己的給俸祿賜會方式。直官祿俸等如何給呢？《唐會要》卷七五附甲門云：

> （貞元）八年二月戶部奏，內外官應直京內百司及禁中軍并國親勒留人等，戶部侍郎盧徵奏，伏以前件直司諸勒留官等，若敕出日便帶職事及勒留京官，即合以敕出為上日，外官比敕到為上日，如本司未經奏聞，即

合同赴任官例。准貞元六年二月二十四日敕，待甲出後，省符到任日，支給俸料者，甲出未帶勒留官簽符，先下州府交替，理例未免喧爭。伏請起今以後，並須挾名勒留，敕到任方爲上日，支給料錢，其附甲官有結甲，依前勒留。直諸司者，待附甲後，簽符到州爲上日，支給課料，冀塞倖求，庶絕論訴。

這是有關直官待遇的重要史料，勒留官與本文無關，先置不論，內外官任直司俸料支給頗爲複雜。唐後期京官俸料由户部司給[3]，外州由州府自給，外官直京司者俸料由户部奏，當同京官例給。外官直司由於未赴任，無上日，所以户部奏和前敕反復規定外官直者上日問題，確定供給俸料時間，外司直官"待附甲後，簽符到州爲上日"，可見給俸的品和時間按外官，而按外官本身品級同京官例給俸祿等，當是外官充直者的待遇特色。直官這種給俸祿方法我們可以概括爲借品給，由於直官本身無品級，要借任直者原來身份的官品給。內外職事官充直者借其職事品，前資借其前任官品，三衛、衛官借其衛官品，利用這些品級，給同京官職事的祿俸賜會，這是直官的祿俸標準。散官充直，亦有這些待遇。如《唐六典》卷二一規定國子監直講"俸祿賜會同直官例"，但墓誌中所見充直講的人爲宣德郎行國子監直講、朝議郎充直講（詳見下論），均爲散官直講，既然俸祿賜會同直官，可見散官充直有祿俸賜會等，而這些俸祿等的支給標準當是借其散品給。除京官外，外官、前資、衛官、散官（包括常選人）充直給祿俸標準都有變化，外官、衛官祿俸待遇與京官不同，單純的外官、衛官若不充直，不會按京官標準給；前資、散官、常選人無祿俸，但一入直司，則借其品階享有俸祿待遇。據此可知，直官有一套獨立的待遇標準，只不過直官本身無品級，它需要借充直者原來官品來作爲祿俸的供給等級而已。

　　直官的選舉標準也與其它職事不同。《唐六典》卷二吏部尚書侍郎條云：

　　　凡伎術之官，皆本司銓注訖，吏部承以附甲焉。（謂秘書、殿中、太僕寺等伎術之官，唯得本司遷轉，不得外叙。若本司無闕者，聽授散官，有闕先授。若再經考滿者，亦聽外叙。）

伎術出身者授官由本司銓注，伎術直由本司授予，當無疑義。非伎術直也多由當司長官確定，如《舊唐書》卷一五九韋處厚傳云：

>裴垍以宰相兼修國史，奏以本官充直館。

直館也由史館負責人自選。但直司的來源有本色直及他司直兩種，外司直如何選授呢？《唐會要》卷六五太常寺長慶四年七月敕略云：

>吏部所注太常寺伎術官直……太常寺所論員闕，從來年以後，並任本寺收管，諸司更不得占授。

似伎術直官也有由吏部注擬者，並不完全屬於太常，長慶四年後，才完全由太常收管。同書同卷殿中省開元二十八年四月十三日殿中奏稱尚食局無品直司六人，考滿後補額內直，但近年來額內直有闕，"多被諸色人請射"，希望今後有闕先授無品直司，"妄來請射，不在補限"。元和三年五月條有"伏請宣付吏部，准舊例處分"，知補授者為吏部。吏部補授直司與補其它官不同，直司的補授標準不是身、言、書、判，而是先由各色人"請射"，自薦才於吏部，有司考以專業才能，如《元和姓纂》卷一〇帥姓范陽條云：

>開元中幽州人帥夜光上《三元異義》三十卷，集賢院試三元策十道，及第，詔直國子監。

帥夜光由集賢考試，就三玄內容策試十道，因明道直國子為額外直，故下詔特置，吏部授其它直司也應像授帥夜光一樣，考以專業技術，因才授之。此外，直官還有他官薦直（如呂才直弘文館），皇帝自招直（如孫思邈直尚藥局）等，入直途徑不同，以才入直的標準則是相同的，這顯然與循求資格、以書判分等的一般職事官的選授不同。

直官不像職、散、勳、爵、衛等有自己的品級、體系，直官具有諸官臨時差充的性質，是否可與檢校、試、判、知、攝、員外等視為一類呢？沈括在《夢溪筆談》卷二故事中曾用"官序未至而以他官權攝"來釋直官，是否正確呢？答案應是否定的。《通典》卷一九歷代官制總序解釋了檢校、試等官的特色，指出："試者，未為正命"；"員外官，其初但云員外，至永徽六年，以蔣孝璋為尚藥奉御，員外特置，仍同正員。自是員外官復有同正員者，其加正員者，唯不給職田耳，其祿俸賜與正官同，單言員外者，則俸祿減正官之半"；"攝者，言敕攝，非州府版署之命。檢校者，云檢校某官[4]。判者，云判某官事。知者，云知某官事。皆是詔除，而非正命"。除員外官尚有授親、賞功、左降等特殊目的外，前期的檢校、試等都具臨時差遣的性質，未形成一套制度，故《新唐書》卷四六百官志概括爲："至於檢校、兼、守、判、知之類，皆非本制。"直官有定數，"諸司置直，皆有定制"，有自己特殊的服飾，雖無從一品至九品的等級，但有自己的選拔晉陞標準、祿俸待遇，故而直官與檢校、攝判等不同，《唐會要》卷二五文武百官朝謁班序門記載："檢校官、兼官及攝、試、知、判等官，並在同位正官之次"，可見這些官是一類，直官是另外一類。

從充直人的身份看，直司分無品直和有品直。《唐大詔令集》卷二中宗即位赦略云：

諸司有品直司，宜加一階，無品直司，賜勳一轉。

有品直司指的是有散品的直司，無品直司無散品，亦即未入流。《通典》卷一五歷代制下略云：

按格令，内外官萬八千八十五員，而合入官者，自諸館學生以降，凡十二萬餘員。其外文武貢士及應制……諸以親蔭并藝術百司雜直，或恩賜出身受職不爲常員者，不可悉數。

這裏的"百司雜直"指的即無品直，他們任無品直數年，獲散而有資格轉入流内，故杜佑將之置於獲出身者之列。雜直入流各色不同，《唐會要》卷六五殿中省略云：

（開元）二十八年四月十三日殿中奏：尚食局無品直司六人，並是巧兒、曹司要籍。一任直司，主食十年，考滿同流外授官，仍補額内直驅使。

據上引《六典》卷二，尚食局直官十人，這是有品直。無品直司六人，這六人主食十年，向有品直司陞遷。《六典》卷二所記諸司各色有品直官465人，若皆以尚食局十與六的比例，則無品直司應爲279人。

據《六典》卷二下注，似有品直司的充任者爲京官、外官、前官、常選、散官、三衛、勳官。由於直司有品與無品的區別在於散品，因而《六典》將勳官充直情况注於"諸司諸色有品直"下尚需多論，同書卷九集賢殿"書直及寫御書一百人"下注云：

後又取前資、常選、三衛、散官、五品已上子孫，各有年限，依資甄叙。

前資、常選、三衛、散官充書直，五品已上子孫爲寫御書手，書直中無勳官，

"勳官直諸司者,每年與折一番"說的是無品直的情況,無品直預大禮時多酬勳一兩轉,爲勳後以充直代番,番滿後可叙階入流。《六典》卷二將勳官充無品直置於"諸司諸色有品直"下,體例不夠嚴整,這是《六典》編纂時分割令式所造成的,也是我們繼續研究時所應注意的。

無品直司又可分爲直司長上和分番直。《唐大詔令集》卷七〇寶歷元年正月南郊赦略云:

> 應緣祇供作官直司長上諸州行綱考典兩縣耆壽諸色番役當上在城並量留十二月番者,各賜勳兩轉。飛龍閑廄……等諸司諸使下白身人及無品直司、定額長上、雜匠……各賜勳兩轉。

直司長上、分番可能因所從事職務及所在單位不同而不同。據《唐會要》卷六四史館雜錄下元和十四年六月史館奏,集賢殿書手長上,五考放選,宏文館書手分番,八年放選。長上、分番不同,入流年限不同,直司長上與分番的區別也應如此。

從直司從事的職務看,可分一般直官和伎術直兩類。《唐六典》卷四禮部侍郎職掌條(卷二考功員外郎條略同)略云:

> 其國子監大成十員……十條通七,然後補充,各授散官。(其祿俸賜會,準非伎術直例給。)

同書卷二一國子監大成條作"祿俸賜會同直官例給",可見狹義的直官指非伎術直。《唐會要》卷六五殿中省門元和三年五月殿中省奏略云:

> 當司尚食、尚衣、尚舍、尚藥、尚輦等,共五局伎術直官,聽在外府官來直本司。

這是伎術直官。伎術與非伎術是針對直官所在部門工作性質而言的。《唐會要》卷六七特置"伎術官"一門,釋其含義爲:"伎術官,皆本司定,送吏部附甲,謂祕書、殿中、太常、左春坊、太僕等伎術之官。"神功元年十月三日釐革伎術官制規定了解天文者、音樂者、醫術者、陰陽卜筮者、解造食者的最高轉官標準,《新唐書》卷四五選舉志下更爲詳細,云:

> 凡醫術,不過尚藥奉御。陰陽、卜筮、圖畫、工巧、造食、音聲及天文,不過本色局署令。鴻臚譯語,不過典客署令。

工巧當指少府、將作等工匠巧兒出身的伎術官,將這幾種記載綜合起來,可以發現伎術官包括的範圍很廣,具體到直官,除尚書省直官、明法直、書直、學直、太常寺禮直、內侍省內直等外,均爲伎術直。書法與圖畫不同,書直屬非伎術直類表明唐書法的特殊地位,其它法直、禮直、學直都屬於文化範疇,伎術直一般屬科技範疇,伎術直與非伎術直代表了唐代科技文化的高級專業人才。

《六典》卷二所記諸司置直,是諸司有品直定額,如《六典》卷二記"太史監五人",《舊唐書》卷四三職官志記司天臺"定額直五人"。除定額直外,諸司尚可因時因事設額外直。《唐會要》卷六六將作監門天寶四載四月敕略云:

> 將作監所置且[直],合取當司本色人充直者……其諸司非本色直及額外直者,亦一切並停。

這次敕停的是將作監非本色直及額外直。但由於設直制本色的靈活性,額外直不可避免。如國子監有明五經直、文史直各一人,帥夜光上《三玄異義》直國子監、張陟日試萬言直廣文館(詳見下論)都是經直、文史直之外的額外直。定額直既有打破資歷、專門獎授專業人才的性質,額外直將這種靈活性更推進了一步。

以上簡要敘述了直官制度,下面我們來具體分析一下史籍所見的各色直官。

二

1. 尚書省直官

據《六典》卷二,尚書省定額有品直:吏部二人,考功一人,户部、度支各一人,兵部三人,職方、駕部、庫部各一人,刑部明法一人,比部一人。其它曹司司封、司勳、金部、倉部、禮部、祠部、膳部、主客、都官、司門、工部、屯田、虞部、水部均無直官。尚書省直官的設置當與尚書省各曹職能及其與九寺五監的關係兩方面有關。總的說來,尚書省爲政令機構,九寺五監爲事務機構[5]，尚書省可一曹對一寺監（如金部對太府寺）、多曹對一寺監（如倉部、屯田、虞部對司農寺，主客、禮部對鴻臚寺，主客、膳部、祠部對光祿寺，禮部四曹對太常寺，水部、膳部、祠部對都水監等），或一曹對多寺監（如主客、包括祠部、膳部對鴻臚、光祿、太常寺，工部對將作、少府、鑄錢監等），形成領導與隸屬的關係。故而金部、倉部、禮部四曹、工部四曹由於與太府、司農、太常、光祿、鴻臚寺及少府、將作、都水監等相對應，其所需直官置於寺監中[6]，尚書省這十個曹司未置直官。

但並不是尚書省其它曹司置直與否皆可從與寺監關係的角度解釋。尚書省無直接對應寺監的曹司有吏部、司勳、司封、考功、度支、户部、兵部、比部、都官、司門，但司封、司勳、都官、司門無直官，與大理寺對應的刑部及與太僕寺對應的駕部，與衛尉寺對應的庫部反而置直，這需以各曹職能來解釋。吏部、考功、兵部置直，是用來參加選舉工作的，這三司直官是具有藻鑑、甄別能力的專業人才，而司封、司勳按文簿辦事，據令式行案，無需配專業人才掌管，都官掌奴婢常務，司門掌天下諸關情況，皆無需特殊專業知識，故而不置直官。刑部雖爲大理寺政令機構，但大理判案，刑部要審核，同時刑部還要參與大理斷案，故刑部置明法直一人，爲其專業法律人才。駕部、庫部直官與太僕、衛尉直官有何不同，尚乏史料，留以待考。户部、度支、比部直官爲財政專業人才，他們分別處在國家預算的編制、審計機構中，負責計算、規劃、審核國家財政，是財政機構中理財專業人才，在國家財政（尤其是唐前期）中佔有舉足輕重的地位。

尚書省直官的具體職責，只有刑部明法見於史籍。《唐會要》卷六〇御史臺門略云：

（貞元）八年正月御史臺奏……又緣大理寺刑部斷獄，亦皆申報臺司，儻或差錯，事須詳定，比來卻令刑部大理寺法直較勘，必恐自相扶會，縱有差失，無由辯明。

申報御史臺的案件由刑部、大理法直校勘，之所以會"自相扶會"，是因爲這些案件本來就是由刑部、大理法直斷處的，據此可知刑部、大理法直負責斷獄、詳定及校勘，以其法律專業知識具體參加刑事案件審理，是刑部法直的日常職責。

《舊唐書》卷五〇刑法志略云：

> （開元）二十二年，户部尚書李林甫又受詔改修格令。林甫遷中書令，乃與侍中牛仙客、御史中丞王敬從，與明法之官前左武衛胄曹參軍崔見[冕]、衛州司户參軍直中書陳承信，酸棗尉直刑部俞元杞等，共加删緝舊格式律令及敕，總七千二十六條。

開元二十五年完成的令式删改工作領銜人是李林甫、牛仙客，實際具體執行者是御史中丞王敬從，明法之官崔冕及直官陳承信、俞元杞。北京圖書館藏敦煌文書河字一七號名例律疏殘卷也這樣記載：

> 律疏卷第二名例
>
> 開元廿五年六月廿七日刊定中散大夫御史中丞上柱國臣王敬從上。刊定法官宣議郎行滑州酸棗尉明法直刑部武騎尉臣俞元祀[杞]。刊定法官通直郎行衛州司户參軍事明法直中書省護軍臣陳承信。刊定法官承議郎行左武衛胄曹參軍飛騎尉臣霍晃[崔冕]。

俞元杞、陳承信、崔冕爲刊定法官，是這次律令删定實主其事者，俞元杞與陳承信都是明法直官，這一方面表現了明法直的作用，另一方面也體現出代表大唐帝國法律水平的是明法直。

2. 門下省直官

門下省定額直包括明法、能書、裝潢三種。其中裝潢爲伎術直，據《六典》卷八，知門下省有修補製敕匠五人，裝潢直當是負責裝潢製敕者。門下省配置能書直似應與書寫製敕有關，因爲製敕"覆奏畫可訖，留門下省爲案，更寫一通，侍中注'製可'，印，縫署，送尚書省施行。"[7]門下省有令史十一人，書令史二十二人，一般製敕"更寫一通"由他們分抄，能書直則負責特殊（可能主要是對外）制敕的抄寫，多餘時間像中書省書直一樣被皇帝指派作題字、書寫等工作。

門下省也參加大案、要案的審理，《唐六典》卷八給事中條記爲："凡國之大獄，三司詳決，其刑名不當，輕重或失，則援法例退而裁之。"門下省參與詳決的官員是給事中，但給事中依據的是明法直。門下省法直主要職責當與刑部法直一樣負責斷獄、詳定、校勘，有的則可能也像中書省法直陳承信一樣，參加律令格式的刪改工作。

除三類定額直外，門下省尚有額外直。《舊唐書》卷七四馬周傳記載貞觀三年馬周爲常何"陳便宜二十餘事，令奏之"，稱旨，"太宗即日召之"，"與語甚悅，令直門下省，六年授監察御史"。馬周爲太宗拔獎，因言語契合，而不是因明法、能書、裝潢之才。由此可見，門下省尚有曉時務者充任的額外直，這些人被不次獎拔，置於中書、門下省，參議朝政，對宰臣甚至君主決策產生影響，位低而勢重，門下、中書省得人而置，不設定額直名額。

3. 中書省直

中書省定額直有明法、能書、裝製敕、翻書譯語、乘驛五種。

中書省明法直當與門下法直作用相似，據《唐六典》卷九，中書舍人"察天下冤滯，與給事中及御史三司鞠其事"，中書省法直日常工作爲協助中書舍人參加三司斷獄，由於法直是具有法律專業知識的最高級人才，國家律令的改刪工作也由其參與並主持。《千唐志齋藏志》五一三皇甫文備墓志略云：

> 弱冠以明法擢第，拜登仕郎……扈陪仙蹕，溥漸鴻勳，授君宣德郎守中書。

皇甫文備以散官宣德郎守中書，可能就是直中書省，他以明法擢第，當爲明法直。《北京圖書館藏中國歷代石刻拓本匯編》27 册孫進墓志記其"授尚書職方主事，仍直中書"，因才通識達，翰博詞宏而拜中書主事。孫進直中書時，"掌事堂要"，可能不是能書直，歷任又多爲勾官，吏才當多於文學，推測他長期直中書的身份也是明法直。

關於能書直，《千唐志齋藏志》七一一張先墓志略云：

> 公聰明正直……而尤精墨妙，早鳴譽於天下，弱歲秉筆，繕錄王言，周旋翰林，有年數矣。國之爵賞，胥及逸勤，竟以校功，一命補彭州導江尉……天子復申，命公直中書省，仍授左司御率府倉曹。

張先原爲中書省令史、書令史，以年勞，昇至流內，由於他"精墨妙"，又被選爲中書省書直，墓志中雖未言書直職責，推測也應有"繕錄王言"一項。當然，中書省書直還有其它職掌。《舊唐書》卷九七鍾紹京傳云：

> 初爲司農錄事，以工書直鳳閣，則天時明堂門額、九鼎之銘，及諸宮殿門榜，皆紹京所題。

鍾紹京爲中書省能書直，參加了國家重大興造的題字工作。九鼎、明堂題字，當爲天子特命，同書卷二二禮儀志記載："（九）鼎上圖寫本州山川物產之像，仍令工書人著作郎賈膺福，殿中丞薛昌容，鳳閣主事李元振，司農錄事鍾紹京等分題之。"武后鑄九鼎精選天下工書人題字，中書直官鍾紹京預選，表明了書直的書法藝術水平，九鼎、明堂篆額等爲臨時工作，題宮殿門榜可能也是中書省書直的常務之一。

翻書譯語，《新唐書》卷四七百官志中書省條作"蕃書譯語十人"。中書省譯語人，是國家筆譯專家，掌與諸蕃國來往書信的翻譯工作。中書譯語人有漢人，如北京圖書館藏敦煌一四四三文書能斷金剛般若經譯記有"直中書長安杜行顗筆受，弘福寺沙門玄謨證梵語"，杜行顗即中書譯語人，負責語種爲梵語。但中書省更多的譯語人可能爲蕃人，如《唐會要》卷六一彈劾門永徽元年十月二十四日條云：

> 中書令褚遂良抑買中書譯語人史訶擔宅。

史訶擔，當爲昭武九姓胡人，又如《高麗藏經》大寶積經卷一二〇譯場列位云：

> 神龍二年丙午於大內佛光殿南印度三藏菩提流志奉詔譯。直中書度頗具譯梵文。

石山寺藏根本說一切有部尼陀那目得迦卷一〇譯場列位（景龍四年）[8]云：

> 翻經婆羅門東天竺國左領軍左執戟[9]直中書省臣度頗具讀梵本

度頗具爲東天竺國人，因精梵文，而爲中書省直司，神龍二年時，他只是中書無品直司，景龍四年時以衛官直中書，成爲了有品直。度頗具在中書譯語之餘，與杜行顗一樣，參加了當時的盛事佛經翻譯，可見中書省翻書譯語直蕃漢雜列，廣集當時的翻譯人才，這些譯語人不但參與外交事務，而且也因其才從事文化事業，他們在大唐帝國與諸蕃國文化交流中的作用可見一斑。

據《六典》卷九，中書省有修補製敕匠五十人，其裝製敕直當是製敕匠中巧兒經十餘年考後晉昇的有品直，中書省裝製敕直可能與門下省裝潢直職責類

"乘驛"是什麽類型的直官,尚未發現具體記載,但史籍、墓志中,有一種直中書的武官被稱爲直省。《唐代墓志彙編》開元一六〇大唐故董府君(守貞)墓志銘并序略云:

> 聖歷年中,應跡隱纏肆科及第。文武不墜,素王洞識,東西兩兼,翁歸妙算。明年,調選授左威衛司戈,直紫微省。鈎陳六星,列長天而沓彩,太宛八駿,踣厚地而搖暉。歷職五正,遷遊擊將軍,左衛寶泉府左果毅都尉,上柱國。

董守貞制科及第,以武才直中書,五考後仍授衛官,又如同書天寶〇九一唐故宣節校尉守左衛河南府浿梁府左果毅都尉胡府君(肅)墓志銘并序略云:

> 起家陪戎副尉,宋王府執事,歷中書直省,授右領軍衛長上。

胡肅亦以武才直中書。《唐會要》卷五四中書省門廣德二年三月十四日敕云:

> 中書門下兩省直省,自今以後,所補不得取郎將已上官。

這裏的"直省"取自武將,顯然是武官、衛官充直,如上引董守貞、胡肅者。據《會要》,門下省亦有這樣的直省。《新唐書》卷四六百官志尚書都省條云:

> 初有馹驛百人,掌乘傳送符,後廢。

尚書都省所下符由都省差使人、返回使人[10]和吏部、兵部番上的文武散官[11]送,故馹驛廢。乘傳送符之人被稱爲馹驛,是否乘驛送符的人可被稱爲乘驛呢?中書省的直官乘驛是否即因武才直中書專門負責急遞驛送者呢?推測如上,待考。[補1]

除這五種定額直外,唐前期中書省尚有額外文學、時務直。如《舊唐書》卷七〇岑文本傳略云:

> 文本性沈敏,有姿儀,博考經史,多所貫綜,美談論,善屬文……貞觀元年,除秘書郎,兼直中書省。遇太宗行藉田之禮,文本上《藉田頌》……擢拜中書舍人。

同書卷一九〇上張蘊古傳云:

> 性聰敏,博涉書傳,善綴文,能背碑覆局,尤曉時務,爲州閭所稱。自幽州總管府記室直中書省。太宗初即位,上《大寶箴》以諷。

同書卷九二魏元忠傳略云：

> 時有左史盩厔人江融，撰《九州設險圖》，備載古今用兵成敗之事，元忠就傳其術。儀鳳中，吐蕃頻犯塞，元忠赴洛陽上封事，言命將用兵之工拙……帝甚嘆異之，授祕書省正字，令直中書省，仗內供奉。

這是唐前期三個中書額外直之例，《玉海》卷一二一官制門唐中書省西臺紫微省條作："直中書郎（張蘊古、岑文本、魏元忠）。"這三種直與中書省定額直官不同，他們中岑文本以文學、張蘊古以文學兼時務、魏元忠以能論兵而直中書，岑文本為中書舍人的候選人，直中書增添了中書省的文學色彩，魏元忠、張蘊古則類似馬周直門下省，為中樞決策機構獻策咨議，議兵論政，起類似"智囊團"的作用。但隨着集賢殿書院、翰林院的興起，中書門下這種直官越來越少了。

4. 大理寺直

大理寺掌邦國折獄詳刑之事，由於直接負責推決罪犯，量刑定罪，置法直二人，超過了刑部及中書、門下省法直額，這表明在掌刑名上，大理權最重，事最繁。刑部、中書省、門下省法直各一人，大理寺二人，是唐前期法直的設置規模。

唐後期四司置法直的布局有了改變。首先中書門下省法直被取消，《唐會要》卷五四中書省門云：

> 大歷十三年四月十六日敕，中書門下先置法官兩人，宜停。

中書門下省的刑法審議、量刑定罪權減小，二省的法直官則不復存在，代之而起的是御史臺推獄權增重及節度使掌地方刑法權，這兩點在置直制上均有反映。同書卷六〇御史臺門云：

> （貞元）八年正月御史臺奏："伏以臺司推事，多是制獄，其中或有准敕，便須處分，要知法理。又緣大理寺刑部斷獄，亦皆申報臺司，儻或差錯，事須詳定，比來卻令刑部大理寺法直較勘，必恐自相扶會，縱有差失，無由辯明。伏請置法直一員，冀斷結之際，事無闕遺。有糧料請取臺中諸色錢物量事支給，其功優等，請準刑部大理處分。"敕旨："依奏。"

御史臺後期推事制獄、詳定刑部大理斷獄事繁任重，從前皆借刑部大理法直校勘，多有不便，貞元八年御史臺上奏，設置了自己的法直，本司支給糧料，其考課參選等，與刑部大理法直同。御史臺法直的出現，填補了前期御史臺無直官的空白，它是後期御史臺權重的直接表現。《新唐書》卷四九下百官志外官節度使條略云：

    府院法直官、要籍、逐要親事各一人。

節度使府置法直官，是大理、刑部法直的擴展，唐代地方置直僅此一處，這不但表明了後期節度使司法權限之重，也表明了後期爲專業人才立直的制度已普及到地方。直官作爲特殊專業人才，設置與否與所在單位的需要密切相關，這賦予了直官的政治敏感性，直司的設置與變化均與各機構職權輕重的變化相聯，明法直只是其中一例而已。

5. 太常寺直、教坊直

  太常寺直官三十人，據史籍文獻，這些直官至少可分爲禮直、樂直、醫直三類。

  《唐會要》卷六五太常寺門云：

    乾元元年七月二十八日，太常寺先置禮直五人，宜並停廢。

    貞元七年正月二十六日，復置禮儀直兩員、禮院直兩員，並停禮院修撰官一人、檢討官一人、孔目官一人、院典三人。

乾元元年前，太常寺有禮直五人，也就是說，太常寺三十名直官中，有禮直五名，《新唐書》卷七三上宰相世系表盧氏條云："巒，明經直太常"，很可能是太常寺禮直。禮直負責太常寺有關禮儀的常務，如修撰、檢討、議諡等。乾元年間禮直雖廢，德宗朝禮官卻呈盛置趨勢。貞元七年提到禮院，並因置禮儀直、禮院直而廢禮院檢討、修撰官，可見禮直與檢討修撰曾互相交替。"禮院"一詞，不僅見於唐後期，前期史籍中的禮院一種指禮會院[12]，一種爲太常博士所在機構的專稱[13]，並不是設有了檢討、修撰的新機構。貞元七年的禮院則不同了，此前禮院有了修撰、檢討、孔目官和院典，是一個專門負責制定禮儀的官典俱全的機構，它出現於乾元至貞元七年之間，是禮直的替代機構。貞元七年復禮直廢修撰檢討，可見禮直頗與之相類，但修撰檢討官並未久廢，《唐會要》卷六五太常寺貞元九年四月敕云：

> 自今以後，太常寺宜署［置］禮院修撰檢討官各一員，便爲定額。

《新唐書》卷四八百官志太常寺條注云："有禮院修撰、檢討官各一人。"貞元九年後禮院既有禮儀直、禮院直，又有修撰、檢討官，與集賢殿書院既有學直又有修撰一樣，禮院的規模不斷擴大。禮院是在太常寺禮直的基礎上發展起來的，從直官到一個新的完備的機構的出現是直官發展的趨勢之一，從中亦可見直官的作用及對唐設官分職制度的影響。

太常寺太樂署有樂直，《唐會要》卷三二雅樂上云：

> （開元）二十五年，太常卿韋縚令博士韋逌、直大樂李尚沖、樂正沈元禮、郊社令陳虔、申懷操等，銓叙前後所行用樂章爲五卷，以付大樂鼓吹兩署，令工人習之。

直太樂李尚沖參與了開元二十五年行用樂章的銓叙，太樂直官的作用於此可見，銓叙樂章可能不是太樂直的常務，《唐六典》卷一四太樂署令丞職掌條云：

> 凡習樂立師以教，每歲考其師之課業，爲上、中、下三等，申禮部；十年大校之，若未成，則又五年而校之，量其優劣而黜陟焉。（諸無品博士隨番少者，爲中第；經十五年，有五上考者，授散官，直本司。）若職事之爲師者，則進退其考。習業者亦爲之限，既成，得進爲師。

太樂署直官的常務即爲師以教諸習業者，這些直官有從無品博士（即無品直）經勞考晉昇而來的，也有外司人（即"職事之爲師者"）充直的。樂人業成，進爲師（無品直司），然後向有品直晉昇。無品直進入有品直的標準，《六典》記爲"經十五年有五上考"，《新唐書》卷四八太樂署作"十五年有五上考、七中考者"，當以《新志》爲準。開元二十五年李太沖的頭銜只爲直太樂，似僅爲無品直司，尚未晉昇至有品直。

《六典》卷二記教坊有直官二十人，教坊即從太樂署分離而發展起來的宮廷音樂教育機構，《新唐書》卷四八百官志太常寺太樂署條云：

> 武德後，置內教坊於禁中。武后如意元年，改曰雲韶府，以中官爲使。開元二年，又置內教坊於蓬萊宮側，有音聲博士、第一曹博士、第二曹博

士，京都置左右教坊，掌俳優雜技。自是不隸太常，以中官爲教坊使。教坊雖以中官爲使，但教坊既爲太樂署分支機構，其所置有品直二十人當與太樂署直官來源、發展相同，只不過人數更多而已。

太醫署爲國家醫學教育和醫療機構，太醫署亦置直官，如《北京圖書館藏中國歷代石刻拓本匯編》20册朱玄儼墓志題："大周故朝請郎直司禮寺太醫署朱府君墓志"，志文太簡，無從知朱玄儼仕官歷程，以太樂署直官情形推論，太醫署直亦有本司自直及外司配直兩種，本色直當由醫生、醫工、醫師經勞考而授散直本司，朱玄儼墓志未叙其歷官情況，可能不是外司官充直而是由本司人逐漸得散而充直的。

太常寺尚有太卜署，掌占邦家動用之事及卜筮教育，據太樂、太醫署情形推測，太常寺直官三十人中亦當有太卜署直官若干人。太卜、太樂、太醫署直官爲太常寺伎術直。《唐會要》卷六五太常寺門長慶四年七月敕云：

吏部所注太常寺伎術官直，殿中既已准格，未爲乖越，宜並待考滿日停，太常寺所論員闕，從來年以後，並任本寺收管，諸司不得占授。

此敕當與同書同卷殿中省門元和三年五月殿中奏同觀，長慶四年後，太常三署伎術直官不再由外司人充，而完全由內部本色人充直了。伎術直取才範圍較過去窄了。

6. 光祿寺直

光祿寺分太官、珍羞、良醞、掌醢四署，負責邦國酒醴、膳羞之事，爲祭祀、朝會、賓客提供酒食，光祿寺的十名直官，當是伎術官中善造食者。

7. 鴻臚寺直

鴻臚寺掌外交禮儀，鴻臚譯語直官爲該寺常設的翻譯直官。有關鴻臚譯語之職掌，《唐會要》卷六六鴻臚寺門開元十九年十二月十三日敕，提到鴻臚寺"譯語掌客出入客館"，可見鴻臚譯語負責來唐蕃客的翻譯。如同書卷二七行幸門開元十三年十月十一日條記載，玄宗校獵，引諸蕃酋長入仗，玄宗射兔中後，"突厥朝命使阿史那德吉利發便下馬捧兔，跳躍蹈舞，謂譯者曰：'天可汗神武.'"譯語人隨蕃酋入仗，隨時充譯。又如《新唐書》卷二二一西域下箇失蜜條記載開元中木多筆遣使來朝，"因丐王册，鴻臚譯以聞"，可見鴻臚譯語掌來朝蕃使的翻譯。同書卷二一七下堅昆條略云：

> （武宗）命太僕卿趙蕃持節臨慰其國，詔宰相即鴻臚寺見使者，使譯官考山川國風。宰相德裕上言："貞觀時，遠國皆來，中書侍郎顏師古請如周史臣集四夷朝事爲《王會篇》。今黠戛斯大通中國，宜爲《王會圖》以示後世。"有詔以鴻臚所得續著之。

考蕃國山川風土本爲鴻臚譯語常務，《唐六典》卷五職方郎官條既記載"其外夷每有番官到京，委鴻臚訊其人本國山川風土"，唐後期多不行之，武宗時又恢復。與中書譯語相比，中書側重於筆譯，故稱爲翻書譯語，鴻臚則多擔任口譯。譯語直的設置，展示了唐帝國天可汗的氣象。譯語人或出入客館，隨仗翻譯，或翻書譯經，訪問風俗，直接促進了唐與外蕃諸國文化交流。

8. 太僕、衛尉、司農、太府寺直

太僕寺直官設置爲太僕寺三人，沙苑監一人，隴右六使挈課一十二人，太原府監牧役使挈課二人。太僕寺總乘黄、典廄、典牧、車府四署及諸監，諸監既自有直官，太僕寺三名直官當屬四署。四署中典牧掌諸牧雜畜給納，無專業技術問題，當無直官，太府寺三名直司在其它三署作用如何，尚乏史料，待考。沙苑監是從隴右監牧分出的牧養牛、羊機構，沙苑監的一名有品直當如隴右監牧的直官一樣，負責牧監牲畜挈課之事。唐前期於隴右及河曲之地共置九使六十五監，分隸於南使、北使、西使、東使、鹽州使、嵐州使、隴右三使，其中東使爲東宮監牧[14]，《六典》卷二所記太子僕寺有直官十人，超過了太僕寺，顯然包括了東宮監牧的直官，故而這裏的"隴右六使"和"太原府監牧"可排除東使。隴右六使置掌挈課直官十二人，每使二人，"太原府監牧"指的是何使呢？《元和郡縣圖志》卷一三河東道太原府條略云：

> 河東最爲天下雄鎮，掎角朔方，[統]天兵軍，雲中郡守捉，大同軍，横野軍，定襄郡，雁門郡，樓煩郡（今嵐州），岢嵐軍。

嵐州既爲太原府所管，嵐州監牧自然也隸太原府，太原府監牧包括嵐州監牧。隴

右三使掌置於河曲之地的八監,太原府監牧可能還包括置於河曲之地離太原較近的隸於隴右三使中的一使下的監牧,這樣形成了隴右六使(南、西、北、鹽州、隴右二使)和太原府監牧(嵐州使,隴右一使)的格局,嵐州使和隴右一使因所轄監少(嵐州使轄二監),故每使下置一名孳課直官。《新唐書》卷五〇兵志云:

> 唐之初起,得突厥馬二千匹,又得隋馬三千於赤岸澤,徙之隴右,監牧之制始於此。其官領以太僕;其屬有牧監、副監;監有丞,有主簿、直司、團官、牧尉、排馬、牧長、群頭,有正有副。

這裏的直司即指諸牧監的孳課直,直司當包括直官及無品直兩類,《六典》卷二所記十四人爲直官名額,無品直司數額已不可考了。直司可能主要由太僕寺獸醫中簡有才者補。《新書·兵志》稱,"議謂秦漢以來,唐馬最盛",而直司就是負責牧馬繁盛的最高級畜牧業人才,超越秦漢的唐馬盛世背後,是牧監直司的畜牧才能,是唐代的置直制度,直官制度的重要性於此可見。

衛尉寺掌國家器械文物出納,司農寺掌倉儲委積,太府寺掌邦國金寶財貨,三寺各有直官三人,他們當是負責器械、倉糧、金寶財貨出納的伎術直官。司農寺苑總監有直官十四人,苑總監掌宮苑內館園池之事,負責果木栽接、禽魚飼養。《新唐書》卷四六百官志都官郎中員外郎條略云:

> 凡反逆相坐,沒其家配官曹,長役爲官奴婢……樂工、獸醫、騙馬、調馬、群頭、栽接之人皆取焉。

栽接即隸於苑總監的伎術人,他們中的巧兒可以昇至伎術直和伎術直官。苑總監直,是農、林、副等業的高級專門人才。

9. 少府監,將作監,軍器監直

少府監直官十四人,金銀作一人,漆作一人。少府監掌百工技巧,統中尚、左尚、右尚、織染、掌冶五署,負責製造天子百官服飾、乘輿器玩、車輅、鞍帳、冠冕、雜物等,是國家的手工工場。少府監直官內部當主要由能工巧匠中簡擇而出。據《新唐書》卷四八百官志中尚署條,知中尚署有金銀作坊院,漆作坊未見,但《唐六典》卷二二左尚署條有"其用金帛、膠漆、材竹之屬,所出方土，以時支送"，下注云："漆出金州"，則漆作坊當隸於左尚。加上二作，少府監直官共十六人。

軍器監爲國家兵工場，統甲坊、弩坊二署，掌繕造甲弩。軍器監直官當爲軍器製造專業人才。

將作監爲國家建築機構，統左校（掌供營構梓匠）、右校（掌供版築、塗泥、丹雘），中校（掌供舟車、兵仗、廄牧、雜作器用），甄官（掌供琢石、陶土）四署，分内、外作，負責國家的土木建築，將作監有品直官五十人，是諸司置直較多的一個，僅次於内侍省，將作監直官是建築領域各專業的高級技術人才。將作監直官墓志中僅發現一例。《千唐志齋藏志》四八五竹須摩提墓志題有：

大周遊騎將軍左武威衛永嘉府左果毅都尉長上直營繕監上柱國孫阿貴。孫阿貴以衛官直將作，是來自外司的直官，非將作本色直。天寶年間，外司直將作被禁止了。《唐會要》卷六六將作監門云：

天寶四載四月敕，將作監所置且〔直〕合取當司本色人充直者，宜即簡擇發遣。内作使典，亦不得輒取外司人充。其諸司非本色直及額外直者，亦一切並停。自今以後，更不得補置。如歲月深久，尚或因人，所由長官，量事貶降，其所應直，決一頓，配羅〔隸〕邊軍。

唐代多次降敕殿中、太常等司，伎術直必須由本色人充，但這些敕令都不如將作這條嚴格，這可能由於將作監掌内作興建。内作範圍，據《六典》卷二三，包括京都宫、苑、中書、門下、左右羽林軍、左右萬騎仗、十二閑廄屋宇等。宫苑及禁軍駐地，不但百官難得進入，即使宰相稍加過問，也會使龍顔不悦。[15]北門由於禁軍防駐，歷來成爲宫廷政變爭奪焦點[16]，唐帝王對此防之甚嚴，諱之甚深。故而天寶四載不許非本色人充直將作的敕令，比直殿中、太常者處罰嚴厲。將作監本色直當由隸將作的能工巧匠中簡擇，《新唐書》卷四八百官志記將作監有"短蕃〔番〕匠一萬二千七百四十四人，明資匠二百六十人"，無品直司當源於此，這些無品直司因年勞技深獲散，向定額五十名的有品直晉昇。

10. 殿中省直

殿中省尚食、尚藥、尚乘、尚輦、尚舍、尚衣六局有品直司四十八人，《新唐書》卷四七百官志殿中省條記尚藥局直官十人，尚乘局直官二十人，並不全面。尚衣、尚輦、尚舍局伎術直較少是因殿中衣、輦、帳次供於少府、將作監，二監已有同類直官，殿中則少置或不置了。

外司人直殿中，迄今只發現三例。《唐會要》卷八二醫術門顯慶三年條注云：

> 至（顯慶）四年，（孫）思邈授承務郎，直尚藥局。

尚藥局掌合和御藥及診候之事，本身有侍御醫四人，掌診候調和，又有司醫、醫佐掌分療眾疾，尚藥直的設置使尚藥局從御醫院變爲兼醫學研究所的機構，孫思邈爲唐代、甚至也可以說中國古代著名醫學家，他因醫術精湛，被徵爲尚藥局直官，一方面表明了直官在網羅天下人才上的靈活性，另一方面也表現了直官科技水平之高，確實是當時最杰出科技人才的代表。

《考古與文物》1981年2期《西安東郊三座唐墓清理記》載唐故武都侯右龍武大將軍章府君（令信）墓志并序記其"幼挺奇表，長負高節，直殿中省"，因參平亂（韋后？）而拜大將軍，宿衛五十餘年，"太上皇親而寵焉……每有修營建造，輒咨謀焉。大使蓋識略詳舉，規度敏當，廉財簡正矣"。章令信一直充宿衛，可能直殿中時也是衛官。志文未記他直何局，但當與修建營造有關。殿中的尚食、尚藥、尚乘、尚衣似均不屬"修營建造"曹司，尚輦局掌輿輦、繖扇，尚舍局掌殿庭張設、帳幕，因此章令信可能直這二局中的一局。他爲大將軍後仍在修營建造上被皇帝顧問咨詢，可見其才之高，也可見直司之得人。《千唐志齋藏志》七四五白知禮墓志云：

> 公有賢明之德，適文武之用。弱冠起家爲左衛翊一府親衛，直殿中省。豫樟之榦，秀發可知。改原州彭陽府左果毅都尉。

志文簡略，看不出白知禮直殿中何局，結合章令信墓志看，外司人直殿中之中，衛官充直者可能不在少數。

外司人直殿中也逐漸受到限制。《唐會要》卷六五殿中省門記載開元二十八年四月十三日殿中監奏，要求有品直闕先授監內無品直司。尚食局有品直司十人，無品直司六人，即使無品直完全補有品直，仍有四名餘額可補外司人，本色直占五分之三，外司人占五分之二，可能是設直時所遵循的原則，但由於無品直成爲有品直後，仕途狹窄，改轉困難，擔任直官時間較長，若再引外司入直，占了有品直之闕，無品直則"無進路"了，故殿中奏請額內有品直先授給殿中無品直，限制外司妄來請射，並未絕對要求不許外司入直。同書同卷又云：

> 元和三年五月殿中奏："敕當司尚食、尚衣、尚舍、尚藥、尚輦等共五局伎術直官，聽在外州府官來直本司。伏以五局所置官，不請課料，若不授伎術官，即多逃散。伏請宣付吏部，准舊例處分。"敕旨："依奏。"

殿中省共六局，此處只列五局，無尚乘，反映了唐後期閑廄馬管理機構的變化。肅代宗後內廄不隸殿中而隸宦官兼領的飛龍使，故殿中省所管從六局降爲五局。從殿中奏可以看到，元和三年前，外司直殿中不但未被取消，還一度有所擴大，外州府官（即外官）來直也是允許的，元和三年殿中監從省內職官整體考慮，爲無品直司保持出路，又要求按舊例（即開元二十八年敕旨）處分，外司官充殿中直再一次被限制。殿中省的本色直即由巧兒中選拔的無品直司，十年考滿選授有品直，他們可以算爲殿中省內部培養且有實踐經驗的高級技術人才。

11. 祕書省直

祕書省直官有圖畫、丹青、造筆直三類。祕書省爲掌國家經籍、圖書機構，其性質相當於國家圖書館，所置直官，皆與圖書文化有關。

圖畫與丹青直的區別可能是一掌圖畫甄別、鑒賞、定僞，一掌繪畫。《舊唐書》卷一二九韓滉傳稱其"尤工書，兼善丹青"，丹青即指繪畫。祕書省丹青直，迄今未見，圖畫直，尚可多論。《法書要錄》卷四唐盧元卿《法書錄》齊高帝姓蕭氏諱道成字紹伯書一卷後押署："開元五年十一月五日陪戎副尉臣張善慶裝，文林郎直祕書省臣王知逸監。"《歷代名畫記》卷三叙自古跋尾押署（自晉至周隋名畫）亦有"開元五年月日……文林郎直祕書省臣王知逸監"。王知逸既監國家收藏歷代名畫，又監歷代名書法家字迹，可見圖畫包括圖書及繪畫兩類，圖畫直是古書、書法、繪畫藝術的最高鑒賞專家。

據《六典》卷一〇，祕書省有筆匠六人。祕書省、集賢殿書院等圖書文化機構，由太府寺支貢物爲紙、筆、墨等，《新唐書》卷五七藝文志序稱，集賢殿書院"歲給河間、景城、清河、博平四郡兔千五百皮爲筆材"。太府歲支祕書省多少雖史籍失載，但可以推測祕書省所須筆亦由太府支兔皮爲筆材，祕書省筆匠製造。筆匠中尤巧者爲造筆直。

開元前，祕書省當有書直名額。《新唐書》卷二〇二藝文中李邕傳記載，邕爲讀祕書省藏書，求於李嶠，"乃假直祕書"。李邕不可能假爲祕書省的圖畫、丹青、造筆直，他精於碑頌，長於書法，可能假借祕書省書直。《顏魯公集》卷八祕書省著作郎夔州都督長史上護軍顏公（勤禮）神道碑記載，他"工於篆籀"，"武德中授右領左右府鎧曹參軍，九年十一月授輕車都尉，兼直祕書省。"顏勤禮直當因其書法。在集賢殿書院建立前，祕書省爲國家最大圖書館，也是國家圖書事業中心，故而祕書省不但有圖畫、丹青直，還應有書直，開元中集賢殿書院建立，集賢爲國家最大藏書機構，集賢書手集一時之選，祕書省書直才被從額內直中取消了。

12. 太史監直

太史監原爲祕書省的太史局，因司觀察天文、稽定曆數、占候變異，事涉天象機密，爲政治敏感機構，故從獨立爲監到隸祕書省爲局多次反復[17]。太史監定額直五人，爲精於天文曆算的高級人才。外司直太史者，史籍墓志中共有兩例。《舊唐書》卷七九李淳風傳略云：

> 淳風幼俊爽，博涉群書，尤明天文、曆算、陰陽之學。貞觀初，以駁傅仁均曆議，多所折衷，授將仕郎，直太史局。尋又上言曰："今靈臺候儀，是魏代遺範……黃道渾儀之闕，至今千餘載矣。"太宗異其説，因令造之，至貞觀七年造成……第一儀名曰六合儀……第二名三辰儀……第三名四遊儀……又論前代渾儀得失之差，著書七卷，名爲《法象志》以奏之。太宗稱善，置其儀於凝暉閣，加授承務郎。十五年，除太常博士，尋轉太史丞……二十二年，遷太史令。

李淳風因明天文曆算而被太宗召直太史局，他利用太史局條件，造渾天黃道儀，著《法象志》，儀成後加散，繼續直太史局，直到貞觀十五年拜太常博士，直太史的時間爲十五年。李淳風爲中國古代著名天文學家，他在天文領域的成就不能不主要歸功於直太史十五年間的研究實驗環境。從李淳風直太史，我們也可以看到直官所代表的科技水平之高。

另一直太史的外司官爲瞿曇譔。《唐代墓志彙編》大歷〇四九唐故銀青光祿大夫司天監瞿曇公（譔）墓志銘并序略云：

> 以武舉及第，授扶風郡山泉府別將，恩旨直太史監，歷鄜州三川府左果毅，轉秋官正，兼知占候事。及國家改太史監爲司天臺，有詔委公。篡叙前業，發揮秘典，以賜緋魚袋，尋正授朝散大夫守本司少監……是歲，先聖欲靜康衢，惡聞殘孽，日華月㾕，未測其由。公驗以風星，審其休咎，有所聞上，言皆可復。今上登寶位，正乾綱，以公代掌羲和之官，家習天人之學，將加寵位，必籍舉能，遷司天監。

瞿曇譔因善占候而由衛官直太史監，轉左果毅、秋官正後，仍知占候事，即仍爲太史監占候直，並爲改太史監爲司天臺做了草創工作，他官職三轉，一直直太史，可見直太史時間也很長，故而志文稱其參與司天臺工作爲"篡叙前業"，其後，他因占候準確而昇至天文學最高長官司天監，直官的仕途及作用均於此可見一斑。

太史監脫離祕書省而獨立，一方面反映了唐代帝王對天象的關注，另一方面也反映了天文學發展而爲其設獨立研究實驗機構的趨勢。當這種機構——司天監建立後，主要技術人員直官只五名定員則遠遠不夠了，司天監同時設立通玄院來容納直官。《舊唐書》卷三六天文志末略云：

> 乾元元年三月，改太史監爲司天臺……司天臺内別置一院，曰通玄院，應有術藝之士，徵辟至京，於崇［通］玄院安置。

通玄院的術藝之人即直官，如同書卷九五惠文子範傳提到同嗣岐王珍謀反者有"直司天臺通玄院高抱素"，通玄院的出現表明了太史監直司的擴大，它與因太常禮直而擴展爲禮院所反映的是一個趨勢。

13. 國子監直

國子監定額直只有明五經直與文章兼明史直二人，明五經可以省稱爲經直，如《舊唐書》卷一四九歸崇敬傳云："其舊博士、助教、直講、經直"，經直即指此，國子監經直，史籍、墓志中可發現幾例。《舊唐書》卷一八九上朱子奢傳記其出使新羅，爲其講《春秋左氏傳》，並納美女之贈，"太宗責其違旨，猶惜其才，不至深譴，令散官直國子學"。朱子奢精於《左傳》，直國子當充經直，直司可由被譴責者貶降爲之，可見取人之靈活性。開元初，馬懷素句校祕書，請巨儒就校繆缺，編續王儉《七志》，參加者據《新唐書》卷一九九馬懷素傳，有"直國子監趙玄默"，他很可能也是國子監的經直。《唐代墓志彙編》長安○七一姚處賢墓志記其"以明經擢第，解褐坊州博士"，後"制授左鶴禁錄事參軍，成均監直□"，可能也是國子監經直。他們爲飽學儒經之士，是當時高水平的儒學專家。

　　文章兼明史直可簡稱"文史直"，長慶三年二月殷侑奏："伏惟國朝故事，國子學有文史直者"，[18]文史直即指此。國子監國子、太學、四門三館教授以經爲主，將九經分爲大中小三等按班分授諸生，明經亦按大中小等級擇二經（大小各一，或二中經）習業應考，習文史者爲應進士舉者，進士教育中的文章與諸史內容，由文史直負責。《新唐書》卷六○藝文志丁部別集類"康國安集十卷"下注云："以明經高第直國子監，教授三館進士。"從職務上看，康國安不是經直而是文史直。《千唐志齋藏志》八○八王夫人墓志稱其"婚國子直監張敬己"，這是經直還是文史直，不得而知。

　　國子監爲國家的高等教育學校，文史、五經爲諸生習業重點。故精於此者被引直於監，司教授講論事，但爲了促進教學活躍及集中人才，另一些術業有專攻者不因經直、文史直的限制而被置直監中，如《新唐書》卷五九藝文志丙部道家類"帥夜光《三玄異義》三十卷"下注云："開元二十年上，授校書郎，直國子監。""三玄"指《莊子》、《老子》、《周易》，帥夜光以精於道家思想而直國子監。又如《封氏聞見記》卷一○敏速門記載，天寶中張陟自舉日試萬言，經中書考試後，"拜太公廟丞，直廣文館"。張萬言文采敏速，思如涌泉，當爲一奇才。廣文館爲天寶九載設立的進士習業之所，國子監文史直的名額可能移於館中，但張萬言似乎不是文史直而應屬於以奇才特置的額外直。額外直一方面集中了學有所成的各領域人才，另一方面也將經學文史之外的講論引入學堂，有助於活躍國子監的學術氣氛。

　　國子監尚有一類似直官之直講。《唐六典》卷二一國子監"直講四人"下注云："皇朝初置，無員數，長安四年，始定爲四員。俸祿、賜會同直官例。"直講之職，"掌佐博士助教之職，專以經術講授而已"。直講不同於職事官，無品，待遇同直官；但又與直官不同，直講未列於《六典》卷二置直之中，而且又有固定職務、固定的任職年限。據《唐會要》卷六六國子監門長安四年四月敕，直講"四考聽選"。概括直講特點，似可說他是介於直官與職事官之間的官，他由直官向職事發展，長安四年前，直講是直官，因才而置，主講授，但國子監的教學，要求"每授一經，必令終講，所講未終，不得改業"，[19]國子授經有一年業成者（《孝經》、《論語》），有一年半業成者（《尚書》、《春秋公羊》、《谷梁》），有二年業成者（《周易》、《毛詩》、《周禮》、《儀禮》），有三年業成者（《禮記》、《左氏春秋》）[20]，直司任講不可能"每年任選"，直司選任的靈活性與直講一定程度的固定性不適合。因而長安四年，改革直講的性質，將其固定爲四考任選（這中間或教二中經，或授一大經兼《孝經》、《論語》，或講兩小經兼《孝經》、《論語》），同時直講又保持了取人才的靈活性，不設資格，不定品級。直講的出現反映了部分直官向職事官發展的趨勢。

國子監四名直講可能爲國子、太學、四門、律學四館各一人，《關中石刻文字新編》卷三仇道朗墓志云："乃授宣德郎行國子監律學直講。"仇道朗卒於咸亨三年（672年），早於長安四年（704年），他任國子監律學直講在長安四年調整直講之前。但長安四年既有律館直講，四年後可能仍設，故推測國子四名直講分屬四館，如《新唐書》卷一九九馬懷素傳記載，開元初參加整理圖書的有"四門直講余欽"，與我們結論相符。國子監直講還有"朝議郎行國子監直講上柱國（鄭）南客"。[21]"太和元年六月，國子監直講徐郿上《周易新義》三卷"。[22]可見直講擇有才學之士充，代表了當時的經學、律學水平。

14. 內侍省直

內侍省有直官百人，《舊唐書》卷一八四程元振傳云："以宦者直內侍省，累遷至內射生使。"可見充內侍省的直官是宦官。內侍省掌在內侍奉，總掖庭（掌宮禁女工）、宮闈（掌侍奉宮闈，出入管籥）、奚官（掌奚隸工役、宮官品命）、內僕（掌宮內車乘出入導引），內府（中藏寶貨出納）五局，內侍省的直官當爲精工藝、管理、興役、車乘、金寳等的伎術宦官。史料缺乏，內侍省直官的具體情況難以悉知，但有的可約略推出。《唐六典》卷一二宫闈局令丞職掌條云：

其小給使學生五十人（其博士取八品已上散官有藝業者充）。

小給使博士無職事品，只取散官有才者充，可見是直官，也就是説，內侍省百名直官中當包括小給使博士若干人，其它直的種類，待考。

開元後內侍省直司又增加了內教博士直。據《新唐書》卷四七百官志宫教博士條注，知武后如意元年，改內文學館爲習藝館，"有內教博士十八人，經學五人，史、子、集綴文三人，楷書二人，莊老、太一、篆書、律令、吟咏、飛白書、算、碁各一人。"這些博士擇官員有才者充直，《新唐書》卷二〇二宋之問傳記其"甫冠，武后召與楊炯分直習藝館"，可見充習藝館直者爲士人，《唐會要》卷七四吏曹條例門開元二十四年十二月二十四日敕有對諸色內教的規定，敕文云："習藝館諸色內教，通取前資及常選人充，經二年已上，選日各於本色量減兩選與處分。"內教直選日有優待條件，"前資及常選"仍指士人。但《新唐書》卷四七云："開元末，館廢，以內教博士以下隸內侍省，中官爲之"，則內教博士直由中官充任，內侍省直又多了一種內教博士直。

15. 東宫直官

《舊唐書》卷八九姚璹傳附弟珽上書節愍太子略云："至於工巧造作，僚吏直司，實爲末事，無足勞慮。"奏疏中的"直司"包括有品直與無品直。其有品直定額據《六典》卷二，包括內坊四人，僕寺十人，家令寺七人。

內坊爲東宫的內侍省，掌東宫閤內之事及宫人等，總管儀式、儐序、門户、出入、繖扇、車轝、牛馬等，內坊直由宦者充當。《舊唐書》卷一八四吐突承璀傳記載，他"幼以小黄門直東宫"，吐突承璀既曾任過內坊直司，內坊直司掌內坊內諸雜伎術。

太子僕寺掌太子車輿、騎乘、儀仗及喪葬禮物，相當於中央的太僕寺、衛尉寺、殿中省尚乘局及鴻臚寺的部分職能。此外，廄牧署掌車馬、閑廄、畜牧，"其隴右群牧隸於東宫者，皆受其政令焉。"[23]太子有隴右監牧九監，東使（東宫使）領之。隴右六使及太原府監牧皆有挈課直官，隴右六使每使二人，則東宫監牧亦應有挈課直二人。此外，太子僕寺其它八名直官應相當於唐太僕、衛尉寺直和尚乘局直官類。

家令寺掌太子飲膳、倉儲、庫藏，總食官、典倉、司藏三署，相當於中央的光祿、司農、太府寺，家令寺有品直七人，可分主食、司谷、司庫三類伎術官。墓志所見家令寺直官只有一例。《唐代墓志彙編》大足〇〇四趙進墓志云："解褐任家令寺直司，秩滿徙尚方右尚署丞。"墓志將任直司稱爲"解褐"，可見趙進所任爲家令寺有品直，只不過充哪類直無從考定了。

太子左右春坊分別比擬門下、中書省，其中左春坊的司經、典膳、藥藏、内直、典設局又類似於中央的祕書省與殿中省尚食、尚藥、尚輦、尚衣、尚舍局。從史籍看，左右春坊均有直官。《舊唐書》卷八五唐臨傳云：

> 武德初，隱太子總兵東征，臨詣軍獻平王世充之策，太子引直典書坊，尋授右衛率府鎧曹參軍。宮殿廢，出爲萬泉丞。

典書坊在龍朔二年始改爲右春坊。唐初典書坊有直官，《新唐書》卷二〇一袁朗傳記載，武德初隱太子與秦王、齊王爭致名臣，在太子的名臣中，有"直典書坊唐臨"，稱唐臨爲直典書坊而不稱右衛率府鎧曹參軍，可知他任參軍時仍直典書坊，充直一直到武德九年隱太子廢時。唐臨直典書坊可能與馬周直門下，張蘊古、魏元忠直中書一樣，爲時務直。開元時右春坊可能没有時務直，但右春坊既比擬中書省，也應像中書省一樣，有其它直官之設。

左春坊有直官。《北京圖書館藏中國歷代石刻拓本匯編》19冊巢思玄神靈磚志云：

> 大周故司禮寺太醫正直左春坊藥藏局巢思玄神靈。久視元年五月十三日亡。

左春坊直官可能不止設於藥藏一局。藥藏局直官爲醫直，與殿中省尚藥局直同類，其它諸局類殿中省的伎術直官推測也是存在的。《六典》卷二記東宮直官時可能有脱漏，太子左右春坊均設定額直若干人，墓志可以補史。

16. 弘文館、崇文館、史館及集賢殿書院直

三館及集賢殿書院均爲唐代的圖書文化機構，諸館院職責各有側重，弘文、

崇文館兼教授生徒，史館爲修史機構，集賢殿書院爲國家内圖書館。諸館院所設直官共包括學直、造筆直、裝書直、搨書直、能書直、畫直六類。

(1) 弘文館

弘文館開元中有學直四人，造供奉筆二人，造寫御書筆二人，裝書一人，搨書一人。學直就是文學直，初無定員。《唐六典》卷八弘文館學士條注記載，五品以上爲學士，六品以下爲直學士，"又有文學直館……並無員數，皆以他官兼之。"關於文學直館的具體情況，《新唐書》卷五九藝文志丙部儒家類"員俶《太玄幽贊》十卷"下注記載，員俶"開元四年，京兆府童子，進書，召試及第，授散官，文學直弘文館"。以散官充文學直。又如《舊唐書》卷八七劉禕之傳稱其與孟利貞、高智周、郭正一同直昭文館。劉禕之直館時可能爲吴王府功曹，高智周爲費縣令。[24]據以上三例，知王府官、外官、散官稱直館，一旦爲京官，則六品以下稱直學士，五品以上稱學士。《唐會要》卷六四宏文館門長慶三年七月宏文館奏又提到改革館内官稱謂問題，要求"今請准集賢史館兩司元和中停減雜名目例，其登朝五品以上充學士，六品已下充直學士，未登朝官，一切充直宏文館，其餘并請停減"。未登朝官爲直館不始於長慶三年，也不始於奏中提到的"元和中"，宏文館始設之時，學士、直學士、直館的區别就是登朝五品以上、六品以下及未登朝，元和中及長慶三年只不過對多出的雜名目進行整理，又回到始置弘文時的稱謂。直館充任者爲未登朝官，即包括外官、散官、王府官、衛官、前資、常選人等，當以外官爲最多，史籍中常見京（都）畿縣尉直弘文館者，如薛逢以萬年尉直弘文、盧嗣業以長安尉直、裴樞以藍田尉直[25]等，此例甚多，不再列舉。

弘文館還有非文學直。《舊唐書》卷七九吕才傳略云：

> 少好學，善陰陽方伎之書……中書令温彦博奏才聰明多能……尤長於聲樂，請令考之。侍中王珪、魏徵又盛稱才學術之妙，徵曰："才能爲尺十二枚，尺八長短不同，各應律管，無不諧韵。"太宗即徵才，令直弘文館。

吕才以善聲樂、多能而直弘文，可能因弘文始置不久，尚爲天下各類賢士的待詔之所。由於弘文館職能逐漸固定，像吕才這樣以雜術直者當消失了，弘文館才學直中只剩了文學直。

在集賢殿書院建立前，弘文館負責進供奉書。《唐會要》卷六四宏文館門開元二年正月條允許寫供奉書人、搨書人在內宿。既寫供奉書，同時要設爲寫書而造筆的工匠，其匠之巧者爲造供奉筆[26]直、造寫書御筆直，並爲專寫供奉書人置書直。集賢殿書院建立後，御書直移入書院，弘文館只保留了兩類造筆直。

弘文館裝書直，史籍中有記錄。《歷代名畫記》卷三叙自古跋尾押署（自晉至周隋名畫）記載："（貞觀）十三年月日，將仕郎直弘文館臣王行直裝。""十四年月日，將仕郎直弘文館臣張龍樹裝。"裝書直王行直、張龍樹負責裝國家內庫所藏晉周隋名畫，他們只有散官而無職事，可能由裝書手中因技優年深而授散成爲有品直，他們負責裝國家寶物珍品，可見是有關圖書、圖畫裝訂方面的最高級人才。

搨書人即摹寫書籍、文字者。《唐六典》卷八弘文館"搨書手三人"下注云："貞觀二十三年置。龍朔三年，館內法書九百四十九卷並裝進，其搨書停。神龍元年又置。"可見搨書即搨法書。《法書要錄》卷三何延之《蘭亭記》條記載，供奉搨書人趙模、韓道政、馮承素、諸葛貞等曾搨數本，賜皇太子、諸王、近臣。可見搨書之職。搨書直即擇搨書手中尤精者授散而充，是國家最高級的影摹人才。

(2) 崇文館

崇文館只有搨書直一人，《新唐書》卷四九上崇文館條作"書直一人"，脫"搨"字。崇文館置搨書直，與弘文館一樣，爲的是館內諸生的書法教育。弘文館貞觀元年置生時，太宗擇性愛書及有書性者二十四人爲之，專於館內學書，"其法書內出"，後因王珪建議，兼習經、史[27]，但書法一直是弘文生習業重點。崇文館生即同於弘文，亦重書法，內出的法書由搨書手搨製，以供生徒研習，搨書手尤精者爲搨書直，可能專爲皇太子搨法書，亦兼崇文館法書教育之用。

(3) 史館

《六典》卷二只記史館裝書一人，實際上史館最主要的直官是直館。《新唐書》卷四七百官志史館條注略云：

貞觀三年，置史館於門下省，以他官兼領，或卑位有才者亦以直館稱……天寶後，他官兼史職者曰史館修撰，初入爲直館。元和六年，宰相裴垍建議，登朝官領史職者爲修撰，以官高一人判館事；未登朝官皆爲直館。
大中八年，廢史館直館二員，增修撰四人。

可見直館的含義多有變化，天寶之前，他官兼史職者均爲直館，其後初入爲直館，元和六年後未登朝者稱直館，大中八年，廢直館二人，據《會要》卷六四史館雜錄下，當時的直館萬年尉張範、涇陽尉李節勒守本官，可見直館也與弘文館文學直一樣，多由縣尉充直。直館與修撰，只是充任者資歷不同，職務均一樣，故而唐史籍文獻中區分並不嚴格，如《舊唐書》卷一七六楊嗣復傳記載其元和年間"遷右拾遺，直史館"，又如《芒洛冢墓遺文五編》卷六高瀚墓志略云："起家拜祕書省校書郎……由本官奏直史館。"這是武宗時期。校書郎、右拾遺充史職者稱直館，可見登朝官爲修撰、不登朝爲直館的規定未嚴格執行。大中八年敕令中廢直館，但此後仍有直館出現。如《舊唐書》卷一七九陸扆傳記載其光啓二年登進士第，"明年，宰相孔緯奏直史館。"可見大中八年廢直館後，不久又重置。直館與修撰，均可以史學家目之，他們是在史館編纂唐史的直官，而唐代各朝史主要由直官編纂（著名史學家吳兢就當過直館[28]）。直官的作用可以想見。

（4）集賢殿書院

《六典》卷二記集賢殿書院能書六人，裝書十四人，造筆四人，據同書卷九集賢殿書院條，應將"能書六人"改爲畫直八人。集賢殿書院有書直及寫御書一百人，開元五年，從祕書省昭文館並兼召能書者充，祕書省與弘文館不再有書直，其後"又取前資、常選、三衛、散官、五品已上子孫，各有年限，依資甄敍"，前資、常選的年限當與同書卷二吏部郎中條的"每年任選"同，三衛、散官則當"每年與折一番"，由這四種身份充者爲書直，《唐代墓志彙編》貞元〇〇七馬齊卿墓志末題："文林郎前恒王府參軍直集賢院張文哲書。"張文哲即以前資爲集賢書直。由五品以上子孫充者爲寫御書人。書直與書手共百人，書直名額不固定，因才而取。

揭書手與揭書直也是如此。《新唐書》卷四七百官志集賢殿書院條注稱，至開元十九年，"以書直、畫直、揭書有官者爲直院"。《唐六典》卷九集賢殿書院條"揭書手六人"中包含揭書直，揭書手與直共六員名額，有官者爲直，無官者爲搨書手，故其下注"取人及有官同直院"，"同直院"，即同書直、畫直。

《新唐書》卷五九藝文志丙部雜藝術類云：

> 楊昇畫《望賢宮圖》、《安祿山真》。張萱畫《少女圖》、《乳母將嬰兒圖》、《按羯鼓圖》、《鞦韆圖》。（並開元館畫直）

"畫直"只有集賢殿書院有，故楊昇、張萱都是開元時集賢殿書院的畫直，可見這些畫直是國家著名的畫家。據《六典》卷九集賢殿書院"畫直八人"下注，知畫直於開元七年"緣修雜圖，訪取二人，八年又加六人"，既爲修圖而置，則集賢殿書院畫直的主要職能還在作畫。《歷代名畫記》卷三叙自古跋尾押署（自晉至周隋名畫）云：

> （開元五年月日）宣義郎行左驍衛率府倉曹參軍臣陸元悌監。後至十一年爲給事中，賜名堅，直集賢。

集賢書院書畫由集賢畫直監督裝潢，可見集賢畫直也是古畫鑒賞家。有關畫直的作用，《唐代墓志彙編》咸通〇二七唐故集賢直院官榮王府長史程公（修己）墓志并序略云：

> 而於六法特異稟天錫，自顧陸以來，復絕獨出，唯公一人而已。大和中，陳丞相言公於昭獻，因授浮梁尉，賜緋魚袋，直集賢殿，累遷至太子中舍。凡七爲王府長史……昭獻常所幸犬名盧兒，一旦有弊蓋之嘆，上命公圖其形，宮中畎犬見者皆俯伏。上寵禮特厚，留於秘院，凡九年。問民間事，公封口不對，唯取內府法書名畫日夕指摘利病。上又令作竹障數十幅……公又爲昭獻畫毛詩疏圖，藏於內府。

程修己在集賢爲畫直九年，雖職事品陞爲王府長史（從四品上），仍爲集賢直院。他在爲畫直期間的主要工作有三項，其一爲應皇帝需而畫（如繪犬、畫竹障），其二爲鑒賞法書名畫，其三爲個人創作，這也反映了集賢所有畫直的職責。程修己繪畫栩栩如生，維妙維肖，從之亦可見唐畫直水平。

集賢殿書院還有文學直。《新唐書》卷四七百官志集賢殿書院條注記載："其後，又增修撰官、校理官、待制官、留院官、知檢討官、文學直之員。"文學直的具體情況，《新唐書》卷一九九馬懷素傳提到"將仕郎梁令瓚文學直書院"，可見集賢院五品以上爲學士，六品以下爲直學士，仍有未登朝官爲文學直，只不過數領不定，故《六典》卷二未載。

17. 其他直

除上列諸種直官外，史籍中尚見庫直、驅咥直、王府直、翰林直官數種。庫直與驅咥直是武德初設立的王府直官。《舊唐書》卷四二百官志略云：

> 時秦王、齊王府官之外，又各置左右六護軍府及左右親事帳內府……又有庫直及驅咥直，（庫直隸親事府，驅咥直隸帳內府。）各於左右內選才堪者，量事置之。

《新唐書》卷四九下百官志親事府條注作："選材勇爲之。貞觀中，庫直以下皆廢。"似庫直、驅咥直由材勇者爲之，所置爲武將。從所發現的史料看，庫直、驅咥直以武將爲多，如謝叔方從巢刺王元吉征討，"數有戰功，元吉奏授屈［驅］咥直，府左軍騎"[29]，因善戰而被選入驅咥直；又如段元哲被秦王補"右庫真［直］左右"，其後爲郎將，中郎將，太子右衛副率[30]，也一直是武將；張曉的經歷爲□王府庫直，左監門直長，務德府鷹揚郎將[31]，與段元哲類似。由於當時戰事頻仍，天下未定，武將帥才當是天下首選。庫直與驅咥直的設置主要是集中武才，集中戰將，但也有不以武勇而入庫直者，如《新唐書》卷一三〇楊瑒傳載：

> 琮字孝璋，爲上津令。會天下亂，去官，與秦王同里居。武德初，爲王府參軍，兼庫直……歷沔、綏二州刺史。

從楊琮歷任看，他更像一名文官，故推測他爲庫直可能不以武勇，又如《唐會要》卷六四文學館門記載武德年間的十八學士，由"庫直閻立本圖其狀"。查《舊唐書》卷七七、《新唐書》卷一〇〇閻立本傳，他善圖畫，工於寫真，有應務之才，未記善戰，故推測他爲庫直可能因丹青之才而非因其驍勇。武德年間，秦王、齊王征戰之餘，也注意天下所屬，爲爭帝位，諸王也注意網羅各式人才，這些人才有文學儒術者置於文學館，武將及諸雜技則置於親事、帳內府，即爲庫直、驅咥直。

兩《唐書》所記庫直、驅咥直屬秦、齊二王府，從墓志看，似武德年間開府諸王皆有這種直。《北京圖書館藏中國歷代石刻拓本匯編》25册元景墓志云：

"授荆王府庫眞〔直〕，府廢寧家。"據《舊唐書》卷六四彭王元則傳，知高祖第十二子元則武德四年封荆王，貞觀七年授豫州刺史，墓志中的荆王當指元則，據此知武德年間秦、齊王之外的其他諸王府也有庫直之設，只不過作用、規模難與二王相比。庫直、驅呧直是唐初天下未定、諸王征戰時出現的直官制度，庫直、驅呧直主要授武才，但也不妨其他以雜技充直者，貞觀時天下穩定，諸王庫直、驅呧直被廢除。

　　王府直官制度似未有定制，史籍所見設直司的諸王有秦王、齊王、中山王、相王。這些直官主要爲文學直，如杜正倫直秦王府文學館[32]，長孫家慶武德五年奉教直中山府侍讀文館[33]，王定爲前齊王府直文學館[34]，睿宗在藩時，裴耀卿、丘悅與韋利器更直府中，以備顧問，被稱爲學直[35]，張肅珪以經明舉補太廟齋郎，"遂直相王府，以文翰登也，"[36]可見相王府有固定文學直。武德初直記室即屬此類。薛元敬曾爲天策府參軍，"兼直記室"，[37]令狐德棻在高祖入關後，被"引直大丞相府記室"。[38]記室之職，掌表、啓、書、疏。[39]直記室即以文學直府，草文翰，行記室之職。這種直官行某職之事從隋而來，是直官制不固定時的産物。除文學直外，這些王府似應有他直，如薛頤武德初，因解天文律曆，尤曉雜占，被"追直秦府"。[40]又如趙智偘長子令銓爲"相王直司"，[41]楊晟"武德二年，召充齊王府直司"，[42]這些直司爲何種直已難考辨了。

　　《唐大詔令集》卷七○寶曆元年正月南郊赦提到"翰林待詔供奉並諸色直"，翰林雜直即待詔翰林的直司，《新唐書》卷四六百官志云：

>　而翰林院者，待詔之所也。唐制：乘輿所在，必有文詞、經學之士，下至卜、醫、伎術之流，皆直於別院，以備宴見。

這種直乘輿，在唐後期逐漸固定爲翰林雜直[43]，它是直官制度之外的特殊制度，本文不詳論了。

三

　　唐代直官廣布於中央各司，尚書、中書、門下、祕書、殿中、內侍六省，太常、光祿、鴻臚、衛尉、太府、司農、大理、太僕八寺，少府、將作、國子、軍器四監均有直官，中央六省一臺九寺五監未置直官的只有御史臺、宗正寺、都水監而已。御史臺爲國家綱紀之司，總監督百官，似無需高級專業人才，但因後期審議法案較重，也置一名法直，宗正寺掌皇族屬籍，無需專業技術，但後期也設置了與修撰性質類似的修選圖譜官，修玉牒官[44]，修撰與直官的區别在於是由登朝官還是非登朝官充任，其職能相類，故而宗正寺唐後期亦置類似直官之職。都水監掌川澤津梁，其不置直官，可能是因坡堤决壞由將作維修。總之都水監無水利專家充直，這不能不是一個值得注意的現象，這需要從唐代的水利狀况、漕運等方面綜合考察，本文不詳論了。

《唐六典》卷二所記有品直官定額共465人，若加上不限定額的集賢書直、搨書直、文學直、史館直及臨時增設的額外直，諸司直官可達五百人左右，唐代内官2621員[45]，武官尚在其中，直官佔内官的五分之一，也就是説，京官之中，每五個職事官要配給一名直官，可見直官所佔比例之大。直官普遍存在於在京諸司，數量之多，範圍之廣，使我們不能忽視。

根據《唐六典》所記，開元中唐代定額直官包括經直、文史直、文學直、學直、史直、禮直、法直、翻譯直、時務直、書畫鑒賞直、書直、畫直、搨書直、裝書直、裝潢直、造筆直、樂直、醫直、卜直、天文曆算直、造食直、衣輦製造直、農林副業直、養馬直、糧食器械金銀出納直，軍器直、手工業直、建築業直、宦官直等文化、科學、技術、藝術直等近三十種，是唐代文化藝術科技領域的高級技術人才，他們在諸司從事專業技術極高的日常工作。制度改作、或舉行重大的科技文化活動時，直官不但參與，而且還是實主其事者，如開元二十五年律令格式的删改工作主要由明法直刑部俞元杞、明法直中書陳承信完成；雅樂的改定，行用樂章的銓叙直太樂季尚冲也是主角；武宗年間《王會圖》的編纂無鴻臚譯語則成了無米之炊；武則天修九鼎時書銘題直中書的鍾紹京爲主要參與者；開元初續王儉《七志》編纂時簡擇巨儒中就有直國子監趙玄默及直集賢殿書院梁令瓚；唐代文化盛事譯場翻經屢有中書譯語人參加；太宗時黄道渾天儀的製造就是由直太史李淳風完成的；更不用説唐代諸朝史的編纂完全由直館負責了。這些直官，是唐代的經學家、文學家、史學家、法學家、翻譯家、禮學家、書法家、畫家、音樂家、醫學家、天文曆算學家、食學家、衣學家、輿輦器械製造家、農學家、林學家、武器學家、機械學家、建築家、畜牧專家等，他們代表了唐代科技文化的最高水平。史籍所見的直官中，有天文學家李淳風，著名醫學家孫思邈，著名畫家閻立本，音樂家兼陰陽學家呂才，史學家吳兢，文學家楊炯、宋之問。李淳風所造渾天儀，黃道、赤道、地平經緯皆可測定，在當時世界也是最先進的；孫思邈所撰《備急千金方》、《千金翼方》是中國醫學界的不朽巨作；閻立本所畫《秦府十八學士圖》《歷代帝王像》等達到了極高的藝術水平；吳兢所纂《貞觀政要》迄今仍是治唐史者必讀之作；楊炯、宋之問文字至今膾炙人口；呂才所刊正《陰陽書》，終唐一代，爲不刊之典……這只是直官中較著名的幾例。大部分直官，雖才高於代，由於位卑品低，正史多不記載。但這並不妨礙我們的結論：直官，代表唐代科學技術文化藝術的水平，他們在各自領域內完成着專業性極高的科學技術工作，他們是唐代科技文化繁榮的直接創造者。

唐法律上將官吏分爲四等，《唐律疏議》卷五名例律同職犯公坐條略云：

> 諸同職犯公坐者，長官爲一等，通判官爲一等，判官爲一等，主典爲一等，各以所由爲首。
>
> [疏] 議曰："同職"者，謂連署之官，"公坐"，謂無私曲。假如大理寺斷事有違，即大卿是長官，少卿及正是通判官，丞是判官，府史是主典，是爲四等。"各以所由爲首"者，若主典檢請有失，即主典爲首，丞爲第二從，少卿，二正爲第三從，大卿爲第四從，即主簿、錄事亦爲第四從。
>
> 檢勾之官，同下從之罪。
>
> [疏] 議曰："檢者，謂發辰檢稽失，諸司錄事之類。勾者，署名勾訖，錄事參軍之類。皆同下從；若有四等官，同四等從。

職事官和典在判案辦事和量刑定罪上分長官、通判官、判官、主典四等，檢勾之官同下從之罪，這表明行案中職事官典可分長、通判、判官、主典和勾檢官五等。長官、通判官、判官，職有大小，權有輕重，位有高低，但就職能而言，皆爲行判之人，可以廣義判官目之，[46]，這樣，在處理日常工作中，職事官典可分判官、典、勾檢官三種，判官掌判案，主典掌抄寫起草文書等，勾檢官則負責檢查文案處理是否符合令式，是否在程限之內，是否稽違缺失，三種官典互相依賴，互相制約。

在長官、通判官、判官、主典、勾官五種官吏之間還必須再加一類官——直官，唐國家機器的運轉才可以得到保證。判官、典只能完成官府常務，一些專業技術工作他們是無能爲力的。直官以他們特殊具備的專業技術才能，保證了專業工作的科學性，同時也使有的機構（如太醫署、禮院、通玄院等）從常務執行機構變爲科研機構，也正因爲有他們默默無聞的工作，度支郞官可以不精於理財，刑部郞官可不精於法律，鴻臚寺長官、判官可不懂外語，少府、將作監官可不擅長於興造規劃，光祿寺官可不懂造食……各司官均可成爲按資歷授予的官銜而不要求其具體所具備的才干，因爲在他們背後，直官保證了需要專業技術工作的質量。直官是一特殊系統官，《六典》除卷九集賢殿書院記載了當司直官外，其餘諸司均未提到，這是因爲直司與諸寺監省部的其它官不同，他們自成一個系統，自有名額，自有定制，《六典》卷九集賢殿書院是開元中所設機構，設學士、直學士同時，也設了直官，《六典》的編纂者將集賢殿的全部官典置於卷九末，中間也列了直官，與其它諸卷的撰寫體制不一致，這並不妨礙我們認爲直官爲一獨立系統官的結論。從職能上講，唐國家機器的運轉由長官、通判官、判官、典、勾檢官、直官六種官典共同維持，也可以更加概括爲判官、主典、勾官、直官。判官的主要內容是判案，他們保證國家機器的按制度運轉；主典檢請文案並司各種雜務，促使國家制度在某一具體環節上得以實施；勾官發辰檢稽失，負責文案的處理程限及正誤，是國家行政效率的保證；直官從事各種專業技術工作，是各行各業的專業人才，他們使國家機器高質量、高水平、準確地運轉。判、典、勾、直，缺一不可，勾官、直官由於未列於《唐律》四等官之內，似更應給予重視。

據《六典》卷二，唐代充有品直者有外官、京官、前官、常選、散官、三衛，從已發現的史料看，直官的具體情況有：校書郞直國子監，祕書正字直中書，這是京官直；衞州司户參軍明法直中書，這是外官直；承務郞直尚藥局，這是散官直；左領軍左執戟直中書，永嘉府左果毅都尉直將作，山泉府別將直太史監，這是衞官直；左衞翊一府親衞直殿中，這是三衛直；文林郞前恒王府參軍直集賢院，這是前官直；太子中舍人直集賢，這是東宫官直；榮王府長史直集賢，這是王府官直。除未見單獨的常選官直外，《六典》所記均有體現。諸官參選必須有散，所以常選直情況當與散官直類似。

這些直官不是單獨存在的，直官制度建立在唐職、散、勳、爵、衛官制及選舉制等基礎之上，與職、散、勳、爵、衛共同構成一個互相交插聯係的官僚制度體系。職、散、勳、爵、衛自成一系，各具意義。職、衛表示職事官；散爲出身，是社會地位的標志；勳以酬功；爵以封邑。但五者互相聯係，如，可因勳、爵而得散，因有散參選而得職事，還可以因職事而加散，因職事而有勳，因勳而封爵，因職事而封爵，循環往復，共同構成唐官制的整體。在這五者之外，還可以添上直官，無品直因年勞而有散，因有散而昇入有品直，因充直而有勞考，或參選獲職，或增加散階，或加勳而得爵……直官借助於職、散、勳、衛而存在，但充直的職、散、勳、衛不同於單獨的職、散、勳、衛，在待遇上，在參加選舉上，都形成了特殊的內容。因而不了解直官，對唐代官制體系的了解就不完善。直官增加了唐官制的複雜性，使唐代的職散、勳、爵、衛、直制度更有機地組合爲一個整體圖（見圖一）。

（圖一）

直官制度是一個集中、吸收、儲備、利用人才的制度。直司的簡擇分內部培養、外部吸收兩類。內部培養，即本色直，他們由以下三類人組成：（1）學生，包括國子監國子、太學、四門、律、書、算、廣文七館生、太史局曆生、天文觀生、裝書曆生、天文生、太常寺太醫署諸生、太卜署卜筮生、太僕寺獸醫生、內侍省小給使學生等，他們業成後，或應舉充直，如明經直太常、明經及第直國子監等，或績優授散爲直，他們是國家以學校的方式培養的人才。（2）工匠巧兒等，殿中、少府、將作的伎術直來源於工匠、巧兒色役人等，這些機構司國家供御、手工、建築常務的同時，也兼專業人才的培養任務，如《唐六典》卷二二少府監丞職掌條云：

> 凡教諸雜作，計其功之衆寡與其難易而均平之，功多而難者限四年、三年成，其次二年，最少四十日。

所教雜作種類，注文云："業金、銀、銅、鐵鑄、鎬、鑿、鏤、錯、鏃所謂工夫者，限四年成"，可見少府監是各種手工業的教育機構，將作、殿中等也如此，工匠、色役人身應役使，習業同時又實踐，其優異者爲巧兒，補直司，積勞考，晉昇爲有品直。（3）音聲人、官奴婢等身份低賤之人。官奴婢没入宮掖後，因其特長，或入太常，或入司農，或入其它雜司。太常音聲人業優者可晉爲師，爲師十五年，考課通過者可授散爲有品直，司農苑總監的有品直也應有從專事農副業的官奴婢中晉昇者。内部培養的本色人充直，有實踐經驗，有師承，有多年的積累，是直官的最佳人選，而出身低賤的官奴婢、音聲人、工匠、巧兒等都有可能因直獲散，走入流内，反映了直官在才能面前一律平等的選任特色。出身雖賤，可因才充直，内部培養的直官無等級限制，直官是打破等級、不限貴賤的制度。

外部吸收，即外司直。雖然唐後期殿中省、太常寺、將作監的伎術直官限制外司人請射，主要由本色人充直，但外司直一直是唐代直官的重要來源。外司人或自己請射、或官員舉薦、或徵召入直，不論走哪種途徑，外司充直之人都是憑其才能而充選。他們有的剛應舉得中，有的只是散官，有的是前資、常選，也有的職事官已作到王府長史（從四品上），但不限資歷如何，均因才能特殊而任直官。職事官的選拔，日趨固定，《舊唐書》卷四二職官志云：

> 開元中，裴光庭爲吏部尚書，始用循資格以注擬六品已下選人，其後每年雖小有移改，然相承至今用之。

循資格的出現使職事官的遷轉趨於論資排輩，以資歷爲主，才干位居其次。而外司官充直，所打破的正是循資格的限制。

不限等級、不限資格的内教外收的直官制度，具有很大的靈活性，正因爲如此，唐代直官可以集中到當時科技領域的最高人才，同時爲其提供專業的工作環境和科研環境，充分發揮直官的專業才能，也可以說直官制度不但與職、散、勳、爵、衛共同構成唐官制的整體，而且作爲選拔、集中人才，額外儲備人才的制度，是唐代科技文化輝煌燦爛的一個原因。

注 釋

〔1〕 《舊唐書》卷八玄宗紀、卷三六天文志均將改太史監爲局置於開元十五年正月。
〔2〕 參見陳寅恪：《元白詩箋證稿》第二章琵琶引。
〔3〕 見吳麗娛：《唐後期的户部司與户部錢》，載《中國唐史學會論文集》，1989年1月。
〔4〕 檢校與攝判也有區別，見《唐律疏議》卷二名例律無官犯罪條，本文不詳考。
〔5〕 參見嚴耕望：《唐僕尚丞郎表》卷一述制。
〔6〕 都水監無直官，可能是唐代置直的一個特色。
〔7〕 《唐六典》卷八侍中職掌條。
〔8〕 轉引自池田溫編：《中國古代寫本識語集錄》267、274頁。
〔9〕 池田溫：《中國古代寫本識語集錄》277頁作"右執戟"。
〔10〕 《唐六典》卷一左右司郎中員外郎條。
〔11〕 《唐六典》卷二吏部郎中條。
〔12〕 《唐會要》卷五諸王門舊制條"婚嫁則同親王公主於崇仁里之禮院"，指的就是禮會院。
〔13〕 《舊唐書》卷八二許敬宗傳有"將謂禮院無人"，結合上下文，此禮院爲太常博士所在的專稱，與監察御史所在稱監院、殿中御史稱殿院同。
〔14〕 詳見拙著：《唐前期馬政初探》，載《紀念陳寅恪先生百年誕辰學術論文集》，江西教育出版社，1994年8月。
〔15〕 《唐會要》卷五一識量上記載，貞觀十五年房玄齡、高士廉問少府少監北門有何營造，太宗曰："卿但知南衙事，我北門小小營造，何妨君事！"不欲宰臣干涉之意，溢於言表。
〔16〕 見陳寅恪：《唐代政治史述論稿》第二章政治革命及黨派分野。
〔17〕 《舊唐書》卷三六天文志下，參見《唐六典》卷一〇，《新唐書》卷四七百官志。
〔18〕 《唐會要》卷七六選舉中三傳門。
〔19〕 《唐會要》卷六六東都國子監太和五年十二月裴通奏。
〔20〕 《唐六典》卷二一國子博士職掌條。
〔21〕 《北京圖書館藏書歷代石刻拓本匯編》27册鄭守訥墓志。
〔22〕 《唐會要》卷三六修撰門。
〔23〕 《唐六典》卷二七太子僕寺廄牧署條。
〔24〕 《舊唐書》卷一八五上。

〔25〕《舊唐書》卷一九〇下、一六三、一一三。

〔26〕《新唐書》卷四七百官志弘文館條作"供進筆。"

〔27〕《唐六典》卷八弘文館條注。

〔28〕《舊唐書》卷一〇二吳兢傳。

〔29〕《舊唐書》卷一八七上謝叔方傳。

〔30〕《西安郊區隋唐墓》載唐故壯武將軍行太子左衛副率段府君（元哲）墓誌銘并序。

〔31〕《唐代墓誌彙編》咸亨〇二八張曉墓誌。

〔32〕《舊唐書》卷七〇杜正倫傳。

〔33〕《千唐志齋藏志》一九長孫家慶墓誌。

〔34〕《唐代墓誌彙編》萬歲登封〇〇四王定墓誌。

〔35〕《舊唐書》卷九八裴耀卿傳。

〔36〕《千唐志齋藏志》八二〇張蕭珪墓誌。

〔37〕〔38〕《舊唐書》卷七三薛元敬傳、令狐德棻傳。

〔39〕《唐六典》卷二九王府官記室條。

〔40〕《舊唐書》卷一九一薛頤傳。

〔41〕《關中石刻文字新編》卷三趙智侃墓誌。

〔42〕《唐代墓誌彙編》咸亨〇九二楊晟墓誌。

〔43〕參見袁剛：《唐代翰林院諸伎術雜流》，載《江西社會科學》1990年1期。

〔44〕《唐會要》卷六五宗正寺，卷七五選限門。

〔45〕《通典》卷一九職官一官數門。

〔46〕參見拙著：《典在唐財務行政中的作用》，載《學人》第3輯。

〔補1〕《資治通鑒》卷二三六順宗永貞元年三月條記王叔文至中書，令直省通之。胡注云："直省，吏職也，以直中書省，故名。"《新唐書》卷一六五鄭珣瑜傳記此事亦稱"直吏"。《舊唐書》卷一二六李揆傳記揆爲中書侍郎時，遣直省至呂諲管內（荊南）求其過失；《新書》卷一五〇揆傳作"遣吏"，可見《新書》認爲這類直省爲吏，與胡注同。這些直省中，揆傳中提到的當是中書省乘驛直，因爲可出使；掌通報的直省性質如何，待考。唐直官分有品直、無品直兩類，無品直由巧兒、工匠、音聲人等技高年深者充，雖無品位，但爲特殊技術人，不同於一般的吏。胡注所注直省爲何種吏職，尚需進一步研究。

（本文作者　中國社會科學院歷史研究所）

A Preliminary Investigation of the Zhi Officialism in Tang Dynasty

Li Jinxiu

Summary

The question of what the true nature of the Zhi(直) officialism in the Tang Dynasty is have not been clearly answered since the Song Dynasty. This paper, according to the records relating to the Zhi Officialism in *Tang Liu Dian* (唐六典), and other data, tomb-stones and excavated documents, discusses the nature of the Zhi Officials who were different from the officials of Jianjiao (檢校), Shi (試), Pan (判) and others, and studies the questions in Zhi Official, for example, who were ranked or unranked, who were always coming of by turns, who were skilled or unskilled, who were insided or extra, and so on. This paper also makes a detailed examination of the Zhi Officials in every office, their composition, role, character, and points out that the Zhi Official and the officials of Zhishi (職事), San (散), Xun (勛), Jue (爵), Wei (衛) composed the officialism structure altogether, the Zhi Officials represent the level of the science, technology, cluture, art in the Tang Dynasty, the Zhi Official systerm, which selected, concentrated and reserved porofessional talent people, acted as one of the reasons led to the science and technology glorious in the Tang Dynasty.

《辨姦論》真偽問題的重提與再判

鄧廣銘

一、《辨姦論》真偽問題的緣起

(一)《辨姦論》的首次出現

從北宋末年到南宋初年,世間流行着一種傳言,說死於宋英宗治平三年(1065年)的蘇洵,生前曾寫了一篇《辨姦論》,是專為指明王安石的姦詐而發的。根據現尚傳世的一些宋人筆記來說,最先記及此事的,是成書於宋徽宗末年(1125年)的方勺的《泊宅編》(三卷本),其次則為刊行於宋高宗紹興四年(1134年)的邵伯溫的《聞見錄》,再次則為撰寫於紹興五年(1135年)的葉夢得的《避暑錄話》。今將三書所記摘抄於下:
《泊宅編》卷上第三條記事為:
> 歐公在翰苑時,嘗飯客,客去,獨老蘇少留,謂公曰:"適坐有囚首喪面者,何人?"公曰:"王介甫也。文行之士,子不聞之乎?"(原註:介甫不修飾,故目之囚首喪面。)洵曰:"以某觀之,此人異時,必亂天下,使其得志立朝,雖聰明之主,亦將為其誑惑。内翰何為與之遊乎!"洵退,於是作《辨姦論》行於世。是時介甫方作館職,而明允猶布衣也。

《邵氏聞見錄》卷十二,所載《辨姦論》撰寫的原委為:
> 眉山蘇明允先生,嘉祐初遊京師,時王荊公名始盛,黨與傾一時,歐陽文忠公亦善之。先生,文忠客也,文忠勸先生見荊公,荊公亦願交於先生。先生曰:"吾知其人矣,是不近人情者,鮮不為天下患。"作《辨姦

論》一篇，爲荆公發也。（按：此下爲《辨姦論》全文，兹不具録。）斯文出，一時論者多以爲不然，雖其二子亦有"嘻其甚矣"之嘆。後十餘年，荆公始得位爲姦，無一不如先生言者。

呂獻可中丞於熙寧初荆公拜參知政事日，力言其姦，每指荆公曰："亂天下者必此人也。"又曰："天下本無事，庸人自擾之耳！"司馬溫公初亦以爲不然，至荆公虐民亂政，溫公乃深言於上，不從，不拜樞密副使以去。又貽荆公三書，言甚苦，冀荆公之或從也，荆公不從，乃絶之。溫公悵然曰："呂獻可之先見，余不及也。"若明允先生，其知荆公又在獻可之前十餘年，豈溫公不見《辨姦》耶？獨張文定公表先生墓，具載之。

葉夢得《避暑録話》卷一所載《辨姦》之撰作緣由則爲：

蘇明允本好言兵，見元昊叛，西方用事久無功，天下事有當改作，因挾其所著書，嘉祐初來京師，一時推其文章。王荆公知制誥，方談經術，獨不喜之，屢詆於衆，以故明允惡荆公甚於仇讎。會張安道亦爲荆公所排，二人素相善，明允作《辨姦》一篇，密獻安道，以荆公比王衍、盧杞，而不以示歐文忠。荆公後微聞之，因不樂子瞻兄弟，兩家之隙遂不可解。《辨姦》久不出，元豐間，子由從安道辟南京，請爲明允墓表，特全載之，蘇氏亦不入石。比年稍（按：此字各本多誤作少，此從涵芬樓校印《宋元人説部書》本——引者）傳於世。荆公性固簡率不緣飾，然而謂之食狗彘之食、囚首喪面者，亦不至是也。

以上所引出於北宋末、南宋初三種筆記關於《辨姦論》撰寫及傳布過程的記載，彼此間雖也有些歧互不盡符同之處，但他們全都認爲《辨姦論》確爲蘇洵所作而不稍存疑，則是一致的。稍後於此，呂祖謙把《辨姦論》收録於《皇朝文鑑》當中，朱熹也把此文摘録於《五朝名臣言行録》的蘇洵的《言行録》内，李燾的《續資治通鑑長編》卷208，也從後人攙入張方平《樂全集》中的那篇僞品《文安先生墓表》（此詳下文）照抄了《辨姦論》全文，及，"嘗試評之，定天下之臧否，一人而已"諸評語。可證他們對此文爲老蘇之作，也都是深信不疑的。自此而貫通元明兩代，讀史者更無一人對此文之爲老蘇所作提出過異議。

（二）清初李紱對《辨姦論》作者的質疑

到清代初年，生於江西臨川縣的李紱，因與王安石生同鄉里，對王安石的生平行實特加注意，當他看到坊間刻本《蘇老泉集》中的《辨姦論》後，便寫了一篇《書後》，説道：

> 老泉《嘉祐集》十五卷，原本不可見。今行世本有《辨姦》一篇，世人咸因此文稱老泉能先見荆公之誤國。其文始見於《邵氏聞見錄》中，《聞見錄》編於紹興二年，至十七年，婺州州學教授沈斐編老蘇《文集》，附錄二卷，載有張文定公方平所爲《老泉墓表》，中及《辨姦》，又有東坡《謝張公作墓表書》一通，專敘《辨姦》事。竊意此三文皆贗作，以當日情事求之，固參差而不合也。按《墓表》言："嘉祐初，王安石名始盛，黨友傾一時，其命相《制》'曰：生民以來，數人而已。'造作語言，至以爲幾於聖人。歐陽修亦已善之，勸先生與之遊，而安石亦願交於先生。先生曰：'吾知其人矣，是不近人情者，鮮不爲天下患。'"而《聞見錄》敘《辨姦》緣起，與《墓表》正同。其引用之耶？當明言《墓表》云云，不當作自敘語氣；其暗合耶？不應辭句皆同。然則斯言其有耶？抑無有也？考荆公嘉祐之初未爲時所用，黨友亦稀，嘉祐三年始除度支判官，上《萬言書》，並未施行，明年命修起居注，辭章八九上，始受知制誥，糾察在京刑獄，旋以駁開封尹失入爲御史舉奏，又以爭舍人院申請除改文字忤執政，遂以母憂去，終英宗之世召不赴。乃云："嘉祐初黨友傾一時"，誤亦甚矣。以荆公爲聖人者神宗也，命相之《制辭》在熙寧二年，而老泉卒於英宗治平三年，皆非其所及聞也。

> 按《墓表》又云："安石母死，士大夫皆弔，先生獨不往，作《辨姦》一篇。"按曾文定公作荆公母夫人墓誌云卒於嘉祐八年，敘七子官階，稱安石爲工部郎中知制誥，是荆公母卒時官甚卑，安見士大夫皆往弔哉。以文定與荆公同時，其爲此《表》，不應舛錯如是。

> 又考文定鎮益州已爲大臣，老泉始以布衣見知，年又小於文定，其卒也官止丞簿，而《墓表》以先生稱之，北宋風氣近古，必不爲此。曾文定

爲二蘇同年友，其作《老泉哀詞》，直稱明允；乃伉直如張文定，反謙抑過情如是，疑《墓表》與《辨姦》皆邵氏於事後補作也。

老泉之卒也，歐陽公誌其墓，曾子固爲之《哀辭》。老泉以文字見知於歐陽公，又以"不近人情"之說相謝，果嘗爲此文，則歐陽公必見之，而《墓誌》中不及《辨姦》，子固《哀辭》亦不及《辨姦》，即當時或不然之，而歐曾全集從不及《辨姦》，《表》謂"當時見者多謂不然"，是此文已流布矣，何歐曾獨未之見乎？且子固謂"《誌》以納之壙中，《哀辭》則刻之墓上"，是既有《哀辭》，不應復有《墓表》矣。老泉以治平三年卒，四年葬，張文定又同時在京師，欲爲《墓表》宜即在葬時，今《墓表》不著作《表》年月，固已非體；而《表》中及荆公命相，則神宗之世矣，何其遲耶？《墓表》有"蜀無人"之語，而東坡謝書又云"秦無人"，辭既重複，文氣又相類，則亦邵氏所贗作耳！不然，東坡謝書感激至於流涕，其後爲張文定誌墓，叙其與父相知，絕不及此《論》何也？

老泉文峻潔無長語，嘗言作文比喻不可太多，而《辨姦》一篇援引膚漫，既引王、盧，又引豎刁三人，又引"用兵者"，何其多耶？其立論既勉強而不可通，其措辭又粗鄙而不可解也。謂其人"口誦孔、老之言，身履夷、齊之行"矣，又謂其"陰賊險狠、與人異趣"，人之爲人，言與行二者而已，言孔老，行夷齊，又何多求焉？……履夷齊之行可謂"陰賊險狠"乎？……

若夫"收召好名之士、不得志之人，相與造作言語，以爲顏淵、孟軻復出"，則荆公本傳與荆公全集具存，並無此事。荆公執政之後，或有依附之徒，而老泉已没，匪能逆知。若老泉所及見之荆公，則官卑迹遠，非有能收召之力，吾不知所謂好名而不得志者果何人？蓋《辨姦論》斷非老泉作也。（《穆堂初稿》卷四六）

在寫過此文之後的若干年，李紱又得見十五卷本的《嘉祐集》，見其中並無《辨姦》一文，遂又寫了第二篇《書後》（見同書同卷），說道：

余少時閱世俗刻本《老泉集》，嘗書其《辨姦論》後，力辨其非老泉作，覽者猶疑信相半。欲得宋本參考之，未之得也。蓋馬貴與《經籍考》列载《嘉祐集》十五卷,而世俗所刻不稱"嘉祐",書名既異,又多至二十卷,……又增附錄二卷,意必有他人贗作闌入其中。近得明嘉靖壬申年太原守張鎧翻刻巡按御史澧南王公家藏本,其書名卷帙並與《經籍考》同,而諸論中獨無所謂《辨姦論》者,乃益信爲邵氏贗作確然而無疑,而又嘆作僞者心勞日拙,蓋僞固未有不破者也。

李紱的這兩篇《〈辨姦論〉書後》,儘管其寫作的動機主要是要爲其鄉賢辨誣,但圍繞《辨姦》問世的可疑諸點,基本上他已提出,他在文中所舉述的理由、所作出的論證,也都是極爲堅强有力、具有説服力的。

(三)蔡上翔對《辨姦論》作者的再質疑

年輩較晚於李紱的另一個江西人,金溪縣的蔡上翔,集一生精力寫成了一部《王荆公年譜考略》,是專爲表揚王安石的學行和申雪王安石所受誣枉而撰寫的。此書完成於十九世紀之初。在它行世以後,直到本世紀的初年,凡評述王安石的歷史者,如梁啓超等人,幾乎都把它作爲取材淵藪。實際上,蔡上翔一生並未得見李燾的《續通鑑長編》一書,在採用史料方面是存在着極明顯的缺陷的。而蔡上翔的著作態度又十分偏執,悍猛武斷的氣勢貫串於全書之中,實在有失公允。例如,他在此書的《序》中,竟把司馬光的《涑水記聞》、《瑣語》與魏泰的《東軒筆錄》、邵伯溫的《聞見錄》平列在一起,只因各書中都有詆毀王安石的記事,便斷言這幾種書全都是"陰挾翰墨以饜其忿好之私者"所撰作的,意即署名爲司馬光撰寫的兩書都是僞品。又説"若蘇子瞻作《溫國行狀》,至九千四百餘言,而詆安石者居其半,無論古無此體,即子瞻安得有如是之文?"(《年譜考略·序》)然則《溫國行狀》是什麽人假蘇子瞻之名而僞造的呢?蔡上翔卻不肯(當然是不可能)作進一步的考求了。

儘管如此,蔡上翔繼李紱之後對《辨姦論》所作的辨僞文字,卻基本上不是專憑意氣而是比較平允可取的。在《年譜考略》卷十嘉祐八年記事内,在依照《宋文鑑》而引錄了《辨姦論》全文之後,蔡上翔附有一篇《考略》説:

世傳王介甫之姦,蘇明允能先見,故其作《辨姦》曰:"惟天下之靜者乃能見微知著",則固傑然以靜者自負矣。又曰:"賢者有不知",則由"好惡亂其中而利害奪其外"。予考嘉祐初介甫聲名正盛而事權未著，不知明允所指賢者爲何人，而賢者又曷爲而有"好惡亂其中而利害奪其外"之事也？是雖爲《辨姦》緣起，則已支離不成文理矣。既以王衍、盧杞比介甫，而嘉叔子汾陽能知人，而又曰："二公之料二子亦容有未必然"何也？史稱盧杞有口才，體陋甚，鬼貌藍色，謂"容貌不足以動人"可矣，謂"言語不足以眩世"可乎？史稱杞"賊害忠良，四海共棄"，名列奸臣，爲唐室大憝，則以盧杞一人比介甫足矣，而又曰"合王衍、盧杞爲一人始足以禍天下"何也？易牙殺子，豎刁自宮，開方親宮，此皆不近人情之尤，而其後乘人主荒淫，以禍人國者也；若介甫之奸未著，而明允特先爲辨之，既曰"合王衍、盧杞爲一人"，又曰"非特易牙、豎刁、開方三子之比，明允見微知著果若此乎？後來介甫之奸果至於是乎？

若夫面垢不洗，衣垢不澣，則必庸流乞丐，窮餓無聊之人而後可，慶曆二年介甫年二十二成進士，已踐仕途，四年，曾子固稱其人爲古今不常有，皇祐三年，文潞公薦其恬退，乞不次進用，至和二年，初見歐陽公，次年，以王安石呂公著並薦於朝，稱安石德行文章爲眾所推。則年三十六也，而是年明允至京師，始識安石，安有臚列丑惡一至此極，而又屢見稱於南豐、廬陵、潞國若此哉！且自慶曆二年由簽判淮南，至嘉祐初已十五六年，無非在官之日，中間所交若曾子固、孫正之、王逢原、孫莘老、王深父、劉原父、韓持國、常夷甫、崔伯易、丁元珍、龔深父，皆號爲一時賢者，而無一人爲好名之士、不得志之人也。唯呂惠卿，後人以爲安石黨，考嘉祐三年歐陽公與介甫書，乃始稱道其賢，是介甫識惠卿甚遲，而與之共行新法，又爲明允所不及見者，彼造謗者，此外欲實指一好名之人爲何人，造作語言爲何語，私立名字爲何名，其將能乎？

周公謹曰："蘇明允《辨姦》，嘗見陳直齋先生言：'此雖爲介甫發，亦似間及二程，所以後來朱晦庵極力回護，云老蘇《辨姦》，初間只是私意，後來荊公做不著，遂中他說。"予謂二說皆非也。直齋似據"收召好名之士、顏淵孟軻復出"語，以爲間似二程，不知洛學興於熙豐，則當嘉祐之初，明允何嘗知有二程？蘇程洛蜀分黨，實成於元祐，明允安得有聞及二程之事？況僞造安道《墓表》、子瞻《謝書》者，已明言爲介甫而作也！介甫自熙寧二年當國，七年辭位，八年再相，九年又辭，遂不復出。當時同朝所攻者新法耳；以爲"爲天下患"，果有如王衍清談敗俗乎？果有如盧杞賊害忠良乎？果有如竪刁、易牙、開方三子禍起宫閫，傾人家國乎？則以爲"遂中他説"，而其實無一中也。諸君子亦知《辨姦》支離無據，故爲此揣摩料度之言，而不知實非明允作耳。

穆堂李氏謂前明嘉靖間所刻《嘉祐集》十五卷本，爲王氏藏本，並無《辨姦》一篇。乾隆己酉，予亦於書肆見此書，則穆堂斷爲邵氏僞作無疑也。《辨姦》曰"誤天下蒼生者必此人也"，本山巨源語，而《宋文鑑》及《名臣言行錄》皆曰羊叔子。考《晉書》，王衍嘗詣祜，祜謂賓客曰："王夷甫方以盛名處大位，然敗俗傷化，必此人也"，其語與巨源略同。彼作僞者既援引錯誤，而《文鑑》、《言行錄》俱不及察，遂以其原本錄之，及傳之既久，亦有知其非而改之者，則今世所傳本是也。……

惟"盧杞奸邪，終成大患，陰賊害物，誤天下蒼生必斯人也"，見於呂誨《十事疏》，"竪刁、易牙、開方三子非人情，不可近"，則明允《管仲論》有之，……此皆作僞者心勞日拙，剿襲之所由來也。

明允衡量古人，料度時事，偏見獨識固多有之，然能自暢其説，實爲千古文豪。以《嘉祐全集》考之，亦惡有《辨姦》亂雜無章若此哉！

我不憚其煩地抄錄了李紱和蔡上翔二人論證《辨姦論》決非蘇洵所作的幾段文字，其原因，是我認爲他們的意見基本上是可取的。據我的孤陋寡聞的知見之所及，在他們的這些文章相繼問世之後，除處在李紱之後和蔡上翔之前的《四庫全書》的修纂者們持有異議外，似不曾有人寫過反駁他們的文章，可以證明他們二人的意見是爲一般學者所接受的。但到本世紀八十年代之初，復旦大學的章培恒先生卻撰作了《〈辨姦論〉非邵伯溫僞作》一文，首先作爲《復旦學報》"社會科學版增刊"刊出，至九十年代初又稍加訂補，收入他的《獻疑集》中。此文對於李紱和蔡上翔二人圍繞《辨姦論》所提出的疑難，所表述的意見（即我在上文所抄引的那些），持完全否定的態度，即堅決認定《辨姦論》爲蘇洵所作，認爲收錄了《辨姦論》全文於內的《文安先生墓表》確爲張方平所作，蘇軾文集中的《謝張太保撰先人墓表書》也決非後人所偽爲，就連李蔡二人所指出的《辨姦論》中一些不合邏輯乃至前言後語自相矛盾之處，章先生也都一一加以分辨和維護，如此等等。他旁徵博引，面面俱到，的確稱得上是一篇力作。但在我多次讀過之後，卻終還覺得他對李蔡二人的駁難，並未能真正把他們的意見駁倒，而他所提出的各個論點，其所具有的說服力也頗顯微弱，因特再寫此文，提出我的一些意見，與章先生進行商榷。

二、與章培恆教授商榷有關《辨姦論》的諸問題

（一）《辨姦》不是好文章

1

經李紱、蔡上翔二人指出的，《辨姦論》中不合邏輯、支離不成文理的特甚之處，凡有兩端：

其一爲"人事之推移，理勢之相因，……而賢者有不知，其故何也？好惡亂其中而利害奪其外也。"這幾句話的前後自相背謬本極明顯，一個被"好惡亂其中而利害奪其外"的人，分明是一個喪失了理性和正義感的卑鄙小人，怎麼能稱之爲"賢者"呢？蔡上翔於"考略"中追問文中所指"賢者"爲何人，又曷爲而有"好惡亂其中而利害奪其外之事"，已屬不必；而章培恆先生對此卻力加分疏和曲爲回護，並指實這裏所稱的賢者，即指不但不能察知王安石之姦而且對他"推許甚至"的歐陽修、文彥博、曾鞏等人，認爲"賢者並非完人，何以不能有'好惡亂其中、利害奪其外'之事？"且還舉出了王安石曾說曾鞏"時時出於（離開）中道，這按之封建道德，即使不比'好惡亂其中，利害奪其外'更嚴重，至少也是同等的錯誤，但王安石卻認爲鞏'豈不得爲賢者哉'，然則賢者而有'好惡亂其中，利害奪其外'之失，何足爲奇？"我認爲，把"出於中道"與"好惡亂其中、利害奪其外"等同起來，實在是過於牽強，而把歐陽修、文彥博、曾鞏一並推入犯這類過失的人物當中，更是使人無法接受的議論。

其二爲，"今有人，口誦孔、老之言，身履夷、齊之行，收召好名之士、不得

志之人，相與造作語言，私立名字，以爲顏淵、孟軻復出，而陰賊險狠，與人異趣，是王衍、盧杞合爲一人也，其禍豈可勝言哉！"這段文字之前後自相矛盾也極明顯：正如李紱所說，一個"口誦孔老之言，身履夷齊之行"的人，其言行均已達到很高尚的境界，何以竟又成了一個"陰賊險狠，與人異趣"的人呢？至於"收召好名之士，不得志之人"云云諸語，《辨姦論》的作者的關鍵用語在於"收召"二字，李紱對此已曾作了駁詰說："老泉所及見之荆公，則官卑迹遠，非有能收召之力，吾不知所謂好名而不得志者果何人？"這已足可使撰作《辨姦論》的人張口結舌，窘於作答；而蔡上翔卻更列舉出從王安石慶曆二年進士及第之後迄於嘉祐初年所有交遊的名單，自曾子固、韓持國、劉原父、龔深父等十一人，以爲他們"皆號爲一時賢者，而無一人爲好名之士，不得志之人，……彼造謗者，此外欲實指一好名之人爲何人，造作語言爲何語，私立名字爲何名，其將能乎？"令人頗感冗贅委瑣。不料章培恒教授對李紱的話未予置理，對蔡上翔的這番話卻斤斤爭辯不休，不但說蔡氏所列名單中人都是好名之士，不得志之人，而且說僅舉此十一人並未把王安石當時的交遊列舉完備，於是又增添了呂惠卿、梅堯臣、曾布等人於内，甚至說："衡以當時關於'黨'的概念，從張方平這段話中（按即《墓表》中'黨友傾一時'云云一段）也可以引出這樣的結論：那些與王安石交遊並稱贊他的人，包括富弼、文彥博、歐陽修等在内，都是'黨友'。換言之，王安石當時的這些朋友都是'黨友'。"（《獻疑集》頁 55）這已經把問題牽引到遠離主題的境地了，而章文更進一步嘲諷說，當撰寫《王荆公年譜考略》之時，"《辨姦論》作者屍骨已朽，蔡上翔卻要他來回答'造作語言爲何語，私立名字爲何名'，這本身就是滑稽的事"（《獻疑集》頁 45）等幾段話，就會更令讀者感到辭費和莫名其妙了：首先，《辨姦論》之所以舉數王安石"收召"某一類人物，主要是要藉以烘托出王安石的"姦"行，而與曾鞏、韓維、劉敞，特別是富弼、文彥博、歐陽修等人交遊，卻是終仁宗之世萬萬不會有人以"姦"相譏的，是則這一大段糾纏文字實在是毫無意義的。其次，章文以爲蔡上翔要求屍骨已朽的《辨姦論》的作者回答這樣那樣的問題，"這本身就是一件滑稽的事"，然則死於十九世紀初年的蔡上翔，到本世紀的八十年代初卻爲文對之進行斥責，其本身豈不同樣是一件滑稽的事嗎？商榷史事，評論古人，何得有如此怪論！

2

《辨姦論》有描述王安石做事不近人情的一段文字，説道："夫面垢不忘洗，衣垢不忘澣，此人之至情也，今也不然，衣臣虜之衣，食犬彘之食，囚首喪面而談詩書，此豈其情也哉？凡事之不近人情者鮮不爲大姦慝：豎刁、易牙、開方是也。"對這一段話，只須用李紱所説的"其立論既勉强而不可通，其措辭又粗鄙而不可解"，作爲籠統概括的評語原已足夠，而可惜李紱卻又説什麽"聞犬彘食人食，不聞人食犬彘之食"，以致連蔡上翔也譏之爲"舍其大而摘其細"。然而蔡氏本人卻又就"面垢不洗，衣垢不澣"的事斤斤爭辯説，此"必庸流乞丐，窮餓無聊之人而後可，安有臚列丑惡一至此極，而猶屢見稱於南豐、廬陵、持國若此哉！"這就又惹得章培恒教授大作文章了。他説，"嵇康'頭面常一月十五日不洗'，'性復多虱'（《與山巨源絶交書》），難道嵇康就是'庸流乞丐窮餓無聊之人'麽？蓋'面垢不洗，衣垢不浣'本是魏晉名士風度之一，後世文人學士不修邊幅者，亦不乏此等表現。只要不是庸俗勢力之輩，並不會把這看作是'庸流乞丐窮餓無聊之人'的行爲和'一至此極'的醜惡。故南豐、廬陵、潞國一再稱道安石之賢，並不能證明王安石不可能有此種名士風度。"（《獻疑集》頁42）這段文字是否作得跑了題了？《辨姦論》本是以此作爲王安石的一些不近人情的行爲而加以臚舉，並硬要以此爲契機而推導出"凡事之不近人情者鮮不爲大姦慝：豎刁、易牙、開方是也"這一結論的，怎麽可以與嵇康以及後世文人學士不修邊幅者相提並論，並説成是王安石的一種'名士風度'呢？然而經過對這段文字的這番探討，卻又恰恰暴露出《辨姦論》的另一要害：撰造一些莫須有的生活細節而稱之爲不近人情，由不近人情而生硬地推導出"大姦慝"的結論，這是完全缺乏邏輯性的推理，反映出作者文筆的過分的拙劣！

基於上舉諸事，我可以有理有據地斷言：《辨姦論》決不是一篇好文章，章先生雖極力加以辨解也是枉然的。

（二）《辨姦論》決非蘇洵所作

1

如本文第一節所引述，李紱是把十五卷本《嘉祐集》認作最先編定，的因而最可靠的本子，其中既並無《辨姦》一文，遂斷言《辨姦》非蘇洵所作。章文也從《嘉祐集》的版本着手，對此結論加以駁詰說："第一，曾鞏《蘇明允哀詞》謂洵有文集二十卷，'行於世'；歐陽修爲洵所撰《墓誌銘》及張方平所撰《墓表》，亦皆謂其有集二十卷。是十五卷本並非蘇洵文集原本，不能因十五卷本《嘉祐集》不收《辨姦論》就認爲蘇洵文集原無《辨姦》。第二，《文獻通考》著錄蘇洵文集並不完整，不但曾經在宋代'行於世'的二十卷本未著錄，尚有南宋紹興年間所刊十六卷本《嘉祐新集》（並有附錄二卷）亦未著錄，……其中即收有《辨姦論》。由於十五卷本並非蘇洵文集原本，那麼，到底是不收《辨姦》的十五卷本《嘉祐集》更接近蘇洵文集的原貌，還是收有《辨姦》的《嘉祐新集》更接近蘇洵文集的原貌。是十五卷本在前還是十六卷本在前，還是一個問題。在這問題尚未解決的情況下，怎能因十五卷本不收《辨姦》，就斷言十六卷本的《辨姦》爲贗作？……第三，李紱所見嘉靖張鎧刊本係從宋刊巾箱本出，清代亦曾翻刻，四庫館臣曾以清刊十五卷本《嘉祐集》……校徐乾學藏宋紹興時刊《嘉祐新集》，謂十五卷本較紹興刊十六卷本'闕《洪範圖論》一卷，《史論》前少引一篇，又以《史論》中爲《史論》下而闕《史論》下一篇，又闕《辨姦論》一篇，……中間闕漏如是，恐亦未必晁、陳著錄之舊也'。……可知十六卷本確較現存十五卷本接近蘇洵文集原貌，……然則不因比較接近蘇洵文集原貌的十六卷本收有《辨姦論》而信其爲真，反因較之蘇洵原集已亡佚甚多的十五卷本失收《辨姦》而斷言其爲僞作，顯係本末倒置之論。至於十六卷本《嘉祐新集》既較接近蘇洵文集原貌，何以要於書名中增一'新'字？疑即因增收了二卷《附錄》的緣故。（《附錄》中收有張方平《墓表》，而《墓表》寫於哲宗時，後於曾鞏寫《哀詞》甚久，自爲作《哀詞》時已'行於世'的二十卷本所不可能收入，而爲十六卷本所新增。）"（《獻疑集》頁37、38）

今按，章文此段的用意，主要在論證紹興年間刻成的十六卷本《嘉祐新集》，較之"闕漏甚多"的十五卷本的《嘉祐集》，更接近於曾鞏在《哀詞》中所說"已行世"的二十卷本的蘇洵文集，所以《嘉祐新集》中所收的《辨姦論》爲蘇洵所作，是不容懷疑的。但我對此說是頗不謂然的。第一，二十卷本的蘇洵文集在曾鞏所作《哀詞》中既已謂其"行於世"，則其編輯與傳布必其二子所親爲，假如其中已收錄了《辨姦》一文，何以邵伯溫還特別指出"獨張文定公表先生墓，具載之"呢？而且，何以在張方平於元祐年內又將其全文"具載"於《墓表》中時，竟又使蘇軾那樣地感激涕零，如其在謝張方平的信中所説呢？一個最合乎邏輯的答案自應爲：在最初編成的二十卷本老蘇文集中必無《辨姦》在内。二十卷本文集之不加收錄，正反映出老蘇根本就不曾寫有此文。第二，十六卷本《嘉祐新集》後之《附錄》二卷，純係用作老蘇曾作《辨姦》之證物者，實際上卻反而暴露了"此地無銀三百兩"的愈蓋彌彰伎倆，歐陽修所撰《墓誌》與曾鞏所撰《哀詞》既全未附入於老蘇文集之内，何以獨獨要把張方平所撰《墓表》與蘇軾的謝張書綴輯於此呢？顯然是作僞心虛，故弄此一障人神志的玄虚的。此容於下文更加詳論。

2

李紱力主《文安先生墓表》決非張方平所作，乃係後來人所僞造者，其所持重要理由之一爲："老泉之卒也，歐陽公誌其墓，曾子固爲之《哀辭》，子固謂'《誌》以納之壙中，《哀辭》則刻之墓上'，是既有《哀辭》，不應復有《墓表》矣。"章文對此竟又提出了大段反對意見，以爲："墓表與哀辭不能混同，摰虞《文章流別論》：'哀辭之作以哀痛爲主，緣以嘆息之詞'。又云：'古有宗廟之碑。後世立碑於墓，顯之衢路，其所載者銘辭也。'墓表即所謂'立碑於墓，顯之衢路'者，非哀辭之比。故在《文心雕龍》中，碑碣述於《誄碑》篇，哀辭則論之《哀吊》篇，二者截然有別。軾、轍兄弟皆知名文人，於禮非懵無所知者，豈有不爲其父樹墓表，而僅以哀辭刻之墓上之理？又，《文章流別論》説：哀辭'率以施於童殤夭折，不以壽終者'，《文心雕龍·哀吊》也説：'以辭遣哀蓋下流（下流指卑者而言，參見范文瀾《文心雕龍註》引鈴木虎雄《校勘記》）之悼，故不在黄髮，必施夭昏。''原夫哀辭大體，情主於痛傷，而辭窮乎愛惜。幼未成德，故譽止於察惠；弱不勝務，故悼加乎膚色'。是哀辭本施於卑幼，而軾、轍兄弟竟以哀辭刻於其父墓上，於心何安？故衡以情理，軾、轍兄弟必當代其父乞墓表，絕無乞哀辭之理。然則曾鞏何以作哀辭？趙翼《陔餘叢考·碑表志銘之別》：'古人於碑志之文不輕作，東坡答李方叔云：'但緣子孫欲追述其祖考而作者，某未嘗措手'。其慎重如此。今世號爲能文者，高文大篇，可以一醉博易，風斯下矣。'曾鞏'少許可'，已見上述；當是軾、轍兄弟爲其父乞作墓表時，鞏以爲蘇洵無功德可紀，'碑志之文當紀功德'（《文心雕龍·誄碑》所謂'標序盛德，必見清風之華；昭紀鴻懿，必見俊偉之烈，此碑之制也'），故以哀辭代之，此實與蘇軾所云'但緣子孫欲追述其祖考而作者，某未嘗措手'同意。但在軾、轍兄弟，自不忍竟以哀辭刻於父墓而不爲立墓表，故爲蘇洵別乞墓表，正是理所當然的事，何得云'既有《哀辭》，不應復有《墓表》矣'？"（《獻疑集》頁52、53）

今按：章文這一大段，自始至終全都是只憑揣測懸想和推論，強詞奪理地撰構而成，因而是全然經不起推敲的，也就是說，其中的疏失太多。第一，《哀辭》說蘇洵於治平三年"四月戊申以疾卒，享年五十有八，自天子輔臣至閭巷之士皆聞而哀之"。"二子：軾，爲殿中丞直史館；轍，爲大名推官。其年，以明允之喪歸葬於蜀地。既請歐陽公爲其《銘》，又請予爲辭以哀之，曰：'銘將納之於壙中，而辭將刻之於冢上也。'余辭不得已，乃爲其文曰……"這裏明明說出曾鞏之所以作《哀辭》，乃是應蘇軾兄弟之請，"辭不得已"而爲之的，章文何所據而說"軾、轍兄弟必當代其父乞墓表，絕無乞哀辭之理"呢？第二，不論《文章流別論》中或《文心雕龍》中對哀辭與碑誄所下的定義，全不等於政府所頒發的文章程式，對後代作者全不會起規範作用。曾鞏所作的《哀辭》，說老蘇的文章，"其指事析理，引物托諭，侈能盡之約，遠能見之近，大能使之微，小能使之著，煩能不亂，肆能不流，其雄壯俊偉若決江河而下也，其輝光明白若引星辰而上也。"實已極盡贊揚之能事；其下還說："既而歐陽公爲禮部，又得其二子之文，擢之高等，於是三人之文章盛傳於世，得而讀之者皆爲之驚，或嘆不能及，或慕而效之，自京師至於海隅障徼，學士大夫莫不人知其名，家有其書。"古人以立言與立德立功並稱爲三不朽，曾鞏於《哀辭》縷述了老蘇文章之美妙處如此其多，章培恒教授何以全都視若無睹，而妄肆揣度道："當是軾、轍兄弟爲其父乞作墓表時，鞏以爲蘇洵無功德可紀，……故以哀辭代之。……但在軾、轍兄弟，自不忍以哀辭刻於父墓而不爲立墓表，故爲蘇洵別乞墓表，正是理所當然的事"呢？

章文中的這一段，既不能持之有故，又不能言之成理，所以全不具備說服力。而其所以要如此這般地寫出，說穿了，都又只是爲了論證張方平所作老蘇《墓表》的真實性，從而論證《辨姦論》確出老蘇之手之故。今且於下一段專就此問題進行討論。

3

　　章文對於張方平確曾撰作《文安先生墓表》一事，真可謂曲盡維護之能事。例如《墓表》中敘述說："嘉祐初，王安石名始盛，黨友傾一時，其命相制曰：'生民以來，數人而已。'造作語言，以爲幾於聖人。"並以這段敘述作爲《辨姦論》中所以寫出"相與造作言語，私立名字，以爲顔淵孟軻復出"諸語的根據。李紱對這幾句話大加駁斥，認爲"以當日情事求之，固參差而不合也"。"命相之制詞在熙寧二年，而老泉卒於英宗治平三年，皆非其及聞也"。蔡上翔對此亦掊擊甚力，說道："所最可怪者，無如攙入命相制詞。明允卒於治平三年，至熙寧三年，安石始同平章事，是時安道同朝，安得錯謬至此？"這的確是擊中《墓誌》要害的一些話，說明《墓表》如出自張方平之手，是決不會把時次顛倒錯亂到這等地步的。然而對於這樣無法掩飾的硬傷，章文卻也憑空懸擬出一種假設，以求把這漏洞曲爲彌縫。因而說道："故《墓表》'其命相制'語當有訛字，《墓表》出自《樂全集》，該集係張方平命兩個略通文墨的小吏據其歷年所作文章的草稿編次抄寫而成，抄完後方平也未覆閱（見《謝蘇子瞻寄樂全集序》）。方平既'性資疏曠，不堪拘束'，其草稿中何能沒有字迹潦草，塗改互乙之處，略通文墨的小吏，又怎能抄得毫無訛誤？""綜上所述，'其命相制'四字中顯有魯魚之訛。頗疑'黨友傾一時'句下原有一句'其×相×曰'（意思當是'其黨相詡曰'之類，'其'下、'相'下原字難以懸擬，故以'×'代之），然後接出'黨友'所稱贊他的'生民以來'云云，但'其'下、'相'下的這兩個字在原稿中或經過塗改，或字迹太潦草，小吏看不清楚，而王安石作過宰相他們當然是知道的，所以就想當然地抄成了'其命相制曰'。"（《獻疑集》頁58）

　　今按：在學術研究的實踐過程中，依循大膽假設小心求證這一原則時，我認爲這兩者是不可分割開的，放棄了小心求證，則大膽假設便只能成爲飄蕩虛浮、不着邊際的一種幻夢。而不幸章文對出現於《墓表》中的"其命相制"云云諸語所做的假設確實是夠大膽的，卻沒有能夠去小心求證。即如關於《樂全集》的編輯和謄清,在張方平的《謝蘇子瞻寄樂全集序》中所説本爲在他託付一個敏利而"稍知文章體式"的"吏人加以編次"使"各成倫類"之後,便令"書吏三數人抄錄成卷帙。其間差錯脱漏,悉不曾校對改證"。(《樂全集》卷34)章文把這幾句話改造爲《樂全集》"係張方平命兩個略通文墨的小吏據其歷年所作文章的草稿編次抄寫而成,抄完後方平也未復閲",於是就進而做出"其命相制"乃是抄書吏人看不清原稿中潦草字迹而想當然地抄成了幾個錯字云云的大膽假設。實際上,真正出於"想當然爾"而不憑任何道理和證據的,倒是章文的這一假設。因爲,在爲書四十卷的《樂全集》中,何以其他詩文均不見有這樣關係重大的抄寫錯誤而獨獨發生在老蘇的《墓表》當中呢?顯見得這一假設是不能成立的,《墓表》叙事時次的顛舛,是不能歸罪於書吏而只能由撰作者負責的。正如蔡上翔所説,張方平是曾與王安石同朝共過事的人,他萬萬不會發生這種錯誤,則《墓表》斷非張方平所作,而應是一個北宋末年人所僞爲,嫁名於張方平,並在宋高宗紹興年間首先附錄於《嘉祐新集》,其後又在孝宗乾道年間乘刻印《樂全集》的機會而把它攙入其中的。《墓表》把《辨姦論》全篇錄入,正反映出《辨姦論》的社會信譽在南宋初年還正有待於宣揚、提高和鞏固。總之,《文安先生墓表》本身即是僞品,更怎能用它來證明《辨姦論》爲老蘇所作呢?

歐陽修所作老蘇的《墓誌銘》(《文忠公集》卷33)的最後有云:"君生於遠方,而學又晚成,常嘆曰:'知我者惟吾父與歐陽公也。'然則非余則誰宜銘?"曾鞏於《蘇明允哀辭》的最後也説明此文是經蘇軾兄弟之請而寫的(原文已引見上段)。如果真有章文所懸想的那一周折,是因蘇軾兄弟不滿於《哀辭》的體制而又特請張方平撰寫《墓表》,則張方平必更於《墓表》叙述這一周折的原委,而在《墓表》中卻無一字道及此事,且並根本不提蘇軾兄弟於何時何地請他寫此《墓表》之事,則其必爲後人假名所僞爲,乃事之極爲曉然者。

另外也還可舉一佐證:《宋史·張方平傳》的末段載一事云:"〔方平〕守宋都日,富弼自亳移汝,過見之,曰:'人固難知也!'方平曰:'謂王安石乎?亦豈難知者!方平頃知皇祐貢舉,或稱其文學,辟以考校。既入院,凡院中之事皆欲紛更。方平惡其人,檄使出。自是未嘗與語也。'弼有愧色。蓋弼素亦善安石云。"今查富弼之由判亳州而落使相改判汝州，爲熙寧四年六月内事，倘若老蘇果曾於嘉祐年間寫有《辨姦論》指述王安石之姦邪而甚爲張方平所贊賞，並被他評定爲"定天下之臧否一人而已"，則在張富此次對話時，張氏斷不應只談自己而抹煞老蘇的先見之明，張方平既僅僅提他於皇祐年間知貢舉時"惡其人，檄使出，自是未嘗與語"，卻絕無一言涉及《辨姦》，這豈不足可證明，直到老蘇逝世五年之後，張方平還不曾知道世間有《辨姦》一文，如何能在稍後幾年的元祐年間就寫老蘇的《墓表》而鄭重其事地把《辨姦》全文收錄於其中呢？

4

南宋高宗紹興十七年（1147年）婺州州學教授所刻《嘉祐新集》十六卷後，除附錄了張方平所作《文安先生墓表》外，還附錄了蘇軾的《謝張太保撰先人墓表書》，其所以增加這一《附錄》，只是因爲僞作《辨姦論》的人，做賊心虛，故又羼入此二文以示《辨姦論》之淵源有自。今既於上文辨析了《墓表》之絕非張方平所作，則蘇軾的此一謝函亦必然隨之而暴露其爲僞品的面目，這本是一個極淺顯的道理。可是章文卻不肯進行這樣的邏輯推理，而要專從《蘇軾文集》的傳刻情況論證這一謝函之不僞。其論據爲："宋陳振孫《直齋書錄解題》卷十七：《東坡集》四十卷，後集二十卷……杭蜀本同。""《東坡別集》四十六卷，坡之曾孫給事嶠季真刊家集於建安，大略與杭本同。蓋杭本當坡公無恙時已行於世矣。"其後，更據此而加以延申並作出推論説："宋刊杭本蘇軾集今不可得見，《東坡集》宋刊本雖尚有存者，而借閱不便，幸明成化刊本《東坡七集》尚可利用。該書卷首李紹《序》云：'海虞程侯……既以文忠蘇公學於歐者，又其全集世所未有，復遍求之，得宋時曹訓所刻舊本及仁廟未完新本，重加校閱，仍依舊本卷帙，舊本無而新本有者，則爲續集，併刻之。'知《東坡七集》的前六集，卷帙悉依宋時曹訓所刻舊本，一無增減，凡曹訓舊本所無的作品，悉皆編入《續集》中。因此，從《東坡七集》的前六集中，完全可以看到宋曹訓刻本的面貌。"（《獻疑集》頁33）究竟曹訓的刻本是依據哪一種舊刻本而刊行的呢，章文舉不出任何明確證據，於是就採用了所謂的排除法，以爲它所依據的，第一，不是麻沙本《大全集》；第二，不是杭本和建安本；第三，也不是吉州本；第四，它與《直齋書錄解題》所著錄蜀本的集名、卷數都一樣，所以，它當即據蜀本覆刻，而且斷言其"一無增減"。

根據上段論述，知章文所依據的是明代成化年間刻本的《東坡七集》，因爲其中的《東坡文集》第二十九卷中收錄了蘇軾的《謝張太保撰先人墓表書》，還因爲它是覆刻宋曹訓刻本而"一無增減"，曹訓刻本既已被推論爲覆刻蜀本，而蜀本又與杭本相同，是則見於成化刻本《東坡文集》卷二十九之《謝張太保撰先公墓表書》，必即爲杭本之《東坡文集》卷二十九所收錄者，而杭本在東坡無恙時已行於世，則此《謝書》必係東坡的真品。今按：章文這一層一層的論斷，全都是不能不令讀者置疑的。因爲，只憑了書名和卷數的相同而即作出"一無增損"的斷語，這是極爲粗率、絕難見信於人的。試想，僅僅羼入一封《謝書》，何至會改換書名和卷數呢？《謝書》之羼入，固絕非遲至明代成化年間刻蘇集者之所爲，但如上文所論，《樂全集》中之老蘇《墓表》既係張方平身後某妄人托名之僞作，則東坡《謝書》必亦係某妄人托名之作，乃北宋末方出現者，何得見之於"坡公無恙時已行於世"之杭本、蜀本坡集之內呢？

5

東坡兄弟對王安石所推行的新法雖大都（不是一概）持反對意見，但對王安石的學問文章、操行品格卻均未加以詆毀，更從無引用《辨姦論》中文句或其中論點之處。蘇轍在晚年談及青苗法時，也只認爲他"不忍貧人而深嫉富人"，因而稱之爲"小丈夫"；蘇軾則於王安石卒後追贈官爵的制詞當中對之大加贊揚，這都說明他們對王安石的評價與《辨姦論》中的評價絕無絲毫相同之處。這只能證明在老蘇生前必未抒發過像《辨姦論》那樣的言論，而不能解釋爲東坡兄弟的思想見解全已背離了其父的軌道。

宋哲宗元祐元年（1086年）四月王安石病逝於金陵。司馬光在得知這一消息時，因爲自身也正在病中，便寫信給另一位宰相呂公著，雖然也理所當然地說到王安石在用人和推行新法等方面的嚴重過失，但信的第一句話卻是"介甫文章節義過人處甚多"。出之於司馬之口的這一句話，在當時確實是極有代表性的。在當時任中書舍人的蘇軾替皇帝撰作的《王安石贈太傅制》更明顯地表述了這一積極的肯定性評價。這與《辨姦論》之對王安石私德之大肆抨擊，當然也是大不相同的。茲抄錄其全文於下：

> 朕式觀古初，灼見天命：將有非常之大事，必生希世之異人，使其名高一時，學貫千載；智足以達其道，辨足以行其言；瑰瑋之文足以藻飾萬物，卓絕之行足以風動四方；用能於期歲之間，靡然變天下之俗。
>
> 具官王安石，少學孔、孟，晚師瞿、聃；網羅六藝之遺文，斷以己意；糠秕百家之陳迹，作新斯人。屬熙寧之有爲，冠群賢而首用。信任之篤，古今所無。方需功業之成，遽起山林之興。浮雲何有，脫屣如遺。屢爭席於漁樵，不亂羣於麋鹿。進退之美，雍容可觀。
>
> 朕方臨御之初，痛疚罔極。乃眷三朝之老，邈在大江之南。究觀規模，想見風采。豈謂告終之問，在予諒闇之中，胡不百年，爲之一涕！
>
> 嗚呼，死生用舍之際，孰能違天，贈賻哀榮之文，豈不在我。寵以師臣之位，蔚爲儒者之光。庶幾有知，服我休命。

據我看來，蘇軾撰寫的這篇制詞，完全是以司馬光寫給呂公著的那封信爲基調的。然而蘇軾畢竟是文章老手，在"信任之篤，古今所無"句下，本應繼之以評述王安石當政期內推行新法的成敗得失，而他卻巧妙地把變法過程完全避開，突然跳躍到"遽起山林之興"上面去了。因此，從"制腦"開始，全篇制詞都是以贊誦王安石的節義文章和激流勇退的出處大節爲事的，對王安石行己涉世的私德方面何嘗有些許不滿之詞呢！

在南宋的高孝兩朝內，曾有兩人認爲蘇軾的這篇"制詞"是對王安石隱含菲薄之意的。其一爲陳善，在他的筆記《捫蝨新話》中，有一條記事的標題爲《蘇氏作〈辨姦論〉憾荆公》，而其第一句則爲"《辨姦論》、《王司空贈官制》皆蘇氏宿憾之言也"。其下即專述《辨姦》出現原委，至末尾方又謂："贈官制當元祐初，方盡廢新法，蘇子由作《神宗御集序》尚以曹操比之，何有於荆公？以此知王蘇之憾固不獨論新法也。"另一人爲註釋蘇軾文集的郎曄，在這一篇《制詞》的後面也附加了幾句話說："此雖褒詞，然其言皆有微意，覽者當自得之。"既然說"其言皆有微意"，那就應當至少舉一兩句加以闡釋作爲範例，然而郎曄沒有這樣做，卻一概讓覽者自己去探索，可是在此以後的九百年內，也並沒有人做這樣的探索，也許有人曾經探索而沒有得出相應的答案。直到1980年章培恒先生撰寫《〈辨姦論〉非邵伯溫僞作》時，才因受到了陳善的那句"《辨姦論》、《王司空贈官制》皆蘇氏宿憾之言"的啓發，對蘇軾的這篇《制詞》作了一番別有會心的解析：他說《制詞》的第一段（按即宋人通稱爲"制腦"者）並非用來"贊美王安石"，而只是"一般地泛論'希世之異人'，第二段才說到王安石本人。第一段和第二段是兩相對照，以貶斥王安石。例如第二段的'方需功業之成'，即謂王安石用事多年，功業尚未建成，與第一段所說'希世之異人''用能於期歲之間，靡然變天下之俗'，兩兩相形，顯然有諷刺安石之意。所以，第一段並不是說王安石已經做到了'希世之異人'所做的那些事，而是說明'希世之異人'應該做到哪些事，以顯出安石與'希世之異人'的根本區別。"（《獻疑集》頁74）

今按：章文的這段議論（或稱爲剖析）實在可稱爲"非常異義可怪之論"。因爲，據我所知，宋代的中書舍人們所作的有關陞除或黜罷重要官員的"制詞"，全都是依照一定模式的，即開頭處先用一段籠罩全文的話語，稱爲"制腦"。"制腦"中的詞句，雖都是貼切着或針對着某個受體或對象而發，卻又全都是比較概括，比較原則性，而並不指點出所貼切、所針對的事件、人員的。只有在"具官某某"云云以下，才完全進入具體的陳述和品評。蘇軾的這篇《制詞》也是符合這一通行的模式的。試看，"制腦"中所舉述的"名高一時，學貫千載，智足以達其道，辨足以行其言，瑰瑋之文足以藻飾萬物，卓絕之行足以風動四方"等事項，哪一項不是依據王安石身前所已經享有的聲譽而概括出來的呢？"用能於期歲之間，靡然變天下之俗"兩句更是如此。一個建立了這樣業績的人，當然就是"希世之異人"了。章文硬要說《制詞》第一段，乃是蘇軾懸想出一個"希世之異人"，用來顯示第二段以下所敘述的王安石的功業學行都遠遠不能與"希世之異人"相比，這只能表明：一方面是對宋代通行的這類制詞的體式不甚知曉；另一方面則是，思路被偏見引入誤區，對這篇《制詞》的主旨便肆意進行歪曲了。其奈事理彰明較著，單憑靠這些翻雲覆雨手法，是既不能證明《謝張太保書》確爲大蘇的真品，也無法使這篇《制詞》之所云云，能與《辨姦論》那篇僞品中任何論點挂鉤的。

（三）《辨姦論》的作者非邵伯溫莫屬

根據以上各節所考論，可以確切無誤地斷言《辨姦論》決非蘇洵所作，《文安先生墓表》決非張方平所作，《謝張太保撰先人墓表書》也決不出於蘇軾之手，基本上和清人李紱、蔡上翔的意見是相同的，並且是對章培恒教授反駁李紱、蔡上翔二人的意見一並予以推翻了的。但是，《辨姦》、《墓表》、《謝張太保書》各爲何人所僞作，是否也都如李、蔡二人所斷言的三者全是邵伯溫一手所僞爲的呢？章培恒教授的文章既然以《〈辨姦論〉非邵伯溫僞作》作了標題，似乎也不會輕易地接受這樣的論斷，因此，我現在只能再從《辨姦論》初傳於世時那些"詭秘莫測"的一些踪迹中探索一點頭緒出來，先判定《辨姦》究竟何人所撰造，並連帶地判定另兩文的作者。

如本文開端所述，宋人筆記中談及《辨姦論》的，似以《泊宅編》爲最早，其次則爲《邵氏聞見錄》，現在就這一問題稍加申論。

方勺的《泊宅編》有三卷本與十卷本兩種，三卷本刻印在前，十卷本刻印在後。章文舉出了七條證據證明三卷本《泊宅編》的成書行世當在宣和七年（1125年）（見《獻疑集》頁81），我認爲這個論斷是確切可信的。

章文另有一段說："即使方勺所記不盡確實，但至少在其作《泊宅編》三卷本時，已經有了《辨姦論》這一作品。且方勺於此條既未引錄《辨姦》原文，也未介紹文章具體內容，足徵當時《辨姦論》已在流傳，讀者並不陌生。若是大家都不知道的冷門文章，方勺即使不引全文，也應對其具體內容作些介紹，以免讀者莫名其妙。"（《獻疑集》頁31）我覺得這段話也説得合情合理，十分恰當。然而當我按照章文所據以判斷方勺的那條記載乃出現於《辨姦》已經流傳之日的諸條理由，去追尋一篇更爲原始的出處，卻認爲邵伯溫在《聞見錄》中的記載是完全符合條件的。因爲，它既抄錄了《辨姦》的全文，而且對其出現所引起的反響，也都原始要終地作了叙述，"以免讀者莫名其妙"，不正可證明《辨姦》在其時還沒有"流傳"，還"是大家都不知道的冷門文章"嗎？這也就反映出來，這條記事的出現，是在方勺《泊宅編》那條記事之前的。其中雖抄錄了《辨姦》全文，卻沒有著明出自何書，這就又不免啓人疑竇，以爲他所引此文，並非是他的創獲，實際上乃是他所創作。其中雖謂"斯文出，一時論者多以爲不然"，卻又沒有從那樣"多"的"以爲不然"者中舉出任何一人作爲例證，這就分明是欺人之談了。另如其中所説"雖其二子亦有'嘻其甚矣'之嘆"，和"豈溫公不見《辨姦》耶？獨張文定公表先生墓具載之"，則又分明是用來爲託名於張方平的《文安先生墓表》和託名於蘇軾的《謝張太保撰先人墓表書》兩件僞品打掩護的，則此兩件僞品亦必全出於邵伯溫一人之手，又等於由邵伯溫本人自行招供了。

說《辨姦論》、《文安先生墓表》和《謝張太保撰先人墓表書》全爲邵伯溫一人所僞作，這本是李紱和蔡上翔早已做出的判斷，但章文力反此說，引用了邵伯溫《聞見錄》的《自序》所說："伯溫早以先君子之故，親接前輩……得前言往行爲多，……而老景侵尋，偶負後死者之責，類之爲書，曰《聞見錄》，尚庶幾焉。紹興二年十一月十五日甲子河南邵伯溫書。"接着又引用了伯溫子邵博爲《聞見錄》所寫《序》中的幾句："先君子平居如齋，淡然無甚好，惟喜著書。此書獨晚出，雖客寓疾病中，筆削不置，其心可悲矣。先君既不幸，上得其平生之言，有制褒揚甚備。博不肖，終無以顯先君之令德，類次其遺書既成，於絕編斷簡之中得《聞見錄》，爲次第二十卷，並傳於代。"章文遂即據此兩段引文而進行論述說："是伯溫死前，此書猶在筆削過程中，尚未殺青；分卷編次之事，皆伯溫死後邵博所爲。伯溫卒於紹興四年，其死時《聞見錄》既尚未定稿、分卷，則紹興二年之序當非成書後所撰，而爲着手著書時之作。……而在宣和七年（1125年），即邵伯溫動手寫《聞見錄》的七年之前，方勺已在《泊宅編》三卷本上卷中提到了《辨姦論》。……所以，《辨姦論》至遲在公元1125年已經流傳，並由方勺寫了有關此文的記事，那麼，又怎能因爲邵伯溫於1132年開始撰寫的《聞見錄》中錄載了《辨姦論》全文，就一口咬定《辨姦論》是邵伯溫僞作呢？"（《獻疑集》頁30、31）

今按，章培恒教授在這裏所一再用力強調的論點及其立論的基礎，全都是不夠堅強，因而也是說服力不足的。試問：邵伯溫於紹興二年冬所寫的《自序》，明明說"類之爲書曰《聞見錄》"；《類》者編次之意，"之"字則必指已經寫成的若干條記事而言，倘非已經積累了許多條目，邵伯溫將要把什麼編類爲書呢？而今硬要把"類之爲書"解釋爲"着手著書"之時，豈非有意改變其語意嗎！而且既然要"類之爲書"，可知其所寫成的條目必已很多很多，顯然不會是在很短的歲月內寫成的。依此推測，則如有關《辨姦論》等條乃是紹興二年的七八年前乃至十來年前，亦即早於三卷本《泊宅編》中那條記事兩三年所寫成，而且在寫成之後，爲求擴大其影響而廣爲散佈、宣揚，致使方勺在聞悉之後立即筆之於《泊宅編》中，這不是極爲順理成章的事嗎？如邵博《序》中所說，《聞見錄》的刊行乃是邵伯溫逝世以後的事，但未印全書之前，並不排除有某些條目先已採用了傳抄或刻印的辦法而流行於世。章文就也引用了王安石的《與孫子高書》，其中有云：“獨因友兄田仲通得進之仲寶，二君子不我愚而許之朋，往往有溢美之言，置疑於人，抑二君子之過，豈某願哉。兄乃板其辭以爲貺，是重二君子之過而深某之慚也。”可見在宋代，刊印篇頁不多的文章或文獻資料，乃是極容易、極常見的事。所以，不能把《聞見錄》印行於紹興四年以後，用來反證邵伯溫關於《辨姦論》的那篇記事並非在宣和七年之前早已流傳於世。張方平撰作老蘇《墓表》和蘇軾函謝張方平撰《墓表》的信息，既然也都是在邵伯溫這同篇記事中第一次透露出來的，當然也就可以斷言其爲邵伯溫所僞爲了。至於《墓表》所記蘇洵寫作《辨姦》的年份與《聞見錄》所記並不相同，那更是作僞者故意用來迷惑世人，使其不覺爲出自一人之手的。

（四）一點補充

《邵氏聞見錄》實可稱之爲一部謗書，其中的虛枉不實和誹謗某些人物的記載實在太多，特別是有關王安石的記事，更多顛竄事實，虛構誣陷者，例如該書卷13，有記叙李承之（按：李名師中）言行的一條，其中說“承之在仁宗朝官州縣”，即曾因包拯之拜參政而正色告人說：“包公無能爲。今天鄞縣王安石者，眼多白，甚似王敦，他日亂天下者此人也。”元人所修《宋史》，於《李師中傳》也照抄了《聞見錄》這段話，並在所附的《論》中說道：“師中豫識安石於鄞令，以爲目肖王敦，將亂天下，蓋又先於呂誨矣。”今查劉摯所撰《李師中墓誌銘》和《東都事略·李師中傳》全不載此事，豈不又可證明其爲邵伯溫所杜撰嗎！這只更反映出它真正是一部“陰挾翰墨以肆其忿好之私者”的著作。其中對世人影響最大，把當時和後代人對王安石的評價引入誤區者，除《辨姦論》一事之外，還有王安石再次入相時處理宋遼雙方劃分地界的一事，今也附著於此，以示斷言邵伯溫僞造《辨姦論》之非誣。

經石敬瑭割讓給契丹（遼）政權的燕雲十六州，後周世宗曾出兵收復了在今河北省的瀛、莫二州，其餘各州則直到宋神宗熙寧初年無任何變化。但到熙寧六年（1073年）和八年（1075年），契丹卻兩次派遣蕭禧來與宋朝交涉，說宋方在瀕臨蔚、應、朔三州（均在今山西北部）的南偏所營壘鋪屋，都侵佔了契丹境土，因而需要重新劃界。宋神宗對此極感緊張和恐懼，深怕萬一應付不好，契丹便會以兵戎來臨。王安石卻主張與之據理力爭，絕不能示弱於契丹，以爲示弱太甚反而更會召致其以兵相臨。當神宗一再表示契丹的軍事力量強大，非宋的兵力所能抵當時，王安石也一再向他申明："惟其未有以當契丹，故不宜如此。凡卑而驕之，能而示之不能者，將以致敵也；今未欲致敵，豈宜卑而驕之，示以不能？且契丹四分五裂之國，豈能大舉以爲我害？"還說："陛下何爲憂之太過？憂之太過，則沮怯之情見於外，是沮中國而生外敵之氣也。"

儘管王安石在與宋神宗每次討論到是否應與契丹重劃地界時，都一貫堅持不能示弱示怯的意見，而宋神宗卻一直還很擔心，以爲若不對契丹的要求稍事應付，恐怕契丹難免要興兵來犯。到熙寧八年夏，北宋政府終於派出韓縝等人負責去與契丹劃界，他們秉承着宋神宗的指示，便依照契丹所提要求而重定了雙方的界址。然而就是在這樣做了之後，當宋神宗於這年七月向王安石表白說："度未能爭，雖更非理，亦未免應付。"王安石卻依然不肯改變自己的意見，回答神宗說："誠以力未能爭，尤難每事應付。'國不競亦陵'故也。若長彼謀臣勇將之氣，則中國將有不可忍之事矣。"

以上的這幾段敘述，全是見於南宋李燾的《續資治通鑑長編》卷250、262至266各卷所載的，而李書則是依據王安石《熙寧奏對日錄》寫成的，當然應算作第一手的、最可信的史料了。

然在事過五十年後，邵伯溫在《聞見錄》卷四寫下了有關契丹與宋爭地界的大篇記事，其首段所記爲：宋神宗聞"契丹遣泛使蕭禧來，言代北對境有侵地，請遣使同分割，神宗許之而難其人"，後來要派遣劉忱爲使，忱對便殿，以爲"考核文據，未見本朝有尺寸侵虜地，且雁門者古名限塞，雖跬步不可棄，奈何欲委五百里之疆以資敵乎？""忱出疆，帝手勅曰：'虜理屈則忿，卿姑如〔彼〕所欲與之。'忱不奉詔。"及熙寧八年，"虜又遣蕭禧來，帝開天章閣召執政與[劉]忱、[呂]大忠同對資政殿,論難久之。帝曰:'凡虜爭一事尚不肯已,今兩遣使,豈有中輟之理。卿等爲朝廷固惜疆境誠是也,然何以弭患?'……大忠曰:'今代北之地安可啓其漸!'……執政皆知不可奪,罷忱爲三司監鐵判官,大忠亦乞終喪制。"今按:以上所記各事,與《續資治通鑒長編》及《宋史》中有關紀傳相比核,知其全與史實相符合,說明其各有所據;但到這篇紀事的最後,卻又寫道:

> 時王荆公再入相,曰:"將欲去之必固與之也。"以筆劃其地圖,命天章閣待制韓公縝奉使,舉與之。蓋東西棄地五百里云。韓公承荆公風旨,視劉公忱、呂公大忠有愧也。議者爲朝廷惜之。
>
> 嗚呼!祖宗故地,孰敢以尺寸不入王會圖哉!荆公輕以畀鄰國,又建"以與爲取"之論,使帝忽韓富二公之言不用,至後世姦臣,以伐燕爲神宗遺意,卒致天下之亂,荆公之罪可勝數哉!具載之以爲世戒。

對於這段紀事,我也曾就現存的爲北宋神、哲、徽、欽諸朝人士所撰寫的各種文獻稍加比核,結果卻是毫無所得,與開篇之首段記事之均能尋得其淵源者大不相同。既然連蛛絲馬迹般的依據也沒有,其最惡毒的"韓公承荆公風旨"一語,更全屬無稽妄說,而邵伯溫卻繪聲繪影地如親臨其事、親見其人般地做了這樣的描述,其用意無非是要撰造事端,對王安石進行詆毀誣蔑,把他描繪成一個誤國誤民的罪惡人物,如他撰造《辨姦論》所使用的卑鄙伎俩是如出一轍的。而且《辨姦論》全篇的論述王安石勢必將爲天下禍害,一律出於推測和懸擬,而關於與契丹劃地界的記事,則編造得十分具體。一虛一實,這兩條記事正起了互相配合的作用。

在邵伯溫這段"欲取姑與"的記事傳世之後,後來的史家,除李燾没有完全加以信任外,其餘的則無不全沿用其文,遂致這一史實整個被顛倒竄亂了。其貽誤世人,更是遠在《辨姦論》之上的。故因辨《辨姦論》之僞而附論及之,以爲邵伯溫僞爲《辨姦論》之旁證。

(本文作者 北京大學歷史學系)

Apocryphal or Genuine: A Reconsideration of *Bian Jian Lun*(辨姦論)

Deng Guangming

Summary

In the reign of Song Huizong (1101—1125AD), the emperor assigned Cai Jing as his chief minister. Moving under Wang Anshi's banner, they brought serious calamity to the people, and resulted finally in the loss of north China to the Jin invading army. At that time, most people, both in the court and the commonalty, concentrated their indignation on Wang Anshi. In this case, during the last years of Huizong's reign, an article entitled *Bian Jian Lun (Distinguishing Evil)* was circulated among the scholar-officials, claimed to be written by Su Xun (died in 1065AD). The content of this article focused on some "unreasonable behavior" of Wang Anshi, and predicted that once he held power, he would bring great disorder across the land. The article spread far and wide after the Song court moved to south China, and most of the readers believed in its truthfulness.

In the Qing Dynasty, Li Fu as well as Cai Shangxiang argued that *Bian Jian Lun* was not included in Su Xun's anthology, *Jiayou Ji*, which had 15 volumes, thus the appearance of that article was not rational, and its demonstration was full of contradictions. So they came to the conclusion that *Bian Jian Lun* was written not by Su Xun but by Shao Bowen. Their arguments were correct on the whole, though with some oversights. In the year of 1980, Professor Zhang Peiheng published his article *Bian Jian Lun was not written by Shao Bo-wen*, asserting that *Bian Jian Lun* was surely written by Su Xun.

However, in my opinion, the grounds of his argument are insufficient thus the statement is hard to be tenable. I will offer some new evidences in my paper to redress Zhang's error and reiterate the view of Li and Cai, in order to ensure the correct understanding of historical facts.

北宋蘇州的士人家族交遊圈

——以朱長文之交遊爲核心的考察

鄧小南

宋代蘇州爲當時東南一大都會，歷來爲研究宋史者所注意。近年來，對於宋代蘇州之經濟文化發展、對於當地家族及其組織，都有重要的研究成果，例如梁庚堯《宋元時代蘇州的農業發展》、陳榮照《論范氏義莊》[1]等；美國學者郝若貝（Robert M. Hartwell）在其《750—1550年中國人口統計、政治與社會變革》(DEMOGRAPHIC, POLITICAL, AND SOCIAL TRANSFORMATIONS OF CHINA, 750—1550)[2]一文中，亦將蘇州作爲研究的重點地區。

筆者選擇北宋著名方志《吳郡圖經續記》作者朱長文的交遊，作爲考察北宋蘇州士大夫交遊圈的切入口，主要基於以下考慮：考察某一區域內士人家族之內外關係，中等層次的地方性家族是比較適宜的對象。其代表人物應主要活動於地方、在地方事務中有影響，有一定的知名度。有些家族，雖然不少成員居住於地方，但由於其代表人物的活動中心在中央，受政治因素影響過大而致使家族命運起伏不定。像章惇家族，居於蘇州，雖曾顯赫一時，購得滄浪亭爲居第，大加興建，爲"一時雄觀"；而當失去倚仗之後，紹興初迫於韓世忠壓力，將園宅"亟以爲獻，其家百口一日散盡"。[3]同樣曾居蘇州的章粢子孫，雖曾"俱列仕顯"，但終因章綡受蔡京忌恨而遭迫害，乃至刺配貶竄，傾家蕩產。[4]

朱長文生活的北宋中期，社會上充滿着矛盾與生機：當時，南方經濟文化迅速發展，地方性家族實力增強；思想學術範疇內，以經學、道德爲本的新儒家崛起，影響不斷擴大；政治領域中，變革派、傳統派之間的政爭與各黨內部不同派系的傾軋錯綜複雜。

朱長文的典型性，在於他是一個具有"中間"性質的人物：他並不屬於吳郡的大姓世家，但其家族在地方上卻有一定影響；他早年在京師求學，晚年在京師任教，交往廣泛，而其活動重心與影響所及卻主要在蘇州；他潛心鑽研並致力於傳授經學，卻不被他的朋友程頤及學生胡安國等人視爲"醇儒"；他活動於黨爭激烈的北宋中期，對地方事務積極介入而超然於中央政爭之外，從而與不同派系的頭面人物保持着良好關係。

一、朱長文及其家世簡介[5]

朱長文（約 1040—1098），字伯原，嘉祐四年（1059 年）中進士，以疾不仕。元豐、元祐年間，以道德、學術馳名遐邇，聲動京師。元祐時，他與楚州徐積、福州陳烈齊名，先後被舉爲州學教授，時號"三先生"。他任蘇州州學教授五年，紹聖初赴召進京，任太學博士。他在蘇州生活期間，所居園宅名爲"樂圃"，故當時人稱之爲"樂圃先生"。

朱長文長期致力於研習《春秋》、講授《春秋》，孜孜矻矻於學術事業，以期經世致用；其文章、行義，先後受到哲宗朝重臣范純仁、章惇、許將、曾布、林希的大力推薦，於紹聖間改宣教郎、除秘書省正字兼樞密院編修文字。

朱長文一生著述甚豐，據說他"著書三百卷，六經皆有辯說，樂圃有集，琴臺有志，吳郡圖經有續記"，此外還編集了《吳門總集》、《墨池》《閱古》二編，且作《琴史》"志乎明道而待時之用"。[6]

朱長文家族，並非吳郡著姓朱氏之直接後裔。其高祖朱滋爲越州剡縣人，曾祖瓊曾從仕於吳越錢氏政權。長文祖父朱億，自明州（今浙江寧波）徙居蘇州，置辦田產，創下了朱家在此地的基業。宋太宗太平興國三年（978 年）吳越歸宋，至道年間朱億因善鼓琴而待詔翰林，此後曾任職於地方。

朱長文的父親朱公綽，青年時代曾經從學於范仲淹，登天聖八年（1030年）進士第，景祐四年（1037 年）爲鹽官令，是後曾任職於四川彭州，既而通判鄆州（今山東東平）、知廣濟軍（今山東定陶），熙寧後期知舒州（今安徽潛山）；官至光祿寺卿。朱長文與夫人張氏、夏氏生有三子一女，長子朱耜曾赴吏部别试,"爲第一";次子朱耦(後改名朱發)、季子朱耕皆讀書業儒,"舉進士"。

朱長文家世關係表

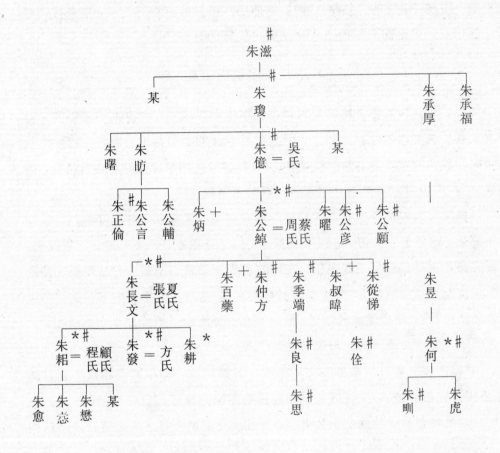

(按:朱氏家族之女性成員,因材料不詳,暫付闕如。

本表=表示婚姻關係,*表示舉進士,#表示曾出仕,+表示早卒。)

二、朱長文的交遊圈

朱長文一生活動的範圍,遍及中原、江淮和四川地區,既有當時學術文化的中心,又有遠處一隅的窮鄉僻壤。但是,他活動的根基,他造成影響、發揮作用的主要區域，還是在蘇州。他在當時之所以享有盛名，既不是因爲他曾經受學於孫明復，也不是由於他曾經任教於太學；名聲的得來，主要源於他多年間在蘇州的治學、講學，以及對於地方事務的關心；源於他以蘇州爲中心的交遊活動。因此，儘管他"名動京師"，他卻仍然屬於地方性的士人。他來往比較密切的僚友，多是蘇州籍的士人和在蘇州任職的官僚。

（一）朱長文與范氏家族

吳郡范氏，由於范仲淹的關係，自北宋中期以來，在地方上很有影響。范仲淹及其子長期以來仕宦於四方，但是對於家鄉的事務都十分關注。范仲淹景祐年間知蘇州時治水患、興學校，解民疾困；"皇祐間來守錢塘，遂過姑蘇，與親族會"，創義田、理祖第、續家譜，以團聚宗族[7]。

朱長文父公綽早年曾在應天府從學於范仲淹；景祐元年仲淹守蘇州，公綽亦在鄉里，關係十分密切。這種家世背景，奠定了兩家往來的基礎。元豐以來，朱長文長年活動於鄉里，與在朝、在鄉的范氏子弟常有過從。元祐年間，仲淹三子純禮制置江淮漕事，"持使者節過鄉上冢"，當時執掌學事的朱長文"乃以學舍之微白公"，純禮遂請於朝廷，資助興擴。仲淹次子范純仁爲元祐丞相，曾經保薦朱長文"文章典麗，可備著述"。[8]

《樂圃餘稿》卷九所載朱長文所作唯一一篇題跋，即作於元祐八年五月的《題丞相范純仁詩後》，文章開篇講到寫這篇題跋的緣起：

> 范丞相至和中始除文正公之喪，會其族兄龍圖公貫之諱師道自許州通判召爲御史，作詩三篇以送之。貫之之孫耕欲刻石，願有述也。

范師道是仲淹從兄范琪的兒子，與朱公綽有同年之誼。他的兒子世京、世亮於皇祐、熙寧先後中進士。范世京曾知秀州海鹽縣，據云"治聲動浙右"；他在熙寧年間以疾歸鄉里，"居鄉與樂圃先生甚厚"[9]。元祐後期，范師道、世京父子已經去世多年，但范氏子孫與朱氏的關係並未因此而中斷。師道孫范耕刻詩碑以紀念祖父，請朱長文作序，自屬情理之中。朱長文在題跋中贊揚范氏父子說：

> 范氏自文正公爲全德良弼，而貫之嗣稱名臣，及丞相以直道致臺輔，吏

部以厚德儀中臺,寶文以籌策帥邊州,奕葉載德,爲邦家光彩,可謂世濟其美者也。

在這篇題跋後面,朱長文還寫了一段附記,説到師道裔孫德充、德雍求他書石,他於是年七月酷暑中"援毫揮汗,爲寫累紙"之事。

(二) 朱長文與林氏家族

朱長文與林希、林旦一家關係很深。林氏家族原籍福清,十一世紀中葉徙居吳門。林旦長子林虙在《〈吳郡圖經續記〉後序》中説:"余家自伯父、皇考洎諸父奉王大母、大母來居於蘇,著籍此州者五十年矣。"該序作於元祐七年(1092年),上推五十年,約在仁宗慶曆之初。

林希的祖父林高,爲大中祥符八年(1015年)進士,終屯田員外郎。林高的獨子林概,景祐元年(1034年)舉進士,歷知長興縣、連州、淮安軍;有《史論》、《辨國語》等著作,傳見《宋史·儒林傳》。慶曆以後,林概、林高先後去世。當時林概諸子藐然,"林氏殆將絶"。高妻黃氏"以禮自衛,綱紀其門户,屹然不替",含辛茹苦,將諸孫撫育成人。"平居日夜課諸孫以學,有不中程,輒撲之。及長,遂多知名,連以進士中其科"。[10]

林概的八個兒子中,除二子早逝、二子不仕外,林希、林旦、林邵、林顏於嘉祐年間相繼登科,後來俱爲顯宦:林希、林旦同爲嘉祐二年(1057年)進士。林希係紹聖時新黨重要人物,反覆於章惇、曾布之間,曾任翰林學士、同知樞密院等職;林旦元祐時爲殿中侍御史,屢次上疏論列蔡確、吕惠卿等人,後曾出任河東轉運使,他的夫人,是元祐丞相蘇頌的本家姊妹。[11]林邵、林顏皆於嘉祐四年中進士。林邵元祐時提點荆南刑獄,崇寧間曾以顯謨閣直學士、朝議大夫守蘇州,終寶文閣直學士、金紫光禄大夫;林顏累知泉濠等州,官至中奉大夫、直秘閣。

林概的孫輩有十一男,其三早卒。林希的兒子林虞元祐六年(1091年)中進士,紹聖三年(1096年)博學宏詞科第一,曾任秘閣修撰;林旦的長子林虙居蘇州大雲坊,因號"大雲翁",他著有《易説》、《書義》、《禮記解》、《西漢詔令》等書,在他紹聖四年中進士前,即被稱爲"博洽慕向雄,論著望韓杜",[12]

其後曾任常州教授；林旦次子林膚以蔭入仕，因元符上書而陷於元祐黨籍。林邵的兒子林攄亦憑蔭入仕，卻因黨附蔡京而平步青雲：崇寧二年（1103年）賜進士出身，大觀元年（1107年）八月至二年九月間連陞三級，自試吏部尚書除同知樞密院事、尚書左丞乃至中書侍郎。大觀三年林攄失勢後，其侄秀州通判林旨曾受到牽連；林攄後來死於蘇州，其子林偉被錄爲直秘閣。[13]

林氏家族在蘇州很有影響，南宋中吳名士龔明之曾説，"近世儒門之盛，必推林氏云。"[14]

朱長文與林氏一家的密切關係，至遲在元豐年間已經開始。元祐初，林希受命出知蘇州，有《初至吳門示諸弟兼呈伯原教授》詩。《樂圃餘稿》卷八《代太守林和中到任謝執政啓》多篇，應是朱長文代林希所作。不數月間，林希避嫌換宣州，到任不久即有《叠嶂樓有懷吳門朱伯原》詩[15]。元祐二年，林希守湖州，四年正月移任，朱長文又作《儒學林公祠堂記》以贊頌林概、林希父子，既稱林概"道德文章名震天下"，又尊林希爲"當世大儒"，説林氏"貴胄濟濟，流慶無窮"，"世濟令德，罔愧古人"[16]。

紹聖初年，章惇用事，有感於"元祐初司馬光作相，用蘇軾掌制，所以能鼓動四方"，亟需可"爲元祐敵者"爲掌詞掖。於是林希再度入朝。據張景修爲朱長文所作墓誌銘説，"先生博聞强識，篤學力行，樞密林公先除禮部侍郎及寶文閣直學士，嘗薦自代矣。"元符元年初，林希還曾舉薦朱長文"兼尚書局"。

林希兄弟數人中，林旦是辭世較早的一個。他去世後，朱長文曾作《祭林大卿文》[17]以爲悼念，其中除對林旦"峻節直聲"的稱頌之詞外，還回憶了他們之間的交往與友情：

> 公之爲人，煉金追璧。疇爲强矯，吾以理詘；疇爲淑良，遇若友戚。推賢與能，樂盡己力；不用不已，心以義激。嗟我固陋，遁於丘園；公初來臨，泉石之間；薦之譽之，不倦嘉言。連蹇莫報，徒銘厚恩。老從杖履，夙願則然。半途永訣，泪灑幽泉。悲甚輟春，嘆幾絶弦。

林邵、林顔，與朱長文同爲嘉祐四年進士，彼此有"同年之好"。林旦的兒子林慮（林德祖），"平生好古嗜學"，與朱長文爲忘年交。朱長文在《賢行齋記》中説：

> 余少時思友天下賢士，而抱病退居，所遇者少，然亦得數人焉。……晚得一人曰林德祖，盡仁於親，可謂之孝；推爵於弟，可謂之友。博洽慕向雄，論著望韓杜，真可以畏而仰也。始德祖顧余於林圃之間，一見躍然以喜，恨相見之晚也。後數年復會於吳，聽其言而悦，玩其文而服；其相期如金石，相和如塤篪也。

朱長文與林慮皆以儒學成名，且有志於天下之事。元豐、元祐年間，二人同在蘇州，志同道合，相知甚深。元祐七年末，林慮爲《吳郡圖經續記》作序説：

> 伏讀終篇，感先生之未遇，輒書卷末，庶幾萬一有徹於朝廷今日當爲官擇人者。

朱長文則在次年三月所寫《賢行齋記》的末段中呼吁：

> 欲當路者聞之，倘以推轂人物爲己任，則德祖豈宜久蟠於閭巷哉！

林慮與蘇州名士方惟深、胡嶧亦皆"忘年交"，他們"以年輩相追，放浪泉石之間，一觴一咏，人歆羨之"[18]。胡嶧是以"五柳先生"而聞名的胡稽言之子，他本人遺外聲利，自號"如村老人"。胡嶧的兒子胡百能，爲紹興十八年（1148年）進士，女兒則嫁給了"河南高第"、爲洛學入吳起了重要作用的"震澤先生"王蘋。王蘋爲伯父王伯起之繼嗣，伯起"少入京師，受經於王介甫，學文於曾南豐，游曾宣靖公公亮父子間"，而命嗣子王蘋求學於程頤[19]。

林慮有個妹妹，嫁給了游酢學生、原籍長樂的陳侁。陳侁的兒子長方、少方，自幼長育在外祖父家中，雙雙求學於王蘋，人稱"王門二陳"。陳長方即南宋早年著名的道學之士"唯室先生"。

寓居蘇州的林氏三代父兄子侄，至少有六人（林希、旦、邵、顏，林虞、慮）進士出身，十人（除前六人外，有林膚、林攄、林旨、林偉）在北宋中後期相繼出仕。林希兄弟活躍在神宗、哲宗朝乃至徽宗前期；林虞一輩則出頭露面於紹聖之後。這段時期，正是北宋黨爭激劇、政治形勢多變的歲月。林氏一門中，政治觀點顯然大不相同：官至執政的林希、林攄伯侄，一個是紹聖時期的頭面人物，一個是大觀年間蔡京手下的得力干將；而林旦、林膚父子，前者熙寧論李定、元祐彈呂惠卿及鄧綰，後者更入於元祐黨籍。宋哲宗紹聖時曾説：

"林旦在元祐中有訛毀先朝文字,獨不曾行遣,以希故也。"[20]而林希、林旦兄弟間的密切關係並不因此而衰減,朱長文也與諸林都保持着良好的關係(儘管從志趣與感情傾向來看,他似乎更接近於林旦一家)。

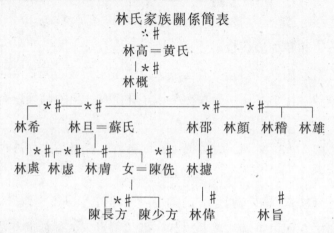

(按:表中＊代表進士及第,♯代表曾經出仕,＝代表婚姻關係。林虞輩十一男數女,三男早卒,存者除虞、慮、膚、攄外,尚有睿、虡、虔、處等,其多數與本文並無直接關係,情況不詳者兹不列舉。)

(三)朱長文與方惟深、楊懿儒等

元豐年間在蘇州與朱長文齊名的方惟深,是朱氏的密友。

方惟深字子通,原籍福建莆田。惟深父方龜年,景祐元年(1034年)進士,與蘇紳弟蘇緘齊名。龜年妻是真宗朝參知政事趙安仁的女兒。方龜年官至尚書屯田員外郎,著有《經史解題》、《群書新語》等書;死後葬於蘇州長洲縣,子孫遂留家不去。

方惟深挺特穎悟,爲人所稱。他最長於作詩,吟詩至其得意之處,每每手舞足蹈,鄉鄰們因而戲稱他爲"方捉鬼"。[21]

方惟深甚受王安石賞識。熙寧年間他曾題寫七絕《過黯淡灘》一首,云:

深流怪石礙通津,一一操舟若有神。自是世間無妙手,古來何事不由人?

據說"王荆公見之大喜,欲收致門下。蓋荆公欲行新法,沮之者多,子通之詩適有契於心,故爲其所喜也。"[22]

後來,方惟深又將自己所作詩集呈送王安石,深得好評。《中吳紀聞》卷三有《方子通》條,其中説:

> ……凡有所作,荆公讀之必稱善,謂深得唐人句法。嘗遺以書曰:"君詩精純警絶,雖元白皮陸有不可及。"

有一件事可以從側面説明方惟深與王安石關係之深:王安石《臨川集》卷三十有《春江》詩一首:

> 春江渺渺抱牆流,烟草茸茸一片愁。吹盡柳花人不見,青旗催日下城頭。

據龔明之説,"方子通一日謁荆公未見,有詩云'春江渺渺……(按:見上引)'。荆公親書方册間,因誤載《臨川集》。後人不知此詩乃子通作也。"[23]

方惟深被人們傳誦最廣的一首詩,是他爲王安石門人張僅所作輓詩。《中吳紀聞》卷四《張幾道輓詩》云:

> 張僅字幾道,居萬壽寺橋,與顧棠叔恩皆爲王荆公門下士。荆公修《三經義》,二公與焉。幾道登第未幾捐館,方子通作輓詩云:"吳會聲名顧與張,龍門當日共升堂。青衫始見登華省,丹旐俄聞入故鄉。含淚孤兒生面垢,斷腸慈母滿頭霜。嗟君十載人間事,不及南柯一夢長。"至今誦其詩者爲之出涕。吳人目子通爲"方輓詞"。

儘管方惟深才華橫溢,他在科舉途中卻極不順利。他雖曾爲鄉貢第一,試於禮部卻未中第。此後他不再汲汲於仕途,轉而耕讀於鄉里。《北山小集》卷三十三有程俱所作《莆陽方子通墓誌銘》,説到他放棄科舉以後的生活狀況:

> 吳下有田一廛,公與其弟躬出入耕穫,凡衣食之具,一毫必自己力。閒則讀書,非苟誦其言而已也。至於黄帝、老莊之書,養生爲壽者之説,其户庭堂奥、根源派别無不知,其所操之要,則曰無爲而已。於四方别傳得其大指不數。……及其論議古今道理,窮核至到,確然莫能移。然常以雅道自娱,一篇出,人傳誦以熟。……方元豐、元祐間,公賢益聞。以草布之士閉關陋巷,躬行不言,而孝友清介之風隱然稱東南。時朱先生長文隱樂圃,二人皆以學術爲鄉先生。士之往來吳下者,至必禮於其廬。

方惟深爲人清簡,蘇州名僧仲殊曾經説他"依舊清源無長物,只餘松檜養秋風"[24]。從元符到崇寧，不少地方官員舉薦方惟深，"庶幾旌善人以風士類"，"人以爲處士之榮"。

朱長文與方惟深境遇有類似處，二人交往很多，情誼頗深。他們志趣相投，陶冶情操於田園山林。在朱長文的詩作中，有不少是寫給方惟深的，如《咏齋偶書呈子通、無隱》、《重九與子通遊虎丘謁祖印大師三首》、《次韵公權、子通唱酬詩四首》、《秋月乘興游松江，至垂虹亭登長橋，夜泊南岸，且游寧境院，因成十絶，呈君勉且寄子通》、《施柏花開招子通》等等。方惟深也曾作《樂圃十咏》詩，並且稱頌朱長文説："吳門此圃號金谷，主人瀟灑能文章。"[25]

就在這種背景之下，方朱二家結爲姻親。

方惟深妻爲建安吳氏，惟深夫婦無子，只有兩個女兒，長女嫁給了郟亶的侄輩郟傑，幼女即嫁給長文次子朱發。

《淳祐玉峰志》卷中載郟亶事云：

> 郟亶字正夫，太倉農家子。自幼知讀書，識度不碌碌，登嘉祐進士第。崑山自國朝以來，登科者自亶始。亶嘗條吳中水利爲書上之。熙寧間以亶爲司農寺丞，奉使浙西措置水利。

其才干深受王安石賞識。亶子郟僑，曾經就學於王安石，在鄉與范仲淹侄孫范周爲"忘形交"，里人推重，稱之爲"郟長官"。郟傑或即其弟。

朱發中進士，是在徽宗大觀三年（1109 年），距朱長文去世已有十一年之久。他的成功，應該是在岳丈方惟深的鼓勵與支持下取得的。

朱長文與方惟深還有一位共同的朋友，即與方氏齊名的另一隱者楊懿儒。懿儒原籍福建浦城，浦城楊氏源遠流長，南宋時真德秀曾説："國朝南方人物之盛，自浦城始；浦城人物之盛，自文莊公（楊徽之）及公（楊億）始。"[26]

程俱曾作《承奉郎致仕楊君墓銘》[27]，曰：

> 吳郡有二老焉，或仕或不仕，皆隱者也。居城之東北曰方公，居城之東南曰楊公。余少壯客天下，獲交焉。……公諱懿儒，字彝父，世爲建州浦城人。曾祖有證贈太僕少卿，祖伉贈光祿卿，父諱某，尚書屯田員外郎。屯田始葬常州無錫縣，諸孤因家長洲，遂爲吳郡人。公少孤，能自力學，長爲進士。家素貧，事母盡孝養；言行相顧，疾惡無隱情，宗族

有疑,咨而後決。其子弟有過失者,踧踖不敢見。既喪親,生事益廢,朝無夕儲,家人以告,公方讀書哦詩,泊如也……未嘗有饑寒憂。雖閭里不盡知其貧也。

楊懿儒"三預鄉貢,五試禮部,卒不第"。直至崇寧二年(1103年),才由特奏名而得一微職,居官不久便告老致仕了。

朱長文、方惟深、楊懿儒,在北宋中後期都曾被稱作"隱逸"。在吳郡,與其境況類似、且與朱長文來往密切的士人還有許多,如俞子文、葉公紹、梅"評事"等人是。他們既談性理,也論世事,視交流心得、品藻人物爲樂事。他們同屬於地方性士人,同樣需要爲家族的生計而操勞;他們都曾參加科舉考試,有的還曾出仕,但都經歷過一些坎坷;他們皆不汲汲於仕途,但亦難以排遣內心情結,無法完全置"窮達"於度外。

朱長文在《次韵楊彝甫見成甫裝褫舊書之什》中說"儒者須看萬卷書,古人精博固難如。……白首更且窮經義,誰道忘筌便得魚";在《彥和善談性理,子文繼成偈句,見要屬和,謹次韵》中說"萬法都明一瞬中,可憐情膜久相蒙。……斷想求真猶未悟,將心覓佛轉相攻";在《次梅評事韵》中,他體貼地對老朋友說,"滿目紅塵汨沒深,誰能世事總無心";在《次韵俞子文感事》中,他又將心比心地勸慰道:"我曾折桂向蟾宮,君有文華似彩虹。連蹇未酬平日願,笑歌猶得故鄉同。不才甘作耕嚴叟,有志宜爲結駟翁。窮達由來都似夢,幾人真是黑頭公。"在米芾爲朱長文所作《墓表》中,也感嘆道:"窮達有命,出處有時。司出處者,非命而誰!"

這些士人雖然都不積極參與政治,但都與周圍士庶乃至朝廷重臣有着廣泛的接觸,在地方上很有影響。或許可以說,這一"隱逸"圈相當"開放"。這從他們與地方官員的關係中,可以得到又一印證。

(四)朱長文與地方官員

宋代的地方官員,通常借重於當地士人的力量來聯絡地方,實施教化;分散在各地的士人,也無不希望借重於地方統治者的權威來擴大自身之影響。

朱長文長期生活在蘇州,與地方官員往來頻繁,關係密切。在元豐至元祐任職於蘇州的十餘任郡守中，與他交往較深的是晏知止、章岵、林希、王覿、黄履等人，其中尤以晏、章、林諸人爲最。

晏知止是仁宗朝宰相晏殊的兒子、富弼的妻舅。元豐前期，他以朝請大夫、尚書司封員外郎守吴郡。《樂圃餘稿》中《次韵司封使君》、《奉謝司封使君》、《奉和司封使君》等十幾首詩作，都是贈呈給他的。他在蘇州短短兩年時間，八次躬至樂圃，拜訪朱長文。在他卸任之後，朱長文曾經作《寄和晏守》一詩，回憶他們之間的頻頻交往，抒發自己的想念之情：

二年懷郡印，八度到柴扉。曾未陪珠履，頻煩友布衣。

水邊孤鶴睡，天際片雲歸。拜德知何日，烟霞戀翠微。

晏知止手下的節度推官練定（字公權），浦城人，嘉祐八年進士。他時常或陪同郡守，或獨自驅車過訪樂圃。他與朱長文、方惟深等情趣相投，經常邀約互訪，亦常相唱酬。三人聚會則傾訴衷腸，别離則寄語傳情。朱長文《和公權秋暑奉懷》詩，感慨自己"劇暑嬰多病，嘉招恨未從。眷言相與意，深荷故情濃"；而《喜公權、仲逢垂訪》一詩，則洋溢着朱長文按捺不住的喜悦殷勤，體現出他們之間的密切關係：

高軒相約訪柴關，瀟灑如君會合難。雨徑偕行穿履濕，風亭久佇袷衣寒。

百忙好向閑中息，萬動宜當靜處看。公暇再來應不倦，東籬金蕊未凋殘。

在方惟深《答公權晚春》詩中，訴説了自己不得意的心情："臨杯學強醉，懷抱只常醒。"在《題公權壁》中，他更無限留戀地説："明年官滿君須去，此地應難得此歡。"[28]

章岵字伯望，浦城人，寶元元年（1038年）進士。章岵兄弟三人皆負盛名：長兄章岷是范仲淹的密友；章峴中天聖八年（1030年）進士，爲朱公綽之同年；章岵立身清介剛直，人稱"章硬頸"。天聖中章岷爲平江節度推官，章岵隨兄長侍親居吴，與吴中士大夫多有來往。元豐五年（1082年），章岵繼劉淑之後，以朝議大夫知蘇州，"飭治衆職，政聲流聞"，期滿再任。當時朝廷曾下詔褒獎他説：

吏不數易，然後得以究其材。今夫蘇，劇郡也，而爾爲之守，克有能稱。嘉省厥勞，仍其舊服；往惟率職不懈，以稱吾久任之意哉！[29]

朱長文説，"蘇守自國朝以來惟公再任，邦人美之"。他並且賦詩稱贊章岵"不爲機巧不求新，坦坦襟懷任道真。揭節二方陰布德，分符千里别生春。"[30]章岵在蘇州，曾經莅臨樂圃與朱長文晤談，並且"表其所居爲'樂圃坊'"。[31]他離任時，朱長文又作詩爲他送行。

朱長文所修《吴郡圖經續記》一書，正是在晏知止與章岵的直接過問下寫成的。在該書自序中，朱長文寫道：

> 元豐初，朝請大夫臨淄晏公出守是邦，……嘗顧敝廬，語長文曰："吴中遺事與古今文章湮落不收，今欲綴緝，而吾所善練定以謂唯子能爲之也。"長文自念屏迹陋巷，未嘗出庭户，於訪求爲艱。而練君道晏公意，屢見趣勉。於是參考載籍，探摭舊聞，作《圖經續記》三卷。……會晏守罷郡，乃藏於家。今太守、朝議大夫武寧章公治郡三年，以政最，被命再任。比因臨長文所居，謂曰："聞子嘗爲《圖經續記》矣，余願觀焉。"於是稍加潤飾，繕寫以獻，置諸郡府，用備諮閲。

風光宜人的蘇州，聚集着許多或致仕、或卸任鄉居的官僚士大夫。這些人，在當地形成一個交往群體，以期滿足其保持清高身份、體現自身價值的願望。這些人與朝廷、與民間都有着千絲萬縷的聯繫；其能量、其影響，是每一個在任的地方官員都不能輕視的。在慶曆時，致仕居吴的徐祐（按：《吴郡志》卷二十五作"徐祐"）、葉參等五人就曾聚爲"九老之會"[32]。元豐年間，在北方最著稱者有司馬光、富弼、文彦博等退居西京之重臣元老發起的洛陽耆英會；在南方的吴郡，則有以鄉居官僚爲主體的多次真率之會，僅在章岵任内，至少有過兩次。

朱長文在《吴郡圖經續記》卷下，對前一次聚會有所記載：

> 元豐四年，資政殿學士、太子少保元魏公絳，正議大夫、集賢殿修撰程公師孟相繼請老居吴中。二公交契最密，又同還里第，時太守朝議章公岵亦平昔僚舊，於是良辰美景往來置酒以相娱樂，又嘗盛集諸老，以繼會昌洛中之宴，作新詞以歌焉。

《中吴紀聞》卷四《徐朝議》條説得更爲詳細：

> 徐師閔，字聖徒，仕至朝議大夫。退老於家，日治園亭，以文酒自娱樂。

時太子少保元公絳、正議大夫程公師孟、朝議大夫閭丘公孝終,亦以安車歸老,因相與繼會昌洛中故事,作九老會。章岵爲郡守,大置酒合樂,會諸老於廣化寺。又有朝請大夫王琥、承議郞通判蘇湜與焉。公賦詩爲倡,諸公皆屬而和之,以爲吳門盛事。

元公少保和篇云:"五日佳辰郡政閑,延賓談笑豁幽關。閭門歌舞尊罍上,林屋烟霞指顧間。德應華星臨潁尾,年均皓髮下商顔。名花美酒疏鐘永,坐見斜暉隱半山。"

方子通亦有和篇云:"使君蕭灑上賓閑,金地無人晝敞關。風靜簫聲來世外,日長仙境在人間。詩成鄞客爭揮翰,曲罷吳姬一破顔。此節東南無此會,高名千古映湖山。"

今日可知的另外一次"真率會",應該是在元豐八年。這次聚會有包括章岵在内的十人參加。米芾當時自杭州從事罷,恰正路過蘇州,作《九雋老會序》[33]。序中說:

> 中散大夫、河間公清德傑氣,惟時老成,高誼勁節,縉紳所仰。靜鎮吳國,四周星紀,威孚惠洽,訟庭晨虛,乃辟郡齋,會九雋老。

繼而又逐一叙述了"九雋老"之善政德行。

《吳郡志》卷二《風俗》記載了兩宋蘇州士大夫的數次聚會,其二即此次十老會。志文列舉十老云:

> 十老謂太中大夫致仕、上護軍、濮陽縣開國子盧革仲新,年八十二;奉議郞致仕、騎都尉、賜緋魚袋黃挺公操,年八十二;正議大夫充集賢殿修撰致仕、上柱國、廣平郡開國侯程師孟公闢,年七十七;朝散大夫致仕、上輕車都尉鄭方平道卿,年七十三;朝議大夫致仕、護軍、清豐縣開國子、賜紫金魚袋閭丘孝終公顯,年七十三;中散大夫、知蘇州軍州事、河間縣開國伯、護軍、賜紫金魚袋章岵伯望,年七十三;朝請大夫、主管建州武夷山冲佑觀、賜紫金魚袋徐九思公謹,年七十三;朝議大夫致仕、上柱國、彭城縣開國子、賜紫金魚袋徐師閔聖徒,年七十二;承議郞致仕、騎都尉、賜緋魚袋崇大年靜之,年七十一;龍圖閣直學士、正議大夫、提舉杭州洞霄宮、清河郡開國侯張詵樞言,年七十。十人合七

百四十六歲。十老各有詩，米芾序之。

參加這次聚會的十老，都屬朱長文的父輩；其中至少有七位與朱長文有來往。詳見下節。

元祐初年繼章岵之後知蘇州的林希，與朱長文之密切關係已見前述。林希在蘇州僅數月，因其弟林旦任兩浙提刑而引嫌換宣州。其後繼任者，應該是滕甫。

滕甫既與范仲淹有親屬關係，又曾從學安定先生於吳郡；元祐早期復以龍圖閣學士、右光祿大夫知蘇州。[34]《樂圃餘稿》中《送知府滕光祿》及《光祿生日》等詩，正是朱長文寫給他的。詩中稱"舜庭新遣牧，漢寺舊名卿。致主丹心在，憂民素髮生"。

至遲不晚於元祐二年（1087年），劉定以朝請大夫守吳。

劉定字子先，皇祐四年（1052年）進士，章惇的朋友。何汶《竹莊詩話》卷十八引《高齋詩話》云：

> 章子厚與劉子先有場屋之舊。子厚居京口，子先守姑蘇，以新醞洞庭春寄之。其後隔十年，子厚拜相，亦不通問。〔子厚〕寄書誚其相忘遠引之意，子先以詩謝……即召爲宰屬，遂遷户侍。

事實上，劉定知蘇州期間，與章惇絕不限於"贈茶"之交。元祐中，章惇曾以提舉洞霄宮在蘇州侍養老父，父親死後，他又在蘇州守喪。這段時間之内，章惇與劉定等當地官員、士人以及過往的朝士大夫都有不少往來。當時，朱長文身爲蘇州府學教授，也在這一交遊圈中。

元祐二年底，蒲宗孟受命自杭帥鄆，移任途中路經蘇州，登臨虎丘，屬辭賦詩，章惇、劉定等人皆有和章，朱長文亦作《次韵蒲左丞遊虎丘十首》以記其事。元祐三年四月，朱長文又爲《虎丘唱和題辭》，窮盡贊美之辭：

> ……左丞河東蒲公自杭帥鄆，弭節閶扉，一登此山，坐小吳會，嘆賞不已；形於詠歌。於是樞密豫章章公、使君劉公、通守王君欣聞佳製，屬而和之。觀夫思與境會，情以辭宣；高義薄雲霞，正聲合鐘律，足以爲海涌之榮觀，中吳之美實也。……使顔李大句、劉白高風不專美於是山矣。……[35]

在劉定之後知蘇州的王覿、黃履，治平年間都曾經與朱公綽共事；守姑蘇期間，也都曾經親臨府學，勉慰師生。對此，朱長文一一在詩作中記叙贊頌。

除州郡長官外，朱長文曾有來往的其他地方官員尚多。如常安民，元豐六年知長洲縣，"邑人尤愛之"[36]。他與朱長文交往較深，元祐元年，曾作《書〈吳郡圖經續記〉後》，其中説：

> 予每至伯原隱居，愛其林圃臺沼逍遥自樂；及得斯記觀之，然後又愛其趣識志尚灑然有異於人。使逢辰彙徵，則其所攄發豈易量哉！惜其遺逸沉晦而獨見於斯記，故爲書其後，以待知伯原者。

從《樂圃餘稿》中，我們可以看到朱長文對於地方事務的關心，更感受到他與地方長官之間相互的尊重。他與地方官員交往的詩作，除涉及公務之外，還包括年節問候、雨雪感時、來訪致謝、出遊唱和等。這類交際在宋代是十分常見的。

（五）朱長文與居於吳郡的其他士大夫

元豐年間，在退居吳郡的元老名臣中，元絳、程師孟、盧革等人都與朱長文常有來往。

神宗時曾任參知政事的元絳，與朱公綽是同年進士。他曾"屢典大藩，以文章、政譽名一時"，經王安石向宋神宗推薦，將他自外召入翰林，繼而參政。元絳於元豐四年以太子少保致仕，是冬回到蘇州，居於帶城橋東，知州章岵命其宅曰"袞繡坊"。次年，元絳重訪樂圃，所賦詩題云："元豐辛酉冬，予解組歸吳，明年過故同年朱光禄之故居，周覽園樹，感事作詩，以詒伯原。"[37]每逢元絳生日，朱長文也都賦詩祝賀。在"元少保生日"二首之一中，朱長文恭惟他説：

> 體貌方隆避政樞，歸來袞繡耀東吳。騎鯨才格從天稟，化鶴風姿與眾殊。
> 經國文章垂睿想，濟民德澤感神扶。堂邊三壽高千丈，依舊扁舟泛五湖。

致仕還鄉的程師孟，與朱長文關係更深。師孟字公闢，其高祖程思爲吳越營田使，遂家於吳。他景祐元年舉進士，累遷判三班院、給事中，判將作、都水監，歷知楚遂洪福廣越青等州。他"爲政簡而嚴，剸煩制劇，才刃有餘。……

寬猛得中，所至人悦。性樂易純質，言無隱情。喜爲詩，效白樂天而尤簡直。"他雖多年宦遊在外，卻"至老不改吳語"。[38]晏知止曾經贈之詩云："衣冠雖盛皆僑寄，青瑣仙郎獨我鄉。"朱長文解釋説，"蓋衣冠居郡固多，唯公實吳人也。"[39]《吳郡志》卷二十五《人物》中有一段記載，説：

> 樂圃朱先生伯原少許可，言師孟爲政，則曰雖韋丹治豫章、孔戣帥嶺南、常袞化七閩，無以加也。天下以爲才卿吏師。米芾亦云：廣平公（按：元豐中程師孟爵廣平郡開國侯）以文學登科，以吏事躋顯，以言語出疆，以恬退告老，足之所及，功利蔚起。

程師孟致仕返鄉後，即在城内西南經營園宅。他年輕時曾看中開元、瑞光寺旁的一塊隙地，及稍顯，即將此地買下，作爲宅基。元豐年間他興建的家園，被太守晏知止命名爲"晝錦坊"。《樂圃餘稿》卷五有一首詩題爲《次韵司封使君和程給事》，記録了此事之經過：

> 勝地寬閑舊卜鄰，耆年得意闢高門。中吳晝錦如公少，好作坊名賁故園。

詩後有注云：

> 程公以其地右兩寺，左南園，置爲宅基久矣。近歲始成，而未聞有坊名。

這正説出了程師孟園宅"晝錦坊"的來歷。

新第落成後，常有士人前往慶賀遊賞，程師孟有時還邀客至宅側開元寺小酌。《吳郡志》卷三十一録方惟深《程公闢留客開元飲》二首，説道："晝錦新坊路稍西，興來攜客就僧扉。樽前倒玉清無比，筆下鏗金妙欲飛。"如實記述了當時情境。朱長文也有《程給事新第》詩贈與師孟。

程師孟亦有詩作贈給朱長文。在《吳都文粹續集》卷十七有他所作《次韵厚之少保題伯原秘校亭》一詩，其中惋惜地稱朱長文"少年篤學已名家，才折丹桂命可嗟……世憐美玉猶存璞，人恨良金未出沙。"隨後又讚揚他説，"天然操尚無塵滓，合往蓬萊弄彩霞。"

在"吳門十老"中，還有一位與朱長文關係較深的，是崇大年。崇大年字靜之，慶曆中擢進士第，歷知青田、浦城等縣。後"有疾，丐分司，歸吳，日與程光禄諸公觴咏燕遊，號'吳門十老'。……分司後十三年致仕，又十四年卒，年八十二。"

崇大年在蘇州期間，以承議郎而得賜金紫，"七品官階三品服"。朱長文曾爲此作《次韵公紹賀崇靜之賜金紫》詩贈之，稱贊他：

> 北窗二紀傲羲皇，節比淵明事更光。共喜遐齡垂紫綬，莫嫌猛退棄銅章。
> ……謫仙才調今誰是，肯解金龜燕夕陽。

崇大年雖然官階不高，在地方上卻頗有威望。據《吳郡志》卷二十六說：

> 大年德守淳固，志尚夷曠，恬於勢利，不求聞達，辭卻薦辟，浩然易退。吳士自陳君子之奇之後，大年繼有賢稱。

該書又引林希《逸史》朱長文《行狀》記載，崇大年去世後：

> 樂圃先生朱長文與鄉人議諡，謂黔婁辭國有餘貴，辭粟有餘富，其諡曰"康"；陶淵明隱約就閑，其諡曰"靖節"。大年當有道之世，秉難進之節，韜章蘊能，不自表襮，仕而知止，貧而亡憂，凜然有古高士之風，乃共諡曰"康靖先生"。

"十老會"中年齒最高的盧革：

> 本德清人，舉神童。慶曆之後，累歷監司有聲，請郡自效，神宗嘉其恬退。未幾，告老，累進太子賓客，官制行，累改通議大夫，退居於吳，年八十二。……其家遂爲吳人。[40]

據《全宋詩》卷二百六十六，盧革詩今存三首，其中一首是贈給程師孟的，另有一首是寫給朱長文的，題曰《校書朱君示及園居勝概新篇一軸，皆有標目，輒成長調格詩，奉紀清躅》。詩中勉勵朱長文說：

> 朝廷日清明，百度良弛張。子既難其進，論撰亦有光。
> 退之謂子厚，窮久道益強。文辭煜垂後，將相未可當。
> 窮愁乃著書，心志能渾剛。倘來奚足恤，令名期自將。

"十老"中的徐師閔（字聖徒），應即《樂圃餘稿》卷四《次韵徐中散丙寅二月見訪之什》詩中之"徐中散"。元豐八年十老會時，他階官朝議大夫；丙寅爲元祐元年，經哲宗登極大禮，他應進階一級，恰爲中散大夫。師閔原籍建州建安，其父徐奭曾經通判蘇州，又爲兩浙轉運副使，其家因居於蘇。從詩句中看，徐師閔"數年解綬隱林扉，乘興頻來訪習池"，平素與朱長文往來較多。

師閔弟徐師回（字望聖），曾爲南康守，元豐八年正月，蘇轍作《南康直節堂記》，首句即云：

  南康太守廳事之東，有堂曰"直節"，朝請大夫徐君望聖之所作也。

其後又曰：

  徐君溫良泛愛，所居以循吏稱。不爲儌察之政，而行不失於直。[41]

黃庭堅亦有詩作贈給徐師回，徐氏因而名重一時。朱長文《近承南康朝請使君寵訪林圃，小酌至夜，公權特惠篇什，謹次韵》一首，應該也是寫給他的。師回子閎中，爲吏有能名；女兒則嫁給了宣和宰相王黼。師回孫徐林字稚山，從學於游酢，在官正言直行，世稱"賢侍從"。徐林弟徐兢、子徐蔵，其後皆有名。

  黃挺字公操，原籍建州浦城，世爲望族。他曾任蘇州吳縣尉，樂其土俗，遂徙居姑蘇。他去世之後，朱長文曾作《黃朝散輓詩》予以悼念。詩中懇切地説他"持心平厚勝澆浮，仕路徊翔四十秋。政事每於談笑辦，交親多向急難收。"[42]挺子黃顏、黃彥、黃頡，孫黃策，先後中進士。崇寧間，黃策列名黨籍，後休官還蘇州，自號"隨緣居士"。[43]

  "十老"中最爲"年輕"的張詵，字樞言，熙寧年間曾知吳郡。他被朱長文稱作"平生氣節薄青雲，不任機心只任真"。《樂圃餘稿》卷四《次韵樞言龍圖得請洞霄之作》即是書贈給他的。

  "十老"中的另外三人，即鄭方平、閭丘孝終、徐九思，也都應該與朱長文有所往來。鄭方平一家三代：祖父鄭爲，父親鄭修、叔父鄭條，君平、方平、汝平兄弟，六人皆爲進士。其中，鄭條係長文父朱公綽之同年；鄭汝平爲長文摯友范世京之同年。閭丘孝終是蘇軾的好友。

  作《九雋老會序》的米芾，曾經居處於蘇州，也是朱長文的密友之一。《樂圃先生墓表》即米芾所寫。表文中説：

  先生道廣不疵短，人人亦樂趨；先生勢不在人上，而人不敢議：蓋見之如麟鳳焉。……嗚呼，先生可謂清賢矣！予昔居郡，與先生遊而知先生者也。

  除去前輩諸老之外，吳郡另有一些與朱長文關係較深者。例如程俱，爲長文晚輩，他幼年喪父，其後即隨母歸依於外祖鄧潤甫家；十三四歲時，因其姊嫁給朱長文子朱耜，而與朱家頻繁往來。當時朱長文即很看重這個孩子，據程俱自己說："正字公有風裁，喜獎誘後學，目余奇童，或舉余以勵其子。"而程俱與姐丈朱耜關係尤爲親密，他曾説，"相與之厚如元益（按：即朱耜）者，世無幾人。"[44]

元祐八年（1093年）夏，朱長文將赴太學，是時年僅十五歲的程俱賦詩爲他送行，詩中勉慰他説：

> 丈夫出處會有時，從來猿鶴焉能知。醇儒況復生盛世，終老巖穴將何爲。公其去矣莫回首，君王仄席思賢久。公懷慷慨善哉言，挽舟便出楓橋口。[45]

紹聖四年，程俱被命爲蘇州吴江縣主簿，從此踏入仕途。徽宗政和年間，他因論政事與時宰不和而罷歸，遂葺蝸廬於蘇州城北，多年居住在此。在蘇州期間，程俱結識了葉夢得，並且與朱長文生前摯友方惟深、林慮、張景修等人過從甚密。

（六）朱長文與儒學諸先生

朱長文青年時代曾經就讀於太學，當時正值仁宗至和年間，"宋初三先生"中的孫復、胡瑗並爲國子監直講，孫復講《春秋》，胡瑗講《易》。朱長文

> 日造二先生講舍，授兩經大義，於《春秋》尤勤。未幾，明復以病居家。雖不得卒業，而緒餘精義不敢忘廢，頗欲著書，以輔翼其説。[46]

長文父公綽，早年即與孫復有所往來；長文用功於《春秋》，亦受到孫復鼓勵。朱長文與程顥、程頤兄弟談學論道，常有來往。《宋元學案》將朱長文列入"泰山門人"、"伊川學侣"，程俱也曾説朱長文"博學篤行，以道出處，爲時老儒"。[47]但他並不被二程等理學家視爲"醇儒"。在程頤（或曰程顥）寫給朱長文的一封信中，曾經毫不客氣地批評他不應該"多作詩文"，告誡他"學者當以道爲本"[48]。

南宋鉅儒胡安國早年曾從朱長文學習《春秋》。安國子胡寅《斐然集》卷二十五《先公行狀》中説：

> 元祐盛際，師儒多賢彦。公所從遊者，伊川程先生之友朱長文及潁川靳裁之。朱樂圃得泰山《春秋》之傳。

《宋史》卷四百三十五《胡安國傳》開篇即曰：

入太學，以程頤之友朱長文及潁川靳裁之爲師。

《宋元學案》卷三十四《武夷學案》因此而將胡安國列爲"朱靳門人"，王梓材案語也稱安國"爲泰山再傳弟子，可知其《春秋》之學之所自出矣"。據朱長文自己在《春秋通志序》中說，他"紹聖初被召爲太學博士，復講此經"，可知胡安國"從遊"於朱長文的時期，應當主要是在紹聖年間，而非"元祐盛際"。

朱長文與胡安國的關係看來不像史載那麼簡單。胡安國自己，似乎并不將學得《春秋》要旨的成績歸功於朱長文：

> 某初學《春秋》，用功十年，遍覽諸家，欲求博取以會要妙，然但得其糟粕耳。又十年，時有省發，遂集眾傳，附已己說，猶未敢以爲得也。又五年，去者或取，取者或去；己說之不可於心者，尚多有之。又五年，書成，舊說之得存者寡矣。及此二年，所習似益察，所造似益深，乃知聖人之旨益無窮，信非言論所能盡也。[49]

胡安國生於熙寧七年（1074年），入太學或在元祐後期，後經三試於禮部，於紹聖四年（1097年）中進士第。從學於朱長文，無疑正在這一期間。而這段時期，恰恰相當於他所謂"初學《春秋》"的十年。他這十年中用功的結果卻是"但得其糟粕耳"！那麼他對於朱長文給他的啓發與傳授究竟評價如何呢？

也許正是由於朱長文秉性平易，不像程頤等人道統純粹，他才可能結交不同層面的諸多朋友。

（七）朱長文與吳郡之外的其他士大夫

朱長文早年跟隨父親遊歷四方，亦曾求學於京師；中年教授於蘇州；晚年又任職於太學。這種經歷，使他得以有機會結識各方士人。他本人性恬澹，能詩文，特立卓行，不倚不偏，因而受到了廣泛的尊重。

元祐元年（1086年）六月，蘇軾、鄧溫伯、胡宗愈、孫覺、范百祿等同札舉薦朱長文爲蘇州州學教授，稱他"不以勢利動其心，不以窮約易其介；安貧樂道，闔門著書。孝友之誠風動閭里，廉高之行著於東南。"[50]

王楙《野客叢書》附《野老紀聞》有一條記載，說方惟深與蘇軾有積怨，因而"絕不喜蘇子瞻詩文"；而朱長文卻與蘇軾、范祖禹以及秦觀兄弟常有往來。《樂圃餘稿》卷一有一首詩,題爲《少章過吳門,寵示淳夫、子瞻唱和並惠山寄少游之什,俾余繼作,輒次二公韵以寄》。詩中飽含着朱長文對於朋友的思念與期望:

> 懷友對華月,身如匏繫何。遙聆金玉音,悵望江湖波。
> 憂來誦三篇,調饑餉嘉禾。蘇范天下賢,閱士歲月多。……
> 聖朝頌聲作,周雍與商那。二公且大用,豈得歸岷沱。

今查《蘇軾詩集》(中華書局標點本)卷三十五有蘇軾元祐七年所作《次韵范淳甫送秦少章》詩,其中有云:

> 宿緣在江海,世網如予何。西來庾公塵,已濯長淮波。……
> 秦郎忽過我,賦詩如《卷阿》。……
> 嗟我久離群,逝將老西河。後生多名士,欲薦空悲歌。……
> 小范真可人,獨肯勤收羅。……坐籌付公等,吾將寄潛沱。

這首詩,應即秦觀(少章)帶給朱長文的蘇軾詩作之一。

同係胡瑗學生的徐積,北宋中後期聲望頗高。《宋史》卷四百五十九《卓行傳》中説他"屏處窮里,而四方事無不知";蘇軾等人稱其"道義文學,顯於東南"。他與朱長文,一以耳疾不仕,一因足疾居鄉;二人同樣"養親以孝著,居鄉以廉稱",同在元祐年間被朝廷近臣推薦爲州學教授。共同的事迹操守使二人頗爲親近相知。《節孝集》卷十六有徐積所作"寄朱博士"詩一首,説:

> 吳有朱夫子,相知凡幾年。心憐閉門叟,書附過江船。
> 行己爲人表,文應許世傳。臨風有餘誨,時復慰嶓然。

曾與朱長文有過詩文往來者尚多。如郭祥正(字功甫),少有詩名,有《青山集》,其詩作曾經受到梅堯臣、王安石等人的稱贊;他亦與朱氏有文字交。

朱長文與其母舅蔡抗、蔡挺一家始終保持着良好關係。《樂圃餘稿》卷十有他(有些是以其父名義)爲蔡氏家人寫的五篇墓誌銘。他説,"蔡氏世爲睢陽人,持家修嚴,鄉黨矜式";自抗、挺之伯父希顔、父親希言始"教諸子爲辭章、舉進士,遂以起家"。又説,"蔡氏世稱經術,而吾外舅(按:指朱公綽岳父蔡希言)酷愛進士,以教諸子。"這正與張方平在《蔡抗墓誌銘》中的説法相同:

> (蔡氏)世以明經進,實罕與進士遊。尚書(按:指蔡抗父希言)雖治經,有時才器識,所交結皆當世豪俊,故公兄弟皆舉進士,早得時譽。[51]

這段話透露給我們一則信息，即在北宋中期，北方的某些世家，仍然重經術而輕詞章；社會上亦明確地視進士與明經爲兩途。當時一些並非偏遠的地區進士及第者亦少，或許與這種觀念不無關係。蔡希言等人的轉變，是時勢使然，體現着一種社會潮流。曾經從學於范仲淹的"蔡氏四賢"，即蔡希顔子蔡拯、蔡極，希言子蔡抗、蔡挺，先後中進士第，其中拯、極、抗景祐元年"聯榜"；蔡拯子天經、天球（早年曾從學於徂徠先生石介）亦相繼擢進士，而蔡挺七子，其中昕、天申、奕又爲嘉祐六年同年。

曾爲樞密直學士、秦鳳路經略安撫使的蔡抗，年輕時受到執政蔡齊賞識，蔡齊嫁以妻之宗女、彭城劉氏；其繼室張氏，係天章閣待制張昷之的女兒。[52]曾任河北路轉運判官的蔡天申，是北宋名臣張方平的女婿。張氏亦睢陽世家，張方平自稱與蔡抗兄弟爲"鄉黨交遊之舊"，相知甚深。《樂全集》卷三十五《祭女夫蔡天申文》中，張方平回憶當年締結姻盟的經過，說："我在滑臺，聞子彥秀，鄉黨世交，遂成婚媾。"蔡奕是元祐丞相劉摯從母妹郭氏夫婿，其子蔡蕃又是劉摯女婿。

蔡氏家族簡表

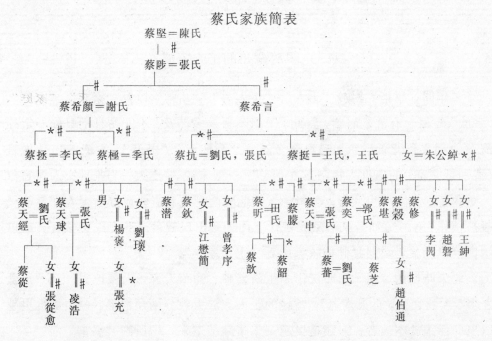

（按：在蔡抗兄弟諸兒女中，蔡拯子天球過繼給蔡極，蔡挺子蔡奕（蔡煜，又名蔡華）過繼給蔡抗。蔡抗兄弟之女兒與孫男女輩甚衆，情況不盡清楚，無法一一列舉；凡早逝者亦不贅。表中＊符號代表進士出身及業進士者，#代表曾授官者，＝代表婚姻關係。在其諸孫及女婿、孫婿中，還應有進士出身與曾得官者，因記載不詳，姑亦從略。）

從表中我們可以看到，蔡抗家族中的男性子嗣（除年齡幼小者外），幾乎全部由科舉或蔭補入仕；蔡氏諸婿情形亦相類似。朱公綽自然也不例外。

朱長文雖非公綽之蔡夫人所親生，但這並未影響他與蔡氏家族的關係。他與蔡天經一輩，有着共同的趣識，相互間的往來不限於泛泛的戚屬寒暄。在他所作《墨池編》中，曾提及其"內兄蔡君弼"（按：即蔡天申）對他的啓發。熙寧、元豐年間，朱長文爲蔡氏叔侄中的蔡拯、蔡天經、蔡欽、蔡昕及蔡挺夫人王氏寫過墓誌銘。

三、兼談北宋蘇州的士人家族及其交游

（一）關於蘇州的士人家族

多年間，學術界對於"士人"、"士大夫"、"縉紳"以及"家族"、"家庭"、"宗族"等概念有許多討論，對此，筆者不擬過多涉及。本文姑且把具備一定經濟實力與文化背景、參加過科舉考試（"業進士""舉進士"）或曾出仕做官（特別是文官）的這批人物歸爲"士人"。一般來説，"士大夫"兼具文人與官僚二重角色，本文所用"士人"概念，較此範圍稍寬。這些地方性士人在當時一般被稱作"縉紳"。如若某一家族數代之內連續出現數名或進士或文職官員或以讀書治學爲業者，則我們稱該家族爲"士人家族"。

北宋時期的蘇州，田疇沃衍，生齒繁夥；物華天寶，人傑地靈。其"冠蓋之多、人物之盛，爲東南冠"。當地的士人家族大致分兩類情形：一類是自吳越以來即活躍於本地者；一類是吳越歸宋後陸續遷來，即所謂"僑寓"者。

朱長文所作《吳郡圖經續記》卷上《人物》條追溯以往説：

> 吳中人物尚矣……而四姓者最顯。陸機所謂"八族未足侈，四姓實名家"，四姓者，朱張顧陸也。其在江左，世多顯人：或以相業，或以儒術，或以德義，或以文詞。

唐五代以來，世事滄桑，門閥世族之地位逐漸被地域性家族所取代。北宋前期，蘇州士人家族中比較有影響的部分，是吳越時期的地方官員、幕僚及其子弟。朱長文曾舉"丁陳范謝"四家爲例：

> 自廣陵王元璙父子帥中吳，是時有丁陳范謝四人者，同在賓幕，以長者稱。丁氏之後有晉公，出入將相；范氏之後有文正公，參預大政，爲世宗師；文正公族侄龍圖公師道以直清顯先朝，履歷諫憲；謝氏之後有太子賓客濤，賓客有子曰絳，爲知制誥，縉紳推之；陳氏之後有太子中允之奇者，謝隴西郡王宅教授以歸，召之不起，以行義著鄉閭，謂之"陳君子"者也。[53]

五代十國時期，江南局勢相對平穩，各政權及地方節度長官周圍都召辟了不少自晚唐以來流散於地方的士人。吳越歸宋，適逢宋太宗大力倡行科舉選官之際，長期活躍於地方的這些士人，企盼着在更大範圍中一展身手的機會。政權的平穩過渡，允許他們憑藉原有身份依舊供職，而爲其子弟通過科舉走出江南提供了可能。

范仲淹曾經說過，"錢氏爲國百年，士用補蔭，不設貢舉，吳越間儒風幾息。"[54]宋初吳越士人轉而業進士，至其初見成效，需要有一過程；而投入貢舉較快的，正是原已具備一定經濟與文化條件、接觸外界較早的南方官員子弟。

太平興國三年（978年）吳越歸宋，十年後蘇州有了第一位進士。端拱元年（988年），龔識登進士第。龔識的父親龔慎儀，原係南唐給事中，後曾知歙州。淳化三年（992年），第二批蘇州士子六人登第，其中錢昆爲吳越錢氏子嗣，丁謂之祖、謝濤之父俱爲原中吳軍節度推官，龔緯則是龔識之弟。

此後，到景祐年間，一直在外求學、仕宦的范仲淹（其生父范墉，亦隨錢氏歸宋者）來守祖禰之邦，"嘆庠序之未立"，建學校、倡儒風，士風爲之一振。加以承平日久，如"太倉農家子"郟亶輩人物陸續出現，生長於蘇州的士人進入北宋官僚隊伍者益衆，其中不少躋身於中上層。

北宋前期，蘇州的社會經濟文化有長足的發展。自錢氏納土至元豐時期，百餘年間，"井邑之富過於唐世，邦郭填溢，樓閣相望，飛杠如虹，櫛比棋布"；"可謂天下之樂土也"。或許正因爲如此，蘇州一帶成爲士大夫移居時的首選之地。"東南之才美與四方之遊宦者視此邦之爲樂也，稍稍卜居營葬，而子孫遂留不去者，不可以遽數也。"[55]

北宋中期以來活躍在蘇州的士大夫中，有不少是僑寓者。這些"僑籍"士人移居此地的原因與晚唐五代時期頗不相同，主要的大約有兩類：一類本人曾經任官吳中，樂其風土，謝事後遂卜居於此，其子孫亦從此地向外發展，如蔣堂、徐奭、盧革等是；一類由於種種原因（例如父祖葬於附近）而徙居至此，如林希兄弟、方惟深、楊懿儒等是。前者因其原有背景，即便致仕居吳，亦爲地方上之"頭面人物"；後者則往往需要先在經濟上安定下來，然後才能團聚族屬，進而求得子孫輩的發展。

例如，劉攽、曾鞏都曾說過，林希祖母黃氏"葬兩世於吳郡，攜諸孫客居於吳"，在"旁無支親援助"的艱難境況下，"斥賣簪珥以經理其家"，"粗衣惡食，毫捃毛蓄，以至於有田畝屋廬……而待寒暑備饑乏"，撫育林希兄弟成就舉業。

又如，胡嶧姻家王仲舉（王蘋父）"自福清徙平江"：

> 僑居吳門，生事牢落，治田百畝，數遭歲登，於數年之蓄，儉勤日以給，冠婚、祭祠以至賓客之豆皆出於是，不外取也。杜門讀書，雖鄰里不識面目。教子成就……親故艱匱不給者賙之，族之孤不能婚嫁者婚嫁之。[56]

此外，方惟深、楊懿儒等人也都有着類似的經歷。

北宋時期僑居於吳地的士大夫，其原籍之地域分布相對集中。從《吳郡志》卷二十一至二十七《人物》所載北宋士人六十六名來看，吳人四十八名；僑籍十八名，而其中十名原籍在福州、建州一帶，主要是在浦城、福清、莆陽、建安等地。這些遷徙而來的士人，其家族大多在原籍本屬"甲族"，家族內已有躋身於仕途者。在此我們可以舉出幾例：

黃挺及其後世：據《中吳紀聞》卷一《黃氏三夢》：

建寧黄氏，乃名族也，因遊宦，遂徙居於吴。
又，《龜溪集》卷十二《黄直閣墓誌銘》：
　　　君諱策，……其先居建之浦城，爲望族，世有徹官。自大父遊姑蘇，樂其土俗，因家焉，今爲姑蘇人。

　　章楶祖父章頻，建州浦城人，景德進士，曾知長洲縣，其子孫遂居於吴；章惇父章俞，景祐元年登第後，曾任吴縣主簿，因家蘇州。二章氏皆爲仁宗宰相章得象之同族，移蘇後，並稱"南北章"。據孫覿《鴻慶居士集》卷三十三《直龍圖閣章公墓誌銘》：
　　　建安章氏，自郇公以文學道德仕仁宗爲宰相，聲號顯融，族大以蕃，異人輩出，事五朝，踵相躡爲將相，寵禄光大，爲世聞宗。而徙平江者尤稱於天下。大丞相申公家州南，樞密秦公家州北，兩第屹然，輪奂相望，爲一州之甲。吴人號"南北章"以别之。

　　林希祖輩爲福州福清人，其祖母黄氏之祖考"皆仕閩越"，林希祖父林高，曾"從事漳州、泉州、興化軍，逾二十年"[57]，在家鄉亦有較好的發展基礎。
　　方惟深屬莆陽方氏，莆田方爲著姓。南宋時，莆田人王邁曾説：
　　　莆品丁之家，方爲著姓。端人紳士，層見叠出。有位公卿、立修名、夸節於朝者；有任牧伯連帥，揚仁義風概於方外者；餘挾一能一藝，多奮拔於鄉於學於天子之庭。故莆人有"無方不成榜"之謠。[58]

　　王蘋隨其父僑居於吴，在江公望爲其父所作《墓誌銘》中，述及王氏先人：
　　　君諱仲舉，字聖俞，王姓。其先太原人，西晉末徙家福之福清縣，七世祖仕唐爲尚書郎，其後仕宦不絶……[59]
王蘋祖、父皆舉進士不第，自蘋父仲舉遂"僑居吴門"。

　　這些"僑寓"者，顯然並非迫不得已而致背井離鄉，其遷徙多因本人或父祖輩"遊宦"所促成，遷徙目的無疑是爲求得更有利的發展條件。（同一地區不同家族相繼徙吴，這一現象的產生亦非偶然，它應該與當時的交往範圍及可能的信息傳播途徑有關。）

　　蘇州素有文化發展之基礎，加以外來家族文化層次較高，這種狀況促進了區域文化的有機融合，促成了當地"精英文化"發展的良性循環。這種發展，特別是以科舉及第者爲代表的"精英人物"的成長及涌現，首先是由部分士人家族帶動起來的。

在此，我們不妨先回顧一下唐代後期的情況。根據史念海《兩〈唐書〉列傳人物的籍貫分布》與吳宗國《唐代科舉制度研究》中的統計，兩《唐書》有傳的唐後期科舉及第者，蘇州共十八人，其中出自顧、歸、楊、沈四家者，竟佔十五人（四家中，顧、歸、沈爲蘇州土著家族），居總數之百分之八十三。

據《吳郡志》卷二十七《進士題名》，北宋蘇州進士二百一十三人（若包括入實際成長於蘇州者如林希兄弟等，則應更多），出自五十七姓。其中產生進士五人以上者，有鄭姓（十七人）、林姓（十六人）、張姓（十四人）、黃姓（十二人）、李姓（十二人）、范姓（九人）、陳姓（九人）、錢姓（八人）、龔姓（七人）、顏姓（六人）、程姓（六人）、胡姓（六人）、王姓（五人）、凌姓（五人）、陸姓（五人）、孫姓（五人）等十六姓；所產生進士一百四十二人，恰好佔全部北宋進士的三分之二。

在諸姓之中，有些並無直接親屬關係。因此，特別值得注意的是，林茂先一家三代七名進士，龔識家族四代七名進士，鄭爲一家三代六名進士，鄭載家族三代六名進士，范仲淹家族三代五名進士，程師孟家族三代五名進士，黃顏一家二代四名進士，富嚴一家三代四名進士，李堪一家三代四名進士，凌民瞻家族二代四名進士，林咸德一家三代三名進士，張僑一家三代三名進士，朱公綽一家三代三名進士，魏志一家兄弟三人進士；而錢姓諸人，則屬於吳越錢氏後裔。僅此十三姓十五家即有進士七十二人，佔北宋進士的三分之一強。[60]

北宋早期，蘇州進士及第者以吳越官紳子弟居多；隨着當地的發展與南北文化之交流，這一狹隘的圈子自然而然被突破。蘇州進士的家族分布狀況，一方面使我們看到進士分布面的相對集中，從而認識到家族背景在當時的重要意義；另一方面，也反映出自宋初以來，地方上士人家族逐漸增多、範圍不斷擴大之趨勢。宋代普通士人家族的興起與發展、士人階層的上下流動，正是這樣"滾雪球"式逐漸演進的。

（二）關於蘇州士人的交遊圈

從朱長文及蘇州士人的交遊圈我們可以看到，當時士人交往的紐帶是多元的：其中既有帶着家世背景的往來，如丁陳、丁錢之聯姻，范謝之交誼，朱公綽、朱長文父子與范仲淹父子乃至范師道父子的友情，胡嶧、百能父子與陳侁、長方父子之"世契"等；又有因"同學"、"同年"、"同僚"以及"同鄉"之類關係而結成的交情，如朱公綽與蔡抗兄弟、元絳以及黄履、王覿，朱長文與林氏兄弟等；將朱長文一家與蔡氏一門、程俱一家聯繫起來的，主要是姻戚關係。就朱長文而言，在諸多關係之中，"同道"間的交往最多、最深。在學術方面，他繼承孫明復、胡安定，友於二程；但他真正的知交卻是方惟深、林處等人。

北宋蘇州的士人，對於自己身份的共識，主要建立在文化（包括道德）修養的基礎之上。是否已經通過了科舉，是否曾經出仕，並不構成人們相互交往中的重大障礙。曾經科舉成功、仕途得意者，如元絳、程師孟等人，通常是地方士人圈的核心人物；而朱長文、方惟深等人，或仕途偃蹇，或科舉不第，這並不影響他們聞達於一方。換言之，當時生活於地方的士人們，在"擇群"時所看重的，主要不在於對方以往或目前的仕宦身份，不在於一時的"窮達"，而更注重其本人的文化背景。

不僅如此，退休回到地方的朝廷命官，一般並不高自標識，反而有意表示謙抑，以期"求同"於周圍士人。例如曾知蘇州的葉參，謝事後，"即日還姑蘇。……與比鄰歲時相問遺，往來南阡北陌中。幅巾敞裘，彷佯造適，里人不謂君經爲二千石。"[61]又如元絳，"還吴，日與鄉閭耆舊相過從，遨遊江湖，處布衣野老間無辨也。"[62]

居住於地方的士人，亦即被統稱爲"縉紳"者，是朝廷及地方官員關注與倚重的對象。如朱長文，儘管久不出仕，元豐年間依然"名稱藹然，一邦響服"，"郡守監司莫不造請，謀政所急；士大夫過者必奔走樂圃，以後爲恥。名動京師，公卿薦以自代者衆。"[63]以至於"當是時也，使東南者以不薦先生爲恥，遊吴郡者以不見先生爲恨"。[64]又如方惟深，"與樂圃先生皆爲一時所高，每部使者及守帥下車，必即其廬而見之"。[65]

朱長文一類士人，不同於地方上的"豪右"，從整體上看，他們是活躍於基層的"精英"，既代表着本家族的利益，又是地方"教化興行"之表率、政令暢通之關鍵。他們是官僚隊伍的準成員或候補成員，是朝廷"訪聞"消息、"采風謠"的主要信息來源;地方官員的治績與勤惰,部分地是通過他們的"關係網"輾轉反映至中央的。了解了縉紳們的多重身份,便不難理解地方官員逢迎、結交乃至表彰士族名門的努力。在這方面,蘇州的事例十分典型。葉夢得《避暑錄話》卷下有一段話,説:

> 吳下全盛時,衣冠所聚,士風篤厚,尊事耆老。來爲守者,多前輩名人,亦能因其習俗以成美意。舊通衢皆立表,揭爲坊名,凡士大夫名德在人者,所居往往因之以著。元參政厚之居名袞繡坊;富秘監嚴居名德壽坊;蔣密學堂居嘗產芝草,名靈芝坊;范侍御師道居名豸冠坊;盧龍圖秉居奉其親八十餘,名德慶坊;朱光禄居有園池,號樂圃,名樂圃坊。臨流亭館以待賓客舟航者,亦或因其人相近爲名。褒德亭,以德壽富氏也;旌隱亭,以靈芝蔣堂也;蔣公蓋自名其宅前河爲招隱溪。來者亦不復敢輒據。此風惟吾邦見之,他處未必皆然也。

舉薦轄區士人,是地方官責任之一。丁謂、謝濤等人的早年成名,即與王禹偁、羅處約的大力舉薦直接相關。朱長文、方惟深的名聲,也是由地方官傳布開來的。反過來,被舉薦者也利用適當的機會稱揚這些官員,他們已有的名氣,他們與大小交遊圈内諸多士大夫的良好關係,即成爲這些地方官課績晉陟時有用的砝碼。

顯然,地方官與本地縉紳之間,既有利害一致之處,又有矛盾抵牾之處;這兩類人物中,既有徇私枉法者,又有秉公處事者。聚居着眾多士人的蘇州,頗以難治著稱。"守郡者非名人不敢當"[66],朝廷所用,多爲"臺閣之賢,憲漕之序。"[67]"難治"的原因之一,即縉紳們對於州縣事務的干擾。《樂全集》卷四十《蔡抗墓誌銘》載嘉祐年間蔡抗知蘇州事,云:

> 吳俗浮薄,衣冠僑寓猥眾,干請多事。公患其然也,采士族之守操行者,輒加賓禮,歲時饋勞以褒厲之。士之承此,差知自重。

《倦遊雜錄》"富大監王郎中之廉節"條載:

> 扈郎中褒嘗言,昔知蘇州吳縣,蘇州士大夫寓居者多,然無不請托州縣,獨致仕富大監嚴三年無事相委。

或許正因爲"干請"者多,《吳郡志》中着意一一舉述了恬退而不干請者的事迹:

徐祐，"慶曆中屏居吳下，日涉園廬以自適"。

龔宗元，"作中隱堂，……極文酒之樂"。

富嚴，"嘉祐中守秘書監致仕，未嘗一造官府，以耆德稱。"

郭附，"以朝奉大夫致仕，幅巾策杖，窮山林詩酒之適十八年。"

楊懿儒，"自未仕及老於家，不入州縣"。

林處，"屏置朝章，不入州縣"。

唯有丁謂甥"陳君子"之奇的事例有些特殊：

> 之奇孝於親，約於身，信於朋友；篤行、好學、知道，心泊如，不爲聲利所遷。其退歸，與鄉人同憂樂，赴人之急，至於州縣無所避。州縣以之奇至誠，亦不爲疑。……四方賢士大夫至吳，必問陳君所在，爭欲一見之。

縉紳干預州縣事務，在宋代無疑是普遍現象。對於這種干預，應該有所區分：其中大多屬於謀求私利者，但亦有出於對周圍事務的積極關心而進行的干涉。後者體現了北宋士人的參政議政熱情，以一種非規範化的方式制約或督核地方官的治理。非現任官員之地方士人，之所以具有影響作用，並不完全取決於其個人活動能力；在很大程度上，這是士人交遊圈內群體影響力的結果。

在宋代，出守方面者往往致力於編織四通八達的關係網絡：與朝廷、與監司、與鄰郡、與僚屬；也與部內的士人。凡政治穩定、教化施行的諸州，地方官員與地方士人的關係都比較密切和諧。作爲地方家族組織核心的"縉紳"，或出仕，或不仕，各以不同的方式，通過相互間的頻繁交往加入這一網絡，參與當地治理，使地方諸政保持平穩運行。

我們從晏知止、章岵等地方長官與朱長文以及"九老"等人的主動交往中可以看出，守郡者對於當地士人相互交遊的態度一般是支持的，明智者通常積極介入。他們着意鼓勵縉紳出面纂修方志，撰文銘碑，邀請士人出遊、聚會。通過這類活動，得以調節人際關係，獲取良好聲譽，化解矛盾，創造並維持良好寬鬆的治理環境。

朱長文在《吳郡圖經續記》卷上中提到，"忠懿王納土請吏，朝廷始除守以治之。自太平興國三年至今元豐四年，更七十二人矣（原注：題名具《總集》）。"

到南宋范成大等人修《吴郡志》時，這部記載了北宋前期諸郡守之題名的《總集》，即大中祥符年間所修《吴郡圖經》，大概已經不可得見了，郡中原存之北宋郡守題名刻石，亦"亡於煨燼"。因此，《吴郡志》卷十一所載自至道至元豐五年九十餘年間之郡守，只有四十一人次，較朱長文所記錢氏歸宋后一百零三年間之七十二郡守，少了將近百分之四十。例如，《吴郡圖經續記》卷下載，"葉少列先典州，既而請老，其子道卿以本路漕節來侍，其孫公秉熙寧中又爲郡守。"葉均（字公秉）即爲《吴郡志》所不載。

在《吴郡志》所載北宋蘇州諸郡守中，除范仲淹、富嚴、張詵、程師孟爲"守鄉郡"者外，林希、林邵兄弟，亦爲"僑籍"守郡者。

范仲淹在《與曹都官書》[68]中説，"暨守桐廬郡，大爲拙者之福，朝廷念無其他，移守姑蘇。以祖禰之邦，別乞一郡，乃得四明。以計司言蘇有水災，俄命依舊。"

富嚴是富弼本家[69]，程俱《北山小集》卷三十一有《富延年墓誌銘》，其中説富嚴"世家京洛，……嘉祐中以秘書監守蘇州，秩滿上章告老，既得請，將歸河南。吴人爭挽留……公平時已樂吴中風物之美，因留居不去，没葬吴縣之寶華山，子孫遂爲吴郡人。"但據《吴郡志》卷二十八《進士題名》，富嚴爲大中祥符四年蘇州進士。《吴郡圖經續記》卷上《人物》，説"秘書監富公嚴以耆德守鄉郡"。《吴郡志》卷二十六《人物》也説他"以刑部郎中守鄉郡"，並説"嚴之祖始居吴，葬焉，遂爲吴人"。看來至少在真宗前期，富嚴一家即已移居蘇州以爲"鄉郡"，而不似程俱所説，直至守郡任滿後才於此定居。

據《吴郡志》卷十一《牧守題名》，程師孟曾於熙寧年間知蘇州。今檢《宋史》本傳不載此事。朱長文與程師孟有深交，但在他元豐年間撰作的《吴郡圖經續記》中，亦不載師孟守鄉郡事。或雖命而未赴？今且存疑。

林希一家僑寓吴郡，他曾於元祐前期短暫知蘇州，旋即因自己乞請而移宣州。《欒城集》卷二十七《西掖告詞》有"林希知宣州"條，説任命他知蘇州是因爲"爾名在文學之科，而才兼政事之選。比以吴郡，生齒繁衍，學者如林，假爾才名，以重其守。"而移任之原因則是"僑籍所在，重以親嫌，飛章自陳，懇求易地。"

宋代的避親、避籍制度及其實施，是個複雜的問題，馬伯良（Brian E. McKnight）、張邦煒等學者曾經作過深入的研究[70]。就蘇州郡守而言，范仲淹、富嚴、程師孟、葉均、林希，或本貫，或僑籍，其除授年代分布於仁宗景祐、嘉祐、神宗熙寧乃至哲宗元祐期間。我們在此不可能專門討論地方官"避籍"問題，但有理由認爲，朝廷希望能夠利用"守鄉郡"者與地方士人的良好關係，應該是任命時考慮的因素之一。

（三）餘論

近年來，學界對於宋代大家族（如河南呂氏、江州陳氏、四明袁氏、史氏、浦陽鄭氏等）的研究逐漸增多[71]，研究熱點集中在諸如家族內部組織形式、經濟實力、婚姻模式乃至政治地位等方面；對於宋代的士大夫政治之研究亦有豐碩的成果，選題則大多集中於政治制度、政治事件與政治人物方面。相對而言，對於宋代士人之間以及士人家族之間關係的研究，是比較薄弱的一環。

無形的社會關係，實際上無所不在，十分具體；它滲透於社會生活的各個方面，直接或間接地形成一種不容忽視的社會力量，影響着諸多事物的運行過程。獨立的個人，憑藉其多層面的關係聯結爲群體，劃分爲派系。從整體上講，宋代士人交際往還格外活躍；而地方性士人間的交往，通常伴有較爲明顯的家族背景。這種士人及其家族間的交遊，無疑是當時各類關係得以建立的重要途徑。本文之所以選擇這一問題進行研究，正是基於上述考慮。

朱長文生活的六十年，正值北宋中期政治舞臺風雲變幻的歲月。范仲淹主持的"慶曆新政"，王安石推行的"熙寧新法"，元祐年間的"更化"乃至哲宗親政後的"紹述"，都發生在這一歷史時期。這些重大歷史事件對於士人社會生活的影響，事件中的風雲人物與地方士人的關係，都值得我們仔細探尋。

北宋中期，朱長文一類人物（包括林虙、王伯起等）應非個別。他們有獨立於黨派政爭之外的自身事業與追求，他們的活動基礎、經濟依托在其鄉里，從而不因一時的政治風潮而沉浮。從朱長文的交遊關係可以看出，當時各個政治派別之間關係錯綜複雜，即使變革派與傳統派之間亦非壁壘森嚴；黨爭的漩渦，儘管捲入了朝廷中的大批官僚士大夫，對於地方士人及其家族間的交往卻影響不深。

　　宋代社會開放程度較高，文化氛圍比較寬松。長期以來，士大夫既關心學術文化又關心政治時務，學問中往還辨析、切磋琢磨，臨時事爭抒己見，意氣風發；在多種交往中發展起各屬不同層面的聯係。儘管帝王對於士人們結黨立派深存戒心，卻無法亦無意去干預士人間廣泛的交往。而宋代具有特殊重要意義的科舉制度、薦舉制度，又爲一些新的關係網絡的形成創造了前所未有的條件。

　　　　　　（本文爲"宋代的家族與社會"研究項目成果之一）

注　釋

〔1〕　並載臺灣《宋史研究集》第十七輯。

〔2〕　載《哈佛亞洲研究學報》（《HARVARD JOURNAL OF ASIATIC STUDIES》）四十二卷二期。

〔3〕　天一閣藏《隆慶長洲縣志》卷十三《古迹》。

〔4〕　《宋史》卷三百二十八《章粢傳》。

〔5〕　參見拙作《朱長文家世事歷考》，載《北大史學》第四期。

〔6〕〔8〕〔31〕〔64〕　《樂圃餘稿》附《朱長文墓誌銘》。

〔7〕　《范文正公集補編》卷一《續家譜序》。

〔9〕　《中吳紀聞》卷四《范秘丞》。

〔10〕　《彭城集》卷三十六《林氏母黃氏夫人墓表》、中華書局校點本《曾鞏集》卷四十五《天長縣君黃氏墓誌銘》。

〔11〕〔12〕〔16〕　《樂圃餘稿》卷六《賢行齋記》。

〔13〕　《宋史》卷三百四十三、三百五十一，《宋會要輯稿》選舉九之一四、職官六八之一九，《宋宰輔編年錄》卷十二。

〔14〕　《中吳紀聞》卷二。

〔15〕　《吳郡志》卷四十九。

〔17〕　《樂圃餘稿》卷九。

〔18〕　《唯室集》卷三《胡先生墓誌銘》。

〔19〕　《王著作集》卷五《王蘋傳》。

〔20〕　《宋宰輔編年錄》卷十。

〔21〕 《吳中舊事》。
〔22〕〔24〕〔65〕 《中吳紀聞》卷三《方子通》。
〔23〕 《中吳紀聞》卷四《方子通詩誤入荆公集》。
〔25〕 《中吳紀聞》卷二《朱樂圃先生》。
〔26〕 《西山文集》卷三十四《楊文公書玉溪生詩》。
〔27〕 《北山小集》卷三十三。
〔28〕 《全宋詩》卷八百七十五。
〔29〕〔53〕〔55〕〔67〕 《吳郡圖經續記》卷上。
〔30〕 《樂圃餘稿》卷四《次韵公權喜太守再留》。
〔32〕 《中吳紀聞》卷二《徐都官九老會》。
〔33〕 《寶晉英光集》卷六。
〔34〕 按：《吳郡志》卷十一《本朝牧守題名》將滕甫列爲治平年間知蘇州，據中華書局校點本《蘇軾文集》卷十五《故龍圖閣學士滕公墓誌銘》及《宋史》卷三三二《滕元發傳》，其守吳應在元祐初年。
〔35〕 《樂圃餘稿》卷七。
〔36〕 《水心文集》卷二十九《書常希古〈長洲政事錄〉後》。
〔37〕 《吳都文粹續集》卷十七。
〔38〕 《吳郡志》卷二十五。
〔39〕 《吳郡圖經續記》卷下。
〔40〕 《吳郡志》卷二十五。
〔41〕 《欒城集》卷二十四。
〔42〕 《樂圃餘稿》卷五。
〔43〕 《龜溪集》卷十二《黃直閣墓誌銘》。
〔44〕〔47〕 《北山小集》卷三十二《朱君（耗）墓誌銘》。
〔45〕 《北山小集》卷八《送朱伯原博士赴太學》。
〔46〕 《樂圃餘稿》卷七《春秋通志序》。
〔48〕 《二程文集》卷十《答朱長文書》。
〔49〕 《宋元學案》卷三十四引《胡氏傳家錄》。
〔50〕 《蘇軾文集》卷二十七《薦朱長文劄子》。
〔51〕 《樂全集》卷四十。
〔52〕 此據《樂全集》卷四十《蔡抗墓誌銘》。據《忠肅集》卷十三《蔡天球墓誌銘》，天球

夫人張氏，亦係"故天章閣待制皛之之子"。《蔡忠惠公集》卷三十六《張公墓誌銘》亦説皛之女六人，次女適蔡抗，四女適蔡天球。如是則叔侄二人同娶張皛之女爲妻。皛之幼女適呂公著長子"榮陽先生"呂希哲，則蔡抗、天球與希哲互爲"僚婿"。

〔54〕 《范文正公集》卷十二《兵部侍郎致仕胡公墓誌銘》。

〔56〕〔59〕 《吳都文粹續集》卷四十《王聖俞墓誌銘》。

〔57〕 《曾鞏集》卷四十五《天長縣君黃氏墓誌銘》。

〔58〕 王邁《臞軒集》卷十一《方梅叔墓誌銘》。

〔60〕 "家"與"家族"之概念，有時不易區分清楚。在此，我們姑且把具有直系血緣如祖、父、子關係者稱作"一家"；而將包括旁系血緣關係如兄弟、叔侄者稱之爲"家族"。

〔61〕 《宋景文集》卷九十八《故光祿卿葉府君墓誌銘》。

〔62〕 《蘇魏公文集》卷五十二《太子少保元章簡公神道碑》。

〔63〕 《寶晉英光集》卷七《朱樂圃墓表》。

〔66〕 《吳郡志》卷十。

〔68〕 《范文正公尺牘》下。

〔69〕 據《中吳紀聞》卷一《富秘監》條，"富秘監嚴，丞相文忠公之叔父也"；而《吳郡志》卷二十六則説"文忠公弼於嚴爲叔父"。未知孰是。按龔明之祖姑（龔宗元女）乃富嚴子富臨妻，所述或得其實？

〔70〕 參見"ADMINISTRATORS OF HANGCHOW UNDER THE NORTHERN SUNG：A CASE STUDY"，《HARVARD JOURNAL OF ASIATIC STUDIES》V. 30，1970；《宋代避親避籍制度述評》，《四川師範大學學報》1986年1期。

〔71〕 參見衣川强：《宋代的名族——河南呂氏的場合》，《人文論集》第九卷，1、2號，1973年；Richard L. Davis：《COURT AND FAMILY IN SUNG CHINA，960——1279：BUREAUCRATIC SUCCESS AND KINSHIP FORTUNES FOR THE SHIH MING-CHOW》，Duke University Press，1986；許懷林：《"江州義門"與陳氏家法》，《宋史研究論文集》，河北教育出版社，1989年；漆俠：《宋元時期浦陽鄭氏家族之研究》，《知困集》，河北教育出版社，1992年；黃寬重：《宋代四明袁氏家族研究》，《中國近世社會文化史論文集》，臺灣歷史語言研究所，1992年。

（本文作者　北京大學歷史學系）

Friendship and Social Connections: A Case Study of the Life of the Élite Families in Suzhou during the Northern Song

Deng Xiaonan

Summary

During the Song Dynasty, the Chinese social landscape was greatly altered. In recent years, scholars have contributed a lot on the study of the Song clans and élite; however, study of the friendships, connections and associations which their members formed remains a weak link. Penetrating various aspects in the society, the social relationship in fact shape the social structure and form some certain force which can hardly be ignored. Generally speaking, the Song élite had a large circle of acquaintances, while the communication of local élite usually had some family background.

Suzhou was an important metropolis in the Song Dynasty, the focus of this paper is the human landscape of Suzhou of that time. Both the native local élite and the immigrant families who enjoyed high degree of literacy impelled the interchange of different regional cultures. In this case, "new" élite people as well as "new" family emerged, and the élite culture developed in good circulation.

Middle and late North Song Dynasty when Zhu Changwen lived, was a period full of factional and political power struggles. Having his own pursuit and economic basis in his home town, Zhu, as well as some other local élite, interested mainly in the local affairs. It seems that the cruel central bureaucratic factionalism influenced the local élite little. Through the communication within the Suzhou élite, we can see that their common character firstly built upon the basis of cultural accomplishment, while the ties of their connections were diversified.

歐洲所藏部分中文古地圖的調查與研究

李孝聰

一

從十五世紀末開始，西歐用新產生的資本主義力量戰勝了桎梏自身的封建主義，走上迅速發展的道路，並以其實力衝擊着各大洲的古老文明。難以解決的西歐社會內部的諸多需求，刺激着新航路的開闢與海外殖民擴張，葡萄牙和西班牙人最先踏上了太平洋西海岸的土地。隨着一船船中國的絲綢、瓷器來到歐洲，有一種表現這個古老的東方大帝國歷史、地理和文化，被稱爲地理學第二語言的作品，也開始在西方見於珍藏，這就是中國人畫的地圖。

中國的地圖是按照怎樣的路徑從東方傳送到西方去的呢？

1571 年，西班牙人在呂宋島的西海岸建立了一個新據點——呂宋港（Luzon P. 今菲律賓馬尼拉），開闢了由中國大明王朝的福建沿海出發，沿澎湖列島到呂宋，再經蘇祿群島（Sulu Arch. 今屬菲律賓）抵摩鹿加群島（Moluccas Is. 今稱馬魯古群島，屬印度尼西亞），然後轉去歐洲的航綫。事隔兩年，一幅從中國人手中得到的明嘉靖三十四年（1555）福建省龍溪縣金沙書院重刻的《古今形勝之圖》，就是沿着上述航綫，於 1574 年由西班牙駐呂宋的第二任總督基多·拉維查理士（Guido de Lavezaris），呈給了馬德里的西班牙國王菲利普二世。這幅地圖連同信件至今仍保存在西班牙塞維利亞市（Sevilla）的印度總檔案館內。雖然此事在當時似乎沒有引起多少重視，也沒有發現對歐洲制圖家們產生多少影響。不過，它很可能是迄今所知，尚存的、最早流入歐洲的中國人繪製的地圖（圖一，本文附圖在文末，下同）。[1]

較此稍早，明嘉靖王朝爲了控制閩、粵商人同暹羅、爪哇及葡萄牙等國的貿易，將電白市舶司移至壕鏡澳；1557年，明朝政府允許葡人在此地居留，葡人趁機在北境的青洲建立教堂，修築城牆，作爲進入中國腹地的跳板，稱其地爲澳門。葡萄牙和西班牙爲了與歐洲其它國家競爭，使自己在海外新領地的統治權利合法化，抬出教皇，借教皇的"聖諭"來確認其已經攫取的領地和權利。其時，適值天主教教皇保羅三世爲反對歐洲的宗教改革運動，支持創建於巴黎的耶穌會，向世界各地派遣耶穌會士傳教之際。於是隨着葡萄牙、西班牙對東方的早期殖民擴張，1583年前後，作爲首批耶穌會傳教士，意大利人羅明堅（Michele Ruggieri）、利瑪竇（Matteo Ricci）等先後經過澳門進入中國廣東肇慶府。利瑪竇帶去了歐洲人繪製的世界地圖，並參照中國人刻印的地圖與資料，編繪出自己的漢文世界地圖，其中幾幅於1585年用中國生產的白色絲綢包裹，先被送到澳門，然後搭葡船經海路送回羅馬教廷和西班牙王室。這幾幅地圖目前仍然保存在梵蒂岡教廷圖書館。羅明堅在廣東時，對明代羅洪先編印的《廣輿圖》產生了濃厚的興趣，將圖內的中文地名翻譯成拉丁文；1590年，當他回羅馬時，那本經過他譯注的《廣輿圖》也被帶回去了。近來，意大利學者已經在羅馬國家檔案館裏將其找到，上面還保存着羅明堅手寫的拉丁文地名拼音。由於羅明堅未像利瑪竇那樣去過中國北方，他只懂廣東話，因此，在這本《廣輿圖》上的中國地名拉丁文拼音還帶着明顯的廣東方音。[2]

十六世紀與十七世紀之交，荷蘭人爲了在世界各地追逐貿易利潤，同時也是爲了打擊西班牙人在亞洲和美洲的殖民領地，將國內反抗西班牙的獨立鬥爭擴展到海外。荷蘭的遠洋艦隊首航印度尼西亞群島，1602年，由荷蘭省（Holland）和熱蘭省（Zeeland）的六個商會組成了荷蘭聯合東印度公司（de Verenigde Oostinsche Compagnie），總理對亞洲各地的商貿和殖民事務，亞洲總部設在爪哇島的巴達維亞城（Batavia，即今印度尼西亞首都雅加達）。每年荷人在亞洲各地活動的報告、搜集的資料檔案都必須在巴達維亞匯總，然後由荷蘭船只送往阿姆斯特丹市的總部審閱並收存。[3]十七世紀荷蘭人在亞洲的活動，使一些中國地圖的西傳，不再是僅僅依賴西班牙或葡萄牙人船只的攜帶，而是沿着荷蘭船只回航歐洲的航綫，首先傳到阿姆斯特丹，然後再流傳到歐洲其他地方。譬如目前收藏在荷蘭海牙的《廣輿圖》明刊本，保存在意大利佛羅倫薩、俄國聖彼得堡等地的《廣輿圖》明刻派生本:《廣輿考》和《廣輿記》,都是先由攜帶者搭乘荷蘭商船到達阿姆斯特丹,然後再被帶往它處。收藏在波蘭克拉科夫,一幅題爲《備誌皇明一統形勢 分野人物出處全覽》的萬曆三十三年(1605)刻印的明帝國全圖(圖四),以及曾經收藏在法國巴黎聖雅克大街耶穌會克萊芒學院(the Jesuit College at Clermont)的大多數中國地圖,可能也是經由上述流傳途徑,輾轉來到那裏。[4]

與上述時代相當,俄國人也越過烏拉爾山向東擴張其領土,與中國不斷發生衝突與交往。部分中國地圖自此也從北方陸路流入俄國和歐洲。目前已經知道的一件例證是:1689年,當清政府與俄國在尼布楚談判締結邊界條約時,充當中國代表翻譯的法國耶穌會士張誠(Jean Francois Gerbillon)和葡萄牙耶穌會士徐日升(Thomas Pereira),曾經用手中的中國地圖向俄國人換取皮毛和食物。後來,這些地圖被帶回莫斯科和聖彼得堡。

來華耶穌會士們的翻譯工作、傳回的信息和流入歐洲的各種版本的中國地圖,成了當時西方地圖學家編製亞洲地圖的根據。歐洲製圖學家逐漸改變長期以來對亞洲東部地理面貌的模糊性描繪,開始繪製出與實際情況相符的新世界地圖。自此以後,從中國返回歐洲的耶穌會士或商人們總是以攜帶中國人繪製的地圖爲樂事,將它們獻給教廷、歐洲當政的君主或親友。

以上是早期(明末清初)中國地圖傳入西方的主要途徑。了解這些,對於今天調查中國古地圖在歐洲可能收藏的地點,是很有必要的。

十八世紀以後,英國、法國的勢力陸續取代葡萄牙、西班牙和荷蘭等國在東亞的地位,開展對華貿易與侵略戰爭,很大一批清朝地方軍事營汛輿圖都是這個時期被劫掠到西方去的。及至十九世紀後半葉到本世紀初,歐洲幾乎所有的國家都與中國發生過接觸。越來越多的刻印或手繪的中國地圖,被出於不同目的而來華的西方傳教士、商人、負有各種使命的旅行探險家、外交官或軍事侵略者,陸續帶往國外,收藏在各國的圖書館、博物館或私人收藏家手中。這些地圖代表着古代中國科學技術和中國傳統文化的一個相當重要的方面,其中部分繪、刻本地圖在國內已較難見到。

從上個世紀後半葉起,西方某些有關亞洲的學會刊物已經開始零星介紹到手的中國地圖。本世紀以來，這批中國地圖的文物與學術價值逐漸受到海內外人士的關注，信息的披露也越來越多。通過他們的研究，人們才逐漸知道了那批流散在海外的中國地圖的下落。

最早被介紹的海外中文地圖，就是上文提到的對後來的歐洲製圖學家認識東方產生過很大影響的明代羅洪先編繪的《廣輿圖》，1814年柯恒儒（J. Klaproth）、1827年巴德利（Baldelli）、1894年弗萊思庫拉（B. Frescura）和莫里（A. Mori）相繼介紹過被一位佛羅倫薩商人弗蘭西斯科·卡萊梯（Francesco Carletti）帶到那裏的一本《廣輿圖》，他們曾經認爲：傳到歐洲的《廣輿圖》，最早的版本是收藏在彼得堡的嘉靖四十四年（1565）的一個印本，其次，恐怕就要數佛羅倫薩的這部萬曆二十三年（1595）的印本了。可是，據筆者了解，藏在佛羅倫薩的這部地圖集並不是《廣輿圖》，而是它的派生本《廣輿考》。就目前所知，歐洲所藏《廣輿圖》最早的版本應該是在荷蘭海牙繪畫藝術博物館的那部。[5]

1903年，阿蘭紐斯（K. Ahlenius）披露了瑞典烏普薩拉（Uppsala）大學圖書館收藏的一幅南懷仁神父（F. Verbiest）在十七世紀繪製的中文世界地圖《坤輿全圖》。1923年，德耶和（K. de Jaegher）在歐洲漢學雜志《通報》（T'oung Pao）上撰文，做了進一步的介紹。[6]

1919年，巴德利（J. F. Baddeley）以《另一幅在中國繪製的耶穌會士的世界地圖》爲題，撰文介紹湯若望神父（Schall von Bell）編製的天文星圖，引起柏林、巴黎和羅馬學者的關注。[7]

關於利瑪竇（Matteo Ricci）編繪的中文世界地圖《坤輿萬國全圖》的下落，1917年巴德利（J. F. Baddeley）、希伍德（E. Heawood）、1918年翟林奈（L. Giles），1935年洪煨蓮和1938年德理賢（D'Elia）都相繼撰文，在他們的文章裏涉及了梵蒂岡教廷圖書館、意大利米蘭圖書館、英國倫敦皇家地理協會和日本京都大學收藏的，數幅不同時期印製的利氏中文世界地圖。[8]

從1933年至1943年，在北平輔仁大學執教的德國學者福克斯（V. W. Fuchs）連續發表數篇論文，研究清康熙時期在華耶穌會士與中國官員聯合測繪製作的《皇輿全覽圖》以及其它明清兩代繪製的全國地圖。文中不僅介紹了中國國內所藏各圖諸版本，而且涉及了日本東京、京都，朝鮮漢城，法國巴黎和德國柏林的藏品。[9]在福克斯的文章裏，凡述及到的地圖，大多附錄了複製照片，不僅使人們了解到海外一些中國地圖的下落，而且向西方學者展示了部分清朝中葉以前刻印的全國總輿圖的面貌和淵源關係。

五十年代以後，海外學者不但對上述來華耶穌會士製作的中文地圖的研究興趣不減，而且把研究對象逐漸拓寬到被帶至中國本土以外的各種中文地圖，使海外所藏中國地圖披露得也越來越多。

1954年，米爾斯（J. V. Mills）在國際地圖學年鑒（Imago Mundi）上以《中國的海岸地圖》爲題，撰文介紹明、清時期中國沿海地圖繪製的歷史源流和特點。文中列舉十二幅手繪或印本中國海岸地圖及其收藏地，它們是：

美國華盛頓國會圖書館藏　明茅坤輯《鄭和航海圖》
　　　　　　　　　　　　明談九疇編繪《萬里海防圖》
英國倫敦大英圖書館藏　　明胡宗憲輯、鄭若曾纂《籌海圖編》
　　　　　　　　　　　　羅洪先編纂《廣輿圖》的清刊本
　　　　　　　　　　　　清陳倫炯纂《海國聞見錄》的摹繪圖三幅
皇家地理協會藏　　　　　清佚名繪《五口海陸全圖》
皇家亞洲學會藏　　　　　清佚名繪沿海圖

瑞典斯德哥爾摩巴格羅（L. Bagrow）私人收藏的三幅清佚名手繪海疆圖。[10]

雖然，米爾斯的這篇文章已是四十年前發表的，但是迄今爲止，還没有多少類似他這樣能夠披露數個收藏地的十幾幅中文地圖，並且給予對比研究的論文問世。

1973年7月，法國學者米歇爾·德東布（Michel Destombes）在巴黎舉行的第29屆國際東方學大會上宣佈，經過反覆核查，法國國家圖書館東方寫本部發現了一幅"明代王泮繪製的中國地圖"。"王泮"這個名字對研究早期來華耶穌會士和利瑪竇的中、外學者來說，幾乎是無人不曉。人們都知道他曾經幫助利瑪竇編製並刻印了第一版中文世界地圖，但是卻從没有人親眼見過王泮自己繪製的地圖。因此，此文與地圖複製件一發表，立刻引起衆多學者的爭論。[11]如今，學界已經公認它是一幅作於十七世紀早期，由朝鮮人以王泮《輿地圖》爲底本，摹繪增補的中文地圖（圖三）。

1974年，在倫敦大英博物館舉辦了一個中國和日本的地圖展覽。向公眾展示了大英圖書館地圖部、東方與寫本部分別收藏的幾十幅不同時期繪製或印製的，各種類型的中文地圖。其中特別引人注意的，是從菲利普·羅賓遜（Philip Robinson）私人藏品中借展的幾幅早期來華耶穌會士編繪的中文地圖，和一幅直到展出時爲止尚鮮爲人知的，署名梁輈，明代刻印的地圖《乾坤萬國全圖古今人物事迹》（圖二）。羅賓遜的這些地圖，最初都收藏在巴黎聖·雅克大街的耶穌會克萊芒學院圖書館，1764年學院被解散時，由荷蘭收藏家杰拉德·米爾曼（Gerard Meerman）購得，以後輾轉流入羅賓遜手中。與展覽同時，瓊斯（Y. Jones）、納爾遜（H. Nelson）和沃利斯（H. Wallis）聯合撰文介紹參展中、日文地圖的內容、繪製時代和特點；納爾遜與羅賓遜的文章則詳細披露了這些地圖的來龍去脈，而且呼吁各個國家的圖書館和博物館都來調查一下所收藏的中文地圖。[12]

七十年代上半葉在國際地圖學界發生的上述兩件事情，多多少少帶有一些轟動效應，它把已經沉寂多時的中國地圖史的研究與海外中國地圖的調查，再次推向高潮。歐洲、日本（後來中國學者也參加了）的地圖學家和漢學家們，紛紛撰文介紹或對比研究其所知道的流散在中國本土以外的中文地圖。通過東、西方學者的交流與論證，一些罕爲人知的海外中文地圖陸續被發現，某些久爲爭論不清的地圖原委，終於有了答案。[13]八十年代以來，德國、法國和比利時也曾以不同的主題，對各自收藏的部分中文地圖進行過展覽和介紹。[14]

但是，由於條件所限，中國學者很難了解到底有哪些中國地圖流散在國外，目前，國內只有少數學者分別對英國、法國、西班牙和日本收藏的部分明、清地圖做過介紹和研究；國外也只有日本、英、法、意大利和德國等國爲數不多的學者曾經對個別地圖做過研究。大多數西方製圖學者儘管對海外中國地圖興趣很高，特別是對自己國家的圖書館、博物館所收藏的中文地圖應該如何向讀者做介紹，有着一種責任感。但是礙於語言文字的障礙，以及對中國古代地圖學史和中國歷史地理的了解，知之不足，難以從事全面深入的調查、整理和研究。因此，由中、外學者合作，對流散在國外的古代中國地圖做一番調查整理，編輯一份較全面的，帶介紹性的目錄，以利於有關學者做更深入地研究，已然是一項亟待開展的基礎性工作。

二

從1991年以來，筆者在歐洲先後走訪了荷蘭、瑞典、丹麥、德國、奧地利、法國、比利時、英國、意大利和梵蒂岡的部分圖書館和博物館，在有關學者的支持與幫助下，查閱了上千幅中文地圖，搜集整理了一批中文地圖資料。部分圖書館還慷慨地允許我複製照片，使筆者得以對比研究。對他們的幫助，筆者非常感激。根據海外收集所得資料，筆者編寫了《歐洲所藏部分明清地圖叙錄》，它將作爲《海外收藏的早期中文地圖》一書的第一部分。其它國家或地區的資料將隨着以後的調查整理陸續編纂。

這是一份帶說明的中、英文聯合文獻目錄，内容包括：

1. 導言　介紹各國收藏中文地圖的概況，本目錄的研究方法。

2. 叙錄　按主題類別、時代先後編排地圖，介紹每幅地圖的形式、尺寸、内容、入藏地點、收藏號和已經發表的研究該圖的中、外文參考文獻。

3. 主題與地名索引

本目錄依據地圖的類別編排，同類地圖按繪製的時代先後而排列。每幅地圖的說明提供了下列信息：

（1）編碼

每幅地圖的編碼由本目錄的序列號、分類號和繪製年代組成。

例：　38.04

　　　1784

含義是第三十八幅地圖是一張運河圖，繪製於1784年。本目錄附有一個分類代碼，年代係推定的繪製時間。

（2）著錄項目

【圖名】

每幅地圖給出中文圖名、圖名的漢語拼音和英文譯名三種，英文譯名置於圓括號內；凡原圖沒有圖名者，由編者參照同時代習慣使用的圖式，自擬簡明並能概括其內容的圖名，外加方括號，以示區別。

例：江陰全圖

  Jiangyin quantu

  (Map of Jiangyin County, Jiangsu Province)

[磐石營城汛四至交界圖]

[Panshiying chengxun sizhi jiaojietu]

(Military map of Panshiying)

前者爲原圖自具圖名；後者原圖無圖名，由編者自擬。

【作者】

凡原圖具編繪人姓名或經推考而確知者，一律給出作者名稱，多位作者，以取兩人爲限。凡尚難確定者概附之闕如。

【繪製時間】

凡原圖具繪、印時代或經推考確知繪製時間者，一律給出繪製年代；凡尚難確定繪製時間者，僅提供一個大致相當的時段。本目錄給出公元紀年及中國歷史紀年。

【印製地】

凡確知印（繪）製地點者，皆予著錄。

【載體形態】

按成圖形態分爲地圖集、單幅地圖、卷軸地圖等，凡地圖集以一册計，按實際幅數著錄；凡單幅地圖分切數張者，仍以一幅計，加著分切張數。

【製版類型】

凡繪本、刻本、拓印本、石印本、刊印本及圖之設色，均如實著錄。

【尺寸】

每幅圖以內廓尺寸計量，縱長×橫長，均以厘米整數計量，計量單位用"cm"表示。

【比例尺】

凡以計里畫方的方法表示比例尺時，一律照錄。凡地圖上未注比例尺，或比例尺不等時，注明"未注比例"或"比例不等"。

【描述】

介紹被著錄地圖的形式、覆蓋範圍、內容、淵源關係、學術價值以及錯訛，文字力求簡明。

【收藏地】

入藏被著錄地圖的圖書館、博物館名稱及收藏號均詳細登錄，某些私人藏圖亦給出收藏者的姓名和國別。

【參考文獻】

對所著錄的地圖已經發表的中、外文研究文獻，均以發表時所使用的文字列出題目和出處。

本目錄所收地圖的編製時代，截止於1900年以前。因爲從十九世紀末葉開始，現代測繪、製圖與印刷技術已經在中國逐漸推廣，地圖的版式同西方漸趨統一，印製地圖的數量較前代大大增加。儘管坊間還有少量傳統木刻地圖印售，已不代表中國製圖術的主流，所以本世紀以來印製的中文地圖不在收集整理之列。

在華西方人繪製的地圖，主要指十六至十八世紀來華耶穌會士們的作品，大多基於當時西方對世界地理的認識和製圖學的技術，結合當時尚存的中國地理圖籍資料，在中國、用中文（甚至採用中國傳統的繪圖法）編製的地圖。由於它們保存了許多今天已難見到的資料，對中國製圖學產生過一定的影響，而具有較高的學術研究價值。因此，應屬於本目錄收錄之列。個別地圖雖出自非中國人之手，但明顯是摹自中國地圖，並用中文繪製，也適當予以收錄。

對本世紀以前繪製的中國地圖來説，最困難的工作是判斷其製作的年代和圖面內容所反映的時代。由於大多數明、清地圖的圖面上不具編繪年代，也不落繪製人或刻工的名字，尤其是那些坊間私刻本和摹繪本；至於某些官繪本地圖的圖題和題識題款，往往採用貼簽，或書於裱拓之首尾，或書於裱軸背面。常常已經失落，或漶漫不清。因此，這些地圖的繪製時代只能依據圖面內容來判識。本書採用以下幾種方法：

　　首先，利用不同時代中國地方行政建置的變化，來確定成圖的時代，這是一般常用的、也是行之有效的一種辦法。筆者根據文獻資料整理出一份按照時間先後排列的明、清地方省、府、州、廳、縣、衛、所的建置昇降時間表與稱謂表，審圖時據以核查。這種判識法的不足是，中國疆域遼闊，建置政令的頒佈遠非一日或數日所能到達，因而，如若沒有全國一統志書或地方志的刊行，行政建置的變化很難爲全國所知。反映在地圖上，則往往是內地州縣昇降的最新信息已經表現，而某些邊陲省份仍然沿用舊的稱謂與建置。這種情況，雖能判斷成圖的時間，卻不能說圖面表現的是哪個時期的行政建置。另一種情況是圖面上的行政建置在相當長的時期內穩定不變，譬如從明末或清初以來，一直沿用，而從地圖的風格色彩看，顯然不會繪製得太早，這類地圖只能給出一個大概的繪製年代。

　　其次，利用中國封建社會盛行避諱制度，審查圖內是否有因避諱而改寫或缺筆的文字，而判識地圖繪製的時間上限，在較寬的時間尺度上判識是有意義的。譬如 在某幅地圖上所有的"寧"字皆改寫，我們可以斷定這幅地圖的繪製絕不會早於1821年。因爲，是年清道光皇帝登基，照例所有文字中如果出現與其名字"旻寧"相同的字，均應改寫或缺筆以避諱。此方法的局限在於，中國歷朝歷代的避諱制度並不總是那麼嚴格。僅就明清兩朝爲例，明朝前期避諱之法甚疏，萬曆以後稍密；清朝雍、乾之世避諱至嚴，許多地名皆改於此時。如：真定、真陽、儀真一律改作正定、正陽和儀徵。道光咸豐以後，諱例漸寬。所以，在清後期繪製的地圖中，常常出現不避諱的違例現象，給判識成圖時代造成困難。特別對於那些坊間摹繪本，甚至出現同一字在某處記作缺筆或改寫，而在另外的地方卻不做避諱處理。諸如在海外常見的彩繪本"七省沿海圖"，即屬此類。當然，對於這些漏出破綻的地圖，也容易發現它係出自晚清摹繪者之手。

　　再次，有時上述兩種判斷方法都無法借鑒，則需要依靠歷史地理學的知識來推考。例如：倫敦英國圖書館東方部、皇家地理學會和意大利國家地理學會分別收藏數幅江蘇省北部黃河、淮河、洪澤湖與大運河交會地區的彩繪圖，表現的內容基本相似，且均不具圖名和題款。圖內覆蓋地區的行政建置自清雍正以後已經長期穩定不變，文字注記亦無因避諱而改寫或缺筆，因此不太容易判斷創作的時代先後。如果仔細審閱黃河下游從清江浦至入海口的河段，會發現一幅圖畫做曲流，兩幅畫出截彎取直，還有兩幅則基本順直，但黃河河道大堤兩旁出現了牛軛湖（圖九，見665頁）。經與文獻記載核對查證，嘉慶八年（1803）吳璥出督南河，提出應將阜寧縣"黃泥嘴兩灣相對處，挑挖引河，使之取直而行，自必遄流迅注。又吉家浦、于家港、倪家灘、宋家尖等處，挺出灘咀，溜行紆緩，亦應挑切順勢，庶可迅流舒展。"[15]該工程即在彎曲處開挖直河，將黃河曲流截彎取直，而牛軛湖應是黃河截彎取直以後斷流的老河床。文獻涉及的地點與上述幾幅地圖所標地名正合。經過對黃河歷史地理的考證，這幾幅地圖繪製時代的次序大致可以推斷為：繪黃河下流呈現曲流狀的圖在先，應繪於嘉慶八年以前；黃河截彎取直的兩幅其次，約畫於嘉慶八年工程期間或之後不太久；出現牛軛湖的兩幅最晚。利用海外收藏的這幾幅黃、運交會圖反映的時間標尺，也就可以對比、推識其它地方收藏的同一主題的地圖了。

另外，借助國外圖書館藏品的原始入藏登錄日期，來推測成圖的時間下限，也不失為極富價值的手段。譬如：乾隆初期刊刻的一幅《今古輿地圖》，廣泛流傳海外，但由於圖上沒有刻印年代，只在廣東香山縣境注記"乾隆八年置前山寨"，此為圖內時代最晚的一條文字注記（圖七）。國內外學者多以此注記作為成圖的年代。當然，這的確是一個非常重要而有用的成圖時代標志。不過，對於不標出具體繪刻年代的地圖，斷然給出一個確切的成圖時間，多少是有些危險的。幸而，英國牛津大學圖書館收藏的一幅同名地圖的盒內，存有一張由贈送人弗里德里克·皮根（Frederick Pigon）於1750年8月1日簽署的原始登錄卡。此圖由日本江戶輾轉傳至英國，那一年正是乾隆十五年。考慮到當時東西方的交通條件與耽擱，把這幅地圖的成圖時間推定為乾隆八年至十四年（1743—1749）期間，或許是更為適宜的。然而，並不是每座圖書館都有嚴格完整的入藏記錄，所以常常還會有缺環。在筆者接觸的有限範圍內，英國圖書館在這方面的工作是相當出色的。

總而言之，判識無題款的中國地圖的繪製年代，應當綜合上述幾種方法，並觀察圖的整體風格、款式、色澤等等，方能得出正確的判斷。

三

到目前爲止，已經筆者過目的海外中文地圖的收藏情況，簡述如下：

英國：倫敦大英圖書館（The British Library）共計兩百多幅、册，分別在地圖部（Map Library）、東方與印度事務部（Oriental & India Office Collections）和寫本部（Manuscripts），大部分屬於十九世紀以來，來華的各種人士捐贈品。其中有一百餘幅是清朝嘉慶至道光初年，江蘇、浙江、福建、廣東諸省編繪的軍事營汛圖，大部分還蓋有當地各級官府的滿、漢文紅印，均係官繪本，很難流傳民間，顯然是兩次鴉片戰爭期間侵華英軍劫掠之物。例如：地圖部的十五幅彩繪浙江省寧波府府屬各縣海口汛守圖，即由1840—1842年英國遠征軍司令高夫（Hugh Gough）的後人捐贈（圖十，見667頁）；寫本部的五十餘幅官繪本軍事圖曾屬於小馬禮遜（馬儒翰，John Robert Morrison）的收藏品。[16] 還有一些是近半個世紀以來，陸續購置的，其中也不乏珍貴之物。譬如明代兩位來華耶穌會士陽瑪諾（Manuel Dias）、龍華民（Nicolo Longobard）製作的中文地球儀，世間已很難見到同時代類似的作品（圖五）。英國圖書館地圖館已經對所藏的中國地圖做了一些整理和綜合編目的工作，來訪者用起來很方便。英國皇家地理協會（Royal Geographical Society）和亞洲協會（Royal Asiatic Society）共收藏近百幅中國地圖，包括東南沿海各省、雲、貴、川、蒙古、西藏、新疆等省區的海防圖、河道圖、政區圖或交通路綫圖。其中很大一批彩繪圖是1838年來華的英國傳教士雒魏林（William Lockhart）在廣州、澳門、舟山和上海等地傳教行醫時所搜集，1858年返回英國時捐贈給皇家地理協會。劍橋大學和牛津大學圖書館分別藏有十餘幅，愛丁堡蘇格蘭國家博物館（National Museum of Scotland）也收藏着近十幅中國地圖，而以牛津大學所藏的幾幅清朝康熙年間刻印的全國總圖較爲希見。另外，一些私人或古董公司手中也還有一些較珍貴的地圖，特別是十八世紀中葉從巴黎克萊芒耶穌會學院流散出去的，明代後期印製的地圖，輾轉經過幾個私人收藏者之手，流入英國，並在1974年向公眾展出。1991年以後又陸續被拍賣，其中幾幅現已流傳到法國和瑞典。[17] 總體來看，在英國收藏的中文地圖，繪製時代皆不太早，多數屬於清朝乾隆、嘉慶以後，也就是十八世紀下半葉和十九世紀的作品，這與英國在歐洲各國同遠東地區發生交往與衝突的次序和時間表是同步的。

德國：大部分中國地圖在兩德統一以前，分別收藏在原東、西柏林兩個國家圖書館的地圖部和東方部內，其中近百幅是清朝同治、光緒年間繪製的山東、直隸兩省各府、州、縣政區或河道水系地輿圖，幾乎覆蓋了兩省的整個地區。另外，還有若干幅繪本黑龍江、吉林、盛京、福建、廣西的政區圖和專題圖，以及長城與長江水師營汛地的長卷。第二次世界大戰以後，德國國家圖書館的書籍曾分藏在東、西德的三個地方，六十年代，西德的藏書才集中在西柏林的普魯士文化財圖書館（Staatsbibliothek Preussischer Kulturbesitz）。二戰前的原德國國家圖書館有一部手寫的地圖目錄，1992年以前這份稿本目錄一直收藏在東柏林的原民主德國國家圖書館地圖部。但是二戰後，在這本目錄中登錄的中文地圖，一部分藏在本館，一部分藏在西柏林，查閱很不方便。筆者走訪其間，始終未能盡睹。此外，慕尼黑巴伐利亞州立圖書館（Bayerische Staatsbibliothek）的寫本部收藏着黃河工程全圖、安徽江面水師營汛圖兩個長卷及山西平遙、黎城等縣八幅境輿圖，大都是咸豐、同治年間的作品。

法國：巴黎國家圖書館（Bibliotheque Nationale）地圖部和東方寫本部，共收藏四十餘幅中國明清時期的繪本和刻本地圖。比較珍貴的當屬萬曆、天啓年間由朝鮮畫師根據王泮題識的《輿地圖》增補摹繪的一幅大型絹底彩繪圖。同期類似的作品已極難見到。另有三幅成於康熙、乾隆時期，描繪山東、江蘇兩省交界地區黃河、淮河與運河工程的大型絹底彩繪挂圖，兩幅繪於嘉慶初年的湖廣地區（今湖北、湖南二省）大型輿地挂圖，在國外也不多見。法國國家圖書館一直致力於收集早期繪、刻的中國地圖，像耶穌會士南懷仁（Ferdinand Verbiest）編繪的《坤輿全圖》，尤以此處搜集的版本最全。最近聽說1990年在倫敦索斯比拍賣行亮相的早期耶穌會士繪印的中文地圖，有一、兩幅已被他們買去。巴黎國家圖書館東方寫本部有一份刊本目錄，是莫里斯‧古蘭（Moris Gulan）於1902年編輯的。他把菲利克斯‧保利（Fe'lix Pauly）在1892年編製的館藏中國和日本地圖目錄手寫稿，收在自己的刊本目錄地理類下。目前，登錄的大多數中文地圖都保存在地圖部，分特藏（編號 Res. Ge）和非特藏兩種。

意大利：明朝中葉至清朝前期耶穌會士編繪的中國地圖，多數收藏在梵蒂岡教廷圖書館（Biblioteca Apostolica Vaticana）。其中包括：利瑪竇（Matteo Ricci）《坤輿萬國全圖》萬曆三十年（1602）版的兩個印本（另一清朝挖改重印的殘本藏在意大利國家圖書館）；湯若望（J. A. Schall von Bell）撰、羅雅谷（Jacques Rho）校訂的《赤道南北兩總星圖》；卜彌格（Michel Boym）《中國總輿地圖》；畢方濟（F. Sambiasi）《坤輿全圖》等。本世紀五十年代被發現、並由梅杰（M. J. Merjer）做過研究的一幅彩繪長城圖長卷，[18]原來收藏在羅馬拉特蘭博物館（Lateran Museum）。1962年該館關閉，移存梵蒂岡教廷博物館，現在作為即將開放的梵蒂岡人類學博物館（The Monumenti Museie Gallerie Pontificie, Vatican City）的東亞特藏。羅明堅（Michel Ruggieri）參照《廣輿圖》轉繪，並用拉丁文譯注地名的那部中國地圖集，收藏在羅馬意大利國家檔案館（Archivio di Stato di Roma），最近已經複製出版。康熙年間由耶穌會士與中國官員共同測繪編製的《皇輿全覽圖》銅版初刻本和經過增補的銅版不同印本，分別保存在拿波里東方大學（Istituto Universitario Orientale, Napoli）東亞系、博羅尼亞大學圖書館（Biblioteca Universitaria di Bologna）和意大利地理協會（Societa' Geografica Italiana）。意大利地理協會收藏着二百餘幅明、清以來手繪或刻印的中國地圖，其中較希見者有：明彩繪本《甘肅全鎮圖冊》十六幅冊裝，明彩繪九邊長城大同鎮圖說二十八幅。清繪本承德避暑山莊與外八廟全景圖，清廣西省《軍行糧運水陸程站里數》七幅彩繪地圖，清寫本雲南省《黃糧臺六河全圖說》十五幀，以及黃河、運河、滹沱河全流程的彩繪長卷。還有數十幅清朝官繪本清朝沿海各省府、廳、州、縣的軍事營汛與炮臺建築工程圖，四百餘幅清乾隆、嘉慶年間繪製的廣東、廣西、貴州、雲南等省少數民族聚居地區的地圖與生活習俗服飾圖說。這些中國地圖係十九世紀下半葉意大利駐日本的二位外交官：奧西歐（Carlo Osio）和羅貝齊（Cristofo Robecchi），還有一位本世紀上半葉在中國工作過三十年的意大利駐華外交官羅斯（Giuseppe Ros）所購得，以後獻給了意大利國家地理協會。[19]如果在梵蒂岡教廷圖書館查閱中文地圖，在新目錄刊出以前，可以利用法國漢學家伯希和（Paul Pelliot）在1922

年編輯的一份 128 頁的法文打字稿目錄；八十年代，羅馬大學東方系白佐良教授 (Giuliano Bertuccioli) 在意大利地理協會將全部中、日文地圖整理了一份意文打字稿目錄，他們的工作為後人的研究提供了極大的便利和幫助。

瑞典：有一些中文地圖收藏在斯德哥爾摩人類學博物館 (Ethnografiska Museum, Stockholm)，是斯文赫定 (Sven Anders Hedin) 從中國帶回來的，大多是清朝中、後期（道光以後 post—1821）的作品。瑞典皇家圖書館 (Kungl Biblioteket) 和烏普薩拉大學圖書館 (Uppsala Universitets Bibliotek) 也有零星收藏。筆者沒有走訪私人收藏家巴格羅 (L. Bagrow)，他的藏品中一定還有一些珍貴的中國地圖。

丹麥：中文地圖集中在哥本哈根皇家圖書館 (Kongelige Biblitek)，多是清朝乾隆、嘉慶以來刊印的清代全國或地方輿圖。

荷蘭：除了海牙米爾曼繪畫藝術博物館珍藏的《廣輿圖》初刻本（圖八），清乾隆中葉佚名手繪"北京內城圖"，阿姆斯特丹航海博物館 (Maritiem Museum, Amsterdam) 藏南懷仁 (Fedinand Verbiest)《坤輿全圖》之外，中文地圖都收藏在萊頓大學漢學院圖書館 (Sinologisch Instituut, Leiden)，其中希見的是兩個乾隆年間彩繪在絹絲上的江蘇揚州府大運河程站隨折圖，分別題為："平橋至海棠庵站圖"、"崇家灣至天寧寺站圖"。當是乾隆皇帝第六次順京杭運河南巡之前，沿途河臣為說明管界河道、行宮狀況，而呈遞的奏折附圖。

奧地利：維也納國家圖書館地圖部 (Oesterreichische National bibliothek) 收藏十餘幅中文地圖，其中包括一幅利瑪竇的《坤輿萬國全圖》，係萬曆三十年（1602）李之藻刻版的清朝初年挖改本。由來華耶穌會士普羅斯佩羅·英托塞塔 (Prospero Intorcetta)，於 1672 年贈給當時的神聖羅馬帝國皇帝利奧波德一世 (Leopold I)。雖然都是清人挖改刊印之作，但此圖與倫敦皇家地理協會牆壁所掛之圖，仍有一些區別。

比利時：收藏的中文地圖不多，主要集中在布魯塞爾皇家圖書館 (Koninklijke Bibliotheek van Belgie)，多是清朝中期以後的作品。魯汶天主教大學有一所南懷仁研究所，以研究南懷仁及其他耶穌會士為方向，但那裏的收藏品基本上是複製件。

縱觀上述已經筆者寓目的歐洲所藏部分中國地圖，不難發現：早期流入西方的中國地圖數目不多，種類是以明朝中葉嘉靖以後，至清朝初葉順治與康熙前期刻印的全國總輿圖（集）爲主。例如：明代刊印的羅洪先《廣輿圖》、汪縫預、汪作舟《廣輿考》、朱紹本、吳學儼等《地圖綜要》、喻時《古今形勝之圖》、梁輈《乾坤萬國全圖 古今人物事迹》、佚名《備誌皇明一統形勢 分野人物出處全覽》、曹君義《天下九邊分野人迹路程全圖》等（圖六），都在十六世紀下半葉至十七世紀流傳到歐洲。反映西方人對當時還多少有些神秘莫測的東方大地的一種探求心理，他們迫切希望了解中華帝國的版圖究竟有多麼大，究竟是怎樣一種地理大勢，尤其是那里的山川、海岸和大大小小不同等級城市的分佈。因爲同一時期在歐洲出版的地圖對東方的描繪實在是過於簡單，也不適用。對獲得這類知識最直觀的幫助，無非是借助於當時中國刊印的全國地圖與志書。因此，歐洲收藏的明代和清朝初期的地圖，種類較爲單一。至於某些明代的繪本專題圖，如：《甘肅全鎮圖説》、長城圖之類，則是晚近時期才逐漸傳去的。只是到了十九世紀中葉以後，西方列強的炮火終於轟開了清帝國禁閉的大門，流到國外的中國地圖數量才多起來，官繪本軍事圖、海防圖類所佔比重也相對增多。不但反映出搜集者目的的變化，也從一個側面記錄了那個時期西方在中國殖民擴張的歷史和勢力範圍。這從海外各國收藏的中文地圖種類、時代和分佈地域中，也不難發現。

後一歷史現象引出了一個有關地圖學史方面的問題，即"是否手繪的繪本地圖一定比刊刻的刻本地圖珍貴"？這是筆者在海外經常被問及的一個問題。因爲，各國圖書館、博物館均以收藏繪本中國地圖爲貴，似乎刊刻的地圖因能印刷多次，流傳較多。而不像手繪的地圖，僅此一幀，別無分存，而視爲孤本。事實並非如此簡單。筆者在歐洲各地曾目睹較多彩繪本中國沿海全圖和描繪黃河、京杭大運河全程的彩繪長卷圖。這些長卷地圖或繪於絹絲之上，或畫於紙底，大多色彩斑爛、書寫纖細、裱於黃緞、裝幀精美，頗似當年給皇帝的呈進本。然而，仔細觀察，就會發現它們可能大多出於晚近摹繪人之手。不妨以倫敦、羅馬見到的幾幅"沿海全圖"爲例來分析一下。

該圖爲長卷畫，用中國傳統的平面與立面結合的寫意手法，自右向左連續將我國清代的海岸從北到南依次展現，順次涉及盛京、直隸、山東、江蘇、浙江、福建和廣東七個省，所以亦稱作"七省沿海全圖"。圖的卷首，一般都有一幅東半球世界地圖，有的稱"環海全圖"，也有的圖標作"大洋圖"。沿海圖之後還有"瓊州圖"、"澎湖圖"、"臺灣圖"和"臺灣後山圖"，前者表現臺灣西海岸，後者描繪臺灣東海岸。國外所見諸本類同，惟注文多寡不一而已。此圖的祖本應是清雍正八年（1730）陳倫炯編纂的《海國聞見錄》卷下的六幅名稱大致相同的地圖。但是，陳倫炯的圖上沒有文字注記，嘉慶以後民間陸續有摹繪本問世，一般都在圖內增加了文字注記，着眼於沿海水情、沙情、海防、航行的風向等。這些民間摹繪本常有如下一些特點：第一，行政區劃仍沿用雍正八年時期的建置，不考慮以後的升降增廢，而在圖面上加以改動，所以乾隆、嘉慶以來大量設置的"廳"，在地圖上從不表現，使地圖失去現勢性，也容易給人以早期繪製的假像。第二，避諱不嚴格，錯訛脫字較多。有的避諱字在同一幅圖上，忽而改寫，忽而不改。有的脫字以致文法不通。例如：廣東省廉州下有一條注記"如海安下廉州，船宜南風，不宜北風"。而倫敦、羅馬的幾幅沿海圖皆作"船宜南風宜北風"。文句令人莫名其妙，顯然係抄脫漏了一個"不"字。由於幾幅圖的筆體不一，同時也使人不得不懷疑其中有時代更晚一些的傳抄本。第三，個別圖的注記已將咸豐八年（1861）以後沿海被迫開放的口岸寫入，而黃河入海口卻始終畫在江蘇省北部而不改。這些民間摹繪本地圖的大量出現並流傳國外，一方面可能反映十九世紀以來中國海疆受到威脅，需要披閱地圖來了解如何加強海防。另一方面，可能由於來華西方人對中國地圖的各種需要，民間出現專以摹繪地圖出售牟利的行當。如果此說成立，則繪本地圖未必一定比刻本地圖更珍貴。最重要的事情是能夠較準確的判識圖的繪製年代與淵源關係。

這批流散在海外的中國明、清時代的繪本或刻印本地圖有哪些學術價值呢？約而言之，有以下幾點認識：

（1）爲中國古代地圖學史的研究提供了豐富的實物資料。

倘若我們用中國內地和臺灣各圖書館現存的地圖資料，按不同的繪製系統、不同的類別或不同的區域，編纂一部圖説"中國地圖學史"，可能會因爲某些地圖國內已失傳，出現缺環而不能縷清脈絡。例如文獻記載明代曾有相當一批刻、繪本地圖問世，但是大多數今天已難見到，因此現已出版的幾本有關中國地圖學史的著作對元代和明代前期編製的地圖的考述都不很全面。那麼現今保存在海外的大批中文地圖，則是一批彌足珍貴、可供補充的材料。

已然爲世人所知，並有研究文章問世的海外所藏明代輿圖，如：

嘉靖十五年（1536）刊行，清泉王氏重刊本《皇明一統地理之圖》

嘉靖三十四年（1555）重刻本，喻時《古今形勝之圖》

萬曆二十一年（1593）梁輈鐫刻，《乾坤萬國全圖 古今人物事迹》

萬曆二十二年（1594）刊印，萬曆末年至天啓年間（1603—1626）朝鮮人摹繪增補本，王泮題識《輿地圖》

萬曆三十年（1602）李之藻付梓，利瑪竇《坤輿萬國全圖》

萬曆三十三年（1605）刊印《備誌皇明一統形勢 分野人物出處全覽》

天啓三年（1623）陽瑪諾、龍華民製作的中文地球儀

崇禎四年（1631）孫起樞重刊，嘉靖十五年（1536）吳悌校刊本《皇明輿地之圖》

這些地圖具體形象地揭示了明代地圖在《廣輿圖》系統之外的其它地圖類型，相互間的淵源關係，特別是中國傳統全國地圖繪製方法、內容要素、表現形式方面，發展演變的脈絡和特點。上述地圖在國內均已不存，但，正是由於近些年來它們逐漸被發現，並引出國內外學術界數篇研究佳作，方得以補以往撰述之不足。[20]

（2）海外收藏的中文地圖從一個側面反映了幾個世紀以來，中外科技文化的交往，人類對地球、地理和地圖認識的相互豐富與互補。

如果將十五世紀以來，西方各國印製的世界地圖或有關東亞、中國的地圖拿來，按時間先後順序做一個排比。不難發現，西方地圖對亞洲東部地理大勢與地貌的描繪是由粗略逐漸精確，由失實逐漸趨近於真實情況，直至與實際相符。西方對東方地理的正確認識，有一部分來自涉足東方或中國國土的西方人的觀察與實測；而更多的信息，特別是十九世紀中葉以前，則主要借助於傳入西方的中國傳統輿圖提供的資料。

譬如：對比十七世紀前後在歐洲印製的有關亞洲東部的地圖，在來華耶穌會士攜帶或摹繪的中國地圖傳去以前，麥卡托（Gerard Mercator，Duisburg 1569）、喬治亞（Ludouico Georgio，Antwerp 1584）、洪迪奧斯（Jodocus Hondius，Amsterdam 1606）和威廉·布勞（Willem Blaeu，Amsterdam 1618）繪製的地圖，都把中國的海岸綫畫成近乎南北的直綫，中國内陸所有的河流皆相互連通，失真甚大，顯然不是依據測量所得，也不是照中文地圖原本而摹刻。即使荷蘭人曾乘船測繪過臺灣島，但是由於技術有限，加之不識水情，難以深入河口，以至誤將寬闊的河口視爲海峽，荷蘭人印的地圖把臺灣島畫成由三個互不相連的小島嶼組成。西方人對中國沿海與内地地貌有一個準確的認識和較精確的描繪，一直要等到來華耶穌會士利瑪竇、羅明堅、曾德昭（Alvarez de Samedo 1585—1658）、卜彌格（Michael Boym 1612—1659）、衛匡國（Martino Martini 1614—1661）、柏應理等人仿照中文地圖摹繪的中國地圖，相繼在安特衛普、巴黎和阿姆斯特丹出版問世以後，歐洲人繪製的東亞或中國地圖才漸漸與地理實際相符合。[21]尤其是衛匡國神父的《中國新圖志》（Novus Atlas Sinensis）1655年在阿姆斯特丹被瓊·布勞（Joan Blaeu）出版以後，幾乎成了西方製圖商編製中國地圖的範本，以至於人們把衛匡國譽爲"中國地理學之父"。其實，衛匡國的地圖集很大程度取材於羅洪先的《廣輿圖》以及各種中國地圖，他自己也在序言中承認過。曾德昭、卜彌格的地圖則完全祖於波蘭克拉科夫收藏的那幅明代刻本中國全圖。本文無意否認衛匡國等人爲中西文化交流作出的傑出貢獻，只想指出他們在地圖學上的成就與影響，實得惠於中國傳統輿圖已然具備的資料信息。利瑪竇曾爲中國人帶來了歐洲人繪製的世界地圖，把西方地理大發現所獲得的知識，用地圖的形式傳入東方。而西方真正認識東方，歐洲人真正了解中國的地理大勢，也是通過地圖而獲得，通過中國傳統輿圖的傳入而真知。

歐洲印製的亞洲東部地圖、中國總圖與分省地圖的再次改觀，則是在十八世紀中葉。清朝康熙年間測量繪製的《皇輿全覽圖》被送到法國巴黎鎸製銅版，法國地圖學家唐維爾（d'Anville）利用此機會，增補修訂成《中國、蒙古與西藏新地圖集》（Nouvelle Atlas de la Chine, de la Tartars Chinosis et du

Thibet)，於1737年在巴黎用法文出版，其内容更爲詳盡精確。以後，大多數歐洲製圖商印製的地圖就皆以唐圖爲藍本了。由此亦可知，中外地圖的交往，在人類對地球、地理和地圖的科學認識方面，所起的相互豐富、相互補充的作用與影響是多麽大了。

（3）各個歷史時期刻印、繪製的中國疆域政區圖、沿海圖、長城圖、城市圖和軍事營汛圖等專題地圖，爲研究明、清某一時期、某一區域的歷史、政治或軍事地理，提供了相對準確的時空斷面。由於大部分地圖都出自當時當事人之手，所以是相當珍貴的第一手史料。無論用於研究歷史，還是着眼當代的經濟建設，弘揚民族文化，都能起到博古以通今的作用。

各種地圖對地理要素所採用的不同表現方式，透視的方向，載量的取捨，既代表那個時代的科學技術水平，也反映那個時代的思想和文化。通過對各類專題地圖的分析，可以明了中國人當時是如何理解那塊地理空間，又是如何用圖的方式來表達目的，不僅自己能明白，也能讓其他人看懂。

譬如：中國的沿海圖通常有兩種視覺方向，而不是採取現代製圖學慣用的地理坐標。一種以長卷式《七省沿海圖》爲代表，隨着中國海岸綫的走向，總是從海面向陸地視；另一種爲海防軍事營汛圖，只描述某一段沿海的防守狀況，一般多採取由陸地向海洋的視位。前者似應主要服務於沿海岸航行的船隻，後者則用於在陸地駐防的軍隊，二者需要觀察的方向不同，故圖的方向也各異。但是，都採取同樣的平面與立面相結合的形象畫法，則又反映中國古代地圖脫胎於原始"意境地圖"，與山水畫絲絲相扣的傳統。

黃河、運河等河流全程圖或交會圖在清代地圖中大量增加，是有清一代重視治理黃河以圖保障漕運的反映。這些地圖既展現了各個時期治黃保運的工程圖景，也描繪了黃河奪淮以後下游河床由自然曲流向截彎取直轉變，再演變到新曲流與牛軛湖併存出現的幾個演化階段。有助於更清晰地理解這段黃河水利史。

長江江防圖標注的長江主泓離岸距離、沙洲的位置、長度，沿海圖標繪的河口形態、沙堤的位置、寬度與深度，爲分析一百多年來長江兩岸侵蝕或堆積的趨勢和速率，海岸帶地貌和水沙關係的演變，都提示了可供參比的數量指標。

各歷史時期繪製的疆域四至圖、道路里程圖，展現了中國邊疆地區經略開發的過程、疆界的位置、走向，交通綫的分佈與變遷，不但是學術研究的寶貴資料，也具有一定的現實應用價值。

城市圖提供了不同歷史時期中國城市街道建築的平面佈局。這些城市發展演化的時空信息，對於城市歷史地理的研究、現代城市合理的管理、城市傳統文化風貌的保護與利用，都是不可或缺的過去那個時代的第一手資料。

當然，需要說明一點，並不是只有流落到海外的中國地圖才具有上述學術價值，應該說大批保存在中國國內的古代地圖都具有相當豐富的學術研究與應用價值，只不過至今還很少被世人所留意罷了。

總之，調查、整理和研究海外收藏的中國地圖是一項很有意義而又剛剛起步的工作，沒有國際間的學術合作，是絕不可能完成的。我們期待着越來越多有志於在這一領域内耕耘的學者投身到此項研究中來，我們也期待着更多迄今尚未爲人所知的中文海外藏圖公之於世。

（此項研究的調查過程和本文的撰寫，承蒙國内外諸多學者的幫助。謹向他們表示衷心的謝忱。）

注　釋

〔1〕榎一雄：《〈古今形勝之圖〉について》，《東洋學報》第58卷，第1、2號，1976年，第1—48頁。

任金城：西班牙藏明刻《古今形勝之圖》，載《文獻》第17期，1983年。

〔2〕1992年夏，筆者走訪羅馬意大利國家檔案館，羅薩多先生（Lo Sardo）曾介紹並出示羅明堅帶到意大利的《廣輿圖》複印件；1993年，意大利已將其影印出版。"ATLANTE DELLA CINA" (Istituto Poligrafico e Zecca dello Stato, Roma, 1993.)

〔3〕L. Blusse, Towards a Reconstruction of the Zeelandia Castle Archives: inventorization of Dutch archival documents about seventeenth century Taiwan. 載《臺灣史料國際學術研討會論文集》，國立臺灣大學歷史學系，1994。

〔4〕荷蘭收藏的明刻本《廣輿圖》，現藏海牙繪畫藝術博物館（Meermanno—Westreenianum

Museum, The Hague)。總圖未繪長城，未增日本、琉球二圖，開本和內容與北京圖書館、遼寧省博物館藏嘉靖三十四年（1555）初刻本基本一致。惟"海運圖二"圖版內的"象山"脱刻縣的位置符號，"步州洋"海運路綫也與遼博藏圖稍異，據而推測該圖可能是1555年版的某一刊本。該圖集的第一頁和第111—117頁缺失，已故法國地圖學家德東布先生（Michel Destombes）認爲"第111—117頁與三幅中亞地圖現存巴黎國立圖書館的殘件中"。該圖集於1684年由耶穌會士柏應理神父（Philippus Couplet, 1622—1693）贈送給當時的阿姆斯特丹市市長尼古拉·維特森先生（Nicola Witsen），如今，圖集內還保存着由維特森先生當年親筆簽署的一紙説明。意思是柏應理神父曾從中國帶回兩部《廣輿圖》，一部尺寸大的送給了市長；另外一部尺寸稍小，內容更詳細的留作他自己用，並帶回了意大利。

波蘭克拉科夫圖書館（Biblioteka Czartoryskich in Cracov）保存的那幅木刻本明帝國全圖，曾經被1650年來華的波蘭籍耶穌會士卜彌格神父（Michael Boym）用作編繪他自己的《皇明一統輿圖》的藍圖。它是由何人帶到歐洲去的，還不甚清楚。但是，頗爲有趣的是，這張中國地圖又是落到了那位阿姆斯特丹市市長尼古拉·維特森先生（Nicola Witsen）的手中。是他從荷蘭東印度公司總首腦梅茲克（Johan Maetsuker）手中得到，而又轉給了德國柏林威廉皇帝圖書館館長繆勒（Andress Mueller）。而後才流落到波蘭。此段資料見波蘭學者卡丹斯基（Edward Kajdanski）於1985年1月5日寫給國際地圖學史雜誌的信件。1994年1月，筆者再訪倫敦英國國家圖書館，承蒙地圖館前任館長沃利斯（Helen Wallis）女士與吳芳思（Frances Wood）博士面賜複印件，得以共同切磋。極爲不幸的是，沃利斯女士竟於一個月以後因癌症不治而故世，痛惜悲傷之情難以言表，謹致深切的哀悼。

〔5〕 經過筆者調查，流傳到歐洲的《廣輿圖》，最早的版本可能不是在俄國聖彼得堡的那部，而應該是由耶穌會士柏應理於1684年帶去，現收藏在荷蘭海牙米爾曼繪畫藝術博物館的一部嘉靖三十四年（1555）的初刻本。至於那部被帶到佛羅倫薩的《廣輿圖》，實際應該是汪縫予編撰，由汪作舟於萬曆二十三年十月（1594）刊印的《廣輿考》，其序文已經散佚，而跋語還在。1814年柯恒儒曾見過第2、3、4、5頁的序文，而到1827年巴德利撰文時，就不再看到，所以他的文章説上述四頁的序文皆已丟失。參看 B. Frescura ed A. Mori, "Cartografia dell'Estremo Oriente; Un Atlante Cinese della Magliabecchiana di Firenze". Rivista Geografica Italiana, 1894. pp. 417—486.

〔6〕 K. Ahlenius, "En Kinesisk Varlskarta fran 17 Arhundradet". Skrifter utgifna af K. Humanistiska Vetenskaps-Samfundet i Uppsala, 1904, No. 8

K. de Jaegher, "Le P. Verbiest, auteur de la premiere grammaire mandchoue", T'oung Pao, No. 22, pp. 189—193, 1923.

[7] J. F. Baddeley, "Another Jesuit World Map made in China", The Geographical journal, Vol. 53, No. 1, pp. 124—125, 1919.

[8] J. F. Baddeley, "Father Matteo Ricci's Chinese World Maps", The Geographical Journal, No. 50, 1917.

E. Heawood, "The Relationships of the Ricci Maps", The Geographical Journal, No. 50, 1917.

L. Giles, "Translations from the Chinese World Map of Father Ricci", The Geographical Journal, No. 52, 1918; No. 53, 1919.

洪煨蓮（業）：考利瑪竇的世界地圖，載《禹貢》半月刊第五卷第三、四期"利瑪竇世界地圖專號"。

P. d'Elia, "Il Mappamondo Cinese del P. Matteo Ricci S. J. (5a edizione, 1602) conservato presso la BibliotecaVaticana". Vatican Library, Rome, 1938.

[9] W. Fuchs, "Der Jesuiten—Atlas der Khang—Hsi Zeit, Seine Entstehungsgeschichte nebst Namensindices Fur die Karten der Mandjurei, Mongolei, Ostturkestan und Tibet, Mit Wiedergabe der Jesuiten—Karten in Originalgrosse". Fu—Jen Univ. Press, Peiping, 1943; "Chinesische Handschriften und Mandjurische Handschriften und seltene Drucke; Nebst einer Standortliste der sonstigen Madjurica". Wiesbaden, 1966.

[10] J. V. Mills, "Chinese Coastal Maps", IMAGO MUNDI, Vol. 11, pp. 151—168, 1954.

[11] M. Destombes, "Une carte chinoise du XVI siecle decouverte a la Bibliotheque Nationale", Journal Asiatique, CCLXII, 1974. 中譯本見《入華耶穌會士與中國的地圖學》，耿升譯自巴黎1983年出版的《尚蒂伊第三屆國際漢學討論會文集》，載（法）安田樸、謝和耐等著，耿升譯《明清間入華耶穌會士和中西文化交流》，巴蜀書社，1993年，第229—232頁。

[12] Y. Jones, H. Nelson and H. Wallis, "Chinese andJapanese Maps: an exhibition organised by the British Library at the British Museum 1. February — 31. December 1974". London, 1974.

[13] 榎一雄《支那關係古地圖資料の集成と發現》，《東方學》第五十四輯，1977年，第141—148頁。

〔14〕 德國的展覽是爲了紀念李希霍芬到中國進行地質地理調查一百週年，由當時的聯邦德國國家圖書館（西柏林）地圖部負責人佐赫納 L. Zögner 主編出版了一本書："China cartographica: Chinesische Kartenschätze und Europäische Forschungsdokumente"（Berlin, 1983），書內附了許多收藏在西柏林德國國家圖書館裏的中國清代繪本或刻印地圖的照片。法國巴黎國家圖書館在 1992 年，以中國的刻印技術爲題，舉辦了一個展覽，主要介紹不同時代在中國刻印的各種書籍。同時也向公衆展示了館藏的部分清代刻印本地圖。

〔15〕 吳璥：《勘辦海口淤沙情形疏》，載《清經世文編》卷九十七。吳璥 浙江錢塘人，乾隆進士，諳悉河務，歷官河東河道總督、吏部尚書、協辦大學士。嘉慶五年（1800）調督南河，即江蘇徐州碭山以下至安東（今漣水）段的黃河修防工務。此文寫於嘉慶八年（1803）。

〔16〕 馬儒翰 Morrison, John Robert (1814—1843) 英國傳教士馬禮遜的長子，俗稱"小馬禮遜"。1814 年生於澳門，1830 年，在廣州替英國商人做中文翻譯；1833 年出版《對華商務指南》，爲英國商界對華貿易提供了許多有價值的信息。1834 年，其父去世以後，繼任英國駐廣州商務監督署中文秘書兼譯員。1839 年以後中、英關係惡化，直至爆發戰爭，其間所有英國政府與中國清朝當局的官方往來，都是通過小馬禮遜之手來安排的。在 1840—1842 年"鴉片戰爭"期間，他服務於英國侵華遠征軍。香港被割讓以後，他被委任爲香港立法和行政委員會委員、殖民政府的秘書。1843 年秋，死於瘧疾。倫敦大英圖書館收藏小馬禮遜在中國搜集的地圖，包括他爲侵華英軍親手繪製的情報圖。例如：Add. 16363 e, f 分別表現杭州灣和寧波府象山縣沿海地形、清朝軍隊布防位置與兵力。

〔17〕 筆者最近得知：1974 年在倫敦展出的一幅康熙年間繪製的彩色松江府地輿圖，上面有耶穌會士用拉丁文標注的各地入會會員人數，已經流落到瑞典斯德哥爾摩，並再次被標價拍賣。參見：Catalogue 522, Bibliotheca Asiatica, Part 1. BJORCK & BORJESSON, Stockholm, Sweden, 1990.

〔18〕 參見：M. J. Meijer, A Map of the Great Wall of China. IMAGO MUNDI, 13, pp. 110—115, 1955.

〔19〕 朱瑟佩·羅斯（Giuseppe Ros 1883—1948）1883 年，生於意大利拿波里，1908 年，來到中國，先後在上海、漢口、北京和廣州的意大利領事館工作了三十年。1947 年退休，翌年六月病逝於海南島海口。羅斯能説一口流利的北京話和廣東話，識讀中文古籍的造詣也相當深，因此，與其説是一位外國駐華使節，還不如説是一位西方漢學家更爲

合適。羅斯在華其間，悉心搜集漢籍書畫達七、八萬册之多，他對中國的陶器、漆器、玉器、動植物標本，以及反映少數民族生活習俗的服飾、器物、圖畫也有着濃厚的興趣，足迹所至，亦盡數搜羅。羅斯的收藏品被世人稱作"羅斯文庫"，其在世時，曾欲將一部分賣給意大利政府，未果；30年前後，被大連圖書館購得，另一些則流傳到意大利。"羅斯文庫"收藏品的一個特點，抑或稱之爲價值是藏品覆蓋的地域，很大部分是廣東、廣西、貴州、雲南及湖南相交界的地區，在這些區域內，有許多少數民族聚居或與主體民族雜處。這些圖文資料往往在官方刊印的書籍中不易見到。

參見：Giuliano Bertuccioli（白佐良），Per una Storia della Sinologia Italiana：Prime Note su Alcuni Sinologhi e Interpreti di Cinese. 74 MONDO CINESE，ANNO XIX，No. 2，pp. 9—35，1991，Milano.

神田喜一郎《ロス文庫について》，載《神田喜一郎全集》第三卷《東洋學文獻叢說》，70—77頁。

上述材料承蒙意大利羅馬大學東方系教授 Prof. Giuliano Bertuccioli（白佐良）、日本京都大學人文科學研究所高田時雄教授見教並賜贈，特此致謝。

[20] 任金城：《國外珍藏的一些中國明代地圖》，《文獻》，1987年第33期，第123—134頁。

[21] 參見：B. Szczesniak " The 17th—Century Maps of China; an Inquiry into the compilations of European Cartographers". IMAGO MUNDI，Vol. 13，1955，p. 116.

（本文作者　北京大學歷史學系）

Survey and Study of the Pre-1900 Chinese Maps kept in Europe

Li Xiaocong

Summary

This a paper consists of three parts:

(1) Tracking down the ways of the old Chinese maps spread from China to Europe since the 16th century, on the basis of the Chinese maps discoveried overseas up to the present, is very necessary to search for the places where the old Chinese maps might locate. The writer introduces that the survey and the study of the old Chinese maps have involved by the foreign scholars since the last century and points out that the lack of researching on this topic have caused without a bibliography of the Chinese maps collected abroad.

(2) The writer introduces the structure and the model of a descriptive catalogue of the pre-1900 Chinese maps seen by him in Europe with both languages of Chinese and English. Also he expounds the four methods of dating the old Chinese maps:

①administrative units in various times,

②the taboo on the place names,

③historical geography,

④the date of the maps acquired by libraries.

(3) A records of the pre-1900 Chinese maps collecting at the libraries and museums in United Kingdom, Germany, France, Italy, Holland, Sweden, Austria and the Vatican City, including sources and treasures of those maps seen by the writer who has made a surrey in Europe since 1991. The writer

analyses the sort, the date and the place of those Chinese maps.

The writer explains the reason why the manuscript could be not more valuable than the woodcut map, which is a complicated problem in the history of cartography and puzzles the collectors usually. And then the writer proves the academic values of the old Chinese maps collected overseas:

①accumulating a wealth of data for the study on the history of the ancient Chinese cartography.

②reflecting international cultural exchange on science and technology in the centuries and recording comletment each other, both of the east and the west, in the field of the human knowledge of the geography and cartography.

③making the past serve the present in various fields, whatever study on the history, constructions at present, carry forward the traditional culture of China etc..

圖一：嘉靖三十四年（1555）重刻本，喻時《古今形勝之圖》
（轉引自《東洋學報》第58卷第1、2號，1976年。）

歐洲所藏部分中文古地圖的調查與研究　　29

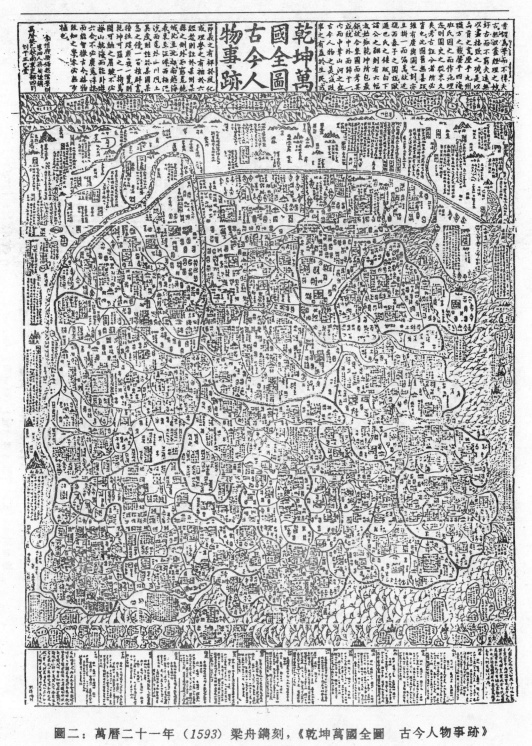

圖二：萬曆二十一年（1593）梁輈鐫刻，《乾坤萬國全圖　古今人物事跡》
（轉引自：SOTHEBY'S 1991）

图三：萬曆二十二年（1594）刊印，萬曆末年至天啓年間（1603—1626）朝鮮人摹繪增補本。王泮題識《輿地圖》（韓引自：Journal asiatique; CCLXII, 1974.）

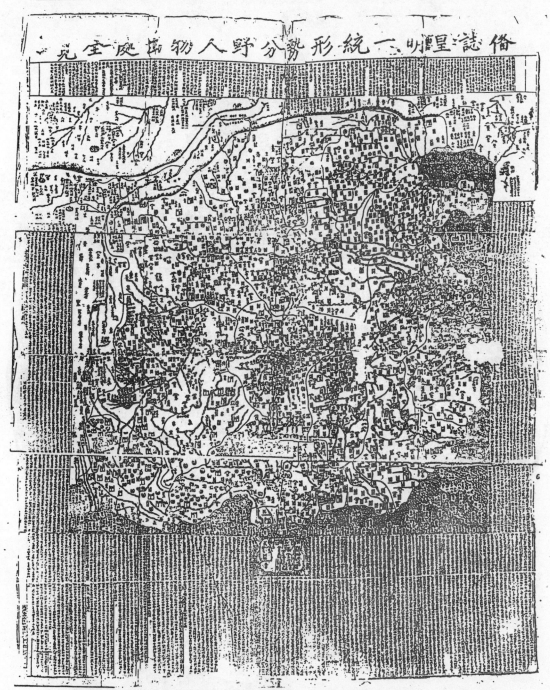

圖四：萬曆三十三年（1605）福建刊本，《備志皇明一統形勢 分野人物出處全覽》 （蒙英國圖書館慨允轉載）

圖五：天啓三年（1623）陽瑪諾、龍華民製作的中文地球儀

歐洲所藏部分中文古地圖的調查與研究　　33

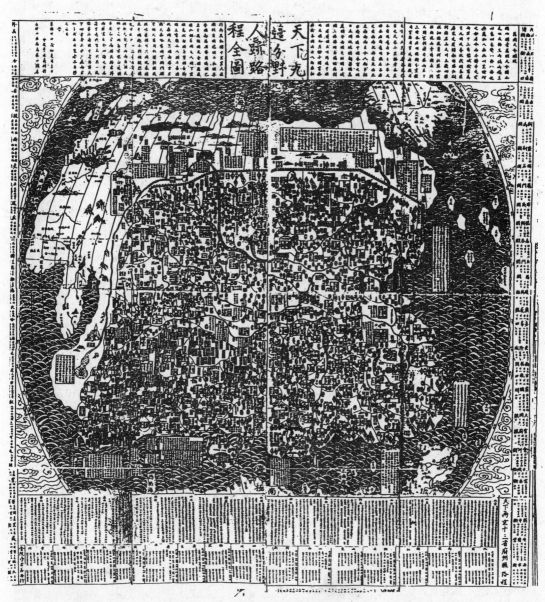

圖六：崇禎十七年（1644）刊本，曹君義《天下九邊分野　人跡路程全圖》
（蒙英國圖書館慨允轉載）

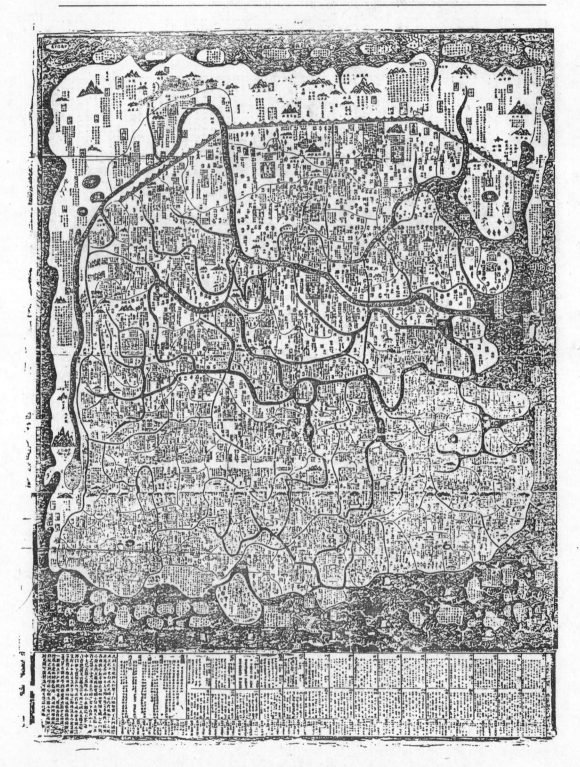

圖七：乾隆初期刊本，《今古輿地圖》（蒙英國圖書館慨允轉載）

歐洲所藏部分中文古地圖的調查與研究　　35

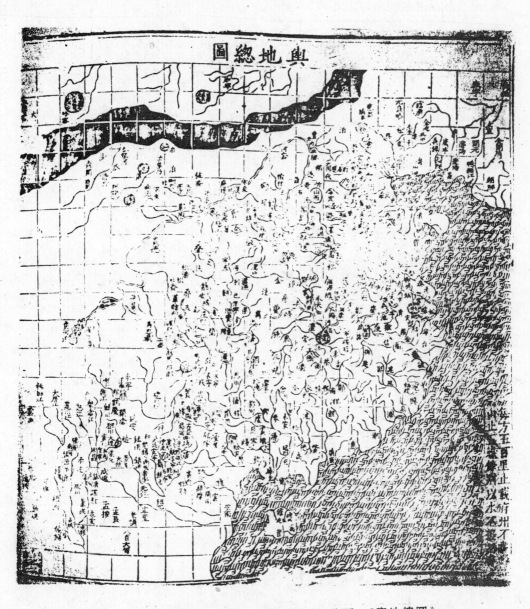

圖八：荷蘭收藏的明刻本《廣輿圖》之首頁：《輿地總圖》
（蒙荷蘭海牙藝術博物館慨允轉載）

中國早期原始文化的相對獨立性及其成因

王幼平

中國境內早期原始文化與舊大陸西側沿着不同道路發展的現象早就受到關注，對其成因也曾有人提出看法。在本世紀的前期，一些西方學者開始注意到東亞地區舊石器時代文化與舊大陸西方的區別。有人提出兩個文化圈的假說來概括東、西方之間舊石器時代早期文化的差別[1]。對於這種差別的原因，有人則以進化的中心與邊緣地區的關係來解釋，認爲與西方舊石器文化發展熱氣騰騰的景象相比，東亞地區則處於一個相對平靜的角落[2]。隨着中國及鄰近地區舊石器時代考古發現與研究的進展，近年來，也有學者開始從生態學角度解釋該地區舊石器時代文化發展道路的特殊性[3]，提出東亞、東南亞地區更新世期間相對穩定的自然環境使得這裏早期原始文化呈現獨特面貌。中國舊石器時代文化與西方的顯著區別也受到國內學者注意。有的學者用石片石器工業來概括中國舊石器時代文化的特徵[4]。但隨着華南地區舊石器時代文化的發現不斷增加，也有人提出在中國及東亞地區也不乏西方舊石器時代早期文化中的典型石器手斧等，因而不應特別強調東、西方早期原始文化之間的差別[5]。這些說法表明對東西方早期原始文化的差別及其成因的歧見由來已久。所以，本文擬對東、西方舊石器時代文化的差別，特別是中國早期原始文化發展的相對獨立性，以及這種獨立性的成因進行初步討論。

一

就目前已有的證據而言，早期人類在中國大陸上開始生活的年代至少可以追溯到上百萬年。中國境內的早期原始文化從上百萬年前一直持續到公元前一萬年左右的農業社會的出現之時。在這樣漫長的歷史過程中，中國早期原始文化的發展經歷了三個階段即舊石器時代的早期、中期和晚期。早期與第四紀更新世的早、中期相當，從距今一百多萬年一直到距今十三萬年左右；中期相當於更新世晚期的前一階段，從十三萬年前持續到距今四萬年左右；晚期則相當於更新世晚期的後一階段，從距今四萬年左右到更新世結束，即公元前一萬年左右。按照現代自然地理區劃的特點，還可以將中國舊石器時代文化劃分爲華北與華南兩區。這種時空結構反映了中國早期原始文化發展的特點。

中國舊石器時代早期的遺址或地點，在南方地區，主要分布在秦嶺—淮河一綫以南中國地形的第三階梯上。遺址或地點多發現在河流階地上。已經發現的地點，都是成組集中分布在不同水系的相對獨立的自然地理單元內。自南向北有廣西百色盆地[6]、湖南澧水中、下游區[7]、安徽水陽江區[8]、鄂西北區[9]和陝南的漢中盆地[10]等幾個舊石器地點群。這些地點群，分布與埋藏的形式都較一致。文化面貌也基本相同。

從整體看，這些地點群的石製品都是形體碩大，加工粗糙，屬於典型的礫石石器工業。各地點石器原料的來源都是附近河灘的礫石，岩性主要是石英岩、石英、砂岩等多種，隨附近的礫石成分的變化而變。多以較大的礫石直接加工各類石器，因而形體普遍粗大。各地點均以錘擊法爲主要的剝片方法。碰砧法和砸擊法都很少見到。第二步加工也都以錘擊法爲主。單面加工佔比較重要的地位，但兩面加工者也占有一定的比例。石器組合的特點是均以各類砍砸器爲主，一般都占石器總數的一半以上；其次是各類大型的尖狀器，還有數量不等的"原手斧"[11]；石球在一些地點有較多的發現；刮削器的數量很少，或基本不見。

與此相反，在南方西部的第二階梯上，遺址或地點的數量很少，幾個文化材料豐富的地點都屬於洞穴類型，都是單個分布在山區。文化面貌也與前者完全不同。石製品以中、小型爲主，整體面貌比較細小。石器原料主要是來自附近的結核或礫石，岩性以燧石、硅質灰岩等硅質岩類爲主。加工方法也以錘擊法爲主，偶見碰砧法、砸擊法的使用。與前者不同的是，石器多是用石片等素材再進行第二步加工修成，以石片石器爲主。石器組合以各類刮削器爲主，砍砸器所佔的比例很小。尖狀器等其他小型工具也有一定的數量，但基本不見大尖狀器[12]。

在秦嶺－淮河一綫以北的舊石器早期文化的區域特點則主要是緯向性的。由南向北有兩個文化特點不同的亞區。

南部亞區主要分布在晉、陝、豫三省交界及鄰近地區，有匼河[13]、三門峽[14]及藍田附近[15]等比較重要的發現。由於這些地點地理位置接近南方，尤其是在更新世的較早階段，該區的環境相當或是接近亞熱帶，因而其文化面貌也與南方地區較爲接近。該區的舊石器與古人類地點也主要是露天類型，分布在古代的河流附近。其石製品的整體面貌也是粗大類型。製作石器的原料主要是各種岩性的礫石，來自遺址附近的河灘或沖溝。以錘擊法爲主要的剝片方法，碰砧法也有較多的應用，后者主要是用來剝取較大的石片。加工石器的素材既有礫石，也有石片。使用大石片來加工砍砸器和尖狀器等大型石器，是該區的特點。在這裏的石器組合中，同樣是砍砸器佔有重要地位，但不同的是有一部分砍砸器不是直接使用礫石，而是使用大石片爲素材加工。大型的尖狀器也是石器組合之一，另外還有石球。除了上述大型石器，小型的刮削器也有一定的數量。

隨着緯度的增高，到北方地區的北部，即晉、冀兩省北部，遼寧、内蒙古的中、南部及北京地區，文化面貌與南部有較大的區別。遺址主要是洞穴類型，並多有較豐富的用火遺迹發現[16]。伴隨着石製品還有較多的動物化石尤其是人工破碎的動物骨骼發現[17]。石製品主要是小型的石片石器。製作石器的原料既有礫石，也有結核或風化岩塊，在一部分地點，後兩者佔更大的比重。加工石器的方法，錘擊法與砸擊法并重，在有的地點，砸擊法則佔更重要的地位。加工石器的素材主要是石片。加工方式豐富多樣。石器組合以刮削器爲主，各種類型的刮削器，一般要佔整個石器組合的三分之二以上。其次爲尖狀器及其它小型工具類型。砍砸器所佔的比例一般很少，不見大尖狀器存在。

在喜馬拉雅山和青藏高原以西的舊石器時代早期，文化面貌與中國的情況截然不同。此時所流行的石器工業是砍砸器和簡單的石片石器（按照克拉克的劃分，即舊石器工業的第一種模式，簡稱模式1），與手斧工業（同前，簡稱模式2)[18]。前者最初出現於東非，典型代表爲奧杜威文化，時代爲距今一百八十萬年左右。後者最早也出現於東非，約在距今一百五十萬年左右。雖然兩者一直並存到末次冰期的來臨之前，但手斧文化出現之後，即在舊大陸西側佔據了主導地位。與此相比較，中國早期原始文化明顯不同。

中國舊石器時代早期文化，無論是上述的南方或北方地區，均與克拉克的模式1更爲接近。尤其華南近年來新發現的礫石石器工業，與典型的奧杜威文化相比，從典型石器的種類到石器組合的比例，都更爲一致。然而與模式2相比，無論是華南的典型礫石石器工業，還是華北以小型石片石器爲代表的工業類型，都相去甚遠。在早年發現的以周口店第一地點爲代表的北京猿人的石器工業，及近年來在泥河灣盆地發現的屬於早更新世晚期的石器工業，均以各類輕型刮削器爲主要工具，還有一些尖狀器等其它小型工具。大型工具僅見少量的砍砸器、石球等，不見手斧等第二種舊石器工業模式中的代表性工具。儘管近年來在華南各地陸續有一些以手斧命名的石製品發現，但將其與舊大陸西側典型的阿舍利手斧相比較，無論是形制、加工技術或是在石器組合中所佔的地位，都遠遠無法與典型的阿舍利工業相比。在典型的阿舍利工業中，手斧的形制規整，加工技術統一，在石器組合中佔有非常重要的地位，往往可達百分之五十以上[19]。但在華南及華北南部一些地點發現的手斧，則加工簡單粗糙，柄部多留有較多的石皮，應屬於原手斧類型。在石器組合中所佔的位置也很有限，在多數地點，僅爲零星的發現。發現最多的百色盆地，也僅爲百分之六左右[20]。

從上述情況可知，中國舊石器時代早期文化在最初階段尚與舊大陸西側保持着一致性。這種一致性集中體現在石器技術模式1的共享。然而，在舊大陸的西側很快即由手斧工業取代了模式1，成爲西方舊石器時代早期的主導因素。從此後東、西方早期原始文化即走上不同的發展途徑。

二

在中、晚更新世之交開始的舊石器時代中期，是一個承前啓後的時代。本階段的中國舊石器文化，明顯地繼承了早期的傳統，並逐漸發展。本階段的文化特點首先還是表現在空間分布上的差異。基本上繼承了早期的不同文化區各自的特點，並在此基礎上有不同程度的發展。

與早期相比變化不大的是南方的兩個亞區。在南方的東部亞區，中期的各地點從埋藏條件到遺址的類型都沒有變化。已經發現的諸地點還是沿着大小河流成群組分布。所不同的是，中期的地點多分布在較低的階地上，埋藏在下蜀黃土堆積中。從湖北江陵的鷄公山遺址的發掘資料看，中期遺址的面積更大，堆積厚，使用的時間可能更長。

東部亞區的石器工業的面貌與早期相比，也是差別不大。石製品普遍碩大粗糙，採用各種岩性的礫石爲原料，以錘擊法直接加工石器。石器組合仍以砍砸器、大尖狀器爲主體，刮削器等小型工具較少見到。由於這種情況，很難從類型學方面將本區內早、中期的舊石器工業截然區別開。但就現在已經發現的材料來看，除了上述與早期一致的方面，也可以看到一些與早期不同之處。如在鷄公山遺址，雖然也以砍砸器、大尖狀器等大型工具爲主體，早期的各種石器類型也都可見到，但石器的修理較爲細致。尤其是使用半邊或扁平礫石加工的尖狀器，形狀規整，加工程序一致，反映石器加工技術的進步性。另外一個發展的趨勢是使用片狀素材加工石器的數量增多，這種情況可見於湖北枝城的九道河。雖然其石製品的整體仍爲粗大類型，砍砸器類的大型工具佔主導地位，但該地的片狀素材的數量和比例都高於礫石或石核[21]。這兩地的情況都反映了南方東部地區舊石器中期石器技術的發展。

西部亞區發現的材料很少。僅有的少數地點也仍是洞穴類型。石器文化方面也沒有很多的材料可供對比。從整體上看兩期的變化也不明顯。如果黔西觀音洞的絕對年代的數據可靠，那樣就至少有一部分堆積屬於中期[22]。在觀音洞的整個堆積中，上、下部的文化面貌並沒有顯著的變化。最近發現的盤縣的大洞，其時代與觀音洞相近，文化面貌也基本一致。兩者的直綫距離在兩百多公里以上，又分屬長江和珠江兩大水系，中間有分水嶺相隔，但文化面貌卻很相似，應該是反映了該地區這一時期舊石器文化的共同特點。還是以中、小型石器爲主體，刮削器等小型工具佔主導地位，石器多以片狀素材進行較細致的修理。整體文化面貌與東部地區成鮮明對照。

与南方地区不同的是北方的舊石器時代中期文化，雖然也較多地繼承了本地區早期文化的特點，文化發展的趨勢呈相對穩定的狀態，但與南方同時期相比，變化還是比較顯著的。這種變化尤其顯著的是表現在北方的南部地區。

與本地區的早期相比，北方的南部地區在遺址的類型方面沒有變化。仍然是以露天類型的遺址爲主，所發現的舊石器地點與南方及本地區的早期的分布與埋藏規律相同。沿着大小河流分布，多成群組被發現，如丁村[23]、大荔[24]等。但變化較大的是該地區的舊石器工業的面貌。早期以砍砸器、大尖狀器等大型石器爲特色的粗大石器工業，到中期僅在部分地區保留。而另外的大部分地區則由以刮削器爲主體的小石器工業所代替。前者如丁村地點群及汾河流域的一些地點。砍砸器、大尖狀器、石球等大型工具仍在石器組合中佔據主導地位，石器工業的整體面貌爲粗大類型。這些明顯是繼承該地區早期的舊石器文化傳統。但在另外的一些地區，則基本不見早期粗大石器工業傳統的影響，而流行以刮削器爲主體的小石器工業如大荔人地點及涇渭流域的一些地點。

北方的北部地區，與其南部的鄰居相比，則更多地繼承了本地區早期的石器工業傳統，文化面貌沒有很大的差異。在該區內仍較流行洞穴類型的遺址。舊石器文化是典型的小石器工業。石器組合沒有很明顯的變化，基本上還是早期已經出現的各種類型，但不同類型出現的頻率有所變化。加工技術方面的進步也較緩慢，比較明顯的變化是砸擊技術呈衰落的趨勢，各地點均以錘擊法爲主要的剝片技術，修理臺面的技術較早期有更多的應用。這種比較穩定的發展趨勢，與當地更新世中期以來比較穩定的溫帶草原型的自然環境是直接相關的。適應這種環境的是以各類刮削器、小尖狀器等小型工具爲主體的小石器工業，一直延續到舊石器時代的中期甚至更晚。

中國舊石器時代中期文化面貌與舊大陸西側同一階段相比，差異更爲明顯。舊大陸西側的舊石器時代中期一般開始於在最後間冰期之初或稍晚。此時西方各地，無論是歐洲、西亞，還是非洲大陸，石器工業的第三種模式，即以預製石核技術爲特徵的莫斯特工業佔據了主導地位。儘管典型的莫斯特文化主要分布在歐洲、西亞與北非地區，但在與之相鄰的中亞、南亞及撒哈拉沙漠以南的非洲地區，也都清楚可見莫斯特文化的影響。然而在越過喜馬拉雅山、青藏高原及中亞沙漠，則基本不見莫斯特文化傳統的痕迹。如前所述，在此階段，中國舊石器時代中期文化則仍然延續早期的發展道路，儘管出現一些變化，但仍未超出第一種石器工業模式的範疇。在南方地區東部的露天地點，仍爲典型的礫石石器，與當地早期的礫石石器工業沒有明顯的區別。在南方西部的洞穴堆積中發現的石器工業，也還是與早期一樣的石片石器。如60年代發現的黔西觀音洞遺址，以及新近發現的盤縣大洞，都有很厚的文化堆積，從舊石器時代早期一直延續到中期甚至更晚。但時代相差很遠的石器工業的面貌卻不見明顯差別。儘管北方地區從早期到中期的石器工業的發展變化較大，但這種變化也仍在第一種模式的變異範圍之內。變化之處僅在於北方南部的礫石石器在部分地區被小型的石片石器所代替。第二與第三種工業模式，則始終沒有出現。與舊大陸西側舊石器工業幾種模式依次出現的發展途徑相比，中國舊石器時代中期文化的發展則是表現了更多的對本區早期文化的繼承性。

三

中國舊石器時代晚期文化的發展與以前兩個階段相比，變化十分顯著。北方地區自早期以來所延續的南北兩個亞區的文化格局發生了根本的變化。此時的文化類型不再是南北的差異，而是出現西北地區的狩獵者與東部地區的穴居者兩種不同的文化類型。

在舊石器時代晚期之初，各地的舊石器文化都還保留較多的中期的文化特點，如東部的仙人洞的下層[25]，西部的薩拉烏蘇[26]、劉家岔等[27]，從原始技術到石器組合，都保留了早、中期以來本地區流行的小石器工業的傳統。但是隨着時間的發展，最後冰期最冷峰的臨近，傳統因素逐漸減弱，新的文化成分不斷增加，東、西兩部分的文化差異逐漸加大，兩種新的文化類型逐漸形成，即東部的穴居類型與西部的狩獵類型。

東部的穴居者，仍保留了較多的傳統的小石器工業的因素，主要是在石器工業方面。在這些洞穴遺址中發現的石製品，加工技術都比較簡單，採用錘擊技術與砸擊技術直接剝取石片，砸擊技術佔有較重要的地位。修理臺面的技術不見使用，也没有應用間接技術生產的石葉與細石葉。石器的第二步加工粗糙，多數石器種類不定型。石器技術與組合從早期到晚期的變化並不明顯。石器組合以各式刮削器佔多數，但砍砸器也還佔有一定的地位，尖狀器的數量不多，修理也很簡單，没有發現典型的端刮器。但是在這種傳統的石器工藝以外，骨、角器製造業卻異峰突起，構成該種文化類型的重要因素。骨、角質材料用來製作各種生產、生活用具，精美的骨角製品代表了穴居者的技術水平。[28]

西北部的狩獵文化則遠較前者複雜。這種複雜性主要表現在石器工業方面。在西北部的面積廣闊的草原地區，存在過多種不同的文化因素的影響，使得在該地區的狩獵文化的面貌在不同時期和不同區域內發生不同的變化。在舊石器時代晚期開始之初，本地區出現的還是與早中期小石器工業類型相差不大的文化類型。如薩拉烏蘇和劉家岔等地的發現，與中期的許家窰等相比，石器技術没有顯著的區別。但石器組合卻開始發生變化，狩獵文化的工具組合中的典型種類如端刮器等已經出現，並佔有一定的地位。到時代稍晚於前兩者，距今二萬九千年前後的峙峪遺址，雖然還是延用早期的石器加工技術，但卻將這種技術的使用推到了高峰。以錘擊法和砸擊法剝取了大量的形制規正的窄長、梯形、三角形石片；也用這種技術修理出器形規整、刃口勻稱、小石片疤淺平的各種石器。[29]

距今二萬五千年前後，在晉南的中條山區和汾河谷地，新型的石器加工技術即使用間接打擊法加工細石器開始出現，並迅速發展。細石器文化的典型代表是下川文化。[30]在下川文化時期，狩獵文化已經發展到成熟期。以製作複合工具爲目的的細石葉的大量出現，石器組合中以典型的端刮器爲主，修理精緻的尖狀器也居重要地位，並出現專門修理爲投射器尖部的尖狀器或石鏃等。下川文化在當地一直持續發展到距今一萬三千年前後。而細石器文化因素在北方地區廣爲擴散，在狩獵文化中取代了小石器工業傳統，成爲舊石器時代晚期後一階段的主導因素。

狩獵文化中存在的另一種文化因素是石葉技術。以石葉技術爲主的文化類型在中國出現較晚，其影響也很微弱，在北方及整個中國的舊石器時代晚期文化中均没有充分發展。典型的石葉石器的文化類型到目前爲止，僅有寧夏的水洞溝遺址。該文化以直接打擊法，通過修理石核技術生產了大量精美的石葉，並加工出各種典型的狩獵文化工具類型。[31]除了水洞溝以外，在一些狩獵文化類型的遺存中也陸續發現過石葉，但石葉工業的因素在這些遺存中均沒有佔據主導地位。

中國南方舊石器時代晚期，也是一個文化發展的轉折點。與本地區早中期文化相比，文化面貌發生很大的改觀。同北方地區一樣，到舊石器時代晚期，南方地區內原有的東西兩個不同的文化區的界綫不再繼續存在。代之而起的是隨時間、空間變化的多種小範圍的地方型文化。文化類型的變異情況遠較北方地區複雜。

與北方地區相似之處是該地區，在舊石器時代晚期之初，各地發現的舊石器文化都還保留着較多的本地區早期的文化傳統。如東部地區的寶積岩，雖然發現的人類化石已屬晚期智人類型，但仍然基本延續早中期的礫石石器工業傳統，石器的形體較大，加工較爲粗糙，在石器組合中較多以礫石直接加工的砍砸器等。[32]雲貴高原上的時代較早的晚期舊石器與本區更早的舊石器文化之間，也沒有明顯的變化。在没有發現舊石器時代早中期遺存的四川盆地，舊石器時代晚期較早的文化則具有較多的礫石石器工業傳統的因素，如盆地內發現的資陽人B地點等。[33]

隨着時間變化，時代稍晚的各地的舊石器文化則迅速發生變化。變化的一個非常顯著的共同趨勢是礫石石器工業傳統的影響逐漸減弱以至消失，各地均以石片石器爲主，石器趨於小型化，石器組合漸過渡到以刮削器、尖狀器等小型工具爲主要的類型。除此之外，各地之間的差異則日益增強。如在四川盆地和盆地的西部邊緣地區，就有兩種文化面貌截然不同的類型。盆地內的銅梁的石器工業，以礫石爲原料，石製品的形體多較大，石器組合雖以刮削器爲主要類型，但砍砸器等大型工具仍佔有很重要的地位。該類型顯然是適應當地溫暖濕潤的森林或森林－草原環境的產物。[34]但在盆地西緣臨近青藏高原的富林則完全是另外一種情況。富林的石製品以小型爲主，很少有超過三厘米以上的石器。石器主要以塊狀或石核毛坯來加工。石器組合，以各式刮削器爲主，還有尖狀器、端刮器、雕刻器等小型工具，基本不見砍砸器等大型工具。富林文化则是適應其附近的高山草原或森林—草原的環境而出現的。[35]在貴州地區，雖然有些地方文化還較多的沿原來方向發展，但以貓貓洞文化爲代表的文化類型顯示了這一階段該地區舊石器文化發展的走向與水平。貓貓洞的原始居民創造出鋭棱砸擊法來加工當地的劣質原料，製作出各種精緻的石器，同時還大量的製作使用各類骨、角製品，形成獨具特色的文化特徵。[36]

東部原來的礫石石器工業區内的一些此期的文化類型，雖然還可以見到礫石石器傳統影響的痕迹，但多已轉變爲石片石器爲主體，刮削器、尖狀器等小型或中小型工具居多數的新型石器工業。北部地區在鄂西北、陝南及豫西南地區有較多的發現。在該地區從礫石工業到石片石器工業的轉變的時代早於南部，但礫石工業傳統的影響還没有完全消失。如樟腦洞的石器工業，已接近更新世之末，但在其以刮削器、尖狀器等中小型工具爲主體的石器組合中，礫石加工的大型砍砸工具仍佔有一定的地位。[37]在南嶺以南地區，雖然石片石器的比例也在增長，但以礫石加工的砍砸器等類型仍佔有相當重要的地位。

隨着晚期智人的出現，在距今三至四萬年，舊大陸西側各地也開始進入舊石器時代的晚期。此時是早期原始文化發展的最高峰。一系列新的技術出現並廣泛應用於社會生產、生活的各方面，以洞穴壁畫及各類活動藝術品等爲標志的原始意識的高度發展等均爲原始社會向新的階段飛躍準備了充分的條件。作爲這一階段在石器技術方面最突出的變化是石葉工業即克拉克的第四種模式的廣泛流行。在本階段將近結束或更早，許多地區盛行第五種模式，即細石器技術。但此階段在舊大陸的兩側仍有相當明顯的區別。石葉技術最早在中期的西亞與南非等地就已出現。到距今三至四萬年之時，石葉技術成爲舊大陸西側石器工業的主導因素，以此爲標志的舊石器時代晚期因而開始。石葉工業在西歐特別是法國等地極爲發達，達到整個舊石器時代石器技術發展的最高峰。不但如此，這種技術還沿着歐亞高緯地區的草原地帶一直分布到東北亞地區。在日本、朝鮮半島等地都發現數量較多的石葉工業。然而在中國大陸卻很少發現它的影響。到目前爲止，在數以百計的晚期舊石器遺址中，典型的石葉工業僅見水洞溝一處。水洞溝位於黄土高原的西北角，由此向東，在一些遺址或地點仍可發現石葉技術的踪迹，但其在各地的石器組合中所佔的比例呈逐漸減弱的趨勢。而自早中期以來一直流行的小石器工業則仍然佔據主導地位。這種現象使得很多考古學者相信石葉技術的出現應是文化交流的產物，並且始終沒有成爲中國舊石器時代晚期文化的主導因素。與世界其他地區，尤其是歐洲、西亞地區的晚期舊石器文化相比，沒有發達的石葉工業是中國舊石器文化發展過程的最顯著的特色之一。中國舊石器時代晚期文化，主要是在華北地區，另一突出特點是細石器技術的高度發展。細石器技術是中國舊石器技術發展的最高峰。它的出現應與狩獵經濟的高度發達密切相關。就目前已有的材料來看，細石器技術在華北地區出現的時代早，技術特徵鮮明，與舊大陸西側的同類發現明顯不同[38]。在華南地區舊石器時代晚期的石器工業的發展仍明顯繼承了當地早、中期的文化傳統。隨着末次冰期最盛期的到來，華南北部的大部分地區已由小型石片石器工業代替了先前的礫石石器工業。但在嶺南等地，仍可見到礫石石器工業的顯著影響。

與舊大陸西側五種石器工業模式相繼出現的發展道路相比，中國大陸則一直是以第一種模式爲主體，從舊石器時代的初期一直延續到晚期。到晚期的較晚階段，僅在北方的局部地區才見有第五種模式的流行。無論是南方地區以第一種模式，從舊石器時代的開始一直延續到結束，還是北方地區從第一種模式直接過渡到第五種模式的發展道路，中國大陸早期原始文化顯然是沿着與舊大陸西側完全不同的途徑發展演化。

四

如前所述，中國早期原始文化相對獨立於舊大陸西側的發展道路十分清楚。決定這種發展特點的因素是多方面的，但首先應與早期人類在東亞地區的進化直接相關。早期人類是創造原始文化的主人。中國早期原始文化反映了中國大陸上的早期人類的發展歷程。因而東、西方原始文化之間的區別，實際上所反映的是人類進化路綫方面的差異。關於早期人類起源與發展的認識到目前仍有許多爭論，一些學者主張早期人類起源於東非，然後擴散到世界各地。[39]但也有學者認爲東亞特別是中國南方也與早期人類的起源有關。[40]無論對早期人類起源地點的爭論如何，到距今一百多萬年前的直立人階段，東亞與東南亞地區的直立人已經顯示出與舊大陸西側直立人體質特徵的明顯不同。有學者將東亞、東南亞地區發現的直立人稱爲典型直立人，東非的發現爲非典型直立人[41]。甚至還有人認爲兩者應劃分爲不同的種類。直立人在舊大陸的兩側生活了上百萬年，他們的地區性的差異，應當是舊石器時代早期東西方文化差別的重要原因。直立人之後各地早期智人與晚期智人的地方性差別也依然十分顯著。無論是主張現代人類起源於非洲者，還是主張多區進化者，對於本階段人類的地方性差異都無異議。這種差異顯然也會直接影響到舊石器時代中、晚期文化的發展。所以在討論中國早期原始文化獨特性的成因時，首先需要考慮的因素應該是人類進化的區域性差異。自早更新世以來早期人類在舊大陸兩側的不同發展道路是決定東西方舊石器時代文化具有截然不同面貌的基本原因。

促成舊大陸兩側早期人類及其文化沿不同道路發展的原因，則首先應當歸結爲喜馬拉雅山與青藏高原的隆起所形成的自然地理屏障。根據現有的資料表明，在上新世晚期，青藏高原各地的高度普遍在一千米左右，喜馬拉雅山的高度也有限[42]。這樣的高度顯然還不足以構成地理障礙，阻礙早期人類的遷徙，也沒有嚴重地影響到行星風系，對全球性氣候產生重大作用。該地區的強烈隆起主要是上新世末，特別是第四紀的早更新世初期以來，高原各地普遍上昇達三千至四千米（表一）。

表一　西藏各地第四紀以來上升幅度

地區	現代地面的高度	上新世地面高度	第四紀上昇幅度
喜馬拉雅山北坡	5000米左右	1000米左右	4000米
噶爾藏布谷地	4200～4600	1000米左右	3200～3600
岡底斯山北坡	4600～4800	1000米左右	3600～3800
黑阿公路沿綫	4200～4500	1000米左右	3200～3500
昆侖山南麓	4800～5000	1000米左右	3800～4000

（依中國科學院青藏高原考察隊1983）

隨着該地區的強烈隆起，形成全球最高的世界屋脊，不但直接阻礙了舊大陸兩側早期人類及其文化的直接交流,並進而作用於行星風系,產生巨大的環境效應。這一影響的直接結果之一,就是東亞季風區的形成。東亞季風區是世界上最大的季風區,與同緯度的東海岸地區相比,這裏是氣候與自然地理條件最優越者。相對獨立的自然地理單元以及獨特的氣候環境的形成,這些條件奠定了早期人類在該地區進化的基礎。

與此不同的是在世界屋脊以西的舊大陸其餘部分,則沒有像喜馬拉雅山與青藏高原這樣的巨大自然地理屏障。因而在這些地區的早期人類及其文化的發展則有更多的交流與相互影響的機會。正是這些交流與影響促成了舊大陸西側舊石器時代文化的發展走過大致相同的道路。而喜馬拉雅山與青藏高原本身所形成的天然屏障,以及由於其隆起引起中亞地區乾旱化而形成的廣闊的戈壁,沙漠,成爲早期人類及其文化交流的巨大障礙。中國大陸上的早期人類及其文化的發展則被局限在世界屋脊以東的相對獨立的自然地理單元內。所以東西方早期原始文化面貌的差異非常顯著。

影響中國早期原始文化發展的另一重要原因是更新世期間中國大陸古氣候與自然環境特點的作用。近年來隨着第四紀地質學研究的不斷深入,尤其是華北黄土地層與深海氧同位素曲綫的對比,十分清楚地説明了更新世期間中國及東亞地區古環境與全球性氣候變化的一致性。儘管由於喜馬拉雅山與青藏高原的隆起而形成了中國及東亞地區相對獨立的自然地理單元,但在該區內仍然明顯受到第四紀全球性氣候變化的影響並與之產生同步的變化。由於地理緯度、地形變化等多種因素的作用,這種影響的程度在不同地區有顯著的區別,因而促成了從早期以來,中國舊石器文化十分明顯的區域性特點。

在秦嶺淮河一綫以北,即廣義的華北地區,第四紀期間最突出的事件就是黄土的廣泛堆積。黄土堆積在早更新世爲午城黄土,當時的分布範圍還較有局限,與此同時,河湖相堆積的分布仍較廣泛。中更新世的離石黄土的分布面積較前者明顯擴大,而河湖相堆積的分布則明顯萎縮。晚更新世伊始,華北黄土堆積的速率與範圍,達到更新世以來的頂峰。這一階段的馬蘭黄土爲典型的風成堆積,黄土的岩性特點説明此時的環境十分乾寒,尤其是到晚更新世晚期的最後冰期最盛期期間。從總體說來,華北地區更新世期間氣候與自然環境的變化，從早到晚有一個比較明顯的趨勢，即從早期的較爲溫和、濕潤到晚期的乾燥、寒冷。除了上述黃土地層的岩性特點反映了這種情況外，哺乳動物群化石、植物孢粉、地球化學成份分析等多方面的證據也都有相同的結論。儘管有氣候冷暖波動的影響，地理緯度的差異等因素的存在，但作爲同一大的自然地理單元，在本區內，大部分時間與地區基本上處於溫帶草原或森林草原環境。這種環境特點，明顯影響到本區早期原始文化的發展。從早更新世晚期的泥河灣盆地的發現看，小型的石片石器即在本地區佔有非常重要的地位。這種情況一直持續到晚更新世的晚期，以細石器技術爲主體的原始文化才逐漸取代前者。從小型的石片石器到細石器工業的發展道路，是華北地區早期原始文化發展的突出特點。這種特點的存在顯然與本區更新世期間自然環境的總體特點密切相關。

秦嶺淮河一綫以南的廣大南方地區，更新世期間自然環境的變化顯然不及前者明顯。本區內廣泛分布的紅土堆積反映了更新世期間本區在大部分時間處於較爲溫暖濕潤的熱帶、亞熱帶環境。哺乳動物群的變化也遠不及華北地區明顯。適應生活在熱帶、亞熱帶森林環境的大熊貓—東方劍齒象動物群，在本區內從早更新世一直延續到晚更新世甚至更晚。儘管這裏也受到全球性氣候變化的影響，但由於所處的地理緯度較低，以及地形等因素的影響，變化的幅度遠不及華北地區強烈。適應華南地區以熱帶、亞熱帶森林環境爲主的特點，該地區在更新世的大部分時間流行着礫石石器工業。典型的礫石石器工業的組合，以各種類型的大型的砍砸器、尖狀器等爲主體，適應在林木繁茂的森林地區從事劈砍、挖掘工作。一直到晚更新世的晚期，才有石片石器逐漸取代礫石石器的趨勢。然而在嶺南等氣候變化較小，自然環境相對穩定的地區礫石石器的傳統一直持續到更新世的結束，甚至更晚。礫石石器工業的長期流行，然後向石片石器工業發展的道路也是早期人類適應本地區更新世環境的產物。

儘管由於更新世期間中國南北方自然環境的差異等因素決定了兩大區內原始文化發展的區域性特點，但從總體說來，在更新世的大部分時間裏，中國更新世環境變化又具有統一性。尤其是相對於舊大陸西側，本區自然環境的演化的相對獨立性與連續性十分明顯。正是這種相對獨立性與連續性所決定，中国南、北方舊石器時代文化的實質區別並不很大。尤其是在早、中期，從石器技術的角度來觀察，皆應屬於克拉克劃分的第一種模式，即砍砸器—石片石器工業。只是南方地區更多的使用大型的礫石石器工具，而北方則主要使用小型石片工具。只有到了更新世晚期的最后階段，在北方的大部分地區才有第五種模式的出現。南方則有礫石石器轉向石片石器。這種發展模式與舊大陸西側的大部分地區的情況完全不同，應該是早期人類適應中國大陸更新世自然環境的特點，在相對獨立的自然地理單元內發展演化的結果。

結　語

綜觀舊大陸兩側舊石器時代文化的發展道路，兩者顯然是沿着不同的途徑發展的。在舊大陸西側，儘管也存在着不同的地方文化類型。但從整體上講，五種不同的石器工業的模式在大部分地區均可先後見到。從最初的礫石石器工業逐漸過渡的手斧工業，再漸進到莫斯特工業，最後是石葉與細石葉工業。但在中國大陸上的舊石器時代文化的發展，則僅見到礫石—石片石器工業與細石葉工業兩種模式。典型的礫石石器工業在華南地區的河谷平原地帶，從早更新世的晚期開始出現，一直持續到晚更新世之初甚至更晚。在華北北部及西南部分地區的洞穴遺址中，則很少見到大型礫石工具，而更多的是小型的石片石器。儘管在中國的舊石器時代考古學研究中，後者與前者常常被歸納爲兩種不同的文化傳統[43]，但兩者實質上同屬於第一種石器工業模式的範疇[44]。在這種模式之後，基本不見第二、三、四種模式的流行，而在一些地區，則由細石器工業直接代替了第一種模式。這種由礫石與石片石器工業從早期到晚期一直佔據着主導地位，或僅在晚期由第一種模式直接轉入第五種模式的發展道路，構成了中國舊石器時代文化發展的最顯著的特點。這種特點明顯區別於喜馬拉雅山與青藏高原以西的舊大陸的大部分地區的早期原始文化的發展途徑，清楚地顯示出中國早期原始文化發展的相對獨立性。

中國早期原始文化相對獨立性的成因則與早期人類在東亞地區的進化道路密切相關。早期人類在東亞地區相對獨立的進化歷程決定了該地區原始文化發展的區域性特徵。而決定早期人類及其文化在中國大陸上發展的特殊性的原因則可歸結爲中國及東亞地區相對獨立的自然地理單元及更新世期間氣候與古環境變化等因素的作用。喜馬拉雅山與青藏高原的隆起所形成的自然地理障礙與環境效應對中國早期原始文化相對獨立性的形成有着至關重要的影響。

注 釋

〔1〕 Movius, H. L., Early man and Pleistocene stratigraphy in southern and eastern Asia. Papers of the Peabody Museum 19 (3): 1—125. 1944.

Movius, H. L., The Lower Palaeolithic cultures of southern and eastern Asia. Transactions of the American Philosophical Society 38 (4): 329—420. 1948.

〔2〕 Teilhard de Chardin, P., Early Man in China. Institut de Geo—Biologie Publication, 7: 1—99. 1941.

〔3〕 Bordes, F., Foreword. In Early Palaeolithic in south and east Asia, The Hague: Mouton. 1978.

Pope, G. G., Taxonomy, dating and paleoenvironment: the paleoecology of the early Far Eastern hominids. In Modern Quaternary Research in Southeast Asia 9: 65—80. 1985.

〔4〕 邱中郎、李炎賢,《二十六年來的中國舊石器時代考古》,《古人類論文集》,43—66。科學出版社。1978。

〔5〕 黃慰文,《中國的手斧》,《人類學學報》第 6 卷,第 1 期:61—68。1987。

黃慰文、張鎭洪,《中國南方磚紅壤中的石器工業》,《紀念黃岩洞遺址發現三十周年》125—129。廣東旅游出版社。1991。

〔6〕 曾祥旺,《廣西百色地區新發現的舊石器》,《史前研究》第 2 期:81—88。1983。

〔7〕 袁家榮,《略談湖南舊石器文化的幾個問題》,《中國考古學會第七次年會論文集》1—12,文物出版社。1992。

〔8〕 房迎三,《皖南水陽江舊石器地點群調查簡報》,《文物研究》第三輯:74—83。1988。

房迎三、楊達源、韓輝友、周旅复,《水陽江舊石器地點群埋藏學的初步研究》,《人類學學報》第 11 卷,第 2 期:134—141。1922。

〔9〕 李天元、王正華、李文森、馮小波、胡魁、劉文春,《湖北省鄖縣曲遠河口化石地點調查與試掘》,《江漢考古》第 2 期:1—14。1991。

〔10〕 陝西省考古研究所漢水考古隊,《陝西南鄭龍崗寺發現的舊石器》,《考古與文物》,第

6期：1—12。1985。

陕西省考古研究所汉水考古队，《陕西南郑龙岗寺新出土的旧石器和动物化石》，《史前研究》合订本：46—56。1988。

〔11〕 安志敏，《中国的原手斧及其传统》，《人类学学报》第9卷，第4期：303—311。1990。

〔12〕 李炎贤、文本亨，《观音洞——贵州黔西旧石器时代初期文化遗址》，文物出版社。1986。

斯信强、刘军、张汉刚，《盘县大洞发掘简报》，《人类学学报》，第12卷，第2期：113—119。1993。

〔13〕 贾兰坡、王择义、王建，《匼河——山西西南部旧石器时代初期文化遗址》，《中国科学院古脊椎动物与古人类研究所甲种专刊》第5号，科学出版社。1962。

〔14〕 黄慰文，《豫西三门峡地区的旧石器》，《古脊椎动物与古人类》第8卷，第2期：162—177。1964。

〔15〕 戴尔俭，《陕西蓝田公王岭及其附近的旧石器》，《古脊椎动物与古人类》第10卷，第一期：30—32。1966。

戴尔俭、计宏祥，《陕西蓝田发现之旧石器》，《古脊椎动物与古人类》，第8卷，第2期：152—156。1964。

戴尔俭、许春华，《蓝田旧石器的新材料和蓝田猿人文化》，《考古学报》第2期：1—12。1973。

〔16〕 裴文中、张森水，《中国猿人石器研究》。科学出版社。1985。

〔17〕 吕遵谔，《金牛山猿人的发现和意义》，《北京大学学报》(社)第2期：109—111。1985。

金牛山联合发掘队，《辽宁营口金牛山旧石器文化的研究》，《古脊椎动物与古人类》第16卷，第2期：129—136。1978。

〔18〕 Clark, J. G. D., World Prehistory in New Perspective, 3rd ed. Cambrige University Press. 1978.

〔19〕 Leakey, M. D., Olduvai Gorge: excavations in Beds 1 and 2. 1961—1963. Cambridge: Cambridge University Press. 1971.

〔20〕 同〔5〕。

〔21〕 李天元，《湖北枝城九道河旧石器时代遗址发掘报告》，《考古与文物》，第1期：6—20。1990。

〔22〕 原思训、陈铁梅、高世君，《华南若干旧石器时代地点的铀系年代》，《人类学学报》第5卷，第2期：179—190。1986。

沈冠軍、金林紅,《貴州黔西觀音洞鐘乳石樣的鈾系年齡》,《人類學學報》第 11 卷,第 1 期:93—100。1992。

〔23〕 裴文中,《山西襄汾縣丁村舊石器時代遺址發掘報告》科學出版社。1958。

〔24〕 周春茂,《大荔舊石器文化若干問題初探》,《史前研究》第 1、2 期合訂本:16—25。1986。

〔25〕 張鎮洪、傅仁義、陳寶峰、劉景玉、祝明也、吳洪寬,《遼寧海城小孤山遺址發掘簡報》,《人類學學報》第 4 卷,第 1 期:70—79。1985。

〔26〕 黃慰文,《中國舊石器時代晚期文化》,《中國遠古人類》220—244,科學出版社。1989。

〔27〕 甘肅省博物館,《甘肅環縣劉家岔舊石器時代遺址》,《考古學報》第 1 期:35—48。1982。

〔28〕 張森水,《中國舊石器文化》天津科學技術出版社。1987。

〔29〕 賈蘭坡、蓋培、尤玉柱,《山西峙峪舊石器時代遺址發掘報告》,《考古學報》第 1 期:39—58。1972。

〔30〕 王建、王向前、陳哲英,《下川文化》,《考古學報》第 3 期:259—288。1978。

〔31〕 賈蘭坡、蓋培、李炎賢,《水洞溝舊石器時代遺址的新材料》,《古脊椎動物與古人類》第 8 卷,第 1 期:75—83。1964。

寧夏博物館、寧夏地質局區域地質調查隊,《1980 年水洞溝遺址發掘報告》,《考古學報》第 4 期:439—449。1987。

〔32〕 王令紅、彭書琳、陳遠璋,《桂林寶積岩發現的古人類化石和石器》,《人類學學報》第 1 卷,第 1 期:30—35。1982。

〔33〕 李宣民、張森水,《資陽人 B 地點發現的舊石器》,《人類學學報》第 3 卷,第 3 期::215—224。1984。

〔34〕 李宣民、張森水,《銅梁舊石器文化之研究》,《古脊椎動物與古人類》第 19 卷,第 4 期:359—371。1981。

〔35〕 張森水,《富林文化》,《古脊椎動物與古人類》第 15 卷,第 1 期:14—27。1977。

〔36〕 曹澤田,《貓貓洞舊石器之研究》,《古脊椎動物與古人類》第 20 卷,第 2 期:155—164。1982。

曹澤田,《貓貓洞的骨器和角器研究》,《人類學學報》第 1 卷,第 1 期:36—41。1982。

〔37〕 黃萬波、徐曉風、李天元,《湖北房縣樟腦洞舊石器時代遺址發掘報告》,《人類學學報》第 6 卷,第 4 期:298—305。1987。

〔38〕 賈蘭坡,《中國細石器的特徵和它的傳統、起源與分佈》,《古脊椎動物與古人類》第 16 卷,第 2 期:137-143。1978。

〔39〕 吳汝康,《中國古人類研究在人類進化史中的作用》,《人類學學報》第 8 卷, 第 4 期: 293—300。1989。

〔40〕 周國興,《人之由來》海燕出版社。1992。

〔41〕 Klein, R. G., The Human Career. Chicage: University of Chicage Press. 1989.

〔42〕 中國科學院青藏高原綜合科學考察隊,《西藏第四紀地質》科學出版社。1983。
中國科學院青藏高原綜合科學考察隊,《西藏地貌》科學出版社。1983。

〔43〕 同〔34〕。

〔44〕 Wymer, J. J., The Palaeolithic Age. New York: ST. Martin's Press. 1982.

(本文作者　北京大學考古學系)

The Special Feature of Chinese Palaeolithic Culture and Its Contributing Factor

Wang Youping

Summary

According to the comparison of palaeolithic culture between the West and the East of the Old World, the special evolutionary path of Chinese palaeolithic culture and its contributing factor are discussed in this paper. In contrast with the development from the pebble-tools industry to the Acheulean in the western part of the old world, the palaeolithic industries in China, were just the pebble-tools or the flakes during the Early and Middle Pleistocene. In the West, the Mousterian, the blade and micro-blade industries developed in succession after the beginning of the Late Pleistocene, but there were still mainly the pebble-tools or fiakes industries in China, except some micro-blade in North China by the end of the Pleistocene. Few blade industries was discoveried in North China, which should come from the West. Unlike five palaeolithic industries developed one after another in the West, it was mainly from the pebble-tools to flakes, which was the special evolutionary path of palaeolithic in China. The special feature of Chinese palaeolithic culture was closely related with the evolution of early man in the East Asia. The natural geographical barriers and environmental effect that were created by the raise of the Himalayas and the Qinghai-Xizang Paleau, are the main contributing factor for the special evolutionary path of early man and palaeolithic culture in China.

內蒙古土默川、大青山的北魏鎮戍遺迹

蘇 哲

內蒙古自治區土默川平原及其北部屏障大青山自戰國時起就成爲中原王朝與遊牧族政權接觸、衝突、交互控制的區域。三國魏末至十六國時期，拓跋鮮卑發迹於此，進而入主中原，統一了中國北方。這裏不僅是北魏故都盛樂、金陵、宗廟之所在，也是北境防衛之襟要。爲防御陰山北柔然的入侵，北魏政權建立了一系列城塞鎮戍扼守陰山孔道。清代以來，一些學者爲了撰寫地方志或疏校《水經注》，對這一帶山川沿革多有考證。近年內蒙古自治區的考古工作者加强了古城址的勘察，爲用考古學方法研究這一地區的歷史地理奠定了基礎。1988年8月筆者調查了呼和浩特市北郊壩口子古城、武川縣壩頂遺址、土城梁古城、和林格爾縣上土城古城、托克托縣古城鄉古城（圖一，本文附圖皆在文後。）。1989年3、4月指導86級同學畢業實習時，同牛世山、羅文華同學測量了這些遺迹。本文試圖以實地調查資料爲基礎，結合文獻記載對上述城址進行考古學和歷史地理學的考察。

一、壩口子城址

位於呼和浩特市西北六公里攸攸板鄉壩口村。海拔高度約1115至1135m，地勢由北向南傾斜。古城北扼大青山北麓的蜈蚣壩山口，南臨土默川平原，控制着連接陰山南北的要道。由山南農耕地區通往山北草原地帶的呼百公路從古城東牆下通過。

城址平面呈長方形，南北585m，東西340m。南牆向北202m處有一道橫斷全城的東西牆，將城分爲南北二城。清末咸豐年間，因山洪暴發，壩口子溝水改道毀城西北角而入，貫城南去，將城址割裂爲東西兩部分（圖二）。北城除西南角外，大部分壓在今壩口村下面。北牆毀於後代建築，僅在一座現代房屋下殘存長約 3m、高約 0.5m 的殘垣。東牆南端與南牆東端結合處尚存一段長 10 餘米、高兩米多的夯土牆。東牆中部偏北的部位在房基下保存了殘高 1 米多，長 4 米餘的城牆遺迹，據此可確定東牆的走向。西牆北段毀於溝水，南段殘長 52m，高 3.7m，牆基寬約 8.6m。南牆中段爲壩口子溝水冲刷殆盡，東西段保存較好。西段長 76m，寬約 8.6m，東段長 174m，殘高 3.2m，寬約 7.3m。從溝東岸城牆斷面可對其夯土構造察知一二。牆體由三重夯土夾築而成，中部夯土基厚約 3.4m，外側夯土基亦厚 3.4m，內側厚約 1.8m。夯層清晰，厚約 5—6m，夯窩徑約 4—5cm，土色灰褐，質堅硬。

北城中部築有三座南北相連的子城，當地俗稱"里羅城"。三座子城西牆皆毀於河水，南起第一子城利用北城南牆爲南牆，東牆因近年當地居民建房而破壞，僅南端可見一處高出地面 2m 的夯土牆體，其餘部分僅餘微微隆起的土埂，北牆亦爲一寬 4.4m、高 0.5m 的土壠。該子城南北長約 104m，東西殘寬 88m。南起第二子城南北長約 80.5m，東西殘寬 92m，北牆殘高 0.4m，寬 3.3m，南第三子城的北牆壓在現代房基下，地面無殘迹，因其毀壞年代不長，據當地居民提供的資料可大致確定其位置。其南北長約 82m，殘寬 94m。三座子城內部空間幾乎全部爲現代建築與打谷場侵佔，無法確認夯土臺基的存在。南第一子城南部地面分佈有數量較多的漢代繩紋瓦與北魏素面瓦，還有灰色繩紋夾砂陶片、繩紋磚，部分遺物或可晚至隋唐。

南城地勢明顯低於北城。西牆已毀，東牆北段尚存 97m，殘高 3m 左右，牆外堆積約 4m 厚的積土。夯土層次清晰、夯層厚度與夯窩直徑與北城南壁相同。南牆僅壩口子河西殘存 92m，殘高 2.8m，寬 6.8m，斷面夯層不甚清晰，堅硬程度亦不如東牆。南城內遺物甚少，亦未發現建築遺迹。[1]

清末以來，該古城受到洪水與人爲的嚴重破壞，城內建築與城門位置已無法考知，只能根據城牆遺迹對平面佈局進行粗略復原。因缺乏局部試掘條件，亦難以斷定北城、南城、各子城的始建年代是否一致及增修沿用情況。1965 年，城內曾出土薩珊波斯卡瓦德一世（kavadbh I 499-531）銀幣一枚，庫思老一世（khusrsu I 531-579）銀幣三枚，[2]1974年，發現北魏石刻佛像殘背光。[3]古城以北，蜈蚣壩山口兩側崗阜上曾發現大量漢代灰色繩紋瓦，估計當時谷口制高點上也曾建有軍事設施。

二、壩頂遺址

位於壩口村古城西北約11公里，蜈蚣壩頂西阜海拔1662m的山脊上。通往山北的古道經其東側，蜿蜒西北，烏素圖水逕阜西南去。由阜頂可南瞰壩口子古城，北望土城梁古城，爲軍事上要害之地。

現存主要建築遺迹爲一平面圓形的夯土臺基（圖三）。臺基底徑東西約35m，南北36m，高約5m。基頂中部下凹，東南部留有1m寬的缺口似門迹。臺基土質疏松、難辨夯層。環臺基建有兩重土牆，平均殘高不到0.4m，內環牆內徑56m，牆體最寬處5.2m，外環牆內徑東西87m，南北75m，牆體最寬處4.5m。東南部與臺基缺口相對處牆迹不明顯。距臺基西北120m和東北130m處各有一夯土丘。西北的夯丘基底爲方形，邊長約15m，高約3m。東北夯丘的西南部已破壞，徑約19m。夯土層中夾雜大量砂礫，每層厚11—13cm。兩座夯丘之間有一道似頹垣的斷崖相連，斷崖高0.8m至1m。臺基環牆上發現北魏灰色繩紋殘磚、素面殘板瓦。臺基南部農田中分佈有一種邊緣經過刮削修整的素面灰瓦與元代白瓷片。

因大青山頂土質粗疏，夯土不夠堅固，加之農民習慣於沿牆垣耕作，蠶食牆體，環牆原寬度無法從地表判知。環牆外也可能還建有其它設施。

三、土城梁古城

位於武川縣大青山鄉烏蘭不浪土城梁村西北約1公里。沿壩頂城址東坡古道西北行5公里即可抵達。古城修築於海拔1800餘米的大青山北麓一處較爲寬闊平坦的山梁上（圖四）。

遺址分南北二城，現皆廢爲麥田。南城規模較小，平面呈方形，南北長110m，東西寬102m，城牆殘高僅0.4至0.2m左右。牆土呈紅褐色，質疏鬆，夯層不明顯。北牆兩端向前凸出，使北壁堆積呈內凹的弧形，估計原東北、西北二城角曾修築有向北突出的馬面、角樓之類設施。坍塌後牆土淤積成弧形。[4] 南牆正中有一對環形土丘，疑爲門迹。城中部有一南北29.5m、東西36.6m、高2m 的大型夯土臺基，臺基北緣有一方形覆盆礎石。其底座邊長77cm，高34.5cm，覆盆徑74cm，柱孔徑16cm。若干年前臺基上曾挖出同樣礎石兩塊，現砌在農戶院牆中。礎石爲黃色砂岩鑿成。臺基上下及城內耕土中含豐富的灰色素面殘瓦。其檐板瓦前緣用手指按壓成水波形，內印布紋，外素面，寬26cm，厚1.4cm，筒瓦徑17cm，厚1.7cm，長度均不詳。瓦當上模印隸書體"富貴萬歲"四字，與大同出土的北魏瓦當相同，是典型的五世紀後期北魏遺物。

北城規模大於南城，城垣僅存南牆東段與東牆南段，殘高0.4m至1m，殘寬約5m。南牆殘長147m，東牆殘長257m。城址的西界與北界尚未搞清。城內東部有一夯土殘基，長約20m，寬約6m，周圍散佈大量殘瓦，亦發現"富貴萬歲"的瓦當殘件。城西部耕土中幾乎見不到遺物，看來當時城內主要建築集中在東部。

土城梁一帶水源奇缺，現村中僅十餘戶居民，生活用水要藉牲畜從澗底馱來，往返一次需40分鐘。城址附近無古今河道，烏素圖水逕其東方3公里處。

四、和林格爾上土城古城

位於呼和浩特市南40公里，和林格爾縣上土城村北400m，土默川平原的南緣。寶貝河逕城西南西去，河西岸爲低矮的丘陵，自城南下亦爲黃土丘陵地帶。山西大同至陰山北的公路由城東經過。城內地勢平坦，海拔1080m左右。

1960年4至5月內蒙古自治區文物考古研究所對古城進行了調查與試掘，據發掘報告：該遺址由三座相互叠壓的城址構成，範圍東西約1550m，南北2250m。南城平面近方形，南北長535m，東西殘寬505m，始建於西漢初，即定襄盛樂縣城。西晉永嘉中，拓跋猗盧"城盛樂以爲北都"，對城垣進行了增修。

北城南北1450m，東西最寬處1400m，建於唐初，天寶中振武軍節度使移鎮金河後增修了城牆。北城東牆南端打破了南城東北角，南牆建在南城內。中城位於北城西南，平面略呈長方形，南北670m，東西380m，年代最晚。內蒙文物考古所的試掘範圍僅限於北城與南城。[5]

我們重點調查的是中城遺址。其北牆長460m，東牆中段已毀，北段殘長540m，南段殘長180m。南牆西段毀於河岸崩塌，殘長150m，西牆南段被夷平，北段殘長80m。城中部偏南臨河處有一段曲尺形殘垣，長約80m（圖五）。從南牆斷面測得城牆基部厚約11m。

城牆上發現東門與北門兩處門址，每門似各設三個門道。兩座門址地面上皆堆積大量素面筒、板瓦殘片，證明曾有過門樓之類建築。東門筒瓦中有表面涂朱漆者。《晉書》卷一〇六石季龍載記云："後趙太武殿"皆漆瓦、金鐺、銀楹、金柱、珠簾、玉璧，窮極伎巧。"大同方山北魏文明太后永固陵永固堂遺址中也發現過類似朱漆筒瓦。據此可知這種漆瓦為十六國至北魏前期宮室建築材料，應係北魏盛樂城的遺物。此外還有一種檐板瓦前緣飾刻劃方格紋，下緣用手指壓成波浪形，形制與遼豐州城萬部華嚴經塔所出一致，為遼代遺物。城西北角亦有豐富的磚瓦堆積，似曾建有角樓。

城內地面尚存五座形制不一、規模不等的建築基址。據平面形態分析，城的中部曾建有規模較大的殿堂及廊廡。2號臺基是城內最主要的建築基址，臺基上散佈着數量可觀的泥質灰陶大型建築飾件殘片，形態可辨者有龍。還發現了殘石佛小像和小型佛座、蓮花獸面瓦當等遼金遺物。

2號臺基上發現數較多的表面光滑、顏色深灰並泛青紫光澤的筒瓦，瓦胎厚3至3.5cm，徑20cm，與鄴城北齊宮苑遺址所出筒瓦近似，疑即所謂表面涂胡桃油的瓦。《鄴中記》云：北齊宮中聖壽堂"丁香末以涂壁，胡桃油以涂瓦"。《嘉靖彰德府志》卷八記，北齊太極殿"瓦用胡桃油，光耀奪目"。該遺址這種瓦的年代應為北魏晚期。此外，堆積中還包含綠琉璃筒瓦，因缺乏明確的地層關係，年代難以斷定。

中城南部臨河處和東牆內側發現了蜥蜴形紋、變形雲紋、S形紋和YSX形組合紋四種瓦當。這些瓦當製作工藝相同。先模印出瓦當內區有紋飾的部分，在其上置筒瓦內模並包麻布。然後用泥條繞瓦當內區盤築出瓦當邊緣及筒瓦瓦身，拍打成形後，經輪修整，將筒瓦垂直切成兩半，在瓦當背部穿孔引綫，切下多餘的瓦坯。《內蒙古和林格爾縣土城子古城發掘報告》將上述第二、三種瓦當定為戰國晚期至西漢的遺物，第四種瓦當定為東漢至北朝初期遺物。[6]據此可知中城南部，南城北牆延長綫以南，直到今寶貝河東岸地區都屬於漢盛樂縣城、北魏故都盛樂城範圍之內。

五、托克托縣古城遺址

位於呼和浩特市西南約40公里托縣古城村。呼和浩特市通往黃河以南伊克昭盟地區的公路由城東通過。城址周圍地勢平坦，海拔高度約為1000m。城址平面不規則，東西1760m。南北1920m。城牆大都保存完好，最高處殘高5.6m，西壁斷面基部寬達16m，夯層清晰，厚7至9cm，夯窩直徑4至5cm。城西南角有子城，約140m見方，曾被利用做水塘，故子城內地表已看不到建築遺迹。城門的情況難以判別清楚，估計子城東側城壁的缺口為門迹。大城中部有一高約4m，南北18m，東西10m的夯土殘基，俗稱"鐘鼓樓"。1956年此臺基曾出土一尊北魏太和十八年銘鎏金釋迦銅像。[7]臺基上下散佈着北魏灰色筒、板瓦，其中有前緣留有指捏痕迹的水滴板瓦。臺基東北側還堆積着許多時代不明的灰色殘瓦。這裏應是北魏時期城中一處主要建築的基址。鐘鼓樓東的農田中散佈着大量的漢代繩紋筒、板瓦殘片，偶爾可見雲紋瓦當與菱格鋪地磚殘片。當地居民反映這一帶以前發現過五銖錢。在城西南部距西城牆200m處的公路南側有一處破壞得十分厲害的臺基遺迹，殘高僅1m，南北長約5m，東西殘寬僅2m左右，瓦礫堆積豐富，出有北魏晚期的蓮花瓦當（圖六）。

六、餘　論

北魏酈道元的《水經注》及北齊唐宋人撰寫的一些文獻中保存了較多關於土默川平原和大青山一帶北魏城塞鎮戍的記載，使我們有可能參照文獻資料討論上述城址的名稱、性質、規模及興廢年代。但這些記載多以水系爲主要綫索，土默川平原河流水量貧乏，河床較淺，易於局部改道。由於沙漠化的影響，也有的河段乾涸，河流變短，與北魏時期的情況已不盡相同，必須引起注意。

《水經注》卷三，河水三記：芒干水"又西南，逕白道南谷口。有城在右，縈帶長城，背山面澤，謂之白道城。自城北出有高阪，謂之白道嶺……荒干水又西南，白道中溪水注之。水發源武川北塞中。其水南流，逕武川鎮城……其水西南流，歷谷，逕魏帝行宮東，世謂之阿計頭殿，宮城在白道嶺北阜上……其水又西南，歷中溪，出山，西南流，於雲中城北南注於芒干水。"關於白道嶺、白道中溪、白道城的位置迄今無定論。董祐誠《水經注圖說殘稿》卷二云："今克魯倫必拉出歸化城西北，接茂明安界，西南流，逕城西境，會圖爾根河，疑即白道中溪水也。""今克魯倫必拉之西有多羅圖必拉，察蘇七必拉，皆南流入圖爾根必拉，未知何爲塞水也。"按克魯倫必拉今名槍盤河，源出陰山北武川縣境，逕陰山南出水磨溝口，在今托縣古城北入大黑河。圖爾根河即今大黑河，古芒干水。察蘇七必拉今察素齊河，在土默特左旗首府察素齊鎮西，出陰山後即斷流。多羅圖必拉在察素齊河之東，二水原皆爲大黑河支流。塞水是酈道元所記芒干水西起第一支流，白道中溪是西起第二支流，所以塞水的比定對於考定白道中溪至關重要，《水經注》卷三，河水三記："塞水出懷朔鎮東北芒中，南流逕廣德殿西山下……其水歷谷，南出山，西南入於芒干水。芒干水又西南注沙陵湖。湖水西南入於河。"後魏懷朔鎮城址即今固陽縣白靈淖鄉城Kulun，今大黑河支流中沒有一支河源可溯至其東北。關於白道城，董祐誠認爲："城當與今歸化城相近。"[8]王仲犖先生的看法與董氏類同。不過更爲具體："中溪川，今黑勒庫河也。""塞水，今名察素齊河"，"白道城，今內蒙呼和浩特市北"。[9]黑勒庫河亦即槍盤河，其上游支流眾多，沿河及乾涸河床已發現了東、西、南土城等古城址，不排除在其水系沿岸將來發現武川鎮城的可能性。其水出陰山後注入大黑河之處也恰在托縣古城即雲中故城之北，與《水經注》所記白道中溪的情況相符。1959年水磨溝口附近的一座北朝時期墓葬曾出土拜占庭"索里德"(Solidus)金幣、(LeoI, 457—479年)、獸面雙鰐紋金冠飾、鐫刻人像的黑寶石金戒指、紫寶石金戒指、高足銀杯等中亞和西亞系遺物。[10]說明槍盤河谷在南北朝時期是横斷陰山的一條重要交通綫。水磨溝口南今土默特左旗畢克齊大古城村有一古城址，平面方形，長寬皆360m左右。北牆尚存，殘高3m左右，夯層厚5至7cm，夯窩徑5cm，牆體堅固。東牆廢爲道路，西牆近年被人工夷平。南牆壓在村南端房基下，殘高僅0.4至0.5m。城內散佈着灰色的漢代繩紋陶片與筒、板瓦。城北小古城村畢克齊車站一帶也發現了同樣的繩紋灰陶瓮口緣殘片，因現代建築密集，未發現城垣，不能完全排除建有北城的可能性。大古城村古城與壩口子古城一樣，都是西漢爲防止匈奴南下，戍守陰山孔道而築，城北均有長城通過。遺憾的是大古城村古城尚未發現北魏遺存，且其城不當北戎大路，難以比定爲白道城。

　　楊守敬、熊會貞《水經注疏》將檜盤河比定爲塞水，將哈爾幾河（即今白石溝水）比定爲白道中溪。理由是："塞水出懷朔鎮東北，則其源甚遠，今惟克魯倫必拉足以當之。"[11]楊氏《水經注圖》將白石溝南口兩翼的山巒標爲白道嶺，並在嶺東脈之南標出白道城，西脈標出魏帝行宮。迄今尚未發現考古資料可與此說印證。

　　內蒙博物館汪宇平先生在實地進行考古調查的基礎上提出：今烏素圖水即白道中溪水，呼和浩特西北的吳公壩即古白道嶺，壩口子古城即白道城。[12]汪先生的意見無疑比上述諸說前進了一大步，他所比定的白道城當北戎大路，城中亦發現了北魏遺物。自城北出，今仍可見泉水涌流，與酈氏所記"沿途惟土穴出泉，挹之不窮"正相吻合。但其關於中溪水與白道嶺的看法值得商榷。白道中溪必須具備兩個條件：一流逕武川鎮城，二在雲中故城北注入芒干水。烏素圖水流程短，沿河已做過踏查，不太可能再發現武川鎮城這樣的大型遺址。其水出陰山後於呼市西南注入小黑河（古武泉水），顯然不是《水經注》所云之中溪水。汪先生判定白道嶺方位、範圍的主要文獻依據是光緒十八年序刊本《山西通志》。其卷三十九，山川考，大青山條云："察蘇河之東爲白道川，有白道嶺在歸化城北三十里，俗名吳公壩，其北連喀爾喀部者曰神山，即翁袞山也。其西爲白道中溪，俗名克魯庫谷，皆北出之衝也。"這段記載並不能證明今吳公壩即古白道嶺。克魯庫谷即檜盤河谷，其爲中溪水，也就意味着古白道嶺的範圍要超過今吳公壩。同卷三十九，案云："翁袞，蒙古語神也，語轉爲瓮翁，志

（《朔平府志》）遂行爲蜈蚣，歸綏志略省爲吳公，茲從之。"吳公、翁公、翁袞、神山實爲同一山，音轉義譯造成名稱混亂。[13]《嘉慶重修一統志》卷一六〇，歸化城六廳："翁公山，在歸化城北三十五里，有元時建甸城廢址。按此即陰山也。西自河套之北，起吳喇忒西境，東至歸化城東北，層巒峻嶺，連亘五百餘里，其間土名不一，自西而東，連絡起伏，至歸化城北界……翁公勢最高峻"。"又翁公谷在歸化城北二十里"，"黑勒庫河，在歸化城西七十里，源出黑勒庫谷，西南流，匯黑河。又昆都倫河，在城北六十里，源出布鹿圖之地，西流經翁公山，入黑勒庫河"。烏拉特西境至呼市東北，陰山最高峻處在水磨溝西金巒殿峰和白石溝一帶，無怪《水經注圖》將白道嶺繪在白石溝兩翼。昆都倫河源於武川縣可鎮北，在壩口子西北三十幾公里處匯入檜盤河。無疑，從歸化城北二十里的翁公谷，北至陰山北可鎮南，西至水磨溝一帶，清代均屬翁公山範圍，這也正是與北魏白道所穿越的山巒水系相關連的地帶。北魏至隋的文獻中不乏關於白道的記載，《魏書》卷二，太宗紀："至雲中，逾白道，北獵野馬於辱孤山。"卷三十，周大肥傳："出雲中白道，討大檀，破之，"卷四十四，費穆傳："朔州是白道之衝，賊之咽喉，"《隋書》卷四十九，突厥傳："啓民可汗上表陳謝曰：'……諸姓蒙威恩，赤心歸服，並將部落歸投聖人可汗來也。或南入長城，或住白道，人民牛馬，遍滿山谷。"《資治通鑒》卷一七八，"會高熲大兵至，合擊之，突厥敗走，追度白道，逾秦山（陰山）七百餘里而還。"可知在當時的地理概念中白道即陰山道，道南的土默川平原因之被稱爲白道川，[14]白道所穿越的這段陰山被稱之爲白道嶺，歷嶺而出的檜盤河名之白道中溪，[15]白道嶺南的壩口子城謂之白道城，其在軍事上的作用是守衛白道南谷口。如此解釋，與文獻記載殆無矛盾。

壩頂遺址即汪先生所推定的魏帝行宮"阿計頭殿"。《水經注》卷三，河水記："宮城在白道嶺北阜上，其城圓角而不方，四門列觀，城內惟臺殿而已。"知其爲臺基式殿堂建築。但所遺磚瓦僅數片而已，亦未發現礎石。而土城梁、托縣古城、固陽白靈淖城Kulun等處北魏臺基址均無例外的留下大量筒、板瓦、瓦當，甚至礎石。[16]該遺址位於人跡罕至之山頂，受人力破壞的可能性極小，很難考慮原臺殿的磚瓦已毀棄殆盡。現遺址的環牆上看不到門迹，無法與"四門列觀"的記載印證，且酈道元只記"其城圓角而不方"，未云城中臺殿是圓形的，因而更應慎重。《魏書》卷四十一，源懷傳記：正始元年九月，（懷）擊蠕蠕，至雲中，"旋至恆代，案視諸鎮左右要害之地，可以築城置戍之處。皆量其高下，揣其厚薄，及儲量集仗之宜，犬牙相救之勢，凡表五十八條。表曰：'……去歲復鎮陰山，庶事蕩盡，遣尚書郎中韓貞、宋世量等檢行險要，防過形便。謂準舊鎮東西相望，今形勢相接，築城置戍，分兵要害，勸農積粟，警急之日，隨便翦討……'世宗從之。今北鎮諸戍、東西九城是也。"壩頂遺址南瞰白道城，北眺陰山北麓，為兵家必爭之地，歷代白道鎮將不會忽視在此築壘置戍。其極有可能是北魏白道城下屬的烽戍遺址，並為後代延用。

土城梁古城，張鬱先生定其為北魏武川鎮城。[17]《水經注》記中溪水"逕武川鎮城"，但土城梁城下未見古今河道，烏素圖水在其東 3 公里。酈道元太和十八年隨孝文帝北巡，到過武川鎮，正光中又參預籌措改北邊諸鎮為州之事，對武川形勢相當熟悉，不會在有無河水流逕鎮城這點上搞錯。氏又云："城以景明中築，以御北狄矣。"土城梁現已發現的瓦當均為隸書"富貴萬歲"文字瓦當，屬遷洛前的式樣。

目前尚不清楚城與城內建築的年代是否一致。南城南門址附近是瓦礫堆積最豐富之處，其瓦當、筒、板瓦式樣與臺基上的相同，如果不是農民耕地時將城內田間的瓦礫堆棄在此的話，其應為樓櫓上的遺物，那麼也就意味着至少南城建於遷洛以前。武川是後魏北邊重鎮，所統攝之兵馬應具相當數量，否則不足以當柔然之兵鋒。土城梁水源不足，"時有小泉，不濟大眾"，加之"景明以來，北蕃連年災旱"（《魏書》卷四十一，源懷傳），不可能大規模屯駐軍隊。1979 至 1980 年內蒙古文物工作隊與包頭市文物管理所共同調查的固陽縣白靈淖城 Kulun 古城為懷朔鎮城，其城平面為五邊形，東西 1300m，南北 1100m，面積為土城梁遺址的十幾倍。[18]孝昌四年改鎮為州時，於懷朔鎮置朔州，武川鎮為朔州神武郡。懷朔鎮規模似大於武川鎮，但不應相差如此懸殊。迄今為止，我們對土城梁古城所做調查甚少，沒有進行正式發掘，在存在上述諸多疑點的情況下，不宜急於定其為武川鎮城[19]。《魏書》卷七，高祖紀：太和十二年"五月丁酉，詔六鎮、雲中、河西及關內六郡，各修水田，通渠灌溉"。源懷傳又記：

"景明以來，北蕃連年乾旱，高原陸野，不任營殖，唯有水田，少可蓄畝。然主將參僚，專擅腴美，瘠土荒疇給百姓，因此疲弊，日月滋甚。諸鎮水田，請依地令分給細民。"説明北魏諸鎮多設在有水田的地方，武川鎮城亦應如酈道元所記，於白道中溪上游臨河而建。據此似可推測，武川鎮址可能就在檜盤河上游昆都倫河流域，今武川縣城一帶。

和林格爾土城子爲兩漢盛樂城，拓跋猗盧始居"定襄之盛樂故城"。猗盧六年（313年）"城盛樂以爲北都"，似對漢城有所擴建。什翼犍三年（340年）移都於雲中之盛樂宫，遂稱此城爲"定襄之盛樂"[20]。孝文遷洛後爲雲中郡治並置朔州，正光五年（524年）又詔改爲雲州，孝昌元年（525年）其城陷於破六韓拔陵。入唐以後，武德四年平突厥，於盛樂置雲州。貞觀二十年改爲雲州都督府，麟德三年改爲單于大都督府，天寶四載王忠嗣移振武軍節度使於城内。至五代後唐此城依然爲北方重鎮，其後因契丹人入侵而衰落。據《遼史》卷四十一，豐州天德軍條記："後唐莊宗以李嗣本爲振武節度使。太祖神册元年，伐吐渾還，攻之，盡俘其民以東，唯存鄉兵三百人防戍。後更爲縣"。金代於此設振武鎮，屬豐州。此後未設縣以上建制。不難看出盛樂城的戰略地位以北魏時最爲重要，拓跋鮮卑經營盛樂達二百年之久，初都盛樂時期，畜牧遷徒，似未有宫室[20]。遷都平城後，盛樂作爲故都與北方重鎮，地位在六鎮之上。太武帝時"於雲中及盛樂神元舊都祀神元以下七帝"，明元帝時"又於雲中、盛樂、金陵三所，各立太廟，四時祀官侍祀"（《魏書》卷一〇八，禮制）。盛樂鎮將多由顯赫的貴族充任。東晉皇族司馬楚之、司馬金龍父子仕魏，先後被授以王爵，任雲中鎮大將，金龍弟司馬躍又代兄爲雲中鎮將，其父子兄弟鎮守盛樂數十年。盛樂城内應有北魏宗廟、離宫、府廨之類建築。《内蒙古和林格爾土城子古城發掘報告》依據南北兩城的叠壓、打破關係確認南城即兩漢盛樂城，北城即唐振武城，爲土城子遺址的年代學研究奠定了基礎。但又提出中城年代晚於北城，"是整個古城中最晚的遺存"。如此，北魏盛樂將僅限於土城子南城的狹小範圍，不僅南城中明確屬於北魏的遺物不多見，城址規模與盛樂的地位亦不相符。土城子最主要的建築遺迹集中於中城，門址、建築臺基上堆積豐富的漆瓦、"涂核桃油瓦"屬於北魏遺物[21]。從文化的堆積的内容可以推斷中城的年代要早於北城，上限至少可推至北魏遷洛前。阿保機攻破振武以後，唯存鄉兵三百人屯戍"，已無力大規模興建土木，其縣衙、寺院等主要建築因北魏之舊基，仍然安排在中城之内，所以中城亦有較多遼代以後的遺物。無論就遺物分佈或從其應具有的規模來推測，北魏盛樂城的範圍至少應包括土城子的中城與南城。盛樂城考古尚存諸多問題，有待於更大範圍的發掘調查和遺物編年體系的建立。

托克托縣古城即戰國趙武靈王所築之雲中城[22]，秦漢在此置雲中郡治，北魏置延民縣，屬雲中郡，魏末在原雲中郡治置盛樂郡，別置雲中郡於此城。《水經注》卷三，河水記：古白渠水"逕雲中故城南"，其城東距盛樂城八十里，後魏雲中宮四十里。董祐誠認爲：白渠當即今黄水河，蒙古曰西拉烏蘇。城址附近河水早已乾涸，故道湮没，後魏雲中宫址至今尚未找到。1988年，在城址西門外約50米處發現一片戳印陰文隸書"雲中"二字的陶罐底部，爲漢代遺物[23]。參照文獻所記方位、城内遺物、陶文資料知其爲雲中城無疑。現存城址規模不小於唐振武軍節度使城，西南角還建有子城，城牆夯土中夾有唐初白瓷碗殘片，知初唐以後城牆仍有增補。北魏遺物主要分佈在城中部至西南部，北魏城的範圍是否與現城址一致尚有待考古發掘確認。

綜上，壩口子古城應爲北魏白道城，壩頂遺址與土城梁古城爲呼應武川鎮與白道城的鎮戍遺址，和林格爾上土城的南、中兩城都在北魏盛樂的範圍内，托克托古城即北魏雲中城。終北魏之世，土默川平原及大青山皆爲關係王朝安危存亡之重地。以武川爲前沿，盛樂爲後援，包括白道、雲中諸城戍的防禦體系曾有效的遏止了柔然的南侵。然而，六鎮之亂，魏師在白道失利，導致拓拔鮮卑帝國的北方防禦體系迅速崩潰，加速了它的滅亡。因而，進一步調查、發掘這一地區的北魏遺址，對於研究當時的政治、軍事、外交、中西交通均具有重要意義。

（土默川大青山北魏鎮戍遺跡的調查得到日本古代騎馬文化研究會的資金贊助，調查過程中内蒙古自治區文物考古研究所郭素新、張鬱先生，内蒙古博物館汪宇平先生，北大考古系王樹林先生曾給予指導和幫助，謹致謝意。）

注　釋

〔1〕 汪宇平《呼和浩特市北部地區與"白道"有關的文物古迹》圖二，白道城平面圖，在南城內繪出一道南北走向的城牆。經實地勘查，其南城中確有一道南北走向的土壠，但不是城牆。汪文見《內蒙古文物考古》，第 3 期，1984 年 3 月。

〔2〕 內蒙古文物工作隊，內蒙古博物館《呼和浩特市附近出土的外國銀幣》，《考古》，1975 年 3 期。

〔3〕 汪宇平《從〈水經注〉的論述看呼和浩特市郊北部的山川形勢和文物古迹》，《向達先生紀念論文集》，新疆人民出版社，1986 年 1 月。

〔4〕 張鬱先生將南城北壁繪成弧形。見張鬱《內蒙古大青山後東漢北魏古城遺址調查記》，《考古通訊》1958 年 3 期。

〔5〕 內蒙古文物考古研究所《內蒙古和林格爾縣土城子古城發掘報告》，《考古學集刊》6，中國社會科學出版社，1989 年。

〔6〕 同〔5〕。

〔7〕 內蒙古自治區文物工作隊編《內蒙古出土文物選集》，圖版 104，文物出版社，1963 年。

〔8〕 《董方立遺書·六，水經注圖說殘稿》卷二，同治己巳年蜀刻本。

〔9〕 王仲犖《北魏延昌地形志北邊州鎮考》，《北周地理志》，中華書局，1980 年。

〔10〕 同〔2〕。

〔11〕 楊守敬、熊會貞《水經注疏》卷三，江蘇古籍出版社，1989 年。

〔12〕 同〔3〕。

〔13〕 《金史》卷二十四，地理上，豐州富民縣條："富民，晉舊名。有黑山，神山。"

〔14〕 《太平寰宇記》卷四十九，"陰山道，接冀州圖云：雲中周六十里，北去陰山八十里，南去通漠長城百里，即白道川也。南北遠處三百里，近處百里，東西五百里，至良沃沙土而黑，省功多獲，每至七月乃熟。白道川當原陽鎮北，欲至山上當路有千餘步，地土白如石灰色，遙去百里即見之，即陰山路也。從此以西及紫河以東，當陰山北者，唯此路通方軌，自外道皆小而失次者多。"

〔15〕 張鼎彝《綏乘》卷六，山川考："大黑河合東北十二水而注之……曰哈爾幾河，曰黑勒庫河，曰多羅圖河曰察蘇齊河……哈爾幾河、黑勒庫河、多羅圖河三水合流，古白道中溪也。源出武川縣翁滾鄂博岡，經歸綏之畢齊克齊，南行會於大黑河。"目前因未掌握古今河道變遷的確切資料，無法對張說進行討論。

〔16〕 內蒙古文物工作隊，包頭市文物管理所《內蒙古白靈淖城 Kulun 北魏古城遺址調查與試掘》，《考古》，1984 年第 2 期。

〔17〕 同〔4〕。

〔18〕 同〔16〕。

〔19〕 王仲犖先生認爲武川縣西烏蘭不浪東土城爲武川鎮城址，同注〔9〕。經內蒙古文物考古所調查，城內只發現了金、元時代遺物。

〔20〕 同〔3〕。

〔21〕 中城2號建築臺基上所見綠色琉璃瓦年代尚不能確定，文獻記載北朝晚期已出現琉璃瓦。《嘉靖彰德府志》卷八記：北齊遊豫園鸚鵡樓"以綠瓷爲瓦，其色似鸚鵡，因名之"，鴛鴦樓"以黃瓷爲瓦，其色似鴛鴦，因名之"。

〔22〕 《水經注》卷三，河水："趙武侯自五原河曲築長城，東至陰山，又於河西造大城，一箱崩不就，乃改卜陰山河曲而禱焉。晝見群鵠，於雲中，徘徊經日，見大光在其下。武侯曰：'此爲城乎？'乃即於其處築城，今雲中城是也。"

〔23〕 文卿《托克托縣發現"雲中"戳印殘陶》，《內蒙古文物考古》，1991年第1期。

（本文作者　北京大學考古學系）

North Wei's Garrison Sites at Tumochuan and Daqingshan in Inner-Mogolia

Su Zhe

Summary

After unification of north China by the North Wei, Tumochuan together with Daqingshan, a mountain to its north like a protective in today's Inner-Mogolia, where the Tuoba Xianbei rose from, became a key defence area for its northern frontier. In this area a group of garrison sites were set up by the North Wei Dynasty to guard the Pass on Yinshan. This defence system, with Wuchuanzhen as the vanguard and Shenlecheng the reinforcement, including Yuzhong, Baidao and other garrison sites, had efficiently contained the invasion of the Rouran from the north. But afterwards the rebelion of the Six Garrisons and Wei's military defeat at Baidao led the collapse of its north defence system and accelerated the Tuoba Xianbei Empire's eventual destruction. However, there are a number of important but not yet resolved questions in relating archeological and historic-geographic studies. This paper, based on the field investigation and meanwhile combining with the literature records, tries to research for the ancient town of Bakouzi in the north suburb of Huhhot, the Baoding relic in Wuchuan county, the ancient town of Tuchengliang, the ancient towns of Shangtucheng, in Helinge'er county, as well as Guchengxiang in Tuoketuo county, and publishes their archeologic surveys for the first time. The conclusion arrived is as follows:

The ancient town of Bakouzi should be the town of Baidao during the North Wei. the relic of Bading and the ancient town of Tuchengliang are two garrison sites between Wuchuanzhen and the town of Baidao. Both the southern and northern town of Shangtucheng are located in the area of Shenlecheng, the ancient capital of the North Wei. The ancient town of Tuoketuo is the town of Yunzhong of North Wei

The paper meanwhile makes an approach to those old place names and routes such as Baidao, Baidaoling, Baidaozhongxi, Baodaochuan during the North Wei Period.

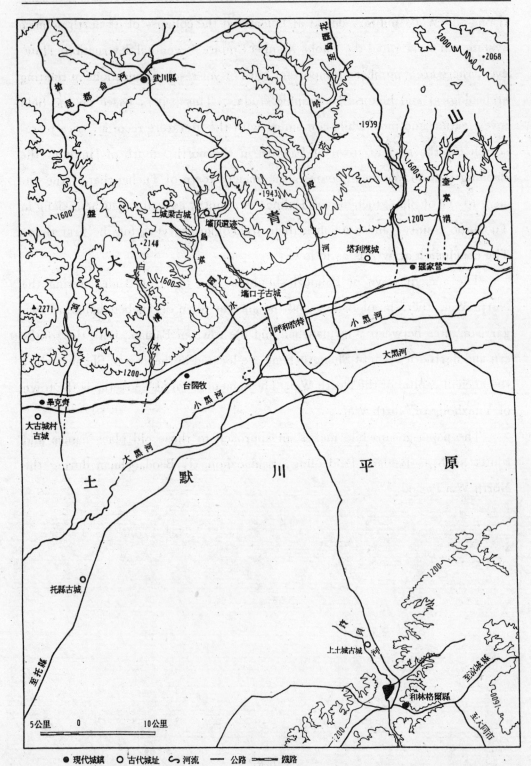

圖一、大青山土默川主要古城址分布圖

内蒙古土默川、大青山的北魏镇戍遗迹

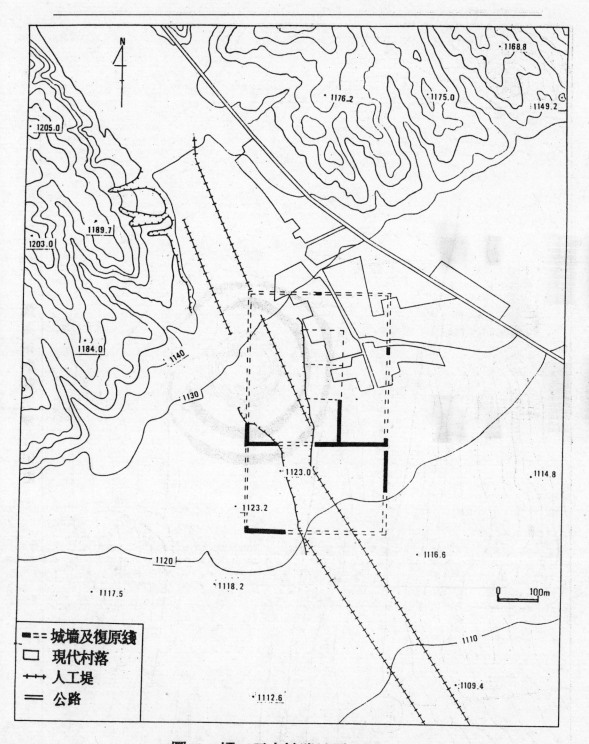

图二、坝口子古城遗址平面图

图三、坛顶遗址平面图

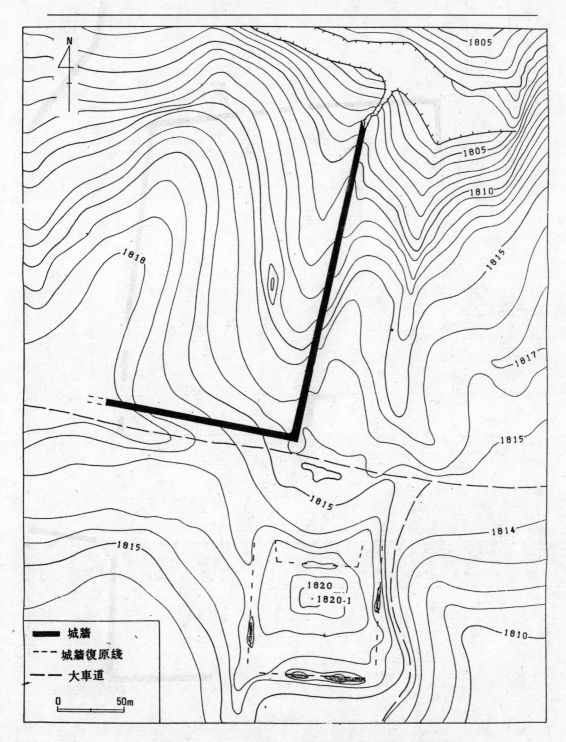

圖四、土城梁古城遺址平面圖

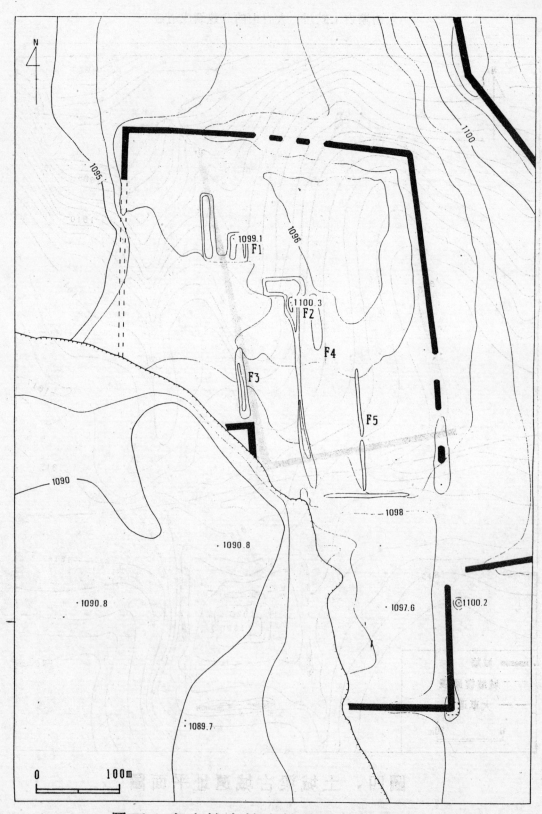

圖五、上土城古城中城遺址平面圖

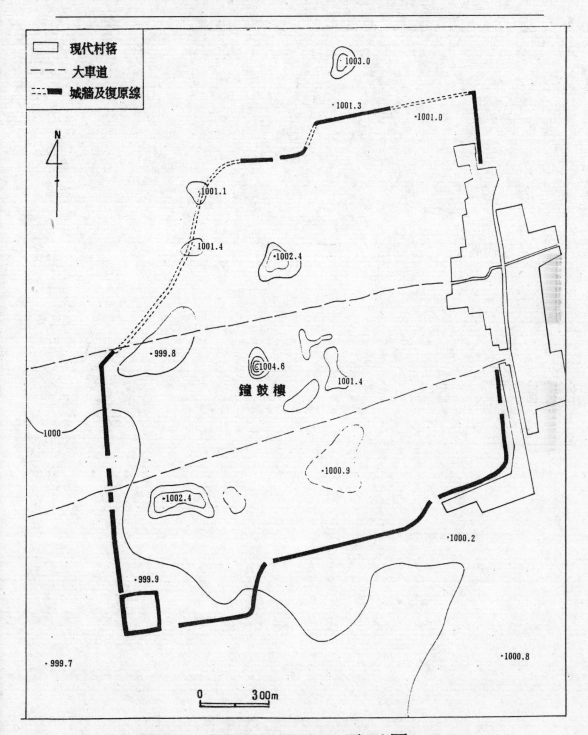

圖六、托縣古城遺址平面圖

阿里地區札達縣境的寺院遺迹

——《古格王國建築遺址》和《古格故城》中部分寺院的有關資料讀後

宿 白

西藏工業建築勘測設計院編輯的《古格王國建築遺址》(中國建築工業出版社，1988)和西藏自治區文物管理委員會編輯的《古格故城》(文物出版社，1991)是近年考察西藏西部阿里地區古代建築遺存的兩部重要著作。前者重點介紹札達、普蘭兩縣境內的主要建築遺址（包括古格王國宮城、寺廟、宗政府、民居、防御工事與遺址的總平面佈局）和對建築遺存特點的分析。後者是位於今札達縣札桑區的古格故城遺迹的較全面的考古調查報告，並附錄札達縣境現存其他四處遺址的調查簡報。兩書在描述遺迹之前，都根據過去文獻，特別是抄本流傳的藏文文獻如《聖山志》、《直貢世系》、《拉達克王統記》和十七世紀西方耶穌會士的各種記錄，對十三世紀以來古格王國地區的歷史作了較全面的整理。古格地區歷史整理工作，《古格王國建築遺址》（以下簡作《遺址》）的作者筆路藍縷成績卓著，令人欽佩；《古格故城》（以下簡作《故城》）除了進行考古記錄外，還考訂了許多現存的殿堂壁畫的年代，獲得了重要的開創性成果。現謹據兩書所提供的資料與論證較全面的寺院現况輯錄如下，並試作某些不成熟的訂補與分析，以備探討西藏寺院殿堂分期排年的參考。本文輯錄內容計五項，共十三處建築即十二座寺院殿堂和一處佛塔。（圖一，見569頁）

一、托林寺殿堂遺迹：1. 朗巴朗則拉康（迦莎殿），2. 嘎波拉康（白殿）

二、古格故城Ⅳ區南部殿堂遺迹：3. F48～60。

三、古格故城Ⅵ區以F27爲中心的殿堂遺迹：4.F27，5.F35 金科拉康（壇城殿）。

四、古格故城Ⅳ區中部殿堂遺迹：6. F189 嘎波拉康（白殿），7. F208 瑪波拉康（紅殿），8. F136 杰吉拉康（大威德殿），9. F185 卓瑪拉康（度母殿），10. Y126 供佛洞，11. 札布讓宗政府佛殿。

五、古格故城Ⅸ區札布讓寺遺迹：12. F58 札布讓寺佛殿，13. 札布讓寺佛塔。

一、托林寺殿堂遺迹

托林寺[1]位札達縣西北，象泉河南岸臺地上，原是阿里地區規模最大的寺院，是西藏佛教後弘期最早興建的寺院之一。《故城》附錄一著錄此寺現況云：

> 托林寺原有規模較大，包括朗巴朗則拉康、拉康嘎波、杜康等三座大殿……近十座中小殿以及堪布私邸、一般僧舍、經堂、大小佛塔、塔牆等建築。寺院所有建築都受到程度不同的破壞，保存較好的只有三大殿和一座佛塔。（P. 325）

《遺址》、《故城》兩書刊露資料較多的是三大殿中的兩座——朗巴朗則拉康和嘎波拉康。（圖二）

1. 朗巴朗則拉康（迦莎殿）是上述三大殿中建築最早、破壞最嚴重的一組殿堂，《遺址》名之曰迦莎殿，其記該殿的形制云：

> 迦莎殿座西朝東，分內外二圈。內圈佈置五座殿堂，呈十字形，正中係 14×14 米的方殿，安放着立體壇城和朗姆那佛像。方形四向分設 6.5×7.1 米四座佛殿。周圍環繞 37 米迴廊，係轉經朝拜道。外圈東向為門廳，東西北三向各有殿堂三座，其中中間佛殿帶轉經道。外圈四角又各設佛殿兩座並建塔一座。迦莎殿的建築造型，在西藏千姿百態的佛殿之中自樹一幟，獨具風格。史籍記載，該建築物係益西沃仿照桑鳶寺而建。桑鳶寺……中央的烏策大殿象徵着世界中心須彌山，南北的太陽月亮殿象徵日月輪，大殿四角的白青綠紅四塔象徵四天王天，圍繞大殿有十二座建築物象徵着須彌山四方咸海中四大部洲和八小洲……托林寺的迦莎殿則把桑鳶寺一組龐大建築群所表現的設計思想和內容，組織在一幢建

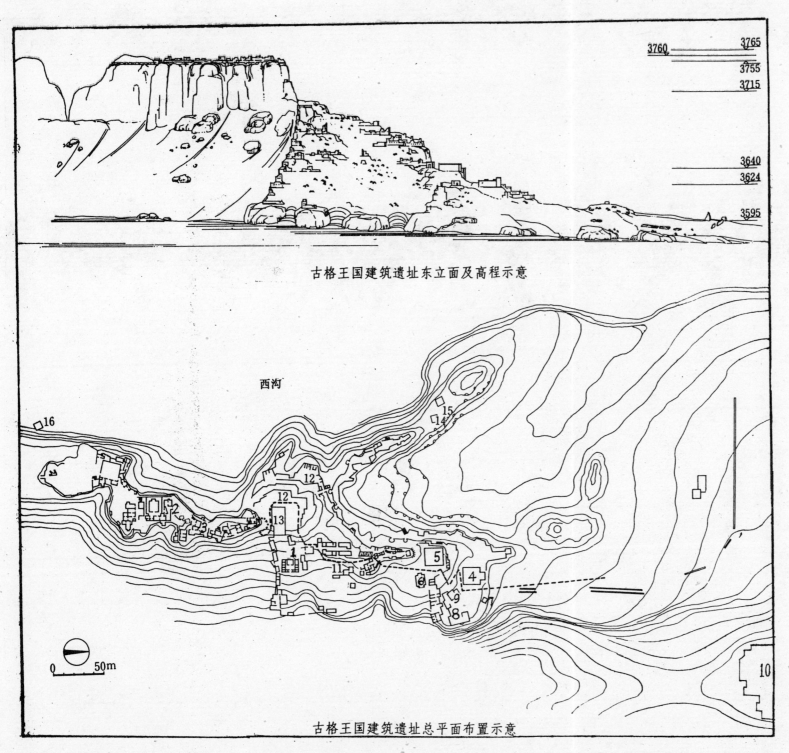

圖一：古格王國建築遺迹平面與東立面示意（據《古格王國建築遺址》圖六一七改製）

1. Ⅳ F48-60
2. Ⅵ 以 F27 為中心的殿堂
3. Ⅵ F35（壇城殿）
4. Ⅳ F189（白殿）
5. Ⅳ F208（紅殿）
6. Ⅳ F138（大威德殿）
7. Ⅳ F185（度母殿）
8. 札布讓宗政府
9. 札布讓宗政府佛堂
10. Ⅸ 札布讓寺
11. 僧居
12. 城牆
13. 石基
14. 菩提塔
15. 天降塔
16. 山下取水建築

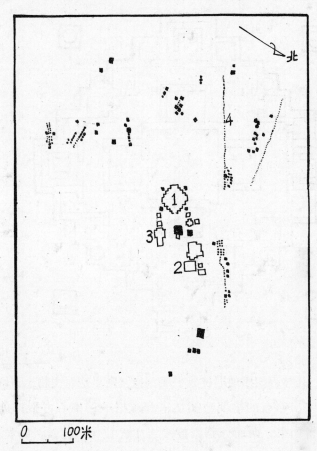

圖二：托林寺平面示意（據《阿里地區文物志》圖41）
1. 朗巴朗則拉康　2. 嘎波拉康（白殿）　3. 杜康　4. 塔牆

築之中。中間的方殿表示須彌山，環廊外圍四向的四組佛殿分別代表東勝身三洲、南瞻三洲、西牛賀三洲、北妙聲三洲；四角四座佛塔代表四天王天等等（P. 165）。

文中並附有該殿平面示意圖，圖與上述文字對比探討，可以推知托林寺迦莎殿摹仿山南地區札囊縣桑耶寺之傳聞並非虛構[2]（圖三），而現存遺跡尚存早期形制亦可大體論定[3]。《故城》附錄一記錄此組建築可補充前引《遺址》處照錄如下：

朗巴朗則拉康意為遍智如來殿，是三大殿中年代最早者……雖然整組殿堂頂部已全部不存，塑像壁畫等毀壞殆盡，但存留下來的牆垣和四角塔

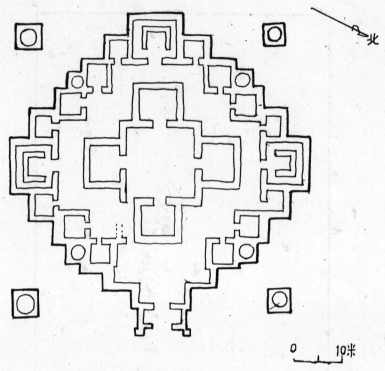

圖三：托林寺朗巴朗則拉康平面（據《阿里地區文物志》圖 42）

> 仍可反映出原有的早期建築結構和風格……中心方殿即朗巴朗則拉康，主供遍智如來，四面分别緊接多吉生巴拉康、仁欽久乃拉康、堆友立巴拉康、朗堆太一拉康四座小殿……（P. 325）

所記中心方殿即朗巴朗則拉康，拉康主供遍智如來即仿自《西藏王統記》所記桑耶寺神殿正殿中層和上層皆以毗盧遮那佛爲本尊[4]，毗盧遮那佛即密教本尊大日如來，至於四面分别緊接中心方殿之四座小殿，其供奉之主像即東方金剛部主阿閦佛、南方寶部主之寶生佛、西方蓮花部主之彌陀佛、北方羯摩部主之不空成就佛。《西藏王統記》的作者是有名的第十二代薩迦寺座主喇嘛當巴索南堅贊（1312～1375），此書成書於 1388 年，應是其後人續成之作。

按托林寺創建於十世紀末古格王意希沃[5]，1322 年布頓大師所撰《佛教史大寶藏論》記其事云："柯熱藏王將西藏政權托付給他的兄弟松額王，自己出家爲僧，起名耶喜峨（拉喇嘛）……拉喇嘛在象雄地方修建脱滴寺（即托林寺），許多譯師和班智達作了出資建寺的施主"[6]。與布頓同時的蔡巴·袞噶多吉的

《紅史》亦記此事："柯熱有兩個兒子即噶惹札、德哇熱札，他們父子期間修建了托林寺。"[7] 五世達賴昂旺羅桑嘉措《西藏王臣記》云："由於獲得成就的班抵達大師底毗迦羅西遮羅（即阿底峽的梵語名號）有不動搖的毅力，能勇猛勤修，具足卓越神力的佛子行……這樣的功德美舉，拉喇嘛絳秋窩已有所聞，他派遣納措譯師為使……於是（阿底峽）尊者運用善巧方便，到達阿里地區，駐錫脫頂寺（即托林寺），對拉喇嘛絳秋窩等具造善緣的人士們，講授了許多甚深和廣大的教法。"[8] 1076年，絳秋窩侄孜德又在此寺舉行西藏佛教史上著名的"丙辰法會"[9]，因此，托林遂名揚全藏。前面推測朗巴朗則組殿尚存早期形制者，即指此10～11世紀托林寺佛殿的形制。

2. 嘎波拉康（白殿）位於朗巴朗則拉康東南，該殿發表資料較多。《遺址》刊露有殿外景（圖版9）、殿門（圖版10）、木構架（圖115）、天花彩畫（圖版19）、主尊塑像（圖版16）、單幅壁畫（圖版14）等。《故城》附錄一記該殿現況云：

> 拉康嘎波（白殿）……門向南，殿內平面略呈矩形，北壁正中稍向後凸一部分作為主供佛座。殿門外原有門廊，廊頂已不存，僅餘兩廂牆壁，門兩側有坯砌泥塑的瓶狀蓮臺蜀柱裝飾，現大部已殘[10]。殿門的框楣均加雕飾……殿內共有42根木柱，分為南北七排，東西六排，殿內原有塑像15尊，現僅存北壁正中主供座上的釋迦牟尼殘像……東西壁前原有無量壽佛、觀音、薩迦班智達等塑像4尊……現均不存，空餘像座。殿內周壁遍繪壁畫，以塑像背光或各類佛、菩薩、佛母、度母大像為主體，間繪各種小像及高僧修行圖、供佛圖等……造型、服飾與古格故城佛殿壁畫同類作品基本一致……（P326）

此殿壁畫佛母、度母大像的造型與服飾和古格故城ⅥF35（金科拉康）同類內容相似；殿內僅存的釋迦坐像與江孜白居寺大菩提塔內塑像、殿內般若佛母壁畫與白居寺佛殿六臂佛母壁畫都極相似[11]；值得注意的是此殿原奉有薩迦班智達塑像，壁畫所繪祖師像中亦有薩迦祖師像，且有宗喀巴像[12]，而前引ⅥF35前壁既有薩迦五祖壁畫，左壁又繪薩迦高僧仁達瓦；還繪有洛桑札巴（宗喀巴）及其三弟子（甲曹杰、堆增札堅巴贊、克珠杰）像。[13] 薩迦高僧與格魯高僧並重，此兩殿在現存阿里寺院諸殿堂中最爲突出。又此殿柱頭托木係雙層式樣,其上層下緣雲文曲綫與ⅥF35雙層托木的下層下緣雲文曲綫亦極相似(圖四)。以上諸項相似情況,大約可反映這幾座建築在時代上的接近。這幾座建築中,白居寺佛殿建於明永樂十六年(1418),白居寺大菩提塔建於明宣德二年(1427)[14],因可推知托林寺嘎波拉康的時代當亦在十五世紀。1801年青海郭隆寺土觀二世羅桑卻季尼瑪撰《土觀宗教源流》(以下簡作《土觀源流》)記在古格地區首弘宗喀巴教法的阿旺札巴云:"他在仁欽桑布駐錫的托頂金殿寺(即托林寺)及咱讓(即札達縣的札布讓)之芝教寺、羅當寺等諸古道場,樹立大師良好教規,廣傳法要"[15],阿旺札巴的時代即在十五世紀[16],是此殿繪有宗喀巴像或與此事有關。

圖四:托林寺白殿托木[1]和ⅥF35(壇城殿)托木[2]
([1]據《遺址》圖17、[2]據《故城》圖版三三:3摹繪)

二、古格故城Ⅳ區南部殿堂遺迹

古格故城Ⅳ區位故城土山中部，其東南坡有F48～60一組寺院遺迹。

3. ⅣF48～60原是一組方形内院式多室建築遺迹。《故城》第二章第三節記此遺迹云：

> ⅣF48～ⅣF60是一組多室殿堂建築，這種佈局形式在古格遺址中是僅見的一例。位於東坡第四臺地上。整個建築後依西側斷崖崖壁，前臨東側斷崖前沿。殿堂前的平臺、過道和位於殿堂東側的ⅣF48、ⅣF49、ⅣF50三室的東壁隨斷崖前沿塔掉了一部分。這組十三個殿堂建築的佈局比較緊凑。主殿（ⅣF60）坐西向東，位於正中（門設於東壁中間……室内平面呈長方形，東西5.7米、南北4.7米）。南北兩側各有五個殿堂相對而列；東面兩個殿堂坐東向西，十三個殿堂中央是一9×9米的方形大庭院；整體形成方形佈局，東西21.4米、南北20米，總平面428平方米。這組殿堂建築的大門設在東北角，大門向東偏南20°。有門廊，長5米、寬1.5米。整個殿堂的十三個殿堂的殿頂全部坍塌……每個殿堂的内壁上，均殘存壁畫的痕迹，但壁畫的具體内容和題材已無法辨識（P98～100）。（圖五）

按ⅣF48～60，係一於後壁正中建一小型佛堂的方形僧房院式的寺院遺址。其佈局淵源於印度，比哈爾邦那爛陀寺僧房院遺址最爲典型。拉薩大招寺中心佛殿第一、二兩層與此亦極爲相似[17]，只是四面僧房間數少，中庭欠寬敞，無四面廊道諸項與大招寺有别。因此，或可視作印度僧房院和大招寺中心佛殿的簡化形式。此種方形僧房院類型的寺院，十世紀以後即已罕見；且此遺址面積窄小，僧房僅有十一二間，唯一的一座佛堂甚至小於較大的僧房，凡此都可反映興建此寺院時，僧人既有限，禮佛者亦不多。綜上情況，似可推測其創始之年約在十至十一世紀即西藏上路弘法的初期。[18]此時期正包括1076年古格舉辦"丙辰法會"之後，桑噶爾帕巴喜饒大譯師自古格來拉薩，進行較大規模全面修整大招寺的時間[19]。以上推測如無大誤，則此處遺址即有可能是古格故城内尚保存早期寺院的遺迹。

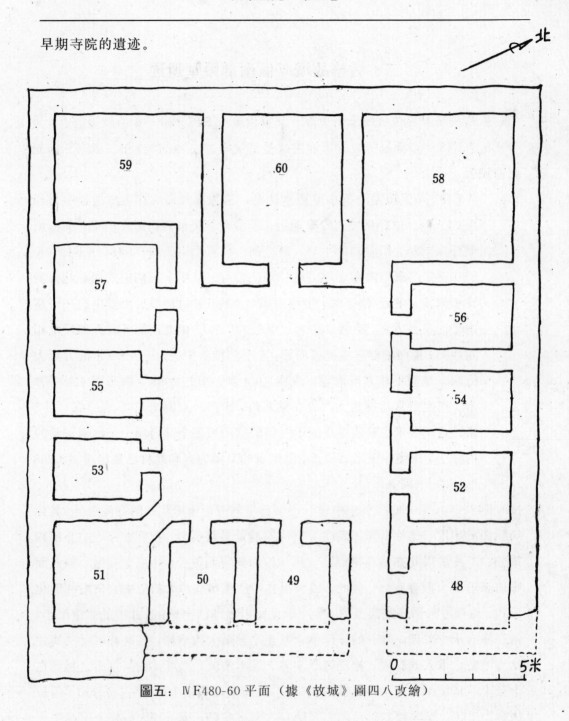

圖五：ⅣF480-60平面（據《故城》圖四八改繪）

三、古格故城Ⅵ區以F27為中心的殿堂遺迹

此組遺迹位古格故城土山頂部王宮區[20]中部。F27又位此組遺迹的中部。F27東北方約30米處有F35金科拉康（壇城殿）。

4. ⅥF27《故城》第二章第三節記此遺迹云：

> ⅥF27平面呈回字形，殿堂中間略呈凸字形，殿堂內東西進深10米、南北寬7.8米，西側凸出部分為供佛大龕，寬2米、進深1.5米……門向正東……殿內共有四柱。殿堂外圍有一周轉經廊，廊寬2～2.2米，轉經廊西側亦有凸出部分，面闊8米，進深1.5米，只是西側牆壁有一部分倒塌，但牆基殘存清晰可辨，轉經廊東側拐角較窄，寬僅1.1米，轉經廊外是這座殿堂的外大門……殿堂內正中上方殘存一供佛須彌座……從兩側殘存痕迹分析，兩側沿牆原列有八大弟子塑像。在殿堂內壁上，有斑斑點點的色彩殘迹，顯然是壁畫的殘存，惜已無法辨認。ⅥF27殿堂屋頂已毀……（P. 81）（圖六）

按ⅥF27圍繞整個佛殿即包括佛堂與經堂興建禮拜道（轉經廊）的作法，在衛藏地區似只見於12至14世紀，且多噶舉、薩迦兩派主要寺院所採用。噶瑪噶舉楚布寺現存最早的殿堂頓級康[21]和薩迦薩迦寺兩處主要殿堂——北寺烏策大殿與南寺康薩欽莫大殿[22]以及蔡巴噶舉修繕後的拉薩大、小招寺[23]皆如此佈局；在蔡巴噶舉經營大、小招時，也正值阿里地區與衛藏佛教往來頻繁，其主要事迹如自12世紀中葉古格王赤·札西德贊起，古格王室一直敬重尊奉古格境內岡仁波齊峰為聖山的直貢噶舉（主寺直貢替寺在拉薩東北）曾在古格廣修佛寺[24]；13世紀止貢高僧平措加措率止貢大批僧眾來岡仁波齊修法，傳說僧眾數字竟達五千餘人[25]；14世紀古格王室支系亞澤（領地在普蘭東南，喜馬拉雅山南麓，位今尼泊爾西北部）王室對大招寺再三進獻金銅殿頂[26]；14世紀後期，薩迦向西發展，已退任的薩迦寺第十二代座主喇嘛當巴索南堅贊（1344～1346在位）親去古格傳法並大受供養[27]。以上事例都可給ⅥF27佈局淵源於衛藏地區提供旁證。又ⅥF27並非單獨存在，其北、西兩面皆分佈有大小僧房，南面

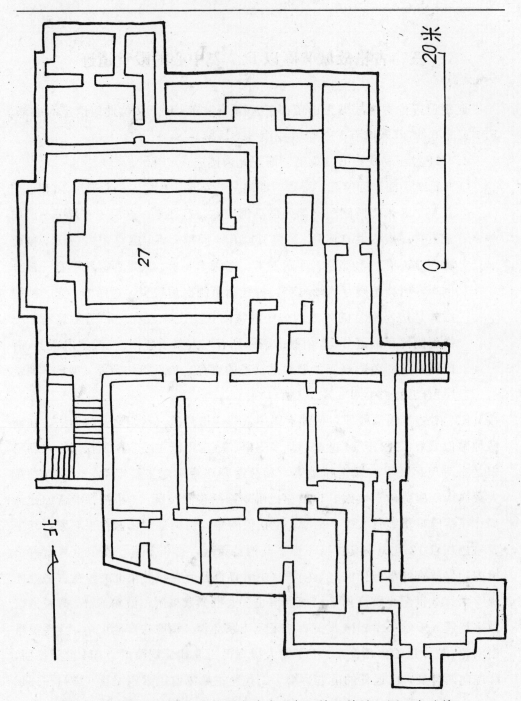

圖六：Ⅳ區以F27爲中心的殿堂遺迹平面（據《故城》圖三九改繪）

於大小僧房內側還建有較大面積的可能爲"聚會堂或誦經堂"。[28]因此整個王宮區中部實際是"以供佛殿堂ⅥF27爲中心"的一處王室寺院遺迹。此處寺院範圍遠比上述ⅣF48～60爲廣闊。蓋自1042年阿底峽來阿里和1076年"丙辰法會"之後，二百年間古格地區佛教發展迅速，即使是王宮內部的王室寺院亦具較大規模，而非古格早期寺院所能比擬了。

5. ⅥF35金科拉康（壇城殿）位上述王室寺院的北側。《故城》第二章第二節記其現狀云（圖七）：

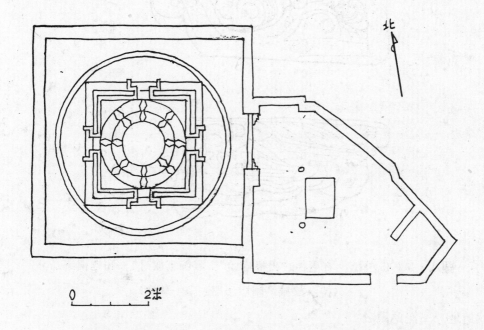

圖七：ⅣF35（壇城殿）平面（據《故城》圖二二）

該殿在Ⅵ區因所佔地勢較高而顯得很突出。殿由平面呈正方形的殿堂和略呈三角形的前廳組成……屬單層平頂結構藏式建築……前廳爲後加，受地形限制，東北兩面牆體沿土崖邊起砌，廳平面呈不規則的三角形……廳西側中部並排兩圓柱……柱上替木分上下兩層，外輪廓略呈梯形，兩面均加雕飾（參看圖四：B）……殿堂內頂爲鬥四藻井形式……殿堂外壁上部原有由出跳椽頭、蜀柱、檐椽構架的出檐，現殘損。南、北、西三面殘存出跳椽頭八根，均加雕飾，有兩種形式：一種雕迦樓羅鳥，人首鳥身，雙翅後展作飛翔狀，後飾雲朵；一種在兩面雕飾忍冬卷草紋（圖八）……殿堂頂現爲平頂，從殿頂採集的紅陶筒瓦、板瓦殘片分析，原應有木構架鋪瓦殿頂。頂的形式很可能爲四角攢尖式（P. 46~49）。

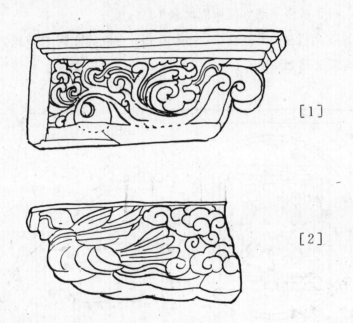

圖八：ⅥF35 外壁上方兩種"出挑椽頭"：雕飾雲紋 [1] 和迦樓羅鳥 [2]
（據《故城》圖版三四：3.4 摹繪）

《遺址》二記此殿云：

> 壇城殿保存尚好，建築東偏南20°，平面方形，5.9×5.9米……殿中無立柱……主殿的東面附有前室，平面不規則，明顯是後加的，室中有立柱二根……壇城殿內部中間爲一直徑4.7米的圓臺，臺上有2.45×2.45米方城一座。據白辛1958年考察[29]，方城內爲木制圓亭，亭中有一尊坐像。從所剩的殘迹來看，應該是一座立體壇城。四周牆壁上滿繪壁畫，內容有本尊、度母、密宗雙身裸體等神像，色彩非常艷麗（P. 104~106）。

此殿既據高地，又位前述以ⅥF27爲中心的寺院遺址北側偏東不過30餘米（參看圖一），依一般西藏寺院佈置壇城殿之例，疑即屬該寺建置。兩書皆記壇城殿的前廳（室）係後建，內設兩立柱。《故城》記此兩立柱上有外輪廓略呈梯形之替木，即本文前述之柱頭托木。此殿前廳柱頭托木係雙層式樣，其上層下緣只斫出一簡潔弧綫，無任何雕飾；下層下緣則雕出一雙綫雲文，與上文所記托林寺嘎波拉康托木上層下緣文飾相似，疑非近世新作。又《故城》所記殿堂外壁上部原有的正反兩面雕飾忍冬卷草文的'出檐椽頭'，係承托某種構件之木雕，形制類似柱頭托木之一翼，其正反兩面所雕忍冬卷草的下緣，應是柱頭托木雙綫雲文之複雜形式；此複雜形式的雲文，似即開始向稍後的重叠式的複體雲文方向發展。此類"出檐椽頭"皆嵌砌牆內當爲建殿時原物。

此殿四周牆壁滿繪壁畫保存較完好，《故城》記其大體佈局云：

> 殿內四壁滿繪壁畫，上下可分爲五個層次，均呈帶狀環繞一周。最上層繪一周二方連續的獸面鈴鐺垂帳圖案……第二層繪一周高僧、大德、譯師、金剛小像……每像蓮座下書寫有藏文題名，標明像的身份……第三層繪一周主體大像……第四層除東牆門兩側各繪一幅説法圖和禮佛圖外，其餘均爲各類佛、菩薩、佛母、度母、神母、天女、金剛、大德的小像……第四層爲"眾合地獄圖"長卷……第五層繪一周一整二破的菱形海螺文條帶……（P. 50～51）

第二層小像的藏文題名很重要，西藏文管會同志對絕大部分的題名作了漢譯[30]。現謹就淺見所識者與討論殿堂興建先後關係較多的部分小像名稱和所在位置摘錄《故城》的記錄如下：

"（東壁即前壁）從門內南側起，順時針方向依次爲曲杰薩班（即薩迦班智達袞噶堅贊，薩迦第五祖中之第四祖[31]）、帕巴（即八思巴，薩班之侄，薩迦第五祖）……普章尊巴絳曲沃（迎請阿底峽入藏的古格王室）、拉喇嘛意希沃（絳曲沃之叔，以身殉法的古格王）。"（P. 50）

"（南壁即右壁）阿底峽（在古格的弟子有絳曲沃、仁欽桑布等人，後被噶當派奉爲祖師）……蓮花生（八世紀赤松德贊迎請入藏，後被寧瑪派奉爲祖師）……"（P. 50）

"（西壁即後壁）古哈巴、黑行者、札林達日巴、足善位、金剛杵鈴持者、達日嘎巴、達格巴、魯俄巴、夏哇日……（皆印度大德和瑜伽行者）。"

(P. 50)

"(北壁即左壁)……仁達瓦雄努貝（薩迦派高僧，格魯派祖師宗喀巴的主要老師）、曲杰洛桑札巴（宗喀巴原名洛桑札巴）、甲曹達瑪仁欽（即甲曹杰，原爲仁達瓦弟子，1397年師事宗喀巴，1419年宗喀巴死後，繼任甘丹寺池巴）、堆增·札巴堅贊（與達瑪仁欽同建甘丹寺，並與達瑪仁欽號稱宗喀巴二大上首弟子）、克珠格來貝桑布（即克珠杰，原爲仁達瓦弟子，1407年師事宗喀巴，號稱宗喀巴的内心傳弟子，1432年甲曹杰卒後，繼任甘丹寺池巴）。"（P. 50）

"(東壁即前壁北側)……薩迦貢噶寧布（薩欽［薩迦寺大師］——薩迦第一祖）、索朗益西（即索南孜摩，薩欽第二子，薩迦第二祖）、杰尊札巴堅贊（薩欽第三子，薩迦第三祖）。"（P. 50）

從上述並不完備的各壁第三層主體大像上方的小像分佈情況，亦可約略觀察到：〔一〕重視佛教源頭印度的祖師，繪之於主壁（即西壁、後壁）；〔二〕按佛殿右繞順序，右壁繪有自印入藏的各派祖師；〔三〕當時薩迦教派在古格影響較大，薩迦五祖繪於主壁對面殿門的兩側，且與古格王室同列；〔四〕左壁格魯派師徒像前，首列曾是洛桑札巴老師的薩迦高僧仁達瓦[32]，似在表述格魯與薩迦的關係，仁達瓦之後的格魯師徒中達瑪仁欽雖已有甲曹之稱，但達瑪仁欽與克珠格來貝桑布之間尚有堆增·札巴堅贊，和以後出現的師徒三尊組像不同。〔五〕1407年，克珠格來貝桑布（1385～1438）始因仁達瓦之薦，爲洛桑札巴弟子[33]，由此可知此殿壁畫繪製時間的上限，不會早於十五世紀初期。如可據壁畫年代考慮殿堂建年，則此壇城殿在王宮區內的以F27爲中心的寺院中，應是後期續建的殿堂。

四、古格故城Ⅳ區中部殿堂遺迹

此組殿堂遺迹位土山中部北端第二、第三臺地上，包括第二臺地上的F189嘎波拉康（白殿）、F185卓瑪拉康（度母殿）、Y126供佛洞和札布讓宗政府的經堂（佛殿）與第三臺地上的F208瑪波拉康（紅殿）、F136杰吉拉康（大威德殿)。

6. ⅣF189 嘎波拉康（白殿）《故城》第二章第二節記此殿云：

"白殿位於Ⅳ區東北部的坡地平臺上……更高一層的平臺上爲拉康瑪波（紅殿）。這兩座殿在整個故城遺址中建築形體最大，佔據的位置也很突出。殿堂由土木結構的單層平頂藏式建築。平面呈凸字形……闊19.05米、通深23.9米、殿內淨高（不含天窗）5.9米，門向南偏東20°……殿內共有東西6排、南北7排，計36柱……後凸部分的6柱分前後兩排……後排2柱立於大須彌座上，用以支撐天窗頂……柱頭上爲一大體輪廓略呈梯形的替木，正反兩面均加雕刻……殿內原有塑像23尊，或毀或殘，無一完整。現存殘像11軀，像座19座，依門內兩側順時針方向編號……"（P. 15～17）

"殿內各壁牆面均繪有壁畫，上下分爲3層……中層爲壁畫的主要部分，除壁北部凸出部分外，均以每尊塑像及背光爲核心形成一組，在其上部和兩側繪衆多小像，計有佛、菩薩、金剛、度母、高僧、國王等……每組與塑像均緊密結合，渾然一體。全殿除後凸部分外的主供像外，共有22尊塑像，壁畫亦隨之爲22組，加上門上部分壁畫和後凸部分的三面（應作左右兩面）壁畫，全殿（主要部分的）壁畫共分26（應作25）組。分組編號以門內西側1號塑像後壁的一組壁畫起首，按順時針方向旋轉，結束於（前壁）門頂上的一組。"（P. 23）（圖九）

25組壁畫中，據《故城》的漢譯題名考察，似以第五、八、十一、十四、十七組的高僧、國王小像部分，對研討殿堂年代有重要的參考意義。謹就淺聞所識分組擇錄部分題名如下：

"第五組（右〔西〕壁南起第二組）……塑像背光的上側……第二行中間依次爲杰布頓（夏魯派的創始人，是薩班以後宗喀巴以前最大的一位佛教學者），杰洛桑札西（巴），瓊布來巴（布頓弟子，宗喀巴曾從之學密法）……"（P. 24）

"第八組（右壁北起第二組）……最上端（第一行偏前有）貢噶寧布、益

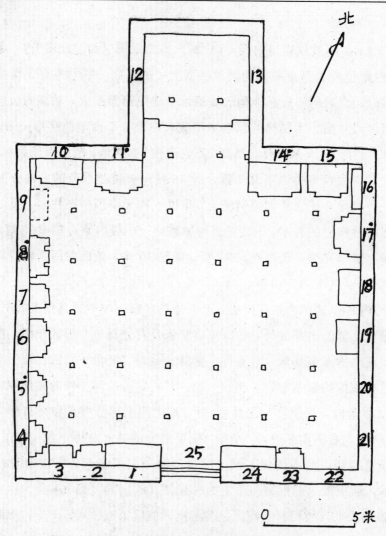

圖九：ⅣF189（白殿）平面（據《故城》圖三）

圖內數字係表示各組壁畫所在的位置，附黑點的數字組為本文摘錄部分題名的壁畫組（以下同）。

希多吉（噶當派創始人仲敦巴的三傳弟子，教典派仁欽色巴的再傳弟子）……第二行依次（偏前有）仁欽白桑導師（止貢噶舉創始人，宗喀巴曾從之學），克珠格布貝桑布、堆增札巴堅贊、杰洛桑札巴、瓊布來（即瓊布來巴）、布敦……"（P. 24）

"第十一組（後〔北〕壁西起第二組）……從殘存壁畫可辨有上下13行

小像，多附藏文題名，東側上角爲阿底峽大師和兩弟子仲敦巴、俄雷必喜饒……第三行中間有仁欽桑布（古格大譯師，阿里地區阿底峽弟子們即以仁欽桑布爲首，廣傳噶當教法），其他小像均無法辨識。"(P. 25) "第十四組（後壁東起第二組）……塑像背光上側及兩側保存較好，除最上行兩側和中間的三鋪稍大的像外，其餘小像分16行，上下排列，計138尊。上行西側一鋪3尊像爲三法王，松贊干布居中，右爲赤松德贊，左爲赤熱巴巾，上行中間爲釋迦牟尼及八弟子坐像；上行東端一鋪三尊像題名不清，似爲古格王室高僧拉喇嘛意希沃、拉喇嘛絳曲沃、拉杰喇嘛西瓦沃等三尊。"(P. 26) "（小像第一行迄第十一行爲）完整的吐蕃王統畫像下（自第十二行以下）續有朗達瑪之子惟松，其子貝考贊，其子札西喜德紀瑪袞，其子扎西袞，其子惟德，惟德之子贊德等六尊題名像，其下還有19尊像無題名……應爲古格王統沿續。"(P. 245)

"第十七組（左〔東〕壁北起第二組與上述第八組相對）……塑像背光上側及西側可分四部分：第一部分在最上端爲2排人像……（上排有）貢噶寧布……下行依次爲布頓、窮波來巴（即瓊布來巴）、杰羅桑札巴（即洛桑札巴）、旦增札巴堅贊（即堆增札巴堅贊）、克珠格列貝桑布、卻吉阿旺札巴（克珠格列貝桑布弟子，在古格首弘宗喀巴教法者）……"(P. 27)

從以上五組殘存有題名的高僧、國王小像及其分佈情況，約可推知：〔一〕殿內主壁（後壁）正中後凸部分即佛堂所在的外兩側的重要位置：左側繪第十四組小像內容爲吐蕃王統與古格王統；與左側對應的右側即第十一組小像，該組壁畫剝落較多，殘存有題名的絕大部分都是噶當高僧。另外在右壁第八組中也繪有噶當高僧，可見此殿壁畫中重視噶當。〔二〕左右壁皆繪有薩迦第一祖貢噶寧布即薩欽小像，且都高踞最上列中。〔三〕格魯洛桑札巴凡三見，右壁二見（第五、八兩組），左壁一見（第十七組），皆在第二列小像之中；三組洛桑札巴前後俱繪與薩迦關係密切的布敦[34]和其弟子瓊布來巴。〔四〕第八、第十七組中的格魯派小像皆爲組像，組像中無達瑪仁欽，突出了克珠格列貝桑布，第十七組格魯派組像之末，還繪有克珠格列貝桑布的弟子卻吉阿旺札巴。〔五〕題名中年代最遲的應是卻吉阿旺札巴，但他的生卒年代不詳，如從克珠格列貝桑布中的活動估計，卻吉阿旺札巴的年代應在十五世紀中後期。《土觀源流》記："谷格·阿旺札巴曾為谷格小王札西畏德和赤朗杰畏、釋迦畏三昆仲的上師"[35]所引谷格小王札西畏德，疑即前述第十四組古格王札西袞之子惟德，這個推測如果不誤，此札西畏德即與《直貢世系》所記十六世紀上半葉的古格王吉旦旺久為同輩。[36]恰好，1981年西藏工業建築勘測設計院同志調查嘎波拉康時，在該殿殘塑佛像軀體內發現了重要的有關吉旦旺久的記錄，《遺址》：

> 十六世紀左右，（王宮區）曾經增建、擴建過一些建築物如白廟（嘎波拉康）。我們在泥塑佛像的殘破軀體內所藏的經卷中，發現有"國王吉旦旺久及王妃長壽健康"的字樣和祝願王國國政興旺的祈禱詞，經卷都是手抄品。藏族塑造神像有體內藏經的習慣。從塑像與建築設計的完整統一性來看，這座白廟……可能是十六世紀左右的實物。(P. 98)

據《直貢世系》記載："（古格王）吉旦旺久與直貢寺第十七世法王仁欽平措（1509～1557）同時代人。"[37]嘎波拉康的年代，得此似可論定。

圖十：ⅣF189（白殿）托木（據《故城》彩版三：2摹繪）

此外，嘎波拉康殿內的柱頭托木和殿堂形制都還可提供某些可以考慮該殿建年的綫索。柱頭托木的單層組織與雕飾花文俱與托林寺嘎波拉康和古格故城的ⅥF35金科拉康不同，從此嘎波拉康托木上端出現整齊的仰蓮行列和下緣雲頭雕出重疊的複體形式推查，顯然其時代已晚。（圖十）《故城》記此嘎波拉康佛殿有樹立六柱的後凸部分，此後凸部分是供奉主要佛像（"座上塑像全毀"〔P. 20〕）的佛堂。此種殿堂平面的前身，應是在佛堂（後凸部分）外圍建有禮拜道，如札囊朵阿林（1438建）[38]、強巴林（1472建）之例[39]。十五世紀以後，佛殿才逐漸廢除佛堂外圍的禮拜道。現知廢除的較早之例，是十六世紀興建的堆龍德慶楚布寺的措康大殿[40]。因此，嘎波拉康的興建可能遲到十六世紀又多了一些旁證。

7. ⅣF208瑪波拉康（紅殿）《故城》第二章第二節記此殿云：

"位於古格故城遺址的Ⅳ區北坡第三臺地上，北距第二臺地上的ⅣF189拉康嘎波（白殿）20米，東北距第二臺地上的ⅣF185卓瑪拉康（度母殿）約50多米，東南距第三臺地上的ⅣF136杰吉拉康（大威德殿）20多米，形成以佛教寺廟殿堂爲主體的建築群體。拉康瑪波座西東，門向東偏南80°，爲藏式一層平頂殿堂建築。"（P. 28）

"殿內平面呈長方形，南北面闊22.2米、東西進深19.4米、通高9.8米……東牆正中設大門。"（P. 32）

"殿堂內共立柱30根，橫5列，縱6行。"（P. 36）

"在拉康瑪波正中，有兩個前後緊貼的大須彌座。後須彌座緊貼西（後）牆壁，原供有釋迦牟尼的高大泥塑像，惜塑像已毀……前面的大須彌座比後須彌座低一臺，原供……塑像亦被毀。"（P. 38）。

"在西（後）牆壁腳下，即主供像，南北兩側分別依西牆用土坯築長臺……（長臺上）供像可能爲釋迦牟尼的八大弟子……牆面平整光滑。"（P. 39）

"壁畫就繪製在這種牆皮之上……壁畫從上到下共分三層……中層壁畫是拉康瑪波壁畫的主體部分，主要繪製在拉康瑪波殿內的東、南、北三壁上，共分二十一組。每組以中央大像（釋迦牟尼坐像）爲主尊，上部繪小像。"（P. 40）（圖十一）

據《故城》所譯列的名稱，知左右壁上部是集中小像的所在，現擇錄兩壁主要部位的部分小像名稱和下層部分重要壁畫的內容如下：

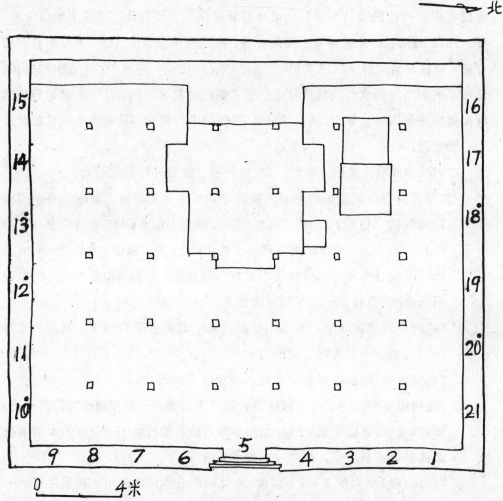

圖十一：ⅣF208（紅殿）平面（據《故城》圖一八）

"第十組（南〔右〕壁東起第一組）壁畫，中央繪一尊釋迦大坐像……（大坐像）西上側繪大譯師仁欽桑布……嘎瑪拉西拉（寂護弟子，印度高僧，即赤松德贊延請入藏辯勝摩訶衍的蓮花戒）、大譯師羅旦西饒等小像。"（P. 42）

"第十二組（右壁中部東側組）……（中央大坐像）西上側繪攝政王達瑪仁欽[41]……"（P. 42）

"第十三組（右壁中部西側組）……（中央大坐像）西上側繪（殘存）法王洛桑札巴[42]、尊師蓮花生……"（P. 42）

"第十八組（左壁中部西側組）壁畫……（中央大坐像）東上側繪法王赤松德贊、法王松贊干布、法王赤熱巴巾……"（P. 43）

"第十九組（左壁中部東側組）壁畫……（中央大坐像）東上側繪……絳曲沃、拉喇嘛益西沃、拉杰喇嘛西瓦沃（絳曲沃之兄）……"（P. 43）

"第二十組（左壁東側第二組）壁畫……（中央大坐像）東上側繪曲杰阿旺札巴、曲杰吉必貢布（直貢噶舉創始人）……"（P. 43）

"下層第三部分和第四部分壁畫，繪於東壁南段，即中層壁畫第六組至第九組壁畫之下的'古格慶典樂舞圖'和'禮佛圖'是拉康瑪波最精彩、也是僅有的世俗內容壁畫。'古格慶典樂舞圖'是表現古格城堡落成之後，舉行宏大的慶典的情景……左下方是表現修建古格城堡運送石塊木料的場面……"（P. 44）

瑪波拉康題名小像位置的分佈，反映了格魯派高僧地位的升高。左壁正中兩組壁畫的東上側有吐蕃三大法王（第十八組）和古格王室的三大高僧（第十九組），與之對應的右壁正中兩組壁畫的西上側有攝政王達瑪仁欽（第十二組）和法王洛桑札巴（第十三組），此種對應情況與嘎波拉康後壁兩側畫像的安排相似，只是嘎波拉康在與吐蕃法王位置對應的左側畫噶當高僧，而瑪波拉康的少數噶當高僧則被繪於右壁右端。由此可窺瑪波拉康壁畫時期，格魯在古格的影響已逐漸超過其他教派。

此殿無單獨的佛堂設置，佛像皆奉於橫長方形平面的殿堂的後壁之前。如此佈局與拉薩蒼姑寺十五世紀中期創建、十六世紀以來重修的小型佛殿相近。殿內所用托木係單層結構，其組織與文飾皆似嘎波拉康，但托木下部重疊雲頭的曲綫較嘎波拉康爲窄長，重疊雲頭前端的距離亦較寬（圖十二），整體形制有向Ⅳ F138大威德殿托木下層，甚至向Ⅳ區 F185卓瑪拉康托木發展的趨勢。

十五世紀以後，古格不斷與鄰近部落、政權發生衝突，甚至釀成戰爭，此殿前壁所繪慶祝古格城堡落成的壁畫，應是當時王國於土山周圍興建防禦工程的寫照。

8. Ⅳ F138杰吉拉康（大威德殿）《故城》第二章第二節記此殿云：

圖十二：ⅣF208（紅殿）托木（據《故城》圖版一八：1摹繪）

"ⅣF136位於Ⅳ區東北部的坡地（第三臺地）上，西距拉康瑪波約15米……整個殿堂爲土木結構的單層平頂藏式建築，由凸形正殿……闊7.6米、通深10.2米、室内淨高3.95米……殿内共有8柱，分爲前後4排，每排2柱……殿内共有須彌座5座，後凸部分爲主供大座，西北角、西南角各二座，大座前又有二座（應爲後加）。座上原有塑像毁壞殆盡……"（P. 51～53）（圖十三）

"前廳與正殿周壁均繪壁畫，前廳壁畫保存極差，大部分遍覆烟炱……。正殿一周7個壁面（東壁門兩側、南北壁、西壁兩側，後凸部分三面壁）均有壁畫，上下可分三層……中層爲壁畫的主體部分，繪佛、菩薩、金剛、法王、高僧等像。畫像均規劃成組，排列有序……每組多以一尊大像居中，衆多小像上下左右排列其周。殿内壁畫共分18組……壁畫的大小像下多有藏文題名，標明造像身分，大部分至今仍可辨識。"（P. 54～55）

現於此18組壁畫中，按組的前後順序，摘錄已查得的具有較清晰的題名的部分人物和該組的大像名稱如下：

"第一組即南（右）壁最東端……僅可看到前6行西側6尊小像。從上往下依次爲懇欽楚成仁欽尊者（洛桑札巴戒師）……大像及其他小像均不

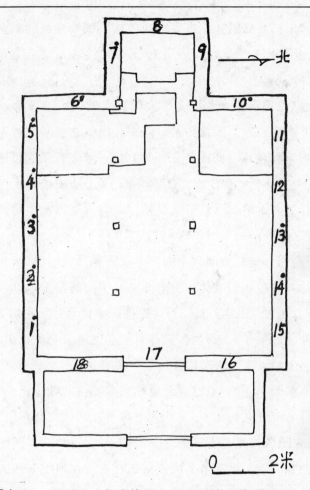

图十三：ⅣF138（大威德殿）平面（据《故城》图二六）

存或不可辨。"（P.55）

"第二组位于第一组西侧，中心大像为密集金刚……小像第一行自东至西依次为仁钦桑布译师……杰尊仁达瓦尊者。……第三行……（东侧为）仁达瓦尊者。……第五行……（东侧为）却吉阿底峡，第六行为贡噶宁布尊者、拉喇嘛绛曲沃。……"（P.55～56）

"第三组（位第二组西侧）主尊大像为密集柔金刚……第六行（东侧为）大译师仁钦桑布。第七行（东侧为）玛尔巴译师（噶举派祖师）……"（P.56）

"第四组（位第三组西侧）主尊大像为密集不动金刚……小像第一行最西

侧者题名不清，其余4尊自东至西依次为喇嘛当巴索朗坚赞尊者（洛桑札巴从之受密法灌顶）……第五行为仁钦迥乃尊者（达垄噶举高僧）……"（P.56）

"第五组（位第四组西侧）主尊大像为高僧……小像第一行（中间两像为）曲杰顿珠仁钦（噶当高僧，洛桑札巴从之受沙弥戒）……第四行依次为拉喇嘛释迦沃（即释迦光译师）……第九行依次为净饭王（释迦牟尼之父王）、拉杰牟赤赞普、法王赤松德赞、法王松赞干布……第十行第一、二尊题名不清，以西依次为俄德尊者（绛曲沃之弟）……拉德尊者（益希沃之侄）……"（P.56～57）

"第六组为西（后）壁南侧壁面，主尊大像为宗喀巴像，头戴尖顶僧帽，内着僧袍，外披袒右袈裟，结跏趺坐，手结转法轮印，两侧各一弟子小立像……。（大像上面）第二行（最后三小像是）阿底峡尊者、仁钦色巴尊者（仲敦巴弟子）、益西多吉尊者（夏巴·云丹札巴弟子）。第三行第一尊题名不清，其北依次为森格柔布尊者（仁钦色巴弟子）、却吉坚赞尊者（益西多吉弟子）、夏巴、云旦札巴尊者（仁钦色巴弟子）。第四行为格瓦见尊者（旺久沃弟子）、旺久沃尊者（旺久仁钦弟子）。第五行……（北侧为）旺久仁钦尊者（却吉坚赞弟子）。第六行为阿底峡尊者……第七行为仲顿（敦）巴尊者、西绕桑布尊者（在阿里弘法的阿底峡弟子）。第八行为衮巴瓦尊者（阿底峡弟子）、楚成札西尊者（仲敦巴弟子）……第十行……（有）雄努坚赞尊者（仲敦巴弟子）……"（P.57）

"第七组（位后凸部分的右（南）壁）上面第一行……（中间有）杰洛桑札巴尊者、喇嘛益西贝尊者（衮巴瓦弟子）……"（P.57）

"第十组壁画位西壁北侧，中间的主尊大像为释迦牟尼，高肉髻，披袒右袈裟，结跏趺坐，作指地印，两侧侍立两弟子小像……第六行为达玛大尊者（即达玛仁钦）……第九行……索波钦布尊者（宁玛三素尔中的素尔波旦，邬巴垄寺创建者）……"（P.58）

"第十三组（位左〔北〕壁中间）主尊大像为胜乐金刚……第八行……（最末为）玛尔巴译师。第九行……（最末两像为）嘎玛拉希拉尊者（即

蓮花戒)、蓮花生……"(P.59)

"第十四組(位第十三組東側)主尊大像爲持顱心喜金剛……第九行依次爲蓮花生尊者……"(P.58~59)

此殿題名人物壁畫,與上述諸殿同類壁畫最大的不同處:〔一〕出現了題名作宗喀巴的洛桑札巴大像,且位置於主要壁面——主壁即後壁的右側(第六組),而且還將釋加牟尼畫在宗喀巴相對應的後壁左側(第十組);〔二〕宗喀巴像兩側各出現了一名小型剃髮的弟子立像,此兩弟子像與相對應的釋迦兩側弟子的服飾相同,也都未附題名;〔三〕左右兩側壁面都畫出不少各派高僧小像,但右側(第二、三、五、六、七組)多噶當高僧,左側(第十、十三、十四組)多寧瑪高僧,特別是右側所繪噶當高僧小像數量之多爲其他殿堂所不見。在大量噶當高僧中,還突出了仁欽色巴一系講授《噶當六論》的噶當教典派高僧。突出的情況甚至可以參考《青史》記錄[43],在小像中排出此派一大串師徒傳承系統:阿底峽(982~1054)——仲敦巴(1005——1064)——仁欽色巴(博多哇1031或1027~1105)——夏巴云丹札巴(1070~1141)——益西多吉(甲怯喀巴1101~1175)——卻吉堅贊(賽基布巴1121~1189)——旺久仁欽(拉隆給旺久1158~1232)——旺久沃(拉卓微袞波1186~1259)——格瓦貝(拉札喀哇1250~1286)。

此種現象,大約和噶當創始人阿底峽與古格有特殊因緣和後來噶當教典派可能見重於古格地區的反映。更值得注意的是第六組畫面:宗喀巴大像四周集聚了包括上表所列九名在內的噶當高僧小像竟多達十餘幅,而宗喀巴格魯派傳人達瑪大尊者卻畫在左邊一側以釋迦牟尼爲主像的第十組中。如此安排,不能不使人懷疑:此組壁畫之設計,當出自格魯盛世歸屬格魯以後的原噶當派人之手。此外,主壁後凸部分的左側壁面(第七組)還有以"洛桑札巴"題名的小像廁身於噶當高僧之間的佈置,這也是應予注意的現象。蓋洛桑札巴小像與宗喀巴大像並存一殿,自可説明此殿壁畫的時代,正處在從小像向大像,從直呼其名洛桑札巴向尊稱之爲宗喀巴[44]的過渡階段。

大威德殿係密教殿堂,殿壁主像皆繪護法,主壁(後壁)正中的後凸部分原爲奉大威德塑像的所在,此種佈局與拉薩哲蚌寺阿巴札倉佛殿相近,只是後者係50柱三層建築，規模較此宏大。哲蚌阿巴札倉建於1419年，且經宗喀巴親自開光[45]，因而在格魯密教殿堂中具有典範意義，此大威德殿佈局與之相近，當非偶然。殿內柱頭托木使用雙層形式，每層組織與雕飾皆與嘎波、瑪波兩拉康特別與後者的單層托木近似，而與同爲雙層托木的托林寺嘎波拉康區別較大（圖十四）。又杜齊《西藏畫卷》著錄十六世紀所繪宗喀巴唐卡[46]與上述第六組宗喀巴壁畫佈局極爲相似：一、宗喀巴坐像兩側亦各立一比丘裝弟子；二、唐卡外圍亦繪小像一匝。因此，據以推測此殿年代雖較嘎波、瑪波兩拉康爲晚，似亦不遲於十六、十七世紀之際。

圖十四：ⅣF138（大威德殿）托木（據《故城》圖版四八：2.3，《遺址》圖34摹繪）

9. ⅣF185 卓瑪拉康（度母殿）《故城》第二章第二節記此殿云：

ⅣF185位於Ⅳ區東南角斜坡的小平臺（第二臺地）上，西距拉康嘎波20米……該殿原由方形殿堂和門廊組成，門廊現已全毀……現存殿堂爲正方形土木結構平頂藏式建築，門內北偏東50°，殿內面積5.8×5.8平方米……殿內對稱排列四柱（2排，每排2柱）（圖十五）……殿內後（南）壁原有塑像及座，現均不存……四壁遍繪壁畫，因長期烟熏大多已不清，經擦拭大致可辨。（每壁）上下可分爲四層……第二層爲壁畫主體部分，繪形體高大的佛、金剛、高僧等像，第三層繪連環畫長卷式的佛傳故事畫和衆僧像……後壁第二層有5尊大像，中央繪釋迦牟尼坐像……東側爲宗喀巴大坐像……兩側有兩弟子坐像，應爲甲曹杰、克珠杰二人，最東側爲一佛二菩薩像……西側爲阿底峽坐像，服飾、坐式、手印均與東側的宗喀巴像略同，兩側有兩弟子坐像，應爲仲敦巴、俄·雷比喜饒二

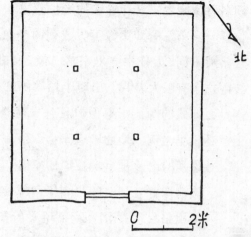

圖十五：ⅣF185（度母殿）平面
（據《故城》圖二九）

人，最西側與最東側同爲一佛二菩薩像。西壁第二層繪5尊大坐像……東壁第二層繪6尊大坐像，由北向南依次爲密集不動金剛，大譯師仁欽桑布、杰尊西繞維色（古格王拉德子，拉喇嘛絳曲沃之兄，曾譯《勝樂》）、三佛……北壁門西側繪2尊金剛大像……門東側亦繪2金剛……第三層壁畫各壁不一，後壁中央釋迦大像，下繪佛傳中的十二事業，兩側的千尊大像下均繪高僧小像，其中可辨者有米拉惹巴（噶舉第二組）、尼瑪札巴譯師、寧譯師、熱譯師、大譯師（即仁欽桑布）等5尊。……東西兩壁第三層繪分幅長卷佛傳故事畫……構圖方式與拉康嘎波、拉康瑪波二殿有別（P. 60～62）。

此殿壁畫突出宗喀巴和噶當祖師阿底峽較杰吉拉康（大威德殿）尤爲清楚。主（左）壁正中主像爲釋迦，其左側主像爲宗喀巴及二弟子，右側主像爲阿底峽及二弟子，表明了宗喀巴與阿底峽的同等地位，這應是格魯在阿底峽影響甚深的古格地區的最好傳佈方式，而宗喀巴的思想體系和主要著述也確是繼承和發展了噶當派的思想體系，所以宗喀巴自己也公開宣揚他上承阿底峽之傳，因而在很長一個時期格魯又被稱爲新噶當派[47]。宗喀巴與其二弟子皆坐姿，俱戴黃色尖頂的班霞帽[48]，已與十八世紀以來流行的"師徒三尊"像無殊，所以二弟子雖無題名，亦可推測是甲曹杰和克珠杰。噶當、格魯高僧像外，其他教派高僧

題名可辨識者，只有噶舉的米拉惹巴和古格早期的譯師，且皆繪於不甚重要的位置——第三層即主像下方成列的小像之中。卓瑪拉康壁畫佈局遍佈大像與上述諸殿不同；大像中突出宗喀巴像，又表明此殿與吉杰拉康接近，而與嘎波、瑪波兩拉康有較大差異。出現了標準的師徒三尊像，顯然又是晚於吉杰拉康的因素，而此式的師徒三尊像以杜齊《西藏畫卷》著錄的17～18世紀的宗喀巴唐卡[49]爲較早之例。又此殿壁畫據《故城》第五章第一節所記：

> 最晚的應該是卓瑪拉康的壁畫，與早中期相比變化較大，早期豐富多彩的造像背光到這時只剩下兩種形制。人物造型全程式化，綫條雖還流暢，但風格已有變化，新出現瀝粉技法已經比較接近衛藏地區明清時期壁畫，很可能間接受到漢地影響，這一點在侍立菩薩身上能觀察到（P. 261）。

此殿托木上部成列的仰蓮，其單瓣瘦長，下部重疊的雲文既顯高細，又簡化了形制；承托托木的構件，自中部以下雕飾成了直敧的斗形，（圖十六）這種斗形應是內地十八世紀以來流行的式樣。

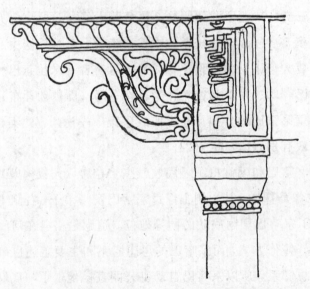

圖十六：ⅣF185（度母殿）托木（據《故城》圖版五九：2摹繪）

10. ⅣY126供佛洞《故城》第二章第一節記此洞云：

> ⅣY126供佛洞位於Ⅳ區中部偏北的一道土崖下。門向南偏東35°。洞爲

单室，平面略呈梯形，北宽南窄，洞顶略拱，北壁正中掏进一佛龛……洞内进深3米、宽2.35～3.1米、高1.85～2.3米，佛龛宽2.15米、深0.65米、高1.45米……（图十七）洞内四壁及佛龛三面壁面均绘满壁画，佛龛后壁绘药师佛众会图……佛龛两侧壁分别绘大威德（东）、顶髻尊胜佛母（西）等像。东壁正中绘一高僧大像，头戴尖顶僧帽……结跏趺坐，两侧各一弟子小坐像，服饰同高僧大像，此三像似为宗喀巴及两弟子……西壁正中绘释迦牟尼大坐像，两侧侍立两弟

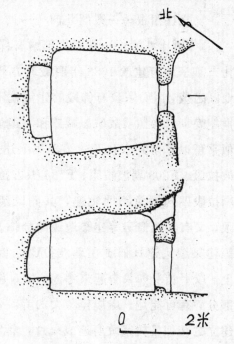

图十七：ⅣY126（供佛洞）平部面（据《故城》图三三）

子……相向侍立……南壁门西侧上绘六臂依怙，下绘吉祥女……南壁门东侧上绘六臂依怙，下绘大威德像。北壁东侧绘上下两尊大像，上为遍知如来，下为金刚不动佛……北壁佛龛上侧绘四臂观音坐像，中绘无量寿佛坐像，下部绘古格贵族礼佛图（P.68～69）。

按此为小窟洞形式的佛殿，东壁正中高僧坐像左侧绘出莲枝经笈，右侧绘有莲枝竖剑[50]，是此像虽无题名，亦可肯定为宗喀巴，两侧小坐像皆着黄色班霞帽与宗喀巴同，可以判断是甲曹杰和克珠杰。此师徒三尊像与西壁释迦及二弟子相对应；又全洞壁画中已无其他高僧形像，如此布局似可推测此时格鲁在古格信仰中，已跻独盛的地位，故宗喀巴可与佛教始祖释迦并列矣。

11. 札布让宗政府经堂（佛殿），札布让宗政府建于Ⅳ区即土山中部第二台地西侧，《遗址》建筑遗址概貌节记宗政府遗迹简况云：

札布让宗政府建筑群大部分已毁成废墟，各类房屋亦分辨不清。其中有宗政府的一座佛殿保存较为完好。该殿平面方形，6.9×6.9米……内有

立柱四根……殿門北向……門外設門斗（門廊），長6.8米、深1.9米（圖十八）……殿堂内部繪有釋迦牟尼傳記壁畫（P. 125）。

札布讓宗政府建於1683年西藏地方政府收復古格地區之後，因而宗政府佛殿的建年就不會早於十七世紀晚期。參照《故城》圖二和《遺址》圖七，又似乎可以了解到宗政府建築群與上述IV區F189嘎波拉康、F208瑪波拉康、F136杰吉拉康、F185卓瑪拉康四座殿堂南北毗連，其間既無隔牆遺迹之限，又有類似僧房等建築遺迹的分佈，更多的僧房等建築遺迹連亘佈置在瑪波拉康之南的第四臺地上。以上情况如果合起來考慮，即IV區和I區的一

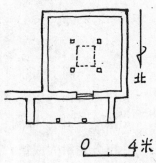

圖十八：札布讓宗政府佛殿平面（據《遺址》圖四四）

部分，有可能是一處規模較大的寺院，它的始建當在宗政府建立之前，宗政府建立之後似又與宗政府連成一片；其始建之時，從殿堂不具禮拜道這一顯著特徵，可以推測應晚於VI區以F27爲中心的寺院遺迹。

五、古格故城IX區札布讓寺遺迹

IX區位土山東那布溝東側北部的一高地上，在古格遺址的最北端。《故城》第二章第三節記此區遺迹云：

在IX區範圍内，現存房屋、殿堂建築75間，窑洞43孔，佛塔24座（P. 88）。

從《故城》圖四〇所錄的IX區房屋遺迹總平面看，應是一所左殿（IX區58）右塔圍繞僧房等建築的寺院遺址。（圖十九）《故城》第二章第三節也記：

群眾説這組建築群是"札布讓寺"，後來廢棄了（P. 88）。

上述的左殿右塔遺迹保存還較好。

12. IX區F58札布讓寺佛殿，佛殿位此寺院遺迹中部左側，《故城》第二章第三節記此殿云：

阿里地區札達縣境的寺院遺迹

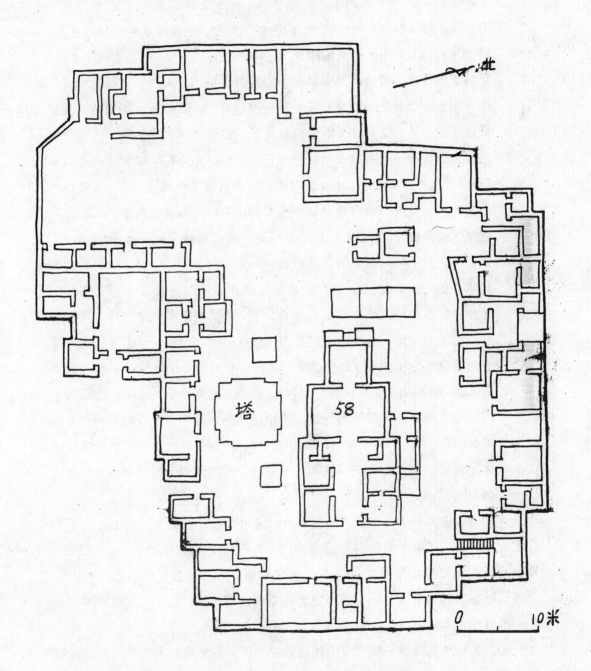

圖十九：札布讓寺遺址平面（據《故城》圖四〇）

>ⅨF58是Ⅸ區內唯一的宗教殿堂建築，位於Ⅸ區房屋殿堂建築群正中心，爲正殿（經堂）和上殿（佛堂）兩個殿堂。整個殿堂平面呈凸字形。殿堂座西向東，外大門東偏南8°。正殿平面呈長方形，南北面闊8.8米、東西進深6米、殿內高3.8米……殿內共設兩門，大門設於殿堂東部正中……另一門設於正殿西壁正中……通過此門，可進入上殿堂內。在正殿堂正中上方，殘存着一供佛須彌座——佛座上所供的塑像和供佛座的上部被毀掉……上殿堂平面呈正方形，東西南北均爲4.7米……堂內高5.5米。在上殿堂後牆正中，殘存着塑像後背光的外輪廓，背光下殘存半截佛座……座前亦殘存塑像的兩腿和兩腳，兩只腳踩於地面，根據這些殘存的跡象推測，須彌座上供的塑像是一尊善跏趺坐的強巴佛（彌勒）坐像……正殿堂和上殿堂的屋頂已毀……四壁均有壁畫，因長時間的日曬雨水沖刷……只正殿的南壁和西壁還保存了一部分壁畫……西壁北側正中繪釋迦牟尼大坐像和兩菩薩小站像，西壁南側正中繪宗喀巴大坐像和兩弟子小站像，正殿南壁從東向西依次繪有（四組）釋迦牟尼大坐像和兩菩薩小站像……（和）宗喀巴大坐像和兩弟子小站像……在這些大像之上，還繪有一排23尊像、菩薩、金剛、高僧的小坐像……正殿的大門外建有門廳……可能是殿堂建成後補建的，其牆壁也較薄……F58的北側（F65、64）和東側（F63、62、60、59、61），（各）有一組房屋建築，緊依殿堂外牆……不是同時建造的，推測這組房屋是殿堂ⅨF58的僧舍（P. 88～89）。

從殘存的壁畫及其位置，可知正殿後（西）壁宗喀巴大坐像及二弟子小立像與釋加大坐佛及二菩薩小立像對應的佈局，與ⅣF136杰吉拉康相同，而右（南）壁並列繪多組釋迦大像與ⅣF185卓瑪拉康相似，但此殿右壁於多組釋迦之右又繪一組宗喀巴大坐像及二弟子小立像與卓瑪拉康有別。此外，此殿成列佈置的小像甚少也不同於杰吉拉康而與卓瑪拉康相似。

13. 札布讓寺佛塔　佛殿右側佛塔係多門式，藏名札西果莽曲丹。《故城》第二章第二節記此塔云：

>位於古格遺址第Ⅸ區的中心，殿堂建築F58的南側（圖版七四：3）。塔

頂已毀，塔斗（十三天座）僅存一部分，從現存地面到塔瓶（覆鉢）頂上殘存的塔斗殘高 7.45 米。塔基已被掩埋……（塔座）平面呈多棱亞字形的須彌座……塔座之上的塔層階（基座）……平面呈多棱亞字形，四周共有 36 個棱面……有三個大層階，每層有……3 個束腰層，在每面的 3 個束腰層中，共有 9 個方形小龕，其中第一層 5 個，第二層 3 個，第三層 1 個；每層的小龕中間大，向兩側漸小；三層小龕下層大上層小，即 4 個正面的第一層正中的方形小龕最大……第一層束腰處的 5 個小龕，從正中向兩側依次高寬為 0.5×0.5 米、0.4×0.4 米、0.3×0.3 米；第二層束腰處的 3 個方形小龕，從正中向兩側依次高寬為 0.4×0.4 米、0.3×0.3 米；第三層正中 1 個方形小龕的高寬為 0.25×0.25 米 (P. 75)。多門塔的特點即於每層基座上興建若干小型佛殿，此塔基座上殿已縮小成龕狀。又據《古格故城》圖版七四：3 所錄此塔圖像，知自覆鉢以下部分的輪廓頗為陡瘦。按西藏多門塔十六世紀以前塔基寬度和塔總高大體相若，基座所設之佛殿內繪壁畫奉塑像，其例如十四世紀的日喀則那塘寺南札桑波沛所建塔[51]、昂仁自吾其寺金塔[52]和十五世紀江孜白居寺十萬佛像塔[53]。十六世紀以後逐漸流行此塔形制，Ⅳ區 F208 瑪波拉康內東壁所繪釋迦八塔中之多門塔的高寬比例即與此塔相似。又寺院中心位置佈置左佛殿、右多門塔，除此寺外，似只有前述較早的十五世紀的江孜白居寺一例；白居寺的設計可能出自克珠格來貝桑布之建議，而古格的格魯多有克珠格來貝桑布的影響；此札布讓寺的左殿右塔不知與此有無關係。

札布讓寺左殿右塔的四面，以大小不一的六十餘間房址和多座佛塔圍成一處不規則的長方形平面的大型寺院院落。院落北面坡下尚建有瑪尼牆與 108 座塔牆（現殘存 107 座）各一道，從瑪尼牆上所嵌大部分河卵石上綫雕的人物造型和塔牆的殘塔形像觀察，俱屬十六世紀以來格魯盛時流行的樣式，因而似可推斷此札布讓寺係格魯寺院，其遭受破壞淪為廢墟的時間，疑即與 1630 年拉達克滅亡古格有關。

*　　　*　　　*

根據上面對古格寺院遺迹資料的輯錄與分析，已對所涉及的寺院遺迹的年代，提出了一些初步看法，現依所擬年代順序，將上述十三座寺院建築排列如下表：

文內編號	寺院建築名稱	初步擬定的年代	初步擬定的分期		
一—1	托林寺朗巴朗則拉康（迦莎殿）	10世紀末	第一期		
二—3	古格故城ⅥF48～60	10～11世紀			
二—4	古格故城ⅥF27	12～14世紀	第二期		
一—2	托林寺嘎波拉康（白殿）	15世紀前期	一段	第三期	
三—5	古格故城ⅥF35金科拉康（壇城殿）	15世紀			
四—6	古格故城ⅣF189嘎波拉康（白殿）	16世紀	二段		
四—7	古格故城ⅣF208瑪波拉康（紅殿）	16世紀，較白殿爲晚			
四—8	古格故城ⅣF136杰吉拉康（大威德殿）	16世紀末～17世紀30年代以前	三段		
五—12	古格故城Ⅸ札布讓寺佛殿				
五—13	古格故城Ⅸ札布讓寺多門塔				
四—9	古格故城ⅣF185卓瑪拉康（度母殿）	17世紀80年代以來	第四期		
四—10	古格故城ⅣY126供佛洞				
四—11	古格故城札布讓宗政府佛殿				

根據初步擬定的大致年代，似可將十三座寺院建築分做四期。第一期自十世紀末迄十一世紀，大體相當於衛藏地區的第二期[54]。第二期自十二世紀迄十四世紀，大體相當於衛藏地區的第三期。此兩期寺院佈局約皆淵源於衛藏，乃至南鄰印度，特別是第一期，由於十世紀古格王室德尊袞長子耶喜峨出家以來，古格佛教與印度佛教聯繫密切，故直接仿自印度亦屬可能[55]。第二期雖只一例——古格故城ⅥF27，但十二世紀迄十四世紀，正是噶舉、薩迦兩派先後向阿里地區開展弘法之際，衛藏寺院影響古格當是情理中事。第三期即十五世紀迄十

七世紀三十年代以前，大體相當於衛藏地區第四期，此期遺迹可細分三段，三段皆可主要依據壁畫高僧題名對照文獻記載，推測各教派在古格的興衰簡況。第一段約當十五世紀。其時，薩迦勢盛，同時格魯也開始在阿里廣泛布教，前者與喇嘛當巴索南堅贊和他的再傳弟子薩迦寺堪布翱爾欽噶桑波皆來阿里傳薩迦密法有關[56]；後者應是格魯創始人宗喀巴的高徒去阿里建寺布教如堆·協饒桑布及其侄協饒巴（俱爲宗喀巴弟子）和古格·卻吉阿旺札巴、桑浦巴·拉旺羅朱（俱爲克珠杰弟子）等人努力的結果，其中古格·卻吉阿旺札巴曾任古格小王札西畏德昆仲之上師，對格魯之弘揚應尤著功績[57]。第二段約當十六世紀，此段壁畫中洛桑札巴（宗喀巴）師徒形像增多，反映了格魯在阿里地區的迅速發展，古格故城IV區嘎波、瑪波兩拉康都繪有阿旺札巴，瑪波拉康壁畫題名中還冠以"曲杰"稱呼，説明此人在這裏弘揚格魯確實功績卓著。薩迦高僧似只出現薩迦第一祖貢噶寧布，和前段相比，這一派明顯的削弱了。由於格魯在古格的得勢，1541年古格王札西貢於山南澤當東北的藏布江北岸，爲格魯領袖根敦嘉措（拉薩哲蚌、色拉兩寺池巴，後被認爲根敦朱巴的轉世，即第二世達賴）興建了阿里札倉[58]；之後，又有阿里王族丹比尼瑪出任札什倫布寺座主[59]；1555年，"阿里王拉贊普貢瑪久典旺秀派人攜帶書信禮物前來迎請（被認爲根敦嘉措轉世的哲蚌寺座主）索南嘉措（即第三世達賴）去阿里地區傳教。索南嘉措婉言推辭，回贈書信禮品"[60]，這類事迹的出現顯然都不是偶然的事。第三段約當十六世紀末迄1630年，即古格爲拉達克覆滅之前。此階段，格魯得到强大的蒙古土默特部的支持，不僅在衛藏地區擴大了實力，在古格也明顯的佔了優勢，杰吉拉康和札布讓寺的壁畫中都出現了宗喀巴的大像，且與釋迦形像相並列的佈局，這應是克珠杰一再稱贊宗喀巴爲第二佛陀[61]的具體描繪，就是在這種情況下，古格王的父親、叔父和叔祖拉尊·洛桑惹希歐於1618年7月迎請了當時是格魯派的策劃人——哲蚌、色拉兩寺座主[62]羅桑卻吉堅贊來托林寺，隨後，羅桑卻吉堅贊又訪問了古格的其他寺院，羅桑卻吉堅贊當時稱洛桑惹希歐爲"法王尊駕"[63]，並贈予洛桑惹希歐以古格精神領袖（Soriritual Head）的稱號[64]。據十七世紀二十年代來古格的西方傳教士的記錄："古格地區僅寺院的尊巴（即出家人）人數就有五六千人之多，其中絶大多數屬黄教的。"[65]

所以，當1626年以來，古格王積極發展基督教，對佛教進行迫害時，格魯僧人有力量組織多次反抗，甚至發展成武裝鬥爭，結果給長期與古格爲敵的拉達克以可乘之機，舉兵入侵，1630年古格國破王俘，古格覆亡[66]。1630年以後，阿里淪爲拉達克控制的地區五十餘年。拉達克敬重主巴噶舉，阿里的格魯寺院很可能處於"停滯狀態"，殊少變動。格魯之恢復與發展當在由達賴汗弟兄噶丹策旺統帥藏蒙聯軍，於1683年驅逐拉達克佔領軍收復阿里之後[67]，第四期即應自此時開始。其時，格魯在衛藏地區經清廷大力扶植，並正式册命"西天大善自在佛所領天下釋教……"的五世達賴阿旺羅桑嘉措的整理、經營已臻極盛，阿里收復後，劃歸拉薩噶廈政府直接管轄，第巴桑結即着手鞏固發展其地的格魯寺院。1686年，在西藏與拉達克邊界上興建了札石岡寺[68]，1687年，托林寺的僧人數字增多[69]，古格故城Ⅳ區中部的卓瑪拉康和一些供佛洞大約也出現於此時。此期的下限約迄於1841年道格拉王室從拉達克邊境發動的一場突然襲擊。其時，英國爲策應鴉片戰爭，支持道格拉王室軍隊入侵日土，攻佔札布讓和托林寺，並向東深入普蘭，強佔藏地一千七百餘里，所到之處"肆行搶劫"[70]，許多村落和寺院被毀壞。是年底，藏軍全面反攻，在一次雪地白刃戰中，刺斃道格拉的主將倭色爾，擊潰侵略軍始得收復失地[71]。此後，英國等帝國主義逐步加強對西藏的侵略，西藏形勢每下愈況，阿里地區的寺院已無大加修整的人力、物力，加上此後百餘年來不斷的自然、人爲的進一步損壞，1961年古格王國遺址列入第一批全國重點文物保護單位時[72]，許多寺院雖已大部淪爲廢墟，但尚有一定數量的寺院建築保存較爲完整，此後，儘管加強了保護措施，仍然不斷出現不應有的新的損壞，這是令人非常痛心的。

此文初稿抄竟，接四川大學霍巍同志寄來西藏文管會編輯的《阿里地區文物志》（西藏人民出版社，1993），書中第四章古建築目下列有札達縣托林寺和噶爾縣札西崗寺。兩寺資料可補充《古格王國遺址》和《古格故城》兩書，並應輯錄於本文者有：

1. 托林寺平面佈局示意圖（《阿里地區文物志》P. 121 圖41），本文前面圖二即據此圖摹繪。

2. 托林寺朗巴朗則拉康平面圖（《阿里地區文物志》P. 123　圖42），此圖較《古格王國建築遺址》測圖爲詳，本文前面圖三因改摹該圖。

3. 托林寺杜康殿平面圖（《阿里地區文物志》P. 214　圖43），此圖爲《古格故城》附錄一《札達縣現存的幾處古格王國時期的遺址、寺院》托林寺杜康條文字記錄的重要補充。《古格故城》附錄一記杜康殿云：

> 杜康（集會殿）是托林寺僅存的兩座較完整殿堂之一（另一座是嘎波拉康，本文已節錄如前），位於朗巴朗則拉康東南60米的地方，由門廊和平面呈凸形的殿堂組成。門向東，殿堂東西通長25.5米、南北寬19.2米。殿內共有方柱36根：前半部分東西四排，南北六排；後凸的主供臺上分東西三排，南北四排。……（殿內）天花遍繪各種圖案，基本風格與古格故城佛殿天花大體一致……殿內壁畫基本完好，題材、構圖、用色用綫大多與古格故城佛殿的同類作品相似……值得注意的是在西壁東側下部的一組古格王室成員及高僧、來賓禮佛圖……整個場面和人物形像、服飾等都與古格故城幾個殿堂的禮佛圖或供佛圖有許多共同點……（P. 325～326）。（圖二十）

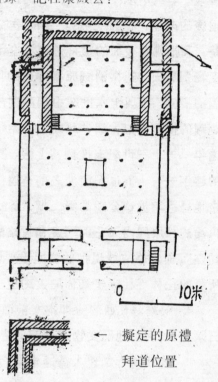

← 擬定的原禮拜道位置

圖二十：托林寺杜康平面（據《阿里地區文物志》圖43改繪）

《阿里地區文物志》所附杜康平面圖表明了該殿內"前半部分"即經堂所在；"後凸"的佛堂的左右側尚各有一較佛堂略短的長條形小室。此佛堂兩側各置一小室的佈局，可與和阿里地區寺院關係密切的噶當教典派主要寺院日喀則那塘寺的措欽、強巴兩殿相比較[73]。後兩殿佛堂兩側的長條形小室係原建圍繞佛堂的禮拜道之遺迹的情況，較爲明顯，杜康佛堂兩側的小室當亦如此。蓋在設有禮拜道的舊殿基址上，改建不設禮拜道的新殿堂時，往往保存了佛堂兩側的禮拜道部分，使之成爲長條形小室。之後，此兩長條形小室逐漸形成較原佛堂略小的左右佛堂，如十五世紀中期興建的日喀則札什倫布寺措欽大殿和吉康札倉佛殿[74]，山南地區乃東澤當寺的白加袞巴[75]等亦屬此例。托林寺杜康廢除禮拜道後的改建：佛堂兩側的小室既增加了原禮拜道的寬度，又縮短了它的長度；同時，又把佛堂後面的禮拜道位置全部砌進了佛堂的後牆，因而使杜康後牆之厚度特別突出。這樣消滅原禮拜道的作法，雖然沒有完全相同的他例，但加厚後牆的措施，卻與十六世紀中期薩迦改建康薩欽莫大殿的安排類似[76]。以上根據測圖的推測如無大誤，此杜康原始佈局的時代，似可參考那塘寺措欽大殿創建之年——十三世紀末推測其上限，其下限當在已不設禮拜道的托林寺嘎波拉康的建年——十五世紀前期之前。這個上下限的時間，恰好列於本文前面所擬古格地區寺院遺迹分期的第二期。至於杜康改建的時間，《古格故城》附錄一中一再論述杜康殿內天花與壁畫和古格故城佛殿"大體一致"、"相似"、"有許多共同點"，而古格故城現存的幾座重要佛殿都建於十五至十六世紀，因可推測現在所見的托林寺杜康建築佈局大約也出現於十五至十六世紀。

4. 噶爾縣札西崗寺即本文前面所記1686年西藏噶廈於西藏西界修建的札石岡寺。《阿里地區文物志》記此寺云：

"札西崗寺創建人爲達格章，原係拉達克赫來寺系統"。"札西崗寺是西藏西部一座早期的寺院，曾一度隸屬於拉達克轄下，公元17世紀後期，拉達克勢力被五世達賴派遣的軍隊驅逐出境後，此寺又收歸拉薩色拉寺，並由托林寺代行管轄之職，堪布由色拉寺直接委派，每三年一輪換"。"（該寺）外圍繞環以一周濠溝，溝寬約1~1.5米，顯然爲防護溝之類的設施，濠溝以內，爲一略呈矩形的夯土防護牆，牆的四角及兩中腰有凸出的角樓和碉樓，西南及西北角上還建有兩座圓形的碉樓，現以西南角上的一座保存較爲完好。碉樓的牆體現高約6~8米，牆上開設有三角形或長條形的射孔。護牆的中央偏北處爲寺廟所在。殿堂平面爲十字折角形……殿堂周圍內有轉經復道環繞一周……殿堂內共有8柱面闊3

柱，進深5柱，中央升起爲擎天柱支撐天井亮棚，以便通風採光。殿內門道朝東，南北各有一小倉庫，西側設有一依怙殿（護法神殿）（圖二十一），但已無早期壁畫遺迹。"（P. 128）

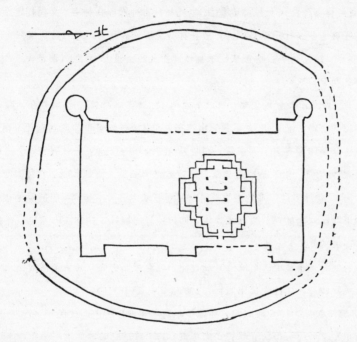

圖二十一：札石崗寺平面示意（據《阿里地區文物志》圖44）

根據報導的情况，試作初步考慮：〔一〕達格章和赫米寺俱不詳，但札西崗寺殿堂佈局確與托林寺朗巴朗則拉康中心部分的設計相似，環繞整個殿堂的禮拜道的安排，也確是早期殿堂的特徵；此種殿堂在衛藏地區最遲不晚於十四世紀，如考慮札西崗寺原係拉達克系統，結合"公元十五世紀初葉和中葉，拉達克王札巴德和次旺朗杰曾先後兩次派人測繪此殿（托林寺朗巴朗則拉康），按照其獨特的模式，在拉達克興建寺廟和佛殿"[77]的事迹，札西崗寺殿堂的時間或許較十四世紀略遲[78]。〔二〕殿堂內部南北各一小倉庫的位置，原應是左右（南北）兩佛堂；正（西）佛堂原來是否是護法神殿亦有可疑。〔三〕殿堂最外圍的一週濠溝和濠溝內的夯土防護牆以及防護牆附設的防禦建置，大約出自1686年西藏噶廈修建札西崗寺時；蓋1683年與拉達克議和後，西藏噶廈爲了保衛西部邊界所增設者。〔四〕早期壁畫已無，但是否尚存晚期壁畫竟無一字描述實爲憾事；估計如有晚期壁畫也很可能是1686年以來的製作。

注　釋

〔1〕《賢者喜宴譯注（十七）》黃顥注："托林貝吉神殿即托林寺。又稱托定金寺，後音訛而爲托林寺……托定意爲高翔，故托林寺又譯作高翔寺（見《黃琉璃》）。該寺建於公元996年，後諸阿里古格王依次增補擴建而成爲阿里大寺。"（《西藏民族學院學報》1985年2期P. 92）

〔2〕王森《西藏佛教發展史略》）（以下簡稱《發展史略》）第二篇佛教在西藏的再度傳播並在民間得勢亦記此事："耶歇斡出家後，首先派仁欽桑布等人到克什米爾留學，並積極設法延請印度有名僧人來藏，同時還仿照桑耶寺修建了托林寺。"（中國社會科學出版社，1987. P. 30）桑耶寺係摹自印度歐丹多補黎大寺，多羅那它《印度佛教史》記該寺云："歐丹多是能飛的意思，是仿照優婆塞上升天空後，親眼所見的須彌山、四大洲的形狀而修建的。"（張建木譯本，四川民族出版社，1988。P. 199）托林寺又譯高翔寺即源於此。

〔3〕參看拙著《西藏山南地區佛寺調查記》札囊桑耶寺條（《季羨林教授八十華誕紀念論文集》（上），江西人民出版社，1991。P. 311～316）。

〔4〕《西藏王統記》："大阿闍黎（蓮花生）爲修建神殿……即於兔年（787）開始修建大首頂正殿下層……復次又修建正殿中殿，其本尊爲毗盧遮那佛……正殿上層主尊爲毗盧遮那……"（劉立千譯本，西藏人民出版社，1985。P. 123～124）

〔5〕藏文文獻《佛教史大寶藏論》、《紅史》、《西藏王臣記》皆記拉喇嘛意希沃爲柯熱，但《雅隆尊者教法史》、《西藏王統記》、《賢者喜宴》、《阿里政教史》皆記意希沃爲柯熱弟松額。本文採用前說。

〔6〕郭和卿譯本，民族出版社。1986，P. 190。

〔7〕陳慶英、周潤年譯東嘎洛桑赤列校注本，西藏人民出版社，1988。P. 38。

〔8〕郭和卿譯本，民族出版社，1983。P. 81～82。《紅史》東嘎注243："阿底峽到此寺時，西藏譯師仁欽桑布八十五歲（1042），在此寺拜見了阿底峽…阿里古格王朝歷代國王在此寺中建了許多佛像。"（陳、周譯本 P. 200～201）

〔9〕《青史》第二輯西藏後弘期佛教云："（絳曲斡的弟兄峨德）的王子哲德在位時，於丙辰法輪大會，召集了衛、藏、康三區所有持法藏大師們，各盡其長轉所有法輪。桑噶譯師所譯的《量釋莊嚴論》也是在那時譯出的。總的說來，能如上部阿里諸王對佛教那樣恭敬承事，任何其他地區也是沒有的。"（郭和卿譯本，西藏人民出版社，1985。P.

48)《青史》作者廓諾·迅魯伯,該書完稿於1478年。

〔10〕 據三十年代前期杜齊所攝照片,知殿門外面兩側瓶狀蜀柱的上方飾有多層橫枋;最上層中間有雙鹿與法輪的標志;兩瓶狀蜀柱前方各樹一高柱,此兩高柱與門牆兩端的高柱,共同支撑門檐下的枋椽;高柱端置有雙層托木,托木形制與殿內托木同。參看 Cronaca della missione Scientitica Tucci net Tibet Occidentale, 1933、1934。fig232。

〔11〕 參看 The Sacred Art of Tibeet, 1991。fig 18、19。

〔12〕 1988年在西藏文管會看到一份托林寺資料,其記白殿畫塑云:"殿中央釋迦左右爲八大菩薩,壁畫宗喀巴、薩迦祖師、最勝佛頂輪王、白傘蓋、佛頂輪王、多羅菩薩、佛母以及諸多各種怪像身。壁畫年代可上溯15或16世紀。"遺憾的是,該資料未記錄壁畫中宗喀巴題名的具體內容。

〔13〕 參看本文三—5. ⅥF35 金科拉康條。

〔14〕 參看拙著《西藏江孜白居寺調查記》(《慶祝饒宗頤教授七十五歲論文集》,香港中文大學中國文化研究所,1993。P. 5~18)。

〔15〕 劉立千譯注本,西藏人民出版社,1985年。P. 169。

〔16〕 參看本文四—6. ⅣF189 嘎波拉康條。

〔17〕 參看拙著《西藏拉薩地區佛寺調查記》大招寺條(《紀念陳寅恪先生百歲誕辰學術論文集》,江西教育出版社,1994. P. 183~202)。

〔18〕 這裏所謂的上路弘法的初期,可能接近於《青史》第二輯西藏后弘期佛教所記"對於阿里上部的統治人王松額祖與父的規範和教法來說,一般雖極具信仰,然以無授受戒律的上師與弟子之故,父子三人只好於三寶前求取本來真面,而將自名也改變爲耶協峨。後來始從東印度迎請來班抵達·達瑪世那,而始有眾多得受具足戒的"(據郭譯本 P. 57)的時代。

〔19〕 同〔17〕。

〔20〕 《遺址》建築遺址概貌節謂此區爲宮城區,P. 101~103。

〔21〕 參看《西藏拉薩地區佛寺調查記》堆龍德慶楚布寺條(P. 220~225)。

〔22〕 參看拙著《西藏日喀則地區寺廟調查記(下)》薩迦寺條(《文物》1992年6期,P. 24~32)。

〔23〕 參看《西藏拉薩地區佛寺調查記》大招寺、小招寺條(P. 183~206)。

〔24〕 參看《遺址》地理環境與歷史沿革節(P. 93~94)。

〔25〕 參看《發展史略》第六篇噶舉派止貢噶舉節(P. 132~134)。

〔26〕 參看出身於吐蕃王族的釋迦仁欽德於1376年所撰《雅隆尊者教法史》吐蕃王世系源

流雅澤世系節（湯池安譯本，西藏人民出版社，1989。P. 46）和《西藏王臣記》第九節（郭譯本，P. 84）。

〔27〕 參看阿旺貢噶索南完成於1629年的《薩迦世系史》（陳慶英、高禾福、周潤年譯本，西藏人民出版社，1989。P. 198）。喇嘛當巴·索南堅贊即前引《西藏王統記》的作者。

〔28〕 引自《故城》第二章第三節，P. 82。

〔29〕 白辛《在喜馬拉雅山上——崑崙山、岡底斯山、喜馬拉雅山旅行記》（《新觀察》1958年24期P. 15～16；1959年1期P. 23～24）。

〔30〕 據《故城》編後記云："報告中所採用的藏文資料，由西藏文管會大多吉同志翻譯。"（P. 461）

〔31〕 題名後面括號內的文字，係筆者附注，以下同。附注的主要根據是《青史》、《薩迦世系史》、《土觀源流》和《發展史略》。

〔32〕 《發展史略》附錄二《宗喀巴年譜》："相傳仁達瓦有七位大弟子，其中最有名的是宗喀巴，最善辯論的是達瑪仁欽。達瑪仁欽此時（1397）在各寺依十部論書立宗答辯後，特來與宗喀巴辯論，但折衷於宗而爲其弟子。宗喀巴死後第一個繼承他的地位的人即達瑪仁欽，故又稱賈曹杰。賈曹意爲將繼君位之王子，此稱原於印度，西藏佛徒引用於宗教事務中。杰爲尊稱，義爲主。"（P. 306）

〔33〕 參看〔32〕所引《發展史略》P. 312。

〔34〕 王輔仁《西藏佛教史略》第六講第六節："（布頓）成名以後，受到日喀則東南的夏魯地方的封建領主的支持，把他請到夏魯寺去做寺主……夏魯寺原來和薩迦派的關係比較密切，它們相距不遠，薩迦派又是一個佔優勢的教派，所以又有人把夏魯派算作薩迦派的一個支派。"（青海人民出版社，1982，P. 183）

〔35〕 劉立千譯本P. 169。

〔36〕 轉引自《遺址》古格王國世系表，P. 94。

〔37〕 同〔36〕。

〔38〕 參看《西藏山南地區寺院調查記》札囊朵阿林條（P. 318）。

〔39〕 參看西藏文管會《札囊縣文物志》强巴林條，1986。P. 117～119。

〔40〕 同〔21〕。

〔41〕 即謂甲曹杰而言，參看〔32〕。

〔42〕 此法王是指依佛法治理並護持佛法之王，非世俗的統治者，與下面吐蕃三大法王不同。

〔43〕 參看《青史》第五輯阿底峽尊者傳承錄（郭譯本 P. 161～217）、《發展史略》第四篇噶丹派（P. 51～67）。

〔44〕 《發展史略》附錄二《宗喀巴年譜》："宗喀巴成名後，藏人不直呼其名，尊稱之爲宗喀巴（義爲宗喀上人，這和漢人古代以地望稱人的習慣相同）。"（P. 283）

〔45〕 參看《西藏拉薩地區佛寺調查記》哲蚌寺條（P.212～213）。

〔46〕 參看 Guiseppe Tucci：Tibetan Painted Scrolls 第二册 PL. 8～12。

〔47〕 參看《發展史略》附錄一《宗喀巴傳論》（P. 269）。

〔48〕 《發展史略》附錄二《宗喀巴年譜》："宗喀巴此時（1388）改戴帽，是根據松巴堪布《佛教史》。原文稱其帽爲班霞。'班霞'是指尖頂、下面二長帶垂於兩肩的那種帽子。也就是常見的宗喀巴像所戴的那種帽子。這種式樣的帽子，原爲印人之有班底達稱號者（通達五明的人稱班底達）所習用的帽式。'班霞'意即班底達帽。唯印僧及他派藏僧多用深紅色，宗喀巴改用黃色爲不同。"（P. 298）

〔49〕 參看 Tibetan Painted Scrolls 第二册 PL. K。

〔50〕 周加巷《至尊宗喀巴大師傳》第二章第三節第七段記："（宗喀巴逝世後）克珠杰……念及大師的偉大功德，生起了不可思議的信仰，哀呼道：師父，大寶恩德師，恩德無邊，瞻部洲的一切有情未報師之恩德啊，我的師父至尊宗喀巴呀，如是哀呼而作猛利祈禱時，宗喀巴大師騎着以各寶飾莊嚴的白色獅子，大師身色紅黃，手持慧劍與經函，現孺童相，服飾以各種珍寶而爲莊嚴。示現如是（文殊）菩薩形相前來……"（郭和卿譯本，青海人民出版社，1988。P. 476）周加巷係色拉寺麥札倉妥桑羅布林僧人——達賴喇嘛的近侍達爾汗堪布活佛。該書完稿於 1845 年。

〔51〕 參看拙著《西藏日喀則那塘寺調查記》南札桑波沛塔條（《馬長壽紀念文集》，西北大學出版社，1993。P. 321）。

〔52〕 參看西藏文管會文物普查組《西藏昂仁日吾其寺調查報告》（《南方民族考古》第四輯，1992。P. 193～209）。

〔53〕 參看〔14〕。

〔54〕 參看拙著《西藏寺院建築分期試論》，刊《國學研究》第一卷（1993，P. 501）。

〔55〕 托林寺與桑耶寺同爲仿自摩揭陀歐丹多補梨大寺，參看〔2〕。古格故城 ⅥF48～60，爲印度僧房院流行的佈局，西藏後弘期之初，印度佛教寺院那爛陀的僧房最具典型，故 ⅥF48～60 亦有直接摹擬那爛陀的可能。

〔56〕 喇嘛當巴事迹見《薩迦世系史》仁欽崗拉章世系（陳、高、周譯本，P. 198～200）。參看《發展史略》第五篇薩迦派（P. 84）。

〔57〕 參看《至尊宗喀巴大師傳》第二章第三節第七段（郭譯本 P. 490～492）和《土觀源流》格魯派的源流節（劉譯本，P. 168～169）。

〔58〕 參看《發展史略》第八篇格魯派（P. 171）。

〔59〕 參看《土觀源流》格魯派的源流節（劉譯本 P. 168）。

〔60〕 引自馬連龍《三世達賴索南嘉措年譜》，《西藏研究》1992年3期 P. 19。杜齊《西藏畫卷·第十三至十八世紀西藏中部簡史》註釋91謂："達賴三世的名譽和黃教的威望普及全藏，甚至此時的拉達克也派使者來給黃教各寺院及上層贈獻品；《拉達克編年史》上提到這事，達賴五世撰《鎖南嘉錯傳》說一王子……在155年前來朝覲。後者，稱爲古格王"（李有義、鄧銳齡譯《西藏中世紀史》，中國社會科學院民族研究所，1980。P. 167），杜齊所記之古格王朝覲事，不知是否即指此事而言。

〔61〕 《至尊宗喀巴大師傳》第二章第三節第七段："賈曹杰登上了宗喀巴大師的法座，作圓滿教主第二佛陀（指宗喀巴）法王的繼承人、教政的主宰。那時，一切智克珠杰獻贊辭說：具德功德能作者，授權獲得獅子座，第二佛陀繼承人，願成第二無敵師。"（郭譯本，P. 471）

〔62〕 牙含章《班禪額爾德尼傳》第二章謂羅桑曲結未就兩寺座主（西藏人民出版社，1987，P. 29）。此據《發展史略》第八篇格魯派（P. 29）。1645年，羅桑卻吉堅贊由控制全藏的固始汗贈以班禪博克多的稱號。

〔63〕 參看《班禪額爾德尼傳》第二章（P. 29）。

〔64〕 見盧切亞諾·伯戴克（Tuciano Petech）《雅則、古格和普讓的新發現》，轉引自伍昆明《早期傳教士進藏活動史》第四章第二節（中國藏學出版社，1992。P. 134）。

〔65〕 參看《早期傳教士進藏活動史》第四章第二節（P. 135）。

〔66〕 參看《早期傳教士進藏活動史》第四章第六節（P. 221～232）。

〔67〕 參看《發展史略》第八篇格魯派（P. 189～190）。結束戰爭之前的1682年，五世達賴即已逝世。

〔68〕 參看《西藏畫卷·第十三至十八世紀西藏中部簡史》（李、鄧譯《西藏中世紀史》P. 139）。

〔69〕 同〔68〕。

〔70〕 見不著撰人《西藏奏疏》卷一剿辦森巴生番，道光二十一年（1841）九月二十五日孟保摺奏（摺奏後錄同年十一月初二日上諭。此上諭錄入《清宣宗實錄》卷三百六十一道光二十一年十一月壬子條）。

〔71〕 參看《西藏奏疏》卷一剿辦森巴生番，道光二十一年十二月十七日孟保摺奏（摺奏後

录道光二十二年正月二十三日上谕。该上谕录入《清宣宗实录》卷三百六十六道光十二年正月壬申条》、当代丛书编委会《当代中国的西藏》绪论第二章第三节（当代中国出版社，1991，上册 P. 56）、毕达克《西藏的噶伦协札旺曲结布》（耿升译文刊《国外藏学研究译文集》第一辑，西藏人民出版社，1986。P. 252～268)。

〔72〕 古格王国遗址列入第一批全国重点文物保护单位，主要是依据1957年中央新闻电影制片厂拍摄的记录片和西藏工委文物处的调查报告。

〔73〕 参看《西藏日喀则那塘寺调查记》（《马长寿纪念文集》，P. 312～318)。

〔74〕 参看拙著《西藏日喀则地区寺庙调查记（上）》札什伦布寺条（《文物》1992年5期，P. 39～41)。

〔75〕 参看《西藏山南地区佛寺调查记》乃东泽当寺条（《季羡林教授八十华诞纪念论文集（上）》P. 321、338)。

〔76〕 参看拙著《西藏日喀则地区寺庙调查记（下）》萨迦寺条（《文物》1992年6期，P. 28～32)。

〔77〕 引自《阿里地区文物志》托林寺条。此段引文后，《文物志》又记："其后，五世达赖喇嘛时，派人为绘制大昭寺中廊壁画四处寻找较为完整正宗的古画像，最终将此殿作为独特完整的寺庙建筑蓝本，绘入大昭寺中廊墙壁上，使其未经毁损时的原貌得以展现。"(P. 122) 此拉萨大招寺所摹寺图，为了解十七世纪托林寺情况提供了重要参考资料。

〔78〕 仿建托林寺朗巴朗则拉康更晚之例，是乾隆十六年（1751）于北京的兴建。事见土观洛桑卻吉尼玛《章嘉国师若必多吉传》第十三章："一天，大皇帝问章嘉国师：在西藏为佛教建有广大功业的杰出人物有哪些？他们的主要功迹如何？章嘉国师……详细列举，其中讲到了大译师仁钦桑波创建托林寺，寺内正殿有四层，内设四续部佛众的立体坛城的情况。大皇帝说：在朕京城中也要建一座那样的佛殿。于是，由章嘉国师负责，在内城右方建起了一座四层金顶佛殿，内置四续部佛众的塑像。顶层殿内塑有密集像，第三层内塑有大日如来现证佛像，底层殿内作为各札仓僧众念诵三重三昧耶仪轨的场所。"（陈庆英、马连龙译本，民族出版社，1988。P. 221) 此仿建的佛殿，陈庆英《章嘉·若必多吉年谱》谓在颐和园后山："1751（乾隆十六年、铁羊年、辛未），乾隆帝为了庆祝其母孝圣皇太后的六十大寿，改北京西山瓮山为万寿山……由章嘉若必多吉主持，在万寿山后山仿照西藏托林寺修建了一座规模巨大的寺院（即今北京颐和园后山香岩宗印之阁的一组寺庙建筑群，1860年毁于英法联军之手，慈禧太后修复颐和园时，改建了一部分。"（中央民族学院藏学研究所《藏学研究》，天津古

籍出版社，1990。P. 71) 此香岩宗印之閣一組寺廟建築群，周維權據現存遺址和估計是嘉慶、道光間由樣式房繪製的《須彌靈境地盤樣》等資料繪出復原圖紙，見《承德的普寧寺和北京頤和園的須彌靈境》中圖六《須彌靈境復原後的總平面圖》、圖七《須彌靈境復原後之鳥瞰圖》。兩圖的上端（南端），即以香岩宗印之閣爲中心的"藏式"建築部分。周文刊清華大學建築系《建築史論文集》第八輯，1987。P. 61～68。

（本刊第一卷曾刊露拙著《西藏寺廟建築分期試論》，文中收錄阿里地區部分寺院建築在斷年上與本文有不同處，現經增訂當以本文爲準，希予鑒察。）

1994 年 9 月

（本文作者　北京大學考古學系）

Buddhist Monastory Relics in 札達 County of 阿里 District

Su Bai

Summary

Based on the sources in the book 古格王國建築遺迹 and the book 古格故城, the paper makes an archeological analysis chronologically on the thirteen Buddhist monastery relics in 札達縣 of 阿里地區, Tibet and thence tentatively classifies them into four periods with six sections.

The first period which is from the late 10th century to 11th century includes 托林寺朗巴朗則拉康 and F48-60 of Ⅵ in the ancient town of Gu-ge.

The second period which is from the 12th to 14th century includes F-27 of Ⅵ in the ancient town of Gu-ge.

The third period consists of three section：

1. This includes 托林寺嘎波拉康 and F35 of Ⅵ（金科拉康）in the ancient

town of 古格, which belonging to the 15th century.

2. This includes F189 (嘎波拉康) and F208 (瑪波拉康) of Ⅳ in the ancient town of Gu-ge, which belonging to the 16th century.

3. This includes F136 (杰吉拉康) of Ⅳ, the Buddhist Hall of 札布讓寺 of Ⅸ and the 多門 stupa of 札布讓寺 of Ⅸ, in the ancient town of Gu-ge, which are from the late 16th century to the thirties of the 17th century.

After the eighties of the 17th century is the fourth period which includes F185 (卓瑪拉康) and Y126 (Buddhist worshipping cave) of Ⅳ, in the ancient town of Gu-ge, and the Buddhist Hall of the government of 札布讓宗.

The paper thence in the light of the concerning literature preliminarily investigates the historical backgroud of various periods and approaches the origin of these thirteen monastery constructions.

漢傳佛教經濟思想發展的重要階段

——試論禪宗的農禪思想

趙　靖

一、佛教關於經濟生活的基本觀點

在中國漢族地區流行，並且傳入朝鮮、日本等國的漢傳佛教，同印度原來的佛教以及南傳佛教、藏傳佛教相比，在教義、組織形式及教規、教律方面，都有自己的特色，在經濟觀點、經濟思想方面，也具有許多自己獨特的東西。

漢傳佛教的經濟思想，是佛教原來的經濟觀點同漢族地區特有的經濟、政治、文化條件逐漸結合起來的產物。研究漢傳佛教的經濟思想，不可不先對佛教原來的經濟觀點有一個大致的了解。

佛教是一種出世的宗教，它認為現實世界是充滿着苦難的，但卻不想去改造現實世界，而是在人世之外約許給人們的靈魂以一個極樂世界。佛教對現實世界的這種態度，使它對國計民生即有關國家、人民的經濟狀況問題，抱着漠不關心的態度。

佛教對個人的經濟生活問題，比對宏觀的國民經濟問題的態度，甚至更為消極。它要求僧侶出家，不積私財，摒絕各方面的嗜欲和生活享受，以簡單、清苦的生活自持。這種態度，同為了私人財富而積極從事經濟活動的要求是相反的，因而，佛教也極少從積極方面探討如何進行個人經濟活動的問題。

這種情況決定了：佛教在經濟思想領域積累下來的成果，總的說是不豐富的，尤其缺乏對社會經濟的發展和進步具有積極意義的內容。

儘管佛教對國民經濟及個人的經濟生活都抱消極的態度，但它畢竟不可能完全避開經濟問題；儘管佛教的經濟思想並不豐富，並不活躍，卻也不可能沒有某些關於經濟生活的觀點。經濟生活是人類的最基本的生活，是人們生存所繫，是任何個人、任何群體所不能無有的。佛教徒不管信仰多麼虔誠，對個人物質生活的要求多麼簡單、低下，但歸根到底總需有某種經濟生活作爲宗教生活的基礎。佛祖釋迦牟尼在修行時，饑餓無力，後有牧女施給一碗乳糜，才得恢復氣力繼續修行。釋氏由此認爲："道非羸身得，要須身力求。飲食充諸根，根悅令心安。……食已諸根悅，堪受於菩提。"[1]可見，宗教生活是不能完全脫離物質生活的；否則，個人不能生存，宗教修行也就完全談不上了。

既然不能沒有經濟生活，當然也就不可能沒有經濟生活在觀念方面的表現，不可能沒有某些經濟觀點和經濟思想。佛教對經濟生活的消極態度，本身也是一種經濟觀點。

佛教的基本經濟觀點大致可以概括爲以下幾個方面：

（一）認爲財物（尤其是貴重財物和生產資料）和獲取財物的各種經濟活動都是"不淨"的。

佛教戒律有"八不淨財"的說法，把"一，田宅園林，二，種植生種，三，貯積穀帛，四、畜養人僕，五、養繫鳥獸，六、錢寶貴物，七、氈褥釜鑊，八、象金飾牀及諸重物"等等，都看作是"不淨財"，認爲僧、尼佔有，貯積這些不淨財，就會"長貪壞道，污染梵行，有得穢果。"[2]僧、尼不但不許佔有這類財物，而且連進行生產和經營活動以獲取財物，也被認爲是違反佛戒的："持淨戒者不得販賣、貿易、安置田宅、畜養人民、奴婢、畜生，一切種植及諸財寶，皆當遠離，如避火坑，不得斬伐草木、墾土、掘地。"[3]

不特如此，佛教還認爲僧、尼爲了解決自身生活問題而進行的一切勞動和服務，如"自手作食，自磨自舂"[4]以至泥壁、徹屋、清除庭院積水等，也都是同僧、尼身分不相容的"不淨業"或"下業"。

（二）僧、尼的物質生活主要應靠"勸化"即乞討來解決。

僧、尼既不許積私產，又不許從事生產勞動和各種經營活動，他們的收入從何而來呢？他們的衣食靠甚麼來維持呢？答案是，而且只能是，靠接受布施，即靠檀越們的施捨來解決。爲了得到布施，僧、尼不能只是坐等檀越上門，還應主動去請求布施，這就是所謂勸化或化緣。

勸化可以説是佛律對解決僧、尼物質生活來源所無條件肯定的唯一方式。佛律在有的情況下也允許僧、尼生活可有其他的來源，但它從原則上無條件加以肯定的，則只有勸化一種方式，對其他方式的肯定都是有條件的，有限制的。《釋氏要覽》引《三千威儀經》説："出家所做事物有三：一，坐禪，二，誦經，三，勸化。衆事若具足三事，是應出家人法。"[5]

這裏，勸化不止被看作解決僧、尼生活問題的唯一無條件合乎佛律的要求的方式，而且被列爲僧、尼的最基本的宗教活動之一，同坐禪、誦經並作爲佛教出家人的三項日常功課。

（三）僧、尼的最低生活資料之外的財物，必須通過"淨施"才可以獲得。

勸化原則上是對僧、尼最低生活資料即日常衣食的勸化，尤其是每日餐飯的乞討。但勸化得來的食物有限，難以維持長久；而且，勸化食物不能成爲僧、尼生活的穩定的、可靠的來源，有時就可能勸化不到。維持生命的食物都勸化不到，坐禪、誦經等宗教活動，也就難以正常進行了。於是，佛教在允許僧、尼勸化食物之外，也難以絶對禁止他們接受其他財物的布施，包括所謂不淨財的布施；不過，接受這種布施必須有兩個條件：一是直接勸化來的食物不足維持正常宗教活動的需要，二是各種財物的布施必須通過淨施。佛律規定：

> 觀知我等弟子，有人供給所需無乏，如是之人，佛則不聽受畜一切八不淨物；若諸弟子無人供須，時世饑饉，飲食難得，若欲維護建立正法，我聽弟子受畜奴婢、金銀、車乘、田宅、穀米，賣易所畜。雖聽受畜如是等物，要須淨施。[6]

不僅對金銀、車乘等貴重財物的布施可以接受，而且連生産資料以及爲僧、尼進行生産勞動和服務的勞動力（奴婢）也可以接受，而且還允許"賣易所需"。這就爲僧、尼大量積貯財物和從事各種經濟活動，以求財益富，大開了方便之門。雖然對接受這些財物的布施規定了條件，但因條件的規定很不嚴格，其含義的解釋又具有很大的伸縮性，因而實際上起不了多少限制作用。例如，第一個條件是接受這類布施必須是"爲欲維護建立正法"。維護建立正法的物質需要到底應該是多少，可以言人人殊，凡是想接受大量財物布施的僧、尼，隨時都可以借口只靠勸化食物或化齋不敷"建立正法"之所需，而多方求取其他財物，從事求利、生財的各種活動；而且，越是富有的佛寺和僧、尼，越可以說自己建立正法的需要大。至於第二個條件"要須淨施"，即通過一定的宗教儀式把不淨財說成是"淨"的，那就更是漫無邊際，可以隨心所欲了。

（四）寺院所從事的一切生產勞動和經濟活動，以及僧、尼生活所需的各種服務，應由屬於寺院的"淨人"即寺院的依附勞動者擔任，免致僧、尼自身沾染"不淨"。

不淨財在經過淨施之後，雖然允許接受，但如果讓僧、尼直接利用這些財物進行生產、經營活動，那就不啻把僧人變成了俗人，會影響他們的佛門弟子的形象；而且，讓僧、尼整天陷入求田問舍、坐市列肆、販物求利、放債取息之類的俗務中，也會妨礙他們從事坐禪、誦經、禮佛、說法等宗教活動。爲了使他們擺脫這些矛盾和困難，佛律規定：佛教寺院可以役使"淨人"承擔生產勞動、經營活動和各種生活服務。

所謂淨人，是指專門爲寺院進行生產、貿易及服務活動的一種人身依附性的勞動者。寺院爲了"維護建立正法"，需要進行這類活動，而這類活動又是不淨的，由僧人自爲，會"長貪壞道，污染梵行"，於是，就需要專門找一種人爲僧、尼承擔這類活動，使僧、尼可以免受這些不淨業的污染。這就是所謂"爲僧作淨，免僧有過"[7]。事實上，淨人的使命，不但是使僧人可以避免自操不淨之業的"過"而已；還使僧人可以不勞而獲，坐享不淨之財、不淨之業所帶來的實惠。

這樣一來，僧、尼的財路就十分寬廣了：

"如有人施僧田宅、店肆，聽受，使淨人知之。"[8]

"如有生息物在外，遣寺內僧祇、淨人推求取之。"[9]

"有貴價衣"，可"令淨人貿易"[10]。

僧、尼要得到甚麼珍奇難得之物，也可以"覓淨人求之"[11]。

貴價衣、奇珍異寶，是不淨財中尤爲不淨的，是僧、尼不應接受和積貯的，可是，有了淨人代爲經營，就不但可以接受布施，還可到處去買賣、搜求。這樣，寺院廣藏珍異，富過王侯，也就不無可能了。

有了淨人，僧、尼生活的許多方面，都可隨時有人侍候："若徹故屋，使淨人爲之"、"若壞壁，使淨人卻泥"、"井池瀆汪水，新雨後使淨人抒"[12]，等等。

淨人不僅是爲僧、尼進行生產、貿易和生活服役的勞動者，還是對寺院存在着人身隸屬關係的寺院奴隸或農奴。

正像世俗的奴生子世爲奴隸一樣，淨人所生的子女也世爲淨人。

寺院的淨人主要是由國家、貴族和豪富們布施來的。這些檀越在向寺院布施財物時，往往也把大量依附人口布施給寺院，依附人口在被布施給寺院之後，就成爲淨人。《釋氏要覽》曾引述《十誦律》中的一個故事："瓶沙王見大迦葉自蹋泥修屋。王於後捕得五百賊人。王問：'汝能供給比丘，當赦汝命。'皆願。王遂遣往祇園充淨人。"[13]

一次施給五百淨人，可見寺院規模之大，僧人之衆和財富之多！

（五）寺院中的一切生產資料和基本財物，都歸"常住"即僧團集體所有。

寺院的房舍、耕地、依附勞動力、畜力以及庫存糧食等，是寺院的經濟基礎，離了這一基礎，或者這一基礎遭到嚴重削弱，寺院在宗教界以及社會上的勢力就難以保持。因此，佛教雖然允許佛門弟子接受財物布施並經營各種經濟事業（借助淨人），但前提是由寺院接受，並歸寺院僧、團集體所有；僧、尼個人有權享用，但不得據爲私有，更不許僧侶之外的各界人士侵佔。本寺院以外的僧、尼，如因學法、遊方等原因來本寺居住，也得與本寺僧、尼一樣免費享受食宿；但其他任何寺院不能分佔或抽調本寺院的財物。這種寺院僧團集體所有制，就是佛教所稱的"常住"。常住者，常常留住於寺院僧衆內部，不分散亦不外流之謂也。這也就是《釋氏要覽》所解釋的："常住謂衆僧舍宇、什物、樹木、田園、僕畜、米麥等物，以體局當處，不通餘界；但得受用，不通分賣，故重言常住也。"[14]

常住財物雖然爲寺院集體所有，但往往控制在地位高、有權勢的僧人手中，實質上同他們的私產差不多。不過，任何僧、尼個人卻無權把這些財物贈送給別人；即使在他們死後，也必須作爲僧人財產留在寺內："制入僧，餘處不得。"[15]所謂"制入僧"，包括入於常住集體和寺僧個人，一般的分配辦法是："重物"即田産、房舍、奴婢、畜産以及糧米儲存等生産資料和僧、尼的基本生活資料，只能作爲常住財産歸於寺中僧團集體；"輕物"即一般消費品可以分給其他僧人或世俗親友。這種制度是爲了使寺院所有的生産資料以及屋宇、糧食等基本生活資料可以常住不散，以保持寺院的經濟基礎不被削弱。

（六）消費方面的禁欲主義。佛律要求僧、尼以戒自持，過極爲簡單、清苦的物質生活。"沙彌十淨戒"中關於不飲酒、不坐臥高廣大牀、不花鬘瓔珞香油塗身（不美飾，不用化粧品）、不自作亦不觀聽歌舞，不非時食（過午不食）等，都是要在消費方面施加嚴格的限制，儘量抑遏嗜欲。

總之，以財物及經濟活動爲不淨，要求僧侶不積私財，不親身從事經濟活動；生活靠勸化，靠接受布施；僧侶所需的生活服役及寺院的經濟活動由淨人承擔；寺院的財産爲寺院僧團即常住所有；在消費方面的禁欲主義，等等，這些就是佛教對經濟生活的基本觀點，也是漢傳佛教的經濟思想由以形成的出發點。

二、漢傳佛教和漢傳佛教的經濟思想

佛教自東漢前期開始進入中原地區，但在相當長時期中並未得到廣泛流傳。這與其說是由於封建王朝的不熱心提倡和支持[16]，無寧說是由於佛教在漢族地區還未形成廣泛傳佈的社會基礎。

東漢末至三國時期，嚴重的社會擾攘和戰亂，使苦難深重的人民看不到出路，對現實社會陷入絕望，正如佛教所說的，人們已處於"苦海無邊"的慘境。在這種情況下，佛教關於現實世界之外存在着一個極樂世界以及輪迴果報的說法，總還可以爲人們提供一點空幻的安慰和希望。於是，佛教在民間逐漸有了傳佈的土壤。西晉以後，朝政昏暗、腐敗，統治階級內部進行着慘烈的權力爭奪，軍閥的無休止的混戰以及繼之而來的民族戰爭，終於使中國出現了一個長達數百年的分裂、戰亂時期。在這種局面下，不但廣大黎民百姓如水益深，如火益熱；連統治階級的上層人物也經常處於朝不保夕的危懼之中。這樣，從東晉、十六國時期開始，佛教在中國就有了比較廣泛的社會基礎，進入了盛行的時期。

隨着佛教在漢族地區的傳佈，佛教怎樣對待經濟生活的問題也日益提到日程上來了。

認爲僧、尼的生活來源主要應靠勸化或接受布施是佛教的一個最基本的經濟觀點，不論是甚麼時期、在甚麼地區傳播的佛教，也不論是佛教的任何教派，決沒有否定勸化或布施的。但是，布施只能從俗界的佛教信徒或支持者而來。在佛教的傳布還沒有廣大的社會基礎的時代，僧、尼所能得到的布施也不會多。在東漢、三國時期，佛教已有了若干較大的施主，如東漢末"督廣陵、彭城運漕"的軍閥、官僚笮融，就以貪污漕糧得來的巨款"大起浮屠祠"，鑄銅佛，"以黃金塗身"，每次浴佛，都多設酒飯招誘人們來參加，以至來者常"萬人"，"費以巨億計"[17]。不過，當時這還只能是個別的情況，在整個社會中，僧、尼所能得到的布施，在範圍和數量方面，都還是很爲有限的。

在布施少而且不容易經常得到的情況下，靠勸化維持生活是十分艱難的。漢傳佛教的許多僧人，持戒相當嚴格，他們靠托鉢乞食，恪守不蓄私財的戒律，虔誠地修持着。例如，"釋慧彌，……翦茅結宇，以爲棲神之宅；時至則托鉢入村，食竟，則還室禪誦。"[18] 有的僧人，在勸化來的財物有剩餘時，則轉施給貧民，而自己卻始終過着絕無私財、私蓄的乞食生活，如：

"釋法恭，……少而苦行殊倫，服布衣，餌菽麥，……所獲信施，常分給貧病，未嘗私蓄。"[19]

"釋道嵩，……隨獲利養，皆以施人；瓶衣之外，略無長物。"[20]

靠乞食是不能維持穩定的生活的，有的僧人就因多日無法乞得食物而餓死。北魏時涼州僧人智嵩，在遷地避亂中，"道路饑饉，絕糧積日"，他的弟子找到一些禽獸之肉，但道嵩"以戒自誓"，堅不食肉，"遂餓死於酒泉之西山"[21]。

即使能夠經常乞得食物，至多也只能維持虔信僧、尼的個人生活，卻不可能供養一個幾十人、幾百人的僧團集體；而沒有僧團集體，佛教就不能形成爲一個在社會上有影響的宗教勢力。因此，漢傳佛教從一開始就不能僅僅建立在直接勸化食物的基礎上，而不得不在乞食之外另尋其他生路。早在晉代，僧侶就"或墾殖田圃，與農夫齊流；或商旅博易，與衆人競利；或矜持醫道，輕作寒暑；或機巧異端，以濟生產；或占相孤虛，妄論吉凶；或詭道假權，要射時意；或聚蓄委積，頤養有餘；或抵掌空談，坐食百姓。"[22]

僧人爲了生活，不但從事農耕、手工業（機巧）、經商貿易等經濟活動，而且連行醫、賣藥、占卦、看相等當時各種江湖人士所從事的"遊食"活動，都無所不爲。這同佛教爲僧、尼所規定的坐禪、誦經、勸化三項"出家人法"，已經相去很遠了。

如果說，靠托鉢乞食不能爲僧侶提供較穩定的生活來源；那麼，靠占卜、醫藥等"遊食"活動，也同樣如此。較爲穩定的生活來源，只能靠從事農、牧、工、商等經濟活動。在一個農業爲主的社會中，僧侶的生活也只有建立在農業生產上才最有保證。

因此，漢傳佛教從較早時期起，就有靠農耕來維持寺院部分需要的情況。晉代曾經前往印度取經的名僧法顯，年輕時曾和僧衆數十人"於田中刈稻"，遇到飢民前來搶掠，被法顯以"奪人所有"來世必遭惡報的說法勸走，"衆僧數百人，莫不嘆服。"[23]

法顯當時還是沙彌，一同勞動的僧衆數十人，大概和他同樣是寺院中的低級僧人；"衆僧數百人"，則可能是全寺的僧衆。一個僧寺同時出動數十名僧人參加農業勞動，這表明農業生產在寺院經濟中已佔了相當的地位。

在當時的佛教僧侶和社會人士中，還不認爲僧侶從事農業生產或從事其他經濟活動是正常的；但也不像印度佛教那樣，認爲是"不淨"而從原則上加以否定。晉代有的名僧在回答人們對僧人參加經濟活動是"業尚鄙近"的指責時就說：僧侶"體無羽毛不可袒而無衣，身非瓠（匏）瓜不可繫而不食。自非造極，要有所資。年豐則取足於百姓，時儉則肆力以自供。誠非所宜，事不得已。"[24]

這裏，"取足於百姓"即勸化仍被看作是僧、尼的唯一正常的生活來源；而"肆力以自供"即自謀生活，則是在"時儉"即荒年饑歲靠勸化不能維持生活時的變通辦法。它是"誠非所宜"的，即不是僧、尼維持生活的正常方式，但它在特定條件下又是"事不得已"的，是行之不爲有過的。

然而，許多經濟活動不可能只在荒亂之年進行。以法顯那種幾十人同時刈稻的情況爲例，幾十人同時從事農業勞動，所耕土地當不下數百畝。如此大片耕地，不可能只在荒年耕播，常年則任其拋荒。這表明，他所在的寺院，很可能已經常有一批僧人從事農業生產活動。不過，由於受佛律的約束，漢傳佛教長時期中仍保持着這種勸化爲本的觀點；只是，已不怎麼強調僧人參加經濟活動爲"不淨"了。

隨着佛教在社會上層人士中得到越來越多的信奉者，許多寺院，特別是一些大的寺院，得到的布施大量增加：成百頃、千頃的土地，成百萬、成千萬的錢財，被布施給寺院；有些門宗顯赫的世族、豪家人士，自身也出家爲僧，把巨大的家業也轉成廟產。佛教在漢族地區臻於興盛的時期，正是豪強世族地主在社會上處於支配地位的時期，社會上層對寺院的布施，除了土地、舍宇、財物外，也常把大批依附勞動力布施給寺院。這使一些大的寺院不僅田連阡陌，而且擁有衆多的淨人、奴婢以及"僧祇户"、"佛圖户"等各種形式的依附人口，事實上成了同世俗的豪強世族地主相類似的僧侶豪強地主；而寺院的淨人、奴婢、僧祇户、佛圖户等寺院依附人口，則同世俗豪強地主的賓客、部曲在性質上無甚區別。

這樣，大寺院的僧、尼，尤其是其上層僧、尼就可依靠巨大的寺產和衆多的依附勞動者而完全擺脱"不淨業"，過着豪侈的寄生生活。但是，並不是所有的寺院都有這樣的條件。一般的寺院沒有這麼多的布施和寺產，就不得不較多地從事經濟活動；由於這類寺院的淨人等依附勞動者不多，僧人自己也不得不親自參加一些生產和經營活動。衆多的小寺廟，更不得不在勸化之外，廣泛從事耕田、貿易以至醫藥、占卜等活動。

佛教寺院所擁有的土地和所從事的經濟活動，以及僧、尼本身和寺院的依附人口，均不對封建國家繳納賦税和承擔徭役。寺院及僧、尼由國家的特殊部門管轄，不列入國家的編户齊民之中，因而爲國家賦税、徭役所不及；寺院的淨人等依附人口，也同世俗豪強地主的賓客、部曲一樣，不列入國家的户籍，不對國家承擔賦税徭役，所謂"皆不貫人籍"[25]、"寸絹不輸官庫，升米不進公倉"、"家休大小之調，門停強弱之丁"[26]。一些大的寺院，由於擁有強大的勢力和特權，更能隱蔽大量的人户和土地。因而，寺院成了逃避官府賦税、徭役者的淵藪，一些苦於官府苛重賦役的百姓，紛紛出家爲僧、尼，或寄名寺院，作爲寺院依附人户。

寺院的經濟活動，其貪婪殘暴，較世俗地主、商人，也不稍遜色：寺院"主司冒利，規取贏息，及其徵責，不計水旱，或償利過本，或翻改券契，侵蠹貧下，莫知紀極。細民嗟毒，歲月滋深……"[27]

僧徒中許多人"嗜欲無厭，營求不息，出入閭里，周旋闤闠，驅策田產，聚積貨物，耕織爲生，估販成業。"[28]

這樣，隨着佛教的興盛和寺院經濟的強大，寺院內部以及寺院同外部社會之間的階級鬥爭和不同利益集團之間的鬥爭，也日益加劇起來。鬥爭主要表現爲：

（一）寺院剝削者（掌握寺院經濟的高層僧侶）同受剝削的寺院依附勞動者以及其他貧民之間的鬥爭，如上面所揭露的"規取贏息"、"償利過本"、"徵責不計水旱"等。

（二）寺院僧團内部上層僧侶同下層僧侶、窮僧同富僧之間的鬥爭。

（三）寺院地主同世俗地主之間的矛盾和鬥爭。

在寺院經濟興起之前，中國社會中除地主同農民之間的對立之外，在不同的地主集團之間，也早就存在着錯綜複雜的矛盾，如豪强世族地主同一般地主之間的矛盾，豪强世族同代表地主階級整體利益的封建國家之間的矛盾，以及不同的豪强世族地主集團之間的矛盾，等等。寺院經濟的興起，使這類矛盾更加複雜化：大、小寺院之間，也存在着豪强世族地主同一般地主之間以及他們同農民小生產者之間相類似的矛盾，而寺院地主和各種世俗的利益集團之間的矛盾鬥爭，也不斷發展和加劇。

在中國的漢族地區，神職人員從未形成爲一種特殊的社會等級。任何宗教在進入中國後，宗教徒都未能取得這種地位。佛教寺院經濟的強大，僧尼經濟活動的增多，對許多世俗地主及其政治、思想代表人物來說，是看不慣的。寺院僧、尼及寺院依附人户不納賦税、徭役，這既削弱了國家賦税、徭役的基礎，也加重了編户齊民的負擔。大寺院的富有，高級僧侶的豪侈，也激起了廣大世俗人士日益強烈的反感。因此，寺院經濟及僧、尼的經濟活動，不能不遭受到世俗社會多方面的批評和譴責，遭受到封建王朝的一次次限制和打擊。

僧、尼們被指責爲不勞而食，是靠社會養活而對社會無益的寄生者。人們攻擊僧、尼靠勸化生活是"抵掌空談，坐食百姓"，靠布施來修建寺院是"聚斂百姓，……糜費而無益"。[29]唐代以後，人們更進一步從整體上把僧侶看作是一個寄生的階層。例如，韓愈關於古有四民、今有六民的說法，就是把僧、道說成是靠"四民"養活而對國家、社會無益的兩種人，從而主張全面加以取締。宋代的李覯，更把"緇、黃"即僧、道列入幾種"冗民"之中，認爲"冗民"衆多是國家貧的原因，要富國就必須"去冗"，其主要內容之一就是"驅緇黃"。

僧、尼被指責爲剝削百姓，貪求無厭。這在前面已經講過了。除此而外，人們還以子之矛，攻子之盾，把僧、尼的貪鄙行爲同佛教的戒律相對照，指責僧、尼名爲出家、修持，實際上卻是"耽好酒漿，或畜妻子，取賤賣貴，專行詐紿"，是"世之大僞"[30]，是"棲託之高遠，而業尚之鄙近"[31]。

不僅僧、尼自身的貪利、剝削受到指責，那些"竭財以赴僧，破產以趨佛"[32]的大檀越，尤其是那些以廣大百姓的脂膏布施佛寺的帝王、權宦，也受到激烈的譴責。如後趙大官張離、張良"家富事佛"[33]，爲時人所側目，連有的僧人也批評他"貪吝未已"、"積斂不窮"，這樣來事佛求福，只能是南轅北轍，"方受現世之罪，何福報之可希也"？[34]南朝劉宋明帝捨故宅建造華麗的湘宮寺，自詡爲"大功德"，臣下有人當面駁斥說：

陛下起此寺，皆是百姓賣兒貼婦錢。佛若有知，當悲哭哀憫。罪高佛圖，有何功德？[35]

對一些寺院的崇麗和高級僧侶的華侈，人們進行了激烈的抨擊："大構塔寺，華飾奢侈"[36]、"會極饈膳，寺極壯麗"[37]、"割生民之珍玩，崇無用之虛費"[38]，如此等等。人們還攻擊佛教所宣揚的多布施多積功德的說法，引用中國傳統的崇儉思想關於"儉德之共"、"侈惡之大"的論點，指責佛教"以空財布施爲名，盡貨與人爲貴"[39]的說法勸誘人們儘量多布施，實際上是導人爲奢，陷人於罪；所謂布施得福的說教，是純粹的欺騙！

針對上述這些指責、非難，僧侶及佛教信士們提出了一系列的辯解論點：

第一，針對僧侶是不勞而食的指責和布施是虛費無益的非難，他們回答說：僧、尼是以道濟世度人，不能沒有一定的物質條件來維持生活，從而不能不要求一定的布施，否則就成了"無柯而求伐，不食而徇飽"。[40]他們還用佛教輕視、賤視財物的觀點，把布施說成是以至賤微、至無益、至低下的東西，用於最高尚、最神聖的用途，因而不是虛費，而是最大功德。他們說：

> 夫博施兼愛，仁者之厚德；崇飾宗廟，孝敬之至心。世教如此，道亦如之。物有損之而益，爲之必獲。且浮財猶糞土，施惠爲神用，譬朽木之爲舟，乃濟渡之津要，何虛費之有哉？[41]

第二，對於寺院和僧、尼剝削貧民、聚斂百姓的指責，他們一方面辯白說：寺院財物不是只供僧、尼使用，同時也是爲了賑濟貧民；另一方面，他們又把寺院和僧、尼的剝削、聚斂說成只不過是個別違犯佛門宗旨的人的事情。

北魏時期曾擔任"沙門統"的僧人曇曜，要求把一部分農民變成只向寺院納租，不向國家納賦的"僧祇户"，稱所納租爲"僧祇粟"，其理由是：這些僧祇粟"至於儉歲，賑濟飢民"[42]。北魏政權也接受了這種說法，並在所頒詔書中稱："僧祇之粟，本期濟施；儉年出貸，豐則收入山林，僧、民隨以濟施；民有窘敝，亦即賑之。"[43]

這都把寺院僧、尼靠地租、高利貸活動聚積起來的財富，說成是爲了賑濟貧民而籌集的基金，從而賦予了寺院的地租、高利貸剝削以崇高的道德涵義。

對於人們關於寺院僧、尼"規取贏息"、"不計水旱"、"償利過本"等剝削行爲的揭露，辯護者們也無法否認，於是，他們就把這些情況歸結爲少數不道德的僧、尼的行爲。他們辯說：必須把"道"本身和"行道"中出現的問題區別開來，因爲，"聖人能授人以道，不能使人履而行之。"[44]僧人中貪婪、苛酷的剝削行爲，只不過是"人之不能行"，而不能認爲是"佛道有惡"[45]。

第三，對於寺院僧、尼奢侈豪華、蠹民傷財的指責，他們的回答是："華飾奢侈"是身分和地位崇高、尊貴的表現，人情總是"從所睹而興感"，首先由外表看問題。當人們看到寺院建築的巍峨壯麗，器用陳設的侈靡華貴時，就容易由仰慕而產生"向道"之心，就容易由此而皈依佛門。因此，寺院華貴奢侈，是擴大佛教影響，吸引更多信徒的有力手段；要促進佛教的傳播，就要從人們的觀感入手，"先悅其耳目，漸率以義方"。[46]他們還徵引儒家"以禮節用"的思想來爲寺院僧、尼的豪華奢侈辯護，認爲儒家提倡儉，首先是以禮作爲判斷奢儉的標準，決不允許因提倡儉而模糊了貴賤等級界綫。他們說："故王者之居，必金門玉陛，靈臺鳳闕，將使異乎凡庶，令貴賤有章也。"[47]佛門爲了顯示自己的崇高尊貴，也需要借助於豪華富麗的形象："銘列圖象，致其虔肅；割其珍玩，以增崇靈廟。"[48]

總之，僧侶可以在一定條件下從事農業生產和其他經濟活動，以自謀生活；勸化不是不勞而獲，"坐食百姓"；把巨額財物布施給寺院是"朽木爲舟"，化腐朽爲神聖；寺院廣積財物是作爲慈善事業的基金，以賑濟貧窮寡敵；寺院棟宇華貴，廣飾珍玩，不是奢侈，而是爲了顯示佛門崇高尊嚴，以導人向道；……這樣一些經濟觀點是在晉至唐代前期佛教日趨興盛的過程中逐漸形成起來的。這些觀點是佛教爲了在中國漢族地區傳播，而適應漢族地區的經濟、政治、文化條件和漢族人民的習慣而提出的，是爲了使佛教的教義和宗教生活方式能爲漢族地區的人們所理解和接受而宣揚的。這一時期是漢傳佛教的各方面特色逐漸形成並明顯表現出來的時期；在經濟觀點、經濟思想方面，漢傳佛教也自然會形成一些自己的有特色的東西。上述這些經濟觀點，也可以說是漢傳佛教的獨特經濟觀點、經濟思想在其形成過程中的某些方面的表現。它們是以佛教原來的基本經濟觀點爲依據，結合漢族地區的歷史條件和社會環境，加以解釋、推衍的結果。它已不完全是外來的東西，而是開始具有漢傳佛教的特色了。但是，從總體上看，在晉至唐代前期這幾百年的時間中，漢傳佛教的有自己特色的經濟思想還沒能真正形成。上述這些觀點還只是一些零散的、彼此之間沒有甚麼緊密聯繫的觀點。它們雖然開始有了一些不同於印度佛教經濟觀點的新特點，但特點多半還不甚顯著，不甚明確。例如，關於僧侶可在布施之外從事某些經濟活動以自給的思想，同強調這種活動是不淨的，僧、尼從事這種活動是"非法"、"有過"的佛教傳統看法相比，可說是已有了新的內容；但是，它仍然把僧、尼親身從事這些活動看作是"事不得已"，並不認爲這是可以經常爲之的。這不但同當時許多僧、尼（特別是較小寺院的僧、尼）已在勸化之外經常從事農、工、商業或其他謀生活動的現實情況無法協調；在理論上也是難於自圓其說的。說僧、尼從事經濟活動"誠非所宜，事不得已"，就顯然還未徹底擺脫把這些活動視爲不淨的佛教傳統觀念。

上述經濟觀點又都是在回答佛教批評者時消極地、被動地提出來的，而不是從自己的認識和需要出發，積極地、正面地揭櫫自己關於經濟生活的主張，闡明自己的觀點。

具有自己特色的漢傳佛教已經基本形成，但漢傳佛教獨特的經濟思想尚未形成。漢傳佛教經濟思想方面的滯後，不能不對佛教的繼續傳播和發展產生不利的影響。這個矛盾必須解決。到唐代中葉，禪宗的懷海禪師制訂了《百丈清規》，首先舉起了教規和寺院生活制度改革的旗幟，在佛教經濟思想方面實現了重大的突破。漢傳佛教所特有的經濟思想，至此而基本形成。

三、《百丈清規》及其所體現的主要經濟思想

《百丈清規》是懷海爲其坐落在百丈嶼的禪寺所制訂的生活制度和儀規。

懷海，本姓王，福建長樂人，生於唐玄宗開元十六年（728年），歿於唐憲宗元和九年（814年），終年八十六[49]。他是道一禪師的弟子。道一是禪宗六祖慧能的三傳弟子。懷海後來在洪州（今江西南昌市）大雄山修持。大雄山山勢雄峻，別名百丈嶼，因而人們也稱懷海爲百丈禪師。

當時禪宗已是漢傳佛教各宗派中最爲風行的教派，懷海在百丈嶼，有極強的號召力，寺內弟子及僧徒日益眾多，各處遊方、學法的僧人紛紛慕名而來："有徒實蕃"[50]、"禪客無遠不至"[51]。而且，許多教外人士也競來求教："上而君相王公，下而儒老百氏，皆向風問道。"[52]這使懷海所在的百丈嶼禪寺，成了一個人數眾多、影響廣遠的禪學叢林。如何管理好這一禪寺，使其在當時條件下能夠繼續保持和擴大其在佛教界和社會上的影響，就成了一個十分迫切的問題。懷海正是在這種形勢下，對佛教寺院的組織制度、生活制度和教律、教規，進行了大刀闊斧的改革，其集中體現就是由他手訂的《百丈清規》。

《百丈清規》最初本是只爲懷海所主持的禪寺制訂的一套管理制度，但由於它適合於佛教在漢族地區生存和傳播的條件，適合於唐中葉以後的經濟、政治

變化的形勢，因而在各地佛教寺院中迅速流傳開來，尤其是在禪宗的寺院中成爲普遍通行的制度："天下禪宗，如風偃草。"[53]

《百丈清規》原件，在宋代前期已經失傳；但宋代以後，陸續出現了多種以《百丈清規》爲藍本而編成的禪寺清規，其中較爲著名的有宋徽宗時期僧宗賾編成的《崇寧清規》，南宋度宗時僧惟勉所編的《咸淳清規》，元武宗時東林咸公所編的《至大清規》三種。到元順帝至元年間，元朝廷指派懷海的第十八代傳人百丈嶼德輝禪師，匯集歷來的各種《清規》，修訂爲《勅修百丈清規》，頒行天下僧寺遵行。

後代編定的各種《清規》，都免不了有些是根據它們當時的條件而修改、增補進去的內容，但其許多基本內容，則是同《百丈清規》一脈相承的。因此，依據後代的各種《清規》、尤其是匯集各種《清規》，並有百丈嶼禪寺的累代遺制可供參照的《勅修百丈清規》，仍可使人們對《百丈清規》所體現的主要經濟觀點、經濟思想，了解其梗概。

《百丈清規》廣泛涉及寺院組織和僧衆生活各個方面。從經濟生活方面看，它所體現的主要思想爲：

（一）僧人要普遍地、經常地從事農業生產勞動，自食其力。參加農業生產同坐禪、誦經等宗教生活一樣，成爲僧人必須履行的日常功課。

《百丈清規》規定：全寺所有僧人以及在本寺討褡（來本寺居住較長時期）的外來僧人，都必須經常到田間參加農業生產勞動，謂之"出坡"。凡出坡之日，寺中事先掛牌通知：在某時、某處進行農業生產勞動。屆時以擊木魚或鳴鼓爲號，全寺僧衆"除守寮、直堂、老病外，並宜齊赴"[54]。由於是普遍通知一切僧衆的，因而稱作"普請"，所掛牌就叫做"普請牌"。

這種普請制度的指導思想是：一切僧人，不管在寺院中的職位高低，只要具有勞動能力，必須自食其力。懷海自己對此率先奉行，直到老年，仍堅持不懈。傳說他曾講過"一日不作，一日不食"的話。另一種傳說是：懷海老年仍堅持出坡，衆僧不忍，把他的生產工具藏了起來。他找不到工具，無法出坡，當天遂一日不食，因而後來就流傳下來"一日不作，一日不食"的說法。可見，懷海對僧人的自食其力的要求，是極其嚴格認真的。

僧人普遍參加勞動，自食其力，是否還要進行勸化或接受布施呢？各級僧人統統參加生產勞動，是否還要在生產中役使淨人呢？這也就是僧人自身的生產勞動對僧人生活和寺院經濟所起的作用的問題。由於《百丈清規》原件亡佚，已無充分可靠的材料來弄清這些問題；但從一些零散的、不很直接的材料來判斷，懷海當時很可能是把僧人自身的生產勞動作爲寺院經濟的基礎和僧人生活的基本來源的。

一個材料是：《勅修百丈清規》說懷海"至於作務，猶與衆均其勞。常曰：'一日不作，一日不食'，烏有廩庾之富與僕之安哉？"[55]

沒有廩庾之富，是說懷海的禪寺中沒有大量貯積的財物可供坐食，所以必須靠僧衆自己勞動生產；另一方面也說明：禪寺的經濟來源主要靠自己的農業生產。由於農業的勞動生產率低，只靠寺僧本身的勞動所能生產的糧食不多，食用之外，不會有多少可供貯積，所以就沒有廩庾之富了。

沒有"與僕之安"，說明寺中僧侶包括高級僧侶都沒有華侈的享用和衆多奴僕的侍奉，所以"一日不作，一日不食"才成了禪寺經濟生活的基本原則。

另一個材料是：懷海圓寂後，寺僧爲紀念他而共立一碑，在碑側刻有《同記五事》，其中第三事爲："臺外及諸處不得置莊園、田地。"[56]

如果在寺僧耕種的土地之外還廣置莊園、田地，那麼，這些田地就不可能靠寺僧們自己耕作。在寺院已無淨人或淨人已很少的情況下，寺僧自己又無力耕種的土地，就只能採用當時庶族地主所採用的租佃制，把土地分租給"佃客"、"莊客"之類的佃農，坐收地租。這當然已不同於唐中葉以前寺院大量剝削淨人、僧祇戶、佛圖戶等各色依附勞動者的情況；但同懷海倡導的"一日不作，一日不食"的自食其力原則，畢竟是不一致的。

《同記五事》雖然是懷海的徒子、徒孫們所記的，但他們銘刻於懷海碑側，顯然是秉承懷海遺訓，刻石以垂範於後世。因此，這應該說是體現了懷海的一貫思想。

強調僧人自食其力，是否還要進行勸化或接受布施？勸化是佛教僧、尼的基本事務之一，儘管《百丈清規》強調自食其力，也不可能明確地廢掉勸化。尤其是懷海的禪寺這樣一個名聞遐邇的大叢林，縱使僧衆可以全靠自己勞動維持生活，卻難以積攢下較多的資財以應付某些巨額的開支（如整修廟宇之類），因此，勸化、接受布施是不可能完全停罷的。再說，當一些世俗貴富（如前面提到的前來"問道"的"君相王公"之類）主動布施財物時，拒絕接受的情況顯然是不可能發生的。《勅修百丈清規》在寺院職事方面設有"化主"一職，其任務是："凡安衆處，常住租入有限，必借化主勸化檀越，隨力施與，添助供衆。其或恒產足用，不必多往干求取厭也。"[57]

仍設化主之職，這表明並非完全取消勸化；勸化是爲"添助供衆"，在"恒產足用"時就不主動去勸化，……這些規定表明：勸化雖然並未廢除，但在寺院經濟和僧人生活來源中的地位已經下降，只是作爲耕作自給的"添助"手段了。

前面講到：佛教原來把坐禪、誦經和勸化作爲僧侶的三項基本事務。《百丈清規》則以農耕取代了勸化的地位，事實上是把農耕和禪修（禪宗也不重視誦經）看作僧人的兩項基本功課，因此，人們常把《百丈清規》所建立的寺院生活制度稱爲"農禪"制度。

（二）平等、平均和清苦的經濟生活。

《百丈清規》不但要求全體僧衆平等地參加農業勞動，還要求他們不論職位高低，都過一樣的經濟生活，而且是過共同的集團生活：所有僧人一律按同樣的條件居住僧寮；每日只上午進餐，過午不食，但因出坡體力耗費大，在農忙季節允許吃晚餐，稱爲"藥食"（病號飯）；吃齋一律在齋堂集體進行：僧衆順序排列進入齋堂，餐畢依次排列回僧寮。

所有僧衆一律穿着僧裝，每年春秋各發一次衣布或衣單錢，供縫製僧衣之用。

外來的遊方僧人獲準在本寺掛褡（暫住）的住入雲水寮（接待遊方僧的僧寮），掛褡期間同本寺僧人一樣免費供食宿，離寺時還贈給若干"草鞋錢"（路費）。獲準在本寺"討褡"的外來僧人，與本寺僧人享受一樣的經濟生活待遇，也平等地參加本寺僧人的一切活動，包括宗教活動和出坡在内。

佛教雖宣揚衆生平等，實際上佛教内部素來是等級森嚴的。把生產勞動及爲僧、尼生活服務的勞動都強加給淨人和其他依附勞動者去做，而僧人自己則過着純粹的寄生生活，這不僅有着剝削者和被剝削者之間的不平等，還有着主與奴、貴與賤之間的人身不平等。在高級僧侶和低級僧侶之間，也是很不平等的。《百丈清規》這種在全體僧人中實行平等、平均、清苦的集團生活的制度，不但有助於限制寺院中的腐化、墮落行爲，緩和僧衆中的矛盾和對立，建立起比較虔敬、清肅的宗教生活秩序；在唐代中葉後佛教寺院嚴重衰落、寺院經濟力量普遍下降的情況下，這對於維持寺院經濟和僧侶生活的穩定，也是有重要作用的。

（三）鞏固和加強常住集體財產。

維護寺院僧團的集體財產，即常住財產，是佛教對經濟生活的一項基本主張。這在前面已分析過了。

《百丈清規》在寺院經濟已普遍衰落的時代，主張以僧衆自身的農耕勞動作爲僧衆經濟生活和寺院財產積累的主要來源。這一來源所能提供的剩餘很有限，常住財產數量不會很多，而且積累艱難。在這種情況下，寺院對怎樣維護常住財產，防止私人侵漁的問題，自然尤爲重視。爲此，《百丈清規》建立起一系列的制度。

制度之一是加強常住財產的管理，設置機構，確定權責，以防止浪費、貪污和侵漁。

常住財產由"副寺"或"庫頭"管理。副寺十日一結賬，謂之旬單，收支對全寺公開。常住財產歸全寺僧衆及掛褡、討褡的外來僧人按制度平等享用，並供檀越、賓客、官員等迎送慶弔一應人事支用，此外任何人"不可假名支漁"[58]。對貪污、侵漁常住的人，除責狀追賠外，還要根據情況給予處罰："重則集衆篦擯，輕則罰香、罰錢、罰油，而榜示之。"[59]

制度之二是增加常住的收入和積累，以加強寺院集體經濟的力量。

在農禪制度下，常住的收入和財產積累主要是靠僧衆的農耕勞動來提供的，耕地的多少，對維持僧衆生存和常住財產是一個重要的條件。耕地不足，就必須墾荒以增加常住土地。因此，唐中葉後，僧寺開荒創業的材料屢見不鮮。《同記五事》戒飭寺僧"不得置莊園、田地"，即不得買置田產。在耕地不足又不得買入的情況下，就只能靠寺僧自己的勞動墾闢了。不論是以自己的勞動耕種現有的土地,或者是墾闢荒地,都是和《百丈清規》自食其力的精神相一致的。

但是,這樣的要求,不是所有的僧寺都能堅持的。土地兼併是土地私有制下必然存在的現象,世俗的土地所有者經常有買賣土地的情況,僧寺所有的土地也不例外;而且,隨着人口的增加和容易墾闢的土地的減少,僧寺要增加常住的土地面積,就難免要買入土地。在《百丈清規》產生的時代,已不斷有僧寺買入或賣出土地的情況,後世就更不用說了。買入土地較多的僧寺,不可能全靠僧眾自力耕作,也就會出現寺院出租土地的現象。《勅修百丈清規》的寺院職事中設有莊主一職,其任務就是招佃收租,管理佃戶:"視田界至修理莊舍,提督農務,撫安莊佃"[60],要求"充此職者,……毋苟取佃戶,毋虧損常住,則自他俱利矣。"[61]這裏說的"提督農務",不是管理寺僧出坡那樣的農務,不是安排、指揮農業生產,而是管理佃戶、收取地租那種"農務"。寺院的莊主,實際上是寺院地主即常住的收租人。

制度之三是關於亡僧遺產的分配。分配的主要要求是把亡僧遺產儘量留在寺內,防止外流,並且把其中一部分收入常住。

佛教是反對僧、尼積私產的,佛律規定寺院基本財產歸常住所有,禁止侵漁常住,就是要限制僧、尼蓄積私有財產。但是,在整個社會以私有財產佔主要地位的情況下,僧、尼積蓄私財的事是禁絕不了的。亡僧遺產"制入僧"的規定,一方面是承認亡僧生前有私人財產的事實,並且承認其中一部分可歸私人繼承;另一方面則設法儘量將其留在僧界之內,以防止私有制的發展嚴重削弱僧團的經濟基礎。

《勅修百丈清規》對亡僧遺產的處理作了如下的規定:

一是遺產中的生產資料和僧、尼的基本生活資料歸常住:亡僧"或勤舊〔奮〕有田地、米穀、房舍、牀榻、卓橙〔桌凳〕,當歸常住。"[62]這也就是佛律中關於"重物"歸常住的一貫主張。

二是亡僧遺產的分配比例。對亡僧的全部遺產,扣除喪葬費用及還債等開支後,所餘為可分配數額,其中三分歸常住,七分"俵僧眾"[63]。

可以看出,這些規定所遵循的總原則仍是"制入僧",但從分配的比例來看,已經是把大部分遺産分給僧、尼個人，而常住只能得到遺産的百分之三十。這表明：在唐代中葉以後私有制進一步發展的情況下，僧、尼蓄私産的現象已更加普遍。面對這一現實，把遺産的大部分俵散給僧衆，只不過是承認更多的僧人有蓄私産的權利而已。但是，爲了保持住寺院僧團的最起碼的經濟基礎，對田地、房屋、米穀積貯等生産資料和基本生活資料，還是力求保留於常住之中，不使其分散的。

四、漢傳佛教經濟思想的特色

《百丈清規》的出現是漢傳佛教特有的經濟思想開始形成的標志。繼此之後，宋、元時期以它爲藍本而修訂的一系列佛教禪林的《清規》，更加豐富了漢傳佛教的經濟思想，並使其所具有的特色更顯著，更明確。

《百丈清規》所以能成爲漢傳佛教經濟思想形成的標志，是由於：

（一）它所體現的主要經濟思想，在某些基本方面對佛教傳統的經濟觀點有了重大的突破。

漢族地區的社會，很早已形成爲一個以土地私有制爲基礎的農業社會，除了地主的封建地産外，還有着數量衆多的個體農業，以及與個體農業性質相類似的小手工業和小商業。佛教傳入並逐漸興盛起來之後，出家爲僧、尼的不僅有上層社會的貴族、官僚、豪强世族人物，更多的則爲一般的平民百姓。能夠從社會上層人物接受大量田産、財物及依附人户作爲布施的，只能是一些較大的寺院；衆多的小寺院和貧窮僧、尼，不可能純靠勸化維持，就不得不從事農耕、工商以及各種遊業，以自謀生活。在這種情況下，佛教關於"不淨財"、"不淨業"、"下業"之類的觀念，以及僧侶只應靠勸化維持生活的傳統，就因不符合漢族地區的實際條件，而難於嚴格遵行。佛教在漢族地區的傳播中，很早就出現了僧人廣泛從事經濟活動或"遊業"以謀生的情況，並由此而不斷引起僧人是否可以從事這類活動的爭論。雖然在唐中葉以前，佛教界的許多人士，迫於事實，也不得不認可僧、尼在勸化不夠維持生活時，從事經濟活動以自謀生活；但生産勞動和其他經濟活動是"不淨業"的"緊箍咒"，仍然作爲一個神聖不可侵犯的教條束縛着人們的思想和行動。這類脫離現實的外來教條,爲上層僧侶的腐化和某些下層僧侶的遊手好閒提供藉口,並在社會人士的心目中敗壞着佛教徒的形象。

《百丈清規》首先卸下並打碎了這個金箍:農業生產勞動不再是不淨業,而是變成了僧人必須遵行的"清規";靠大量布施獲得"廩庾之富"和"輿僕之安",享受華侈淫靡的僧侶貴族生活,被視爲應受鄙視和譴責的行爲;出坡取代了勸化,自食其力取代了寄生生活。在漢族地區重視農耕、重視勤勞節儉的風氣下,這一對佛教原來觀念的重大突破,不但有助於樹立佛教和佛教徒虔誠、刻苦、清肅的形象,對生產和社會經濟的發展也有積極的意義:大批僧侶由過寄生生活的受戒遊民,變成了自耕自食並向國家繳納賦稅的穿袈裟的農民了。

個人從事經濟活動是和對產品的某種私有關係相適應的。允許僧人從事農業生產勞動,就難以不許他們佔有產品的一個或大或小的部分。佛教傳統是否定僧、尼積蓄私有財產的,這一同現實經濟生活條件相衝突的戒律,在實踐中也只能日益變成具文。但是,如果放任僧、尼無限制積蓄私人財產,那麼,寺院的僧團集體財產(常住),就將全被私人侵吞,而沒有寺院僧團的集體財產,僧團作爲一個宗教勢力就會因失去經濟基礎而逐漸分解、沒落。在《百丈清規》出現前後,僧、尼私有財產已有嚴重發展,大量的常住財產也被某些僧、尼侵吞,僧人中貧富分化日益顯著,"物力稍充者常無凍餓,家用不足者盡抱饑寒。"[64]

《百丈清規》及其後的各種《清規》對待此種情況的辦法是:進一步明確劃分寺院中的集體財產和私人財產,一方面以常住財產公開,嚴禁侵漁常住,僧、尼遺產一部分歸常住,以及堅持生產資料和基本生活資料的常住所有制等辦法,以保持寺院的經濟基礎;另一方面又承認已存在的僧、尼財產,並允許其大部分歸私人繼承。

《百丈清規》可以承認僧人參加農業生產勞動的正當性,並將其規定爲僧人必須履行的基本任務之一;可是,作爲佛教的清規,它卻絕對不可能承認僧人追求私人財產的正當性,不可能列入僧、尼私人佔有土地和對生產成果全部自有的條文。它仍然保持着佛教反對私有財產的傳統觀點,不過,它又不得不接受僧、尼已普遍擁有私産的現實。

（二）《百丈清規》在經濟生活方面，已不止是提出某些具體的、零散的經濟觀點，而是制訂了一個以農禪爲中心的寺院經濟生活的完整模式，提出並闡明了一套大體上自成系統的經濟思想。

《百丈清規》不像它以前的經濟思想那樣，是爲答覆別人的指責、非難而提出的若干零散的經濟觀點，而是基於對傳統佛教戒律某些基本內容的不滿，而主動地對佛教寺院生活，包括其經濟生活，所提出的新的、系統的設計。其所體現的經濟思想，也超越了過去漢傳佛教僅有某些比較具體的經濟觀點的水平，而形成了一個多方面的觀點互相聯係在一起的較爲完整的經濟思想體系。

《百丈清規》實際上設計了一個寺院經濟生活的新模式：寺院全體僧衆，在常住所有制的基礎上，從事農禪兩種基本活動，共同勞動，共同分享勞動成果，過着平等、平均、節儉、清苦和有秩序、有紀律的集體生活。共同勞動成果超過集體生活需要的剩餘以及從其他方面得到的財物（如接受布施），則歸入常住，以保持和加強寺院的經濟基礎。農業生産勞動實行普請制度，寺院僧衆人人勞動，自食其力，沒有剝削和被剝削的關係。由於强調"作務"而不强調勸化，僧侶自來過寄生生活的傳統也改變了；僧侶既是虔誠的佛法信奉者，又是勤儉的生産勞動者。

這樣，實行《百丈清規》要求的寺院或禪林，實際上就成了一個有宗教信仰的烏托邦式的共同體。

佛教是一種宗教，宗教的最高理想不在世間而在世外。任何宗教都不想把現實的人類社會改造成一個理想社會，而是希望通過信仰來淨化人的靈魂，以便使人在死後能進入一個永恒的、絶對美好的境界。對佛教來說，這就是極樂世界。宗教是不相信烏托邦的，是不相信在人世間能夠找到或建立起理想社會的。《百丈清規》所塑造的禪林生活模式，自然不是佛教徒的終極理想，不是所謂的極樂世界；它也並不想在人間建立一個理想的社會環境。因此，不能說《百丈清規》所設計的經濟生活模式是一種烏托邦的模式。但是，《百丈清規》下的禪林生活，在許多方面又確實有一些烏托邦式共同體的色彩：除了不是作爲終極理想外，《百丈清規》所設計的，不正是一個建立在生産資料公有制（常住所有制）的基礎上，共同勞動、公平分配、生活平等的烏托邦式農業公社嗎？

《百丈清規》所體現的經濟思想，不是限於經濟生活的某一方面或某些方面，而是廣泛涉及了生產、分配、消費、積累、集體經濟的管理以及公（常住）私（僧、尼個人）經濟關係等問題，而這些方面的觀點並不是孤立地存在或機械地並存着，而是以農、禪爲中心，互相聯繫在一起的。如果說，在《百丈清規》出世以前，漢傳佛教已有了某些自己的經濟觀點；那麽，《百丈清規》的出世，則標志着漢傳佛教的有自己特色的經濟思想，已經基本上形成了。

（三）《百丈清規》是佛教同中國特殊的社會經濟條件，尤其是同唐代中葉以後中國封建社會後期特殊的社會經濟條件相結合的產物。

不管佛教怎樣輕視和厭煩經濟問題，它也不得不經常面對多方面的經濟問題，不得不對經濟問題表示某些意見。佛教原有的各種基本經濟觀點，實際上是古印度的社會經濟條件在印度佛教徒思想中的反映。在佛教傳入中國漢族地區後，如果不隨着漢族地區的社會經濟條件而加以改變或重新解釋，它們就會成爲脱離現實社會條件的僵化教條而遭到擯棄。

從晉至唐代前期，佛教的經濟觀點已經體現了隨着佛教在漢族地區的傳播而逐漸有所調整、改變的趨勢，但畢竟還沒能使佛教的經濟觀點同漢族地區的社會經濟條件充分結合和協調起來，還沒能適應漢族地區的條件而形成爲漢傳佛教特有的經濟思想。

唐中葉以後，中國封建社會中的社會經濟結構逐漸發生了一些重要的變化：均田制的廢壞，標志着國有土地在社會經濟中的地位和作用更加下降，土地私有制得到了進一步的發展；數百年來在社會經濟中處於支配地位的豪强世族地主勢力趨於衰落，不以門閥逞霸，而主要以財富稱雄的庶族地主勢力日益興起；與此相適應，農業勞動者的人身依附性有了明顯的減弱：過去在賓客、部曲等形式下受豪强世族地主奴役的人户，逐漸被建立在租佃關係上的佃户、莊客所代替；商品經濟及城市工商業有了較多的發展；南方地區的經濟發展趕上並逐漸超過了北方，……這些變化，從唐代逐漸開始，宋代以後，愈來愈顯著。

社會經濟方面的變化，也必然會在佛教的經濟生活中表現出來：豪强世族地主勢力的衰落，使得過去靠它們的大宗布施來維持的豪奢華侈的大寺院失去了後盾。世俗豪强地主的賓客、部曲的大量減少，使得寺院靠淨人等依附勞動者經營的農藝、園圃、手工業、商業等經濟活動都日益難乎爲繼。寺院僧、尼及依附人户不承擔賦税、徭役，削弱了國家的財政基礎，使士大夫中要求限制寺院僧、尼特權的呼聲日益高漲，到一定時機，就會引發封建王朝的大規模排佛行動。由北魏至唐中葉，先後出現了三次由皇帝下詔排佛的事件，這就是由北魏太武帝（拓跋燾）、北周武帝（宇文邕）和唐武宗（李炎）所發動的排佛行動，即佛教徒所謂的"三武之禍"。這些行動，尤其是唐武宗的那次排佛，拆毁了全國的大部分佛寺，把大量銅佛像銷熔鑄錢，鐵佛像銷鑄爲農具，没收了寺院的"膏腴上田數千、萬頃"，强制僧、尼二十六萬餘人還俗爲民，把寺院依附勞動者十五萬人"收充兩税户"[65]。社會經濟條件的變化本已使大的寺院莊園日益陷入嚴重困境，封建政權的大規模排佛行動的打擊，更使佛教賴以生存和傳播的物質基礎遭到了極大的破壞。富僧靠大宗布施及剥削淨人、窮僧靠托鉢行乞的佛教傳統經濟生活方式越來越没有出路。要改革佛教傳統的經濟生活方式，就必須在思想上衝破佛教中一些素被尊崇的觀念的束縛。《百丈清規》正是順應這種形勢的要求，對佛教的許多一貫奉行的觀念和制度，進行了重大的改革，以求爲佛教的繼續生存和發展尋求新的出路。

從《百丈清規》的"普請"制度和懷海徒衆"不得置莊園、田地"的約定可以看出：它們所體現的經濟思想，基本上是農民小生產者性質的。它們主張以農、禪爲中心，在常住所有制基礎上建立起人人勞動、無剥削和被剥削關係、分配平均、生活平等的寺院經濟生活。這實質上是一個對小農經濟理想化的模式。

但是，小農經濟從來是不穩定的和不斷分化的。在封建時代，小農的分化不是不斷地產生資本主義和資產階級，而只能是不斷向地主和佃農兩極分化：少數富裕農民上昇爲地主，而大多數農民則不斷下降爲無地或耕地不足的佃農、半佃農。

世俗的農民小生產者如此，禪林佛寺的農民小生產者也不能逃避這一規律。《百丈清規》自始就不是爲只有少數僧人的小寺廟制訂的，而是作爲一個"有徒實蕃"、"禪客無遠不至"的佛教大叢林的"清規"設計出來的。對一個僧人眾多的大寺，要靠小農經濟的辦法長期維持下去，就更加困難。《百丈清規》最初是否允許寺院出租土地，難以確切判斷；但即使它最初不許出租土地，後來也必然會因寺院人數增多和墾闢土地困難的增加而使得小農經濟自食其力的做法，越來越陷入艱難竭蹶的境地。《勅修百丈清規》不但明文規定寺院土地可出租，而且專設了同世俗地主收租人相類似的寺院"莊主"，負責寺院土地的管佃收租事宜。顯然，這裏所體現的已不是農民小生產者自耕自食的觀點，而是"毋虧損常住"這種保護寺院地租收入的地主經濟觀點了。當然，由於這時豪強世族地主的統治已經成為歷史的陳跡，庶族地主的招佃收租的剝削方式已成為農業中封建剝削的普遍形式，《勅修百丈清規》中的租佃觀點，也不可能再是反映豪強世族地主利益的觀點，而只能是庶族地主要求的表現了。

《百丈清規》及後來陸續編成的各種《清規》，在經濟思想上反映了唐中葉以後土地私有制的進一步發展、庶族地主興起、生產勞動者人身依附性減弱等社會經濟變化的趨向，同這一時期中國經濟思想發展的總的趨向也是一致的。但它們對中國封建社會後期商品經濟增長的趨向則都沒有甚麼明顯的反映，這表明佛教的經濟思想較一般的經濟思想更為落後；佛教對經濟生活所持的消極態度，要比儒家的重義輕利和道家的小國寡民更甚，這當然會使其對有利於經濟聯繫擴大化和經濟生活多樣化的商品經濟的發展，更加抱有偏見。即使是懷海這樣的宗教改革家，在這方面也未能把佛教的經濟思想向前推進。

注　釋

〔1〕《佛所行讚》卷三。
〔2〕《四分律刪繁補闕行事鈔》卷中二。
〔3〕《佛遺教經論疏節要》引《十誦律》。
〔4〕同注〔2〕。
〔5〕《釋氏要覽》卷上。
〔6〕《四分律刪繁補闕行事鈔》卷中二。
〔7〕同注〔5〕。
〔8〕〔9〕〔10〕〔11〕同注〔6〕。
〔12〕《四分律刪繁補闕行事鈔》卷中三。

〔13〕《釋氏要覽》卷下。
〔14〕同上。
〔15〕《四分律刪繁補闕行事鈔》卷下一。
〔16〕東漢及曹魏都只許"西域人得立寺都邑","其漢人皆不得出家"。見《高僧傳》卷十,〈竺佛圖澄傳〉。
〔17〕《三國志·吳志·劉繇傳》。
〔18〕〔19〕〔20〕《高僧傳》卷十二。
〔21〕《魏書·釋老志》。
〔22〕道恒,《釋駁論》,見《弘明集》卷六。
〔23〕《高僧傳》卷三《釋法顯》。
〔24〕道恒《釋駁論》,《弘明集》卷六。
〔25〕《南史·循吏傳》。
〔26〕徐陵《諫仁山深法師罷道書》,《廣弘明集》卷二十四。
〔27〕《魏書·釋老志》。
〔28〕《舊唐書·高祖紀》。
〔29〕《正誣論》《全晉文》卷一六六。
〔30〕《牟子理惑論》,《弘明集》卷一。
〔31〕〔37〕〔38〕《釋駁論》。
〔32〕范縝《神滅論》,《梁書·儒林傳·范縝》。
〔33〕〔34〕《高僧傳·釋佛圖澄傳》。
〔35〕《太平御覽》卷六五八。
〔36〕《全晉文》卷一六六。
〔39〕《牟子理惑論》。
〔40〕〔41〕同〔31〕。
〔42〕〔43〕《魏書·釋老志》。
〔44〕〔45〕同〔39〕。
〔46〕〔47〕〔48〕同注〔36〕。
〔49〕《懷海傳》謂"享年九十五",當係計算有誤。
〔50〕〔52〕元僧德輝《勅修百丈清規》卷二。
〔51〕《唐新吳百丈山懷海傳》,《宋高僧傳》卷十。
〔53〕同〔51〕。

〔54〕《勅修百丈清規》卷六。
〔55〕《勅修百丈清規》卷二。
〔56〕元陳詡《唐洪州百丈山故懷海禪師塔銘》，《大正新編大藏經》卷四十八。
〔57〕《勅修百丈清規》卷四。
〔58〕同上。
〔59〕《勅修百丈清規》卷二。
〔60〕〔61〕《勅修百丈清規》卷四。
〔62〕〔63〕同上書卷七。
〔64〕《乞降勅東林寺處分住持牒》，《全唐文》卷七五七。
〔65〕《舊唐書・武宗紀》。

（本文作者　北京大學經濟學院）

A Historical Study on the Economic Thought of Chinese Buddhists

Zhao Jing

Summary

This article consists of four parts:

1. The fundamental economic viewpoints of Buddhism.

The fundamental economic viewpoints of Buddhism originated in ancient India were the starting point of the economic thought of Chinese Buddhists.

2. The emergence of the economic viewpoints of Chinese Buddhists.

From the beginning of Jin Dynasty down to the middle period of Tang Dynasty, some economic viewpints peculiar to the Chinese Buddhists had emerged step by step, yet the economic thought of the Chinese Buddhists as a whole had not come into being.

3. The formation of the economic thought of the Chinese Buddhists.

The compilation of *Bai Zhang Ching Gui* by Shi Huai Hai (Bai Zhang Chan Shi) marked the formation of the economic thought of the Chinese Buddhists.

4. Chief features of the economic thought of Chinese Buddhists

Supporting oneself by one's own labour, farm work as the sole way to earn one's living, building up the monastic ownership (chang zhu) by industry and frugality of all the monks in the monastery, these monastery rules by *Bai Zhang Ching Gui* embodied the chief features of the economic thought of Chinese Buddhists.

北京大學中國傳統文化研究中心紀事

(1994年)

1月10日 召開秘書處會議，討論1994年工作要點，強調發揮文、史、哲、考古等系的綜合優勢，堅持提高和普及並重的方針，以多辦實事、辦好事為原則，加強隊伍團結，把中心辦成講奉獻、有朝氣、高水平的學術研究機構。

1月22日 中心秘書處與河南教育出版社社長周常林一行舉行會談，商討合作出版"中國歷史文化叢書"事宜。雙方認為，弘揚中國優秀傳統文化是社會的需要，為廣大青少年提供有益的精神食糧是教育工作者和出版工作者的責任和義務。提倡大手筆寫普及讀物。雙方商定，用三年時間出版100種書，每部約八萬字，由中心組織學者撰稿，出版社以精美設計、優質印刷出版發行。

2月25日 在北大賽克勒考古與藝術博物館舉行首次"中華文明之光"電視系列片拍攝腳本論證會。中心主任袁行霈、副主任吳同瑞、秘書處成員何淑雲、趙為民、程鬱綴；中央電視臺臺長助理張長明、海外中心專題部主任呂斌、中央新聞紀錄電影製片廠副總編輯吳均、國際部副主任周東元以及部分導演出席了會議。會議邀請張傳璽、嚴文明、祝總斌、孫靜、王天有等教授參加。與會者對周一良教授撰寫的《諸葛亮》、侯仁之教授撰寫的《明清的北京城》、白化文教授撰寫的《中國印刷術》等文稿和導演在此基礎所撰寫的拍攝腳本進行了認真討論，認為主題鮮明，內容充實，突出了精華部分，基本做到了深入淺出，雅俗共賞。大家感謝作者和導演所付出的辛勤勞動，稱贊他們為這套電視系列片開了個好頭。

3月7日 中心副主任吳同瑞教授在《群言》雜志發表文章《國學研究——繼往開來的事業》，闡述國學研究的意義。他說，在建設有中國特色的社會主義的歷史新時期裏，還要不要研究國學？回答應該是肯定的。他說，研究國學，並非發思古之幽情，更不是盲目崇古、頌古非今，而是對中國傳統文化進行科學的整理與探討，給予正確的闡述與評價，既給它以應有的歷史地位，又通過深入地把握其豐富內涵，棄其糟粕，取其精華，為發展社會主義新文化服務，為建設社會主義精神文明服務。他說，自近代以來，傳統文化與現代化的關係問題,是人們爭論的一個熱點問題,直至今日,仍處於辯難探討之中。然而這一問題的真正解決,只能建立在對中國傳統文化的全面深入的認識基礎上。唯有如此,才能清楚分辨其對現代化建設的正負面影響,評判得當,取捨適宜,發揮積極作用,抑制消極影響,使其成爲現代化的助力而非阻力。他説,研究國學,對世界文明的發展也有促進作用。進一步擴大中國文化的世界影響,是炎黄子孫的神聖職責。一個没有自己燦爛文化的民族不可能自立於世界民族之林,更不能對人類做出較大貢獻。國學凝聚着一個民族在歷史發展過程中積累起來的文化精華,它反映着一個民族的文明程度,既是一個民族、國家區别於其他民族、國家的文明的基石,又是進一步發展具有本民族特色的文化的基礎。越是富有民族特色的文化,就越具有世界的意義。那種把提倡國學同發展世界文明對立起來的觀點,恐怕是不能成立的。中華文化還是維繫世界上所有炎黄子孫的精神紐帶。研究國學對加强中國大陸與海外華人的聯繫,促進祖國和平統一事業,也有着不可忽視的重要作用。

3月11日 召開中心管委會和《國學研究》編委會第九次聯席會議。中心主任袁行霈主持了會議,中心管委吴同瑞、孫玉石、李伯謙、嚴文明、陳來、葉朗、樓宇烈,編委王天有、祝總斌、孫靜、蔣紹愚,秘書何淑雲、程鬱綴、趙爲民出席了會議。會上,吴同瑞通報了中心近期開展的幾項工作,並就部分規劃項目的經費和出版事宜做了説明;趙爲民匯報了

《國學研究》第三卷的組稿情況以及拍攝"中國傳統文化"電視系列片需要解決的幾個問題;程鬱綴匯報了與河南教育出版社合作出版"中國歷史文化叢書"的情況。管委和編委們一致認爲,中心工作進展順利,下一步的工作重點在於狠抓落實,取得成效。

3月17日 秘書處召集會議,討論"中國歷史文化叢書"編輯事宜。會議確定叢書分爲文學、語言、歷史、美學、哲學、考古、法律、典籍、中外文化交流等九類,每一類設立分主編,實行分主編負責制,叢書不設總主編,總體事務由研究中心負責。叢書内容要求有新意,文字生動,要體現北大的研究水平。

4月23日 中心副主任吴同瑞教授出席《人民日報》社舉行的"關心青少年教育"座談會,並在會上作了發言。他的發言内容在《人民日報》以"做好傳統文化的普及工作"爲題刊登出來。吴同瑞教授着重介紹了中心面向全社會,面向青少年,面向海内外廣大華人讀者與觀衆所做的文化普及工作,特别指出中心在普及祖國優秀傳統文化的工作中,對大學生產生了積極影響,優秀傳統文化正以其獨特的魅力成爲校園文化的重要組成部分。他强調,學者們不能滿足於自己的研究成果得到少數知音的欣賞,更不能"束之高閣","藏之名山",要讓高深的"國學"走出學術殿堂,成爲廣大讀者或聽衆的精神食糧,滿足人民羣衆精神文化生活的需要。

5月18日 秘書處召集"中國歷史文化叢書"分主編會議,討論和確定叢書選題。分主編孫靜、蔣紹愚、葉朗、陳來、閻步克、嚴文明、武樹臣、肖東發、陸庭恩分別報告了選題情况。經討論研究,初步擬定各類選題100項,基本反映出中國傳統文化的特徵。不少選題視野開闊,角度新穎,如《莊子的詩意》、《陶淵明的精神王國與藝術世界》、《紅樓夢與佛道思想》、《中國城市的起源》、《儒學、喇嘛教與清代民族政策》、《中國歷史文化村落》、《唐宋文官考績與資格》、《中國古代的帝王與皇儲教育》、《六朝士族政治下的寒人階層》、《漢唐陵墓雕刻》、《先秦工具發展小史》、《中國古代審判制度》、《明代的特務統治》、《中國古代帝王之道》、《中國古代的私人藏書》、《中國古代的外交》等等。與會者們認爲,廣大青少年希望了解祖國的歷史和文化,希望從中汲取豐富的營養,得到有益的借鑒。我們有義務滿足這種强烈的社會需求。當前,圖書市場充斥着大量庸俗低級的讀物,其中有的打着傳統文化的幌子,而有悖於弘揚優秀傳統文化的目的,令人深感憂慮。大家表示要以嚴肅認真的態度,寫出高質量的作品,以饗讀者。

5月25日 召開《國學研究》編委會,討論第三卷的編輯方針和組稿内容。編委們認爲,《國學研究》之所以在學術界產生一定影響,其根本原因在於文章的質量較高。質量是刊物的生命,無論何時都不可忽視。要在注重資料考證的同時加强理論性,並將作者範圍擴大到校外,以適應形勢發展的需要。

5月31日 《諸葛亮》、《中國印刷術》兩集樣片已攝製完成,北大60多位教師參加了樣片觀摩會。大家認爲這兩集樣片在電視表現手段上有較大突破,一改以往同類題材影視片所出現的"課堂搬家"的單調形式,充分運用了電視語言,穿插了許多生動的鏡頭、精彩的對話和優美的音樂,增强了藝術感染力,大家也對樣片攝製中存在的問題如深與淺、雅與俗的統一等,提出改進的意見。北大校務委員會副主任郝斌以及中心管委成員均參加了觀摩會。

6月8日 中國新聞社記者撰文,介紹北大中國傳統文化研究中心與美國南海有限公司合作拍攝的《中華文化講座》電視系列片。文章説:近年來,"拜金主義"盛行,金錢的力量冲擊着善惡、真假、是非的界限。這已引起人們的深切憂慮。在此之際,北京大學中國傳統文化研究中心把弘揚傳統文化中的精華,建設富有中國特色的社會主義文化視爲己任。這種當仁不讓的氣魄,實在令人贊嘆。更令人感佩的是,該中心除大力扶植高層次的國學研究人材、編輯和出版高水平的《國學研究》年刊之外,還適應社會上廣泛的需要,製作了《中華文化講座》電視系列片,致力於傳統文化的普及。這套系列片對青少年觀衆尤有教育意義。文章説,從目前首批確立的一百個講題看來,内容極其廣泛。古代修養論,在片中佔有突出的位置。尤其對那些體現着中華民族偉大人格風範的人物,予以集中的展現,他們代表的那些曾經感召了無數後人的精神，如大禹的"三過家門而不入"、孔子的"知其不可爲而爲之"、屈原的"雖九死其猶未悔"、陶淵明的"心遠地自偏"、范仲淹的"先天下之憂而憂，後天下之樂而樂"，……都被強調出來而震憾着觀眾的心靈。文章説，十年樹木，百年樹人。文化基礎的建設更非一日之功。隨着時間的推移，人們將日益感受到北大中國傳統文化研究中心此舉的意義。

6月13日 秘書處與中央電視臺共同制定"中國傳統文化"電視系列片攝製工作程序草案。草案分別就選題、撰稿、論證、前期拍攝、後期製作以及初審、終審等作了詳細的説明和規定。

6月18日 經中心秘書處推薦，北京大學的十名本科生、碩士生通過了中央電視臺的嚴格考核，被錄取爲"中國傳統文化"電視系列片的節目主持人。如此眾多的學生同時走上銀屏，主持大型電視節目，這在北大的歷史上還是頭一次。

6月22日 召開"中國傳統文化"電視系列片論證會。《清明與寒食》、《生肖趣談》、《説龍》、《甲骨文》、《先秦的車輿》等電視腳本得到通過。與會專家指出，要突出體現該系列片的文化內涵，這是關鍵。我們不能只停留在告訴觀眾歷史上曾經發生過什麼事，同時也要告訴觀眾這些事爲什麼會發生，它的意義以及影響在哪裏，甚至可以同西方文化做些比較。專家指出，加強表現文化內涵，不會損害電視的生動性、可視性。相反，它可以使觀眾在接受知識、欣賞藝術的同時，得到較爲深刻的啓迪。

6月30日 秘書處成員與學生電視主持人座談。中心主任袁行霈教授對學生們説：由你們來擔任節目主持人，必定會增加這部片子的青春氣息。可以説，片子的色調是靠你們來調劑的。我們不希望這部片子很沉重。片子雖然講的是古老的文化，但它卻應向觀眾展示充滿活力的氣息。你們應當以什麼形象出現在億萬觀眾面前呢？首先是個人的形象，要有個人的特色，爲自己樹立一個好的形象。然而，僅僅有個人的形象還不夠，你們還代表着北大，同時也傳遞着中國傳統文化。主持人的形象應當是儒雅的，開放的，充滿朝氣的。北京大學校務委員會副主任郝斌教授對學生們説：你們起的是橋梁的作用；你們面對的是具有高深學問的教授，而背後則是億萬觀眾。你們肩上的擔子很重。你們首先要有虛心學習的精神，向教師學習，向導演學習；然後還要有勇氣和信心，要敢於戰勝自己，超越自己，以個人的才華和魅力去感染觀眾。學生們説，主持中國傳統文化的電視節目，是對自己道德情操的陶冶，有助於精神境界的提高。他們表示將盡心盡力去搭好這座橋梁。

7月4日 美國南海有限公司董事長施旭東女士來訪，與中心秘書處就《中華文化講座》電視系列片的製作問題進行磋商。施旭東女士告知她們將於明年5月在美國舊金山舉行"國際漢語教學新技術研討會",她希望這套電視節目能夠拿到研討會上交流和展播。

7月21日 召開《國學研究》編委會。主編袁行霈主持會議,編委吳同瑞、孫靜、蔣紹愚、祝總斌、王天有、樓宇烈、陳來、嚴文明,秘書趙爲民出席了會議。會議重點討論《國學研究》的約稿對象,決定從第三卷開始,不限於校内。會議還強調,要堅持質量第一,對所有來稿均一視同仁,嚴格審閲。

8月3日 《中國傳統文化》電視系列片領導機構工作會議在中央電視臺舉行。研究中心袁行霈、吳同瑞、趙爲民,中央電視臺張長明、劉建中、張建華、吕斌、周東元等出席了會議。張長明副臺長説,這套電視節目已被列爲中央電視臺今後幾年的工作重點。廣播電影電視部領導對此也十分重視,希望這套節目能夠成爲中國電視的精品,不僅現在播出應受到歡迎,即使到了下個世紀播出仍然會擁有觀衆。他對目前工作進展情況表示滿意。袁行霈教授説,北大與中央電視臺的合作是成功的,也是愉快的。雙方經過一段時間的切磋,作者與導演之間的差距愈來愈小了,片子的質量愈來愈高了。我們要圍繞着拍攝精品這樣一個高標準,努力工作。會議確定以"中華文明之光"爲這套電視節目的總片名。中央電視臺還委派葉小宇同志負責各方的協調工作。

8月10日 召開《國學研究》第二卷出版座談會。副校長郝斌、王義遒,著名教授季羨林、鄧廣銘、陰法魯、裘錫圭,北大出版社社長彭松建、總編輯蘇志中、編輯室主任喬征勝、副主任張鳳珠,《國學研究》主編袁行霈、編委吳同瑞、孫靜、蔣紹愚、祝總斌、王天有、樓宇烈、陳來、嚴文明以及秘書趙爲民、程鬱綴、何淑雲等出席了會議。會議還特別邀請著名學者、校友任繼愈、傅璇琮、曹道衡、程毅中、畢全忠參加座談。

《國學研究》主編袁行霈主持了座談會。他説,《國學研究》第二卷的出版,凝結了大家的心血,這是我們對社會奉獻的一份精神食糧。他説,我們不能滿足於已有的成績,要爭取《國學研究》不斷出現新的面貌。所謂新的面貌,就是要不斷拿出新的研究成果來,包括新的資料,新的觀點或者新的方法。要出現新的面貌,還應當要有世界眼光,要把國學放在世界文化的大格局中進行研究。他希望《國學研究》成爲新國學的代表。他説,《國學研究》是開放的,約稿的對象也應更開放,擴大到全國、全世界。

與會學者們對《國學研究》第二卷給予了很高的評價。鄧廣銘教授認爲,這本年刊在當今各類圖書中屬佼佼者,它説明北大學者没有一味地躺在前輩們的功勞簿上自我炫耀,而是繼承了好的傳統更有所發揚,是以新的成果去證明我們今天的實力和水平。從年刊的前兩卷看來,它在國際上是有立足之地的。季羨林教授説,《國學研究》的編委們提出要重視國外漢學研究的成果,這是完全正確的。過去有一部分學者瞧不起外國的漢學,我自己也屬於這一派。後來接觸了外國人,我改變了看法。説外國人有局限性，其實我們中國人也有局限性。我們不必妄自菲薄，但也不可盲目自大。如美國的費正清先生，儘管他有偏見，但也有許多獨到見解；在科技史研究方面，英國的李約瑟是有很高水平的。是否可以設想建立檔案庫，給外國的漢學家們每人建立一個學術檔案，以便我們隨時了解外國人在研究什麼，研究的水平怎樣。任繼愈教授認爲，《國學研究》保存了北大的學術傳統，文章有材料，很扎實。文章只有空論，是不行的，站不住的。他說，不能簡單地認爲只有經、史、子、集才是國學。馬克思主義同中國的實際結合，也已成爲中國文化的一部分。他說，要有一個基本隊伍，要有一種踏踏實實做學問的風氣。保持這麼一個高水平的刊物，也是爲國爭光的事。傅璇琮、裘錫圭、曹道衡以及畢全忠、蘇志中等也先後發了言，他們都認爲《國學研究》反映了北京大學的水平，希望北大的國學研究始終保持領先地位。

《人民日報》報道了這次座談會的消息。

9月3日 召開秘書處會議，討論《國學研究》編輯工作事宜。會議提出當前編輯工作的三個重點：一是擴大學科面；二是推出年輕人；三是加強對理論的研究。同時明確四個"不變"，即刊物性質不變，編輯方針不變，學術風格不變，嚴格的審稿制度不變。強調牢固樹立質量第一的思想，不求一時的轟動效應，而求長久的查閱率和參考價值。會議還建議增補《國學研究》編委，並醞釀了增補人員名單。同時還建議設立"國學研究基金"。以上意見和建議均提交管委和編委聯席會議審核通過。

9月6日 召開《中華文明之光》電視腳本論證會，《炎帝與黃帝》、《先秦的玉器》、《長城》、《司馬遷與史記》通過論證。

9月7日 吳樹青校長及中心秘書處有關成員赴中央電視臺，與楊偉光臺長等就《中華文明之光》電視系列節目的合作問題交換意見。雙方表示要集中力量，發揮各自的優勢，拍好這套電視節目，爲弘揚中國優秀傳統文化做貢獻。雙方還共同決定，該節目由楊偉光臺長和吳樹青校長出任總策劃。

9月16日 召開中心管委會。出席會議的管委有袁行霈、吳同瑞、葉朗、李伯謙、陳來、樓宇烈、嚴文明，新任中文系主任費振剛接替孫玉石爲管委委員並與會。副主任吳同瑞教授對目前正在進行的五項工作作了匯報。他說，與美國南海公司合作拍片是件帶有開創性的工作，其意義在於它第一次用影視手段系統地表現了中華文化，並且打進了美國文化市場，引起積極的反響。但由於財力不夠，片子缺乏生動性，這是我們要努力解決的問題。與中央電視臺合作拍片，是我們目前工作的重點。作者文稿要堅持三個原則，即主題鮮明，內容準確，表達生動。這套節目標準高，影響大，我們必須認真嚴肅地對待。"中國歷史文化知識叢書"已被河南教育出版社列入重點出版計劃，因此我們要求作者必須保證進度，保證質量。《國學研究》一、二卷出版後，反響很大。

現在的主要問題是保證三、四卷文章質量不能下降,而且要有提高,在某些方面要有突破。中心規劃和資助的項目也已完成近三分之一,我們期望出版社及時地付印出版。中心主任袁行霈教授說,和大家在一起工作總是感到很愉快。中心的一切工作都是按照章程一步一步去做,而且都做得很好。中心的大政方針由管委會決定,秘書處竭誠服務。兩年多來,中心工作有三個特點:一是不設虛銜;二是只辦實事;三是貴在人和。而貴在人和尤爲難得,這是我們的事業取得成功的根本保證。

會議還討論並通過人事調整的方案:新增王天有、孫靜、祝總斌、高崇文爲管委員,管委委員由9人增至13人。新增趙匡華、武樹臣、程鬱綴、趙爲民、閻步克爲《國學研究》編委,編委委員由10人增至15人。新增孟二冬爲中心秘書處秘書。

9月24日 校黨委書記邀請中心部分管委和老教授參加黨委常委理論學習會,學習中共中央《關於加強愛國主義教育實施綱要》、《關於在高等院校進一步加強德育教育的通知》兩個重要文件。

袁行霈教授在發言中說:中央文件強調弘揚優秀的傳統文化,這是很有必要的。優秀的傳統文化能夠幫助人們提高道德素質,例如"敬業樂群"這四個字,如果弘揚開來,成爲社會風氣,人人都能忠於職守,顧全大局,團結友愛,我們全民族的素質將會大大地提高。陳來教授說:近幾年來,我國比較重視科技意義上的文化素養,卻忽視了道德意義上的文化素養。他說,愛國主義有三個內涵,即政治的、民族的和文化的。中國是世界上有悠久文化傳統的國家,把這一歷史展示出來,人們就會感到中國文化有一種強大的生命力。他認爲對於傳統不能無條件地鼓吹,但也要克服教條主義,反對把馬克思主義同傳統文化對立起來。葉朗教授說:當前有一種傾向,就是不重視人文教養,其結果是社會出現了大量失禮、失序、失範的現象。應當說,人與動物的區別就在於人是有道德、有教養的,我國的傳統文化就很注重人的道德與教養。周一良教授說:中國文化強調人與人之間的關係,這種關係是靠道德來維護的。所謂"己所不欲,勿施于人",就是維護人際關係的道德準則。當前社會上一些人不遵守公德,爲所欲爲,正是違背了這個原則。張岱年教授認爲,愛國與獨立人格是不可分的,假如國家滅亡了,也就談不上有獨立的人格。所以要加強民族的自尊心、自信心,就必須熱愛我們的國家,熱愛自己的文化。鄧廣銘教授說:傳統文化最具有凝聚力、向心力,這本身就包含着深刻的愛國主義。海外華人尋根,並不是只回家看看舊墳、舊房子,而是對自己民族的文化有所懷念。新中國成立後,我們建立了社會主義新文化。新文化是在傳統文化基礎上建立的,如果脫離了傳統文化,新文化就會成爲無源之水,無本之木。對待傳統文化的原則就是繼往開來。鍾哲明教授說:不能把馬克思主義同傳統文化對立起來,不能把現代化同傳統文化割裂開來。傳統文化無法否定,重要的是區分精華與糟粕。黨委書記任彥申教授說:傳統文化經過若干年的冷落後又重新興起，校園文化的主旋律也在逐漸形成，這是一個很好的形勢，説明我們的國家日益成熟了。我們要抓住時機，充分利用宣傳的主渠道，向大學生們介紹我們國家的歷史、民族的文化以及愛國的英雄人物，幫助他們樹立正確的人生觀和價值觀，使他們成爲國家建設的有用人才。吴樹青校長説：在德育教育中，愛國主義是最重要的内容。愛國主義精神歷來都被視作我們民族的精神。中國歷史上有很多人可以做翻案文章，如曹操、武則天等，可是有一類人不能做，就是秦檜之流。賣國求榮的人是永遠不會有人爲他做翻案文章的。吴校長説，現在提出愛國主義問題非常迫切，因爲當今社會精神文明在滑坡，這個問題不容回避。從校園講，學生智商很高，學業不錯，但有些學生的公德心與他們的才華不相稱。所以在大學生中進行愛國主義教育和中國傳統文化教育勢在必行。吴校長説，傳統文化研究是北大的優勢。北大中國傳統文化研究中心作出了許多成績，令人鼓舞。袁行霈教授最近又提出有關傳統文化研究的"三個夢"，我認爲這三個夢是可以圓的，校黨委和行政將盡全力予以支持。

參加理論學習的黨委常委有：任彦申、吴樹青、郝斌、王義遒、朱善璐、趙存生、閔開德、馬樹孚、岳素蘭。

9月26日 《中華文明之光》電視片工作會議在中央電視臺舉行。會議重點討論由袁行霈教授撰寫的第一集《中華文化精神》。袁行霈教授在開篇中把中華文化概括爲五個特點：即强烈的人文精神；崇尚群體利益；注重平衡與和諧；注重整體思維；自强不息而又開放兼容。認爲只要堅持吸收中華文化中的精華，同時吸取世界各民族文化中的優秀成分，不斷開拓創新，就必定能使具有悠久文化傳統的中華民族永葆青春。與會者認爲這個開篇開得精彩，開宗明義，觀點鮮明，分寸感把握得好，富有吸引力，是150集的總綱。北大袁行霈、吴同瑞、趙爲民、程鬱綴，中央電視臺張長明、高長齡、呂斌、葉小宇，新影廠劉建中、張建華、吴均、周東元等出席了工作會。

9月27日 《北京大學申請"211工程"預審的報告》撰寫完成。《報告》提出，到二十一世紀將在北大建設12個重點學科群，中國傳統文化學科群被列爲文科學科群的首位。《報告》指出："北京大學具有研究國學、弘揚中華文化的歷史傳統，近年來更是取得了令世人矚目的成就。如北京大學中國傳統文化研究中心編輯出版的大型年刊《國學研究》受到海内外學術界的推重，該中心又與中央電視臺合作拍攝150集《中華文明之光》電視系列片，播出後將産生巨大的社會效益。該學科群的教學、科研水平，目前已居國内前列，部分研究成果已達到國際一流水平。預計在8—10年内，該學科群將全面達到世界一流水平，成爲中國國學研究與人才培養基地，在國際上具有權威性的中國傳統文化研究中心。"

10月13日 國家教委專家組在臨湖軒舉行"北京大學申請'211工程'預審總結會"。專家組對北大中國傳統文化學科建設給予充分肯定,寄於很高希望。專家組成員、武漢大學校長陶德麟說,北大文科綜合實力在全國高校中是首屈一指的,中國傳統文化研究更具優勢。國家應當給予重點投入,使其在二十一世紀有更大的發展。專家組成員、吉林大學黨委書記劉中樹說,在《規劃》中,我看到北大建立了中國傳統文化研究中心,而且取得了顯著成績。這對於我們搞文史哲和基礎學科研究的人來說,自然感到非常高興。北大在這方面歷來起龍頭作用,今後仍將起到這個作用。中心主辦的《國學研究》年刊水平很高,影響很大,建議將作者面擴大到全國範圍。他說,如何以北大為龍頭、為核心,團結和聚集全國的學術力量,推動祖國傳統文化、民族文化的研究,是一個值得重視的問題,在當前具有一定的意義。

10月24日 香港著名報業家、小說家查良鏞先生攜夫人赴北京大學訪問,中心秘書處負責接待工作。是日,中心主任袁行霈、副主任吳同瑞、秘書趙為民與法律系教授蕭蔚雲一起,陪同查良鏞先生暨夫人遊香山、戒臺寺。

10月25日 北京大學舉行儀式,授予查良鏞先生北京大學名譽教授稱號。查良庸先生在答辭中,談及他的中國歷史觀,引起聽眾的興趣。查良鏞先生說,我們中華民族之所以這樣壯大,靠的是改革和開放。當我們遇到困難的時候,內部要積極進行改革,努力克服困難,改革成功了,我們的民族就會中興。同時我們還要對外開放,這點更為重要,因為我們中國人有自信心,我們相信自己的民族很強大,外來的威脅我們不害怕。查先生說,英國歷史學家湯因比在他臨終前得出一個結論:世界的希望寄托於中國文明和西方文明的結合。他認為西方文明的優點在於不斷地發明、創造、追求、向外擴張,是"動"的文化。而中國文明的優點在於和平,就好像長城,處於守勢,平穩、平和,是"靜"的文化。現在許多西方學者都認為,地球就這樣大了,無止境地追求、擴充,是不可能的,也是不可取的。今後只能接受中國的哲學,要平衡,要和諧,民族與民族之間要相互合作,避免戰爭。由於科學的發展,核武器的出現,今後的世界大戰將不可思議。一些瘋狂的人也許執意要打核戰爭,殊不知這種戰爭的結局將是人類同歸於盡。這種可能性不能說沒有,但我所接觸到的西方學者大都對打核戰爭不太耽心,他們最耽心的是三個問題:第一是自然資源不斷浪費;第二是環境污染;第三是人口爆炸。這三個問題將關係到人類的前途。所以,現在許多西方人把希望寄托於中國,他們希望了解中國,了解中國的哲學。他們認為中國的平衡、合諧、團結的哲學思想、心理狀態,可能是解決整個人類問題的關鍵。

10月26日 中央電視臺印發《中華文明之光》節目情況簡報。簡報說,這個大型的系列節目要把大學教授的專題講座搬上電視屏幕,但不是簡單的課堂搬家,而要拍成廣大觀眾喜聞樂見的電視節目,這對於教授和影視工作者來說,都是一個新的課題。由於沒有先例可資借鑒,因此只能邊幹、邊探索,攝製工作的難度是很大的。首先，要對150個選題組織各方面的力量進行精心的籌劃與撰寫，然後，再把專家的講稿改編成拍攝提綱，這中間，每一集的稿件都要經過各學科的專家們與編導們集體論證才能開拍。重點和難點選題還要反復論證，以保證節目精益求精。預計到10月底，先秦部分的節目可全部投入拍攝。現已有11集完成前期拍攝進入後期編輯。從目前的工作情況看，節目質量不斷改進，已基本達到預期的目標。如按計劃正常運作，節目可在明年初開始播出。

10月28日 中心秘書處邀請部分學者在臨湖軒與查良鏞先生座談。參加座談的學者有袁行霈、蕭蔚雲、嚴家炎、王選、張傳璽、樓宇烈、何芳川、楊賀松、張仁忠、趙祖謨、程鬱綴、陳平原、趙爲民等。中心副主任吳同瑞教授主持了座談會。學者們認爲查良鏞先生的創作，使中國武俠小説達到了高峰。他的小説格調高雅，有豐富的歷史知識。查良鏞先生認爲他的小説受到大衆的歡迎，重要的原因是採用了中國傳統的寫作手法。他批評了現代小説的歐化傾向。他說，中國傳統文化中有很多優良的東西，不能讓它完全消失。我們接受歐美的東西，是要吸收、融合，不是歐化。他還說，這次到北大來，同北大中國傳統文化研究中心的教授們有了接觸，很受教益，希望今後能夠建立更加密切的關係。

11月2日 召開秘書處會議，聽取程鬱綴關於"國學研究叢刊"編輯工作情況匯報。按照中心主任袁行霈教授的意見，會議決定，"國學研究叢刊"不設主編及編委會，中心秘書處負責總體籌劃。會議要求對叢刊的封面統一設計，分批推出。

11月16日 中央電視臺召開《中華文明之光》電視系列片工作匯報會。廣播電影電視部、北京大學、中央電視臺海外中心和中央新聞紀錄電影製片廠的有關領導和專家學者參加了會議，並審看了《中華文化精神》、《大禹治水》、《甲骨文》等數集已完成前期製作的節目。與會者認爲，節目內容豐富，比較好地把握了中華民族文化的精髓。大家還就節目的知識性與趣味性的結合、進一步通俗化、加強電視特點等問題展開了討論，強調一定要把這套節目搞成精品。廣播電影電視部副部長、中央電視臺臺長楊偉光說，拍攝《中華文明之光》是一個大的文化工程，目的是弘揚中華文化。因爲電視是面對廣大觀衆的傳媒，節目一定要深入淺出、雅俗共賞，要成爲當前和今後進行愛國主義教育的好教材。北京大學副校長王義遒說，節目拍得生動，很吸引人，播出後一定會贏得觀衆。作爲家長，我一定會要求孩子觀看這個節目，因爲它有助於青少年了解祖國的歷史和文化，陶冶情操，樹立正確的人生觀和價值觀。北大黨委副書記趙存生說，這套節目在區分精華與糟粕方面下了很大的功夫，堅持了正確的導向，它將我們民族文化中的優秀成分集中地展現給觀衆，有很大的教育意義。北大副校長郝斌、傳統文化研究中心主任袁行霈、副主任吳同瑞、廣播電影電視部總編室主任張振東、中央電視臺副臺長張長明、中央電視臺總編室主任胡恩等也先後在會上發了言。

11月29日《北京大學學報》(哲學社會科學版)1994年第6期以"弘揚中國過去，面向世界未來"爲題，刊登部分專家學者在《國學研究》第二卷出版座談會上的發言。

袁行霈教授在發言中說：當1992年《國學研究》籌辦伊始，我就樹立了這樣一個目標：《國學研究》既要繼承以往國學的優良傳統，也要具有當代特色，要將它辦成開放的刊物，使它成爲新國學的一面旗幟。二十世紀快要過去了，二十一世紀即將到來，跨世紀的《國學研究》義不容辭地應當將兩個世紀的國學連接起來，使二十世紀所取得的新的進展在二十一世紀繼續下去，並有更大的進步。現在我還不能對新國學的面貌勾勒得很清楚，新國學需要研究者通過踏踏實實的工作才能創立起來。但我和我的同事們一定抱着開放的態度，不墨守成規，不囿於成見，勇於開拓，勇於創新，將《國學研究》辦得越來越好，爲國學研究者提供一塊表現其才華的園地，從而爲弘揚中華民族優秀的傳統文化貢獻一份力量。

季羨林教授認爲：二十一世紀是東方文化佔統治地位的世紀。他說，國外也有一些有識之士有這樣的主張。我在最近幾年來寫過長長短短的幾篇文章，宣揚這種看法。特別是東方文化中"天人合一"的思想，我認爲是中國對人類杰出的貢獻。在香山飯店的一次國際學術研討會上，我作過一個很短的發言，題目就是"只有東方文化能拯救人類"。我對此點深信不疑。但是，這是一個極大的題目，而且涉及未來的二十一世紀。原來我也同別人爭辯過。現在我的作法變了。我想到中國過去有一個近視眼猜匾上的字的笑話。一個近視眼說，匾上是什麼什麼字。但是此時匾還沒掛出來。二十一世紀就是一個還沒掛出來的匾，匾上的字是什麼，誰也說不準。如果有人願意猜，那是可以的，每個人都有這個權利。但是不必爭辯，爭辯是徒勞的。我們最好學一學舊劇《三岔口》，每個人耍自己的槍刀，但誰也碰不着誰。

鄧廣銘教授說：傳統文化究竟包括一些什麼內容呢？我認爲，這是不能簡單地籠統地加以概括的。因爲在我看來，至少應當從縱的發展系統和無數個橫剖面來加以認識才可以。從縱的發展歷史來說，傳統文化乃是一個系統工程，是一代一代的文化積澱層累而成的；從每個時代（亦即層次）的橫剖面來說，它又是一種綜合工程，是由其時的多元的文化因素交融匯合而構成的。就其作爲系統工程來說，那確實是源遠流長，單從有了文字記事的三代來說，"殷因于夏禮"而有所損益，"周因于殷禮"也有所損益，迄於近今，已有將近五千年的歷史。儘管在此漫長時期内，因革遞嬗，移徙轉變，出現了無限錯綜複雜的花樣，然而前後相承，從沒有出現過斷綫或斷層之時。就其作爲綜合工程來說，秦滅六國，大力推行車同軌、書同文、行同倫的工作，甚至採取了焚書坑儒的殘暴措施，然而只有書同文頗見功效，但卻並不能使多元文化歸於一個模式。漢代的罷黜百家政策，所起作用更爲微弱。東漢魏晉以來，佛教的教義和學說傳入中國，在長時期與中國固有文化相互碰撞的過程當中，也逐漸爲中國社會各階層的部分成員所接受，從而在思想、學術和物質文化的各方面都顯示出其影響，在此後的學術思想、文學藝術、建築、雕塑等等方面無不有所體現。而這等於融匯了中印文化的各類產品，從今天說來，卻又無不屬於我們的傳統文化之列。這也說明，傳統文化乃是個動態的存在，它是隨着時代的進展而擴展其外延，並充實加深其內涵的。他說，推陳可以出新，但一切新鮮事物絕非全由推陳而得來的。因此，當剔除我們傳統文化中的腐臭渣滓的同時，我們還必須吸取其他各種文化體系中的有益成份，亦即批判地加以吸取，以使我們新時代的新文化，在外延上有更加廣闊的境界，在內涵方面有更加豐富精深的內蘊。這才真的是弘揚了我們的傳統文化，真正建成了有中國特色的社會主義新文化。

傅璇琮教授說：國學研究的意義，我想是無容置疑也是不勞多說的，現在的問題是怎樣有效地進行，就目前來說，是怎樣避免文化史研究中極易產生的空對空的現象。文化或國學，本來是一個相當寬泛的概念，我們如果不從具體的課題着手進行研究，就很容易過了若干年，熱鬧了一陣，回過頭來一看，還是停留在原來的起點上。作爲國學來說，我想是否可以探討一下，我國的傳統學術道路是怎樣發展下來的。前些日子我讀了中國社科院歷史研究所劉起釪先生的《尚書學史》和清華大學思想文化研究所廖名春先生的《周易學術發展史》，很受到啓發。我覺得我們很需要具體學科的學術史研究，這將是提高研究素質的有效途徑。

總結以往的學科發展史，這方面本身就有豐富的內容。譬如《詩經》，所謂孔子刪詩是一個階段，漢儒說經是一個階段，宋是一個階段，清又是一個階段，各有特色，更不用說"五四"以後逐步用馬克思主義觀點加以研究，更是嶄新的階段。我們應當有《詩經》學，看看前人走過的探索的道路，他們的成功在哪裏，不足又在哪里，有哪些可以作爲成果肯定下來，不要再在原水平上重復，有哪些則還需要繼續探討，指出繼續前進的方向。一門學科之可以建立學術史，是成熟的標志，而它的建立又可以進一步推動研究的深入。在中國傳統學科中，可以建立學史的是有不少的。各自總結本學科的研究史，就會大大豐富我們國學整體研究的內容，由此而總結出的現在還可行之有效的傳統治學方法，並科學地吸收國外的或自然科學研究的新方法，就會使我們的國學研究或傳統文化研究真正建立在科學的、民族的深厚基礎上。

程毅中先生說：國學研究的是中國傳統文化的學術性問題，在世界範圍內也是一門顯學。改革開放以來，我們有機會看到一些海外的學術論著，眼界開闊了許多。在國學研究上，港臺的同行學者有很多新成果，外國的中國學者也作出了不少有益的貢獻，許多地方值得我們借鑒。這就激勵我們要奮發有爲，努力進取。推動國學研究的發展，是中國學者責無旁貸的任務，我們北大人當然要發揚前輩的傳統，作出更大的努力。我覺得提高國學研究的水平，還是要堅持實事求是的科學態度，一定要持之有故，言之有物，從微觀着手，又要從宏觀着眼,注意社會科學的綜合發展。我相信《國學研究》必能樹立起這樣的學風。

畢全忠先生說:我認真讀了《國學研究》第一卷中的全部文章,得到一個深刻的印象,那就是:研究中國傳統文化的學者們(當然,也包括《國學研究》的編者與出版者)正承擔着一個重大的使命,即在我國現代化進程中,告訴人們,什麽是我們中華民族的優良傳統文化,爲什麽要繼承這個傳統文化以及怎樣繼承。我寫《國學,在燕園又悄然興起》這一報道,就是想把北大學者們承擔的重大使命介紹給廣大讀者。我使用"國學"一詞,有兩個含義,一是指中國傳統文化研究,一是指這一研究的地位,是國家最高層次的文化研究。畢全忠先生說,在現實生活中,精神文明建設的緊迫性,是每個有社會責任感的人都有深切感受的。問題是怎樣去建設?我認爲,馬克思主義的辯證唯物主義是指導思想,必須堅持。而繼承和發揚我們優秀的民族文化則是基礎。國學研究,就是做這個基礎的工作。離開了民族傳統文化的基礎,談不上文化的繁榮,文化必然會走向畸形化、外來化、庸俗化。

吳同瑞教授說:傳統文化研究要體現時代精神和現代意識。傳統與現代不是根本對立的關係,而是一種傳承、革新和創造的矛盾運動的過程。現代科學學的奠基人貝爾納曾經指出:"沒有任何文化能夠永久脫離當代主要的實用思想而不蛻化爲學究式的空談。"脫離時代精神和現實需要的傳統文化研究充其量只不過是古董鑒賞而已。民族文化傳統絶不是僵死封閉、一成不變的。它對外來文化具有吸收、融合的能力。它在爲現代化建設服務的同時,還根據現實需要加以革新和改造,不斷創造新的文化。人文科學工作者應面向現代化,面向世界,面向未來,以廣博的胸襟、現代的眼光來審視民族傳統文化,熔鑄中外,推陳出新,使其匯入社會主義精神文明的時代大潮。我們深信,中華民族優秀傳統文化具有生生不息的創造力和生命力,它不僅屬於過去,也屬於現在和未來;它不僅屬於中國,也屬於全世界。

11月18日 《光明日報》發表記者對袁行霈教授進行專訪的記錄,題爲《袁行霈談以開放的態度研究國學》。他說:國學並不是一個封閉的體系,研究國學並不是復古,而是爲了現在和未來,因此要抱着開放的態度,把國學放到世界各民族文化大格局中加以研究;還要分清國學中的精華和糟粕,剔除糟粕,提取精華,使之爲中國現代化和全人類文明的進步做出貢獻。這樣,就是有別於舊國學的新國學了。至於統傳文化和現代化的關係,袁教授說:這不僅是一個理論問題,也是一個實踐問題,是需要中國人民共同努力完成的一個課題。弘揚傳統文化不是抱殘守缺,搞現代化不是全盤西化。抱殘守缺和全盤西化都是沒有出息的。中國和西方應當互相取長補短,共同創造人類更加美好的未來文明。對近年來出現的"國學熱"這一說法,袁教授認爲,就這門精深的學問而言,真正從事研究的人不可能很多,果真太熱了未必是好事。研究國學和研究任何一門學問一樣,不可追求熱鬧,要耐得住坐冷板凳。但社會上關注國學研究的人多起來了,這是可喜的。

11月26日 中心秘書趙爲民隨同吳樹青校長、楊通方教授等出訪韓國，尋求開展兩國歷史文化研究方面的合作。是日，吳樹青校長一行應韓國著名政治活動家金大中先生的邀請，到他的東橋洞住宅共進早餐。交談中，金大中先生强調了兩國共同的文化淵源，認爲中國傳統文化一直對韓國有着重要影響，開展這方面的研究，將會增強兩國人民的友誼，促進兩國文化事業的發展。他說，對傳統文化要有正確的認識。傳統文化與現代化密不可分，傳統的道德觀念對現代人有着深刻的影響，他仍然支配着現代人的思維方式，甚至生活習俗。在韓國，有人主張廢除韓文中的漢字，這是行不通的，也是不可取的。保留了漢字，就是保留了韓國的歷史，歷史與現實是不可分割的。他說，以儒家文化爲代表的東方文明具有強大的生命力，當然，它要同以歐美文化爲代表的西方文明結合，兩種文明相互補充，人類才能不斷進步。

11月30日 《法制日報》特刊記者撰文《從科技園區到國學大廈》，介紹北京大學開展國學研究的情況。文章說，北大推倒南牆後，有人擔心北大會丟失學術研究的傳統。但事實證明，北大人尊崇學術的價值標準依舊。國學，歷來是北大的優勢。北大不僅是新文化的搖籃，也是國學研究的重鎮。今天的國學大師們似乎都有一種緊迫感：一定要把中華文明的火把傳下去。文章說，大師們的拳拳之心在年輕學子中得到了熱烈的回應。北大百家學生社團曾聯合推出"國學月"活動，一系列國學講座，場場座無虛席。一位學生社團負責人說：我們是"文革"後出生的一代人，"文革"的大破壞，造成了文化上的斷層。我們也曾經狂熱地追隨過各種西方思潮，但我們最終失望了。中西文化上存在的差異，價值觀上的對立，使我們認識到，我們畢竟是中國人，完全按照西方的思維方式做事做人，將難以溶入中國社會，更談不上爲中國的發展做出貢獻。國學使我們找到了自己的根。一些從香港來的學生也表達了同樣的心情。他們說，之所以到北大來上學，就是想了解祖國的文化。九七回歸，要克服長期的英國殖民教育造成的民族疏離感，也就是人們常說的孤島意識，首先是感情上的溝通，文化上的認同。國學將成爲連結港、澳、臺，溝通海內外華人世界的橋梁和紐帶。文章最後說，弘揚民族文化的使命感，使北大的學者在商品經濟大潮的冲擊下堅守學術研究的陣地，營造精神的綠洲。

12月6日 吳同瑞、趙爲民在臨湖軒接受韓國駐京首席記者的采訪，回答了有關北京大學開展中國傳統文化研究的提問。

12月15日 秘書處召開《中華文明之光》撰稿人座談會。來自文、史、哲、考古、圖書館學系的30餘名撰稿人以及中央電視臺部分導演參加座談。與會者們觀看了《大禹治水》、《周易與八卦》、《李冰與都江堰》等先期製作完成的電視片，而後就如何撰寫文稿等問題各自發表了意見。中心副主任吳同瑞要求撰稿人注重文稿的思想性、知識性和生動性，並積極配合導演的工作，努力提高節目質量。新影廠國際部主任周東元向撰稿人介紹了電視創作的特點，以及文稿寫作的有關注意事項。

12月21日 中央電視臺葉小宇同志與中心秘書處協商《中華文明之光》試播宣傳事宜。中心主任、電視片總顧問袁行霈指出，宣傳要適度，節目能否受到觀眾的喜愛，關鍵取決於節目自身的質量。節目質量提高了，就用不着新聞媒介"炒"了，觀眾自會選擇。我們要借此試播的機會，廣泛聽取社會各界的意見，逐步提高節目的製作水平。

12月28日 召開秘書處會議，有三個議題：一是工作小結；二是報告經費使用情況；三是討論《國學研究》第三卷編輯事宜。中心主任袁行霈說：一年來，中心工作進展順利，取得了一些新的成績，在社會上產生了較好的影響，這同秘書處全體同志的努力是分不開的。在我們這個集體裏，每個人都盡心盡力，團結友愛，不講索取，只求奉獻，體現了高尚的思想境界和傳統美德。所以我常講，在這個集體工作是一種幸福。他說，目前的形勢對我們十分有利，越是在這種情況下，越是要保持清醒的頭腦。事實上，我們面臨的任務還很艱巨，一些正在進行的工作已經沒有退路了，只有橫下一條心，努力去完成。他希望中心的各項工作在新的一年裏能有新的氣象。

徵稿啟事

一、本刊由北京大學中國傳統文化研究中心主辦。

二、本刊爲綜合性學術刊物，旨在弘揚中華民族優秀的傳統文化，倡導實事求是的學風，鼓勵在學術問題上大膽探索，努力創新。

三、本刊登載有關中國傳統文化的學術論文，跨學科的綜合研究與各學科的專題研究並重。内容涉及以下學科：古代文學、近代文學、古代文論、文字學、音韵學、訓詁學、目錄學、版本學、校勘學、古代史、近代史、史學史、敦煌吐魯番學、思想史、哲學史、宗教史、法律思想史、政治思想史、經濟思想史、軍事思想史、科技史、美學史、倫理學史、文化史、考古學、中外文化比較研究、中外文化交流史等。

四、來稿請按本刊所登"書寫格式"的要求抄寫，並請附中、英文提要各一份，中文提要限三百字以内。

五、本刊以登載本校師生的論文爲主，兼登外稿，熱誠歡迎海内外學者賜稿。

六、來稿均由編委會送呈校内外至少兩位具有權威性的學者審閲，審稿人寫出審稿意見書，編委會逐一討論決定是否採用。撰稿人與審閲人之姓名互不透露。

七、來稿務請認真核對引文。編委會對準備採用之稿件或將提出修改意見，但不代作者修改。文責由作者自負。稿件如涉及版權問題由作者負責。

八、請自留底稿。來稿恕不退還，如被採用，將及時通知作者。

九、來稿一律用中文書寫。

十、來稿請注明姓名、工作單位、通訊地址、電話及傳真號碼，以便聯係。

十一、請勿一稿兩投。

十二、本刊每年出版一卷，每卷約五十萬字。

十三、來稿刊出後，贈刊物一册、抽印本二十册。稿酬從優。

十四、來稿請寄：

北京市海淀區北京大學社會科學處轉《國學研究》編委會

郵編 100871

北京大學中國傳統文化研究中心

《國學研究》編輯委員會

來稿書寫格式

一、採用横格稿紙單面書寫；字體規範，工整清晰。

二、作者姓名置於論文題目下，居中書寫。

三、各章節或内容層次的序號，一般依一、（一）、1、(1)……等順序表示；個别專業可依該專業的習慣排列。

四、一律使用新式標點符號。

（一）除破折號、省略號各佔兩格外，其他標點符號各佔一格；

（二）書籍、文件、報刊、文章等名稱，均用書名號《　》；

（三）書名和篇名連用時，中間加間隔號，如：《史記·趙世家》；

（四）書名或篇名之中又含有書名或篇名的，後者加單角括號〈　〉，如：《從

水滸戲看〈水滸傳〉》;

（五）正文中的引文用雙引號" "；如果引文中又有引文，後者用單引號' '。

五、正文每段第一行起首空二格；文中獨立引文，各行左邊空三格，引文首尾不必加引號。

六、第一次提及帝王年號，須附加公元紀年，不必出"公元"二字，如：漢武帝元狩二年（前121），宋仁宗皇祐五年（1053）。

七、所有圖表必須清晰，並標明編號，如：圖一，圖二……或：表一，表二……；同時須在正文第一次提及時，隨即列出，或注明圖表編號，如：（見圖一），（見圖二）……或（見表一），（見表二）……圖內文字請用繁體。

八、注釋號碼用阿拉伯數字表示，如：〔1〕、〔2〕……

九、注釋號碼位置規定如下：注全句者，注釋號碼置於句號之後；注引文者，注釋號碼置於句號、引號之後；注句中部分文字者，注釋號碼置於有關文字之後；注釋號碼應寫在稿紙方格內的右上方。

十、注釋按順序抄寫在全篇正文結束之後，並採用下列格式：

（一）引用古籍，應標明著者、版本、卷數，如：

明毛晉《初唐四子集》卷四〇，明崇禎十三年（1640）張燮、曹佺刻本。

清王夫之《唐詩評選》卷二，民國間《船山遺書》本。

（二）引用專書及新印古籍，應標明著者、章節或卷數、出版者及出版日期、頁碼，如：

朱自清《詩言志辨·賦詩言志》，《朱自清全集》第六冊，江蘇教育出版社1990年7月第一版，第144頁。

任繼愈主編《中國佛教史》第三卷第一章第二節，中國社會科學出版社1988年4月第一版，第22—25頁。

王叔岷《古籍虛字廣義》，臺北華正書局1990年4月初版，第430頁。

明胡震亨《唐音癸籤》卷四，上海古籍出版社1981年5月第一版，第29頁。

Joseph Needham, *SCIENCE AND CIVILISATION IN CHINA* Volume Ⅱ, Cambridge at the University Press, 1956, PP. 10—13。

(三) 引用期刊論文，應標明期刊名、年代卷次、頁碼，如：

聞一多《東皇太一考》，《文學遺產》1980年第一期，第3頁。

張岱年《中國古代哲學中關於德力、剛柔的論爭》，《國學研究》第一卷，北京大學出版社1993年3月第一版，第3頁。

(四) 引用報紙，應標明報紙名稱、發行日期和版面，如：

錢仲聯《清詩簡論》，1983年12月27日《光明日報》第三版。

(五) 再次徵引：

1. 再次徵引時可用簡化方式處理，如：

注〔1〕　王利器《文鏡秘府論校注》，中國社會科學出版社1983年7月第一版，第10頁。

注〔2〕　同前注。

注〔3〕　同前注，第9頁。

2. 如果再次徵引的注不接續，可用下列方式表示：

注〔4〕同注〔1〕，第11頁。

後　記

　　從本卷開始，《國學研究》有以下調整：一、編委會增加了五人，其中有一位科技史專家，一位法律思想史專家，體現了我們擴大學科覆蓋面的設想；我們還注意吸收中青年學者，以保持編委會的學術朝氣。二、稿件的作者已不再限於北京大學，今後將向校內、外（包括國外）廣泛徵稿。爲便於讀者與作者聯繫，在每篇論文末尾注明作者任職的學校或單位。三、本卷登載了來稿書寫格式。從第四卷開始，將按照統一的格式排版。這不僅是爲了版式整齊，更重要的是想用格式的規範化促進學術論文寫作的規範化，敬希作者賜稿時充分注意！

　　本刊開始籌辦時得到南懷瑾先生資助，出版以來，又得到查良鏞先生和多位大雅之士的資助；並得到國內外衆多讀者的鼓勵，多家報刊的評介，以及諸多德高望重的學界前輩的指點，我代表編委會一並致以深摯的感謝！

　　一個十幾億人口的大國，沒有人研究自己的國學不行；國學中有精華也有糟粕，不加以區分不行；中國是世界的一部分，研究國學沒有縱覽古今通觀世界的眼光也不行。國學是一門嚴肅的學問，我們將一如既往，以實事求是的精神認真探索，力求取得既無愧於我們這個文明古國，也無愧於時代要求的研究成果。

袁行霈
一九九五年八月

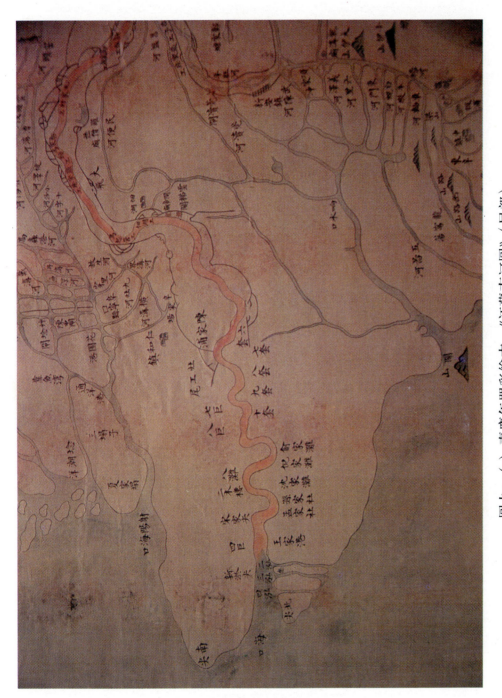

圖九：(a) 嘉慶年間彩繪本，《江蘇南河圖》（局部）
（蒙英國圖書館慨允轉載）

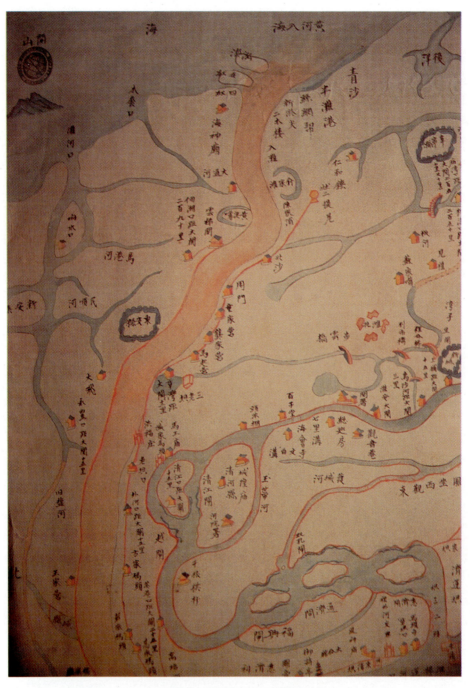

圖九：(b) 道光年間彩繪本，《江蘇南河圖》（局部）
（蒙英國圖書館慨允轉載）

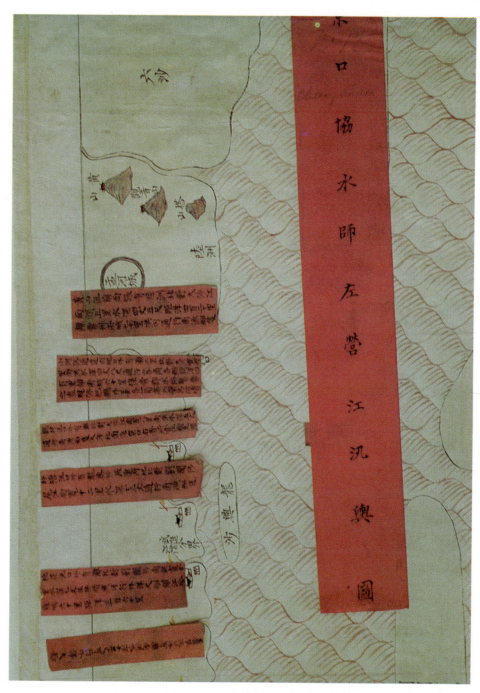

圖十: (a) 清朝中葉，官繪本《京口協水師左營江汛輿圖》(局部)
(蒙英國圖書館慨允轉載)

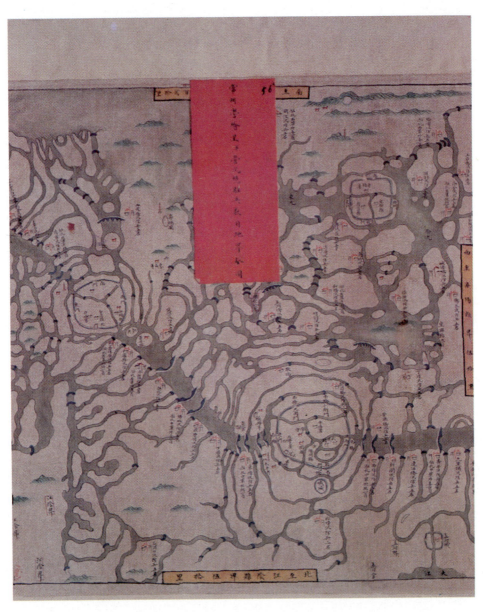

圖十: (b) 清朝中葉，官繪本《常州營繪呈卑營汛境駐兵數目地界全圖》
（蒙英國圖書館慨允轉載）

斝

青銅，商早期（約公元前16～前13世紀）。高27厘米，口徑16.5厘米，北京大學考古系舊藏。編號：1931.148

酒器。侈口，長頸。頸腹分段，扁鋬，平底，三角形空錐足。器壁較薄。頸飾一周饕餮紋。

斝在商代禮器中爲灌尊，祭祀時用以盛酒奠地，因而備受重視。在商代墓葬中，常與爵、觚成組隨葬，是當時貴族身份等級的標志。

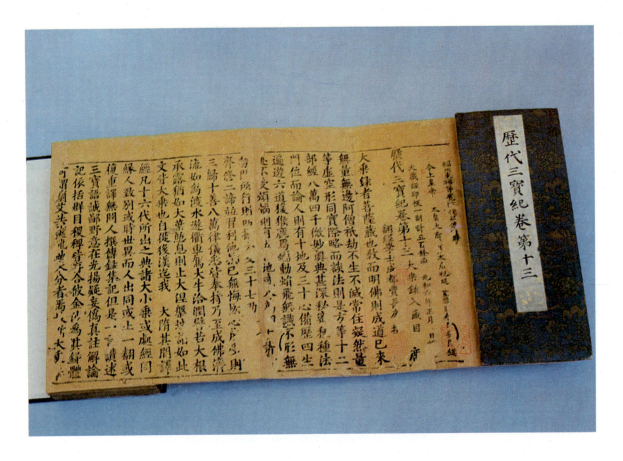

歷代三寶記卷十三

　　唐費長房撰，北宋元祐六年（1091）刻福州東禪寺藏本。經摺裝，每版三十六行，每半葉六行，行十七字。小字雙行，同。首有題識三行："福州東禪等覺院住持傳法賜（下缺），今上皇帝、太皇太后、皇太后祝延聖壽國泰民安，開鏤大藏經印板一副，計五百餘函。元祐六年正月　日謹題。"標題下傍註"大乘錄入藏目"，下註"席"字。卷末題"開皇三寶錄"。

　　此書楊星吾得自日本，有"三聖寺"、"讀杜草堂"二印記。

　　北京大學圖書館藏。